Leslie Maitland

Liebe ist stärker als die Zeit

Eine wahre Geschichte von Krieg, Flucht und wiedergefundenem Glück

Aus dem Amerikanischen
von Claus Schneggenburger

FREIBURG · BASEL · WIEN

Liedtext »J'attendrai« von Louis Potérat, 1938

Die in diesem Buch beschriebenen Ereignisse sind wahr.
Die Namen einiger Personen wurden zum Schutz ihrer
Privatsphäre und der ihrer Familien geändert.

Die Originalausgabe erschien unter dem Titel:
CROSSING THE BORDERS OF TIME
A True Story of War, Exile, and Love Reclaimed
2013 bei Other Press, USA
© 2012 Leslie Maitland

© Verlag Herder GmbH, Freiburg im Breisgau 2016
Alle Rechte der deutschen Ausgabe vorbehalten
www.herder.de

Umschlaggestaltung: Designbüro Gestaltungssaal
Umschlagmotiv: © Leslie Maitland
Satz: Daniel Förster
Herstellung: CPI books GmbH, Leck
Kartographie: Klaus Kühner, huettenwerke.de

Printed in Germany
ISBN 978-3-451-34844-0

Für meine Mutter, und für meinen Vater

*O lost, and by the wind grieved,
ghost, come back again.*

Thomas Wolfe, »Look Homeward, Angel«

Inhalt

EINS
Prolog: Was vergangen ist, ist nur der Anfang ...   15

ZWEI
Der Schwarzwald   25

DREI
Die Nazi-Zeit   55

VIER
Der Gehsteig der Gehörnten   80

FÜNF
Der Klapperstein   97

SECHS
Tage in Gray, Drôle de guerre   123

SIEBEN
Reiseschuhe   153

ACHT
Besetzt   173

NEUN
Die Zeit der Deutschen...................   192

ZEHN
Über die Grenze   211

ELF
Der Sonnenkönig   246

ZWÖLF
J'attendrai 267

DREIZEHN
Die Zeit steht still 290

VIERZEHN
Dunkelheit über der Tiefe 316

FÜNFZEHN
Incommunicado 358

SECHZEHN
Leben im Limbo 380

SIEBZEHN
Hôtel Terminus........................... 401

ACHTZEHN
Der Löwe und Miss America 429

NEUNZEHN
Liebesbriefe 461

ZWANZIG
Vom Dyckman-House zu unserem neuen Haus .. 483

EINUNDZWANZIG
Die andere Frau 511

ZWEIUNDZWANZIG
Atlas 535

DREIUNDZWANZIG
Zusammengehörigkeit 560

VIERUNDZWANZIG
Am Scheideweg 580

FÜNFUNDZWANZIG
Die Mission 596

SECHSUNDZWANZIG
Midi Moins Dix 621

SIEBENUNDZWANZIG
A la Fin 645

Nachwort der Autorin für die deutschsprachige
Ausgabe 671
Glossar jüdischer und jiddischer Begriffe 685
Bibliografie 691
Bildnachweis 697

Der Fluchtweg der Günzburgers durch Frankreich 1940–1942

- Unbesetzte Zone (Zone libre)
- Besetzte Zone (Zone occupée)
- Dem Reich angeschlossen: Elsass und Lothringen (Territoires annexés)
- Reservierte Zone (Zone de peuplement allemand) – für spätere deutsche Besiedelung vorgesehen
- Verbotene Zone
- ▸ Fluchtroute der Familie
- ◂▸ Sigmars Internierung
- ◂•••▸ Fluchtweg der Frauen aus Gray (und zurück)

EINS

Prolog: Was vergangen ist, ist nur der Anfang

In jenem Herbst, in dem mein Vater starb, kehrte ich nach Europa zurück, als mich unvermittelt das Gefühl überkam, ich müsse mich auf die Suche nach der verlorenen Liebe meiner Mutter machen. Ich sage, ich kehrte zurück, so als ob die Welt, aus der meine Mutter geflohen war, und der Traum, den sie hatte aufgeben müssen, auch meine Welt und mein Traum gewesen wären.

Vielleicht ist es normal, dass sich Kinder, deren Eltern das Nazi-Regime überlebt haben, mit ihren Vätern und Müttern identifizieren und sich verpflichtet fühlen, dafür zu sorgen, dass diese ein besseres Leben haben.

Als engste Vertraute meiner Mutter wurde auch ich von einer Vergangenheit beherrscht, die nicht meine eigene war. Da ich mich aber, anders als sie, nicht mit so vielen unterschiedlichen Lebensumständen hatte arrangieren müssen, fühlte ich mich auch eher in der Lage, die Vergangenheit aufzuarbeiten. Das wollte ich nutzen, um ihr eine neue Zukunft zu ermöglichen.

Im Moment rannte die Zeit davon. Während mein Vater in seiner selbstgegrabenen Höhle von schweigsamer Tapferkeit immer schwächer wurde, litt ich darunter, dass er uns nicht einmal die Abschiedsworte sagen würde, die wir gebraucht hätten. Keine Reue auf dem Totenbett, keine Erklärungen, keine Tränen. Er würde, wie immer, keine Emotionen zeigen und bald mit Zorro-Maske über den Augen und Stiefeln an den Füßen in die Nacht reiten.

Dann musste ich im Oktober beruflich – ich war Journalistin – New York für eine Woche verlassen und quälte mich mit dem Gedanken, dass mir diese wertvolle Zeit an der Seite meines sterbenden Vaters fehlen würde. Wie schnell er dann schwächer wurde, konnte ich allerdings nicht vorhersehen. Noch weniger konnte ich erahnen, wohin mein Weg mich führen würde: dass mich der Umweg nach Frankreich, zu dem ich mich während einer Reportagereise in Deutschland spontan, einer Eingebung folgend, entschlossen hatte, auf die Spur von Roland Arcieri bringen würde. Auf die Spur des Mannes, den meine Mutter geliebt und verloren und um den sie ihr Leben lang getrauert hatte.

Aus Angst vor dem herannahenden Tod meines Vaters und vor der Lücke, die er hinterlassen würde, nahm ich all meinen Mut zusammen und wagte den Sprung ins Ungewisse, zurück in die Vergangenheit meiner Mutter.

So kam es, dass ich an diesem Sonntagmorgen im Herbst 1990 Mulhouse besuchte, die Stadt im Elsass, gerade einmal 16 Kilometer entfernt vom Rhein, der Grenze zu Deutschland. Ich hatte Verwandte in Mulhouse und war zwei Jahre zuvor schon einmal dort gewesen. Aber an diesem kühlen Oktobertag zog es mich an einen anderen Ort.

Ich blickte zu dem 14 Stockwerke hohen Bau aus Beton und blauroten Ziegelsteinen auf, dessen kastenförmige Architektur für das stand, was Europäer allzu oft für modern halten. Obwohl an dem unauffälligen Gebäude in einer von Schatten spendenden Kastanien gesäumten Straße nichts Besonderes war, nichts, das eine amerikanischen Touristin interessiert hätte, spürte ich sofort, dass dies der Ort war, den ich gesucht hatte.

Da stand ich nun – dort, wo ein Kreuz auf der Schatzkarte einen von der Zeit verschütteten Schatz markiert – und war von widersprüchlichen Gefühlen hin- und hergerissen. Es war ein Spiel mit hohem Einsatz. Ich war im Begriff, etwas zu entdecken, das vielleicht besser verborgen bleiben sollte. Aber ich hätte mir nie verziehen, wenn ich es nicht versuchen würde, und ich bedauerte, dass ich nicht schon viel früher hierhergekommen war.

Quälende Reue wegen all der verlorenen Jahre mischte sich mit nervöser Erregung. Hier, nur einige Treppen höher, würde ich endlich erfahren, was ich immer hatte wissen wollen: Wer war Roland? Wo war Roland? Was hatte er erlebt in den fünfzig Jahren, die vergangen waren, seit die Wirren des Krieges ihm das Mädchen gestohlen hatten, das er heiraten wollte? Ich musste die große Liebe meiner Mutter finden. Der Franzose mit den dunklen Augen, dessen Bild sie immer in ihrer Brieftasche bei sich getragen hatte, beherrschte noch immer ihre Erinnerung, es war der Herzschlag, der sie am Leben hielt.

Jetzt, endlich, hatte ich seine Schwester ausfindig gemacht. Sie lebte in diesem Gebäude, vor dem ich nun stand. Am Abend zuvor hatte ich sie angerufen.

»Vous êtes la fille de Janine? Sie sind Janines Tochter? Welche Janine?« Sie dachte über den Namen nach und erklärte dann mit fester Stimme, sie kenne keine Janine, die eine Freundin ihres Bruders gewesen sei. Trotzdem überraschte sie mich gleich darauf mit der Bemerkung, sie wolle am Telefon lieber nichts sagen. Sie bestand darauf, dass ich zu ihr kommen sollte. Ihre Einladung hatte etwas Seltsames, sie beunruhigte mich.

Die Eingangshalle des Gebäudes war leer an diesem Sonntagmorgen, kein Geräusch war zu hören. Die einzige Dekoration waren einige Drachenbäume, die mit hängenden Blättern in Tontöpfen in einer Ecke standen. An einer Wand am Eingang war eine Tafel mit den Namen der 28 Bewohner, darunter auch der, den ich suchte. Hätte sie je geheiratet, hätte ich sie nicht finden können. Aber Emilienne Arcieri, Rolands Schwester, wohnte, so war es auf der Tafel zu lesen, im dritten Stock. Ein kleiner Aufzug stand bereit und schien auf mich zu warten.

Was würde ich sagen, wenn ich ihr gegenüberstand? Wie würde ich ihr erklären, warum ich gekommen war? Um Zeit zu gewinnen und darüber nachzudenken, welche Antworten ich ihr geben könnte, kehrte ich dem Aufzug den Rücken und stieg langsam die Treppe hinauf. Nur einige Stockwerke höher würde sich der Blick auf einen Weg öffnen, von dem meine Mutter wünschte, sie wäre ihn gegangen. Damals war er durch die vom Krieg aufgerissenen Gräben versperrt gewesen, aber sie hatte ihn ihr Leben lang in ihren Träumen vor sich gesehen, während sie selbst in eine andere Richtung gegangen war. Niemand wusste, welche Hindernisse vor mir lagen, aber es war zu spät umzukehren, auch wenn es die falsche Zeit zu sein schien, meiner Mutter zu zeigen, wohin dieser Weg sie hätte führen können. War dies das Geschenk, das ich ihr aus Frankreich mitbringen würde?

Niemals hätte sie selbst danach gesucht oder darum gebeten, und ich hatte ihr nichts davon erzählt, dass ich nach Mulhouse fahren würde. Ich fühlte mich schuldig, weil ich von dem abwich, was ich sonst immer tat: alles mit ihr zu bereden und es miteinander zu teilen. Aber ich wusste auch, dass sie versucht hätte, mich davon abzubringen.

Janine hatte Roland am Freitag, dem 13. März 1942 zum letzten Mal gesehen. An diesem Tag wurde sie auf dem von Menschen wimmelnden Pier von Marseille aus seinen Armen gerissen und war mit ihrer Familie an Bord eines französischen Passagierschiffes gegangen, das heimlich nach Casablanca fuhr. Von dort brachte sie ein portugiesischer Frachter nach Kuba. Sie entkamen den Nazis in letzter Sekunde. Das Schiff, mit dem sie Marseille verließen, so erzählte es mir meine Mutter später, war vermutlich das letzte, das Juden aus Frankreich an Bord nahm, bevor die Deutschen das ganze Land unter ihre Kontrolle brachten.

Zwei Wochen später rollten die ersten Transporte, mit denen Juden aus der »zone occupée«, dem nach der Eroberung von den

Deutschen verwalteten Teil Frankreichs, in die Lager im Osten gebracht wurden. Im Juli begannen auch in der sogenannten »zone libre«, dem unbesetzten Teil Frankreichs, in dem das Marionettenregime des Marschalls Philippe Pétain mit den Nazis kollaborierte, die Massendeportationen nach Auschwitz.

Meiner 18-jährigen Mutter war die Liebe wichtiger als das Überleben, aber die Umstände ließen nicht zu, dass sie in Frankreich blieb. Und Roland, 21 Jahre alt, ein Katholik aus Mulhouse, hätte keine Ausreiseerlaubnis bekommen. Janine versuchte verzweifelt, an seiner Seite zu bleiben, musste aber mit ihrer Familie fliehen.

Beflügelt vom Optimismus der Jugend, versicherten sich die Liebenden gegenseitig, dass der Krieg in weniger als einem Jahr vorüber und der Frieden wiederhergestellt wäre. Dann würden sie heiraten.

Ich hatte meine Mutter so oft gebeten, mir den lang zurückliegenden Augenblick zu beschreiben, als die Familie an Bord der »Lipari« ging, um das aus den Fugen geratene Europa hinter sich zu lassen, dass ich mich tatsächlich so fühlte, als hätte ich ihn selbst erlebt. Ich weiß nicht mehr, wie oft ich auf das Schwarz-Weiß-Foto gestarrt hatte, das Roland in einem kleinen gemieteten Boot zeigt – es war ein Schnappschuss, den ein Mitreisender an Deck der »Lipari« für meine Mutter gemacht hatte. Auf der Rückseite der Fotografie stand in feiner Handschrift »seul sur la mer – allein auf dem Meer«. Auf dem Bild sahen Rolands schmales Gesicht und seine scharfgezeichneten Züge aus wie aus Holz geschnitzt. Sein umwölkter Blick war düster wie das Wasser um ihn herum. In seinem weißen Hemd mit Krawatte und mit seinem langen Mantel schien er nicht zum Meer und dem Boot zu passen.

Dennoch ruderte er der »Lipari« hinterher, nachdem sie mit Hunderten von Juden an Bord vom Pier abgelegt hatte und an den Befestigungsanlagen aus rosafarbenen Steinen, an der Ausfahrt des Vieux Port und am Leuchtturm vorbei ihren Weg in Richtung offenes Meer nahm. Es war Nachmittag, als die »Lipari« vom Quai de la Joliette ablegte, und als das Schiff hinter der

Landzunge mit dem prächtigen, über dem Wasser thronenden, von Napoleon III. erbauten Palais du Pharo verschwand, versank die Sonne hinter dem Horizont. Vielleicht rannten Hunde durch den Garten des Palastes und auf den Bänken umarmten sich Liebende leidenschaftlich – gerade so, wie sie es heute tun, wenn weit draußen Schiffe aller Größen vorübergleiten und Boote mit eingerollten Segeln und tuckernden Motoren die Einfahrt zum glitzernden Hafenbecken passieren.

Aber für die Schönheit dieses Anblicks und die Verheißung der Freiheit, die das offene Meer versprach, hatte Janine keine Augen. In ihren Armen hielt sie, an sich gepresst, Rolands Abschiedsgeschenk, einen Strauß duftender Mimosen – kleine, gelbe Blütenbällchen, die er ihr zum Pier gebracht hatte. In einigen Teilen Frankreichs waren gelbe Blumen zum Symbol der Sympathie für Juden geworden, weil die Nazis sie zwangen, gelbe Davidsterne an ihre Kleidung zu nähen, als Zeichen, dass sie Ausgestoßene waren.

Aber Rolands Blumen hatten eine andere, viel persönlichere Bedeutung. »Mimosen stehen für Erinnerung«, hatte er ihr, sein Gesicht in ihr vom Seewind zerzaustes Haar gedrückt, zugeflüstert, als er sie ein letztes Mal an sich zog, bevor sie an Bord ging. Der Duft der Blumen im Sonnenlicht hatte die beiden Liebenden in ihre eigene Welt eingehüllt, während ringsum Menschen voller Angst zusammenströmten und sich gegenseitig aus dem Weg schoben, um auf die Gangway zu kommen, den Weg in die Sicherheit.

Als Janine und Roland auseinandergerissen wurden, waren für sie die Blumen ein Versprechen, ein Pfand, das sie zurückführte in die Wirklichkeit, das ihr Halt gab bei allem, was sie im Begriff war zu verlieren. Und so ging sie, als das Schiff Fahrt aufnahm, tränenüberströmt zur Reling und ließ die Mimosen, eine nach der anderen, ins Wasser fallen, als ob sie damit eine leuchtende Spur auf die Wellen zeichnen könnte, um ihren Weg zurück zu finden zu dem Mann, den sie über alles liebte. Die Blüten tanzten auf dem Schaum, trieben auf Rolands Boot zu und fingen sich in seinen Rudern. Aber bald ließ die »Lipari« ihn hinter sich, und dann war er nur noch ein Punkt am Horizont. Die gelben Blüten tanzten auf den Wellen um ihn herum auf und ab, als er alleine zurückruderte, zurück an Land und in den Krieg.

> »Janine, ich bitte dich, deine Liebe zu bewahren, bis zu dem glücklichen Tag, an dem du meine Partnerin fürs Leben wirst.«

Diese Worte hatte Roland am Morgen in ihr kleines blaues, von einer Spirale zusammengehaltenes Notizbuch geschrieben, in das schon die Abschiedsgrüße ihrer Freundinnen eingetragen waren. An Deck peitschte der Wind ihren festen braunen Mantel wie ein Segel.

Sie hatte die breiten Schultern einer Schwimmerin, aber ihre Taille war so schmal, dass mein Vater behauptet, er könne sie mit seinen Händen umfassen. Sie schnallte ihren Gürtel enger und zog den Pelzkragen unter ihr Kinn, um sich gegen die vom Wasser aufwirbelnden Böen zu schützen. Bei all ihrem Kummer und Leid bot ihr der Ring, der an ihrem Finger glänzte, einen Funken Freude und Hoffnung. Er war aus Silber mit einem rechteckigen Aquamarin in der Farbe ihrer blauen Augen. Der Ring war das Symbol für den Schwur, den sie sich gegeben hatten. Roland hatte ihn einige Tage zuvor in Lyon gekauft, zusammen mit einer Brosche, auf die drei Mohnblüten aus blauer, weißer und roter Emaille geklebt waren – ein Zeichen der trotzigen Loyalität zu der gedemütigten französischen Flagge und zu dem Franzosen, dessen Liebe auf sie warten würde.

Alleine in ihrer Koje, öffnete Janine den dicken, versiegelten Umschlag, den Roland ihr beim Abschied in die Tasche gesteckt hatte, und las unter Tränen sein Versprechen:

> »Vom heutigen Tag an betrachte ich dich als meine Verlobte und meine zukünftige Partnerin. Du bittest nur darum, zu mir zu gehören. Wir müssen darauf warten, dass das Wahrheit wird. Wir haben nur einen Feind: die

Zeit! Wie lange auch immer wir getrennt sein werden, unsere Liebe wird stärker sein, weil es nur auf uns ankommt. Ich gebe dir mein Wort: Wie lange wir auch warten müssen – du wirst meine Frau sein. Vergiss es nie, zweifle nie daran... weißt Du, ma chérie, das Schicksal hat uns eine Prüfung auferlegt, ob unsere Liebe stark genug ist, um sich zu vollenden. Du bist alles für mich, und ich will nicht von meinem Schmerz reden, weil ich dich so weit von mir fortgehen lassen muss. Aber du musst wissen: Wenn ich dich verliere, wird in meinem Leben nichts mehr gut sein. Du bist mein Ziel...«

Sie sahen sich nie wieder. Und meine Mutter vergaß niemals.

Jetzt, als ich mir die Erzählung, die mich immer gefesselt hatte, ins Gedächtnis rief, blieb ich wie angefroren auf dem zweiten Treppenabsatz stehen. Ich war mein ganzes Leben von dieser Liebe fasziniert gewesen, aber wie konnte ich annehmen, dass Rolands Schwester sich ebenfalls erinnern würde? Konnte es sein, dass meine Mutter in all den Jahren, in denen sie in einer schwierigen Ehe gefangen war, die perfekte Liebe ihrer Jugend nur erfunden hatte, als Trost für die Qualen, die sie durchlitt? War die Geschichte, die sie mir erzählt hatte, wirklich wahr? Was, wenn sie ihr Leben lang um einen Mann getrauert hatte, für den sie nur ein Abenteuer gewesen war? Außerdem musste ich Rücksicht auf ihren Stolz nehmen. Wie würde es aufgefasst werden, wenn mein Kommen den Eindruck vermittelte, Janines Liebe sei immer noch so groß, dass ihre Tochter ein halbes Jahrhundert später über den Ozean kam, um ihn zu suchen? Vielleicht war Roland glücklich verheiratet und hatte seine Jugendliebe längst vergessen – ein stolzer Familienvater in stabilen Verhältnissen und mit einem Dutzend Enkeln mit Grübchen in der Wange?

Ich erreichte die dritte Etage und fühlte mich, als ob ich mich im Dunkeln zu einer Begegnung vorantastete, auf die ich völlig unvorbereitet war. Eine Tür führte aus dem erleuchteten Treppenhaus in eine düstere Vorhalle, wo ein schwaches orangefarbenes Licht mir den Weg zu einer »minuterie« wies, einem Zeitschalter, durch den das Licht in der Halle gerade so lange anging, dass ich die gesuchte Wohnungstür erkennen konnte.

Ich war dabei, mich in Dinge einzumischen, die gefährlich werden konnten. Obwohl meine Mutter schon lange alle Hoffnung verloren hatte, Roland je wiederzusehen, war er doch immer so etwas wie der Anker in ihrem Leben gewesen. Für sie war er immer da. Er saß ihr gegenüber, in einem namenlosen Café aus längst vergangenen Zeiten, lachte, erhob sein Glas und küsste ihre Hand.

Wie würde ich es schaffen, meiner Mutter traurige Nachrichten zu überbringen und damit das Gefühl des Verlustes noch zu verstärken, jetzt wo mein Vater im Sterben lag und sie hilflos neben ihm stand?

Das Licht in der Halle verlöschte. Mein Herz klopfte in der Dunkelheit wie wild und meine Gedanken gingen zurück zum Krankenzimmer meines Vaters. Ich sah ihn eine Hantel ergreifen, immer im Training, immer bereit für die letzte Schlacht gegen einen unbesiegbaren Feind. War ich im Begriff, auch diesen entschlossenen Mann zu betrügen, den ich immer geliebt hatte, trotz der ewigen Kämpfe, die ich mit ihm austrug? Würde er verstehen, was ich im Begriff war zu tun? Eines war klar: Ihr Leben hatte meine Mutter gelehrt, großmütig und geduldig hinzunehmen, was ihr widerfuhr, ein Charakterzug, den weder mein Vater noch ich je entwickelt hatten. Ich war in Amerika aufgewachsen und hatte von ihm gelernt, nach den Sternen zu greifen. Und nun war es *seine* Tochter, die allein bis zu dieser fremden Türschwelle gegangen war. Und, worüber ich damals und auch später nie nachgedacht hatte: Wie sehr hatte die immerwährende Liebe meiner Mutter zu Roland meinen Vater verändert und vielleicht auch verbittert?

Ich drückte ein weiteres Mal auf den Zeitschalter und kehrte aus meinen Gedanken wieder zurück in die kalte, trostlose Halle. Was würde ich antworten, wenn Rolands Schwester fragte – und das würde sie sicher tun –, ob Janine verheiratet war? Dass ihr Mann, mein Vater, im Sterben lag? Was wollte ich dann eigentlich hier?

Ich betete darum, dass ich eine akzeptable Antwort finden würde, wenn auch nur eine für mich. Eine, mit der ich leben konnte. Ich klopfte zögernd an die Tür und hörte, wie sich innen energische Schritte näherten. In diesem Moment höchster Unsicherheit verschmolzen die Schatten der Vergangenheit und die Hoffnungen der Zukunft in diesem Hausflur miteinander und forderten mich auf, alles hinzunehmen, was ich erfahren würde.

Was immer es auch war.

ZWEI

Der Schwarzwald

Die Nacht bevor ich nach Mulhouse fuhr, verbrachte ich in der spätmittelalterlichen Stadt Freiburg. Ich schlief in einer Dachgeschosswohnung des Hauses, in dem meine Mutter geboren worden war. Das große Gebäude aus gelbem Sandstein hatte in den 1920er- und 1930er-Jahren meinem Großvater gehört. Aber in jener Nacht war ich zu Gast beim Enkel des Hoteliers, der es übernommen hatte, als meine Großeltern fliehen mussten.

Ich konnte mir kaum vorstellen, was sein Großvater, der sich kurz nach der Übernahme des Hauses erhängt hatte, oder meiner, der nie zurückkehrte, um es zu sehen oder Anspruch darauf zu erheben, dazu gesagt hätten, dass mehr als fünfzig Jahre später ihre Nachkommen – ein Deutscher und eine Jüdin – nach einem vorzüglichen Abendessen und einem guten Wein aus der Region dort die Nacht unter demselben Dach verbrachten.

Der Unterschied bestand darin, dass mein freundlicher Gastgeber Michael Stock – groß, blond und gutaussehend – wusste, dass er hierhergehörte, und ich, obwohl das Haus Eigentum meines Großvaters gewesen war, wusste, dass das bei mir nicht der Fall war.

Ich lag die ganze Nacht wach, redete mit Geistern und hörte alte Stimmen längst vergangene Geschichten erzählen. Halbwach, verwirrt, erschöpft und unruhig dämmerte ich in der Dunkelheit vor mich hin. Die Sirenen der Polizeifahrzeuge, das Geräusch von Motorrädern, die kreischenden Bremsen und das auf- und abschwellende Gelächter bierseliger Studenten auf dem Heimweg von wilden Feiern im Mondschein hörte ich im Jahre 1990, aber es hätten genauso gut die Nachtgeräusche des Jahres 1940 sein können.

Ich war am selben Ort, an dem meine damals 14-jährige Mutter traurig und hilflos zu verstehen versuchte, warum ihr Vater entschieden hatte, aus dem einzigen Heim zu fliehen, das sie kannte. Ich fühlte, wie die Gegenwart in der Vergangenheit versank und dann, schlimmer noch, wie die Vergangenheit wieder lebendig wurde. Als der Tag anbrach, verspürte ich den überwältigenden Zwang, dieses Land sofort zu verlassen. Dennoch wurde mir, als ich den Rhein überquerte, klar, dass ich nicht nur den Spuren meiner Mutter folgte, sondern auch den Mann ausfindig machen wollte, der ihr Herz erobert hatte.

Freiburg im Breisgau ist nur sechzig Kilometer von Mulhouse entfernt, wo ich nach Roland suchte. Die Stadt, in der die Geschichte meiner Mutter begann, ist auf der Landkarte Europas leicht zu finden. Sie liegt genau da, wo das von den Umrissen gebildete Profil Deutschlands nach Frankreich und in die Schweiz hineinragt. Aber das wird der Stadt nicht gerecht, denn sie ist unvergleichlich schön.

Gegründet im Jahre 1120 n. Chr., liegt sie in der südwestlichen Ecke Deutschlands, im milden Klima einer Region, die bis zum Jahre 1918 zum Großherzogtum Baden gehörte, am Fuße der saftigen, waldbedeckten Westhänge des Schwarzwaldes. Ihre Kopfsteinpflasterstraßen werden seitlich von schmalen Kanälen begrenzt. 14 Kilometer dieser Wasserläufe, »Bächle« genannt, die sich wie Bänder durch die Stadt ziehen, sorgen dafür, dass kühles Wasser von den Schwarzwaldbergen durch die Straßen rinnt, bevor es sich in die Dreisam ergießt und dann zum Rhein und zur französischen Grenze abfließt.

*Freiburg im Breisgau und das Münster Unserer lieben
Frau, dahinter der Schwarzwald, 1906*

Die »Bächle« sind nur 25 Zentimeter breit und seit Jahrhunderten vor allem für die Freiburger Kinder, die über sie hinwegspringen, kleine Boote in ihnen schwimmen lassen oder in ihrem sprudelnden Wasser herumplanschen, ein großer Spaß.

Diese malerischen Kanäle, eine fünfhundert Jahre alte, berühmte Universität und eine majestätische, hochgotische Kathedrale, die mit ihren filigranen roten Steinornamenten mitten in der Stadt aufragt, haben, trotz der beschaulichen Größe, zum Ruf Freiburgs als Juwel Deutschlands beigetragen.

Fast mein ganzes Leben lang versuchte meine Mutter zu leugnen, dass sie hier in Freiburg geboren wurde. Ihr Hass auf die Nazis führte dazu, dass sie ihre Herkunft aus dem Land der Hitler-Schergen bestritt. Nach ihrem Geburtsort gefragt, wich sie stets aus und verließ sich darauf, dass das ewige Hin und Her der deutschen oder französischen Herrschaft über das Elsass verschleiern würde, wer gerade in ihrer Heimatstadt das Sagen gehabt hatte, als sie auf die Welt kam.

Als Kind äffte ich immer unbeholfen ihre Versuche nach, nuschelnd und murmelnd auf Fragen nach ihrer Herkunft zu antworten. Ich fand es irritierend, dass meine Mutter, die erklärt hatte, Französin zu sein, ins Deutsche verfiel, wenn sie mit ihren Eltern, ihrem Bruder oder ihrer Schwester sprach. Wenn sie darauf angesprochen wurde, bestand sie stets darauf, dass ihr Geburtsort vor dem Ersten Weltkrieg, als ihre Eltern geboren wurden, zu Deutschland gehört habe, sodass Deutsch ihre Muttersprache sei, dass er aber danach durch den Versailler Vertrag an Frankreich zurückgegeben worden und deshalb bei ihrer Geburt, vier Jahre später, französisch gewesen sei.

Ich ließ mich durch ihre Ausflüge in die Geopolitik viel länger täuschen, als ich heute zugebe. Tatsache war, wie ich bald darauf feststellte, dass das Haus in der Poststraße 6, in dessen Schlafzimmer mit der hohen Decke meine Mutter zum ersten Mal ihre Augen aufschlug, in Freiburg stand. Und Freiburg lag zwar in der Nähe des Elsass, war aber nie ein Teil dieses zwischen beiden Nationen umstrittenen Landstrichs gewesen. Deshalb war sie, wie ihre Eltern, Deutsche.

Dass zu ihrer Zurückweisung von allem, was deutsch war, auch gehörte, dass sie ihren Namen geändert hatte, war etwas, was sie ebenfalls immer zu vertuschen versuchte. Sogar ihr späterer Ehemann erfuhr ihren richtigen Namen und ihren wahren Geburtsort erst nach ihrer Heirat. Als sie auf ihrer Hochzeitsreise nach Kanada einreisen wollten, musste sie ihren Pass vorzeigen. Dort, an der Grenze, wurde enthüllt, dass Janine, die französische Braut meines Vaters aus Mulhouse, in Wahrheit Hanna hieß und aus Freiburg stammte. Vielleicht hatte es sogar symbolische Bedeutung, dass die Wahrheit ausgerechnet an der Grenze zum französischsprachigen Teil Kanadas herauskam – mindestens war es ein angemessener Ort.

Denn es war auch eine französische Grenze, wo sie zum ersten Mal ihre Identität änderte, damals, als sie den Rhein überquerte, um den Nazis zu entkommen. Im Zug, der sie seinerzeit nach Frankreich brachte, gab sie sich selbst den Namen Janine.

Sie wählte ihn, weil er dem sehr ähnlich war, den ihre Eltern, Sigmar und Alice Günzburger, ihr ursprünglich hatten geben wollen – es aber aus politischen Gründen nicht durften.

In der Zeit nach der vernichtenden Niederlage im Ersten Weltkrieg befanden die deutschen Behörden, dass »Jeanette«, der Name, den ihre Eltern zuerst ausgewählt hatten, zu französisch klang. Die Bürokratie machte daraus kurzerhand Johanna und kümmerte sich nicht darum, dass Alice' Mutter so hieß und dass es streng gegen die Tradition der deutschen Juden verstieß, einem Kind den Namen eines lebenden Verwandten zu geben. Im Ergebnis wurde meine Mutter bis zu dem Tag, als sie Freiburg verließen, einfach nur Hanna genannt – oder »Hannele«, mit dem Zusatz der im Badischen üblichen Verniedlichungsform »-le«.

Hanna wurde am 5. September 1923 geboren, im selben Jahr als die Nazi-Partei ihren Freiburger Ortsverband gründete und zwei Monate bevor Hitlers erster Versuch, in München die Macht zu ergreifen, zerschlagen wurde. Es war die Zeit der schrecklichen Inflation in einem unter der Last der Kriegsreparationen stöhnenden Deutschland. Die Hebamme, die ihr ins Leben verhalf, verließ das Haus mit ausgebeulten Taschen, in denen fünf Millionen Mark steckten, der Lohn für ihre Dienste. Wie auch immer der Wechselkurs war, meine Mutter war gewiss jeden Pfennig wert, aber in der Realität war das Geld völlig wertlos. Die deutsche Gesellschaft wankte, als der Kurs der Mark zum Dollar von 1 zu 8,9 im Jahr 1919, vier Jahre später auf bedeutungslose 1 zu 4,2 Billionen fiel.

Viele Menschen verloren ihre gesamten Ersparnisse, aber weil nach dem Krieg vieles neu aufgebaut werden musste, florierte Sigmars Baustoffhandel. Das Haus in der Poststraße, mit reichlich Platz, einer geschwungenen Treppe und mehreren Balkonen zum Garten hinaus, war ein sichtbares Zeichen dieses geschäftlichen Erfolges. Seine Größe und sein Standort im Herzen einer als Zentrum der Kultur und Wissenschaft bekannten Stadt zeigten, welche Fortschritte die Juden auf dem Weg zur gesellschaftlichen Anerkennung gemacht hatten.

Das Haus stand neben dem bei Reisenden beliebten Hotel Minerva, zur Hauptpost, zum Bahnhof und zum malerischen Stadtzentrum waren es nur wenige Schritte. Das Minerva lag an der Ecke Poststraße/Rosastraße, und auf der anderen Straßenseite befand sich das von Sigmar und seinem älteren Bruder Heinrich gegründete Unternehmen, das ihren Namen trug. Die Firma »Gebrüder Günzburger« hatte dort ihre Büros und ein Lager und besaß ein größeres Depot weiter draußen in der Nähe des Güterbahnhofs.

Einmal pro Woche fuhr Sigmar mit seinem Chauffeur in der großen schwarzen Opel-Limousine durch die Oberrheinregion und besuchte Kunden. Mittags ging er, weil das Büro so nah war, fast immer über die Straße nach Hause und nahm dort seine Mahlzeit ein. Sigmar legte Wert darauf, dass das Haus ordentlich geführt wurde, deshalb gab es ein Hausmädchen, eine Köchin und eine Gouvernante. Er bemühte sich, seinen Kindern ein sorgenfreies, von Lernen, Pflicht und Disziplin bestimmtes Leben in einem Land zu bieten, in dem sowohl er als auch seine Frau ihre Herkunft über Hunderte von Jahren zurückverfolgen konnten.

So merkwürdig es erscheint: Auf unerwartete Weise gelang ihm dies sogar. Trotz des Nazi-Terrors, der meine Mutter aus einer Welt vertrieb, in der sie sich sicher gefühlt hatte, entwickelte sie danach nie wieder ein Heimatgefühl, wie sie es in Freiburg verspürt hatte, wo jeder jeden kannte und die Familiengeschichte des anderen über Generationen zurückverfolgen konnte.

Viele Jahre später ging sie, die Jahrzehnte lang ihren Geburtsort verleugnet hatte, unerkannt durch die Straßen der Stadt, als sie plötzlich von einer Welle des Zorns und der Trauer ergriffen wurde. Damals war es ihr verwehrt worden, das Leben zu führen, in das sie hineingeboren worden war. Der Ärger übermannte sie, weil sie – anders als die Einwohner, die durch die Stadt schlenderten und im nachmittäglichen Schatten des Münsters Wurst aßen und Bier tranken – entwurzelt worden und gezwungen war, um ihr Leben zu laufen, weg aus ihrer Geburtsstadt und aus dem Land, in dem ihre Ahnen begraben lagen.

Ihre Mutter Alice, geborene Heinsheimer, war stolz darauf, die Geschichte ihrer Familie in der bäuerlichen Gemeinde Eppingen südöstlich von Heidelberg bis ins Jahr 1695 nachweisen zu können. Sie verehrte jede Blumenranke, die den auf verbleichendes Pergament gezeichneten Familienstammbaum verzierte, als ob sie ihre Wurzeln tief in der deutschen Nation hätte.

Hannas Vater konnte den Stammbaum seiner Familie, deren Angehörige zu beiden Seiten des Rheins gelebt hatten, sogar bis 1645 zurückverfolgen. Sowohl Ihringen, wo Sigmar 1880 geboren wurde, als auch Eppingen, wo Alice 1892 das Licht der Welt erblickte, sind idyllische Bilderbuchstädtchen, voller alter Fachwerkhäuser mit dunkel gebeizten Balken und verschlungenen Ornamenten auf den cremefarben verputzten Gefächern. Die Fassaden sind heiter verziert mit roten, leuchtenden Geranien, die aus gepflegten Blumenkästen unter den auf beiden Seiten von Klappläden und weißen Spitzenvorhängen umrahmten Fenstern ragen.

Erst nachdem ich diese Städtchen gesehen hatte, konnte ich Verständnis für den schrägen Humor meines Großvaters entwickeln, mit dem er uns Kinder oft willkommen hieß. Allerdings hatte er schon mit so vielem im Leben zurechtkommen müssen, dass sich sein gespielt preußisches Auftreten schon ein wenig abgemildert hatte.

Er schlug energisch die Hacken zusammen wie ein adliger Offizier in ordensgeschmückter Uniform, verbeugte sich formvollendet und stellte sich mit schnarrender Stimme vor: »Sigmar, Baron von Ihringen«, als ob er der Grundherr der kleinen Landgemeinde wäre.

»Leslie, Gräfin von Eppingen«, hatte ich zu antworten und auf diese Weise einen höheren Adelsrang vorzugeben. Dann streckte ich ihm die Hand zum Handkuss entgegen und beantwortete seine Verbeugung mit einem Knicks.

Der Geburtsort meiner Großmutter, Eppingen, war viel kleiner als Freiburg und wurde vorwiegend von Protestanten bewohnt. Im Jahre 1880 hatte eine Volkszählung ergeben, dass unter den 3622 Bewohnern 151 Juden waren.

Alice' Vater, Maier Heinsheimer, war, wie sein Vater vor ihm, sowohl eine Führungsperson in der jüdischen Gemeinde als auch Mitglied des Kreistages gewesen und deshalb mit Angelegenheiten der örtlichen Verwaltung vertraut. Er übernahm den florierenden Baustoffhandel seiner Familie, besaß aber auch einen Kartoffelacker und einen Obstgarten mit Apfelbäumen außerhalb des Ortes.

Als er 1913 mit gerade 58 Jahren starb, musste, viel zu früh, seine Witwe Johanna alles übernehmen. Zu diesem Zeitpunkt war ihr jüngster Sohn Siegfried erst zehn Jahre alt. Siegfried war, zum Erstaunen aller, als »Nachkömmling«, zehn Jahre nach Alice, der jüngsten der zuvor geborenen vier Töchter, zur Welt gekommen.

Die vier Töchter Heinsheimer (v.l.n.r.): Alice, Lina, Jennie und Rosie mit ihrem Bruder Siegfried, ca. 1906

Als Maier starb, war Alice gerade von einem französischen Pensionat für jüdische höhere Töchter zurückgekehrt und litt sehr unter dem Tod des geliebten Vaters. Im Vergleich zu ihr verhielt sich Johanna, die nur unförmige schwarze Kleider trug und die stahlgrauen Haare am Hinterkopf zu einem Knoten zusammengebunden hatte, kühl und zurückhaltend. Alice selbst hatte niemals gelernt, offen Gefühle zu zeigen. Aber der Tod ihres Vaters mit dem dicken Walrossschnauzbart hinterließ Leere in ihrem Herzen und schien dazu beigetragen zu haben, dass sie einen älteren Mann wählte, als sie und Sigmar sieben Jahre später zueinander fanden.

Alice, die oft Lisel genannt wurde, war eine große, hübsche junge Frau mit feinen Gesichtszügen, langen dunklen Zöpfen, die sie am Hinterkopf zu einer Krone zusammengerollt hatte, sehr heller Haut und einer Menge Sommersprossen, die sie ihr Leben lang hasste. Obwohl Sigmar später darauf bestand, dass er jede einzelne dieser Sommersprossen vermissen würde, stürzte sie sich schon als junges Mädchen – und auch später – auf jedes neue Mittel, das versprach, sie wegzubleichen. Dieser von ihr empfundene Makel verhinderte, dass sie sich selbst als die klassische Schönheit sah, die sie war, mit ihrer zarten, geraden Nase und den hohen Wangenknochen, durch die sich ihr Gesicht zum Kinn hin herzförmig verjüngte. Sie war nicht stolz auf ihr Aussehen, wohl aber auf ihren familiären Hintergrund. Zuallererst aber sah sie sich als treue und patriotische Tochter Deutschlands.

Ein Jahr nachdem Alice' Vater gestorben war, begann der Erste Weltkrieg. Ihr Bruder Siegfried war zu jung, um zur Armee eingezogen zu werden, obwohl die verzweifelte Lage an der Front bald dazu führte, dass sogar 15-jährige Jungen gezwungen wurden, mit dem Horror der neuen Waffentechnik Bekanntschaft zu machen: mit Maschinengewehren, Senfgas und dem Höllenfeuer der Artillerie.

Alice, damals 22, arbeitete während des Krieges im Lazarett von Eppingen und war stolz, ihrem Land dadurch zu dienen, dass sie sich um seine verwundeten Soldaten kümmerte, die Verbrannten und Verätzten, die Erblindeten, die Seuchenkranken und die, die Gliedmaßen verloren hatten. Sie alle hatten irgendwie mit den Ratten in den kalten, stinkenden Schützengräben überlebt.

Mit kratziger Stimme erzählten die Verwundeten von ihren Leiden, und wenn sie, weil sie als noch kampftauglich angesehen wurden, zurück an die Front mussten, beschaffte Alice Süßigkeiten, Seife oder andere kleine Aufmerksamkeiten und sandte sie denen, die sie am meisten mochte, oder denen, die diese Dinge am dringendsten brauchten. In kleiner Handschrift und in engbeschriebenen Zeilen auf der Rückseite von Fotopostkarten mit Kriegsmotiven antworteten sie aus dem Feld mit Dank und zur Schau gestellter Tapferkeit: »Vorwärts nach Walhalla«. Die Armee hatte dafür gesorgt, dass man für die Feldpost keine Briefmarken brauchte, und deshalb bekam sie von ihren früheren Patienten, die sie im Lazarett betreut hatte, Hunderte solcher Fotos von der Front, Bilder, auf denen sie mit Schwertern in der Hand posierten oder in Siegerpose schelmisch grinsend vor rauchenden Trümmern standen.

Alice (l. hinter dem Rollstuhl) als Krankenschwester vor dem Lazarett in Eppingen im Ersten Weltkrieg

Sie hob all diese Bilder auf und noch einige andere, auf denen sie mit ihren Patienten und Kolleginnen zu sehen war. Später, in den nächsten drei turbulenten Jahrzehnten ihres Lebens, hatte sie immer eine Bleistiftzeichnung dabei, die einer ihrer verwundeten Soldaten angefertigt hatte. Sie zeigte sie im Profil mit ihrer Krankenschwesternhaube. Ebenso bewahrte sie einen lobenden Brief ihres kriegsmüden, vorgesetzten Arztes auf.

Alice' Ehemann, mein Großvater Sigmar, war das jüngste der 13 Kinder von Simon und Jeanette Günzburger. Neun von ihnen erreichten das Erwachsenenalter. Aus Sigmars Notizen auf der Innenseite eines mit den Jahren brüchig gewordenen hebräischen Gebetbuches geht hervor, dass Sigmars Großvater im 18. Jahrhundert ein allseits respektierter und beliebter Rabbi in Breisach gewesen war, einem kleinen Städtchen am Rhein, auf halber Strecke zwischen Freiburg und dem elsässischen Colmar gelegen. Am Vorabend von Jom Kippur 1793 floh Rabbi David nach viertägigem Artilleriebeschuss aus der französischen Festungsstadt Neuf Brisach – Neu-Breisach – jenseits des Rheins aus seiner Breisacher Synagoge. Sein Urgroßvater, so geht es aus Sigmars Notizen hervor, entkam dem Bombardement, fand Zuflucht im nahen Ihringen und heiratete dort bald darauf. Zwei Generationen später waren arrangierte Ehen zwischen respektablen jüdischen Familien noch immer üblich, und so stellte die Verbindung zwischen Sigmars Eltern Simon und Jeanette eine Ausnahme dar.

Folgt man dem, was in der Familie erzählt wurde, war es eine der seltenen Liebesheiraten. Simon, ein Bär von einem Mann mit lachenden Augen, einem runden Gesicht und einem dicken, lockigen Bart, verdiente seinen Lebensunterhalt als Viehhändler, ein für Juden übliches Gewerbe im Südwesten Deutschlands. Es war ein einsamer Beruf, verbunden mit intensiver Reisetätigkeit, aber soviel er auch unterwegs war, bemühte er sich immer, zum Schabbat zu Hause zu sein.

Später sagte man, dass seine liebeshungrige Frau – in Erinnerung an sie hatten Hannas Eltern sie Jeanette nennen wollen – die Zeit, in der er fort war, damit verbrachte, romantische Liebesromane zu lesen, und ihn bei seiner Rückkehr immer leidenschaftlich begrüßte. Das, so hieß es, erklärte die zahlreiche Nachkommenschaft der beiden. Vielleicht war es der Einfluss dieser Romane, der dazu führte, dass Jeanette vielen ihrer Kinder nichtjüdische Namen gab – darunter Heinrich, Karoline, Hermann, Norbert, Marie und Adolf –, was bei den jüdischen Nachbarn zu Naserümpfen führte.

Simon und Jeanette Günzburger mit ihren drei jüngsten Söhnen, Heinrich (l.), Sigmar (sitzend) und Hermann, ca. 1882

Mein Großvater wiederum, der offiziell Samuel hieß, war vor allem unter seinem (deutschen) zweiten Namen Sigmar bekannt, wahrscheinlich, weil 1880, als er geboren wurde, wieder einmal der im Untergrund gärende Antisemitismus an Bedeutung gewann. In besonderem Maße war das in bäuerlich geprägten Regionen wie Ihringen der Fall, wo Juden als Mittelsmänner den Handel abwickelten und immer dann zu Sündenböcken gemacht wurden, wenn ums Überleben kämpfende Bauern ihre Schulden nicht bezahlen konnten.

Das religiöse Erbe Martin Luthers unterstützte die antijüdische Einstellung vieler Menschen, und der daraus resultierende Mangel an Aufstiegsmöglichkeiten bestärkte einige von Sigmars Brüdern in ihrem Entschluss, nach Amerika auszuwandern, als er selbst noch ein Kind war. Ohne das Vermögen, das sie dort mit Hilfe von Ölquellen, Goldminen und Bergwerken in Kanada zusammengetragen hatten, wäre es Sigmar später nicht gelungen, den Nazis zu entkommen. Ihren Eltern ermöglichte das Geld aus Amerika, Ihringen zu verlassen und in das nahe, viel größere und viel schönere Freiburg zu ziehen.

Nach Jahrhunderten unter französischer und österreichischer Herrschaft bestand Freiburgs Bevölkerung zu achtzig Prozent aus Katholiken und erhielt sich, so nahe an der deutschen Westgrenze gelegen, immer etwas vom französischen Prinzip der »Egalité«. Die Stadt blühte im Geist der ehrwürdigen Universität und war ein Zentrum liberalen und kosmopolitischen Denkens, sodass Simon und Jeanette hofften, dort auf mehr religiöse Toleranz zu treffen und bessere Schulen für ihre jüngeren Söhne zu finden.

Für seinen Geburtsort Ihringen empfand Sigmar so wenig, dass er nie wieder dorthin zurückkehrte und ihn, obwohl er nur 15 Kilometern entfernt lag, auch nie seiner Frau oder seinen Kindern zeigte. Heute prangt die grüne Landschaft des zwischen den beiden Städten gelegenen Kaiserstuhls mit Weinbergen, aus deren Trauben hervorragender Weißwein – Silvaner, Riesling, Weiß- und Grauburgunder – gekeltert wird, und mit weiten Feldern am Fuße des Tunibergs, wo weißer Spargel dick und fleischig unter Folien wächst, die ihn vor der Kälte und zu viel Feuchtigkeit schützen.

Als Sigmar 1889 im Alter von neun Jahren mit seinen Eltern nach Freiburg zog, war die dort wiedererstandene jüdische Gemeinde gerade einmal 26 Jahre alt. In den davorliegenden vierhundert Jahren durften Juden nicht in der Stadt wohnen.

In den Archiven habe ich das Melderegister mit der Anmeldung meines Urgroßvaters gefunden, in dem in der Rubrik »Religion« bei ihm und seiner Frau »Israeliten« eingetragen worden war, was ihnen einen besonderen Status gab. Den Freiburger Juden war 1865 erlaubt worden, eine Synagoge zu bauen und kurz darauf auch einen Friedhof.

1933, als Hitler die Macht übernahm, gab es in Freiburg immer noch nur 1138 Juden, was etwa einem Prozent der Bevölkerung entsprach, in etwa derselbe Prozentsatz wie im Rest des Landes.

Auf dem Gymnasium in Freiburg war Sigmar einer der besten Schüler. Dass er seine Zeugnisse und viele andere offizielle Papiere aufbewahrte, war Beweis seiner Hoffnung darauf, dass sich in seinem Vaterland irgendwann wieder Vernunft und Recht durchsetzen würden, sodass er eines Tages die Berechtigung bekommen würde, seine deutsche Staatsbürgerschaft wiederzuerlangen.

Ich schaute mir seine Schulnoten mit der gleichen mütterlichen Freude an, die ich beim Betrachten der Noten meiner eigenen Kinder empfinde. Irgendwie hatte ich dennoch das Gefühl, ich würde spionieren, wenn ich die schulischen Leistungen meines Großvaters überprüfte.

Sigmar trug diese Papiere immer bei sich, von Land zu Land, in einem, von ihm »Köfferle« genannten, abgewetzten braunen Lederkoffer. Er enthielt die Dokumente, die unanfechtbar bewiesen, wer er war. Und deshalb wurde dieses »Köfferle« sein wertvollster Besitz.

Erst bei meiner Recherche stellte ich fest, wie dankbar ich für die zwanghafte Neigung meiner Familie bin, jedes Dokument und jede Erinnerung aufzubewahren. Briefe und Bilder, Zeichnungen und Gedichte, Programmhefte und Streichholzbriefe, Zeugnisse, Pässe, Postkarten und Passierscheine aus dem Krieg. Grabreden, vor hundert Jahren verschickte Telegramme, Geburtsanzeigen, das erste, zu Herzen gehende Gekritzel von Kindern, linierte Hauswirtschaftsbücher und amtliche Akten, die sowohl die Kultur als auch die Geschichte der Verfolgung genau beschreiben. Das Testament, das Sigmar mit der Hand an seinem Hochzeitstag schrieb, und das hebräische Gebet- und Psalmenbuch voller Eselsohren, das die deutsche Armee jüdischen Soldaten überreichte, die im Ersten Weltkrieg in die Schlacht zogen. Die von den Nazis abgestempelten Dokumente, mit denen Sigmar alles weggenommen wurde, was früher sein Eigen war: sein Name, sein Haus und sein Heimatland. Wir alle sind Gelegenheitsarchivare unserer Familiengeschichte, als ob wir mit dem Aufbewahren dieser vergänglichen Schätze die Zeit anhalten und die Menschen, die wir lieben, so dauerhaft machen könnten wie Blaupausen.

Vor dem Krieg hatten Sigmars wohlhabende Brüder in Amerika ihm das Geld zur Verfügung gestellt, das er benötigte, um den Eisen-, Stahl- und Baustoffhandel aufzubauen, mit dem er zuerst in Mülhausen, dem späteren Mulhouse, auf der anderen Seite des Rheins begann.

Als seine Mutter im Jahre 1907 starb, war er Junggeselle, lebte allein in Freiburg, um sich um seinen Vater zu kümmern, und pendelte nach Mülhausen zu seiner Firma, bis er 1914 zur Infanterie eingezogen wurde. Auf Postkarten von der Front beschrieb er, damals 33 Jahre alt, wie er nach der Ausbildung in Konstanz mit dem 114. Infanterieregiment als Spezialist für die Ausleuchtung des Schlachtfeldes mit Scheinwerfern gedient hatte. Hätte nicht seine Nichte die Bauernhöfe der Umgebung nach Nahrung abgeklappert, um ihm jeden Tag etwas davon zuzuschicken, hätte er Hunger gelitten.

Dann bekam er rheumatisches Fieber. Trotz seiner Schmerzen posierte er stolz mit seinem Regiment für eine eigene Kriegspostkarte. Seine Haltung deutet an, dass dieser kleine jüdische Soldat – mit einem Schnurr- und manchmal einem Vollbart, in einer bis zum Hals zugeknöpften Uniformjacke, auf dem Kopf die Dienstmütze, die verdeckte, dass er schon die meisten seiner Haare verloren hatte – auch ein loyaler Deutscher war, der Goethe, Nietzsche, Beethoven und Wagner verehrte.

Sigmar (inmitten seiner Kameraden, 1. Reihe, 2. v. l.), war einer von 100 000 jüdischen Männern, die im Ersten Weltkrieg dienten – ein Sechstel der jüdischen Bevölkerung. 12 000 von ihnen fielen, was prozentual den gefallenen nichtjüdischen Soldaten entsprach. Dennoch gab es auf deutscher Seite Vorwürfe, die Juden würden nicht genug zur Verteidigung des Vaterlandes beitragen.

Ein von Hand mit lila Tinte geschriebenes Telegramm, das Sigmar am 26. Januar 1915, dem Datum, das auf dem Grabstein meines Urgroßvaters steht, an der Front erhielt, beweist, dass er nicht rechtzeitig zurückkehren konnte, um den erkrankten Simon noch lebend zu sehen.

Da er seinen Vater verloren hatte, entschied sich Sigmar, als er nach der deutschen Niederlage wieder ins zivile Leben eintrat, nach Mulhouse zu gehen. Seine ältere Schwester Marie und ihr Mann Paul Cahen lebten schon dort, obwohl die Geschichte dieser zwischen Deutschen und Franzosen umstrittenen Stadt andeutete, dass alle, die in ihr Heimat gefunden hatten, immer wieder Schwierigkeiten ausgesetzt waren, weil die Herrschaft über die Region ständig gewechselt hatte.

Im deutsch-französischen Krieg von 1870/71 hatte Frankreich Mulhouse an Otto von Bismarck verloren, der das Elsass und das benachbarte Lothringen als Teil des neugeschaffenen Deutschen Reiches beanspruchte. Die Stadt erhielt wieder den Namen Mülhausen, und die Bevölkerung musste die deutsche Sprache und die deutsche Kultur annehmen. Die Deutschen behandelten die Region wie ein besetztes feindliches Territorium, auch noch, als sie die dortigen jungen Männer in ihre Armee einzogen.

Knapp fünfzig Jahre später wurden die Karten wieder neu gemischt. Mit dem Sieg Frankreichs im Ersten Weltkrieg dankte der Kaiser ab und ging ins Exil. Das Elsass und damit auch Mülhausen sowie Lothringen kamen durch den 1919 unterzeichneten Versailler Vertrag zurück unter französische Herrschaft. Mit großer Freude nahm die leidgeprüfte Stadt wieder ihren französischen Namen an. Aber der Hass auf die Deutschen brannte weiter.

Bald nachdem Sigmar von der Front zurückgekehrt war, arrangierte seine Schwester Marie über eine Freundin in Eppingen ein Treffen mit Alice. Die frühere Krankenschwester aus Kriegstagen war 28 Jahre alt und sich der Tatsache wohl bewusst, dass sie es sich nicht leisten konnte, bei der Wahl eines Gatten allzu wählerisch zu sein, zumal so viele junge Männer im Krieg geblieben waren. Als Sigmar ihr einen Antrag machte, war er fast 40, kleiner als sie, ein ruhiger, ernsthafter und intelligenter Mann, dessen Lieblingsbeschäftigungen Lesen und Klavierspielen waren.

Es waren Eigenschaften, die dazu führten, dass Fremde ihn für streng und unnachgiebig hielten, die ihm zugleich aber auch die Aura eines freundlichen, tugendhaften Kindes verliehen. Er hatte klare Grundsätze und festgefügte Moralvorstellungen, sagte nie etwas Schlechtes über andere und lehnte es ab, Nachbarn zu übervorteilen. Sigmar hielt sich an die Gesetze des Landes, das er liebte, weil er glaubte, sie seien dazu da, Ordnung zu gewährleisten und Richtung vorzugeben. Darüber hinaus glaubte er an einen Gott, der das Universum fair regierte und tat, was immer er konnte, um sicherzustellen, dass die Gerechtigkeit siegte.

Als Sigmar und Alice nach dem Krieg einander vorgestellt wurden, war Alice 28 und Sigmar fast 40 Jahre alt

Aus der Sicht einer jungen Frau hatte er vermutlich wenig Attraktives an sich, aber seine Schweigsamkeit verlieh ihm Festigkeit und etwas Rätselhaftes. Alice bewunderte an ihm wohl die Verlässlichkeit, die er ausstrahlte, und die Hartnäckigkeit, mit der er um sie warb. Leidenschaft hatte bei dem Entschluss der lebhaften, aber auch ein wenig schüchternen früheren Krankenschwester wohl keine große Rolle gespielt. Schon nach zwei Treffen stimmte sie einer Heirat zu. Beim ersten Besuch hatte sie ihm kleine Stückchen Schweizer Schokolade auf einem Silbertablett serviert und nervös süßen Likör in fingerhutgroße bunte Gläschen gegossen. Bei der zweiten Zusammenkunft wäre sie fast eingenickt und vom Stuhl gefallen, als Sigmar mit ihrer Mutter sprach, die aufmerksam und unbeweglich als Anstandsdame daneben saß.

Zeit ihres Lebens war Alice stolz darauf, dass sie mit Blick auf ihre Zukunft so etwas wie Weisheit und Weitsicht bewiesen hatte. Sigmars Bruder und Geschäftspartner Heinrich war ein eleganter, viel besser aussehender Mann. Aber wenn sie über die Jahre ihren soliden Partner mit ihrem eitlen und reizbaren Schwager verglich, kam sie zu einem Schluss, den sie, wenn auch ohne großen Erfolg, auch ihren Töchtern zu vermitteln versuchte: dass das Aussehen bei der Wahl eines Ehemannes unwichtig war. Was zählte, das wusste sie, waren charakterliche Werte, auf die sich eine Frau immer verlassen können musste.

Alice' Hochzeitsfeier fand in einem Hotel in Heidelberg statt, bei der Maries Tochter Emilie, genannt »Mimi«, die kleine Gästeschar am Klavier mit Mazurkas von Chopin erfreute. Das Hochzeitsbild zeigt Alice in einem weißen Rüschenkleid, die Augen schüchtern nach unten gerichtet und ein wenig zusammengesunken, als ob sie verbergen will, dass sie größer ist als der ernst dreinblickende neue Ehemann an ihrer Seite. Sigmar mit weißer Fliege und einer goldenen Uhrenkette über der Weste blickt starr in die Zukunft.

Sigmar mit Alice und ihrer Familie bei ihrer Hochzeit in Heidelberg, Juli 1920. Sitzend (v.l.n.r.): Rosie, Johanna, Lina und Jennie. Stehend (v.l.n.r.): Rosies Ehemann Natan Marx, Alice' Bruder Siegfried, Alice, Sigmar, Linas Ehemann Sigmund Weil, Jennies Ehemann Joseph Guggenheim, ihr Sohn Werner

Als meine Großeltern 1920 heirateten, verbreitete die im Jahr zuvor gegründete Nazi-Partei ein offen antisemitisches Programm, das zum großen Teil vom jungen Adolf Hitler entworfen worden war. Es legte fest, dass »nur die Träger deutschen Blutes, welchem Glauben auch immer sie angehörten, zur Nation gehören könnten« und dass »demzufolge kein Jude Mitglied der Nation sein könne«.

Für Sigmar aber, den deutschen Kriegsveteranen mit deutscher Braut, erwies sich nach dem Krieg die Rückkehr in das jetzt französische Mulhouse, wo es gewaltige Ressentiments gegen die Deutschen gab, ebenfalls als schwierig. Er fühlte sich als Deutscher in Frankreich noch weniger willkommen denn als Jude in Deutschland. Deshalb überquerten Sigmar und Alice ein weiteres Mal den Rhein, um sich in Freiburg niederzulassen und dort eine Familie zu gründen.

18 Jahre später waren sie gezwungen, denselben Weg wieder zurückzugehen, als klar wurde, dass Sigmars Vergangenheit als Kriegsveteran und Alice' Dienst am Vaterland als Krankenschwester, die die Soldaten ihres Landes im Krieg betreute, nicht außer Kraft setzen konnten, dass sie Juden waren.

Als sie heirateten, war es vor allem Alice, die darauf drängte, in die lebhafte Universitätsstadt zu ziehen, wo es ein gutes Theater und eine geschätzte Oper gab. Mit Bergbahnen gelangte man leicht auf die Höhen des nahe gelegenen Schwarzwalds, wo man wunderbar wandern und im Winter Ski laufen konnte. Im Sommer lockten Bergseen, an ihren Ufern festlich geschmückte Biergärten, Besucher aus ganz Europa an.

1921, als Alice ihr erstes Kind zur Welt brachte, einen Sohn, dem sie den Namen Norbert gaben, hatte die Nazi-Partei 3000 Mitglieder, und Hitler gründete eine paramilitärische Einheit, die braune Hemden tragende Sturmabteilung (SA). Die Partei machte das Hakenkreuz, ein altindisches Fruchtbarkeitssymbol, zu ihrem Emblem und nutzte es auf ihren Fahnen und Abzeichen, und schon bald wurden aus den hasstriefenden antijüdischen Parolen in Hitlers Reden Gewalttakte. Als zwei Jahre später Hanna geboren wurde, erschien erstmals das antisemitische Hetzblatt »Der Stürmer«.

1925, als die zweite Tochter der Günzburgers, Gertrude, zur Welt kam, veröffentlichte Hitler den ersten Band seiner Autobiografie »Mein Kampf«, in dem er die Juden als »Vampire« bezeichnete, die es sich zum Ziel gesetzt hätten, hinterhältig andere Völker zu versklaven.

1926 wurde die Hitlerjugend gegründet, aber die Günzburger-Kinder waren noch zu klein, um davon Kenntnis zu nehmen oder festzustellen, dass ihnen die Mitgliedschaft verwehrt war. Erst einige Jahre später, als sie, wie ihre Freunde, auch zu denen gehören wollten, die stolz in der Uniform der Hitlerjugend an Nazi-Kundgebungen teilnahmen, mussten sie unter Schock erkennen, dass sie Ausgestoßene waren.

Die Heirat mit Sigmar veränderte Alice. Die temperamentvolle, energische junge Frau, der der Postbote in Eppingen sogar Briefe zustellte, die an die »freche Lisel« adressiert waren, wandelte sich zu einer fügsamen, sich unterordnenden Ehefrau. Sie war sorgfältig und mit der Aufmerksamkeit der Krankenschwester darauf bedacht, dass es ihr Mann bequem hatte und es ihm an nichts fehlte.

Solange er lebte, bestrich sie sein Brot mit Butter, knöpfte seine Hemden zu, ließ sein Badewasser ein und rannte ans Fenster, um es zu öffnen oder zu schließen, sobald er auch nur das leiseste Zeichen erkennen ließ, dass er sich dann wohler fühlen würde. Räusperte er sich, holte sie sofort einen Pullover. Hatte sie den Eindruck, dass er etwas sagen wollte, sorgte sie für Ruhe im Raum. Für ihn da zu sein wurde ihr wichtigstes Lebensziel.

Alice liebte ihre Kinder sehr, überließ deren Pflege und Erziehung aber einer ganzen Reihe von Gouvernanten. Sie glaubte, diese würden sie besser auf das Leben vorbereiten, als sie es selbst gekonnt hätte. Weil ihre eigene Mutter ihr gegenüber nur selten Emotionen gezeigt hatte, hielt sich auch Alice ihren Kindern gegenüber mit Gefühlsäußerungen zurück. Ein lauter Schmatz in die Luft ersetzte einen Kuss, und wenn man sie umarmen wollte, schreckte sie instinktiv zurück und hob abwehrend die Hände.

Als Mutter richtete Hanna ihr Verhalten nicht an Alice aus. Doch mit der Art und Weise, wie sie ihren Ehemann umsorgte, folgte sie dem Beispiel ihrer Eltern. Vor allem aber übernahm sie im Verhältnis zu ihrem Vater die von ihrer Mutter vorgelebte Pflicht, stets dafür zu sorgen, dass es Sigmar an nichts fehlte. Verzweifelt um Sigmars Verständnis und Zuneigung bemüht und mit dem Ziel vor Augen, Ärztin zu werden, wurde Hanna das brave, gehorsame »Mittel«-Kind zwischen einem rebellischen älteren Bruder und einer jüngeren Schwester, die beide das Talent hatten, ihren Eltern Probleme zu bereiten.

Ein einziges Mal hatte sie widersprochen. Als Sigmar sie aufforderte, ihre Schulbücher vom vergangenen Jahr einem Kind aus weniger begütertem Elternhaus zu überlassen, wandte sie, um seine Entscheidung zu beeinflussen, ein: »Ich würde sie gerne behalten, Vater.«

»Hol sie sofort her!«, brüllte Sigmar und packte sie am Hals. Es sollte eine Warnung sein.

»Erteile Vater eine Lektion! Lauf fort«, riet ihr Norbert. »Komm nicht zurück, bis sie dich finden! Lass Vater denken, du bist vermisst oder tot. Dann wird er Angst um dich haben.«

Er führte seine kleine Schwester in einen nahegelegenen Park und sagte ihr, sie solle die ganze Nacht dortbleiben. Aber als es dunkel wurde und der Parkwächter begann, die Tore zu schließen, erkannte Hanna, hungrig, kalt, allein und verängstigt, dass sie es war, die am meisten unter ihrem Versuch, Vergeltung zu üben, leiden würde. Sie schlüpfte unbemerkt durch das Tor und kam zu Hause an, bevor ihre Eltern ihr Verschwinden überhaupt bemerkt hatten.

»Ich kann dich nicht bestrafen, aber Gott wird es tun«, pflegte Alice in solchen Fällen seufzend anzumerken.

Es war eine Prophezeiung, die die Kinder wegen der widerstandslosen Unterwerfung ihrer Mutter unter die Unnachgiebigkeit ihres Mannes als noch viel drohender empfanden.

Bei Licht betrachtet war es Alice, die Sigmar die Rolle des Bösen überließ, und normalerweise war es Norbert, der sich dem Zorn seines Vaters gegenübersah, wenn der ihn mit zusammengekniffenem Mund und hervorquellenden Augen ungeschickt um die runde Polsterbank im Foyer des Hauses jagte, in der Hand die alte neunschwänzige Katze, die sie nur »Lavatli« nannten.

Weil er sehr bald, noch bevor er drei Jahre alt war, eine kleine Schwester bekam und zwei Jahre später eine weitere, musste Norbert schon sehr früh den Erwachsenen spielen. Schon als kleiner Junge hatte er so oft Probleme mit seinem Vater, dass er glaubte, er sei gar nicht der leibliche Sohn, sondern adoptiert. Im Bemühen um die Liebe und Zuwendung seiner Mutter provozierte er sie so oft, dass sie verzweifelt in Tränen ausbrach, und dann war er es, der sich schuldig fühlte.

»Sogar wenn ich nur euer Stiefsohn bin und immer nur behandelt werde, als wäre ich unerwünscht, macht mir das nichts aus, ich bin daran gewöhnt«, schrieb er schon als Achtjähriger in kindlicher Handschrift auf ein Blatt Papier. »Grüße und Küsse von Norbert, der Euch liebt, selbst wenn ihr ihn nicht zurückliebt. Ich will wieder gut sein... Ich lege diesen Zettel an Euer Bett, bitte lest ihn!«

Als dann Sigmar eine neue, strenge Gouvernante einstellte und ihr die Aufgabe übertrug, seine Kinder zu formen, erwies sie sich in dieser Funktion als noch erfolgreicher, als sogar der strengste aller Väter es sich hätte wünschen können. Die Ankunft von Fräulein Elfriede, die eine sadistische Freude empfand, die ihr Anvertrauten zu quälen und zu misshandeln, wurde schon bald zum schärfsten Einschnitt im Leben der Günzburger-Kinder. Blind überließen Alice und Sigmar sie ihrer totalen Kontrolle. Den Kindern, die es nicht wagten, den Eltern von ihren Grausamkeiten zu erzählen, kam die Gouvernante bald so vor wie die in ihr Heim eingezogene Inkarnation des Nazi-Terrors, der das ganze Land ergriffen hatte.

Elfriede war etwas über dreißig Jahre alt und hatte den muskulösen Körper einer Sportlerin, weibliche Kurven, struppige blonde Haare und die groben, platten Gesichtszüge eines Preisboxers. Ihr unerbittlicher Drill, so versicherte sie Sigmar und Alice, würde die innere Widerstandskraft der Kinder stärken. Wenn dem so war, trug es auch dazu bei, dass sich in Hanna eine lebenslange Furcht vor autoritären Menschen ebenso festfraß wie ein tiefsitzender Hunger nach Zustimmung und Anerkennung, was dazu führte, dass sie nie von dem abwich, was von ihr verlangt wurde. Was immer das Leben ihr auferlegte, sie nahm es hin. Und manchmal, vor ihrer Heirat und auch während ihrer Ehe, wenn sie eigentlich lieber ihren eigenen Weg gegangen wäre, zwang ihr Pflichtgefühl – zunächst gegenüber ihren Eltern und dann gegenüber ihrem Ehemann und ihren Kindern – sie dazu, ihre eigenen Interessen aus Rücksicht auf andere zurückzustellen.

Fräulein Elfriede stachelte den Konkurrenzkampf der Kinder untereinander an und schürte so zwischen ihnen, vor allem zwischen den beiden Schwestern, eine Rivalität, die ihr Verhältnis ihr ganzes Leben lang belastete und dazu führte, dass zwischen ihnen eine Nähe, die hätte ausgleichen können, was sie bei ihren Eltern vermissten, nicht zustande kam. Zugleich ließ sie erkennen, dass sie dem Kind, das sie am meisten mochte, die schlimmsten Quälereien ersparen würde, was dazu führte, dass alle drei um ihre Gunst wetteiferten, obwohl sie sie verachteten.

Norbert und Hanna in Fastnachtskostümierung

»Ich will an Fräulein Elfriedes rechter Hand gehen«, pflegte Norbert zu rufen, wenn sie einen Spaziergang unternahmen.

»Und ich an ihrer linken«, fügte Trudi hastig hinzu.

Also blieb Hanna nichts weiter übrig, als hinterherzutrotten, während ihre Geschwister sie hämisch über die Schulter ansahen.

Die ganze Familie nannte Hanna nur den »Nebbich«, die Scheue – eines der wenigen jiddischen Wörter, die im Haus erlaubt waren –, und bei Fräulein Elfriede erntete ihre Ängstlichkeit nur Spott.

»Ich strafe dich mit Verachtung«, höhnte die Gouvernante und vermied es, ihr in die Augen zu blicken, so als wäre schon ihr Anblick einem Menschen von Bedeutung widerwärtig. Ob es nun Teil ihres Naturells war oder Ausdruck ihrer Verehrung für Hitlers Absicht, eine »brutale, dominierende, furchtlose und grausame« Generation heranzubilden, Fräulein Elfriede behandelte die Kinder so wie die Hitlerjugend ihre nichtjüdischen Freunde.

Jeden Abend verlangte sie, dass die Kinder miteinander eiskalt duschten, und stoppte die Zeit, wie lange welches Kind die Kälte und die Scham am längsten ertrug. Dem Sieger erlaubte sie dann, den beiden anderen ein Spielzeug wegzunehmen. Sie ließ sie Boxkämpfe austragen und brachte sie dazu, mit Schwester oder Bruder auf den Schultern vom oberen Sprungbrett im Eppinger Schwimmbad zu springen, noch bevor sie Schwimmen gelernt hatten. Norbert sperrte sie bei Gewitter auf die Terrasse, und Trudi schloss sie in einem kleinen dunklen Schrank unter dem Dachfirst ein, wo die Schmutzwäsche aufbewahrt wurde. Und wenn Trudi abstritt, sich schlecht benommen zu haben, musste sie mit Fräulein Elfriede durch die Straßen laufen mit einem Schild auf dem Rücken, das allen mitteilte, dies sei die »Lügen-Gertrude«.

Das Schlimmste waren für Hanna die Versteckspiele in einer Burgruine oberhalb der Stadt. Es war ein Ort, den Fräulein Elfriede wegen Hannas Angst vor dem Alleingelassenwerden ausgesucht hatte. Als sie das erste Mal dorthin gingen, war Hanna von der Erhabenheit des Ortes verzaubert. Hier, vom im Dunst liegenden Gipfel des Schlossberges, reichte ihr Blick über das Elsass bis weit hinein nach Frankreich und zu den Vogesen in blauer Ferne. Zu ihren Füßen lag Freiburg wie eine Spielzeugstadt mit seinen orangeroten Ziegeldächern und seinen hochaufragenden Türmen. Zur vollen Stunde läuteten die Glocken der vielen Kirchen, alle durcheinander. Ihr Geläut hallte von den Hügeln rund um die Stadt wider.

Hannas Ergriffenheit bei diesem Anblick endete jäh, als Fräulein Elfriede verlangte, sie solle sich die Augen zuhalten, und sich dann selbst mit Norbert und Trudi versteckte. Schluchzend, aber vergeblich durchsuchte Hanna den Wald um sie herum, und als sich die Wolken über dem Gipfel zusammenzogen, fühlte sie sich gedemütigt in der Vorstellung, dass die anderen sie beobachteten und über sie lachten. Sie wusste, dass sie ihre wachsende Angst registriert hatten und später mit Schadenfreude ihren Klassenkameradinnen davon erzählen würden.

Sigmar und Alice, die den Ängsten und Sorgen ihrer Kinder wenig Aufmerksamkeit schenkten, bekamen davon nichts mit, begrüßten aber, dass das Fräulein für eine »gute Kinderstube« der drei zu sorgen schien. Fräulein Elfriede lehrte die Mädchen Nähen und Häkeln, zeigte ihnen, wie man strickt und stickt, trieb mit allen dreien Sport und brachte ihnen Manieren bei. Die Mädchen mussten lernen, wie man sich gerade hielt und wie man zu gehen hatte, sie mussten die Zehen vor der Ferse aufsetzen und sich bewegen, als ob sie schwebten. Jeden Abend rief das Fräulein sie ins Wohnzimmer, wo diese Fähigkeiten zur Schau gestellt wurden und sie für ihre Eltern ein Gedicht vortragen oder auf dem Akkordeon ein kleines Lied spielen mussten. Erst dann durften sie auf ihre Zimmer gehen. Nach einiger Zeit wurde ihre Angst vor Fräulein Elfriede so übermächtig – und ihr Verhältnis zu ihren Eltern so förmlich –, dass die Kinder nicht mehr in der Lage waren, Alice und Sigmar mitzuteilen, was sie über die Bewunderung ihrer Gouvernante für Hitler herausgefunden hatten.

*Trudi (l.), Hanna und Norbert in Freiburg, aufgenommen
zu Sigmars fünfzigstem Geburtstag, 1930*

»Wes Brot ich ess', des Lied ich sing«, war lange Zeit der Wahlspruch der Kinder. Dann, als Fräulein Elfriede eines Nachmittags ihren Mantel anzog, sahen sie, verdeckt durch das Revers, das Hakenkreuz, das Parteiabzeichen der Nazis. Diese Entdeckung erschreckte sie zu Tode, aber mehr noch fürchteten sie Fräulein Elfriedes Vergeltung, sollten sie dies ihren Eltern erzählen. Also verschwiegen sie eingeschüchtert ihr hässliches politisches Geheimnis.

Als 1935 die Nürnberger Rassengesetze verkündet wurden, die die Kontakte genau beschrieben, die zwischen Deutschen und Juden erlaubt waren, und die es auch verboten, dass Juden arische Hausangestellte beschäftigten, verließ Fräulein Elfriede den Haushalt der Günzburgers. Für die Kinder war das ein wunderbarer Nebeneffekt der neuen Nazi-Gesetzgebung. Am Tag ihres Abschieds saßen die drei Kinder auf der Treppe, und als die verhasste Frau an ihnen vorbei hinabstieg, schlugen sie mit großen Holzlöffeln auf Töpfe ein, die sie zwischen den Beinen hielten. Es war ein Trommelwirbel, der ihre Freiheit ankündigte. Auf dem Weg die Wendeltreppe hinab streifte die Gouvernante ihre Knie. Sie hielt sich steif wie ein Ladestock, ihre Lippen waren zu einem schmalen Strich zusammengebissen und sie sagte kein Wort.

Viel später, nach dem Krieg, hörten sie wieder von Fräulein Elfriede. Sie schrieb Alice nach New York und bat ihre früheren jüdischen Arbeitgeber inständig, ihr Lebensmittel und Kleidung zu schicken. Ganz gegen ihre sonstige Art widersprach Hanna – da war sie schon lange Janine – und bestand darauf, dass Alice dieses Flehen ignorierte. In ihren Kindheitserinnerungen hatte Fräulein Elfriede immer große Bedeutung. Sie übte absolute Macht aus, wie ein Vorauskommando der Gestapo, und war so etwas wie das hinterhältige Symbol des schleichenden Übels des Reiches.

»Du siehst mich nie wieder«, schwor Janine ihrer Mutter, und beide erschraken wegen dieser Drohung, »wenn du dieser grausamen Nazi-Hexe auch nur einen Zahnstocher schickst«.

Janine zerriss Elfriedes Briefe, aber Alice' Schatzkiste enthielt zahlreiche weitere, lang aufbewahrte Schriftstücke, einige davon von einer anderen früheren Hausangestellten, Agathe Mutterer, die in die Poststraße kam, um dort die Wäsche zu bügeln.

1961, als sie die New Yorker Adresse der Günzburgers erhielt, war sie 74 Jahre alt und schrieb Alice nach 23-jähriger Trennung aus Freiburg:

> »Es ist viele schwere Jahre her, seit unserer gemeinsamen Zeit in der Poststraße. Wie gerne bin ich zu Ihnen gekommen, um zu bügeln. Dann haben Ihre drei lieben Kinder einen Kreis um mein Bügelbrett gebildet, mir auf dem Akkordeon vorgespielt und mir kleine Pralinen gebracht! Ich habe mich in Ihrer Familie so zu Hause gefühlt. Seit damals haben wir viel erleiden müssen, ich bin alt geworden und fast alle Verwandten sind gestorben. Aber ich wäre so froh, wenn ich von Ihnen hören wür-

de und wüsste, dass Sie alle noch leben. Freuen Sie sich, dass jemand in Ihrer alten Heimat noch immer dankbar an Sie denkt. Möge Gott Sie immer beschützen.«

Bereits 1936 hatte dieselbe Agathe Mutterer in Hannas Poesiealbum einige Zeilen geschrieben, die sich später als außergewöhnlich weitsichtig erweisen sollten: »Mein liebes, gutes Hannele«, schrieb sie, »lerne, deine Probleme geduldig zu ertragen. Lerne zu verstehen und zu vergeben. Lerne zu lieben – und es wird dir helfen.«

DREI

Die Nazi-Zeit

Der Vorfrühling des Jahres 1933 war in die Schwarzwaldtäler eingezogen. Auf den Bergen lagen noch Flecken von dünnem Schnee, aber in Freiburg waren die Krokusse vor der Zeit aus dem Boden gekrochen, und an den Kastanien schlugen rosa und cremefarbene Blütenkegel aus. Aber sogar in diesem Universitätsstädtchen in der wärmsten Ecke Deutschlands verdunkelten schon bald die ersten Wolken des kommenden politischen Gewitters die Freude über den erwachenden Frühling.

Es war der Beginn der Nazi-Zeit, wie diese zwölf schwärzesten Jahre in der deutschen Geschichte genannt werden, so als ob sie über Deutschland gekommen wäre wie eine Jahreszeit, wie Frühling, Sommer, Herbst oder Winter.

Am 31. März machte Sigmar die überraschende Feststellung, dass auch er selbst direkt von der politischen Entwicklung betroffen war. An jenem Tag verkündete »Der Alemanne«, die Parteizeitung der badischen Nationalsozialisten, dass die Juden Deutschland den Krieg erklärt hätten und dass man jetzt den »entschlossenen Abwehrkampf« aufnähme. Erste Maßnahme sei ein Boykott aller jüdischen Geschäfte. Unter der Überschrift »Achtung Boykott!« waren die Namen von mehr als zwanzig Freiburger Unternehmen aufgelistet, die auf Anordnung des Reichsministers für Volksaufklärung und Propaganda, Joseph Goebbels, selbst ein ehemaliger Freiburger Student, zu ächten seien.

Auf der Liste standen auch die Gebrüder Günzburger.

Titelseite der badischen Parteizeitung »Der Alemanne«
vom 31. März 1933, die den deutschen Juden den Krieg
erklärt und zum Boykott jüdischer Geschäfte aufruft

»Die Juden wollen Deutschland vernichten«, warnte das Blatt und forderte mit fettgedruckten Ausrufezeichen zum landesweiten Boykott auf: »Kein Deutscher kauft künftig bei Juden! Denkt daran! Juda wollte Deutschland vernichten!«

In Fraktur, der damals von den Nazis bevorzugten Schrift mit gotischen Lettern, die erst 1941 auf Anordnung Hitlers als »altmodisch« abgeschafft wurde, forderte »Der Alemanne« die Freiburger Bürgerschaft auf, sich am Abend um Viertel nach acht auf dem Münsterplatz zu versammeln. Dort, im Schatten der großartigen, gotischen Kathedrale, hatten sich die Freiburger Bürger immer schon eingefunden, um morgens mit wettergegerbten Bauern und Marktfrauen, die ihre Produkte unter bunten Schirmen auf Karren und in Körben feilboten, um die Preise zu feilschen.

An jenem Abend dominierten anstelle von Obst und Blumen, Würsten und Käse, Oliven und Nudeln schwarzrote Nazi-Fahnen mit Hakenkreuzen den Platz, und die Einwohner der Stadt versammelten sich in Massen, um das Kriegsgeschrei gegen ihre alten jüdischen Nachbarn anzustimmen.

Markt auf dem Münsterplatz, Südseite, mit dem spätgotischen »Historischen Kaufhaus« links

Die damals neunjährige Hanna konnte sich daran erinnern, wie Sigmar nur acht Wochen zuvor, als der Nazi-Führer am 30. Januar zum Reichskanzler ernannt worden war, mit den Worten »Hitler hat das Ruder übernommen« seinen Bruder Heinrich aufgeschreckt hatte. Hanna hatte sich gefragt, was denn ihr Vater mit seiner Bemerkung gemeint haben könnte.

Am 1. April wurde ihr klar, worin seine Sorgen bestanden. Kurz nach zehn Uhr morgens riegelte ein Trupp der SA in ihren braunen Hemden den Bürgersteig vor seinem Büro ab und schmierte unter den neugierigen Augen einer schnell anwachsenden Menschenmenge mit gelber Farbe Davidssterne auf die Fenster, um jedermann klarzumachen, dass dies ein jüdisches Geschäft sei und deshalb nicht betreten werden dürfe. Es war Hitlers erklärtes Ziel, die »Reinheit des deutschen Blutes« durch »Ausrottung der jüdischen Verunreinigung« zu schützen – und ökonomische Restriktionen waren der erste Schritt dazu.

Obwohl Sigmar, Alice und viele ihrer Freunde immer betont hatten, sie seien echte Deutsche jüdischen Glaubens – und dass der Unterschied eine Frage der Religion und nicht der Rasse sei –, verbot das offizielle Nazi-Dogma diese Sichtweise. Das führte dazu, dass von jetzt an deutsche Juden ihre Bemühungen verdoppelten, sich von den in großer Zahl aus den armen polnischen Ghettos über die Grenze kommenden Ostjuden zu distanzieren, den Orthodoxen, die mit ihrer rabenschwarzen Kleidung, langen Bärten und bruchstückhaftem Deutsch am Rande der Gesellschaft standen und unangenehm auffielen.

Im Unterschied dazu war die Freiburger Synagoge, ein imposantes Gebäude direkt neben der Universität, liberal, und die meisten männlichen Gemeindemitglieder vermieden es, die »Jarmulke«, die traditionelle »Kippa«, zu tragen, und setzten stattdessen lieber den dunklen Homburger-Hut auf, den sie auch auf der Straße trugen.

Die Religion hatte ihre Bedeutung in ihrem Leben, aber insgesamt hatte die Gemeinde ein säkulares Religionsverständnis.

Deshalb verbrachte Sigmar, wie auch seine nichtjüdischen Kollegen, den Samstagmorgen im Büro. Und obwohl er seiner Frau und seinen Kindern verbot, am Schabbat zu schreiben, zu nähen oder zu spielen, gestattete er sich selbst großzügig eine Ausnahme und rauchte auch dann seine geliebten Zigarren.

»Gott wird Sigmärle schon vergeben«, pflegte er grinsend und mit einem Achselzucken den fröhlichen Kompromiss zu kommentieren, den er mit dem Allmächtigen gemacht hatte.

Allerdings hielt er sich, auch wenige Tage nach der ersten Nazi-Kundgebung, sehr genau an das, was die Gemeinde von ihm erwartete, und bestand darauf, dass Hanna als nachbarschaftliche Geste zu Ostern seinen nichtjüdischen Kunden in Papier eingewickelte Pessach-Matzen vorbeibrachte. Hanna liebte die achttägigen Osterferien und vor allem das dazugehörige traditionelle Frühstück, genannt »Matzekaffee« – Matzen, eingetunkt in große Tassen Kaffee mit Zucker und Milch –, aber sie hasste die ihr jedes Jahr übertragene Aufgabe, die Pessach-Matzen auszutragen.

Zögerlich ging sie ihre Tour durch die Stadt, sagte »Guten Tag«, wie ihr aufgetragen worden war, und machte einen höflichen Knicks.

»Ich bin die Tochter von Sigmar Günzburger, der ihnen als Festtagsgruß mit seinen besten Wünschen einige von unseren Pessach-Matzen überreichen möchte.«

Es gab in Deutschland den weitverbreiteten Aberglauben, dass Matzen vor Blitzschlag schützen würde. Deshalb hatten es sich die Juden in einigen Landesteilen zur Gewohnheit gemacht, ihre Kinder an Ostern loszuschicken, um ihren nichtjüdischen Nachbarn das ungesäuerte Matzen-Brot zu überreichen. Die Versuche der Nazis, durch eine Art Neuauflage des seit dem Mittelalter kolportierten Gerüchts, die Juden bräuchten Menschenblut, um Pessach-Matzen herzustellen, die öffentliche Stimmung gegen die Juden anzuheizen, half Hanna wenig in ihrer Abneigung gegen das alljährliche Austragen der Geschenke.

Auch im folgenden Jahr – 1934 – musste sie wieder losziehen, obwohl »Der Stürmer«, das antisemitische Hetzblatt der Nazis, in einer 14-seitigen Beilage das Thema der Ritualmorde der Juden an christlichen Kindern zur Herstellung von Matzen wieder aufgegriffen hatte.

Immerhin freuten sich Hanna und Trudi am gleichzeitig mit Ostern stattfindenden Pessach-Fest über neue Kleider, Mützen und Schuhe, die sie draußen vorführen konnten. Jedes Mal, wenn sie nach ihrer Einkaufstour mit Alice nach Hause kamen, waren die Mädchen stolz, ihrem Vater ihre neuen Prunkstücke zeigen zu können, obwohl sie schon vorher wussten, wie er versuchen würde, sie aufzuziehen.

»Oh, ich weiß doch schon alles«, sagte er dann und bemühte sich, so zu tun, als ob die Gerüchteküche in der Stadt ihm schon alles mitgeteilt hätte. »Auf dem Rotteckplatz reden doch alle darüber!«

Und als dann der Tag des Pessach-Festes kam und sie sich in ihren neuen Kleidern auf den Weg zur Synagoge machten, schlug Sigmar auf den schweren Mahagonitisch im Foyer und führte dann die Hand an die Brust, als ob er von ihrem Anblick völlig überwältigt wäre.

»Was werden die Leute sagen, wenn sie euch sehen?«, fragte er scheinbar verwundert, woraufhin die Mädchen rot wurden und die ganze Familie in Lachen ausbrach. Die große Freude, die alle in diesem Moment ergriff, wurde ein wenig gedämpft, weil sie neben ihrer Mutter standen, die alle Komplimente über das Aussehen der Mädchen abwies.

»Ach, das ist doch nichts Besonderes«, sagte Alice jedes Mal und machte eine Handbewegung, die Bescheidenheit ausdrücken sollte, wenn sie darauf angesprochen wurde, wie nett ihre Töchter aussahen, die immer in den zu ihnen passenden Farben gekleidet waren. Hellblau für Hanna, wie ihre Augen, rot für Trudi, wie ihre Haare.

Die alte Freiburger Synagoge, erbaut 1885, zerstört von den Nazis 1938

Nachmittags, nach der Schule, hatten Hanna, Trudi und Norbert Hebräisch-Unterricht, und freitagsabends, vor dem Schabbat, sangen sie im Chor der Synagoge. Während der Gottesdienste, zu denen Frauen und Mädchen auf der Empore Platz nahmen, war Hanna gegen ihren Willen immer vollständig ergriffen.

Als Kind, dem stets bewusst war, dass Gefahr und Verlust drohten, und das sich versteckte, wenn es Trost suchte, waren für sie Gebete so etwas wie eine Versicherung. In der Nüchternheit des Gotteshauses ersehnte sie sich einen gütigen Gott, der sie in die Arme nahm und ihr die kindlichen Zweifel vergab. Stattdessen aber traf sie dort auf einen anderen Gott, einen, der sie mit der Aussicht erschreckte, für die Sünde büßen zu müssen, nicht auf SEINE Gebote geachtet zu haben. Gebote, die verbunden waren mit komplizierten, schwer einzuhaltenden Regeln und harten Strafen. Die Herrschaft Gottes war für sie so etwas wie das Spiegelbild der autoritären Umgebung, die zu Hause herrschte. Und die Furcht, etwas zu tun, das Gott oder Sigmar missfallen könnte, hatte nicht nur ständige Ängstlichkeit und Unsicherheit zur Folge, sondern auch ein permanentes Schuldgefühl, das schon damals ein beherrschender Teil ihres Naturells war.

Hannas »Neujahrsbrief« von 1934, geschrieben in Sütterlin, der Handschrift, die von 1915 bis 1941 in den Schulen gelehrt wurde

Freiburg, den 29. Elul 5694 [09. September 1934]

Liebe Eltern,

das alte Jahr ist nun vorbei und das neue Jahr wird seinen Einzug halten. Darum will ich nicht versäumen, Euch für all das Gute, das Ihr für mich getan habt, zu danken. Möge der liebe Gott Euch weiter so gesund erhalten wie bisher und Euch noch ein recht langes Leben schenken. Ich habe mir auch vorgenommen, mir alle Mühe zu geben, Euch lieben Eltern recht viel Freude in diesem Jahre zu machen. Möge der liebe Gott Euch auch dieses Jahr in das Buch des Lebens eintragen.

In Treue Eure Tochter Hanna

An Rosch Ha-Schana, dem jüdischen Neujahrsfest, mussten die Günzburger-Kinder für ihre Eltern eine schriftliche Bewertung ihres Verhaltens im vergangenen Jahr abgeben. In Schönschrift schrieben sie auf geblümtem Papier Briefe, die dann wie eine Opfergabe auf die Kissen ihrer Eltern gelegt wurden. Darin dankten sie ihnen überschwänglich für alles, was sie für sie taten, und versprachen, sich in ihren schulischen Leistungen und zu Hause zu bessern. Der Ton der Briefe blieb dabei stets gleich.

Die gerade elfjährige Hanna schrieb beispielsweise an Rosch Ha-Schana 1934:

>»Ich verspreche, mich im kommenden Jahr noch mehr zu bemühen, Euch zu erfreuen. Ich werde keine frechen Antworten geben. Ich werde mich sehr bemühen, in der Schule gut zu sein.«

Und ein Jahr darauf, im Alter von zwölf Jahren:

>»Im vergangenen Jahr war ich manchmal böse. Dafür bitte ich Euch von ganzem Herzen um Verzeihung. Ich hoffe, dass der liebe Gott mich nur gute Dinge tun lässt und Euch alle Liebe und all das Glück schenkt, das Ihr verdient. Das wünscht Euch Eure dankbare Tochter.«

Um ihren Vater zu beeindrucken, versuchte Hanna, im Alten Testament Fragen zu finden, über die sie mit ihm beim sonntäglichen Familienausflug diskutieren konnte. Oft fuhr Bühler, der Chauffeur, sie dann zum Alten Friedhof aus dem 17. Jahrhundert, wo die Ahnen der katholischen Bürger der Stadt begraben lagen. Sigmar liebte es, an Wochenenden seine Familie zwischen den vornehmen Gräbern hindurchzuführen und Erläuterungen zur Familiengeschichte der alteingesessenen Freiburger abzugeben, deren bemooste Grabsteine eine besondere Faszination auf ihn ausübten.

Aber immer, wenn Hanna ihn nach Gott oder dem Tod oder den Gründen für das Böse fragte, war Sigmars Antwort schroff und unnachgiebig.

»Wir stellen diese Dinge nicht in Frage«, wies er sie zurecht. Auch viel später noch zuckte sie immer wieder zusammen, wenn sie daran dachte, wie er außer Fassung geriet, als sie im Bemühen, ihm zu zeigen, wie sehr sie sich mit der Tora beschäftigt hatte, erzählte, sie habe von einer Freundin gehört, Adam und Eva seien nicht aus dem Paradies vertrieben worden, weil sie keusch vom verbotenen Apfel gegessen hatten, sondern weil sie Gott dadurch verärgert hätten, dass sie Geschlechtsverkehr miteinander hatten.

»Wer hat dir solche Sachen erzählt?«, fragte Sigmar und wies sie an, mit ihrer Expertin für Theologie nie wieder ein Wort zu wechseln.

Hanna, die sich immer große Mühe gab, es anderen recht zu machen, war eine fleißige und gute Schülerin. Ihr mit einem Preis belohnter Beitrag zu einem Schönschreibwettbewerb in der komplizierten Sütterlin-Schrift wurde im Museum ausgehängt und sie bemühte sich, Klassenerste zu werden, weil Sigmar ihr dafür ein neues Fahrrad versprochen hatte.

Als ihre Noten dann tatsächlich die besten waren, weigerte sich die Schulleitung, dies anzuerkennen, weil sie Jüdin war – und Sigmar unternahm nichts gegen diese Ungerechtigkeit.

Deshalb bekam sie auch nie das neue Fahrrad, auf das sie sich so gefreut hatte. Später, als ich elf Jahre alt war, kaufte sie mir ein nagelneues weißes der Nobelmarke Schwinn und staffierte es mit diebischer Freude mit Gepäckkörben, einer Glocke an der Lenkstange und Wimpeln aus. Sie war damals 36, und manchmal, wenn ich in der Schule war, fuhr sie damit durch den Ort.

Aber dennoch war der Spaß für sie, wenn sie alleine durch die leeren Vorstadtstraßen von New Jersey fuhr, nicht zu vergleichen mit dem Vergnügen, das sie gehabt hätte, wenn sie unter den bewundernden Blicken ihrer Klassenkameradinnen mit einem neuen blitzenden Prachtgefährt durch die geschäftigen Straßen Freiburgs zur Schule gefahren wäre.

1933 erließ das Reich ein neues Schulgesetz, das vorschrieb, dass der Anteil von nichtarischen Schülern an deutschen Schulen auf maximal fünf Prozent zu begrenzen sei. Auf diese Weise wurden Tausende jüdische Kinder aus ihren Klassen verdrängt und mussten kurzfristig gegründete jüdische Schulen besuchen. Das Zentralkomitee der deutschen Juden gab für diese Schulen Regeln aus, die vorsahen, dass die Kinder über beide Seiten ihres Lebens unterrichtet wurden, die deutsche und die jüdische, über das, was beide Seiten zur jeweils anderen beigetragen hatten, und über das, was sie jetzt trennte.

Unter schwierigen Umständen, so sagte das Komitee, »muss die gesamte Erziehung darauf ausgerichtet sein, selbstbestimmte und selbstsichere jüdische Persönlichkeiten heranzubilden, weil das jüdische Kind in die Lage versetzt werden muss, sich dem extrem schwierigen Überlebenskampf zu stellen, der es erwartet, und ihn zu meistern«.

Wegen ihrer sehr guten schulischen Leistungen wurde Hanna erlaubt, als »Alibi-Jüdin« in der deutschen höheren Mädchenschule zu bleiben. »Hier haben wir das perfekte Beispiel einer jungen Dame mit eindeutig arischen Gesichtszügen«, sagte, ihr die Hand auf die Schulter legend, der Nazi-Funktionär, der in ihre Klasse gekommen war, um den Schülern beizubringen, woran man nichtarische Gesichter erkennt. Niemand wagte zu widersprechen, aber der Zwischenfall hatte zur Folge, dass der Klassenlehrer sich dafür revanchierte, dass sie für eine »Arierin« gehalten worden war.

Als sich die Kinder auf das alljährliche Krippenspiel an Weihnachten vorbereiteten, gab er ihr die Rolle des Christkindes, die darin bestand, der Klasse einen Sack mit Geschenken zu überbringen. Hanna betrat, den Sack auf dem Rücken, den Raum, und ihre Klassenkameradinnen bildeten einen Kreis um sie, begierig darauf, zu sehen, was das Jesuskind ihnen gebracht hatte. Aber als sie das Papier aufrissen, stellte Hanna fest, dass das Geschenk ein großes gerahmtes Bild von Adolf Hitler war. Hanna, die einzige Jüdin in der Klasse, bekam einen hochroten Kopf und fühlte sich unendlich erniedrigt, weil sie ausgenutzt worden war, das Führerbild, das im Klassenraum hängen sollte, hereinzutragen wie eine heilige Gabe, und brach in Tränen aus, während ihre Klassenkameradinnen vor Lachen johlten.

Im Großen und Ganzen aber behandelten ihre Mitschülerinnen sie trotzdem freundlich, auch dann noch, als einige sie baten, das Haus durch den Hintereingang zu betreten, wenn sie zum Spielen zu ihnen kam, aus Furcht, die Nazis würden ihren Eltern Schwierigkeiten machen. Jedes Mal, wenn ein Lehrer den Klassenraum betrat, hatte Hanna keine Wahl und musste wie die anderen auch aufspringen, den Nazi-Gruß zeigen und »Heil Hitler« rufen, bis es ihr so zur Gewohnheit wurde, dass sie auch den Rabbi so grüßte, als sie ihm zufällig auf der Straße begegnete.

Montagmorgens, wenn vor der Schule in einer kurzen Zeremonie die Fahne aufgezogen wurde, trugen ihre Mitschülerinnen alle die Uniform des Bundes deutscher Mädel, die von der Führung der Hitlerjugend für Mädchen vorgeschrieben war: marineblauer Rock, weiße Bluse, weiße Kniestrümpfe mit Quasten und ein breites Lederkoppel.

Im Bemühen dazuzugehören überredete Hanna Alice, auch ihr eine weiße Bluse und weiße Kniestrümpfe zu kaufen und den Schneider zu beauftragen, ihr einen dunkelblauen Faltenrock zu nähen. Auf das Koppel, das begehrteste Teil der Uniform, musste sie allerdings verzichten.

Eines Tages, als sie von der Schule nach Hause zur Poststraße ging, wurde sie in eine Menge jubelnder junger Leute hineingezogen, die sich ganz in der Nähe des Hauptbahnhofs, vor dem Zähringer Hof, einem der besten Hotels der Stadt, versammelt hatten. Blumengirlanden waren über den Gehweg gespannt und aus den Fenstern hingen blutrote Nazi-Banner. Die Kinder wink-

Adolf-Hitler-Straße in Freiburg (heute Kaiser-Joseph-Straße) mit Nazi-Beflaggung zwischen 1935 und 1940. Zu Ehren des Führers wurde die wichtigste Nord-Süd-Verbindung, die früher Kaiserstraße hieß, nach Norden und Süden ausgebaut.

ten in Richtung eines mehrere Stockwerke höher gelegenen Zimmers und riefen nach Reichsmarschall Hermann Göring, einem der engsten Vertrauten Adolf Hitlers, der dort abgestiegen war:

»Lieber Göring, sei so nett
komm doch mal ans Fensterbrett!«

Immer und immer wieder riefen sie mit ihren hellen Kinderstimmen und zunehmender Begeisterung diesen Vers, bis Hermann Göring in Uniform an das Fenster trat und ihre Huldigung durch Zeigen des Hitler-Grußes erwiderte. Unter ihm auf der

Straße stand eine Generation, die die vernichtende Niederlage ihrer Eltern überwinden und aus den Erniedrigungen des Versailler Vertrages aufsteigen würde wie ein Phönix aus der Asche. Aber mitten in der jubelnden Menge auf der Straße stand auch ein verwirrtes und verunsichertes jüdisches Mädchen, dessen Stimme sich mit denen ihrer deutschen Altersgenossen mischte.

Viele Jahre später, als ich ein Teenager war, musste ich immer wieder miterleben, wie mein Vater dafür sorgte, dass meiner Mutter Tränen der Enttäuschung und des Zorns in die Augen stiegen, wenn er ihr vorwarf, die Juden in Deutschland hätten sich passiv und ängstlich den Anordnungen der Faschisten unterworfen, statt sich dagegen aufzulehnen.

»Was hätte ich denn tun sollen? Ich war ein Kind. Was hätte irgendeiner von uns tun sollen?«, stieß sie dann jedes Mal mit Tränen in den Augen hervor. Wenn sie traurig war, weinte sie niemals, wohl aber, wenn sie den Ärger ersticken wollte, der sich zeit ihres Lebens in ihr aufgestaut hatte und den sie mit Schweigen zu besiegen versuchte. Es war eine der immer wiederkehrenden Diskussionen, die mich in meinem Gefühl bestärkten, ich müsste sie beschützen – immer dann, wenn mein Vater darauf bestand, dass die Juden selbst Hitler Macht über sie gegeben hätten, indem sie sich in ihr Schicksal gefügt und ihre eigene Vernichtung unterwürfig akzeptiert hätten.

Dann ballte er die Hand zur Faust, schob den Unterkiefer vor, kniff die Augen zusammen und knurrte durch die zusammengebissenen Zähne: »Ich wäre vielleicht untergegangen, aber ich hätte eine ganze Reihe ›Krauts‹ mitgenommen.«

In Sommer 1934 verbrachten die Kinder wie immer die großen Ferien bei ihrer Großmutter Johanna in Eppingen. Die Fahrt dorthin war traditionell etwas Besonderes, weil Alice viele Freunde und Bekannte hatte, die es sich nicht nehmen ließen, ihre Kinder an den vielen Haltestellen auf der Strecke zu begrüßen und ihnen kleine Geschenke zu bringen.

*Hanna (l.) und Trudi beim Blumenpflücken
während der Ferien in Eppingen*

»Ich kann kaum glauben, wie viele Leute wir getroffen haben, jeder schenkt uns etwas«, schilderte Hanna in einem Brief begeistert ihre Reise. »Wir haben den Koffer gar nicht mehr zumachen können, so viele Geschenke und Süßigkeiten haben wir bekommen!«

Am folgenden Tag wich die Freude einem ganz anderen Gefühl, als sie das neue Schild am Eppinger Schwimmbad entdeckten. »Juden und Hunde verboten« stand dort – was dazu führte, dass Alice sie aufforderte, zurückzukommen. Hanna aber bat unerschrocken darum, bleiben zu dürfen:

> »Obwohl wir nicht mehr schwimmen gehen können, gibt es hier in unseren Ferien viel mehr zu tun als in Freiburg. Wir ärgern die Gänse und spielen mit den Pferden und den Hühnern. Heute haben wir im Garten die

Pflanzen gegossen. Wir haben außer unseren Unterhemden, Höschen und Schürzen nichts angehabt. So sind wir den ganzen Tag herumgesprungen. Wir haben die Pflaumen von den Bäumen gepflückt und sie in unsere Unterhosen gestopft. Mach Dir keine Sorgen, Trudi hat noch keine Sommersprossen, aber schick uns bitte eine neue Tube Bleichcreme, weil die alte bald aufgebraucht ist...
Und jetzt das, Mutter: gestern war ein Mann hier, der uns erzählt hast, dass Du sehr kokett gewesen wärest! Erzähl' uns jetzt nichts mehr! (Entschuldige den Fettfleck auf diesem Brief. Er kommt von dem Butterbrot, das ich gerade esse). Hier bist Du, liebe Mutter, weltbekannt. Jeder, den wir treffen, kennt die Lisel.«

Die Kinder kehrten im September nach Freiburg zurück, aber Sigmar und Alice hatten das Schild am Eppinger Schwimmbad nicht vergessen. Sigmar wollte nicht, dass ihre Kinder aufwuchsen, ohne Mitglieder einer Gemeinschaft zu sein. Und wenn sie schon nicht zur großen Mehrheit der Freiburger Jugend gehören konnten, sollten sie wenigstens unter ihresgleichen sein. Also meldet er sie, alle drei, im Bund Deutschjüdischer Jugend an, einem der beiden jüdischen Jugendclubs. Der andere hatte einen zionistischen Hintergrund und eine radikalere Position. Unerschütterlich in seinem Selbstverständnis als »guter Deutscher«, ließ Sigmar nicht zu, dass seine Kinder sich einer Bewegung anschlossen, deren erklärtes Ziel die Auswanderung war.

Die Hitlerjugend hatte mittlerweile fast sechs Millionen Mitglieder. Die immer mehr um sich greifenden wirtschaftlichen Restriktionen bedrohten ernsthaft die Lebensgrundlage vieler Juden, die nun auch aus dem öffentlichen Dienst und aus Berufen im Umfeld von Erziehung, Recht, Kultur und Wissenschaft herausgedrängt wurden. Hitler hatte diktatorische Macht bekommen, die SA war auf zwei Millionen Mitglieder angewachsen, und vier

Konzentrationslager, angeblich für politische Gefangene, waren eröffnet worden, als erstes Dachau bei München. Und obwohl neunzig Prozent der deutschen Wähler sich mit Hitlers Macht einverstanden erklärten, hatte Sigmar noch immer Hoffnung, dass sich die Lage ändern und dass es sich als unnötig erweisen würde, ihr Heimatland zu verlassen.

Die zunehmend härteren Lebensbedingungen führten auch zu Hause zu Veränderungen. Alice verbrachte viel Zeit hinter verschlossenen Türen mit ihrer Freundin Meta Ellenbogen, die seit vielen Jahren eine Mansarde im Haus gemietet hatte und ihren Lebensunterhalt mit dem Verkauf von Kaffee bestritt. Sie war eine scheue und einsame Frau mit tiefschwarz gefärbtem Haar, deren zarter Körperbau und flatterhafte Nervosität an einen Vogel erinnerten. Sie saß stundenlang in Alice' Schlafzimmer, redete mit ihr und trat die Flucht unters Dach erst an, wenn Sigmar eintrat und begann, seine Hosenträger zu lösen.

Im Untergeschoss hatte ein verarmter, pensionierter Offizier gelebt, den Sigmar aus dem Krieg kannte. Er hatte ihm gestattet, mit seiner Frau und seinen Kindern dort zu wohnen, ohne Miete zu zahlen. Jetzt war er abrupt ausgezogen, weil er befürchtete, man würde herausfinden, dass er bei Juden wohnte.

Aber schon bald zog eine andere Mieterin ins Haus ein. Theresa Loewy war eine 54-jährige Witwe, deren Mann Alfred Mathematikprofessor und ein akademischer Kollege des berühmten Existenzialphilosophen Martin Heidegger gewesen war. Am 27. Mai 1933 war – fast wie bei einem Nationalfeiertag, unter Absingen der Nazi-Hymne, donnernden »Sieg Heil«-Rufen und mit dem »Deutschen Gruß« – Heidegger, der kurz zuvor in die NSDAP eingetreten war, in das prestigeträchtige Amt des Rektors der Albert-Ludwigs-Universität eingeführt worden. Anhänger kamen aus allen Teilen Deutschlands in die Stadt, um seine Einführungsrede zu hören.

Aber der Jude Alfred Loewy war nicht eingeladen worden. Obwohl erst 60 Jahre alt, war er erblindet und musste von seiner Frau Theresa in die hinterste Reihe des bis auf den letzten Platz gefüllten Auditorium Maximum geführt werden. Von dort hörte er zu, wie sein früherer Schüler die Wahrheit und die Größe der nationalsozialistischen Bewegung rühmte und den Neuanfang, den sie für das Land bedeutete. Aufgabe von Wissenschaft und Philosophie, so erklärte der neue Rektor, sei es, dem politischen Programm der Nazis Kraft zu verleihen, damit es die »historische Mission« des Deutschen Volkes erfüllen könne.

Heidegger rief dazu auf, im akademischen Leben des Reiches die ursprüngliche, dem deutschen Volk innewohnende Kraft von Blut und Boden wiederzubeleben, und erklärte, dass er sich dem Missbrauch entgegenstellen werde, der von außen durch die Juden in die Universität hineingetragen werde. Als dann der Dekan der mathematischen Fakultät ihn darum bat, dass Loewy seinen Posten behalten dürfe, obwohl überall jüdische Professoren entfernt wurden, weigerte sich Heidegger.

Auf Professor Loewys Bitte, emeritiert zu werden – ein letzter Versuch, mit seinen Studenten in Verbindung zu bleiben und die Forschungsarbeit, die er 36 Jahre in Freiburg betrieben hatte, fortzuführen zu können – schrieb Heidegger seinem früheren Mentor, dass »jeder Versuch, dieses Ansinnen weiterzuverfolgen, keine Aussicht auf Erfolg haben werde«. Zwei Jahre später starb Loewy hoffnungslos und mit gebrochenem Herzen, und Theresa, deren einziges Kind früh gestorben war, wurde mitgeteilt, sie müsse aus ihrer im Besitz der Universität befindlichen Wohnung ausziehen.

Sigmar wusste um ihre verzweifelte Lage und bot der Witwe an, bei ihnen zu wohnen. Die Familie war sogar bereit, in andere Räume einzuziehen, um Platz für sie frei zu machen. Aber die neue Situation sorgte für eine gereizte Stimmung. Frau Loewy, eine orthodoxe Jüdin und Klavierlehrerin, die vor allem Erwachsene unterrichtete, darunter auch Sigmar, beschwerte sich bei Alice, dass die Kinder ihren Unterricht störten und ihr übelnähmen, dass ihr Leben sich durch ihre Anwesenheit geändert hätte. Sie war stets in schwarze Trauerkleidung gehüllt, gramgebeugt und verständlicherweise verbittert, und es war, als ob sich ein Leichentuch über das Haus gelegt hätte, wenn sie an dem Bechstein-Flügel saß, den Alice Sigmar zum 50. Geburtstag geschenkt hatte, Gustav Mahlers »Kindertotenlieder« spielte und leise sang. Samstags, wenn das Hausmädchen frei hatte und die Schabbatruhe Frau Loewy daran hinderte zu arbeiten, übernahm Alice die Aufgabe, ihr Bett zu machen und ihr das Badewasser einzulassen.

Die Kinder, die ihre Mutter noch nie zuvor in dieser Rolle gesehen hatten, protestierten heftig dagegen, dass die ungeliebte Mitbewohnerin ihre Mutter zu einer Dienstmagd degradierte. Da aber Alice nach den Nürnberger Rassengesetzen kaum noch die Möglichkeit hatte, Hausangestellte anzuwerben, sich aber nie beschwerte, nicht davor und nicht danach, schwieg sie über die Hilfe, die sie Frau Loewy gewährte, und wies die Kinder strikt an, Sigmar nichts davon zu erzählen.

Weil Alice sich um Frau Loewy kümmerte und Fräulein Elfriede nicht mehr die Aufsicht führte, schaffte sich Norbert leichtsinnig neue Freiräume. Wie vor ihm schon Hitler und Einstein, war auch er von Karl May fasziniert, dem überall beliebten Schriftsteller der Jahrhundertwende, Autor von Abenteuergeschichten mit dem edlen Apachenhäuptling Winnetou und seinem deutschen Blutsbruder Old Shatterhand. Mays Erzählungen hatten ihren Hintergrund in einem romantisierenden germanischen Sehnen nach unberührter Natur und schilderten glorreiche Schlachten zwischen den Kräften des Guten und des Bösen.

Die Hitlerjugend nutzte die Faszination aus, die diese Geschichten auf Jungen ausübten, und veranstaltete Versteckspiele, die sie »Trapper und Indianer« nannte, aber auch gewalttätige Raufereien, bei denen die Jungen zu blutigen Kämpfen miteinander ermutigt wurden, um sie auf den Wehrdienst vorzubereiten und sie zu guten Soldaten zu schleifen. Norbert durfte als Jude an diesen Abenteuerspielen nicht teilnehmen, aber selbst wenn er es gekonnt hätte, wären seine Interessen in eine andere Richtung gegangen.

Mein wilder, unbezähmbarer Onkel, den ich später bewunderte, war so etwas wie die besser aussehende Version des aus vielen Gangsterrollen bekannten Filmschauspielers Robert Mitchum, und wie dieser pflegte er ein Schurkenimage.

»Alkohol und Frauen, darum geht's. Und wenn du willst, fällt dir dazu noch viel mehr ein«, war das bekannteste Zitat des Schauspielers, und auch mein Onkel gab sich wilden Freuden hin und führte ein ziemlich ausschweifendes, zügelloses Leben.

Immer wenn ich an ihn denke, sehe ich ihn vor mir, wie er den Kopf zurückwirft und ausgelassen lacht. Er rauchte und trank bis zum Exzess und stellte fröhlich allen Frauen nach, ohne Rücksicht darauf zu nehmen, ob das Objekt seiner Begierde verheiratet war oder nicht – was dazu führte, dass ihn sein Liebesleben regelmäßig in Schwierigkeiten brachte. Verfolgung und Krieg vor Augen, entdeckte er schon früh sein Talent zum Herzensbrecher.

Ab 1936 wurde es für den verblüffend gutaussehenden Jungen richtig gefährlich, weil er die Nazi-Rassengesetze missachtete und deutschen Mädchen nachstellte, obwohl das als »Rassenschande« strafrechtlich verfolgt wurde. Aber davon abgesehen wusste Alice nie, wo er war, weil er einfach ging, ohne zu sagen wohin, und mit seinem unbesonnenen, rebellischen Wesen allen das Leben schwermachte.

Eines Abends stand Alice in Tränen aufgelöst am Fenster und drohte ihm, er solle zum Abendessen hereinkommen, sonst werde Sigmar ihn bestrafen. Norbert antwortete mit seiner eigenen Drohung.

»Ich sage allen, dass du und Papa heute Abend seine Waffen in die Dreisam werfen wollt«, rief er zurück. Er hatte mitgehört, als seine Eltern darüber sprachen, dass sie heimlich Sigmars Pistolen aus dem Ersten Weltkrieg loswerden wollten, weil ein neues Gesetz erlassen worden war, das es Juden verbot, Schusswaffen zu besitzen. Die Worte ihres Sohnes klangen ihr in den Ohren, sie hallten durch die Straßen und wurden als Echo von den Bergen zurückgeworfen. Sie war sicher, auch die Gestapo hatte sie gehört. Am nächsten Tag entschlossen sich Sigmar und Alice, Norbert zu ihrer Schwester nach Zürich zu schicken, so lange, bis entweder Hitler die Macht verloren hätte, oder bis die ganze Familie emigrieren konnte.

Im August 1936 war Berlin Gastgeber der Olympischen Sommerspiele, und Hanna trug voller Nationalstolz einen Olympia-Anstecker am Kragen. Obwohl jüdische Athleten systematisch ausgeschlossen worden waren und schwarze Teilnehmer rassistische Beleidigungen über sich ergehen lassen mussten, gerieten die Olympischen Spiele überall in der Welt zu einem Riesenerfolg für die Nazi-Propaganda. Sie schaffte es sogar, eine falsche Fassade von gesellschaftlicher Harmonie und Fröhlichkeit aufzubauen und damit die internationale Presse und die ausländischen Staatsgäste, die zu den Spielen gekommen waren, zu täuschen und ihnen vorzugaukeln, dass alle Berichte über Unterdrückung und Militarismus in Deutschland völlig übertrieben waren.

Nachdem das Spektakel vorüber war und die Welt wieder wegschaute, tauchten nach und nach überall Warnschilder auf, wie sie die Kinder am Schwimmbad von Eppingen gesehen hatten – an Läden, an Theatern und auch in der Poststraße. Bis dahin hatte es selten eine Woche gegeben, in der Sigmar Hanna nicht ein »Krügle«, einen kleinen Steingutkelch, in die Hand gedrückt hatte, mit dem sie nach nebenan ins Hotel Minerva gehen sollte, um es mit Wein für sein Abendessen füllen zu lassen. Eines Abends aber, das »Krügle« in der Hand und die geliebte Olympia-Nadel an der Bluse, hing an der ihr vertrauten Tür das bekannte große Schild: »Juden und Hunde verboten«.

Verwirrt und erschrocken hielt sie auf der Hoteltreppe an und fragte sich, was für sie schlimmer wäre, die Vorschrift zu missachten und dennoch hineinzugehen oder mit einem leeren »Krügle« zu Sigmar zurückzukehren. Wenig später teilte ihr Rosemarie, die Tochter des Hoteliers, widerwillig mit, dass man nicht mehr sehen dürfe, wie sie miteinander spielten. Ihre Eltern hätten darauf bestanden, dass sie nicht länger zusammen Rosskastanien sammeln oder Maikäfer in Einweckgläser einsperren dürften.

Kurz darauf konnte Hanna überhaupt nicht mehr mit irgendjemandem spielen, diesmal nicht wegen eines politischen, sondern wegen eines medizinischen Problems. Jedes Mal, wenn sie den Oberkörper nach vorne beugte, fuhr ihr ein scharfer Schmerz ins Rückgrat. Sie befragte alle ihre Freundinnen, in der Hoffnung, dass auch andere darunter litten. Tagsüber krümmte sie den Rücken, verdrehte sich und machte einen Katzenbuckel, um zu sehen, ob der Schmerz verschwand. Da sie es hasste, ihren Eltern Sorgen zu machen, sagte sie ihnen nichts. Was dazu führte, dass sie dachten, ihre merkwürdigen Bewegungen seien ein nervöser Tick, und sie aufforderten, damit aufzuhören. Dann bemerkte ihre Großmutter aus Eppingen Alice gegenüber, ihr sei aufgefallen, dass Hannele sich ein wenig schief bewege und ständig ermahnt werden müsse, sich aufrecht zu halten. Bald darauf ging Alice ins Badezimmer, als ihre 13-jährige Tochter duschte, und entdeckte zu ihrem großen Schrecken einen langen Bluterguss, der sich Hannas Rücken hinabschlängelte.

»Du wirst sehen, sie hat Knochentuberkulose«, hörte Hanna Alice besorgt in den Hörer flüstern, als sie mit ihrer Schwägerin Tony telefonierte. Tony begleitete sie dann einige Tage später in die Universitätsklinik, wo Hanna geröntgt wurde.

»Heute ist der 27., und mein Vater ist am 27. gestorben, Gott im Himmel, ausgerechnet an diesem Tag hätten wir nie hierherkommen dürfen«, sagte Alice. Die Diagnose ergab, dass Hanna die Scheuermann-Krankheit hatte, eine durch Kalkmangel verursachte Wachstumsstörung, die häufig vorkam. Dennoch erhielt die Familie eine schockierende Prognose: Es sei hochwahrscheinlich, dass sie einen Buckel bekäme, wenn sie weiterwachsen würde. Fünf Wirbelfortsätze seien befallen und die harte körperliche Betätigung, die die Nazis in den Sportunterricht eingeführt hatten und die Fräulein Elfriede zu Hause von ihnen gefordert hatte, hatten das Leiden noch verschlimmert.

Alice fuhr mit Hanna nach Zürich, um den Schwiegersohn ihrer Schwester, einen Kinderarzt, zu konsultieren und bat ihren Bruder, der in London eine Praxis hatte, nach Zürich zu kommen, um gemeinsam zu beraten, wie man sie behandeln könne.

Dr. Pedolins Kinderheim, ein Sanatorium für Kinder in Arosa

Heutzutage weiß man, dass die Krankheit meist von selbst heilt, ohne dass es zu einer Wirbelsäulenverkrümmung kommt. Aber im Spätjahr 1936 ordnete man an, dass Hanna ein Jahr lang im Bett liegen müsse, in der Hoffnung, dass ihr Rücken durch die Ruhe und ohne die Last des eigenen Körpers tragen zu müssen, gerade wachsen würde. Zusätzlich wurden ihr Vitamine, Kalzium und Lebertran verabreicht. Zu Hause wurde Hanna vier Monate lang ans Bett gefesselt. Täglich bekam sie Besuch von ihren Mitschülerinnen – von denen keine, daran erinnerte sie sich zeit ihres Lebens, Jüdin war –, die ihr die Schulaufgaben vorbeibrachten, damit sie nicht in ihren Leistungen zurückfiel.

Als aber die erhoffte Besserung ihres Rückenleidens nicht eintrat, wurde beschlossen, dass sie die nächsten sechs Monate in der Abgeschiedenheit eines Kinderheims in Arosa in den Schweizer Alpen verbringen sollte.

Dort verbrachte Hanna ihre Tage allein auf einer kalten Bergterrasse, umgeben von haushohen, schneebeladenen Tannen. Sie lag in einen Fellsack gehüllt auf einer harten Holzpritsche, flach auf dem Rücken, nicht einmal Lesen war möglich. Und während die anderen jungen Patienten Schlittschuh liefen oder auf Skiern unterwegs waren, musste sie ruhen. Aus Rücksicht auf ihren Cousin in Zürich, der so viele Patienten an das Sanatorium überwies, gab man ihr ein eigenes Zimmer, statt sie mit den anderen Mädchen im Schlafsaal unterzubringen.

Weil es außerdem zunehmend schwieriger wurde, die Grenze zu passieren, konnte ihre Familie sie nicht in Arosa besuchen. So entdeckte sie eines Morgens mit Verwunderung und Entsetzen Blut auf ihrem Laken, und weil ihr nie jemand etwas über die natürlichen Zyklen des weiblichen Körpers erzählt hatte, war sie sicher, dass sie sterben würde.

Schließlich kam sie, wie Heidi, herunter aus der Einsamkeit der Berge, brachte aber einen Horror vor der Zahl 27 mit. Ein Aberglaube, der irrational war und den sie als ungewöhnlich empfand, der sie aber ihr Leben lang begleitete.

»Kannst du nicht bis Mitternacht warten?«, bedrängte sie mich beispielsweise, als ich am Nachmittag des 27. Juli 1987 mit Wehen ins Krankenhaus eingeliefert wurde, wo ich meine Tochter zur Welt brachte.

Ob es nun die strikte deutsche Disziplin ihres Vaters war oder der Einfluss einer von der Angst unter dem faschistischen Regime geprägten Jugend, meine Mutter hatte es sich zur Regel gemacht, Konfrontationen um jeden Preis aus dem Weg zu gehen. Was jedoch die Zahl 27 anging, war sie unnachgiebig.

Als ihr einmal in einem vollbesetzten Flugzeug ein Platz in Reihe 27 zugewiesen wurde, weigerte sie sich rundheraus, dort Platz zu nehmen, und bestand darauf, dass mein Vater sich vor dem Abflug auf die Suche nach Passagieren machte, die bereit waren, den Platz mit ihr zu tauschen. Und dieses eine Mal musste er sich ihrer Entschlossenheit beugen.

»Siehst du die Leute in Reihe 27?« sagte er, nachdem die Maschine gestartet war, und zeigte in diese Richtung. »Ich wollte dich warnen: Wenn die abstürzen, stürzen wir auch ab.« An den Gedanken des allen drohenden Verhängnisses war sie gewöhnt, aber das Ziel, zu entkommen, persönlich um das Leben und die Zukunft zu kämpfen, beherrschte sie. Es war wie die Hoffnung auf das Ende des Sturms.

VIER

Der Gehsteig der Gehörnten

Als Hanna im Herbst des Jahres 1937 aus Arosa zurückkehrte, hatten die Einschränkungen und Schikanen, denen die Juden ausgesetzt waren, stark zugenommen und Sigmar war zu dem Schluss gekommen, dass sie keine andere Wahl hatten, als das Land so schnell es ging zu verlassen. Ihr Bekanntenkreis war immer kleiner geworden, und die rasche Flucht beherrschte nun sein Denken, unabhängig davon, dass sie ihr Haus und ihr Geschäft aufgeben mussten.

Das lange Zögern, bis er sich zu diesem Entschluss durchrang, hatte jedoch dazu geführt, dass es immer schwieriger geworden war, irgendwo Aufnahme zu finden. Monatelang hatte er darum gekämpft, Visa für die USA zu bekommen. Weil aber viele Tausend Juden dorthin wollten, blieben seine Anträge unbeantwortet, und auch mehrfache Versuche, beim amerikanischen Konsulat in Stuttgart mehr zu erreichen, blieben erfolglos.

Im März 1938 annektierte Deutschland Österreich und erklärte, es benötige »Lebensraum im Osten«. In Wien begrüßte eine jubelnde Menge Hitlers Truppen. Direkt danach wurden Juden auf den Straßen brutal angegriffen, und jüdische Frauen mussten auf

Knien Bürgersteige und Kanalgitter schrubben. Im Juni kam es in Deutschland zu Massenverhaftungen von Juden, und bald darauf wurden die Synagogen von München und Nürnberg zerstört.

Im Sommer wurde eine internationale Konferenz im französischen Evian am Genfer See abgehalten, auf der das Ausmaß der Flüchtlingsfrage deutlich erkennbar wurde. Viele der 32 teilnehmenden Länder äußerten Verständnis. Sehr wenige erklärten, Asyl gewähren zu wollen. Obwohl seit 1933 bereits ein Viertel der in Deutschland lebenden 600 000 Juden geflohen war, hatte Frankreich nur zehn Prozent von ihnen aufgenommen.

Jetzt, als die österreichischen Juden den Flüchtlingsstrom anschwellen ließen, verschärften die Briten nicht nur ihre eigenen Aufnahmebestimmungen, sondern verweigerten auch Juden mit Ziel Palästina, das unter britischem Mandat stand, die Einreise. In den USA blieb eine vorher verkündete Quotenregelung in Kraft, die streng befolgt wurde. Umfragen hatten ergeben, dass eine Mehrheit der Amerikaner Juden negativ beurteilte und als Gefahr für ihre Nation ansah.

Die Vertreter dieser restriktiven Einwanderungspolitik versuchten Präsident Roosevelt davon zu überzeugen, dass die große Depression noch nicht vorüber sei und zuerst die Probleme der »eigenen« Bevölkerung angegangen werden müssten. Das hatte zur Folge, dass zwischen 1933 und dem Eintritt der USA in den Zweiten Weltkrieg acht Jahre später nur etwa hunderttausend Juden ins Land gelassen wurden.

Ein australischer Delegierter erklärte auf der Evian-Konferenz, er sei sicher, dass man Verständnis dafür haben werde, dass »Australien kein Rassenproblem hat und auch nicht beabsichtigt, eines zu importieren«. Und Kanada verlautbarte, wenn es um Flüchtlinge gehe, sei einer schon zu viel. Später wurde unter den hoffnungslosen deutschen Juden der bittere Satz verbreitet, dass aus »Evian« rückwärts buchstabiert »Naiv(e)« werde. Naiv sei es gewesen, darauf zu hoffen, durch die Konferenz Länder zu finden, in die sie fliehen könnten.

Sigmar konzentrierte seine Ausreisebemühungen jetzt auf Frankreich. Er hoffte, dass man ihn aufnehmen würde, weil er dort vor seiner Heirat mit Alice einen kleinen Baustoffhandel aufgebaut hatte und weil seine Schwester dort lebte. Von dort aus könnte er als »staatenloser«, in Frankreich gestrandeter Flüchtling vielleicht mehr Erfolg mit seinem Kampf um ein amerikanisches Visum haben als mit seinen Anträgen aus Freiburg.

Woche für Woche fuhr er daraufhin zum französischen Konsulat nach Karlsruhe, wo er Visa beantragt hatte, und beauftragte sowohl dort als auch in Mulhouse Vermittler, die ihm helfen sollten, sich im Dickicht der verschiedenen Vorschriften, Anforderungen und Gebühren zurechtzufinden.

Maries Sohn Edmond Cahen, der als Anwalt in Mulhouse arbeitete, half ihm mit den nötigen Dokumenten, aber am Ende musste auch er »ein Geschenk an einen gewissen Herrn« bezahlen, um endlich an die französischen Visa zu kommen. Mit Schuldgefühlen stellte Sigmar fest, dass andere sich die Visa nicht hätten leisten können. Es war Schmiergeld, das ihr Leben rettete.

Alice mit Sigmar (l.) und seinem Bruder und Geschäftspartner Heinrich in Freiburg, Mitte der 30er-Jahre

Als die Familie es endlich schaffte, auszureisen, war Sigmar ein armer Mann: Er und sein Bruder Heinrich mussten mehr für ihre Ausreise bezahlen, als sie für ihr florierendes Unternehmen erhielten, das sie im Jahr 1919 gegründet hatten. Sie mussten es zu einem Bruchteil des tatsächlichen Wertes verkaufen. Am 7. April, so hatte es die Freiburger Handelskammer entschieden, übernahmen zwei andere Brüder, Albin und Alfons Glatt, die zuvor bei einem Konkurrenten der Gebrüder Günzburger gearbeitet hatten, die »nichtarische« – so die Bezeichnung der Kammer – Firma, mit allen Gebäuden und Fahrzeugen, den gefüllten Warenlagern und den Kundenlisten.

Die Poststraße mit dem Hotel Minerva (Eckhaus),
rechts daneben das Haus der Günzburgers, Poststraße 6

Das Haus in der Poststraße 6 verkaufte Sigmar an seinen direkten Nachbarn August Schöpperle. Der Eigentümer des Hotels Minerva war zuversichtlich, dass durch die unsichere politische

Lage und mit den Flüchtlingen, die den Kriegswirren zu entkommen versuchten, noch mehr betuchte Reisende nach Freiburg kommen würden, und wollte die Poststraße 6 als Dependance für das Hotel Minerva nutzen. Im Wissen, dass er sofort ausreisen musste, wenn seine Papiere ankämen, hatte Sigmar keine Möglichkeit, einen angemessenen Preis auszuhandeln.

Er verkaufte Herrn Schöpperle das Haus weit unter dem tatsächlichen Wert. Für ihn war das aber weniger wichtig, da er ohnehin kein Geld außer Landes bringen durfte.

Wie mir Dr. Hans Schadek, der ehemalige Direktor des Freiburger Stadtarchivs, bei einem meiner Besuche nach einem Blick in die Akten erläuterte, hatte man dafür gesorgt, dass vom Ablauf her »alles rechtmäßig geschah«. Er beschrieb, wie die Nazis sich die Vermögen der Juden einverleibten, indem sie ihnen Steuern auferlegten, die passenderweise genauso hoch waren wie das tatsächliche Vermögen.

Einkünfte, die durch den Verkauf von Wohneigentum oder Geschäften erzielt wurden, mussten auf Sperrkonten bei der Oberrheinischen Bank eingezahlt werden, die offiziell auf den Namen der Verkäufer geführt wurden. Es war ihnen jedoch nicht möglich, Geld von diesen Konten abzuheben, dazu wäre eine amtliche Erlaubnis nötig gewesen – und solche Genehmigungen wurden nicht erteilt. Offizielle Steuern auf »jüdisches Vermögen«, Fluchtsteuern und von den Banken erhobene Transaktionsgebühren für die Steuerzahlungen sowie Strafgebühren führten am Ende dazu, dass durch entsprechende gesetzliche Bestimmungen das gesamte Eigentum abgeschöpft wurde.

»Ich bin Jude«, stand auf dem Formular, auf dem Sigmar am 30. Juni 1938, kurz vor seiner Ausreise, seinen Vermögensstand zu diesem Zeitpunkt deklarieren musste. Das Formular stellte fest, dass er zwar kein Reichsbürger mehr sei, aber weiterhin »Mitglied« des deutschen Staates und damit der Jurisdiktion des Reiches unterliege. Da er bereits alles hatte überschreiben müssen, gab es nicht mehr viel, was er deklarieren konnte.

Das Formular, auf dem Juden, entsprechend dem Gesetz vom 27. April 1938, ihr Vermögen angeben mussten, mit Sigmars Erklärung, kein Vermögen mehr zu haben: »nichts«

Deshalb trug er in mehr oder weniger jede Rubrik des vierseitigen Formulars nur ein Wort ein: »nichts«. Geld? Nichts. Grundbesitz? Nichts. Außenstände? Nichts. Die einzigen Dinge von Wert, die sich außer den Möbeln noch in seinem Besitz befanden, waren drei Lebensversicherungen, deren Auszahlungen durch die Umstände höchst unsicher geworden waren, eine goldene Uhr und die goldenen Eheringe, die er und Alice bei ihrer Hochzeit 1920 getauscht hatten.

Mitte August 1938 war der Tag des Abschieds gekommen. Hanna, jetzt fast 15 Jahre alt, wurde an diesem warmen Morgen wie üblich durch das Gurren der Tauben auf dem Dach und das surrende Geräusch der Elektrowagen, die Briefe und Pakete zur Hauptpost am anderen Ende der Straße brachten, geweckt. Aus dem Nachbargebäude, dem Hotel Minerva, drangen das Klappern des Geschirrs, die Küchengerüche und die Gespräche des Küchenpersonals, die das Frühstück für die Gäste vorbereiteten. Sie hatte immer gern hinter dem Fenster gesessen und die vornehmen ausländischen Touristen beobachtet, die auf der Terrasse ihre Zeitung lasen, ihre Mahlzeit einnahmen oder sich miteinander unterhielten. Jetzt musste auch sie bald reisen, aber der Reiz des Geheimnisvollen, der die Fremden immer umgeben hatte, wich der Trauer, die sie empfand, weil sie ihren Geburtsort gegen etwas eintauschen musste, das sie nicht kannte.

»Wir wandern aus. Wir wandern aus.« Ihr Vater hatte es so oft gesagt, ohne dass sie sich jemals hätte vorstellen können, dass er es ernst meinte. Sie wusste, was das Wort »auswandern« bedeutete, aber für sie hatte es auch etwas von Ziellosigkeit, von Herumirren, wie Nomaden in einer fremden Welt.

Auf einem Regal an der gegenüberliegenden Wand des Zimmers hockte zusammengesunken ihre geliebte Käthe-Kruse-Puppe. Hanna war, als ob die aufgemalten blauen Augen sie vorwurfsvoll anstarrten. Die Puppe, es war ihre einzige, hatte so oft als Objekt ihrer ersten medizinischen Bemühungen herhalten müssen, dass der Stoff, der ihren ausgestopften Körper umhüllte, nicht nur von zahllosen Schnitten und Nähten übersät, sondern auch speckig war von den vielen Salben, mit denen sie sie im Laufe der Jahre eingerieben hatte. Deshalb hatte Hanna beschlossen, sie zurückzulassen.

Die Familie würde mit dem Zug fahren, aber ein Lastwagen sollte die wenigen Haushaltsgegenstände transportieren, die sie mitnehmen konnten, darunter auch Sigmars heißgeliebten Flügel. Sie wussten, dass sie in Mulhouse nur wenig Platz haben würden, und nahmen nur Möbel aus dem Wohnzimmer, dem Esszimmer und dem Elternschlafzimmer mit. Außerdem fanden die Kinderbetten, einige Kunstgegenstände, das Tafelsilber, Gläser und Porzellan sowie Kleidung und Bücher Platz auf dem Lastwagen. Dennoch war ihnen bewusst, dass sie sich außergewöhnlich glücklich schätzen konnten, überhaupt etwas mitnehmen zu können.

Als das Fahrzeug abgefahren war, nahm Sigmar einen kleinen Schraubenzieher und ging zum Türrahmen. Niemals hatte er sich erlaubt, Gefühle zu zeigen, aber jetzt, als er sich anschickte, die 15 Zentimeter lange, aus Holz geschnitzte Mesusa abzuschrauben, die er an der Haustür angebracht und mit der er das Haus geweiht hatte, als er und Alice als Jungverheiratete eingezogen waren, standen Tränen in seinen Augen.

Mit den Händen war Sigmar nie sonderlich geschickt gewesen, jetzt nahm er seine Brille ab, rieb sich, verärgert über seine Ergriffenheit, die Augen und bemühte sich, den Schraubenzieher in die Schlitze der störrischen Schrauben zu führen, mit denen die Mesusa, die alle, die das Haus betraten, begrüßt hatte, befestigt war. Als er sie gelöst hatte, kam das gelbe, fest zusammengerollte Pergament mit den feinen, von Hand geschriebenen hebräischen Buchstaben zum Vorschein, das Gebet, das zum Befolgen der Gebote Gottes gemahnte, darunter auch die Verpflichtung, die kommenden Generationen SEINE, Gottes, Worte zu lehren.

Wohin Sigmar in den folgenden Jahren auch reiste, die Mesusa hatte er immer dabei, sie war sein Andenken an eine verlorene Welt. Aber er befestigte sie nie wieder an einer Eingangstür, weil er nie wieder ein eigenes Heim hatte.

Sein kleines Apartment in New York erschien ihm niemals würdig genug, durch diesen heiligen Gegenstand geweiht zu werden. Stattdessen nagelte er eine kleine, unauffällige Mesusa aus undefinierbarem Metall an den Türpfosten.

Auf den Tag zwanzig Jahre nachdem er die Holz-Mesusa aus Freiburg, eingewickelt in sein Taschentuch, wehmütig über die deutsche Grenze gebracht hatte, schenkte Sigmar sie meinen Eltern, die sie am Türrahmen des ersten eigenen Hauses anbrachten. Jenes Hauses, das meine Mutter niemals zu verlassen beschlossen hatte, trotz des inständigen Bittens und Drängens meines Vaters, in ein schöneres und besseres Haus zu ziehen.

Der traurige Tag, an dem meine Mutter Freiburg verließ, war für sie immer präsent. Norbert war aus der Schweiz zurückgerufen worden, um die Familie nach Mulhouse zu begleiten. Sie gingen mit ihren Koffern schweigend am Hotel Minerva vorüber und bogen nach links in die Rosastraße ein, wo ein Schild die Passanten darauf hinwies, dass die Gebrüder Glatt – »Neue arische Eigentümer!« – die Firma der Gebrüder Günzburger erworben hatten. In diesem Moment schwor Sigmar, dass er eines Tages nach Freiburg zurückkehren werde, um das Geschäft wieder zu übernehmen. Als sie auf dem Weg zum nahegelegenen Bahnhof das Eingangstor passierten, biss er die Lippen aufeinander, sein Mund verzog sich zu einem Strich und er wandte sich ab. So versagte er sich einen letzten Blick auf all das, wofür er so lange und so hart gearbeitet hatte.

Ihr Abschied wurde durch viele gute Wünsche und tröstende Worte einer kleinen Gruppe begleitet, die sich auf dem Bahnhof eingefunden hatte, um ihnen Lebewohl zu sagen. Fräulein Ellenbogen war da, die immer noch in ihrer kleinen Dachstube im Haus wohnte, weil sie jetzt, wo so viele jüdische Hausbesitzer weggegangen waren, keine neue Bleibe hatte finden können.

Frau Loewy, die sich bei einem katholischen Metzger ganz in der Nähe eingemietet hatte, was ihr als orthodoxer Jüdin, die strikt koscher lebte, nicht leichtgefallen war, hatte nicht zum

Bahnhof kommen können und sich deshalb schon einige Tage vorher verabschiedet.

Aber Bühler, der Chauffeur, war da, der seinen Sohn zu Ehren des Günzburger-Sohnes ebenfalls Norbert genannt und noch für Sigmar gearbeitet hatte, als es für einen Deutschen längst nachteilig geworden war, einen jüdischen Arbeitgeber zu haben. Jetzt ergriff er die Hand seines Chefs, der so viele Stunden hinter ihm gesessen hatte, und keiner der beiden Männer war in der Lage, seinen Gefühlen freien Lauf zu lassen. Noch vor dem Ende des kommenden Krieges sollte Bühlers Sohn Norbert – er war noch keine zwanzig Jahre alt – dem Führer in Russland, wo Deutschland im Zweiten Weltkrieg die meisten Verluste erlitt, einen Arm opfern. Sigmars Norbert hingegen kehrte Jahre später auf der Suche nach Vergeltung als Soldat der siegreichen Armee seines neuen Heimatlandes Amerika nach Deutschland zurück.

Elisabeth Hipp, Sigmars langjährige Sekretärin, hatte Schokolade zum Bahnhof mitgebracht, um die Reise zu versüßen. Sigmar gelang es sein ganzes restliches Leben, Fräulein Hipp Geld zu schicken. Sie revanchierte sich und schickte regelmäßig kleine Bücher mit christlichen Sinnsprüchen oder Geschichten aus der Bibel in deutscher Sprache oder Kalender mit bunten Bildern von Pflanzen und den dazugehörigen deutschen und lateinischen Bezeichnungen, die mein Großvater immer an mich weitergab.

Die meisten dieser Bücher und Kalender – ungelesen und unbenutzt – habe ich noch immer in meinem Bücherregal, heute noch, weil ich es in so vielen Jahren nicht geschafft habe, den richtigen Zeitpunkt zum Wegwerfen zu finden. Immer wenn ich mir vornehme, Erinnerungen an die Vergangenheit loszuwerden, finde ich keine Antwort, mit der ich vor mir selbst rechtfertigen könnte, warum ich das gerade jetzt tun wollte und warum nicht vergangene Woche oder vor acht oder zwölf Jahren. Vermutlich ist das der Grund, warum alle Welt mir solche Sachen schenkt. Ich bin eine Sammelstelle für Familienandenken. Ich bewahre alles auf – darunter auch den Stummel der Zi-

garre, die Sigmar an seinem Todestag geraucht hat, und Alice'
schwarze Spitzenstola. Es ist, als könne ich damit die Personen,
denen diese Dinge gehörten, beschwören, eines Tages zurückzukommen.

Darüber hinaus besteht meine Andenkensammlung nicht nur
aus Alltagsgegenständen, sondern vor allem aus Familienfotos
und Briefen, die nach wechselvollen und unruhigen Jahrzehnten bei mir gelandet waren. Ich bin eine Treuhänderin geworden,
ein Bindeglied in die Vergangenheit. Ich muss diese Dinge ehren und sie weitergeben, so wie es das Gebetbuch lehrt: »Denen
treu zu sein, die im Staub schlafen«. Es entspricht, darüber bin
ich mir im Klaren, mehr und mehr meinem Verständnis der jüdischen Tradition. Angesichts all dessen, was uns widerfahren ist,
all der Gewalt, mit der immer und immer wieder versucht worden ist, diese Traditionen zu zerstören, angesichts der Leiden derer, die dafür gestorben sind: Wer bin ich, vor allem in Zeiten, in
denen es uns gut geht, sie wegzuwerfen oder mich von ihnen loszusagen? Von Anfang an war die Geschichte der Juden immer eine der Reisen, die immer wieder, von Generation zu Generation,
weitergetragen und neu erzählt wurde. Es ist Sache der Kinder
derer, die ausgewandert sind und ihren Glauben unverbrüchlich
in ein neues Land getragen haben, ihn zu retten und als Pfand an
die Nachkommen weiterzugeben.

Der Zug, der Hannas Familie, fünf – von immer neuen Gefahren
gekennzeichnete – Jahre nach Hitlers Machtergreifung aus der
Stadt ihrer Vorfahren entführte, hielt an der Grenze. Zollbeamte überprüften ihre Ausreisedokumente und stellten sicher, dass
keiner von ihnen mehr als zehn Reichsmark außer Landes brachte. Noch lange danach erinnerte sich meine Mutter, dass ihr vor
Angst fast das Herz stehengeblieben war, weil die Kontrolle viel
länger dauerte, als nötig gewesen wäre.

Diese Angst hatte sich unauslöschlich in ihre Seele hineingefressen, und ich erlebte, wie es ihr, jedes Mal, wenn sie sich ausweisen musste, den Hals zuschnürte. Immer wenn sie bei einer

Reise den Zoll passierte, hatte sie schreckliche Angst. Zum einen, weil es bedeutete, einen Pass vorzuzeigen, in dem ihr tatsächlicher Geburtsort vermerkt war, zum anderen, weil es den Kontrolleuren die Möglichkeit gab, sie zu durchsuchen und ihr Fragen zu stellen, bevor man sie einreisen ließ.

»Wenn mich auch nur ein Portier scharf anschaut«, sagte sie, »habe ich das Gefühl, als ob meine Knie anfangen zu zittern.«

Als sie in Mulhouse ankam, hatte sie sich einen neuen, französischen Namen gegeben. Einträge in ihrem Poesiealbum beginnen entweder mit »Liebe Hanna« oder mit »Chère Janine«, je nachdem, ob sie vor oder nach dem August 1938 hineingeschrieben worden waren.

An der Grenze hatte Hanna, die jetzige Janine, das deutsche Mädchen in ihr begraben. Frankreich gab ihr die Chance, eine andere zu werden, und sie begrüßte diese Verwandlung und begann ein neues Leben.

»Nach vier Wochen in Frankreich oder sechs Wochen in Amerika gaben wir vor, Franzosen oder Amerikaner zu sein«, beschrieb Hannah Arendt die Bemühungen der deutschen Juden, sich selbst und ihr Leben neu zu erfinden. Für dieses Bemühen, sich jedem neuen Land anzupassen, in das man kam, war meine Mutter ein wunderbares Beispiel.

»Zuallererst wollen wir nicht Refugees, ›Flüchtlinge‹, genannt werden«, so Hannah Arendt, und erklärte damit, wie wertlos sich deutsche Juden fühlten, nachdem sie ihre Heimat verlassen hatten, staatenlos, unerwünscht und mit leeren Händen.

Erst nachdem ich Hannah Arendts Worte gelesen hatte, verstand ich, wie sehr meine Mutter den Spottnamen hasste, den mein Vater ihr gegeben hatte. Er benutze ihn wie eine Art verbalen Dolch, immer dann, wenn sie zu politischen Themen eine andere Meinung hatte.

»The Ref«, kurz für »The Refugee«, der Flüchtling, sagte er immer und wusste, dass er sie damit verletzte. »Tu, was ›the Ref‹ sagt.«

In meiner Erinnerung war »the Ref« die Frau, die in meine Schule kam und Tränen weinte, wenn wir bei Veranstaltungen für Schüler und Eltern den Gemeinschaftsgeist der Schule beschworen. Es waren Tränen, die tief in ihrem Inneren verborgen und in ihren eigenen Erfahrungen begründet lagen. Sie stand unbemerkt hinten im Saal, im Rücken der jubelnden Schüler, und weinte leise, als sie mich alleine auf der Bühne sah, wenn ich als Majorette zwei Tambourstäbe herumwirbelte, eine Rolle, die meinem Naturell als normalerweise introvertiertem, ernsthaftem Mädchen total widersprach.

Es war auch »the Ref«, die mir nicht erlaubte, die Reihen der Majoretten zu verlassen, obwohl ich während des Vietnam-Krieges die Uniformen aus weißen Schnürstiefelchen, seidenem Minirock und hoher Mütze aus schwarzem Kaninchenfell reichlich unpassend fand. Die Flaggen, das Salutieren, die Aufmärsche und die patriotische Musik, dies alles erschien mir in jener Zeit der Anti-Vietnam-Demonstrationen völlig unangemessen und viel zu militaristisch. Meine Mutter aber betonte meine moralische Verpflichtung, die anderen nicht im Stich zu lassen.

Insgeheim hatte ich aber den Verdacht, dass es das Mädchen war, das damals in Freiburg nicht wie ihre Mitschülerinnen die Uniform der nationalsozialistischen Jugendorganisation BdM, des Bundes deutscher Mädel, mit Kniestrümpfen und Koppel tragen durfte und das Französisch, Spanisch und Englisch akzentfrei sprechen gelernt hatte, das nun als Erwachsene wollte, dass ihre Tochter an den fröhlichen Paraden teilnahm, wenn unser Footballteam gewonnen hatte, oder wenn am 4. Juli, dem Nationalfeiertag, uns die Menschenmenge, amerikanische Fähnchen schwenkend, auf der Main Street zujubelte.[1]

Als meine besten Freundinnen die Majoretten längst verlassen hatten, blieb mir, der Flüchtlingstochter, keine andere Wahl, als weiterzumachen, dazuzugehören, und meinen silbernen Tambourstab auf die »Stars and Stripes« der amerikanischen Fahne zu richten, während das dilettierende Schulorchester sich durch die von meiner Mutter erst spät angenommene Nationalhymne trötete.

In Mulhouse, dem ersten Ort ihrer sechsjährigen Reise von Freiburg in die Sicherheit, mietete sich die Familie in einer Dreizimmerwohnung im zweiten Stock des Hauses Nr. 18 in der Avenue Roger Salengro ein. Auf der Rückseite lag der Parc Salvator mit seinen Kastanienbäumen und Fichten, und zum Lycée des Jeunes Filles, dem Mädchengymnasium mit der efeubewachsenen Fassade, das Janine und Trudi besuchten, waren es nur wenige Schritte die Straße hinunter.

Als die Schule 1971 begann, Jungen aufzunehmen, wurde der Name in Lycée Michel de Montaigne geändert. Es war bereits das fünfte Mal in hundert Jahren, dass die Schule einen neuen Namen bekam, die ersten vier waren dem Wechsel der Amtssprache geschuldet, die Hand in Hand ging mit der Zugehörigkeit des Elsass zu Frankreich oder Deutschland. Auf diese Weise entstand in dieser Region ein ganz besonderer Dialekt aus zwei Sprachen, über den sich die Bewohner mit kleinen Liedchen lustig machten, wie jenem, das mir meine Großmutter Alice vorsang, als ich noch ein Kind war:

»Voulez-vous Kartoffel soupe?
Non, madame, je danke vous.
Je n'ai pas appetite dazu.«

Trotz ihrer zuvor guten schulischen Leistungen erklärte man in Mulhouse, dass Janines Französisch unzureichend sei, und stufte sie zu ihrem großen Ärger um zwei Klassen zurück. In Freiburg hatte sie als Jüdin nicht gemeinsam mit ihren Freundinnen an den Treffen der Hitlerjugend teilnehmen dürfen. Jetzt betrachtete man sie als Deutsche, und damit unterschied sie sich schon wieder von ihren Klassenkameradinnen.

Auf diese Weise war Janine schon in ihrer frühen Jugend, wenn Mädchen sich nach nichts mehr sehnen, als zu einer Gemeinschaft zu gehören, zur Außenseiterin geworden. Sie, die zugleich viel sorgsamer als die anderen die Menschen und die Kultur um sich herum wahrnahm. Janine war bemüht, sich anzupassen, aber weil es ihr schwerfiel, auf andere zuzugehen, entwickelte sie eine Zurückhaltung, die ihr oft als Stolz und Unnahbarkeit ausgelegt wurde. In gleichem Maße wie sie sich darauf freute, in einem neuen Land und mit einer neuen Sprache zur Schule zu gehen, freute sie sich darüber, dass die neue Kleidung, die ihre Mutter ihr vor ihrer Abfahrt aus Freiburg gekauft hatte, der Mode entsprach.

Alice, die wusste, dass sie sowieso kein Geld mitnehmen konnten, hatte das, was nach der Zahlung der vielen Steuern und Abgaben noch übrig war, ausgegeben, um ihre Töchter in einer Art und Weise zu verwöhnen, wie sie es vorher nie getan hatte und später nicht mehr tun konnte. An jenem denkwürdigen Tag, als sie in Frankreich ankamen, stöckelte Janine unter großen Schmerzen in ihren ersten Schuhen mit Absatz aus dem Zug. Sie waren aus dunkelblauem Leder, und Janine hatte sie gewählt, weil dies die Farbe der Uniformen war, um die Janine ihre Klassenkameradinnen immer beneidet hatte. Außerdem hatten sie neue Sommerkleider mit aufgedruckten Blumenmustern bekommen – die ich später in ihrem Schrank fand und dann selbst noch anzog – und Pyjamas aus blauer Seide, deren Oberteil so schön war, dass die Schwestern sie als Blusen trugen.

Aber bereits am zweiten Tag in Mulhouse nahm Tante Marie sie an die Hand und kaufte ihnen die groben, graubraunen Kittel, die die Mädchen in der Schule vom Morgen bis zum Unterrichtsende am Abend tragen mussten. Langärmelig und bis zum Hals zugeknöpft bedeckten diese Kittel Janines und Trudis maßgeschneiderte Kleidung und führten den beiden neuen deutschen Schülerinnen das französische Verständnis von »Egalité« – wenn auch nicht das von »Liberté« – vor Augen.

Hier in Mulhouse war es auch, dass die Günzburgers erstmals einer zahlenmäßig großen jüdischen Gemeinde beitraten.

Frankreich war mit der Revolution das erste europäische Land geworden, das Juden vollständige Bürgerrechte gewährte – was dazu führte, dass sich ihre Zahl verdoppelte. Seitdem waren viele Juden auf der Suche nach mehr Freiheit aus Deutschland über den Rhein gegangen. Dort stellten sie fest, dass die Einwohnerschaft ganzer Dörfer der Landwirtschaft den Rücken gekehrt hatte. Sie tauschten die an die Jahreszeiten gebundene und oft genug von Not und Entbehrungen gekennzeichnete Arbeit auf den Feldern gegen lange und harte, aber immerhin regelmäßige Beschäftigung in den Textilfabriken. Chemiker und Färber, Kunsthandwerker, Drucker, Maschinisten und andere Facharbeiter fanden zu Tausenden Beschäftigung in den florierenden Textildruckereien, die Stoffe für einen immer größer werdenden internationalen Markt herstellten und die schon im 18. Jahrhundert Mulhouse zu einem wichtigen Wirtschaftszentrum gemacht hatten.

Weil es Juden fast überall in Europa verboten war, Land zu besitzen, konzentrierten sie sich auf die industriellen Standorte, wo sie erfolgreich als Stoffhändler arbeiteten und später auch Bekleidung herstellten. Mit der Zeit wuchs die jüdische Gemeinde und fand auch Anerkennung, sodass zu der Zeit, als Janine im Elsass ankam, ihre Schulklasse für den Religionsunterricht in drei Gruppen aufgeteilt wurde, Protestanten, Katholiken und Juden. Dazu kam eigens ein Hebräischlehrer in die Schule, der die jüdischen Schülerinnen in ihrem Glauben unterrichtete.

Die Kinder der Günzburgers waren überrascht, dass sie von mehreren jüdischen Freundinnen willkommen geheißen wurden, die es ihnen erleichterten, sich dem französischen Lebensstil anzugleichen. Für Janine hieß das, es so zu machen, wie es viele Jugendliche in vielen europäischen Städten bis zum heutigen Tag tun: Man ging am späten Nachmittag auf die Flaniermeile der Stadt, um Freunde und Bekannte zu treffen.

Die Straße, auf der man in Mulhouse spazieren ging, war die Rue du Sauvage, die »Wildemannstraße«, wo im Jahre 1859 im

Haus mit der Nummer 25 der französische Hauptmann Alfred Dreyfus geboren worden war. Er war der Sohn eines reichen jüdischen Textilfabrikanten, an dem sich später eine die ganze französische Nation spaltende politische Krise entzündete, weil die gegen ihn vorgebrachten, frei erfundenen Anschuldigungen, er sei ein Verräter, das Ausmaß des Antisemitismus im französischen Militärapparat offenbarten.

Bei meinem letzten Besuch in Mulhouse war aus der Rue du Sauvage eine Fußgängerzone geworden, und im Erdgeschoss des Dreyfus-Hauses befand sich ein Delikatessenladen. Aber auch in den Tagen, als Straßenbahnen durch die Rue du Sauvage fuhren und der Krieg drohte, trafen sich hier die jungen Leute – vornehmlich auf der einen Straßenseite. Denn die andere, die man mied, war bekannt als »le trottoir des cocus«, der »Gehsteig der Gehörnten«. Wie es dazu kam, dass die Straßenseite diesen Spottnamen für Ehemänner untreuer Frauen erhielt, ist eine tief in der Folklore der Stadt verwurzelte Geschichte.

Wie durch Zufall war es die Rue du Sauvage, wo Janine zum ersten Mal Roland sah. Obwohl er nicht auf dem »trottoir des cocus« stand, sondern auf der »richtigen« Straßenseite, war es anfangs eine Dreiecksgeschichte.

Janine ging mit ihrer Klassenkameradin Yvette über die Rue du Sauvage, als Yvette plötzlich auf einen jungen Mann zeigte, der sich in einer Schulpause mit Freunden unterhielt. Obwohl Roland ein Freund von Yvette war, wusste Janine in diesem Moment, dass sie dieses Gesicht nie mehr vergessen würde. Er war groß und schlank, hatte lockiges braunes Haar, ein Lachen, das die Zeit anzuhalten schien, und Augen, die sie träumend in die Zukunft entführten. In diesem Moment erwachender Sehnsucht ließ sie ihre Mädchenzeit hinter sich. So wie ihre früher heißgeliebte Käthe-Kruse-Puppe, der sie entwachsen war und die nun achtlos auf einem Regal in einem verlassenen Haus in Freiburg lag.

FÜNF

Der Klapperstein

Die Mairie, das historische Rathaus, liegt im Herzen von Mulhouse, der alten elsässischen Stadt in der südlichen Rheinebene, am Fuß der Vogesen. Das prächtige Renaissancegebäude mit dem rosa Mauerwerk und den goldenen Arabesken beherrscht den hübschen Place de la Réunion wie eine prächtige Torte das Kuchenbuffet eines Konditors. Die prunkvoll gestaltete Fassade ist von Trompe-l'œil bedeckt, optischen Täuschungen, durch die der Eindruck erweckt wird, es handele sich um Ornamente und Statuen. In Wahrheit jedoch ist alles nur Farbe.

Erst bei genauerem Hinsehen entdeckt man, dass es außer der doppelläufigen Freitreppe, die von rechts und links zum Eingang hinaufführt, nur ein einziges, plastisches Element am Gebäude gibt, und zwar auf der Giebelseite. Es ist eine strenge Mahnung an die Bürger der Stadt, sich gesittet zu verhalten. Die Botschaft wird durch einen kahlgeschorenen, an einer dicken Eisenkette hängenden Frauenkopf aus Stein, den »Klapperstein« oder »Stein der Schwätzer«, vermittelt. Die Skulptur starrt mit hervorquellenden Augen, roten Backen, qualvoll hochgezogenen Brauen und ausgestreckter, geschwollener Zunge auf die Straße.

Die Inschrift darüber warnt jeden, der vorübergeht:

»Zum Klapperstein bin ich genannt
Den bößen Mäulern wohl bekannt.
Wer Lust zu Zank und Hader hat
Der muß mich tragen durch die Stadt«

*Der »Klapperstein« hängt an der rosa und goldenen
Fassade der Mairie, des Rathauses, von Mulhouse.*

Alten Chroniken zufolge bestrafte die Stadt diejenigen, die Klatsch oder Gerüchte verbreiteten – oft Frauen – damit, sie an Markttagen durch die Straßen zu führen, zu Fuß oder verkehrt herum auf einem Esel sitzend, den »Klapperstein« an einem Strick um den Hals oder ein Schild auf dem Rücken, auf dem sie zugaben, andere verleumdet zu haben. Im Rathaus wird eine Tafel aus dem Jahr 1576 aufbewahrt, die das Tragen des »Klappersteins« als Sühne für jene bezeichnet, die »sich unanständiger, beleidigender, verleumderischer, oder verletzender Rede hingegeben« hatten. Damit werde der Schuldige bestraft und diene als nützliche Warnung für andere.

In der geschlossenen Gesellschaft eines Städtchens wie Mulhouse, wo es wenig Abwechslung gab, war es wichtig, dass die Bewohner sich um sich selbst kümmerten, die Privatsphäre anderer achteten und keine Gerüchte verbreiteten. Deshalb wurde diese Art der Bestrafung allgemein akzeptiert.

Für die Geschichte von Liebe und Leid, in der meine Mutter und Roland Emil Léon Arcieri die Hauptpersonen waren, hatte das Geschwätz der Leute in Rolands Heimatstadt große Bedeutung.

Rolands Familie hatte italienische Wurzeln. Seine Mutter, Léonie Christophe, stammte aus einem französischen Ort westlich der Vogesen, sein Vater Emil war der Sohn eines Schuhmachers, der aus einem ligurischen Dorf in der Nähe von Genua nach Lutzelhouse, einer kleinen elsässischen Gemeinde an der Bruche, zwanzig Kilometer südwestlich von Strasbourg, ausgewandert war.

Weil das Elsass seit dem deutsch-französischen Krieg von 1870/71 zum Deutschen Kaiserreich gehörte, war Emil Deutscher von Geburt. Im Ersten Weltkrieg wurde er zur kaiserlichen Garde eingezogen und diente später im Deutschen Heer, obwohl sein französischer Schwiegervater von den Deutschen gefangengenommen wurde und im Lager umkam. Solche Familiengeschichten waren nicht ungewöhnlich in einem seit Generationen umkämpften Landstrich wie dem Elsass, dessen Bürger damit leben mussten, dass ihre Staatsbürgerschaft vom Ausgang von Kriegen abhängig war.

Leonie und Emil Arcieri mit Tochter Emilienne und Sohn Roland

Emil und sein Bruder Joseph waren schon vor dem Ersten Weltkrieg nach Mulhouse gezogen und hatten im dortigen Verkaufsbüro einer in Lutzelhouse ansässigen Textilfirma gearbeitet. Joseph verkaufte weiße und beigefarbene Stoffe, und Emil war für den Handel mit bedruckter Baumwolle zuständig, für die das südliche Elsass damals berühmt war. Ihr ganzes Leben lang waren die Brüder für dieselbe Firma tätig, in der die Beschäftigten, wie damals in der elsässischen Textilindustrie üblich, in patriarchalischer Fürsorge geschützt wurden. Die Bindung an ihr Heimatdorf Lutzelhouse hatten die Brüder dennoch nie aufgegeben.

Die Familien der beiden Arcieris, italienisch für »Schütze«, waren eng miteinander verbunden, allein schon, weil sie zu den wenigen Katholiken im vorwiegend calvinistischen Mulhouse gehörten. Und obwohl Rolands italienisch klingender Nachname ihm während der deutschen Besatzung half, seine elsässischen Wurzeln zu verbergen, lebte er in ständiger Gefahr. Denn wegen einer Infektion an seinem Penis musste er im Alter von fünf Jahren beschnitten werden. Sein ganzes Leben lang blieben ihm die schrecklichen Schmerzen in Erinnerung, als er auf dem Schoß der Mutter saß und der Kinderarzt die gleiche Prozedur vollzog, die alle jüdischen Jungen aus religiösen Gründen über sich ergehen lassen müssen. Aber der Gedanke an diese Pein war nichts gegen seine Angst, in den Kriegsjahren in das zu geraten, was die Nazis die »Hosenprobe« nannten, die erzwungene Inspektion der männlichen Geschlechtsorgane, die unweigerlich dazu geführt hätte, dass er für einen Juden gehalten und verhaftet worden wäre.

Roland, der einzige Sohn der Arcieris, wurde am 23. Mai 1920 geboren. Seine beiden Schwestern, die eine älter, die andere jünger, waren regelrecht vernarrt in ihren Bruder. Die Familie lebte zunächst in einer zentrumsnahen Wohnung und zog dann in ein großzügiges Haus an der Rue du Ventron, in begehrter Hanglage in der Nähe der Weinberge über der Stadt. Emilienne, die erste, noch vor dem Krieg geborene Tochter der Arcieris, war sieben Jahre älter als Roland und hatte keinerlei Ähnlichkeit mit ihm. Sie war ein scheues, unbeholfenes Mädchen mit dunklen, traurigen Augen unter düsteren Brauen. Roland hingegen war ein fröhliches, hübsches Kind mit dicken Locken und feinen Gesichtszügen.

Dazu passte, dass Emilienne in ihrer Jugend fromm und gewissenhaft war, Roland hingegen alles andere als ein fleißiger Schüler. Er verbrachte seine Freizeit mit Sport und Freunden, die ihn wegen seines Äußeren, seines Humors und seiner charismatischen Persönlichkeit bewunderten. Vor allem aber war er äußerst beliebt, weil er immer dafür sorgte, dass alle in seiner Umgebung Spaß hatten.

»Le plus qu'on est fou, le plus qu'on rigole – je verrückter man ist, desto mehr Spaß hat man«, war seine nicht völlig unernst gemeinte Lebensperspektive. Fleiß, Ehrgeiz und gute schulische Leistungen waren nicht seine Sache. Im Gegenteil: Er betrachtete sich als das schwarze Schaf der Familie und beschrieb sich, ein wenig selbstgefällig, mit dem Satz: »Wenn alle in die eine Richtung wollen, gehe ich in die andere, da ist weniger Verkehr.«

Trotz dieser Lebenseinstellung hatte er in der Schule lange Zeit keine Probleme. Erst im Frühjahr 1937 versetzte er den Spitzbart seines Vaters in heftiges Zittern, als er ihm mitteilte, er habe das Klassenziel nicht erreicht. Schlimmer noch, er sei »zu eitel«, so erklärte er seinen Eltern, die Klasse zu wiederholen, und könne die Schande, dies an derselben Schule in Mulhouse tun zu müssen, nicht ertragen. Wochenlang saß er daraufhin im väterlichen Büro und verfasste Bewerbungsschreiben an Internate, um eines zu finden, das ihn aufnahm, wenn es sein musste provisorisch, ohne ihn die letzte Klasse wiederholen zu lassen. Als ein von Jesuiten geführtes Jungeninternat in Nancy sich dazu bereit erklärte, überzeugte er seine Eltern mit den Worten: »Wenn ich hierbleibe, schaffe ich es nie, ich habe zu viele Freunde. Ihr müsst mich einsperren.«

Das nächste Jahr verbrachte er, abgesehen von zwei kurzen Besuchen an Weihnachten und Ostern, im Internat in Nancy. Im Frühjahr 1938 bestand er sein »Baccalauréat Première«, das »Vor-Abitur«, als einer der Besten der Klasse. Im Sommer kehrte er nach Mulhouse zurück und hatte nach einem Jahr angestrengten, seinem Naturell wenig entsprechenden Lernens nichts anderes im Sinn als die Mädchen der Stadt. Dann traf er auf Yvette, eine der jüdischen Mitschülerinnen, mit der sich Janine nach ihrer Ankunft in Mulhouse angefreundet hatte.

Im Herbst, wieder zurück in Nancy, schrieb er jede Woche an Yvette und schaffte es, die Briefe zur Post zu bringen, obwohl dies den Schülern verboten war. Dass er nie Antwort erhielt, beirrte ihn nicht. Umso größer war dann der Schock und umso herber der Schlag für seine Männlichkeit, als er an Weihnachten nach Hause kam und das Objekt seiner Internatsträume am Arm eines anderen beim Eislaufen sah. Seine Frustration und seine Enttäuschung wurden noch gesteigert, als er erfuhr, dass Yvette seine Liebesbriefe regelmäßig ihren kichernden und giggelnden Freundinnen vorgelesen hatte. Im Wissen, dass er mit den Bekenntnissen seiner Leidenschaft grausam verspottet worden war, kehrte Roland betrogen und verletzt nach Nancy zurück.

Der »Klapperstein«, den er als gerechte Strafe für Yvettes Verhalten empfunden hätte, bot ihm keinen Trost, die Zeiten, in denen er eingesetzt wurde, waren lange vorbei. Aber ohne es zu wissen, hatte er durch seine leidenschaftlichen Briefe für alle Zeiten das Herz eines Mädchens erobert, wenn auch nicht das von Yvette. Janine hatte aufmerksam zugehört, als Yvette die Briefe vorgelesen hatte, und vergaß sie niemals.

Meine eigenen romantischen Jungmädchenträume wurden jäh ernüchtert, als ich erfuhr, dass Rolands erste Liebe nicht meine Mutter war, sondern ... Yvette. Erst Jahre später wurde mir klar, dass Janines Bemühen, seine Aufmerksamkeit und sein Vertrauen zu gewinnen, mit der ersten großen Enttäuschung seines Lebens zu tun hatte. Rolands erste Liebe hatte ihn zutiefst verletzt, und Janine kannte fortan nur noch ein Ziel: Sie war entschlossen, sein Herz zu erobern.

Ich wollte von all dem nichts wissen. Für mich war ihre Liebe vollkommen, eine Fügung des Himmels von Anfang an. Roland und Janine waren Romeo und Julia, und ihre unschuldige Liebe hatte nur durch äußere Gewalt, Hass und ohne eigenes Zutun keine Chance erhalten. Als ich kurz vor dem Schulabschluss im Unterricht Shakespeare las und erfuhr, dass auch Romeo zuerst nicht für Julia, sondern für Rosalind entflammt war, ein anderes Mädchen, »von Amors Pfeil nicht getroffen«, wurde mir klar: Erst nach einer solchen Erfahrung ist es einem jungen, romantischen Liebhaber möglich, die wahre Liebe zu finden, die zu heiraten er alles tun und für die er sein Leben geben würde.

~

Wenige Monate nach ihrer Ankunft in Mulhouse ging es Janine besser als je zuvor. Sie hatte neue Freundinnen, nette Lehrer und ungewöhnlich viele Freiheiten, vor allem, als ihre Eltern zusätzlich zu ihrer Drei-Zimmer-Wohnung für die beiden Töchter im obersten Stockwerk des Hauses ein kleines ehemaliges Mädchenzimmer mieteten.

Norbert wohnte zunächst mit den Eltern in der unteren Wohnung, weil sie dort kontrollieren konnten, wann er kam und ging, und darauf achten konnten, dass ihr Sohn, der hinter jedem Rock herjagte, nicht in Schwierigkeiten geriet.

Sigmar und Norbert bemühten sich gemeinsam, das brachliegende Geschäft mit Rohren, Klempnerbedarf und Ersatzteilen wiederaufzubauen, das Sigmars Schwester nach dem Tode ihres Mannes übernommen hatte, und den am Boden liegenden Baustoffhandel wiederzubeleben, den Sigmar vor seiner Heirat in Mulhouse gegründet hatte.

Mit jetzt 58 Jahren hatte Sigmar keinen Wagen und keinen Fahrer mehr und fand es zunehmend mühselig, zu Fuß und mit dem Zug auf Kundenbesuch über Land zu fahren und dennoch kaum Geld zu verdienen. Alice wiederum musste das erste Mal seit ihrer Hochzeit allein mit Wäsche, Hausarbeit und Kochen zurechtkommen und hatte außer Marie, die glücklicherweise um die Ecke wohnte, nur wenige Freundinnen.

Dass Norbert sein Studium in der Schweiz aufgegeben hatte und nun bei seinem Vater arbeitete, missfiel ihr ebenso wie die

Beobachtung, dass ihre beiden Mädchen im Begriff waren, die Zügel ihrer strengen deutschen Erziehung abzustreifen. Besondere Sorge bereitete es ihr zu sehen, wie Janine verstärkt in die Fänge von Maries koketter und freigeistiger Schwiegertochter Lisette geriet.

Lisette war eine lebhafte, bestimmt auftretende junge Frau, deren messerscharfe Intelligenz ihre Schönheit noch übertraf. Als sie Maries Sohn Edy heiratete, war sie gerade 19, und zwischen ihr und ihrer Schwiegermutter flogen sofort die Funken, als Lisette, deren eigene Mutter bei ihrer Geburt gestorben war, Spaß daran fand, sich gegen die bürgerlichen Regeln aufzulehnen, um Marie zu schockieren.

Elisabeth »Lisette« Hauser Cahen im Jahr 1932 mit ihren Zwillingstöchtern

Ihr manchmal vulgäres Vokabular voller sexueller Anspielungen, ihre geistreichen Wortspiele und ihre Schlagfertigkeit sorgten bei ihren Zuhörern für Sprachlosigkeit, und je prüder und langweiliger sie reagierten, desto mehr fühlte sich Lisette angespornt, sie zu provozieren und sie mit unzüchtigen Doppeldeutigkeiten in gereimter Form zu überrumpeln.

Für die zwölf Jahre jüngere Janine wurde sie zum Vorbild einer Frau, die Unabhängigkeit verlangte – ein Recht, das Lisette ihr ganzes Leben lang für sich in Anspruch nahm, ohne darauf zu achten, wie ihre Kinder damit zurechtkamen, die sie wieder und wieder alleine ließ.

Als sie und Edy sich scheiden ließen, hatten sie sechs Kinder im Alter von 13 bis 33 Jahren. Eine der beiden ältesten Zwillingstöchter war behindert geboren worden – der bei der Geburt anwesende Gynäkologe hatte zu spät erkannt, dass nach dem ersten noch ein zweites Kind auf die Welt wollte, weshalb das Zweitgeborene zu wenig Sauerstoff bekam.

Alice, die sich aus Sorge über Lisettes freidenkerischen Einfluss auf Janine innerlich aufrieb, sich wegen Norberts abgebrochener Ausbildung grämte, das zu schmale Einkommen beklagte, Sigmars mühselige Geschäftsreisen zu hassen begann und anfing, ihr Heim und ihre Verwandtschaft zu vermissen, beklagte sich nie darüber, dass sie aus Freiburg weggegangen waren. Die schrecklichen Berichte, die Mulhouse von der anderen Seite des Rheins erreichten, bestätigten, dass sie Deutschland gerade noch rechtzeitig verlassen hatten. Bereits jetzt waren Tausende Juden in Lager deportiert worden, von denen kaum jemand wusste, wo sie waren und was dort geschah. Und Hitlers Würgegriff wurde immer fester.

Ende Oktober 1938 bürgerten die Nazis 18 000 in Polen geborene Juden aus Deutschland aus und verfrachteten sie ohne Geld und ohne ihr Eigentum ins deutsch-polnische Niemandsland. Aus Wut darüber erschoss Herschel Grynszpan, der Sohn eines der Deportierten, einen Beamten der deutschen Botschaft in Paris. Die Nazis antworteten am 9. und 10. November mit brutaler Vergeltung. Eine Welle des Terrors und der Zerstörung überrollte ganz Deutschland, auch die beschauliche Stadt Freiburg. SA-Horden brannten mehr als tausend Synagogen nieder und warfen heilige Bücher, Torarollen und Kultgegenstände auf die Scheiterhaufen. Unterstützt von johlenden Zuschauern wurden die Fenster Zehntausender jüdischer Geschäfte, Häuser und

Wohnungen eingeschlagen und unzählige Juden auf offener Straße angegriffen und ermordet. 35 000 Juden, zehn Prozent der noch in Deutschland lebenden jüdischen Bevölkerung, wurden in Konzentrationslager gebracht.

In der »Reichskristallnacht«, wie der Terror des 9. und 10. November 1938 genannt wurde, zertrümmerten die Nazis nicht nur Glas und Häuser, sondern auch die letzte Illusion, dass Moral und Gesetz im Reich eine Chance hätten. In Freiburg, traditionell eine Bastion des Geistes und der Kultur, wurde die großartige Synagoge aus dem 19. Jahrhundert bis auf die Grundmauern niedergebrannt.

Auch Sigmars Bruder Heinrich wurde in dieser Nacht des Terrors und der Willkür aufgegriffen. Ausweislich der Gefangenenakte, die er später vom Internationalen Roten Kreuz erhielt, war Heinrich Günzburger, Häftling Nummer 21973, sechzig Jahre alt, festgenommen worden, »weil er Jude war«. Wie fast alle jüdischen Männer, die in der Folge der Kristallnacht in Dachau eingekerkert und einen Monat später wieder entlassen wurden, erhielt er den Hinweis, das Land zu verlassen. So begann die »Entjudung« der Gebiete in deutscher Hand mit erzwungener Emigration. Heinrich verlor keine Zeit und kehrte nicht nach Hause zurück, sondern fuhr sofort nach Mulhouse. Von dort wollte er nach Genf weiterreisen, wo seine Frau Tony auf ihn wartete. Beide hofften und beteten, dass man ihnen, weil sie schon Jahre zuvor ihre beiden Söhne nach Buffalo geschickt hatten, bald amerikanische Visa ausstellen würde.

Als Sigmar Heinrich am Bahnhof von Mulhouse abholte, fand er einen zitternden, gebrochenen Mann vor, der immer wieder konvulsivisch zuckte. Seine geröteten, leeren Augen hatten jeden Ausdruck verloren. Tränen liefen über die eingefallenen, grauen Wangen. Sein Unterarm war eine einzige, offene Brandwunde vom Ellenbogen bis zum Handgelenk, tief bis zum freiliegenden Knochen und umrandet von aufgerissener, verkohlter Haut. In den überfüllten Baracken des Dachauer Lagers war Heinrich bei einem Appell zwischen anderen Häftlingen und einem überhitzten Holzofen eingeklemmt worden und musste stundenlang bewegungslos ausharren.

Der Nazi-Offizier, der den Appell angeordnet hatte, drohte, dass jeder, der etwas sagen oder sich bewegen würde, auf der Stelle erschossen würde. Heinrich, den Gestank seines eigenen, verkohlenden Fleisches in der Nase, stand gelähmt und wusste nicht, was schlimmer war, die unerträglichen Schmerzen in seinem Arm oder die Todesangst, die Besitz von ihm ergriffen hatte.

Alice übernahm die Aufgabe, die schwärende Wunde mehrmals täglich zu reinigen und frisch zu verbinden, eine grausame Erinnerung an ihre Zeit als Krankenschwester während des Ersten Weltkrieges. Tapfer und pflichtbewusst versorgte sie ihren Schwager. Als jedoch wenige Tage später die Frau eines Verwandten aus Frankfurt anrief, brach sie zusammen. Am Abend des 9. November hatten SA-Leute ihre Eingangstür eingetreten und die Wohnung verwüstet. Als daraufhin ihr Mann, er war Direktor der Frankfurter Oper, eine Erklärung verlangte, schlugen sie ihn nieder, verprügelten ihn und zerrten ihn fort.

Zwei Tage später kehrte einer der Männer zurück und drückte ihr eine Pappschachtel in die Hand. Sie enthielt die Asche ihres Mannes – alles, was von ihm übrig geblieben war. Er habe fliehen wollen und sei in den Rücken geschossen worden.

»Er ist wieder zu Hause«, herrschte sie der unbekannte Überbringer der Asche an. »Haben wir nicht versprochen, ihn bald zurückzubringen?«

Aus Zürich kamen bessere Nachrichten. Alice' Mutter Johanna und die anderen Mitglieder der Familie, Alice' Schwester Rosie, ihr Schwager Natan Marx und ihre Nichte Hannchen, hatten es geschafft, Eppingen vor der »Reichskristallnacht« zu verlassen, allerdings ohne Geld mitnehmen zu können. Zwei Wochen zuvor waren zwei SS-Leute in den Laden der Heinsheimers gekommen, hatten Natans Feuerwehrhelm vom Haken genommen, die Pässe der Familienmitglieder beschlagnahmt und die Geschäftsbücher durchforstet. Dann forderten sie die Familie auf, den Laden, das

Haus und ihr Grundeigentum zu verkaufen. Ihre Pässe würden sie erst wiederbekommen, wenn der Verkaufserlös als Steuer eingezogen worden wäre.

Der Laden der Familie Heinsheimer an der Brettener Straße in Eppingen mit Maier und Siegfried im Eingang und Alice im Fenster darüber (l.)

Acht Generationen lang hatten die Heinsheimers in Eppingen gelebt. Jetzt mussten sie den kleinen Ort verlassen, hatten aber so wenig Geld übrigbehalten, dass sie einen Cousin in Holland bitten mussten, die Fahrtkosten zu übernehmen. Johanna konnte bei ihrer anderen Tochter in Zürich unterkommen, während die Familie Marx, die sich schon Jahre bevor Sigmar die Notwendigkeit dazu erkannte, um Visa für die USA bemüht hatte, auf einem Schiff nach New York entkam.

Zwei Tage nach der »Reichskristallnacht« wurde den deutschen Juden eine Strafzahlung in Höhe von einer Milliarde Reichsmark auferlegt, als Ausgleich für die an jüdischem Eigentum angerichteten Zerstörungen. Bezahlt wurde diese »Judenvermögensabgabe« durch die Beschlagnahmung von zwanzig Prozent des Besitzes aller Juden, auch derer, die das Land schon verlassen hatten. Sigmar erfuhr von dieser neuen Strafsteuer der Reichsregierung durch eine Flut von Papieren und Dokumenten, die ihn in Mulhouse erreichte und ihn über die Abbuchung großer Summen von seinen verbliebenen deutschen Bankkonten informierte.

Derselbe zwanghafte deutsche Ordnungsdrang, der die Nazis dazu brachte, über alles, über Geld ebenso wie über Leichen, exakt Buch zu führen, hatte auch Sigmar dazu gebracht, sich sofort bei den örtlichen Behörden in Mulhouse anzumelden. Aus diesem Grund wussten die Freiburger Behörden genau, wo er sich aufhielt, und informierten ihn alle paar Monate darüber, wenn sie wieder Tausende Reichsmark an Steuern von seinen eingefrorenen Konten eingezogen hatten, obwohl er bei seiner Abreise aus Freiburg bereits hohe Beträge hatte bezahlen müssen.

In einem vorgedruckten Brief, der ihn in Mulhouse erreichte, wurde ihm auch angedroht, dass ihm Zinsen berechnet würden, sollte er Probleme haben, die neuen Steuern aufzubringen. Außerdem würde man anschließend geeignete Personen beauftragen, die Gelder einzutreiben. Die dafür anfallenden Kosten würde er natürlich ebenfalls übernehmen müssen.

Zusätzlich zu diesen Forderungen der Freiburger Finanzverwaltung wurden große Summen von seinen Konten eingezogen, um sie nach Eppingen zu überweisen. Die städtische Verwaltung von Alice' Geburtsort hatte herausgefunden, wo sie sich aufhielt, und forderte nun von ihr die Strafsteuer ein, die der dortigen jüdischen Gemeinde für die in der Kristallnacht zerstörte Synagoge auferlegt worden war.

Außerdem informierte man Sigmar, dass das Reich ihm den Gegenwert von zwanzigtausend französischen Francs in Rechnung stellen würde, weil ihm großzügig »erlaubt« worden sei, in Mulhouse ein Geschäft zu betreiben. Nach Auffassung der Nazi-Behörden musste jedes von ihm in Frankreich betriebene Unternehmen, auch wenn es in einem anderen Land unter einem anderen Namen – »Mesanita« – geführt wurde, als Zweigbetrieb der sich nun in arischer Hand befindlichen Firma »Gebrüder Günzburger« in Freiburg angesehen werden.

Im April schrieb Sigmar an die Freiburger Finanzbehörden und bat um Nachlass der ihm auferlegten Zahlungen. War es möglich, die Reichsfluchtsteuer gegen die »Judenvermögensabgabe«, die Steuer, die wohlhabenden Juden auferlegt wurde, aufzurechnen? Davon, schrieb er, habe er gehört. Zwei Tage später erhielt er einen kurzgefassten Bescheid:

»Ein Abzug der Reichsfluchtsteuer an der Judenvermögensabgabe ist nicht zulässig.« Hingegen, so argumentierte die Stadt in verdrehter Logik, wäre es möglich gewesen, die »Judenvermögensabgabe« von der Fluchtsteuer abzuziehen, wenn er nicht geflohen, sondern bis nach der »Reichskristallnacht« deutscher Staatsbürger geblieben wäre. Weil er jedoch vor dem 1. Januar 1939 emigriert sei, könne die Steuer nicht vermindert werden. Am Schluss vermerkt das Schreiben: Wenn er weitere Anfragen habe und eine Antwort wünsche, möge er das Rückporto beilegen.

So blieb Sigmar nichts anderes übrig, als all diese Briefe in seine abgetragene Aktentasche zu legen, wo ich sie viele Jahre später fand. Viele der Dokumente waren an den Ecken vergilbt und ausgefranst und trugen den Stempel des Finanzamtes mit dem Reichsadler, einen Lorbeerkranz mit Hakenkreuz in den Fängen.

Aus diesen Schreiben geht auch hervor, dass die Finanzverwaltung seinen Namen in Übereinstimmung mit den neuen, in Deutschland gültigen Vorschriften in Samuel Israel Günzburger abgeändert hatte, um zu zeigen, dass er Jude war. Gleichzeitig hatte man nach seiner Flucht nach Mulhouse so viele »Steuern« von seinen in Deutschland verbliebenen Konten abgeführt, dass alle Guthaben vollständig aufgebraucht waren.

Aus den vielen Anfragen meines Großvaters wird deutlich, dass all seine Unternehmungen nach wie vor von seinem unerschütterlichen Glauben geprägt waren, zwischen Recht und Unrecht unterscheiden zu müssen.

Noch als Achtzigjähriger in New York ging er mehrere Blocks zu einem Supermarkt zurück, in dem er zuvor beim Einkauf fünf Cent Wechselgeld zu viel erhalten hatte, weil er nicht wollte, dass die Kassiererin das aus eigener Tasche bezahlen musste. Mit seinen stets geputzten Schuhen, seinem Fischgrätmantel und seinem grauen Filzhut schritt er zurück zum Supermarkt wie ein Businessmogul, der im Begriff war, ein Millionengeschäft abzuschließen.

Niemals änderte er seine Anforderungen an sich selbst, sogar auf dem Totenbett richtete er sich noch einmal auf, um seine in Tränen aufgelöste Frau daran zu erinnern, dass sie zum Ersten des Monats die Miete und die fälligen Rechnungen bezahlen müsse.

Bis zur »Kristallnacht« hatte Sigmar daran geglaubt, dass es in seinem Heimatland wieder Gerechtigkeit geben werde. Erst danach wurde aus seiner Hoffnung Verzweiflung.

Sigmar verbarg in Mulhouse seine Angst und verschwieg seinem schwer traumatisierten, noch immer unter Schock stehenden Bruder Heinrich die finanziellen Verluste, die sie in Freiburg erlitten hatten, und – weitaus schlimmer – die in ihm gereifte Erkenntnis, dass Hitler nichts anderes zum Ziel hatte als die totale Vernichtung aller deutschen Juden. Heinrich verbrachte seine

Tage im Sessel, schweigend aus dem Fenster starrend. Sein Blick war auf die Uhr im Parc Salvator gerichtet, eine Uhr aus Blumen auf einer Rasenfläche, die je nach Jahreszeit neu gepflanzt wurden. Stunden und Tage vergingen, ihre Zeiger berührten die vergänglichen Blüten der Zeit und brachten die Welt dem Krieg näher, gerade einmal zwanzig Jahre nach dem Ende des letzten.

Janine schien das alles nicht wahrzunehmen. Wie die Blüten der Uhr im Park hatte auch sie ihre eigene Lebensuhr. Unabhängig von der Mechanik der fortschreitenden Zeiger und unbeeindruckt von der Zeitbombe, die auf der anderen Seite der Grenze tickte, erblühte sie in ihrer eigenen Jugend. Bislang hatten sie vor allem ihre Freundinnen interessiert, jetzt aber gab es etwas Neues. Sie hatte zugehört, als Yvette im Herbst Rolands Briefe laut vorgelesen hatte, und nachdem er ihr an Weihnachten begegnet war, hatte sie ein neues Ziel: Sie wollte ihn unbedingt treffen. Balzac hatte die Wirkung der Liebe auf ein junges, unerfahrenes Mädchen das »Licht des Herzens« genannt. Dieses wunderbare Gefühl hatte von ihr Besitz ergriffen. Es wurde zur kostbarsten Erinnerung ihres Lebens.

~

Eines Nachmittags im Frühjahr 1939 spazierten Janine und Yvette die Rue du Sauvage entlang, als sie an der Straßenecke eine Gruppe junger Männer entdeckten.

»Regarde! C'est lui! Roland! Il est rentrée! – Sieh mal da! Das ist er! Roland! Er ist zurück!«, flüsterte Yvette Janine ins Ohr und zeigte auf den größten von ihnen. Roland war wieder da. Als die beiden Mädchen näherkamen und er sie erkannte, richtete er sich auf, trat verunsichert von einem Fuß auf den anderen und stützte sich leicht auf seinen Regenschirm, so wie es der britische Premierminister Chamberlain zu tun pflegte.

Roland wusste, dass Yvette ihren Freundinnen seine Briefe vorgelesen hatte, aber Yvette konnte das nicht ahnen. Sie plauderte munter und kokett drauflos und bemerkte Rolands unterkühlte Reaktion gar nicht. Während die beiden miteinander redeten, hatte Janine Gelegenheit, ihn aufmerksam zu betrachten. Für sie war es, als ob eine Sagengestalt plötzlich zur Erde herabgestiegen wäre, genau dahin, wo sie sich befand. Sie studierte sein schmales Gesicht, seine hohen Wangenknochen, seinen empfindsamen Mund und seine sanft blickenden braunen Augen, als er sich ihr plötzlich zuwandte und bemerkte, dass sie ihn beobachtet hatte. Janine errötete wie die jungfräuliche Psyche beim Anblick ihres späteren Liebsten Amor.

Roland Arcieri in Mulhouse, 1945

Diesmal machte Yvette die beiden miteinander bekannt, und Roland wurde ihr gleich noch viel sympathischer, als er ansprach, was Janine, seit sie in Frankreich war, immer in Verlegenheit gebracht und dafür gesorgt hatte, dass sie oft schwieg:

»Welch wunderbaren Akzent Sie haben!«, sagte er lächelnd.

Janine schien es plötzlich so, als ob sie und ihre Familie nur aus einem Grund von Freiburg hierhergekommen waren: damit sie genau in diesem Moment an dieser Straßenecke in Frankreich stehen konnte. Es ist meine Bestimmung, sagte sie sich mit noch nie empfundener Entschlossenheit, dass ich alles, was immer es auch sei, tun muss, um einen Platz im Leben dieses Mannes zu finden. Des Mannes, dessen poetische Liebeserklärungen ihr Herz längst erobert hatten, auch wenn sie an eine andere gerichtet gewesen waren.

Der Sommer in Mulhouse war wie immer, obwohl es nur noch einen Monat dauern sollte, bis Hitler einem verblüfften Europa bekannt gab, dass er einen Nichtangriffspakt mit den Sowjets geschlossen hatte. Störche falteten ihre dünnen Beine über ihren Nestern auf den Kirchtürmen der Stadt zusammen, rote Geranien tanzten in den Blumenkästen vor den Fenstern und die Drucker druckten neue Farbmuster auf die Baumwollballen, so wie sie es seit Jahrhunderten getan hatten.

Trudi fuhr in der schulfreien Zeit nach Belgien, wo sich Verwandte aus Düsseldorf niedergelassen hatten, und auch Yvette war in die Ferien gefahren. Sie hatte erneut ein Auge auf Roland geworfen, ihr Interesse an ihm war durch sein unterkühltes Verhalten beim letzten Treffen an Ostern neu entfacht worden. Sie nahm an, dass er bald aus Nancy zurückkehren würde, und beklagte sich bei ihren Freundinnen, dass sie ihn nicht in Mulhouse würde begrüßen können.

»Tu mir einen Gefallen«, bat Yvette Janine, die sich dabei wie eine Betrügerin vorkam: »Behalte ihn im Auge, achte darauf, dass er keine andere findet, bis ich wieder zurück bin.«

Als Roland und Janine sich kurz nach Yvettes Abreise erstmals näherkamen, war es für sie wie ein Wink des Himmels, denn es geschah ausgerechnet bei einem Spiel, das Janine und Norbert kurz zuvor bei einer Party entdeckt hatten: beim »Flaschendrehen«. Dieses Spiel war bei jungen Leuten besonders beliebt, weil es erste erotische Kontakte ermöglichte, ohne dass es den Teilnehmern peinlich war und ohne dass sie sich rechtfertigen mussten: Die Auswahl der Partner, die man küssen musste, erfolgte nach dem Zufallsprinzip, schloss die Gefahr aus, zurückgewiesen zu werden, zu viel Interesse am anderen zu zeigen, seine Gefühle offenzulegen oder zu weit zu gehen. Man durfte keine Reaktion erkennen lassen, wenn die sich drehende Flasche langsamer wurde, man musste das Zittern der Lippen verbergen, wenn man sich wünschte, sie werde auf die Person zeigen, die man sich selbst ausgesucht hatte, man durfte hoffen und musste gleichzeitig Haltung bewahren.

Als Roland Arcieri eintrat, war es Janine, als würde die Luft vibrieren und der Raum anfangen, sich um sie zu drehen. Er begrüßte die anderen mit einem Lächeln und einer Geste und nahm sich einen Stuhl. Er war mit seinen 19 Jahren etwas älter als die anderen, die unsicher waren, ob der sich so locker gebende Neuankömmling sich herablassen würde, an ihrem Spaß teilzunehmen.

In diesem Moment entdeckte er Janine. Er erinnerte sich daran, dass er sie schon einmal auf der Straße gesehen hatte, zusammen mit Yvette.

»Ah, midi moins dix – zehn vor zwölf«, murmelte er vor sich hin, weil sie leicht gebeugt stand, in einem Winkel, der ihn ein wenig an die Zeiger der Uhr kurz vor Mittag erinnerte. Hatte er da schon bemerkt, wie schön sie war?

Sie war groß und schlank, ihr kastanienbraunes Haar fiel in Locken auf ihre Schultern, die Zeiten, in denen Fräulein Elfriede darauf bestanden hatte, dass sie einen Bubikopf mit Haaren bis zum Kinn trug, waren lange vorbei. Ihre großen hellblauen Augen lagen weit auseinander, und ihre fast geraden Augenbrauen vermittelten den Eindruck von Ernsthaftigkeit. Ihre Nase war gerade, weder zu kurz noch zu lang, ihre Haut rosig und klar. Sie war der Meinung, dass ihr Mund zu schmal war, und kaschierte dies mit etwas großzügiger aufgetragenem Lippenstift, obwohl sie wusste, dass ihr Vater das nicht mochte. Als sie feststellte, dass

Roland sie musterte, zwang sie sich, seinem Blick standzuhalten und ihn tapfer zu erwidern.

»Roland, du bist dran!«, rief irgendjemand im Raum unter allgemeiner Zustimmung. Roland stand lachend auf, drückte seine Zigarette aus, zwinkerte Janine zu und ging hinüber zur Flasche. Ihr Herz schlug heftiger, das Blut hämmerte in ihren Schläfen. Wie könnte sie es ertragen, zusehen zu müssen, wie er eine andere küsste? Und was würde sie tun, wenn die Flasche auf sie zeigen würde? Hätte sie nur unter einem Vorwand den Raum verlassen! Aber wenn sie jetzt ginge, würde er das als Zurückweisung empfinden müssen.

Roland kniete auf einem Bein nieder, ergriff die Flasche und versetzte sie zu allgemeiner Spannung in Bewegung. Janine folgte jeder Drehung des grünen, gläsernen Glücksbringers, sie wurde eins mit ihm. Um sie herum fing alles an, sich zu drehen, wie die Flasche, Runde um Runde, bis ihr schwindlig wurde und sie nur noch daran dachte, wie sie es schaffen könne, den Stillstand der Flasche mit ihrem Willen zu beeinflussen. Die sich immer noch drehende Flasche polterte klappernd und klirrend über den unebenen Holzboden, stieß an ein Stuhlbein, wurde langsamer und kam zur Ruhe. Sie zeigte genau auf Janine. Roland hatte seine Wahl getroffen. Arcieri, der Schütze, hatte perfekt gezielt, Amor selbst hätte es nicht besser machen können.

Janine sah auf und versuchte herauszufinden, ob es in seinem Gesicht Anzeichen von Schreck oder Spott gab. Natürlich, sagte sie sich, wäre es ihm lieber gewesen, die Flasche hätte auf ein anderes Mädchen gezeigt, das er schon länger kannte als sie. Angespannt die Armlehne ihres Stuhles umklammernd, bemühte sie sich, die starren Blicke der anderen zu ignorieren, als er auf sie zuging. Die Hitze in ihren Wangen sagte ihr, dass sie rot geworden war, und um das zu verbergen, bückte sie sich zu ihren weißen Söckchen hinunter und zog, das Kinn auf ihren Knien, an ihnen, als ob sie sie über den Kopf ziehen wollte. Sie bereute, nichts anderes angezogen zu haben, etwas, das verführerischer gewesen wäre als ihr altes Baumwollkleid mit den kindlichen Puffärmelchen und dem steifen Rüschenkragen. Wenigstens hatte sie ihr Kleid mit einem blauen Seidenband um ihre Taille zusammengerafft, was ihre Figur ein wenig betonte.

Dann stand er grinsend vor ihrem Stuhl und griff nach ihren Händen. Sie hob den Kopf, und seine Augen lächelten tief in die ihren hinein. Als er sie, beobachtet von allen anderen, küsste, war das nicht der linkische Kuss eines Schuljungen und auch nicht der laute Schmatz, den ihre Mutter ihr zu geben pflegte. Sein großer Mund war fest, als ihre Lippen sich trafen, und so wie ein Eroberer einen Stock in den Boden rammt, um seinen Besitz abzustecken, erhob er für den Rest ihres Lebens Anspruch auf sie. Und sie antwortete mit all ihrem Begehren, ihrer Sehnsucht nach Nähe, die sie so lange unterdrückt hatte. Es gab nur noch Roland und diesen Kuss, der sie für immer veränderte.

Im Raum war es still geworden, alle standen sprachlos und schnappten nach Luft.

Dann plötzlich kicherte einer der Jungen: »Das ist es also, was du im Internat gelernt hast«, und die Spannung löste sich im allgemeinen Gelächter.

»Jetzt bist du dran, Spaßvogel«, warf ein anderer ein.

Aber für Roland und Janine war es kein Spiel mehr. Mit hochrotem Kopf und rasendem Herzen sank Janine in ihren Stuhl zurück, krampfhaft bemüht, ihrem Bruder Norbert nicht in die Augen zu blicken. Sie fühlte, dass er sie beobachtet hatte, und ahnte seine Missbilligung. Die Maßstäbe, die er für sich selbst gesetzt hatte, waren nicht die, die er an das Verhalten seiner Schwester anlegte. Sie, deren Ziel es immer war, Dinge zu tun, die Sigmar und Alice gefielen, fühlte sich plötzlich schuldig und wusste, dass sie ihren Bruder irgendwie bestechen musste, damit er ihren Eltern nicht erzählte, was vorgefallen war.

~

Vielleicht war es dieser Kuss, der meine Mutter viel später fürchten ließ, dass auch ich binnen kurzem herausfinden würde, dass

Seelen eins werden können, wenn Lippen sich finden. War es der Schmerz, Roland geliebt und ihn verloren zu haben, weshalb sie meinte, mich extrem beaufsichtigen und beschützen zu müssen? Der sie dazu brachte, einem Kuss eine Bedeutung zuzumessen, die weit jenseits von Vernunft oder meinem eigenen Empfinden lag? Als ich alt genug war, um auf Partys zu gehen oder mich mit Jungen zu treffen, wartete sie jedes Mal, bis ich nach Hause kam. Ich konnte nicht einmal mit der Uhrzeit schwindeln. Die antike französische Uhr in unserer Diele ließ das nicht zu. Immer wenn der große Zeiger das Zifferblatt umrundet hatte, unterbrach sie ihr normales Ticken, verschluckte sich kurz und schlug dann die volle Stunde.

Jedes Mal, wenn ich nach Hause kam, war die erste Frage meiner stets besorgten Mutter dieselbe: »Hat er versucht, dich zum Abschied zu küssen?« Ob sie lesend im Bett saß oder, wenn mein Vater schon schlafen gegangen war, auf der Treppe rauchte oder ihre roten Fingernägel lackierte, immer schaute sie mir tief in die Augen und versuchte, aus meinem Gesicht zu lesen, ob ich durch einen Kuss, freundschaftlich dahingehaucht oder von Gefühl und Leidenschaft bebend, dauerhaft beeindruckt war.

»Du kannst es nicht zulassen, dass dich jemand zu früh küsst«, belehrte sie mich, die romantischen Erinnerungen an ihre eigene Jugend verdrängend. »Er wird dann keinen Respekt mehr vor dir haben. Außerdem verlierst du deinen Ruf, weil er es all seinen Freunden erzählt…«

Wie verliefen die ersten Wochen, die meine Mutter und Roland gemeinsam in Mulhouse verbrachten? Ich wusste, dass sie sich regelmäßig in der Rue du Sauvage trafen, ins Café gingen, miteinander schwatzten, Volleyball spielten und gemeinsam in der Ill schwammen, zusammen mit den anderen Jugendlichen der Stadt, während von jenseits des Rheins, wo Hitler den Überfall auf Polen vorbereitete, deutliches Säbelrasseln zu vernehmen war. Ihr sei es wie ein Tagtraum vorgekommen, sagte sie später, wie in einem Film. Wanderungen, Ausflüge mit dem Fahrrad, Stunden in Buchhandlungen, Gedichte, Gespräche. Ein Traum, ein wunderbarer, unwirklicher Traum.

Viele Jahrzehnte später stand ich an einem ungewöhnlich kühlen Maitag mit meiner Mutter auf derselben Brücke über denselben elsässischen Fluss, der jetzt schlammig war und angeschwollen von den heftigen Regenschauern des Frühlings. Erst jetzt verstand ich, warum Roland der Einzige war, den sie niemals vergessen konnte. Durch ihn waren ihre ersten Erfahrungen mit dem anderen Geschlecht geprägt von grenzenloser Zärtlichkeit und Liebe. In seinen Armen fand sie etwas, das sie mehr brauchte als alles andere: Schutz vor allem Hässlichen und aller Ungewissheit, die sie umgab. Die Angst vor dem näher rückenden Krieg wuchs von Tag zu Tag, aber die jungen Liebenden lebten, wie hinter dicken Fensterläden, in ihrer eigenen Welt.

Am Freitag, dem 1. September 1939, vier Tage vor Janines 16. Geburtstag, lag sie mit Roland, verborgen hinter dichtem Schilf, am Ufer der Ill. Das hohe Gras, das sie vor fremden Blicken schützte, kitzelte an ihren Beinen, der Wind spielte in den Weiden, und über ihre Köpfe flogen Enten, die gleich darauf wasserten und von der Strömung paarweise flussabwärts getrieben wurden.

Sie waren beide noch nass vom Baden im Fluss, als Roland, schlank und sonnengebräunt, sich auf einen Unterarm stützte, ihr das nasse Haar aus dem Gesicht strich und sich zu ihr hinunterbeugte. Seine Hand fuhr ihr zärtlich über Nacken und Schultern, und seine Finger suchten den feuchten Saum ihres gelben, wollenen Badeanzugs, den ihre Mutter ihr, dem damals noch kindlichen Mädchen, im Vorjahr in Freiburg gekauft hatte, bevor sie die Stadt verlassen mussten. Dann senkte er den Kopf und küsste, warm und unendlich zart, das Grübchen unter ihrem Kehlkopf. Sie waren beide verwundert, wie weich und intim diese Stelle ihres Körpers war.

»Quelle Beauté – wie schön«, murmelte er, seine Stimme eine einzige Zärtlichkeit. Wange an Wange kämpften beide um Luft, scheu und zurückhaltend, noch immer eng umschlungen.

In der Gewissheit, dass ihre Eltern beginnen würden, sich um sie zu sorgen, kam sie eine Stunde später nach Hause und eilte die Treppen zur Wohnung hinauf, wo freitags um diese Zeit immer die ersten Schabbat-Kerzen angezündet wurden, während man sich auf das traditionelle Mahl mit Gerstensuppe und gekochter Rinderrippe vorbereitete. Aber diesmal empfing sie bedrücktes Schweigen. Alice und Sigmar saßen am ungedeckten Tisch und sprachen kein Wort. Als sie eintrat, blickten sie nur kurz auf und Janine erschrak, denn ihre Mutter weinte. Das Leinentaschentuch aus ihrer Aussteuer mit dem fein gestickten Monogramm »A.G.« hatte sie in ihrer Hand zerknüllt.

Sie wissen es also, dachte sie und wunderte sich darüber, dass sie so ruhig war. Irgendjemand, so mutmaßte sie, hatte sie am Fluss beobachtet, war zu ihren Eltern gerannt und hatte ihnen alles in allen Einzelheiten erzählt. Sie fragte sich, ob ihre Eltern an ihrem Gesicht ablesen konnten, dass sich etwas an ihr verändert hatte, das Feuer in ihren Augen oder die Farbe ihrer Wangen. Sie war nicht bereit, ihr nachmittägliches Erlebnis durch unglaubwürdige Erklärungsversuche herabzuwürdigen oder Rügen wegen ihres Verhaltens zu akzeptieren. Vor ihrem geistigen Auge ließ sie alle aufmarschieren, die sie am Fluss gesehen haben könnten, und hängte ihnen den berüchtigten Klapperstein um den Hals. Es war eine Reihe taumelnder Geister, und sie versuchte, zu erraten, wer sie betrogen hatte.

Dann erst bemerkte sie die Koffer in der Diele, die Landkarte, die vor ihrem Vater ausgebreitet war, und die Abendzeitungen auf dem Tisch, die es herausschrien: Hitlers Wehrmacht hatte Polen überfallen, ihre Flugzeuge und Panzer griffen polnische Truppen, Städte, Brücken und Eisenbahnlinien an. In einem Blitzkrieg, der die Welt veränderte, hatten die Deutschen Tod und Zerstörung auf Polen herniederregnen lassen, während sie und

Roland im langen Gras an der Ill gelegen hatten. Als Antwort auf die deutsche Invasion, so las sie weiter, hatten Frankreich und England Hitler gewarnt, wegen ihrer Bündnisverpflichtungen gezwungen zu sein, Deutschland den Krieg zu erklären, wenn er seine Truppen nicht zurückzöge.

Janine starrte auf das Straßengewirr in der Karte auf dem Tisch, dann auf die Koffer, die in einer Linie über die ganze Länge der Diele aufgereiht waren wie eine bunt zusammengewürfelte Armee.

Plötzlich begann ihr Vater zu reden. »Krieg. Hier im Elsass sind wir zu nahe an der Grenze. Hitler wird einmarschieren.«

Sie konnte nur Fetzen dessen verstehen, was er sagte, spürte aber, wie sich alles um sie zu drehen begann. Ihre Gedanken flogen zurück zu Roland, zum grünen, trägen Fluss, als ob sie noch einmal von vorne anfangen, einen anderen Heimweg einschlagen und zu Hause eine andere Situation vorfinden könnte. Ihr fiel ein, dass sie ihren Vater einmal wütend gemacht hatte, als sie sagte, dass Adam und Eva nicht aus dem Garten Eden vertrieben worden seien, weil sie einen Apfel gegessen hatten, sondern wegen ihrer sexuellen Handlungen. Sollte sie, kaum aus Rolands Armen gerissen, jetzt ebenfalls bestraft werden, weil sie sich geküsst und sich ihre Liebe gestanden hatten?

»Wir wandern aus. Noch einmal«, sagte Sigmar.

Aber wohin konnten sie gehen?

SECHS

Tage in Gray, Drôle de guerre

P anik befiel das Elsass in jener ersten Septemberwoche des Jahres 1939. Es waren Tage der Ungewissheit. Überall in Frankreich lief die Mobilmachung. Reservisten wurden aufgefordert, sich bei ihren Einheiten zu melden, Arbeiter schleppten Sandsäcke, um Fenster und Luftschutzbunker zu sichern, eine Ausgangssperre beendete abrupt das Nachtleben. Die Menschen bereiteten sich darauf vor, ihre Häuser zu verlassen, weil diese leichte Ziele für die jenseits des Rheins liegende deutsche Artillerie waren. Die Banken wurden geschlossen, die Regierung verhängte das Kriegsrecht, wies die Krankenhäuser an, ihre Patienten aufs Land zu evakuieren, und verbot den internationalen Telefon- und Telegrafenverkehr. All das führte dazu, dass Angst und Verunsicherung weiter wuchsen. Neue, radikale Verordnungen verpflichteten die Menschen, ständig Gasmasken und Taschenlampen mitzuführen und, immer wenn die Sirenen heulten, die Luftschutzräume aufzusuchen.

Die Stadt Mulhouse verteilte an ihre Bürger sogenannte Notfall- oder Evakuierungskarten in französischer und deutscher Sprache, auf denen stand, in welche Region Frankreichs sie zu fliehen hatten, wenn eine Evakuierung des Elsass verfügt würde. Janines Karte mit der Nummer 9150 enthielt alle offiziellen Anordnungen, darunter auch die, dass die Karte »sicher aufzubewahren« sei: »Sorgen Sie dafür, dass Sie Wertsachen und alle Familiendokumente mitnehmen, dass Sie Nahrung für vier Tage (Brot, Kekse, Konserven und Dosenmilch für die Kinder) dabeihaben, ebenso Besteck, Gläser und Wolldecken, sowie ein gutes Paar Schuhe. Das Gesamtgewicht sollte pro Person nicht mehr als dreißig Kilogramm betragen, wenn kein eigenes Transportmittel zur Verfügung steht. Schließen Sie Fenster und Fensterläden, drehen Sie Wasser und Gas ab, schrauben Sie die elektrischen Sicherungen heraus und sperren Sie Haus oder Wohnung sorgfältig ab. In allen anderen Belangen«, so die Karte, »folgen Sie genau den Instruktionen, die Ihnen das Militär oder die Zivilbehörden erteilen, vor allem denen, die erlassen werden, wenn es soweit ist.«

Janines »Evakuierungskarte« mit der Nummer 9150; ausgegeben von der Stadt Mulhouse im Jahr 1939 für den Fall einer deutschen Invasion

Trotz dieser Vorsichtsmaßnahmen blieb die Lage unsicher, und die Menschen waren wie gelähmt. Es war vor allem ein Nervenkrieg mit den Deutschen. Keiner war in der Lage zu sagen, ob es wirklich Krieg geben würde oder ob man noch Hoffnung haben durfte, dass Hitler zurückstecken, seinen Anspruch auf Danzig aufgeben und den Angriff im Osten abbrechen würde. Die Zeitungen waren gefüllt mit widersprüchlichen Meldungen, die es schwierig machten, die Situation richtig einzuschätzen.

Eine lautete, dass die amerikanische Schauspielerin Norma Shearer, die zusammen mit dem für seinen Charme und seine Eleganz berühmten französischen Star Charles Boyer und dessen Frau an der Riviera Urlaub machte, von Hollywood aufgefordert worden sei, sofort »nach Filmland« zurückzukehren. Aber zur gleichen Zeit wiesen ganzseitige Anzeigen darauf hin, dass sich »die ganze Welt vom 1. bis zum 20. September in Cannes zum ersten internationalen Filmfestival trifft«. Man versprach »drei zauberhafte, glanzvolle Wochen« an der Croisette, der Renommiermeile von Cannes, mit ihren prächtigen Luxushotels und ihren farbenprächtigen Stränden.

Geradezu Bizarres fand sich in einer Zeitung, die einen Drohbrief Hitlers an den französischen Premierminister Edouard Daladier veröffentlichte, in dem er einen blutigen Vernichtungskrieg ankündigte, wenn seine territorialen Forderungen nicht akzeptiert würden. Direkt daneben war eine Anzeige der deutschen Kurstadt Baden-Baden abgedruckt. Sie garantierte Gästen aus dem Ausland »einen friedlichen und herzlichen Empfang und unvergleichliche Aussichten auf Ruhe und Erholung«. Zugleich wurden die potenziellen Kunden darauf hingewiesen, dass »trotz gewisser Berichte über Knappheit und mangelnde Qualität von Nahrungsmitteln« das Speisenangebot und der Service so gut seien wie immer.

Aber Hitler weigerte sich, seine Truppen aus Polen zurückzuziehen. Noch immer bezeichnete er den Vertrag von Versailles als »nicht hinnehmbar« und erneuerte seine Forderung nach »Lebensraum«. In der Folge gaben am 3. September zunächst England und dann auch Frankreich widerwillig bekannt, dass Hitler ihnen keine andere Wahl ließe, als ihm den Krieg zu erklären. An diesem Abend unterbrachen die Günzburgers das Packen ihrer Koffer und kamen am Radio zusammen, um Premierminister Daladiers fünfminütige, bewegende Rundfunkansprache an die Nation zu hören.

»Die Sache Frankreichs und die Sache der Gerechtigkeit sind untrennbar miteinander verbunden«, sagte er. »Männer und Frauen Frankreichs! Wir führen Krieg, weil er uns aufgezwungen worden ist. Jeder von uns, wo immer in Frankreich er auch gerade sein mag, ist bereit, in diesem Land der Freiheit, wo der Respekt vor der Würde des Menschen einen der letzten Zufluchtsorte hat.« Er endete mit einem mitreißenden: »Vive la France!«

Innerhalb weniger Stunden kostete Hitlers erster Angriff auf die Alliierten, die Versenkung des britischen Passagierschiffes »Athenia«, 112 Reisende das Leben – die meisten von ihnen waren Frauen und Kinder. Dies führte den ins Elsass geflüchteten deutschen Juden mit neuer Dringlichkeit die unmittelbar drohende Gefahr vor Augen, dass Hitlers Truppen über den Rhein kommen und sie jagen würden. Eine schnelle Flucht aus der Grenzregion wurde nun unaufschiebbar, obwohl der Krieg mit ihrem Herkunftsland Deutschland ihren eigenen Status überall in Frankreich infrage stellte.

Sigmar sah sich als ehemaliger deutscher Soldat einem Problem gegenüber, das er aus der Zeit unmittelbar nach dem letzten Krieg kannte, als er sich schon einmal in Mulhouse niederlassen wollte: Für die Franzosen war er Deutscher, dem man als Feind misstrauen musste – und es gab keine Möglichkeit, seinen Namen oder seinen Akzent zu verbergen. Für die Deutschen war er Jude, ein staatenloser Paria und Freiwild, wo auch immer man ihn aufspüren würde. Die Vernunft ließ ihm keine andere Wahl, auch wenn der Weggang aus dem Elsass bedeutete, Abschied zu nehmen von jenem Teil Frankreichs, in dem er sich wenigstens etwas zu Hause fühlte. Hier hatte man Verständnis für einen deutschen Namen und für Wurzeln in beiden Ländern, und hier waren Juden gut etabliert. Schweren Herzens studierte Sigmar Landkarten, fragte Freunde und sorgte eilig dafür, dass Trudi, die bei einem Vetter in Brüssel war, noch an diesem Wochenende nach

Hause kam. Jetzt vermisste er den großen Opel, den er in Freiburg den Glatts hatte übergeben müssen. Kein Transportmittel zu haben war ein großes Problem, nicht nur für die Familie, sondern auch für seine Schwester Marie und deren jüdische Haushälterin Isabelle »Bella« Picard.

Beide, die eine Witwe, die andere unverheiratet, waren mittlerweile über sechzig und unzertrennlich. Sie verließen sich darauf, dass Sigmar ihnen bei der Flucht helfen würde. Maries Sohn Edy war schon als Hauptmann zur französischen Armee eingezogen worden, Edys Frau Lisette und die Kinder waren auf dem Weg in die Evakuierung in ein Städtchen im Burgund, wo Lisette schon einmal den Sommerurlaub verbracht hatte.

Maries einzige Tochter Mimi, die einen reichen jüdischen Seidenhändler aus Lyon geheiratet hatte, erwartete sie schon in ihrem großzügigen Apartment ganz in der Nähe der Place Bellecour in Lyon. Aber Marie und Bella hatten Angst, dorthin zu gehen. Sie glaubten, wie auch Sigmar, dass ein Versteck auf dem Land ihnen mehr Sicherheit bieten würde, weil sie dann für die Deutschen kein lohnendes Ziel wären und auch nicht für die deutsche Artillerie, die jetzt jederzeit das Feuer eröffnen konnte.

Sigmar schickte Norbert los, um ein Auto zu kaufen. Das Geld dafür stammte aus einem Kredit, den ihm ein Familienmitglied gewährt hatte und dem später noch eine ganze Reihe anderer Darlehen von Verwandten folgen sollte. Mit dem Auto zu reisen erschien ihm sicherer als mit dem Zug, weil sie bei Ausweiskontrollen als Deutsche aufgefallen wären.

Es war Sigmar sofort klar, dass der knallrote »Rosengart« mit dem hohen Kühlergrill, den Norbert gekauft hatte, nie und nimmer in der Lage sein würde, sie alle aufzunehmen, vom Gepäck oder auch nur den wichtigsten Utensilien, die sie für einen Aufenthalt von unbestimmter Dauer benötigten, ganz zu schweigen. Es war das billigste und kleinste Auto das damals in Frankreich produziert wurde, und überall als »Seifenkiste auf Rädern« verspottet.

Der Rosengart, das billigste und kleinste in Frankreich produzierte Auto in den späten Dreißigerjahren.

Als Norbert ihn nach unten rief, um den Wagen zu bewundern, stand Sigmar stumm vor dem Haus und betrachtete enttäuscht das kleine, zweitürige Coupé. Dann kletterte er, der niemals ein Auto selbst gefahren hatte, aus Gewohnheit auf den engen Rücksitz, und obwohl er alleine dort saß, war dieses Auto schon jetzt viel zu klein.

Sigmar hatte noch nie jemanden um einen Gefallen gebeten, aber jetzt, als er einer ungewissen Zukunft entgegensah, erkannte er, dass seine finanziellen Möglichkeiten es ihm nicht erlaubten, diese stolze Haltung beizubehalten. In Gedanken blätterte er schon sein Notizbuch durch, um jemanden zu finden, der ein Auto besaß und bereit sein könnte, ihnen zu helfen.

Der Einzige, der ihm einfiel, war Joseph Fimbel, ein Lehrer und maristischer Laienbruder, zu dem er in stundenlangen Diskussionen über Religion langsam eine Freundschaft entwickelt hatte. Diese langen Stunden hatten in Alice sogar den Verdacht geweckt, dass Monsieur Fimbel im Geheimen hoffte, ihren Mann zum christlichen Glauben bekehren zu können.

Aber wenn sein katholischer Freund diesen Wunsch gehegt haben sollte, hatte Sigmar ihn vielleicht durch sein Interesse an der geheimnisvollen, spirituellen Schönheit des Freiburger Münsters selbst genährt. Denn schon in Freiburg war Sigmar, neben seinen regelmäßigen Spaziergängen auf dem alten katholischen Friedhof, gerne in das Wahrzeichen der Stadt gegangen, die erhabene Kathedrale mit ihrem Geruch nach Weihrauch, den Hunderten flackernden Kerzen und den Betenden in den halbdunklen Gewölben. Er liebte es, wenn die Finger des Organisten über die Tasten glitten und die tiefen Bässe der großen Orgelpfeifen den alten Steinboden unter seinen Füßen in Schwingungen versetzten. Wenn die Nachbarn auf die Knie sanken, um in ein Zwiegespräch mit einem Gott zu versinken, der für sie Schmerzen erlitten hatte, stand er respektvoll daneben und ergriff das abgewetzte Holz der Kirchenbänke, gerade so, als ob er dazugehörte.

Und dennoch, obwohl ein Wechsel der Religion zu jener Zeit ratsam gewesen wäre – eine Versuchung, der Juden im Verlauf der Jahrhunderte immer wieder ausgesetzt waren –, konnte sich Sigmar nicht vorstellen, jemals dem Glauben seiner Väter abzuschwören. Sein Verständnis für das Reich Gottes, wie es im Münster verwirklicht war, war romantischer und ästhetischer Natur und hatte nichts mit seinem Selbstverständnis als Jude zu tun. Genauso liebte er Wagners »Ring«, wobei er die unangenehme Tatsache, dass der Schöpfer dieser Musik Juden für wertlos hielt, ausblendete.

Sigmar, dem es manchmal so vorkam, als ob sein eigener Gott sich nicht mehr um die Juden kümmerte, war es gewohnt, sich wie ein untreuer Ehemann, der das Haus seiner Geliebten verlässt, heimlich aus dem Freiburger Münster zu schleichen, immer in der Furcht, er könne vom Herrn Rabbiner Julius Zimel gesehen werden, dem untadeligen Rabbi, der oft mit seinen taubenblauen Gamaschen und dem Homburg auf dem Kopf durch die Stadt spazierte. Sigmar bezweifelte, dass der Freiburger Rabbi seinen Besuch beim anderen Glauben billigen würde. Bei Monsieur Fimbel in Mulhouse hingegen war er sich sicher, dass dieser nicht nur sein Interesse am Christentum begrüßen, sondern auch die von ihm gesteckten Grenzen akzeptieren würde. Ihre Freundschaft war von fester gegenseitiger Achtung geprägt, deshalb nahm Sigmar an, dass der Lehrer gerne bereit wäre, ihnen zu helfen, zumal er ebenfalls plante, die Stadt so schnell wie möglich zu verlassen.

Die nächste Frage, die sich Sigmar stellte, war: Wohin fliehen wir? Er beantwortete sie fast wie ein Glücksspieler, indem er wenig mehr zu Rate zog als einen Brief und Monsieur Fimbels Einschätzung. Den Brief hatte er vor einigen Monaten von einem Bekannten aus Freiburg erhalten, einem Viehhändler, der ihm schrieb, er habe sich eine »Ferme«, einen Bauernhof, in der Nähe der kleinen Stadt Gray gekauft, in einer von der Milchviehhaltung geprägten Region der Franche Comté, südwestlich des Elsass, nicht weit von der Schweizer Grenze. Dort habe er sich niedergelassen, und dort fühle er sich sehr wohl.

Der Bürgermeister der Stadt, Moïse Lévy, so schrieb er, sei Jude und außerdem Abgeordneter für das Departement Haute Saône im Senat in Paris und habe dafür gesorgt, dass es in dem 6000 Einwohner großen Städtchen eine freundliche Einstellung gegenüber Juden gebe, die vor den Deutschen geflohen seien. Außer dem, was in dem Brief stand, und der Tatsache, dass der Ort nicht einmal vier Stunden entfernt war, wusste Sigmar praktisch nichts über Gray. Weil es aber viel näher an dem Teil Frankreichs lag, den er kannte, entschloss er sich, die Empfehlung der Stadt Mulhouse zu missachten, die eine Evakuierung in den äußersten Südwesten, an die spanische Grenze vorschlug.

Monsieur Fimbel wiederum hatte seine eigenen Gründe, nach Gray zu gehen. Er war noch nicht ganz 42 Jahre alt, sah aber mit seinem fast kahlen Kopf und seiner steifen Kleidung, er trug immer weiße Hemden und schwarze Anzüge, älter aus. Er war in Mulhouse geboren, als das Elsass deutsch war, und sein ganzes Leben war geprägt von seiner elsässischen Herkunft und der Unterdrückung durch die Deutschen. Als er 1914 zur deutschen Armee eingezogen werden sollte, war er nach Belgien geflohen und hielt sich dort vier Jahre lang versteckt, um nicht gegen Frankreich kämpfen zu müssen. Die Deutschen hatten vergeblich versucht, seine Eltern dazu zu bringen, seinen Aufenthaltsort zu nennen, um ihn einberufen zu können, und waren schließlich so weit gegangen, sie zu inhaftieren.

Nach dem Krieg schloss er sich dem katholischen Laienorden der Maristenbrüder an, legte ihr Gelübde der Armut, der Keuschheit und des Gehorsams ab und war zum Direktor einer ihrer Schulen aufgestiegen.

Jetzt hatte die französische Armee sein Schulgebäude beschlagnahmt, um es als Lazarett zu nutzen, und Monsieur Fimbel beschloss, seine Mission in Gray fortzusetzen. Der fromme Lehrer ermutigte Sigmar mitzukommen, und die Hilfe, die er der Familie beim Umzug gewährte, war nur der erste von vielen später folgenden Anlässen, bei denen er Flüchtlingen entscheidende Unterstützung zukommen ließ.

Nur zwei hektische Tage nach der Kriegserklärung war die Familie reisefertig. Die Abfahrt wurde auf den 5. September, Janines 16. Geburtstag, festgesetzt. Die Erinnerung daran überschattete fortan jeden ihrer Geburtstage. Sie verzweifelte fast daran, dass sie plötzlich mitten in einem Drama angekommen war, das so wenig mit den Dingen zu tun hatte, die für sie wichtig waren – als ob sie gezwungen worden wäre, sich an einer Schlacht zu beteiligen, die lange vor ihrer Geburt begonnen hatte. Wieder auf der Flucht zu sein erschien ihr schlimmer als die Vertreibung aus ihrer Heimatstadt Freiburg im Jahr zuvor. Es hatte ihr zwar sehr wehgetan, ihren Geburtsort verlassen zu müssen, aber in Mulhouse war sie besonders glücklich gewesen, und sie glaubte noch immer fest daran, dass es dort sicher wäre.

Ihre Hauptsorge aber war, dass sie Roland verlieren könnte. Ihre Angst davor war so unermesslich groß wie das Glück, das er für sie bedeutete. Sich selbst mit seinen Augen zu sehen hatte sie verändert. Wer würde sie sein, wenn sie nicht mehr ihre Liebe spürte, wenn sie nicht mehr spürte, wie er sie erwiderte? Die Zeit und die Umstände hatten sie zur Zurückhaltung gezwungen, aber die unerfüllte Leidenschaft vergrößerte nur ihre Sehnsucht. Sie hätte sich jeder Gefahr entgegengestellt, um in seinen Armen zu sein.

Schon bevor Roland in ihr Leben trat, war sie in der Schule sehr gut gewesen, sowohl was ihr Sozialverhalten, als auch was die schulischen Leistungen anging. In Chemie hatte sie sogar die Bestnote bekommen, obwohl sie kämpfen musste, weil sie sich vieles in einer noch immer weitgehend fremden Sprache erarbeiten musste. Am Ende des ersten Trimesters hatte der Direktor in ihr Zeugnis geschrieben: »Sie macht Fortschritte in Französisch, aber es reicht noch nicht aus, um dem Unterricht immer folgen zu können.« Im nächsten Zeugnis verwandelte er es in ein Lob, sie sei »une très bonne élève«, eine sehr gute Schülerin, geworden.

Als die Familie sich auf die erneute Flucht vorbereitete, glaubte Janine nicht, dass sie schnell wieder sesshaft würden. Deshalb war für sie nicht wichtig, wohin sie fuhren. Sie wollte nur in der Lage sein, Roland eine Adresse zu geben, damit er ihr schreiben konnte. Natürlich in der Annahme, dass er sie nicht vergessen würde. Als Janine, die es nicht wagte, den wahren Grund zu nennen, immer wieder wissen wollte, wohin sie gingen, fuhr Alice sie ungehalten an. Es wäre besser, das niemandem zu sagen, sie würde es noch früh genug herausfinden.

Weil sie ihr Reiseziel nicht kannten und nicht wussten, über wie viel Platz sie dort verfügen würden, ordnete Sigmar an, nur wenige Dinge einzupacken. Und weil sie keine Zeit zu verlieren hatten, mussten sie fast ihr gesamtes Eigentum zurücklassen, in der Hoffnung, es später nachholen zu können. Im halbherzigen Bemühen, Optimismus zu verbreiten, meinte er sogar, dass sie vielleicht bald nach Mulhouse zurückkehren könnten. Tatsächlich war Sigmar ziemlich beeindruckt von der Maginot-Linie, dem Verteidigungswall der Franzosen, der aus Befestigungen, Hunderten unterirdischen Betonbunkern, versteckten Fahrzeugen und Verbindungswegen bestand und sich mehr als sechshundert Kilometer entlang der deutschen Grenze von Basel nach Belgien erstreckte. Er, der selbst schon eine deutsche Niederlage miterlebt hatte, versuchte sich damit zu trösten, dass Franzosen und Briten Hitler binnen kurzem besiegen würden.

Dennoch hielt er es für klüger, sich nicht darauf zu verlassen. Er konzentrierte sich darauf, das Nötigste einzupacken und fort zu sein, bevor die Deutschen über die Grenze kamen. Das Einzige von Wert, das er bereit war, mit ins Auto zu nehmen, war Alice' Silberbesteck. Er packte es zusammen mit den Dokumenten und den Familienfotos in sein altes, ledernes »Köfferle« und vertraute es Bella an.

Als Sigmar entdeckte, dass Janine ihren Koffer nicht mit Kleidung, sondern mit ihren und Rolands Lieblingsbüchern gefüllt hatte, kippte er ihn zornig aus und warf die Bücher auf den Boden.

»Bisch du verrückt?«, fuhr er sie im badischen Dialekt an, der ihm immer am vertrautesten war. Offenbar aber bezog sich seine Anordnung, nur das Nötigste zu packen, nicht auf seine Klaviernoten mit den handschriftlichen Anmerkungen von Frau Loewy. Er packte sie in seine Tasche, ungeachtet der Tatsache, dass er den schwarz glänzenden Bechstein, den er sorgfältig mit Wolldecken behängt hatte, zurücklassen musste.

Der kleine Konvoi verließ am Dienstag Mulhouse. Norbert saß, Trudi an seiner Seite, am Steuer des Rosengart. Auf den engen Rücksitz hatte sich Janine, mürrisch und schlecht gelaunt, neben die unförmige Bella mit dem »Köfferle« gezwängt. Die Haushälterin trug ein dünnes Baumwollkleid und hatte sich, die Knie an die Brust gezogen und die Arme über ihrem üppigen Busen gekreuzt, zu einem großen, weichen Ball zusammengerollt. Sigmar, Alice und Marie saßen im Auto von Monsieur

Fimbel, der vorausfuhr und ihnen den Weg aus der spürbar von Angst ergriffenen Stadt wies, vorbei an seiner Schule, der Synagoge, der bonbonfarbenen Mairie und der träge dahinfließenden Ill.

Janines Augen suchten im Vorbeifahren die Straßen ab, in der Hoffnung, Roland zu sehen, vielleicht noch einen letzten Blick von ihm einfangen zu können. Sie hatte die Wohnung seit der Kriegserklärung nicht verlassen können, und das Telefon durfte sie ohnehin nie benutzen. Sie war tief unglücklich, weil sie keine Möglichkeit gehabt hatte, sich von Roland zu verabschieden oder herauszufinden, ob die Arcieris vorhatten, in Mulhouse zu bleiben, oder die Grenzregion ebenfalls verlassen wollten. Sie wusste, dass Rolands Vater, auch er, wie Sigmar, ein Veteran der kaiserlichen Armee, die Deutschen nicht willkommen geheißen hätte, nicht zuletzt auch, weil man ihn zu irgendwelchen Tätigkeiten für das Reich hätte dienstverpflichten können.

Die beiden Autos fuhren hintereinander in Richtung Südwesten über Straßen voller Soldaten in Khaki-Uniformen, verstopft durch Fahrzeuge mit sich hoch auftürmender Ladung aus Matratzen, Möbeln und anderen Haushaltsgegenständen. Dennoch kamen sie an diesem zweiten Kriegstag schneller voran, als sie es erwartet hatten. Es gab keine Anzeichen dafür, dass es an der Grenze zu Kampfhandlungen gekommen war.

In den folgenden Monaten, als der ruhige Herbst in einen zwar bitterkalten, aber ebenso ruhigen Winter überging, dachte Janine reuevoll daran, dass sie, wenn ihre Familie nicht so überstürzt aus Mulhouse geflohen wäre, diese Zeit mit Roland hätte verbringen können.

Bis in den späten Frühling blieben die Franzosen und die Deutschen passiv, wenn auch nervös, auf ihrem jeweiligen Rheinufer, ohne dass jemand einen Angriff unternommen hätte. Während auf beiden Seiten die Ausbildung der Soldaten und der Bau von Flugzeugen vorangetrieben wurden, gelobte Hitler sogar öffentlich, dass er im Westen keine territorialen Interessen habe, und kein deutscher Soldat überquerte den Rhein.

Als das Warten immer länger andauerte, glaubten viele sogar, dass es gar nicht zu Kämpfen kommen würde. Es war eine Zeit, die die Franzosen »Drôle de guerre« nannten, den seltsamen, den »komischen Krieg«. Es gab zwar einige Seegefechte, aber zu Land hatten sich beide Seiten hinter den vermeintlich Sicherheit gewährenden Maginot- und Siegfried-Linien verschanzt, wenngleich die Kriegsvorbereitungen und Rüstungsanstrengungen weitergingen. Der britische Premierminister Chamberlain nannte es den »Twilight War«, den Krieg im Zwielicht, andere Briten sprachen gar vom »Bore War«, dem Krieg der Langeweile. Auch in Deutschland fand der schwarze Humor einen Namen für dieses merkwürdige Zwischending aus Passivität und Säbelrasseln, man nannte es den »Sitzkrieg«.

Am Tag der Abreise aus Mulhouse konnten die Günzburgers nicht ahnen, dass acht weitere Monate der Ruhe vor ihnen lagen, sonst wäre Janine noch unglücklicher gewesen, als sie es ohnehin war, auf dieser Fahrt mit dem kleinen vierzylindrigen Rosengart, der über holprige Landstraßen, durch gepflegte Weinberge und über sanft rollende Hügel tuckerte, vorbei an Senfblüten und wilden Möhren. Am späten Nachmittag erreichten sie Gray. Mit abruptem Zurückschalten und quietschenden Bremsen weckte Norbert die eingedösten Mitfahrer und brachte den Wagen direkt hinter dem Auto mit seinen Eltern zum Stehen. Sie parkten vor einem Gebäude mit einer Renaissancefassade aus behauenen Steinen und mit, wie bei vielen Häusern in Gray, abblätternder Farbe auf den Fensterläden und rostigen Gittern davor.

Alice war eilig aus dem Auto gestiegen und in einem Kurzwarenladen verschwunden, aus dem sie gleich darauf wieder mit einem Paket in der Hand auftauchte, zum Rosengart ging und an das kleine Seitenfenster klopfte, hinter dem Janine saß und traurig in die Welt blickte. Feuchte Locken spielten um ihre Stirn und ihre Wangen waren gerötet, sowohl von der Septembersonne als auch vom Gewicht Bellas, die wie ein Mehlsack auf sie gerutscht war und nun auch noch leicht zu schnarchen begonnen hatte.

»Herzlichen Glückwunsch zum Geburtstag, Hannele«, sagte ihre Mutter. »Leider ist das kein schöner Tag für dich. Ich hoffe, nächstes Jahr ist es besser.« Alice lächelte und reichte das Paket durch das Wagenfenster. Es enthielt einen blauen Regenhut aus Plastik mit aufgedruckten kleinen weißen Blumen und weißen Bändern, um ihn unter dem Kinn zu befestigen. Er sah fast genauso aus wie der, den Janine eine Woche zuvor in Mulhouse bei einem Spaziergang mit Alice in einem Schaufenster gesehen und laut bewundert hatte – kurz bevor ihre Welt eingestürzt war. Janine brach vor Rührung in Tränen aus, als ob sie nur auf diesen Ausbruch gewartet hätte, der kam wie ein Hitzegewitter an einem Sommernachmittag.

»Ein Geburtstagsgeschenk für einen Regentag«, sagte Alice und strich ihr durch das Fenster über die Schulter.

Als die Dunkelheit sich über die Saône senkte, fuhren sie die Grande Rue, die Hauptverkehrsstraße, hinauf, vorbei an einer Apotheke, über deren vier Bogenfenstern mit geschlossenen Läden vier in Stein gemeißelte Frauenköpfe ihre Ankunft mit Argwohn zu beobachten schienen. Die Straße führte vom Flussufer hoch auf einen Hügel, der von der Kirche und einem ungewöhnlich prächtigen Rathaus dominiert wurde, dessen Dach mit bunten flämischen Dachziegeln in fantastischen Rautenmustern in Olivgrün, Schwarz, Orange und Gelb gedeckt war.

Die erste Nacht in Gray verbrachten, die Familie im Hôtel de l'Europe, wo Marie und Bella auch in den kommenden Monaten wohnten, nachdem der Rest der Familie in einige unmöblierte Räume eines Hauses umgezogen war, von dem es hieß, es sei das älteste der Stadt. Es war ein heruntergekommenes Gebäude aus dem 15. Jahrhundert, in der Rue Malcouverte, der Straße der Schutzlosen, einer schmalen, gewundenen Gasse. Das Gebäude verfügte über keinerlei Komfort oder sanitäre Einrichtungen, es gab kein fließendes Wasser, keine Abwasserleitungen, keine Elektrizität und keine Heizung.

Die Familie schlief auf hölzernen Pritschen, ein Kübel auf der Terrasse diente als Abort, und um baden zu können, benutzte man einmal in der Woche das öffentliche Bad in Tante Maries Hotel. Es gab jede Menge Flöhe in ihrer Wohnung, und bald waren sie alle von Flohbissen übersät. Trinkwasser kam aus einer Pumpe hinter dem Haus, die sie sich mit den Prostituierten teilen mussten, die im Gebäude gleich dahinter lebten. Weil so viele Männer in Erwartung des Kriegs eingezogen worden waren, hatten sie nichts zu tun und vertrieben sich ihre Zeit im Hof.

Alice ertrug das Leben in Gray klaglos. Ihr imponierte die Einstellung der Französinnen, die sich damit abfanden, ihre Kinder alleine an sichere Orte geschickt zu haben, oder die aus ihren Häusern geflohen waren, ohne irgendetwas mitnehmen zu können. Allenfalls hatten sie einige Wertsachen in ihre Kleidung eingenäht. Die Regierung ordnete an, sich »im Interesse des Landes ruhig und überlegt« zu verhalten, und wies die Einwohner darauf hin, dass man auch bei Gesprächen strikte Vorsichtsmaßnahmen zu beachten habe, weil die »Ohren des Feindes« überall seien und mithörten.

Angesichts all dieser Dinge wähnte sich Alice glücklich, dass sie ihre Familie vollständig bei sich hatte, und tröstete ihre Töchter mit hoffnungsfroh stimmenden Geschichten über den Reichtum und Komfort, der nach dem Krieg auf sie wartete, wenn Sigmar endlich das Erbe seiner beiden älteren Brüder antreten würde, die in New York gestorben waren. Sie hatten viele Millionen hinterlassen und Sigmar, Heinrich und Marie testamentarisch zu Erben erklärt.

»Nach dem Krieg werden wir sehr reich sein«, versprach Alice, »und wir werden in einem wunderschönen Haus wohnen und wunderbare Dinge essen und feine Kleider tragen.« Jetzt aber mussten sie sich mit dem begnügen, was Maurice, Tante Maries Schwiegersohn, ihnen aus Lyon als Vorschuss auf das zu erwartende Erbe schicken konnte.

»Wenn ich vorher sterbe, begrabt mich bitte nicht in dieser schrecklichen Müllkippe von Stadt«, beschwor die nörgelnde Janine ihre Mutter.

Früher hielten ihre Kinder Alice für ein wenig affektiert, jetzt aber nahm sie jeden neuen Rückschlag mit stoischer Ruhe auf und verbreitete sogar gute Laune.

»Wir haben Glück gehabt und sollten froh darüber sein«, war ihr Leitspruch, weil sie zum zweiten Mal in ihrem Leben durch die Feuerprobe eines Krieges gehen musste. Von jenseits der Grenze sickerten Berichte durch, dass Hunderte deutscher Juden Selbstmord begangen hätten, um der Deportation in das zu entgehen, was als »moderne Ghettos« in Polen beschrieben wurde. Und die Nazis verkündeten, dass in wenigen Monaten Deutschland »judenfrei« sein würde. Es gab Berichte, dass deutsche Unterhändler diesen barbarischen Plan mit ihren Verbündeten in Moskau abgesprochen hätten und dass die Kremlführung keine Einwände gehabt hätte. Jüdische Männer, so las Alice in der Zeitung, seien ins besetzte Polen vorausgeschickt worden, um dort Häuser zu bauen, ihre Frauen und Kinder würden dann hinterhergeschickt. Es gab Gerüchte, dass bald überall die Juden deportiert und in Lagern im Osten wieder angesiedelt werden würden. Aber wie und wovon sie dort leben sollten, wurde nie mitgeteilt.

Noch in derselben Woche, in der die Günzburgers in Gray ankamen, kündigte das französische Erziehungsministerium an, dass das neue Schuljahr wie vorgesehen am 2. Oktober beginnen würde und dass Schüler, die sich nicht an ihren Wohnorten befänden, nicht zu ihren vorherigen Schulen zurückkehren, sondern Schulen an ihrem derzeitigen Aufenthaltsort besuchen sollten. Mit Monsieur Fimbels Hilfe wurden Janine und Trudi in das vor allem von Jungen besuchte Lycée Augustin Cournot aufgenommen. Obwohl jeden Tag neue Flüchtlingskinder in die Schule kamen, erregten die beiden deutschen Mädchen doch besonderes Aufsehen.

»Du kannst keine Jüdin sein«, sagte Claudia, ein Mädchen aus Gray, zu Janine, als sie sich kennenlernten. In ihrer alten Schulklasse in Freiburg hatte Janine von ihren Klassenkameradinnen nur selten geradeheraus antisemitische Äußerungen gehört. Jetzt war sie innerlich auf alles gefasst.

»Warum? Wie meinst du das?«, fragte Janine und beobachtete unsicher die anderen Schüler, mit denen sie unter den Bäumen vor der Schule beisammenstanden.

»Jeder weiß doch, dass alle Juden Hörner haben«, sagte Claudia und führte ihre Hände an die Schläfen.

Fünfzig Jahre später war es Janine, die ihre frühere Klassenkameradin nicht wiedererkannte, als sie sich durch Zufall auf der Straße begegneten. Wir waren zusammen nach Gray gereist, für Janine war es das erste Mal seit dem Krieg, als eine großgewachsene, grauhaarige Frau sie an einem hellen Herbstmorgen des Jahres 1989 in der Oberstadt ansprach. Sie trug ein schwarzes Kleid zu flachen, festen Schuhen und stützte sich auf einen Stock. Sie war außer Atem, weil sie die steile Steintreppe heraufgeeilt war, die von der Rue Malcouverte zur Renaissancekirche von Gray führte, vor der wir nun standen.

»Ich weiß, dass ich Sie kenne«, sagte sie zu meiner Mutter, bemühte sich, mit ihrem Stock Halt auf den unebenen Pflastersteinen zu finden, und setzte ihr volles Einkaufsnetz auf dem Boden ab. Sie musterte Janine, die mit kurzgeschnittenen blonden Haaren, flachen Schuhen, Rollkragenpullover, Hosen und schwarzer Lederjacke vor ihr stand, als ob sie in die Vergangenheit blicken würde, um zu sehen, ob es da etwas gäbe, das beide gemeinsam hätten.

»Je m'excuse«, entschuldigte meine Mutter sich lächelnd und auf Französisch, »das ist leider unmöglich.«

»Mais vraiment, j'en suis sûre«, antwortete die Fremde, »ich bin ganz sicher, ich kenne Sie.«

»Nein, das kann nicht sein«, erwiderte meine Mutter, »ich lebe in Amerika, ich bin Amerikanerin.«

Die andere Frau hielt einige Sekunden inne, sah ihr in die Augen, schüttelte den Kopf und ging weiter. »Eh bien, au revoir –

also gut, auf Wiedersehen«, rief sie resigniert über die Schulter und winkte mit der Hand, ohne sich umzudrehen. Es lag Wehmut in ihrer Geste, als ob sie es besser wüsste.

»Ich frage mich, warum diese alte Frau glaubt, mich zu kennen«, murmelte meine Mutter, als wir ihr nachschauten, wie sie sich vorsichtig über das grobe Kopfsteinpflaster des Kirchenvorplatzes entfernte.

Ich wandte mich ihr zu: »Es kann doch sein, dass du sie wirklich gekannt hast, als du hier gelebt hast«, bemerkte ich, »schließlich ist es ja sehr lange her.«

Bei meinen Worten stutzte sie, und es war, als ob ihr Gedächtnis durch die Jahre rückwärts wanderte und sie sich vorstellte, wie das Alter das Aussehen eines Menschen verändert.

»Claudia«, brach es plötzlich aus ihr hervor. »Wie dumm von mir! Natürlich, du hast Recht, das war Claudia, meine Freundin, jetzt bin ich mir sicher.« Sie wandte sich um, wollte ihr hinterherrufen, aber der Platz war leer. Die große, gebückte schwarze Gestalt war nicht mehr zu sehen. Mutters Gesicht nahm einen betroffenen Ausdruck an, als ihre Augen den Platz absuchten, aber es war zu spät.

»Ach wie schade! Claudia! Ich wollte, ich hätte mit ihr geredet!«

Mir wurde klar, was geschehen war. Meine Mutter hatte mit ihrer Vergangenheit auf eine Weise abgeschlossen, die es nur zuließ, dass sie sich an Ereignisse ihrer Jugend erinnern konnte, wenn sie die Zeit buchstäblich »zurückdrehte«. Vielleicht, das erkannte ich in diesem Moment, war das auch der Grund, warum sie all die Jahre nicht in der Lage gewesen war, nach Roland zu suchen. Die Vergangenheit war für sie ein abgeschlossenes Kapitel, sodass sie sich nicht vorstellen konnte, dass sie jemals zurückkehren könnte oder dass es, wenn sie zurückkehrte, dort noch irgendjemanden geben könnte, der sie willkommen hieße.

∼

Das Lycée Augustin Cournot in Gray, das Janine und Trudi besuchten

Als Janine im Alter von 16 Jahren zum ersten Mal in Gray ankam, hatte sich ihr Verständnis für ihren Platz in der Welt verändert. Im vergangenen Schuljahr hatte sie sich sehr geschämt, dass sie als Neuling in Frankreich, und ohne die Sprache zu kennen, eine Klassenstufe zurückversetzt worden war. Als sie nun gefragt wurde, in welche Klasse sie gehörte, ergriff sie die Chance und übersprang unbekümmert einen Jahrgang. Sie war sicher, dass sie in den geisteswissenschaftlichen Fächern keine Probleme haben würde. Aber in den Naturwissenschaften und in Mathematik war es, wie sich herausstellte, ein kühnes Unterfangen, zumal sie sich zum Ziel gesetzt hatte, Ärztin zu werden.

Im Oktober meldete sie sich neben dem normalen Schulunterricht zu einem schwierigen praktischen Kurs in Krankenpflege an, der interessierte Schüler auf ein Medizinstudium vorbereiten sollte. Ein Jahr lang füllte sie in makellosem Französisch und sauberer Handschrift einen ganzen Stapel von Heften, mit ausführlichen Beschreibungen der Gründe, Symptome und Behandlungen unzähliger Krankheiten von Blinddarmentzündung bis Tuberkulose, ergänzt um Erläuterungen der komplizierten Funktionen des Körpers und der verschiedenen Organe. Sie befasste sich mit Ernährung, Hygiene und Geschlechtskrankheiten ebenso wie mit der Erstversorgung aller möglichen medizinischen Probleme: Erstickungsanfälle, Ohnmacht, Schock, Vergiftung, Knochenbrüche, Hitzschlag, sogar Wundbrand. Das Thema Medizin beschäftigte sie unablässig, die »normalen« Schulfächer interessierten sie aber deutlich weniger.

»Sie bleibt in ihren schulischen Leistungen zurück«, vermerkte ihr Mathematiklehrer auf ihrem Zeugnis, und der Schulleiter lobte insgesamt ihren Lerneifer, kritisierte aber gleichzeitig, dass sie eigentlich besser sein müsste, und forderte sie auf, ihre Bemühungen zu »verdoppeln«. Das kratzte an Janines Selbstwertgefühl. Sie hatte sich immer darum bemüht, durch gute schulische Leistungen den Erwartungen ihrer Eltern gerecht zu werden. Jetzt war sie verwirrt und verunsichert. Sie wusste, dass sie ihre Eltern nicht enttäuschen durfte. Zugleich durfte sie aber auch nicht zugeben, dass sie gelogen hatte, als man sie fragte, welche Klasse sie zuletzt besucht hatte.

Ihr blieb nichts anderes übrig, als sich auf die Jungen zu verlassen, die nur allzu gern einem der wenigen Mädchen in der Klasse halfen. Wenn Examensarbeiten anstanden, ließen die galanten französischen Kavaliere die Lösung der Aufgaben in der Schultoilette zurück, die sie dann wenig später beim eigenen Toilettenbesuch an sich nehmen konnte. Was die Jungen betraf, so vertraute sie Trudi einmal an, könne sie es sich angesichts ihrer Noten nicht leisten, deren Interesse an ihr zu enttäuschen.

Dennoch dachte sie jeden wachen Moment an Roland, mit einer Intensität, die es nur bei einer ersten großen Liebe gibt, ihrer ersten große Liebe, die so abrupt und ohne eigenes Verschulden von außen unterbunden worden war. Jedes Gänseblümchen, das sie am Wegesrand pflückte, diente ihr als Liebesbeweis. Sie zog die einzelnen Blütenblätter aus und sagte den alten Abzählreim auf: »Er liebt mich, mit Schmerzen, über alle Maßen, ganz rasend, ein klein wenig, gar nicht.« Manchmal schummelte sie ein wenig, indem sie die Blütenblätter zählte und sie dann zur kürzeren französischen Version des Verses – »Il m'aime, un peu, beaucoup, à la folie, pas du tout« – herauszog, um das gewünschte Ergebnis zu erhalten.

An besonders traurigen Tagen, wenn sie dringend eine Bestätigung brauchte, nutzte sie – sie hatte in der Schule gerade mit Englisch begonnen – die am wenigsten riskante, allerdings auch wenig poetische englische Version, die nur zwei Möglichkeiten hatte: »He loves me, loves me not, loves me, loves me not, loves, not«. Da sie nicht wusste, was die Zukunft bringen würde, empfand Janine es als gerechtfertigt, mit dem Schicksal zu spielen und dabei auch das Ergebnis ein wenig zu manipulieren.

In der Schule saß sie hinter ihrem Schreibpult, dachte an Roland und kritzelte tiefversunken Kombinationen aus seinem und ihrem Namen auf ihren Notizblock, als könne sie auf diese Weise aus zwei Personen eine machen. »Roljan« schrieb sie in kunstvollen Buchstaben. Oder »Rolanine«. Sie malte ein schiefes Herz um diesen neu erfundenen Namen herum, quälte sich selbst beim Gedanken daran, dass sie nicht mit ihm zusammen sein konnte, und kritzelte Blüten um das Herz, bis das ganze Blatt übersät war mit Blumen, die kein Botaniker hätte bestimmen können.

Glücklicherweise fiel dies ihren Lehrern nicht auf. Schwierigkeiten bekam sie aber, als die Schule Gasmasken an die Schüler verteilte, weil man einen Angriff befürchtete und Frankreich sich nur zu gut an die gerade zwei Jahrzehnte zurückliegenden Schrecken erinnerte. Weil aber der seit Monaten andauernde »Drôle de guerre«, der erklärte, aber (noch) nicht geführte Krieg, nach und nach jedermann einlullte, beschloss sie, den zylindrischen Gasmaskenbehälter aus Metall, den die Schüler an einem langen Schulterriemen mit sich führen mussten, anderweitig zu nutzen. Hinter den grässlichen Masken sahen sie alle aus wie Marsmenschen mit großen Augen aus Glas und einer unförmigen Schnauze. Außerdem schien die Furcht vor einem Angriff, die direkt nach der Kriegserklärung allgegenwärtig gewesen war, jetzt weit hergeholt.

Eines Tages nach der Schule entschloss sich Janines neue, künstlerisch sehr begabte Freundin Marie Louise Gieselbrecht, die Tochter des Posthalters von Gray, die Behälter, die aussahen wie eine Büchse und groß genug waren, dass eine Flasche Wein hineingepasst hätte, zu bemalen. Ihren eigenen versah Malou, wie sie genannt wurde, mit einem modernen, abstrakten Design. Auf Janines malte sie einen lustigen bunten Reigen aus dem gerade zwei Jahre zuvor in die Kinos gekommenen Disney-Zeichentrickfilm »Schneewittchen und die sieben Zwerge«. Janine fand das Ergebnis bezaubernd, nahm die Gasmaske heraus, versteckte sie zu Hause und benutzte den Behälter als Handtasche.

Wenige Tage später schrillten zum ersten Mal in der Schule die Sirenen zu einer Luftschutzübung. Die Schüler wurden angewiesen, ihre Gasmasken aufzusetzen und sich im Erdgeschoss zu versammeln. Weil Janine keine Maske trug und sich in ihrem Behälter nur Lippenstift, Kamm, Schlüssel und etwas Geld befanden, wurde sie mit einer Woche Arrest bestraft.

Später war das früher scheue Mädchen aus Freiburg stolz darauf, dass sie den Gefahren des Krieges unbekümmert widerstanden hatte. Als dann im Frühling der Krieg gegen Deutschland tatsächlich ausbrach und vierminütiges Sirenengeheul nicht mehr eine Übung, sondern die tatsächliche Gefahr von Bombenangriffen anzeigte, weigerte sich Janine, die Luftschutzräume aufzusuchen.

Dank eines Kredits, den Maurice ihnen gewährt hatte, hatte die Familie zusammen mit Marie und Bella eine große Wohnung in der Rue Victor Hugo, nicht weit vom Rathaus entfernt, beziehen können. Die Vermieter der Räume in der zweiten Etage hießen Fournier und waren alteingesessene »Graylois«. Beide hatten offen erklärt, dass es ihnen nicht darum gehe, von den Nazis vertriebene, heimatlose Juden zu unterstützen, sondern ums Geld, zumal die Versorgung mit Lebensmitteln immer schlechter wurde und die Zukunft zunehmend ungewisser. Die Fourniers lebten im Erdgeschoss und hatten es sich zur Gewohnheit gemacht, jeden Tag nach dem Mittagessen, fein gekleidet und die Arme auf dem Rücken verschränkt, Spaziergänge rund um das Blumenbeet im nur ihnen vorbehaltenen Garten hinter dem Haus zu unternehmen.

In diesem Garten gab es, direkt an der Hauswand, eine hölzerne Falltür, hinter der eine steile Treppe in einen dunklen und feuchten Keller hinunterführte. Dort mussten sich die Bewohner des Hauses, Eigentümer und Mieter, während der immer häufiger werdenden Luftschutzübungen versammeln. Es war stockfinster in diesem Keller, Kerzenlicht war nicht gestattet und die unverputzten Mauern waren so kalt und klamm wie der Tod und verbreiteten einen stechenden Schimmelgeruch. Immer wenn sich jemand in diesem engen Verlies bewegte oder wenn die Haut eines der dort Wartenden mit Stoff in Berührung kam, gab es einen spitzen Schrei oder ein Aufspringen, aus Furcht, eine der allgegenwärtigen hungrigen Ratten habe einen angefallen.

Als die Sirenen zum dritten Mal innerhalb weniger Tage über Gray heulten und Sigmar alle zusammenrief, um in den Luftschutzkeller hinabzusteigen, beschloss Janine, dass sie lieber oben sterben als nach unten gehen wollte. Die Zeichnungen, die sie in den Zeitungen gesehen hatte, auf denen kleine, an Ameisen erinnernde Strichmännchen zu sehen waren, die fröhlich in großzügigen Räumen unter Haufen von Schutt und Trümmern überlebten, machten wenig Eindruck auf sie.

»Wenn das Haus von einer Bombe getroffen wird und über dem Luftschutzkeller einstürzt, überleben wir sowieso nicht, wir wären allenfalls dort unten eingeschlossen«, befand sie und weigerte sich, der Anordnung ihres Vaters zu folgen. Alice stampfte vor Ärger mit dem Fuß auf den Boden und forderte Sigmar mit Blicken auf, ein Machtwort zu sprechen, aber Marie, Sigmars Schwester, war die Erste, die Janine recht gab und sich ebenfalls wieder hinsetzte. Und weil Marie nicht ging, weigerte sich auch Bella und dann wortlos auch Trudi.

»Tu etwas!«, herrschte Alice, ganz gegen ihr Naturell, ihren Mann an. Aber Sigmar zuckte nur mit den Achseln und zog die Augenbrauen hoch, als wollte er ein Stoßgebet gen Himmel senden, entweder gerichtet an Gott oder aber an die Bomberpiloten da oben, damit sie aus Mitleid mit einem leidgeprüften Vater alle verschonten.

In der Zeit davor, als der »Drôle de guerre«, der nicht stattfindende Krieg, den Winter über andauerte, bestand die größte Gefahr für Leib und Leben nicht in den Bomben oder Granaten, sondern in der klirrenden Kälte. Die Wohnung war groß und leer, aber ungeheizt. Also versammelte sich die Familie in einem kleinen Raum neben der Küche und kuschelte sich aneinander. Nachts gefror sogar der Inhalt der Nachttöpfe unter den Betten, und die Haut an ihren roten und geschwollenen Fingern platzte auf wie bei einer Wurst. Im Freien wie auch in der Wohnung trugen sie den ganzen Tag über dicke Mäntel und Mützen, auch in der Schule, und um nicht auf den eisglatten Straßen auszurutschen und hinzufallen, hatten sie alte Lumpen um ihre Schuhe gewickelt. Sehnsüchtig erinnerten sie sich an den Kanonenofen in Sigmars früherem Arbeitszimmer in Mulhouse, den sie hatten zurücklassen müssen.

Weil es immer noch keine Anzeichen dafür gab, dass ein deutscher Einmarsch unmittelbar bevorstand, wurde die Versuchung, ihre in Mulhouse zurückgelassenen Wertsachen und andere Gegenstände nach Gray zu holen, immer größer. Man beschloss, dass Sigmar in Begleitung Janines fahren sollte, vor allem, weil ihr Französisch deutlich besser war als seines.

Sie verfügten zwar über Kriegspässe, die sie als in Frankreich lebende Ausländer auswiesen, mussten jetzt aber erneut zum Rathaus, um Transitscheine zu beantragen. Dazu mussten sie ihre Absicht, warum sie in die so nahe am Rhein gelegene, evakuierte Zone reisen wollten, begründen. Die Städte im Elsass waren zum großen Teil entvölkert, und sogar in Strasbourg, dessen 300 000 Bewohner die Stadt verlassen hatten, herrschte eine unheimliche

Stille. Weil es, fast hundert Tage nach der Kriegserklärung, noch immer nicht zu Kampfhandlungen auf französischem Gebiet gekommen und die Maginot-Linie verstärkt worden war, glaubten die meisten Franzosen fest daran, dass die Deutschen klug genug wären, nicht anzugreifen. Deshalb hatte auch Sigmar keine besondere Furcht, in Richtung deutsche Grenze zurückzufahren, und nicht einmal Alice erhob Einwände.

Noch Jahre später erinnerte sich Janine daran, dass der Rosengart auf seinem Platz vor ihrem Haus in Gray stehen blieb, weil sie mit dem Zug fuhren, denn weder sie noch ihr Vater konnten das Auto fahren, und außerdem war Benzin streng rationiert und kaum zu bekommen.

Als sie in Mulhouse ankamen, gelang es ihnen, einen Spediteur mit dem Transport ihrer Güter nach Gray zu beauftragen. Obwohl Sigmar seinen Flügel innig liebte, schien ihm jetzt der Ofen wichtiger zu sein. Zu seiner übergroßen Freude bot der Ofen aber nicht nur die Aussicht auf Wärme, sondern auch die auf Tabak. Seit er seine geliebten Zigarren nicht mehr kaufen konnte, hatte er sich angewöhnt, sich in unbeobachteten Momenten nach Zigaretten- und Zigarrenstummeln zu bücken und sie aufzuheben.

Im Inneren des kleinen Ofens fand er nun einen ganzen Haufen solcher Stummel, die er im Sommer, vor ihrer Abreise nach Mulhouse, beim Leeren der Aschenbecher dort gesammelt hatte. Weil die französische Regierung den Tabakpreis um ein Vielfaches erhöht hatte und er nicht riskieren wollte, dass die Möbelpacker die kostbaren Stummel an sich nahmen, kratzte er sie nun aus dem Ofen und steckte sie ein. In den kalten Wochen nach ihrer Rückkehr nach Gray entfernte Sigmar mit steifen, klammen Fingern zufrieden die Tabakreste aus den Stummeln und rollte sich daraus neue Zigaretten. Sie waren dünn und schmeckten schal, aber es war besser als nichts.

Für Janine kam der Höhepunkt ihrer kurzen Rückkehr nach Mulhouse, als sie auf der anderen Straßenseite einen engen Freund Rolands entdeckte. Sie rief seinen Namen und rannte hinüber, um zu hören, ob er etwas wusste.

»Ist Roland noch hier oder hat er die Stadt auch verlassen müssen?«, fragte sie atemlos. Das Herz blieb ihr fast stehen, weil sie befürchtete, dass er zur Armee eingezogen worden war. Ein Gedanke, der ihr so schrecklich erschien, dass sie ihn nicht einmal in ihrer Frage erwähnt hatte, weil sie glaubte, dadurch hätte er Realität werden können.

Der Freund informierte sie darüber, was in den Monaten seit ihrer Abreise geschehen war.

»Roland ist mit seiner Familie Anfang Oktober aus Mulhouse fortgegangen«, sagte er, »ich glaube, sie wollten nach Villefranche.« Obwohl ihre Mutter sie immer wieder davor gewarnt hatte, dass ein anständiges Mädchen niemals die Initiative ergreifen dürfe, wenn es um Männer ging, war Janine außer sich vor Freude bei dem Gedanken, Roland wiederzusehen. Sie musste nur seine Adresse ausfindig machen und Villefranche auf einer Landkarte finden. Sie wusste, dass Malous Vater, der Posthalter in Gray, der Beste wäre, die Adresse für sie herauszufinden.

Aber als sie nach Gray zurückkamen und sie Malou in ihrer Wohnung unter der gläsernen Kuppel des imposanten Postgebäudes aufsuchte, stellte sich heraus, dass die Angelegenheit weit komplizierter war, als sie es sich vorgestellt hatte.

»An welches Villefranche hast du gedacht?«, fragte Monsieur Gieselbrecht, nachdem sie den Mut gefunden hatte, ihn zu fragen. Der Name hatte die gleiche Bedeutung wie »Freiburg«, freie Stadt, und bezeichnete ein Handelszentrum. Darum gab es viele »Villefranches« über ganz Frankreich verstreut. Wie ein Arzt, der in Sorge um dessen Gesundheit einen Patienten mit vielen nötigen oder unsinnigen Informationen beindrucken will, nahm der Postmeister ein Buch aus dem Regal und rasselte mindestens neun Ortschaften dieses Namens herunter, alle in verschiedenen Richtungen gelegen. Erst ein Jahr später fand Janine heraus, dass Rolands Villefranche nicht allzu weit entfernt lag, flussabwärts von Gray an der Saône, wenige Kilometer von Lyon entfernt. Jetzt aber hatte sie keine Ahnung, wo sie ihn finden konnte, und fürchtete, ihn nie wiederzusehen.

Es dauerte nicht lange, und auch Norbert war weit fort. Im Dezember, er war gerade 18 Jahre alt, fuhr er mit dem Bus in das nahegelegene Vésoul, um sich über die französische Fremdenlegion zu informieren. Die Fremdenlegion war eine aus Freiwilligen aller möglichen Nationalitäten zusammengesetzte Truppe, die außerhalb Frankreichs diente und die gerade jetzt, für den Fall, dass das notwendig werden würde, Soldaten für den Einsatz in Nordafrika suchte.

In Gray waren fast alle jungen Männer eingezogen worden, aber Norbert wusste, dass er als Deutscher nicht in der französischen Armee akzeptiert werden würde. Auf der anderen Seite gab es für ihn in Gray nichts zu tun. Er hasste die Nazis und war entschlossen, das zu beweisen. Außerdem wusste er, dass ihm sein Status als gebürtiger Deutscher viele Schwierigkeiten bereiten würde, wenn aus dem angekündigten Krieg ein richtiger würde und es zu Kampfhandlungen käme. Zudem hatten die Franzosen mit der Kriegserklärung am 3. September begonnen, »unerwünschte Fremde« zu internieren.

Jetzt, am 21. Dezember, gab es die Ankündigung, dass man es begrüßen würde, wenn männliche Flüchtlinge im wehrdienstfähigen Alter sich als Freiwillige zur Legion meldeten – und das erschien ihm als die bessere Lösung.

Es war bekannt, dass in der Legion keine Fragen gestellt wurden, dass man sich um die Herkunft der Freiwilligen nicht kümmerte, dass man nicht einmal ihre richtigen Namen wissen wollte und auch nicht die Gründe, warum sie in die Legion eingetreten waren. Traditionell hatten sich schon immer viele Männer aus familiären oder privaten Gründen zur Legion gemeldet, aber in Zeiten politischer Krisen hatte die Truppe stärkeren Zulauf. Noch in Mulhouse hatte Norbert davon gehört, dass 1871, als die Deutschen das Elsass erobert hatten, viele französische Elsässer aus Enttäuschung freiwillig zur Legion gegangen waren. Ihr Wahlspruch – »Legio Patria Nostra«, die Legion ist unser Vaterland – entsprach dem Selbstverständnis der Truppe als Sammelbecken von Draufgängern, die alle Brücken hinter sich abgebrochen oder nichts zu verlieren hatten und die fast immer Einzelgänger waren.

Norbert blieb einen Tag lang fort, um sich in Vésoul zu verpflichten, ohne seinen Eltern etwas davon zu erzählen. Er hatte noch nie viel über die Träume gesprochen, die er mit sich herumtrug, und mit seiner sorglosen, geselligen Natur schien er nicht zu denen zu gehören, die um jeden Preis Ruhm erringen wollten. Deshalb hatten Sigmar und Alice auch nie mit einem solchen Schritt gerechnet. Als er nach seiner Verpflichtung aus Vésoul zurückkam, machte er sich sogar über sich selbst und seinen Ausbruch an Wagemut lustig, indem er den Gruß Winnetous, des großen Indianerkriegers und Helden aus den Karl-May-Büchern seiner Kindheit, nachahmte.

»Howgh«, sagte Norbert, mit dunkler Stimme, die tief aus der Kehle zu kommen schien. Sein Gesicht hatte einen grimmigen Ausdruck angenommen, und er hatte die Schultern zurückgeworfen. Dann hob er den rechten Arm zum Indianergruß. Niemand fand das lustig. Er zwinkerte mit den Augen, aber alle starrten ihn nur verständnislos an.

Viele Jahre später, als mein libertär eingestellter Vater dem ultrakonservativen Präsidentschaftskandidaten Barry Goldwater zujubelte, der eine totale Invasion Vietnams und den Einsatz aller militärischen Mittel forderte, um dort die Kommunisten zu zerschlagen, schwor meine Mutter, meinem gerade ins wehrdienstfähige Alter gekommenen Bruder Gary lieber die Kniescheiben zu zertrümmern, als ihn in den Krieg ziehen zu lassen.

1940 war das anders. Der Feind war ganz offensichtlich der Inbegriff alles Bösen, er war so mächtig und die Bedrohung so nah, dass Sigmar und Alice Norbert ausreden ließen und, obwohl sie große Angst um ihn hatten, keine Argumente fanden, ihn zurückzuhalten.

Norbert selbst schien keine Probleme mit seiner Entscheidung zu haben. Dass sein langes dunkles Haar der Schere des Legionsfriseurs zum Opfer fiel, war das Einzige, was er als würdelos empfand. Es bedrückte ihn, dass aus seiner schicken neuen Uniform ein Kopf mit einer so unvorteilhaften Frisur herausragte. Vor seiner Abreise ließ die Familie zur Erinnerung bei einem Fotografen ein Gruppenbild anfertigen, in der bangen Erkenntnis, dass niemand wusste, ob sie je wieder zusammen sein würden.

Alice und Sigmar, von den drei Geschwistern immer nur »die Eltern« genannt, sitzen auf zwei Holzstühlen im Vordergrund, Norbert steht, umrahmt von seinen Schwestern, dahinter. Er trägt eine selbsterfundene Uniform, bestehend aus einem langen Mantel mit einem breiten Ledergürtel um die Taille, einen Schal modisch um den Hals geschlungen; er sieht älter aus, als er ist, seine Augen scheinen in eine ereignisreiche Zukunft gerichtet. Seine beiden Schwestern tragen dunkelblaue Mäntel, die noch in Freiburg für sie geschneidert worden waren, mit Persianerbesatz auf Kragen und Taschen. Alice ein schwarzes Kleid, wie in Trauer, aufgelockert nur durch eine weiße Halskrause. Sie hat die Hände in ihrem Schoß ineinander verschlungen, sodass die Knöchel weiß hervortreten, und starrt düster in die Ferne. Janine hat den Blick unergründlich und gedankenabwesend niedergeschlagen, nur Trudi, mit herzförmigem Gesicht wie ihre Mutter, zeigt für die Kamera ein schmales Lächeln. Sigmar, im zweireihigen, zugeknöpften Mantel, auf dem Kopf seinen grauen Hut und die Hände auf die Oberschenkel gestützt, blickt geradeaus. Eine trotzige Falte auf seiner Stirn und die unter dem kleinen Bärtchen nach unten gezogenen Mundwinkel geben seinem Gesicht einen düsteren Ausdruck.

Es war ein Motiv, an das sich der Fotograf schon gewöhnt hatte und das er inzwischen öfter aufnehmen musste als die zurückhaltend förmlichen Hochzeitsfotos, die früher sein Hauptgeschäft gewesen waren. Aber während die Hochzeitsfotos vor allem Hoffnung ausdrückten, zeigten die Abschiede, die er nun fotografierte, die ungewisse, dunkle Angst, die allgegenwärtig war und den Menschen im Nacken saß, nun da ganz Frankreich sich auf den kommenden Krieg vorbereitete.

Alice und Sigmar (sitzend), mit Trudi (l.), Norbert und Janine, kurz vor Norberts Abreise mit der Fremdenlegion nach Marokko

SIEBEN

Reiseschuhe

Janine war aus dem Haus gegangen, um ein Paar Schuhe zu kaufen, als zwei Polizisten an die Tür klopften und ihre Eltern festnahmen. Sie war auf dem Heimweg, schon zurück auf der Rue Victor Hugo, und sah gerade noch, wie das Polizeiauto vor ihrem Haus losfuhr. Als es an ihr vorbeikam, musste sie zweimal hinschauen, um festzustellen, dass der Mann und die Frau auf dem Rücksitze Sigmar und Alice waren.

»Halt, was machen Sie?«, rief sie und lief, ihren Einkaufbeutel mit den neuen Schuhen an sich gedrückt, dem schwarzen Citroën hinterher. Außer dem Wagen und ihr war die Straße an diesem sonnigen Maimorgen leer. Ihre Stimme, schrill vor Angst, schien nicht zu ihr zu gehören. Solange sie konnte, lief sie dem Wagen nach, bis sie, außer Atem und nach Luft ringend, aufgeben musste und zurückblieb. Alice wandte sich in ihrem Sitz um und hob die Hand zu einem zaghaften Winken vor das Rückfenster, Sigmar blickte starr und regungslos in die andere Richtung. Verwirrt und hilflos sah Janine den Wagen entschwinden. Dann kroch langsam und verstohlen wie ein Dieb in der Nacht ein Gedanke in ihr hoch: Hatte ihr Vater womöglich absichtlich weggeschaut, weil die Polizisten sonst angehalten und auch sie mitgenommen hätten?

Wo aber brachten sie Alice und Sigmar hin? Ihre Eltern hielten sich immer an Regeln und Anordnungen, es konnte gar nicht sein, dass sie gegen irgendwelche Vorschriften verstoßen hatten. Ihre Herkunft und ihre Erziehung hatten dazu geführt, dass sie auch die fragwürdigsten Entscheidungen der Bürokratie akzeptierten. Der Umstand, dass die Polizisten keine Deutschen, sondern Franzosen waren, beruhigte sie ein wenig. Ihres Wissens waren die Franzosen Juden gegenüber nicht feindselig eingestellt, mindestens nicht in dieser Stadt, in der Moïse Lévy Bürgermeister war. Janine führte sich noch einmal vor Augen, was sie gesehen hatte. Ihr Vater war wie üblich korrekt gekleidet, er trug einen grauen Anzug mit Nadelstreifen, ein weißes Hemd und eine Krawatte, die er durch eine mit einer Perle besetzte Krawattennadel befestigt hatte.

Kurz gesagt: Er hatte nicht ausgesehen, als ob er in aller Eile hatte gehen müssen oder als ob er nicht zu seiner üblichen, sorgfältigen Morgentoilette gekommen wäre. Deshalb hatte sie keine Ahnung, was vorgefallen war. Sicherlich nur eine Formalität, vielleicht war etwas mit ihren Papieren nicht in Ordnung? Jedenfalls kein Grund zur Beunruhigung. Aber sie hatte sich so darauf gefreut, ihnen ihre neuen Schuhe vorzuführen, sie anzuziehen und damit in der Wohnung herumzulaufen und auf die wohlmeinende Reaktion ihres Vaters zu warten, die er immer zeigte, wenn sie ihm etwas Neues vorführte.

»A-a-h«, hätte er gesagt und seine Stimme wie in einem Dreiklang gehoben. »Was werden die Leute sagen, wenn sie dich sehen?« Er hätte sich ihre Füße genau angeschaut und dann zustimmend genickt. »Madame Schlumberger!«, hätte er hinzugefügt, was so viel bedeutete wie: »Du siehst aus wie Madame Schlumberger«, die elegante Frau eines bekannten Textilfabrikanten aus Mulhouse.

Auf dem Weg zurück vom Schuhladen den Hügel hinauf hatte Janine sich eine Ansprache zurechtgelegt, wie sie ihren Einkauf begründen wollte. Es waren braune flache Slipper mit einem weißen Ledereinsatz über dem Rist und zwei kleinen weißen

Lederquasten. Es sei ein großer Luxus, hatte Alice sie gewarnt, wenn man in diesen Zeiten überhaupt etwas Neues bekam, jetzt, wo die Kampfhandlungen begonnen hatten und wo alles strengstens rationiert war, vor allem Leder, das man für Soldatenstiefel brauchte. Ihr war bewusst, dass sie diese Schuhe das ganze nächste Jahr tragen musste. Es dauerte einige Zeit, bis sie diese Gedanken verdrängen konnte.

Dann aber rückte die Szene mit dem vorbeifahrenden Polizeiwagen wieder vor ihre Augen, und ihr wurde mehr und mehr bewusst, dass womöglich etwas Schlimmes passiert war. Plötzlich hatte sich ihr Leben verändert. Sie, die jetzt die modischen braunen Schuhe an sich presste, war nicht mehr das gleiche junge Mädchen, das nur wenige Minuten zuvor die verlangten Francs auf den Ladentisch gezählt und das Heft mit den Bezugsscheinen vorgelegt hatte, aus dem die dafür nötigen Marken ausgeschnitten worden waren. Nicht dasselbe Mädchen, das sich mit der Verkäuferin darüber unterhalten hatte, ob sie braune oder blaue Schuhe nehmen sollte, mit hohen oder flachen Absätzen, und dann gespannt auf ihre Füße geschaut und sich vorgestellt hatte, dass diese Schuhe sie hinwegtragen würden, fort von diesem Krieg zu einem wunderbaren, friedlichen Ort.

Sie hatte sich ausgemalt, ein weiblicher Gott Merkur zu sein, mit Flügeln an ihren neuen Schuhen zu Roland zu fliegen, der sie mit offenen Armen erwartete. Trotz dieser von politischem Chaos geprägten Monate schien der Krieg für sie noch immer weniger eine drohende Gefahr als vielmehr ein unfairer Eingriff in ihre romantischen Träume zu sein. Sie war noch keine 17 und hatte die realen Gefahren um sie herum nicht wahrgenommen. Sie war tapfer geworden und hatte sich nicht einschüchtern lassen. Das Einzige, was für sie zählte, war ihre Sehnsucht, Roland wiederzusehen. Und dennoch nagte auch später noch ein ungewisses Schuldgefühl an ihr, dass sie zur selben Zeit, als die Polizei ihre Eltern abführte, unbekümmert Schuhe anprobiert hatte.

Manchmal, so scheint es, folgen Ereignisse bestimmten, ins Alltägliche eingewobenen Mustern. Wir erinnern uns genau an das, was wir gerade getan haben, als uns ein Schicksalsschlag getroffen hat, fast so, als ob es einen geheimnisvollen Zusammenhang gäbe, vielleicht sogar, als ob dahinter eine gewisse Logik stecke, eine Verknüpfung von Ursache und Wirkung oder sogar so etwas wie ausgleichende Gerechtigkeit. Und wenn alle Vernunft versagt, bilden wir uns ein, dass Ort und Zeit, wo wir waren und wann wir dort waren – vielleicht auch der Grund, warum wir dort waren –, eine Bedeutung für das Geschehen gehabt hätte, als ob Geografie und Chronologie das Ereignis bestimmt hätten. Ja, ich erinnere mich genau, was ich gerade getan habe, als das geschah, und das, als ich davon gehört habe. Wie hätte Janine deshalb diese braunen Schuhe je vergessen können?

Am frühen Abend kehrte Alice zurück, ohne Sigmar und völlig erschöpft. Über ihren scharf hervortretenden Wangenknochen zeichneten sich dunkle Augenringe ab, sie hatte ihre Haarnadeln, die normalerweise ihren Knoten am Hinterkopf zusammenhielten, herausgenommen, sodass ihre langen Zöpfe über ihre Schultern herunterhingen, was ihr das Aussehen eines Mädchens verlieh. Die Polizisten seien mit ihr und Sigmar direkt zur Gendarmerie gefahren und hätten sie beide in getrennten Räumen viele schreckliche Stunden lang verhört. Immer und immer wieder sei sie nach denselben Dingen gefragt worden, als ob sie nicht ausreichend geantwortet hatte oder um sie in Widersprüche zu verwickeln. Aber sie hatte keine Ahnung, was sie hören wollten.

»Vous êtes allemande? Deutsche, oui? Sie sind Deutsche?«, fragte sie einer der Polizisten. Es war eher eine Anschuldigung als eine Feststellung. »Sie sagen, Sie hätten im letzten Krieg in einem deutschen Lazarett gearbeitet. Warum sind Sie nach Gray gekommen? Was wollen Sie hier?«

Sigmars Vergangenheit als deutscher Weltkriegsveteran interessierte sie noch mehr. Jetzt, wo die Wehrmacht nach Westen marschierte, nicht durch die Maginot-Linie, sondern im Norden an ihr entlang, waren alle Fremden verdächtig. Die französischen Behörden hielten es für möglich, dass der noch nicht ganz sechzigjährige Sigmar nach Gray eingeschleust worden war, ein deutscher Spion, Mitglied einer fünften Kolonne, und sie wollten das Risiko nicht eingehen, ihn wieder freizulassen. Die Wehrmacht rückte näher, und überall hatte man Angst vor Sabotage.

»Warum sind Sie hergekommen?«, fragten die Polizisten. »Wie lange bleiben Sie? Mit wem haben Sie Kontakt? Womit verbringen Sie Ihre Zeit? Sie arbeiten nicht – wovon leben Sie? Woher haben Sie das Geld dazu? Was war Ihr Beruf in Deutschland? Warum sind Sie dort weggegangen?« An Sigmars Antworten schienen sie gar nicht interessiert zu sein. »Es tut uns leid«, sagten sie ihm, »aber wir haben Befehl von oben, wir müssen Sie festhalten.«

Wie lange sie ihn einsperren würden, blieb ungewiss. Ja, sie verstünden, dass er nach Frankreich geflohen war, um den Deutschen zu entkommen, dass sein einziger Sohn in Nordafrika bei der französischen Fremdenlegion diene, aber jetzt, wo der Krieg ausgebrochen war, könnten sie das Risiko nicht eingehen, dass ein potenzieller Spion sich frei im Ort bewege. Man würde ihn über Nacht in der Gendarmerie behalten und ihn am nächsten Morgen zur Festung von Langres bringen, einer Stadt etwa vierzig Kilometer nordwestlich von Gray.

Was man ihm vorwarf? Er sei ein »feindlicher Ausländer«, eine Zuordnung, mit der er keineswegs allein war. Sie müssten sich an das Gesetz halten, dem zufolge alle deutschen Männer und viele Frauen im Alter von 17 bis 66 Jahren festzunehmen und zu internieren seien, für den Fall, dass sich darunter Spione oder Sympathisanten verborgen hielten. Vertraulich teilte der Polizeioffizier Sigmar mit, dass es in der Gruppe der Verhafteten einen weiteren Günzburger gebe, der ebenfalls behauptet hatte, er habe Zuflucht in Gray gesucht, nachdem er vor den Nazis aus seiner Heimatstadt Freiburg geflohen sei. Er bemühte sich, so zu tun, als ob er Sigmar mit diesem geheimen Detail ins Vertrauen ziehen wollte, aber in seiner Stimme lag Argwohn.

»Kennen Sie sich?«, fragte er, »Interessant! Sind Sie und der andere Günzburger rein zufällig nach Gray gekommen?«

Jedenfalls verlangten die Umstände besondere Vorsichtsmaßnahmen, sagte der Beamte achselzuckend. Immerhin gab ihm eine Ausnahmeregelung die Möglichkeit, Alice laufen zu lassen, weil Trudi noch keine 16 Jahre alt war. Aufgrund ihres Alters wurden die Mädchen nicht verdächtigt, und Marie und Bella genossen den Schutz der französischen Staatsbürgerschaft. Der Polizist teilte Sigmar mit, dass seine weiblichen Verwandten während seiner Abwesenheit gerne in Gray bleiben dürften – eine Abwesenheit, die wohl nur von kurzer Dauer sein würde, weil Frankreich schon bald gesiegt haben würde. Er müsse nicht befürchten, ihnen könne etwas zustoßen. Habe er denn nicht gehört, dass deutsche Spione so gottlos und hinterhältig seien, dass einige von ihnen sich als Nonnen ausgäben und sich zwischen den frommen katholischen Bürgern versteckten?

~

Der deutsche Einmarsch nach Frankreich, der zu Sigmars Verhaftung geführt hatte, begann am 10. Mai 1940 mit Hitlers Überfall auf die drei neutralen Staaten Luxemburg, Belgien und die Niederlande. An diesem Tag überschritten Nazi-Truppen in breiter Front die 250 Kilometer lange Grenze von der Nordsee bis zur schnell bedeutungslos gewordenen Maginot-Linie mit einer Phalanx motorisierter Infanterie und schnellen Panzern, die über eine Feuerkraft verfügten, wie sie zuvor noch nie in einem Krieg eingesetzt worden war. Hitlers sorgsam vorbereiteter Vorstoß in einer dreizackigen Zangenbewegung zielte darauf ab, Keile in die gegnerischen Streitkräfte zu treiben und sie voneinander zu trennen.

Im Süden rückte, wie es die Franzosen erwartet hatten, eine deutsche Division gegen die Maginot-Linie vor. Im Norden überfielen sie Holland und Belgien und verleiteten die Alliierten dazu, mit ihren stärksten Verbänden eine Verteidigungslinie aufzubauen. Zwischen diesen beiden Vorstößen führten die Deutschen den entscheidenden Angriff, der später »Sichelschnitt« genannt wurde. Die Deutschen brachen durch die dichten Wälder

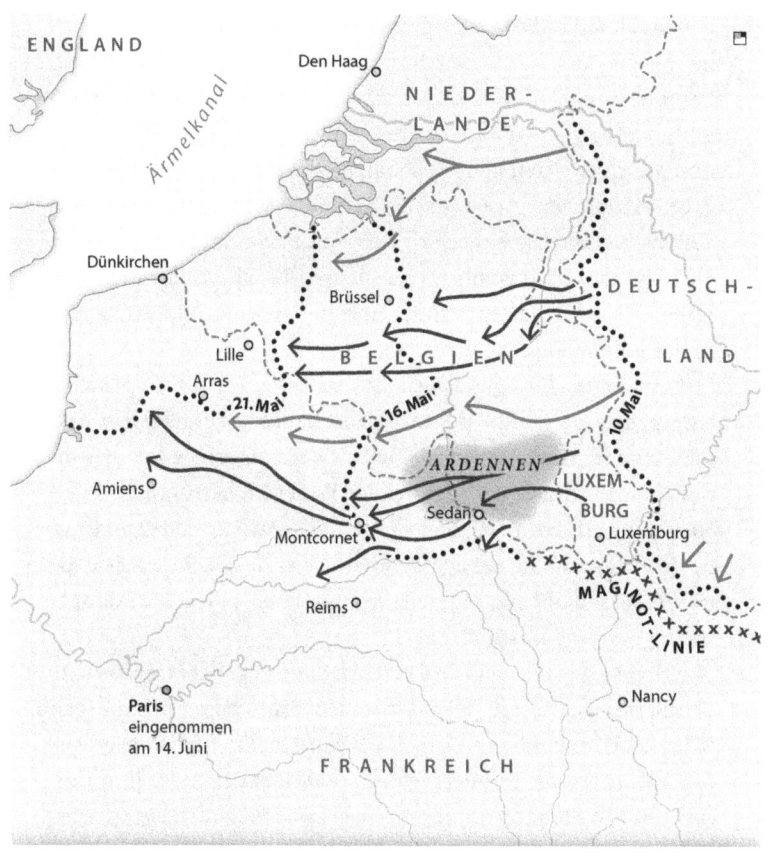

Die deutsche Invasion Frankreichs Mai – Juni 1940 („Der Sichelschnitt")

der Ardennen in Luxemburg und Südbelgien und fielen von dort bei Sedan, am nördlichen Endpunkt der Maginot-Linie, nach Frankreich ein. All das Geld, das in den Bau dieser vorgeblich undurchdringlichen Grenzbefestigungsanlage gegen einen Angriff aus dem Osten geflossen war, erwies sich als unsinnige Ausgabe, weil die Maginot-Linie einfach nicht weit genug nach Norden reichte und die Grenze zu Belgien unbefestigt geblieben war. Sie hatte aber dazu geführt, dass die französische Generalität sich hinter ihr in Sicherheit wähnte und in Passivität und veraltetem militärischem Denken verharrte.

Man hatte der aggressiven deutschen Kriegsführung nichts entgegenzusetzen. Ebenso stand die schlecht ausgerüstete und schwache französische Armée de l'air gegen Görings Furcht einflößende Luftwaffe auf verlorenem Posten. Überrumpelt durch einen Angriff, vor dem man sich sicher gewähnt hatte, und ohne den Mut, in eine aussichtslose Schlacht zu ziehen, erklärte die französische Führung ihre Niederlage, noch bevor die Kämpfe richtig begonnen hatten.

Mit den Worten »wir sind geschlagen« weckte der französische Premierminister Paul Reynaud seinen britischen Amtskollegen Winston Churchill am Morgen des fünften Kriegstages per Telefon und ließ dort die Alarmglocken schrillen. Er teilte ihm mit, dass der Fall Frankreichs unmittelbar bevorstehe. Unbeeindruckt von der militärischen Stärke der Alliierten, von Bombern und Kampfflugzeugen, Panzern, schwerer Artillerie und den Divisionen, die die verbündeten Franzosen, Briten, Belgier und Niederländer erst spät zu einer gemeinsamen Landstreitmacht zusammengestellt hatten, erwiesen sich die Deutschen als aktiver und beweglicher. Sie wussten, wie man am Boden und in der Luft die europäischen Grenzen überwindet, und ließen eine Welle von Zerstörung und Tod zurück.

Nachdem die unzureichenden französischen Befestigungsanlagen von Norden her umgangen worden waren, hatte jeder französische Rückzug zur Folge, dass Hitler weiter vorstieß. Unter den Franzosen gab es wenig Interesse, wieder solche Verluste zu erleiden wie im Ersten Weltkrieg, als unter den acht Millionen Männern, die zu den Waffen gerufen worden waren, 1,3 Millionen Gefallene zu beklagen waren – jeder fünfte Franzose im Alter von 20 bis 45 Jahren – und eine weitere Million Kriegsversehrte.

Der deutsche Angriff kam zu einem Zeitpunkt, als Frankreich ohnehin große Probleme hatte, mit einer zunehmenden Zahl von Flüchtlingen zurechtzukommen. Nach der Niederlage im Spanischen Bürgerkrieg im Jahr zuvor waren mehr als 400 000 Spanier und internationale Freiwillige über die Grenze nach Frankreich gekommen. Die Franzosen internierten viele von ihnen unter menschenunwürdigen Bedingungen entlang der Pyrenäen in Lagern wie Gurs.

Jetzt trieb der deutsche Vormarsch Millionen neue Flüchtlinge aus dem Osten vor sich her. In Panik verstopften sie, deutsche Juden, Polen, Belgier, Niederländer und Luxemburger, die Straßen, sodass die Franzosen, die gleichzeitig noch versuchten, Hitlers Wehrmacht aufzuhalten, hoffnungslos überfordert waren. Viele der Flüchtlinge waren staatenlos, hatten kein Geld und sprachen kein Französisch, was zu einem weiteren Anwachsen der ohnehin ausländerfeindlichen Stimmung in Frankreich beitrug. Und weil die Hälfte der 350 000 Juden, die zum Zeitpunkt des deutschen Überfalls in Frankreich lebten, erst kurz zuvor zugewandert war, wurden sie besonders argwöhnisch beobachtet.

Die Kriegsmaschine der Nazis rollte unaufhaltsam über Frankreich hinweg. Italien, auf der Suche nach billiger Beute, schlug sich auf Hitlers Seite und stieg in den Krieg ein. Am 10. Juni floh die französische Regierung nach Bordeaux, erklärte Paris zur »offenen Stadt« und überließ sie den siegreichen deutschen Truppen, die die französische Hauptstadt einnahmen, ohne einen einzigen Schuss abgeben zu müssen. Am 14. Juni wehte die Hakenkreuzfahne auf dem Eiffelturm. Deutsche Soldaten paradierten im Stechschritt unter dem Arc de Triomphe hindurch und feierten ihren Sieg auf den Champs-Elysées. Nur ein Drittel der drei Millionen Einwohner von Groß-Paris war geblieben, die anderen hatten sich in die Menge der verängstigten Menschen eingereiht, die ihre Häuser verlassen hatten und nun auf der Straße waren.

Die große Zahl der von Panik erfassten Flüchtlinge – ein Viertel der vierzig Millionen Franzosen – erschwerte es der demoralisierten französischen Armee, ihre eigentliche Aufgabe wahrzunehmen und sich dem gnadenlosen deutschen Vormarsch entgegenzustellen. Viele Soldaten warfen einfach ihr Gewehr fort und desertierten. Ganze Einheiten wurden zwischen den ziellos nach Sicherheit suchenden Menschenmassen eingekeilt und konnten sich nicht vom Fleck bewegen. Zu Tausenden strömten die fliehenden Franzosen von Norden nach Gray hinein, überquerten die Brücke über die Saône und bewegten sich weiter in Richtung Dôle.

Aus Angst vor dem bevorstehenden Einmarsch deutscher Truppen beschlossen Alice und Marie völlig verzweifelt, sich der Masse der Fliehenden anzuschließen – weiter nach Westen, weiter nach Süden. Es war ein zu hohes Risiko, auf Sigmars Rückkehr zu warten.

Neun Monate nach der Ankunft der Familie in Gray gab es zunehmend weniger öffentliche Verkehrsmittel. Der Rosengart stand noch immer auf der Straße vor dem Haus, aber niemand konnte ihn fahren. Tante Marie hatte wieder und wieder versucht, Trudi und Janine dazu zu bewegen, den Führerschein zu machen, aber nach nur zwei Fahrstunden hatten beide aufgegeben und ihre Zeit lieber bei den »Eclaireuses«, den französischen Pfadfinderinnen verbracht und dort Bandagen für die Armee aufgerollt. Als die Enkelin von Bürgermeister Lévy sie fragte, ob sie bei den »Eclaireuses« mitmachen wollten, hatten sie sich gefreut und waren stolz darauf, auf diese Weise gegen die Nazis zu kämpfen. Außerdem blieb das kleine Auto regelmäßig stehen und sie hassten es, aussteigen und es mit der Kurbel wieder anwerfen zu müssen. Weder Sigmar noch Alice konnten fahren, also sahen auch die Mädchen nicht ein, warum sie es tun sollten.

Weil es keine andere Möglichkeit gab, versuchte Alice sich vorzustellen, was Sigmar tun würde, um aus Gray zu entkommen, und wandte sich dann an Monsieur Fimbel. Marie hatte – im Vertrauen darauf, dass ihre Schwiegertochter die finanziellen Mittel hatte, sie alle zu retten – vorgeschlagen, sich mit Lisette und ihren Kindern in Arnay-le-Duc im Burgund zu treffen, von wo aus sie dann alle nach Süden weiterfliehen würden. Monsieur Fimbel willigte ein, sie dorthin zu bringen, wollte aber dann schnell wieder zurückfahren, um in der Schule zu sein, wenn die Deutschen kamen. Sie durften keine Zeit verlieren! Er wollte Alice, Marie und Bella in seinem eigenen Auto mitnehmen und einen seiner Lehrer bitten, den Rosengart mit Janine und Trudi zu fahren. Er war sicher, dass, wenn denn Benzin zu bekommen war, sich in Arnay-le-Duc ein anderer Flüchtling finden lassen würde, der sie nur zu gerne weiter chauffierte. Und wenn alles schiefging, ließe sich immer noch das Auto gegen weitere Hilfe eintauschen.

Die fünf Frauen packten jede einen kleinen Koffer, alles andere ließen sie hinter den verschlossenen Türen zurück. Bevor sie losfuhren, nahm sich Alice die Zeit, um eine Nachricht an Sigmar zu schreiben, für den Fall, dass er aus Langres entkommen würde und in Gray wäre, bevor sie zurückkehrten:

»Lieber Sigmar,
wir sind mit Marie und Bella auf dem Weg nach Arnay-le-Duc, wo wir Lisette treffen und von dort aus hoffentlich nach Süden weiterkommen. Wir werden mit Gottes Hilfe zurückzukommen versuchen, sobald es geht.
Ich bitte dich, pass' auf dich auf! Gruß und Kuss
Deine Lisel«

Gemessen an dem, was sie in den folgenden Tagen erlebten, kam ihnen die Reise von Mulhouse nach Gray, die sie im vergangenen Herbst nach der Kriegserklärung unternommen hatten, nun wie ein Wochenendausflug mit der Familie vor. Bis zu ihrem ersten Halt in Arnay-le-Duc, nordwestlich von Beaune, waren es nur wenige Stunden. Sie fuhren auf kleinen Straßen, um der vorrückenden Deutschen Armee nicht in die Quere zu kommen. Als sie im historischen Zentrum der kleinen Stadt ankamen, herrschte dort völliges Chaos. Der Platz war voll mit Soldaten und Flüchtlingen, alle waren in Aufruhr und total verängstigt. Niemand wusste, wie es weitergehen sollte.

Aber mitten in der Menge trafen sie Lisette, die ihre Lage sofort richtig beurteilte und wusste, dass es unter diesen Umständen nur noch ein Vorgehen geben konnte: »Chacun pour soi, jeder für sich.« Und dass sie die richtige Gelegenheit nicht verpassen durften.

Ein Konvoi leerer Krankenwagen bereitete sich gerade darauf vor, unter dem Schutz der sich zurückziehenden französischen Armee die Stadt zu verlassen. Der beste Plan, so erklärte ihnen Lisette in aller Ruhe, war, dass Marie, Bella, Alice, Janine und Trudi versuchen sollten, mit den Sanitätern auszuhandeln, bei ihnen mitzufahren. Sie selbst würde mit ihren vier Kindern Zuflucht auf einem Bauernhof in Brive-la-Gaillarde suchen, der den Eltern ihrer Gouvernante gehörte. Allerdings müsse sie einen Weg finden, dorthin zu gelangen. Sie bat Alice, ihr den Rosengart auszuleihen, und machte sich auf die Suche nach einem Freiwilligen, der bereit war, ihn zu fahren. Auf dem Arm strampelte Françoise, ihre behinderte achtjährige Tochter, die andere Zwillingstochter und die beiden Söhne, vier und zwei Jahre alt, hingen an den Rockzipfeln der Gouvernante in ihrem Schlepptau. Auf dem Weg zum kommandierenden General der französischen Truppen brach sie in Tränen aus. Sie bemühte sich, möglichst hilflos auszusehen, und bat ihn um Mitleid. Zunächst zeigte sie auf die Frauen aus Gray, die zur Seite getreten waren, dann auf die Kinder hinter ihr und schließlich auf den in der Sonne glänzenden, roten, noch immer fast neuen Rosengart. Die anderen konnten es kaum glauben, als sie sahen, wie der General ihr aufmerksam zuhörte und ab und an sogar freundlich nickte.

Dann lächelte er, tätschelte ihre Wange, rief einen Soldaten herbei und wies Lisette an, die Kinder ins Auto zu setzen. Die

Gouvernante auf dem Vordersitz und die vier Kinder zusammengepfercht auf dem Rücksitz, schwang sich der Soldat hinter das Steuer und startete den Motor. Bevor Lisette verstand, was geschah, salutierte er und fuhr davon, ohne ein weiteres Wort zu sagen. Lisette, Marie und die anderen standen wie vom Donner gerührt.

Auf der Flucht vor der deutschen Invasion trafen die Frauen der Familie Günzburger Lisette und ihre Kinder im Durcheinander auf der Place Carnot, dem zentralen Platz in Arnay-le-Duc.

»Ist das jetzt ein Witz?«, fragte Marie, während ihre Schwiegertochter dem in der Ferne verschwindenden Auto nachsah, als ob sie erwartete, dass es umkehrte und zurückkam.

Aber in diesem Moment stand plötzlich der General neben ihr. »Wissen Sie, ich habe selbst Kinder«, sagte er. »Jetzt nehmen Sie den Rest Ihrer Familie und steigen in den Krankenwagen dort.« Er wies mit dem Kopf in Richtung auf eines der Fahrzeuge mit einem großen roten Kreuz auf dem Dach und wandte sich seinen Männern zu, die sich zur Abfahrt aufgestellt hatten. »Wir sind zum Abmarsch bereit. Beeilen Sie sich!«

Lisette starrte bewegungsunfähig, reglos und mit offenem Mund in die Ferne. Dann kehrte das Leben in sie zurück und sie wandte sich an Marie.

»Ab in das Auto, geh mit ihnen«, wies sie ihre Schwiegermutter und die anderen an und schob sie zum wartenden Krankenwagen. »Ich hole mein Fahrrad und fahre den Kindern hinterher, und wenn es sein muss, radele ich bis zum Mittelmeer. Ich finde sie. Ich melde mich später bei euch.« Mit diesen Worten verschwand sie in der Menge.

Die nächsten beiden Tage verbrachten die Frauen durchgerüttelt auf harten Holzbänken an den Seitenwänden des Ambulanzfahrzeugs. Der Konvoi kam kaum voran, weil alles, was sich bewegte oder bewegen ließ, auf den Beinen war. Ganz Frankreich floh vor der deutschen Offensive, und alle Straßen nach Süden waren hoffnungslos verstopft. Alle dachten, dass man umso sicherer wäre, je weiter man kam, und dass man auf dem Land sicherer wäre als in den Städten.

Das Tempo, mit dem sie sich bewegten, war nervtötend. Der lange Konvoi neuer Krankenfahrzeuge kam nur meterweise voran. Er schlängelte sich zwischen den verängstigten Menschen hindurch, die sich zu Fuß auf den Weg gemacht hatten oder in Wagen saßen, auf deren Dächern sich alle möglichen Haushaltsgegenstände türmten, Menschen zu Pferd und mit Fuhrwerken, Menschen mit Schubkarren und Handwagen, Menschen mit Kühen, Ziegen, Schafen oder Hühnern oder Menschen, die unter der Last sich ausbeulender Koffer stöhnten. Alte und Kranke saßen oder lagen auf zweirädrigen Marktkarren oder in Rollstühlen. Paare rannten aufgeregt hin und her, um ihre Familien zusammenzuhalten. Hysterische Eltern standen weinend am Straßenrand und riefen nach ihren Kindern, die sie im Durcheinander verloren hatten.

Noch viele Monate danach druckten die Zeitungen lange Kolonnen von Kleinanzeigen, in denen Angehörige gesucht wurden. Viele Tausend Familien waren auf den Bahnhöfen getrennt worden, als sie versuchten, überfüllte Züge zu besteigen, oder hatten sich im Gewühl auf den Straßen verloren.

Obwohl Europa zu großen Teilen bereits überrannt war, schienen immer noch Millionen zu glauben, sie könnten einen Zufluchtsort außerhalb der Reichweite Hitlers finden. Man hatte Matratzen auf die Fahrzeugdächer gebunden, als ob sie Schutz gewähren könnten vor den Stukas, den Sturzkampfbombern, die sich, das Hakenkreuz auf dem Leitwerk, unter ohrenbetäubendem Sirengeheul von oben senkrecht auf sie stürzten. Im Tiefflug jagten ganze Wellen dieser Bomber über Felder und Straßen hinweg. Zurück blieben Feuer und Rauch, das Kreischen der Verängstigten und die Schreie der Verwundeten.

Mit ohrenbetäubendem Geheul näherten sich Flugzeuge dem Wagen mit den Günzburger-Frauen. Der Fahrer stieg in die Bremse, rannte nach hinten und riss die Tür auf. Er zerrte die fünf Passagiere heraus, schob sie unter das Fahrzeug und kroch schutzsuchend und Gebete murmelnd neben sie. Marie schrie vor Schmerzen auf. Sie war nicht getroffen worden, aber vornüber auf einen Stein gestürzt und hatte sich verletzt. Maschinengewehrsalven schlugen in die Straße ein, dann zogen die deutschen Piloten ihre Maschinen wieder hoch und rasten davon, auf der Suche nach lohnenderen Zielen für ihre zwei Tonnen schwere todbringende Last.

Auf der Weiterfahrt durch kleine Orte wurde der Fahrzeugkonvoi freudig begrüßt. Soeben war verbreitet worden, dass die Vereinigten Staaten in den Krieg eingetreten waren. Die Bewohner lachten und weinten, sangen und tanzten und bewarfen die Fahrzeuge mit Blumen. Es stellte sich jedoch schnell heraus, dass das Gerücht falsch war. Es gab keine Zeitungen, von Mund zu Mund wurden die wildesten Geschichten weitergegeben, und die Frauen aus Gray wussten nicht, was sie glauben sollten. Dass Hitler tot war oder dass das Reich Großbritannien schon besiegt hatte? Dass sich der Papst das Leben genommen hatte oder dass die Russen in den Krieg eingetreten waren und Berlin bombardierten? Manche wollten sogar wissen, dass die Unterzeichnung eines Friedensvertrags kurz bevorstand! Weder die Menschen auf der Flucht noch die in ihren Häusern, deren Radios nur Musik sendeten und keine Nachrichten, kannten den genauen Stand der Dinge. Und wo niemand die Wahrheit kannte, herrschte die Angst.

Nach Sonnenuntergang bog der Konvoi auf einen Schulhof ein, um dort über Nacht zu bleiben. Der General schickte Janine los, Wasser zu holen, damit er sich rasieren konnte. Die Stunden vergingen, immer wieder hörten sie, wie in der Ferne Bomben einschlugen. Die Frauen bemühten sich, ihren Hunger zu ignorieren und auf den harten Holzbänken des Krankenwagens Ruhe zu finden. Durch die Fahrzeugfenster konnten sie sehen, wie Explosionen am Horizont die schwarze Nacht erleuchteten. In der Dunkelheit hörten sie Marie vor Schmerzen stöhnen. Es gab keine Möglichkeit, ihr zu helfen, Alice vermutete, dass sie sich die Rippen gebrochen hatte, als sie sich bei dem Luftangriff auf den Boden hatte fallen lassen, um unter dem Wagen Schutz zu suchen.

Als der Konvoi am nächsten Nachmittag in Vichy einfuhr, dem beliebten Kurort am Fluss Allier im Zentrum Frankreichs, weigerte sich Marie, weiter mitzukommen. Sie sah die zahllosen erschöpften Flüchtlinge, die überall in den Parks und unter den Arkaden der Stadt lagerten, und kündigte an, dass sie notfalls auch auf der Straße schlafen würde. Hotelzimmer waren praktisch nicht zu bekommen, die Läden und Banken hatten geschlossen, Züge fuhren nicht mehr und ihr Sanitätskonvoi machte sich zur Abfahrt bereit. Aber Marie rührte sich nicht von der Stelle. Alice hatte keine Wahl.

»Vous êtes folles, les Boches arrivent! Ihr seid alle verrückt, die Deutschen kommen«, schrie ihr junger Fahrer und zeigte auf die Straße, als ob er sie dort schon herankommen sah. Dann schüttelte er ungläubig den Kopf und reichte Janine und Trudi ihre Koffer. Beide teilten seine Meinung. Während die drei älteren Frauen sich erschöpft in einem Park niederließen, versuchten die beiden Mädchen, eine Unterkunft zu finden, und waren dankbar, als sie in einem heruntergekommenen Hotel doch noch zwei Zimmer mieten konnten. Alice brachte Marie ins Bett und erklärte dann, sich bei den Behörden anmelden und ihre Adresse hinterlassen zu wollen, wie es die strikten Auflagen vorschrieben, denen sie als Flüchtlinge in Frankreich unterworfen waren. Die Mädchen konnten kaum glauben, dass sie richtig gehört hatten. Sich hier registrieren lassen? Sich jetzt überhaupt registrieren lassen, in einem französischen Rathaus? Als Deutsche in Frankreich, jetzt, wo die Wehrmacht im Anmarsch war? Als Juden auf der Flucht vor den Nazis, die immer näherkamen? Schon die Idee war absurd, und Janine wunderte sich über sich selbst, als sie offen und strikt dagegenhielt. Sich jetzt anzumelden war gefährlicher, als das Flüchtlingsgesetz zu brechen, dem sie unterworfen waren. Aber sogar in diesem kritischen Moment konnte sie Alice nicht von ihrem deutschen Pflichtbewusstsein abbringen.

»Wir wissen nicht einmal, wie lange wir bleiben, lass uns ein paar Tage warten«, wandte Janine ein.

»Sei nicht so frech!«, schnitt ihr Alice das Wort ab. Sie war es nicht gewohnt, dass ihre Tochter ihr widersprach. Janine sagte nichts mehr. Als Alice sich auf den Weg zum Rathaus machte, rannte Janine hinterher und hakte sich bei ihr unter. Sie hielt es für falsch, jetzt dorthin zu gehen, was sie aber nicht daran hinderte, sich interessiert umzusehen. Vichy zu besuchen wäre unter normalen Umständen ein Erlebnis gewesen. Sogar jetzt, nach monatelanger Abgeschiedenheit im stillen Gray, staunte sie über den geschäftigen Kurort mit seiner großartigen Architektur, dem »Grand Casino«, der Oper und den prächtigen Hotels beim Parc des Sources, dem kleinen Park mit dreieckiger Grundfläche, wo seit der Römerzeit wohlhabende, gesundheitsbewusste Besucher zusammenkamen, um das Heilwasser der zwölf Thermalquellen zu trinken, die dort aus dem Boden kamen.

Noch in derselben Nacht verlor Vichy all seinen Zauber, als die Frauen, durch helles Licht und die dröhnenden Geräusche der Invasion ans Fenster gelockt, beobachteten, wie deutsche Panzer durch die Straßen und die gepflegten Gärten rollten und Blumen, Bäume und alles niederwalzten, was in ihrem Weg lag. Am

Morgen war alles anders: Überall auf den Straßen waren deutsche Soldaten, und die rot-schwarze Flagge der Nazis wehte vom Rathaus, wo sich Alice und Janine tags zuvor angemeldet hatten.

Als Janine das Hotel verließ, um einen Brief an eine Freundin in Gray einzuwerfen, sah sie, wie deutsche Soldaten Flüchtlinge auf den Gehsteigen packten und auf offene Lastwagen verluden, und blieb stehen. Sie hörte die Leute schreien und sah mit Entsetzen, wie ein Soldat auf einen bärtigen alten Mann einschlug, bis er blutend in der Gosse zusammenbrach. Er hob seine Arme in einer hilflosen, um Mitleid flehenden Geste, um die Tritte des Soldaten abzuwehren, aber wieder und wieder traten die Stiefel zu, bis er sich nicht mehr rührte.

»Stehen Sie auf, Sie jüdisches Schwein!«, brüllte der Soldat und zerrte den schlaffen Körper zum Lastwagen. Janine konnte sich nicht erinnern, jemals etwas so Unmenschliches gesehen zu haben. Sie dachte an den Zustand, in dem Onkel Heinrich nach seiner Verhaftung in der »Kristallnacht« aus Dachau zurückgekehrt war und erkannte endlich, in welch großer Gefahr sie schwebten. Was hatte Sigmar zu erwarten, wenn deutsche Soldaten die Tore des Lagers in Langres niederwalzten und ihn dort entdeckten?

Janine dachte an die ehrlichen Antworten, die Alice auf die Fragen des Meldebeamten gegeben hatte. Woher kamen sie? Wo hielten sie sich auf? Ihr Herz hämmerte so laut in ihren Ohren, dass sie glaubte, die Soldaten würden es hören.

Insgeheim verfluchte sie die Gesetzestreue ihrer Mutter, als sie zurück zum Hotel lief und Mutter und Tante erklärte, dass sie sofort verschwinden mussten, weil die Gefahr bestand, dass die Deutschen auf der Suche nach gemeldeten Juden auch ihr Hotel durchsuchen würden. Dieses Ereignis veränderte die Beziehung zwischen Mutter und Tochter für immer. Ab sofort wurde Janine bewusst, dass ihre Mutter immer darauf angewiesen sein würde, von ihren Kindern geschützt und geführt zu werden. Einen Monat vor ihrem 48. Geburtstag, herausgerissen aus ihrem Land und ihrer Sprache und jetzt auch getrennt von ihrem Mann, zeigte sich, dass Alice hilflos war.

Sigmars Schwester Marie Günzburger Cahen, Mutter von Edy und Mimi

In der kommenden Nacht schliefen die Frauen in einem Hutladen direkt an der Bahnlinie. Marie hatte sich daran erinnert, dass der Eigentümer, bevor er nach Vichy gezogen war, in Mulhouse für ihren Mann gearbeitet hatte. Der Hutmacher war Jude und er war bereit, ihnen Geld zu leihen und ihnen für ein paar Tage Unterschlupf zu gewähren, bis sie eine andere Bleibe gefunden hätten, wo sie keine Pässe vorzeigen mussten. Wieder und wieder versuchte Janine, die brutale Prügelszene auf der Straße aus ihrer Erinnerung zu verbannen, und machte dabei eine seltsame, aber ihr willkommene Erfahrung: Es gelang ihr, die Szene mit ihrer Willenskraft aus ihrem Gedächtnis zu verdrängen, und mit etwas Training schaffte sie es bald, dass ihre Gedanken nicht mehr um Dinge kreisten, die sie aufregten.

Sie war in der Lage, schlechte Erfahrungen so vollständig in Schubfächer ihres Bewusstseins einzusperren, dass sie später völlig vergaß, solche Gedanken überhaupt gehabt zu haben.

In dieser Nacht konnte sie sich glücklicherweise ablenken. Während Alice und Marie auf der Ladentheke schliefen und Bella in einem Sessel vor sich hindöste, amüsierten sich die Schwestern, indem sie Hüte anprobierten und sich im Spiegel betrachteten. Hüte mit Federn, Bändern und Samtkappen mit Schleier beachteten sie nicht und posierten lieber mit Herrenhüten aus weichem Filz, wie Marlene Dietrich sie trug. Janines Lieblingshut, den sie nie erwarb, aber auch nie vergaß, war dunkelblau. Sie setzte ihn schräg auf, erst in die eine, dann in die andere Richtung, zog die Krempe kokett über ein Auge, um damit wie eine Dame von Welt auszusehen, aber immer sah sie Roland im Spiegel und stellte sich vor, wie sie ihm die Hüte vorführte. Ihr selbst kam es so vor, als ob sie viel reifer und viel weiblicher geworden war, seit sie sich im vergangenen Herbst zum letzten Mal gesehen hatten. Wo mochte er jetzt wohl sein? Als sie sich auf ihren auf dem Boden ausgebreiteten Mantel legte, um ein paar Stunden zu schlafen, träumte sie, sie sei im Menschengewimmel auf den Straßen an ihm vorbeigelaufen. Im Strom der Menschen, die, hoffend oder verzweifelt, irgendwohin unterwegs waren, wo sie sicherer zu sein meinten, während sie in Wahrheit nur fernab der Heimat waren und die gleiche Angst hatten.

ACHT

Besetzt

Am Freitag, dem 14. Juni 1940 um sechs Uhr abends warfen italienische Kampfflugzeuge Bomben auf Gray. Aber schlimmer als die Bomben der Italiener war eine Nachricht, die den Menschen das Blut in den Adern gefrieren ließ: Die Deutschen standen zum Angriff bereit. Die meisten Einwohner hatten, wie die Günzburger-Frauen, die Flucht ergriffen.

Aber eine kleine Gruppe von vierhundert »Graylois« war in der Stadt geblieben und bereitete sich darauf vor, an genau demselben Tag von der Wehrmacht überrannt zu werden, an dem Hitler seinen größten Triumph feierte: Seine 18. Armee hatte gerade Paris eingenommen. Die Italiener waren vier Tage zuvor, als sich die Niederlage Frankreichs längst abzeichnete, in den Krieg eingetreten. Sie hatten Gray auf Befehl der Luftwaffe angegriffen – wie Vorboten ihrer viel mächtigeren Verbündeten – und warfen Bomben auf den normalerweise belebten Quai Mavia am linken Saône-Ufer, die Gaswerke und das Umfeld des Bahnhofes, wo Züge mit Material und Soldaten von der Maginot-Linie die Gleise blockierten und andere Züge an der Abfahrt hinderten. Verzweifelte Flüchtlinge und Gruppen von versprengten Soldaten überfluteten den Bahnhof, riefen lautstark nach Zügen, und eine Feldküche des Roten Kreuzes bemühte sich verzweifelt und ohne ausreichenden Nachschub an Nahrungsmitteln, sie mit Essen zu versorgen.

Am nächsten Morgen rückten die deutschen Truppen, eine Spur der Verwüstung aus Feuer, toten Zivilisten und Soldaten hinter sich zurücklassend, von der anderen Seite des Flusses auf Gray vor, während französische Pioniere Sprengladungen an drei Saône-Brücken anbrachten, in der Hoffnung, damit die deutsche Offensive aufhalten zu können. Am frühen Nachmittag ließen drei Explosionen die kleine Stadt erzittern. Die Brücken flogen in die Luft, brachten den Verkehr über den Fluss zum Erliegen und auch kurzzeitig die Versorgung mit Elektrizität, Wasser und Gas. Die Kämpfe begannen noch am selben Tag damit, dass sich zwei ungleiche Gegner über den Fluss hinweg beobachteten. Der bunt zusammengewürfelte Haufen französischer Soldaten in der Stadt, an Männern, Material und auch an militärischem Denken hoffnungslos unterlegen, war nur wenige Stunden nach Beginn der Kämpfe gezwungen, sich zurückzuziehen.

Die Deutschen überquerten die Saône in ihren eigenen Schlauchbooten, in Kähnen, die sie am Ufer vorfanden, und über die schmale Brücke, die nicht zerstört worden war, und setzten ihren Angriff erbarmungslos fort. Ihre Panzer und die Artillerie beschossen die leeren Straßen von Gray, und ihre Bomber, die immer wieder in Wellen angriffen, setzten die Oberstadt und die am Fluss gelegenen Ortsteile in Brand. Zahlreiche Gebäude gingen in Flammen auf, und am späten Nachmittag, als das Höllenfeuer den von allen bewunderten Glockenturm von Nôtre Dame erfasste, fraß es auch die Seele der kleinen katholischen Stadt auf.

Ein französischer »Capitaine«, ein Hauptmann der verteidigenden Truppen, beschrieb später das Klagelied der Kirchenglocken, die, zum Teil geschmolzen, in einem Hagel von Flammen und Trümmern herabfielen und ein letztes Mal erklangen, als »Totengeläut, das die Kapitulation der Stadt beweinte«.

Noch in derselben Stunde übernahm ein deutsches Vorauskommando die Kontrolle über Gray. Später am Abend stolzierte ein deutscher Offizier in Monsieur Gieselbrechts Postamt und ordnete an, dass der Bürgermeister zur zerstörten Saône-Brücke zu kommen habe, um dort Befehle entgegenzunehmen. Während die Bürger flohen, war der Bürgermeister geblieben, um bei der Verteidigung der Stadt zu helfen. Der herrisch auftretende deutsche Kommandeur war nicht bereit, mit dem französischen Amtsträger zu verhandeln, der, großgewachsen, im Anzug, mit weißem Hemd und Fliege und mit der Aura eines Patriarchen, zur Brücke kam.

Grays langjähriger jüdischer Bürgermeister Moïse Lévy, auch Senator in der Nationalversammlung

»Sénateur-Maire Moïse Lévy«, stellte sich der Bürgermeister mit einer angedeuteten Verbeugung vor.

»Sie, ein Jude?«, stotterte der deutsche Oberstleutnant, als er den Namen hörte, und brachte vor Verwunderung kein weiteres Wort heraus. Wie sich herausstellte, machte dies keinen Unterschied, weil er und der Bürgermeister sich sowieso kaum verstehen konnten. Der Offizier suchte in seiner Uniformjacke nach einem Monokel, klemmte es sich ins Auge und fixierte den älteren Franzosen, als ob er außer dem alttestamentarischen Namen irgendetwas finden könnte, das seiner Vorstellung von unangemessener Herkunft entsprach. Bürgermeister Lévy stand mit kurz geschnittenem, schneeweißem Haar und weißem Schnauzbart vor ihm und ließ, unerschrocken, aufrecht und mit einem besonderen Lächeln, die Musterung über sich ergehen.

»Juif? Oui! – Jude? Ja!«, antwortete er, ohne ein Zeichen von Angst auf seinem Würde ausstrahlenden Gesicht. So beschrieben es später Augenzeugen dieses Gespräches.

In der Tat war der jüdische Bürgermeister von Gray, damals 77 Jahre alt, der Erste in der Stadt, der offen Widerstand gegen die Befehle der deutschen Besatzung äußerte. Befehle, die mit einer Ausgangssperre begannen und dann schnell in eine Beschränkung der Versorgung übergingen. Die Deutschen verlangten, dass alle französischen Verwundeten aus dem städtischen Krankenhaus entfernt werden sollten, um dort Platz für ihre eigenen verletzten Soldaten zu schaffen. Dann ordneten sie an, dass die Feuerwehr kein Wasser mehr zum Löschen der immer wieder überall in der Stadt aufflammenden Brände verwenden durfte. Wasser stand nur den Deutschen zur Verfügung, in den Krankenhäusern oder in den Kasernen der Stadt. Sie weigerten sich, zur Kenntnis zu nehmen, dass die örtliche Wasserversorgung bei Weitem in der Lage war, alle Bedürfnisse zu erfüllen, und auch ausreichte, die überall aufflammenden Feuer zu löschen.

Im Ergebnis führte das dazu, dass der Bürgermeister, ungeachtet der zu befürchtenden Konsequenzen für ihn selbst, mit der Autorität seines Amtes anordnete, die Stadt vor dem Feuer zu retten, wobei er die Befehle außer Kraft setzte, die die Feuerwehrleute von den Deutschen erhalten hatten. Lévy war 1912, nach zwanzig Jahren Mitgliedschaft im Stadtrat, erstmals zum Bürgermeister gewählt worden. Danach hatte er das Rathaus noch viele Male erobert und verließ sich darauf, dass seine Anordnungen befolgt würden.

André Fick, ein Lehrer aus Mulhouse, der als Assistent von Monsieur Fimbel nach Gray gekommen war, später ein guter

Freund von Janine wurde und ein Buch über das Leben unter der deutschen Besatzung schrieb, stellte es so dar: »Der Bürgermeister schrieb seine Anordnung auf die Rückseite seiner Visitenkarte und übergab sie den Feuerwehrleuten: ›Sénateur-Maire Moïse Lévy ordnet an und übernimmt persönlich die volle Verantwortung dafür, die Löscharbeiten fortzusetzen‹. In der Folge kämpfte die Stadt, die sich an seine Anordnungen hielt, zehn Tage und Nächte lang gegen die Feuer, die öffentliche Gebäude und Wohnhäuser zu vernichten drohten, vor allem als nach dem Fall Grays französisch-britische Bomber die deutschen Invasoren ins Visier nahmen.«

∼

Überall auf den Rathäusern in der Umgebung wurde die Trikolore durch das schwarze Hakenkreuz ersetzt, als die Wehrmacht von Sedan aus fächerförmig nach Süden und Westen ausschwärmte und ihre Soldaten wie Heuschrecken das ganze Land von der Schweizer Grenze bis zum Atlantik überfielen. Am 15. Juni nahmen die Deutschen nach Kämpfen, die nur einen Tag gedauert hatten, Verdun ein. Ihre Verluste betrugen weniger als zweihundert Mann. 24 Jahre zuvor hatten die Deutschen Verdun zehn Monate lang vergeblich berannt und dafür den achtzigfachen Blutzoll bezahlt.

Präsident Roosevelt wies eine dringend Bitte um militärische Hilfe zurück, und die Briten konnten die Franzosen nicht ausreichend unterstützen, sodass sich diese nicht mehr an ihre Verpflichtung gebunden fühlten, weiterzukämpfen. Weniger als drei Monate vorher waren Großbritannien und Frankreich übereingekommen, dass keines der beiden Länder einen Separatfrieden mit Deutschland vereinbaren würde. Aber jetzt war die Lage anders. Das überrannte Frankreich war besiegt und kapitulierte.

In einer Rundfunksendung, ausgestrahlt am 17. Juni aus dem Hauptquartier der nach Bordeaux geflüchteten französischen Regierung, erklärte Frankreichs hochverehrter Oberbefehlshaber aus dem Ersten Weltkrieg, Marschall Pétain, er habe von dem zurückgetretenen Premierminister Reynaud die Regierungsgewalt übernommen. Pétain, der »Held von Verdun«, machte die Briten für den Zusammenbruch Frankreichs verantwortlich und kündigte an, er werde die Kampfhandlungen durch einen »ehrenhaften Waffenstillstand« beenden.

Aber schon am nächsten Abend meldete sich, ebenfalls über das Radio, der nach London geflohene Brigadegeneral Charles de Gaulle zu Wort und forderte die Franzosen auf, ihren Kampf gegen Hitler fortzusetzen. Er sagte einen neuen Weltkrieg voraus, bat um Hilfe bei der Aufstellung einer Streitmacht und ermahnte die französische Bevölkerung, fest auf Seiten der Freiheit zu stehen.

»Ist das letzte Wort gesprochen? Müssen wir alle Hoffnung aufgeben? Sind wir endgültig geschlagen? Nein!«, beschwor de Gaulle die Hörer und forderte sie zum Widerstand auf. »Die Welt hat alle Mittel, die es braucht, um unseren Feind eines Tages zu zerschlagen.«

Die Reaktion Pétains auf diesen »Aufruf eines Einzelnen«, wie er sagte, zu den Waffen zurückzukehren, bestand darin, dass er all jene als Feiglinge verunglimpfte, die aus dem Land geflohen waren, um der Kapitulation zu entgehen. Er sorgte dafür, dass ein Kriegsgericht über de Gaulle verhandelte und ihn im August in Abwesenheit zum Tode verurteilte. Reynaud ließ er verhaften und nach Deutschland überführen, wo er bis zum Kriegsende im Gefängnis saß.

Während die Regierungen der Niederlande, Belgiens und Luxemburgs es vorzogen, nach der Niederlage ihrer Armeen ins Exil zu gehen, anstatt sich mit Hitler zu arrangieren, sah Pétain Friedensgespräche als Möglichkeit, den Krieg zu beenden und in Frankreich wieder mehr oder weniger normale Lebensverhältnisse zu erreichen. In nur sechs Wochen Krieg hatte Frankreich ohnehin schwere Verluste erlitten: neunzigtausend Tote, zweihunderttausend Verwundete und fast zwei Millionen Kriegsgefangene.

Die Bedingungen für den Waffenstillstand, der am 22. Juni unterzeichnet wurde, waren nicht das Ergebnis von Verhandlungen, wie Pétain es angekündigt hatte, sondern wurden ihm von Hitler persönlich diktiert. Die Verhandlungen fanden bewusst und als Symbol genau in jenem Salonwagen der französischen Eisenbahn im Wald von Compiègne statt, wo die deutsche Führung 1918 den Waffenstillstand unterzeichnet hatte, der den Ersten Weltkrieg beendete.

Schlimmer noch: In entscheidenden Punkten enthielt der Waffenstillstandsvertrag die gleichen Demütigungen, die 22 Jahre zuvor den Deutschen auferlegt worden waren. Jetzt waren es die Deutschen, die verlangten, die französische Armee auf eine Maximalstärke von hunderttausend Mann zu reduzieren. Gleichzeitig mussten die Franzosen die Kosten der deutschen Besatzung übernehmen, sie betrugen zwanzig Millionen Reichsmark pro Tag, sechzig Prozent des Nationaleinkommens und legten der französischen Wirtschaft die Schlinge um den Hals.

Am härtesten aber waren die Teile des Vertrages, die die Besatzungszonen regelten. Deutschland besetzte die wohlhabenden nördlichen zwei Drittel des französischen Staatsgebietes, und die Regierung Pétain erhielt begrenzte Kontrolle über das südliche Drittel. Damit bekamen die Deutschen Paris, die gesamte Küste am Ärmelkanal und am Atlantik bis hinunter zur spanischen Grenze. Sie kontrollierten die große Mehrheit der französischen Bevölkerung, der Industrie, der Nahrungsmittelproduktion und der Bodenschätze.

Die Grenze, die »Ligne de Démarcation«, zwischen der »zone occupée«, der besetzten, und der sogenannten »zone libre«, der »freien« Zone – die später vielsagend »zone inoccupée«, »unbesetzte Zone« genannt wurde –, sollte kontrolliert werden wie eine Grenze zwischen zwei Ländern. Wer von der einen in die andere Zone wechseln wollte, musste einen besonderen, von den deutschen (Militär-)Behörden ausgestellten Passierschein vorweisen. Das Reich gliederte das Elsass und Lothringen wieder in das deutsche Staatsgebiet ein, und Hitler erklärte einen breiten

Streifen des daran angrenzenden Ostfrankreichs, wozu auch Gray und große Teile des Burgund gehörten, zur »zone reservée«, zur »reservierten Zone«, die für spätere deutsche Besiedelung vorgesehen war und ab sofort einer deutschen Sonderverwaltung unterstellt wurde. Im Bemühen, der Bevölkerung im Elsass und in Lothringen ihre französische Identität zu nehmen, war dort sogar das Tragen von Baskenmützen verboten. In Kirchen, Schulen und in Geschäften durfte nicht mehr französisch gesprochen werden und die Namen von Bewohnern, Straßen und Plätzen wurden »zwangsgermanisiert«.

In Mulhouse hieß die rosa angestrichene Mairie mit der ausgefallenen Fassade wieder Bürgermeisteramt, wie die Mairies überall in der Region, und die deutschen Eroberer veränderten die Namen der Hauptstraßen, um den Führer zu ehren. In Mulhouse hatte das in unfreiwilliger, aber passender Ironie zur Folge, dass die »Rue du Sauvage«, die »Wildemannstraße«, in »Adolf-Hitler-Straße« umbenannt wurde.

Während der nächsten Jahre mussten die jungen Männer und Frauen aus dem Elsass und aus Lothringen zum Reichsarbeitsdienst einrücken, die Jungen mussten der Hitlerjugend beitreten und die Männer wurden zur Wehrmacht eingezogen. Die französischen Kriegsgefangenen sollten erst nach einem offiziellen Friedensschluss wieder entlassen werden. Das führte dazu, dass drei Viertel der ursprünglich fast zwei Millionen Männer in den folgenden fünf Jahren in Gefangenenlagern festgehalten wurden. Der Waffenstillstand sah außerdem vor, dass die Franzosen alle Deutschen, die vor den Nazis geflohen waren, den deutschen Behörden zu überstellen hatten, mit den erwartet schlimmen Folgen für alle Juden, die auf der Flucht vor Hitler nach Frankreich entkommen waren.

In Hass-Kampagnen der Pétain-Regierung wurden die Juden, zusammen mit Kommunisten und Freimaurern, als der eigentliche Grund für die Probleme Frankreichs bezeichnet. Schon bald wurden Juden als Diebe und Ratten dargestellt, und Zeitungen und die Propaganda riefen die Regierung auf, etwas gegen das

»Ungeziefer« zu tun, das »zur Verfolgung eigener Ziele« die Nation in den Krieg getrieben hätte.

Es war zwar kein Ausbruch im eigentlichen Sinne, aber Sigmar gelang die Flucht aus dem Fort de la Bonnelle in Langres, als die Deutschen näher rückten. Die französischen Wachen hatten – in einem Anflug von Schuldbewusstsein darüber, dass die Lagerinsassen eingesperrt waren, während sie selbst das Weite suchten – die Tore geöffnet und die Gefangenen aufgefordert, ihren Hals zu retten. Zusammen mit dem anderen Günzburger aus Gray, mit dem er sich angefreundet hatte, floh Sigmar über die Balkenbrücke, die den Wehrgraben rund um die Festung überspannte, lief in den Wald, stahl sich durch die Kampflinien hindurch und versuchte, zurück zu seiner Familie zu gelangen.

Er wusste nicht, dass eine hysterische, kollektive Panik die meisten Franzosen ergriffen und dazu geführt hatte, dass sie so weit wie irgend möglich vor den anrückenden Deutschen fliehen wollten, und nahm an, er würde die Frauen da finden, wo sie bei seiner Verhaftung gewesen waren, in Gray. Jetzt, wo rundherum gekämpft wurde, versuchten die beiden deutschen Juden mit demselben Namen, sich unerkannt in Richtung Südosten nach Gray durchzuschlagen.

Mit jedem Schritt wurde ihre Angst größer. Von den Franzosen entdeckt zu werden hätte bedeutet, dass sie für deutsche Spione gehalten und in den Kampfeswirren auf der Stelle erschossen worden wären. Eine Gefangennahme durch die Deutschen hätte wohl kaum angenehmere Folgen gehabt. Ohne Geld und ohne Schlafgelegenheit, müde, schmutzig und schrecklich hungrig, folgten sie der von Trümmern und Rauch gezeichneten Spur der deutschen Invasoren bis zur Saône. Ihre Erleichterung wich schon bald der Verzweiflung, als sie feststellten, dass die Brücken hinüber nach Gray zerstört waren. Sie folgten dem Fluss stromabwärts, von einem zerstörten Brückenbogen zum nächsten, und stolperten durch den Schlamm hinunter zum Ufer. Gerade als sie versuchten, das Risiko einzuschätzen, schwimmend an das andere Ufer zu kommen, entdeckten sie, halb verborgen unter dem Schilf, ein an eine Weide angebundenes, altes, ramponiertes Boot ohne Ruder.

Das Torhaus des Fort de la Bonnelle in Langres aus dem 19. Jahrhundert, wo Sigmar unter dem Verdacht, ein deutscher Spion zu sein, festgehalten wurde

Viele Wochen vorher hatte die französische Polizei ihnen unterstellt, sie würden gemeinsame Sache machen. Jetzt blieb ihnen nichts anders übrig. Sie zogen gemeinsam das alte Boot ins Wasser, knieten sich hinein und begannen, mit den Händen zu paddeln. Ohne Ruder war es schwierig, voranzukommen. Ihre Knie und die Schulter- und Rückenmuskulatur schmerzten unter ihren verzweifelten Bemühungen, das Boot durch die Strömung zu bewegen. Sie hatten sich vorgenommen, auf der gegenüberliegenden Seite an einem sanften grünen Uferabschnitt zu landen, der bei den Graylois als Picknickplatz beliebt war und »la Plage – der Strand« genannt wurde. Sie brauchten Stunden. Als sie sich dem Ufer näherten, sahen sie, dass der Glockenturm von Nôtre Dame mit dem dreistufigen Turmhelm nicht mehr da war. Die

Lücke in der Stadtsilhouette erschreckte beide Männer so sehr, dass sie aufhörten zu paddeln. Sie legten ihre vom Wasser aufgeweichten Hände auf die Bordwand. Der Wind schaukelte das Boot sanft hin und her. Obwohl es ein warmer Tag war, schauderten beide, als sie den Qualm sahen, der aus den Trümmern der zerstörten Häuser aufstieg wie indianische Rauchzeichen.

Sigmars Wohnung an der Rue Victor Hugo lag gefährlich nahe bei den Trümmern der zerstörten Kirche. Er fühlte sich alt und erschöpft und nicht in der Lage, mit dem zurechtzukommen, was ihn erwartete. Er wünschte sich nur, er könnte in diesem Boot sitzen bleiben und friedlich in der Strömung treiben, während der Fluss immer dunkler wurde, nur erhellt von den Feuern am Ufer.

Joseph Fimbel (Mitte) mit Feuerwehrleuten, die er unterstützte, nachdem durch die Bombenangriffe Feuer ausgebrochen war

Während der Wochen, die Sigmar in Langres verbracht hatte, war sein Freund Joseph Fimbel in Gray zum Mann der Stunde geworden. Er hatte Feuerwehrleitern bestiegen, ohne Rücksicht auf die damit verbundene Gefahr, und mit den »Pompiers«, den

Feuerwehrleuten, die Brände bekämpft. Auf dem Friedhof stand er neben Bürgermeister Lévy, während der katholische Priester für die mehr als zwanzig Männer, Frauen und Kinder, die während der Kämpfe und durch das Bombardement ums Leben gekommen waren, ökumenische Begräbnisgottesdienste zelebrierte. Und weil er perfekt Deutsch sprach, ernannte ihn Maire Lévy zum Beauftragten für die Beziehungen zur deutschen Kommandantur. Dadurch gehörte er einem Ausschuss des Stadtrats an, der die Aufgabe hatte, unter dem Regime der Besatzungsmacht die Ordnung in der Stadt wiederherzustellen.

Das erste und wichtigste Problem war, Nahrungsmittel für die Bevölkerung bereitzustellen. Die Deutschen erließen zur Strafe eine Anordnung, die es den Müllern untersagte, die Bäckereien mit Mehl zu beliefern, und genehmigten nur die Zuteilung von Mehl aus alten französischen Armeebeständen. Dieses Mehl stank penetrant nach Benzin, weil die Soldaten ihre Lebensmitteldepots mit Benzin übergossen hatten, damit der Feind sie nicht nutzen konnte. Die mit diesem Mehl hergestellten Backwaren schmeckten ranzig und verkörperten für die Franzosen – die über ihr Brot mit ihrem Land verbunden waren – den Inbegriff der Demütigung.

»Bevor dieser Vorrat nicht aufgebraucht ist, wird kein anderes Brot an die Bevölkerung geliefert«, warnten die deutschen Behörden. Sie ordneten außerdem an, dass das Brot erst vierundzwanzig Stunden nach dem Backen verkauft werden durfte, was bedeutete, dass die Baguettes muffig und trocken geworden waren, bevor sie auf den Tisch kamen. Altes Brot ist seit dieser Zeit im Gedächtnis der Graylois auf immer und ewig als Geschmack der Erniedrigung verankert.

Das Leben in Gray wurde mehr und mehr von neuen Regeln bestimmt, die entweder von den Deutschen festgelegt wurden oder die der französische Präfekt des Departements Haute Saône den Bürgermeistern auferlegte. Cafés durften für die Zivilbevölkerung nur noch mittags von elf bis eins und abends von fünf bis neun öffnen, Autofahren war zwischen zehn Uhr abends und fünf Uhr morgens verboten, und wer mit dem Auto oder mit dem Fahrrad die Stadt verlassen wollte, benötigte dafür eine Erlaubnis der nächstgelegenen Militärkommandantur. Alle Schusswaffen mussten auf dem Rathaus abgegeben werden und alles, was gedruckt werden sollte, auch Plakate, musste zuerst von den deutschen Behörden geprüft und genehmigt werden. Die zensierte Titelseite der »La Presse Grayloise« versuchte den Leuten die Botschaft zu vermitteln, dass sie jetzt zwar eine schlimme Zeit ertragen müssten, dass sie diese aber zum großen Teil selbst verschuldet hätten. Diese Sichtweise der Dinge wurde den Menschen in ganz Frankreich von zensierten Zeitungen eingehämmert, die zwar so taten, als berichteten sie objektiv, die aber in Wahrheit die Haltung der Deutschen verbreiteten.

»Geliebte Landsleute: nur ein Wort, eine einzige Anweisung: Arbeit. Das Volk Frankreichs bemüht sich, die Fehler der Vergangenheit, die es unter der Aufsicht einer schlechten Führung begangen hat, wiedergutzumachen«, verkündete »Paris Soir« am 24. Juni – dasselbe Blatt, das auch in der Folgezeit zu Vertrauen in Pétain, zu Gehorsam gegenüber den Anordnungen der Deutschen und zum strikten Wirtschaften in jedem Haushalt aufrief. Neue Zeitungsfotos zeigten freundlich dreinblickende deutsche Soldaten umringt von Schwärmen französischer Mädchen, die sich alle offensichtlich gut amüsierten.

»Nicht so schlimm wie gedacht«, bemühte sich die Bildunterschrift, ein positives Bild der deutschen Besatzer hervorzurufen.

Unterdessen wurde die Versorgungslage unter dem endlosen Zustrom erschöpfter, durch Gray ziehender Flüchtlinge immer schwieriger. Sie waren auf dem Weg zurück nach Hause, von wo sie erst wenige Wochen zuvor geflohen waren, und ließen jetzt die Zahl der Heimatlosen und Hungrigen weiter nach oben schnellen. Um ihnen zu helfen, rief Monsieur Fimbel ein Begrüßungskomitee ins Leben und öffnete eine provisorische Unterkunft in einer Mädchenschule schräg gegenüber von der leeren Wohnung der Günzburgers. Dort, in der Eremitage

Sainte-Marie, schaffte es das Begrüßungskomitee, zwischen dem 21. Juni und dem 6. August 6300 warme Mahlzeiten auszugeben, neue, von den deutschen akzeptierte Reisedokumente auszustellen, Bezugsscheine für Benzin zu besorgen und eine Wand vorzubereiten, an der besorgte Reisende Aufrufe anbringen konnten, mit denen sie um Neuigkeiten über den Verbleib ihrer von ihnen getrennten Angehörigen baten, sowie um Informationen, wie und wo man sich wiederfinden könnte.

Hier traf Sigmar, verwirrt, aus seiner verschlossenen Wohnung ausgesperrt, und in große Sorge um seine Familie Joseph Fimbel wieder. Obwohl er sich schämte, weil er so verdreckt war, fiel er dem großgewachsenen Maristen in die Arme, überwand seine normale Zurückhaltung und suchte Trost und Wärme in der Freundschaft des anderen.

Trockenes Schluchzen erstickte seine Stimme, dann brach es stammelnd auf Deutsch aus ihm heraus: »Meine Familie? Sie ist nicht zu Hause! Wo ist Lisel? Janine und Trudi? Meine Schwester und Bella?« Er macht keine Pause, bis er sie alle aufgezählt hatte. Monsieur Fimbel erzählte ihm, dass er die Frauen zwei Wochen zuvor nach Arnay-le-Duc gebracht hatte, und bemühte sich, ihm zu versichern, dass sie sicher vor den Deutschen weiter nach Süden geflohen wären und bestimmt zurückkehren würden, sobald sie konnten. Seine Augen lächelten durch seine dicken Brillengläser.

»Vertraue dem Herrn«, sagte Monsieur Fimbel. Es war eine Bitte an den Gott, den beide gemeinsam hatten. »Sei geduldig. Ich weiß, ER wird sie sicher zurückführen.«

Sigmar war nicht allein in seinem Leid. Die Präfektur von Vésoul schätzte, dass etwa 18 500 Einwohner des Départements Haute Saône, die verzweifelt die Flucht nach Süden angetreten hatten, wieder auf dem Weg nach Hause waren.

»La Presse Grayloise« berichtete über die schrecklichen Zweifel, die zahllose Menschen befallen hatten, nicht nur in Gray, sondern in den Dörfern und Städten im ganzen Land:

»Viele Graylois sind in dieser Woche nach Hause zurückgekehrt; jeden Tag erleben wir die Ankunft von Freunden, um die wir uns Sorgen gemacht haben; wir umarmen uns in Freundschaft und mit Tränen in den Augen. Aber so viele fehlen noch. Wo sind sie? ... Es gibt zur Zeit keine Möglichkeit, Briefe zu schreiben. Und das macht es noch härter, unsere quälende Unsicherheit zu ertragen.«

~

Am Monatsende kehrten Sigmars Frauen nach Gray zurück – in einem Leichenwagen. In Anbetracht der Tatsache, dass sie mit einem Krankenwagen nach Vichy gefahren waren, hatte die Art und Weise, wie sie zurückkehrten, etwas Makabres, aber die Wahl des Transportmittels war eher den Umständen geschuldet als ihrem Gesundheitszustand.

Ihr Fahrer war ein früherer Bekannter von Marie, der den Leichenwagen von einem Freund geliehen hatte, weil es kein anderes Fahrzeug gab, in dem alle Platz gefunden hätten. Es war ein offener Leichenwagen, angehängt an ein Zugfahrzeug, in dem Marie und Alice saßen, während Janine, Trudi und Bella sich in der für den Sarg vorgesehenen Mulde zusammendrängten. Für den Fall, dass es regnete, hatte man ihnen Regenschirme gegeben.

Obwohl sie um die Gefahr wusste, die von der allgegenwärtigen deutschen Besatzung ausging, hatte Alice darauf bestanden, dass sie nach Gray zurückkehrten, weil sie hoffte, dass sie dort Sigmar wiederfinden würden. Sie war außer sich vor Sorge, weil sie nicht wusste, wie es ihm, eingesperrt in ein Gefängnis, angesichts der französischen Niederlage ergangen war. In Vichy waren Alice und die anderen aus dem Hutladen in ein gemietetes Zimmer gezogen, wo jede Nacht, auch im Tiefschlaf, die tagsüber unterdrückten Spannungen in unbewusstem Wimmern hervorbrachen. Die Angst um ihren Mann und die Unsicherheit, wie sie ihre Töchter am besten beschützen konnte, machten sich in Alpträumen Luft, von denen sie unter der gemeinsamen Bettdecke hin- und hergeschüttelt wurde. Eines Tages erklärte sie, sie werde zurückkehren, weil sie sich mit Sigmar im besetzten Gray – vorausgesetzt, sie würde ihn mit Gottes Hilfe wiederfinden – sicherer fühlen würde als hier im nicht besetzten Vichy ohne ihn.

Es war eine lange und unbequeme Fahrt über Straßen, auf denen ihnen scheinbar die gesamte deutsche Armee auf dem Vormarsch und in guter Stimmung entgegenkam. Die jungen Wehrmachtssoldaten auf den Ladeflächen der Lastwagen, an denen sie vorbeifuhren, schwenkten ihre Mützen, lächelten und riefen Janine und Trudi Grüße zu. In der Furcht, auf diese Weise Aufmerksamkeit zu erregen, die dazu führen konnte, dass sie angehalten und gezwungen würden, ihre Pässe zu zeigen, aus denen hervorgegangen wäre, dass sie staatenlose Juden waren, bat Alice sie inständig, die Köpfe zu senken, jeden Augenkontakt zu vermeiden und so zu tun, als ob sie schliefen.

Nach stundenlanger Fahrt über holprige Nebenstraßen wachte Janine, die tatsächlich eingeschlafen war, auf und verspürte ein unerträglich gewordenes menschliches Bedürfnis.

»Hock dich einfach in den Regenschirm«, riet Trudi ihr. Weil aber ein endloser Konvoi deutscher Lastwagen an ihnen vorbeifuhr, wies Janine den Vorschlag ihrer Schwester zurück und klopfte an die Rückscheibe des Zugfahrzeugs, um den Fahrer zu bitten, kurz am Straßenrand anzuhalten. Dann rannte sie in den Wald, zog in aller Hast ihren Schlüpfer aus und hockte sich auf den Boden.

»Halt, was machen Sie hier?«, fragte eine laute Stimme direkt hinter ihr. Sie fuhr herum und sah vier deutsche Soldaten, die ihre Gewehrläufe auf ihren Rücken gerichtet hatten. Sie war vor Schreck gelähmt, ihr Herz raste wie bei einem Kaninchen, das dabei erwischt wird, wie es an den schönsten Petunien knabbert. Einer der Soldaten deutete mit seinem Gewehrlauf auf den Schlüpfer, den sie in der Hand hielt, und alle brachen in lautes Gelächter aus.

»Allez!«, befahl der ranghöchste der Soldaten auf Französisch, als sie zitternd vor ihm kauerte und nicht wusste, ob sie sie ergreifen oder, wenn sie versuchen würde wegzulaufen, erschießen würden. Die Waffe noch immer auf sie gerichtet, deutete er mit seinem Kopf in Richtung auf die Straße, wo der Leichenwagen stand. Das Gelächter der Soldaten klang ihr in den Ohren, nicht nur bis sie Gray erreichten, sondern noch Jahrzehnte danach.

Der erste Mensch, den sie sahen, als sie in die Stadt fuhren, war, wie sich herausstellte, die Frau des Gefangenen, mit dem Sigmar aus Langres geflohen war. Der Leichenwagen fuhr gerade die Rue du Marché hinauf, als sie die Frau aus Freiburg, inzwischen eine gute Bekannte, aus einem Laden kommen sahen.

»Sie sind zurück, euer Vater ist zurück!«, rief sie den Mädchen zu, die wie erstarrt auf die überall herumliegenden Trümmer sahen. Am Autofenster erzählte sie Alice, dass ihre Ehemänner vor ein paar Tagen zurückgekommen seien, und sagte ihr, sie solle Sigmar in der Flüchtlingsunterkunft in der Schule an der Rue Victor Hugo suchen, die glücklicherweise von den Bomben verschont geblieben war.

»Wer weiß?«, zuckte die andere Frau Günzburger mit den Schultern und wiegte ihren Kopf hin und her, als Alice verwundert fragte, warum er nicht in ihre Wohnung zurückgegangen sei, die ja in genau derselben Straße lag. »Vielleicht konnte er nicht hinein. Vielleicht konnte er auch den Gedanken nicht ertragen, dort allein und ohne Sie zu sein.« Und dann, fügte sie hinzu und zeigte auf das Gewühl der Einkaufenden hinter ihr, hatte er vielleicht kein Geld und war hungrig.

»Es ist schrecklich, hier gibt's nichts zu essen als Dreck«, murmelte sie auf Deutsch, ohne darauf zu achten, ob jemand zuhörte. »Die Nazi-Schweine behalten alles für sich. Wir hungern, aber, Gott sei Dank, wir leben und wir sind zusammen.«

»Ja, ja«, stimmte Alice höflich zu, ungeduldig, weil sie zur Flüchtlingsunterkunft weiterfahren wollte. »Wir müssen alle dankbar sein.«

Als sie am höchsten Punkt der Straße ankamen, gab Alice Marie die Schlüssel und sagte, sie sollten ohne sie hineingehen, sie würde sich auf die Suche nach Sigmar machen. Es war typisch für die Beziehung zwischen ihr und ihrem Mann, dass sie intime Momente und Gefühlsäußerungen vollständig für sich behielt.

Tatsächlich war es so, dass sie Kartons voller Briefe und Postkarten von Freunden und Verehrern aufgehoben hatte, die ich nach ihrem Tod entdeckte. Im Gegensatz dazu vernichtete sie, als sie neunzig wurde, sämtliche Liebesbriefe und Zettel, die Sigmar ihr während ihrer kurzen Verlobungszeit und ihrer langen Ehe geschrieben hatte.

»Das sind persönliche Briefe«, sagte meine Großmutter, als ob sie sich dafür entschuldigen müsste, und ließ sich nicht davon abbringen, sie wahllos den gierigen Flammen des Heizkessels in ihrem Haus zu übergeben. Bei meinen Großeltern gab es im Keller eine Heizung, die über ein oben mit einer Klappe verschlossenes dickes Rohr aus dem Erdgeschoss befeuert werden konnte. In diese Klappe warf sie die Briefe, die wie Tauben hinunter in den feurigen Schlund flatterten.

Niemand weiß deshalb, was geschah, als Alice sich in die École Supérieure wagte, um unter den Vertriebenen und heimatlos Gewordenen ihren Mann zu suchen. Weder Alice noch Sigmar sprachen je darüber, aber die Mädchen und Marie lehnten sich aus dem Fenster, spähten die Straße hinunter und beobachteten genau, wie das Paar durch das Tor der Schule kam und langsam in ihre Richtung ging.

Sigmar hatte sein Jackett über seinen linken Arm gehängt, sein Hemd und seine Hosen waren zerknittert und schmutzig, an seinen Schuhen klebte noch immer der Schlamm vom Flussufer, sein Hut war verbeult und er brauchte dringend eine Rasur. Aber das schien beiden nichts auszumachen. Er hatte seinen rechten Ellenbogen gebeugt, Alice' Unterarm ruhte auf dem seinen und sie kamen die Rue Victor Hugo hoch, als spazierten sie an einem Sonntagnachmittag über die Kaiserstraße in Freiburg – die im

Übrigen, wie die Rue du Sauvage in Mulhouse und zahllose andere in Europa, jetzt »Adolf-Hitler-Straße« hieß.

Sie befanden sich im besetzten Frankreich, wo auch die Deutschen waren. Was hieß, dass sie schon bald wieder würden fliehen müssen. Im Moment aber schienen die beiden einfach nur froh darüber zu sein, wieder Seite an Seite gehen zu können. Sie sprachen nicht einmal miteinander, bis sie die Haustür erreichten. Dort angekommen, blickte Sigmar nach oben zu den Fenstern im zweiten Stock, von wo aus ihn lächelnd seine Töchter und seine Schwester beobachteten. Ihre Gesichter über ihm kamen ihm vor wie die von Engeln.

»Sigmar, Baron von Ihringen«, stellte er sich seinem weiblichen Publikum vor, schlug die Hacken zusammen, lüftete seinen Hut und deutete eine Verbeugung an. Dann erschien ein breites Grinsen auf seinem Gesicht, er winkte wie ein vom Kampf zurückkehrender Held, öffnete seiner kichernden Frau die Tür und betrat das Haus. Trudi und Janine flogen die Treppe hinab, um ihn zu begrüßen.

NEUN

Die Zeit der Deutschen

»Gib mir deine Uhr, und ich sage dir, wie spät es ist.« Das war der bittere Scherz, mit dem die Franzosen beschrieben, was die siegreichen Deutschen während der Besatzungszeit unter Koexistenz verstanden. Aber nicht einmal ihre eigene Zeit durften sie unter der Besatzung behalten. Die Deutschen drehten die Zeiger der Uhren um eine Stunde nach vorne. Damit wurde die Berliner Zeit übernommen, und alle Glockentürme schlugen gemeinsam die Zeit des Führers. Es war die »Nazi-Zeit«, im wahrsten Sinne des Wortes, nun auch in Frankreich.

Auch für den Bürgermeister von Gray, Senator Moïse Lévy, der fast ein halbes Jahrhundert lang städtische Ämter bekleidet hatte, war die Zeit abgelaufen. Am 20. Juli 1940, dem Tag, als die Arbeiten zur provisorischen Reparatur des halbzerstörten Glockenturms von Notre-Dame beendet wurden und ein Blumenkranz über dem eingestürzten Dach wehte, enthob ihn die deutsche Militärverwaltung seines Amtes und ernannte Joseph Fimbel zu seinem Nachfolger.

Als seine Absetzung bekanntgegeben wurde, war Lévy, der jüdische Amtsinhaber, nicht in der Stadt. Er war als gewählter Senator der Haute-Saône schon Anfang Juli zum Treffen der

Assemblée Nationale, der Nationalversammlung, nach Vichy gefahren, wo Marschall Pétain autoritäre Machtbefugnisse übertragen wurden.

Der alte Marschall hatte Vichy zum Sitz seiner Exilregierung gewählt, weil es weitab von jeder Außengrenze lag und über eine ausreichende Zahl an Hotelzimmern verfügte. Schon bald darauf übertrug man den Namen des mondänen Kurortes auf das Regime der Kollaborateure, und der unbesetzte Teil Frankreichs erhielt den Spottnamen »zone nono«, nachdem den Franzosen bewusst geworden war, dass der Begriff »Freiheit« in der Bezeichnung »zone libre« mit echter Freiheit nichts zu tun hatte.

Dennoch hofften die Delegierten, bei ihrem Treffen noch so viel von der französischen Selbstverwaltung zu retten, wie möglich war. Die Stimmung in Vichy war denkbar schlecht, was nicht nur daran lag, dass man die totale Niederlage gegen die Deutschen als nationale Schande ansah, sondern auch an der Haltung ihrer früheren Verbündeten, der Briten, die sie als erneuten Verrat empfanden. In der ersten Juliwoche hatte Churchill, in der Befürchtung, die Deutschen würden sich nach dem Waffenstillstand mit Frankreich auch die französischen Kriegsschiffe einverleiben, entschieden, dass ihm keine andere Wahl bliebe, als die französische Flotte zu zerstören. Es war ein Akt der britischen Selbstverteidigung, den er selbst später als »unnatürlich und schmerzlich« bezeichnete.

Bei der »Operation Catapult« genannten Aktion wurden die vor dem algerischen Hafen Mers-el-Kébir auf Reede liegenden französischen Schiffe angegriffen, mehr als 1200 französische Marinesoldaten getötet und Hunderte andere verwundet. Dieses von den Briten angerichtete Blutbad trieb die entsetzten Franzosen noch weiter in die Arme der Deutschen.

»Frankreich hat niemals einen schlimmeren Feind gehabt als Großbritannien und wird ihn auch niemals haben«, erklärte Pierre Laval, der Stellvertreter Pétains, am 4. Juli vor den Delegierten des Senats in Vichy. »In der Hand Englands waren wir nur ein Spielzeug, das man ausgenutzt hat, um sich mehr eigene Sicherheit zu verschaffen.«

Der einzige Weg, Frankreich zu der ihm zustehenden Rolle zurückzuführen, so sagte er, bestehe darin, »uns entschlossen mit Deutschland zu verbünden und uns gemeinsam England entgegenzustellen«. Am nächsten Tag brach das sich verraten fühlende Frankreich die diplomatischen Beziehungen zu Großbritannien ab.

Am 10. Juli traf sich die Assemblée Nationale an einem passenden Ort, im »Grand Casino«, dem großen Spielcasino von Vichy, um die letzten Freiheitsrechte der Franzosen zu verspielen. Der Großenkel des Marquis de Lafayette war einer von achtzig Abgeordneten, die dagegen stimmten, aber 569 andere reihten sich hinter Laval und Pétain ein und setzten eine Verfassungsänderung durch. Frankreich suchte die Ursache für seine Niederlage bei sich selbst und machte für seinen Niedergang »inneren Verfall« verantwortlich. Seine Schwäche sei das Ergebnis »moralischer Verderbnis«, die durch die verwerflichen, gottlosen und ausländischen Einflüsse der Juden, der Freimaurer und der Bolschewiken ins Land gebracht worden sei. Ein Beispiel dafür sei die »Volksfront« von Léon Blum gewesen, der in den Jahren 1936 und 1937 erster jüdischer Premierminister Frankreichs gewesen war. So oder so ähnlich lauteten die Vorwürfe. Albert Lebrun, der erfolglose Präsident der Dritten Republik, übergab die Macht an Pétain, ohne selbst zurückzutreten. Und in einer scharfen Kehrtwende nach rechts ermächtigte die Assemblée den Marschall, eine neue Verfassung durch einen persönlichen Befehl zu erlassen. Noch am selben Abend gab Pétain, der als Sohn eines Bauern geboren wurde und sich erst im Alter Ruhm erwarb, drei Anordnungen heraus, die alles hinwegfegten, was vorher gewesen war: Er ernannte sich zum Staatschef, übernahm die totale Kontrolle und vertagte die Assemblée auf unbestimmte Zeit.

Wie ein strenger, aber wohlmeinender Großvater verordnete Pétain einer Nation ein straffes Regiment, die aus ungehorsamen, von falschen Freunden verführten Kindern bestand, denen er jetzt neue Ziele aufzeigen musste. »Liberté, Egalité, Fraternité« – Freiheit, Gleichheit, Brüderlichkeit –, der erhabene Dreiklang des Staatsverständnisses seit der Französischen Revolution, wurde ersetzt durch eine neue Trinität: »Travail, Famille, Patrie« – Arbeit, Familie, Vaterland. Die Anhänger de Gaulles verspotteten dies sogleich. Man müsse die drei Schlagworte ergänzen: »Arbeit: nicht vorhanden, Familie: verstreut, Vaterland: gedemütigt«. Die Deutschen übernahmen die Aufgabe, die Fundamente eines demoralisierten, verbitterten und schwankenden Frankreichs zu sichern, mit Pétain als vergreister Marionette an der Spitze. Ihre Antwort hieß: Totalitarismus.

Pétains »Nationale Revolution« machte Juden, Kommunisten und Freimaurer ebenso verantwortlich für den Fall Frankreichs wie Faulheit, Alkoholismus und Egoismus

∼

In der dritten Augustwoche, fast einen Monat nachdem Moïse Lévy aus Vichy zurückgekehrt war, stürmten deutsche Soldaten mit schwarzen Stiefeln in das gepflegte gelbe Herrenhaus des früheren Bürgermeisters von Gray gegenüber der Promenade des Tilleuls, der Lindenallee. Man musste ihm nicht erklären, was es bedeutete, als die Wehrmachtsoffiziere ihn beiseiteschoben und, ohne dazu eingeladen zu sein, einfach alle Räume inspizierten und sich Notizen über ihren unangemeldeten Besuch machten. Dann übergaben sie ihm eine schriftliche Anordnung: Er hatte 24 Stunden, um sein Haus zu übergeben, voll möbliert und mit allen Beständen an Wäsche, Geschirr und Tafelsilber. Als sich am nächsten Tag wie üblich die Boule-Spieler im Park gegenüber trafen, fuhr ein roter Lastwagen vor, und Männer der städtischen Feuerwehr halfen Monsieur Lévy, die wenigen persönlichen Gegenstände aufzuladen, die mitzunehmen ihm gestattet war.

Erst als die Deutschen kamen, um ihrer Anordnung Nachdruck zu verleihen, kam er, aschfahl, gebrechlich und auf den Arm eines Helfers gestützt, aus der Tür. Rundumher hatten sich die Bürger von Gray versammelt und beobachteten mit Tränen in den Augen seinen Abschied.

Das Haus von Bürgermeister Moïse Lévy in der Grande Rue 1 wurde von den Deutschen beschlagnahmt und als Quartier für Wehrmachtsoffiziere genutzt.

Den ganzen September hindurch blieb Moïse Lévy in der Stadt, wohnte bei Bekannten und besuchte, obwohl seines Amtes enthoben, häufig das Rathaus, um auf dem Laufenden zu bleiben.

Anfang Oktober zog er nach Paris und sandte noch gelegentlich kleine Geldsummen nach Gray, um die sozialen Projekte zu unterstützen, die ihm am Herzen lagen. Er kehrte nie an seinen Geburtsort zurück und fand erst nach seinem Tod seine letzte Ruhestätte auf dem jüdischen Friedhof von Gray, einem kleinen, eingezäunten Areal an der Stadtgrenze. Dort, wohin sich nur selten ein Besucher verirrt, um einen kleinen Stein auf die jetzt nicht mehr betreuten Gräber zu legen, wie es die jüdische Tradition als greifbares Zeichen ewiger Erinnerung vorschreibt.

Direkt an der von Moosen und Flechten bewachsenen Friedhofsmauer verweist der Marmor des imposanten Familiengrabes auf die zahlreichen Ämter und Ehrungen, die Moïse in seinem Leben erlangt hatte: »Sénateur-Maire de Gray«, »Vice-Président du Conseil Général de la Haute-Saône«, »Chevalier de la Légion d'Honneur«, »Commandant de Mérite Sociale« – Senator und Bürgermeister von Gray, Vizepräsident des Generalrates des Départements Haute-Saône, Ritter der Ehrenlegion, Kommandeur des Ordens für soziale Verdienste. Auf dem Grab findet sich auch eine Erinnerung an seinen Sohn, René Baruch Lévy, einen Chemiker, der 1943 im Alter von 36 Jahren, sieben Monate vor dem Tod seines Vaters, in ein Nazi-Todeslager deportiert worden war. »Assassiné par les Allemandes au camp de Birkenau« – von den Deutschen im Lager Birkenau ermordet, steht eingraviert auf dem glänzenden grauen Stein, der an die Ermordung René Lévys durch die Nazis erinnert.

»Mort pour la France« – Gestorben für Frankreich. Dieselben Worte finden sich auf einem Denkmal, das seinen Namen und die von 23 anderen jüdischen »Graylois« nennt, die in Vernichtungslager deportiert wurden. Sie alle haben keine Gräber. Eine Yvonne und eine Lucie, ein Marcel und ein Louis, eine Paulette, eine Clarisse. Alle ermordet in Auschwitz. Alle geehrt als »gestorben für Frankreich«, keine Opfer, sondern Märtyrer, geadelt durch ihr Leid, als ob sie es freiwillig, im Namen ihres Landes gebracht hätten.

Und der Bürgermeister? Niemand konnte ihm den Verlust seines Sohnes ersetzen. Aber es gibt etwas in Gray, das einen, der sein Leben der Politik gewidmet hatte, erfreut hätte: ein Platz im Gedächtnis der Bürger von Gray, derer, die sich an ihn erinnern, oder derer, die nach ihm fragen: eine Straße, die zu seinen Ehren nach dem Krieg nach ihm benannt wurde.

~

Während der ersten Monate der Besatzungszeit erging es den Günzburgers besser als Bürgermeister Lévy, denn obwohl sich tausend Deutsche in Gray eingenistet hatten, versuchte niemand, sie aus ihrer Wohnung zu vertreiben. Das war umso erstaunlicher, als ihre Wohnung im Haus Nr. 12 in der Rue Victor Hugo nur wenige Schritte vom Hauptquartier entfernt war, das die Nazis in Nummer 8 eingerichtet hatten und über dessen Eingangstür bedrohlich die Flagge der Wehrmacht mit dem Hakenkreuz wehte.

Noch ungewöhnlicher war, dass sie nicht nur unbehelligt neben ihren Nachbarn von der Wehrmacht lebten, sondern dass sogar ein deutscher Leutnant in ihre Wohnung einquartiert wurde! Der Offizier bezog das kleinste Zimmer neben der Küche, verhielt sich höflich und rücksichtsvoll und gab keinen Anlass, seine Anwesenheit als bedrohlich zu empfinden. Dafür waren ihm alle besonders dankbar. Er ging früh am Morgen, kam am späten Abend zurück, stellte keine Fragen und machte keinerlei Schwierigkeiten. Im Gegenteil, manchmal brachte er ihnen sogar kleine Geschenke mit: Lebensmittel aus dem deutschen Offizierskasino, das reichlich ausgestattet war mit Dingen, die die Sieger den Franzosen vorenthielten: etwas Fleisch, Zucker, Butter oder frisches Brot, das nicht nach Benzin schmeckte. Als er sah, wie Janine sein Fahrrad bewunderte, das er am Treppenaufgang abgestellt hatte, sagte er ihr, er würde die Augen offenhalten, ob er nicht auch eines für sie organisieren könnte.

Weil sie so dicht beieinander lebten, war es der Familie klar, dass es keine Möglichkeit gab, vor dem deutschen Leutnant zu verbergen, dass sie Deutsche und Juden waren. Mit einem deutschen Offizier unter einem Dach zu leben war im besten Fall unangenehm und vielleicht sogar gefährlich. War ihr höflicher Untermieter ein deutscher Landsmann, der vielleicht einmal ein freundlicher Bekannter gewesen war, ein Schulkamerad, ein Nachbar oder der Sohn eines Kunden? Oder ein Nazi, der ihr Leben in der Hand hatte, weil er mit einem einzigen Wort dafür sorgten konnte, dass sie deportiert wurden?

Bella jedenfalls hatte keine Zweifel, was sie in den Wehrmachtssoldaten zu sehen hätte, die in diesem Sommer jeden Morgen unter ihrem Fenster vorbeimarschierten, um in der eiskalten Saône schwimmen zu gehen. Mit freiem Oberkörper, nur mit Badehose und Schuhen bekleidet, zeigten sie den Städtern ihre durchtrainierten Oberkörper. Sie nahmen die Straße in Reih und Glied in Besitz, sangen in voller Lautstärke »Erika« oder »Heidi-Heido-Heida« – Krieger, die Hitlers arischem Ideal entsprachen. Als Antwort darauf rannte Tante Maries Haushälterin jedes Mal zur Fensterfront und schloss krachend die hohen Läden. Sie missbilligte den Anblick dieser siegestrunkenen Männer als unschickliches Spektakel, vor dem Janine und Trudi und überhaupt alle anständigen Frauen geschützt werden mussten.

Wenn sie selbst unten am Fluss waren, versuchten die Mädchen die jungen deutschen Soldaten, die sich außerhalb ihrer Dienstzeiten dort gerne in der Sonne ausruhten, zu ignorieren. Wenn sie direkt angesprochen wurden, war es schwierig, nicht zu antworten, weil sie nicht als unhöflich angesehen werden wollten. Zu freundlich durften sie aber auch nicht sein, sonst hätte das den Eindruck erweckt, dass sie bereit wären, weiter zu gehen. Und eine Verbrüderung mit dem Feind wäre nicht gerne gesehen gewesen und barg außerdem große Gefahren, vor allem für jüdische Mädchen.

*Marie-Louise »Malou« Gieselbrecht, Janines engste
Freundin, in einem Boot auf der Saône*

An einem Nachmittag, als Janine und ihre Freundin Malou lesend und schwatzend auf einer Bank am Ufer saßen, sprang Malou plötzlich auf und stellte einen deutschen Soldaten zur Rede, der sie fotografieren wollte. Sie wollte nicht in einem deutschen Fotoalbum herumgezeigt oder zum Objekt für derbe Späße in einer Kaserne werden und auch nicht dazu dienen, ein Fräulein zu Hause in Deutschland zu ärgern, das er mit dem Foto eifersüchtig machen wollte. Und sie wollte auch nicht den Eindruck erwecken, dass sie freiwillig für das Foto posiert hatte, eine sehr zugeneigte Bewohnerin des Ortes, leicht bekleidet noch dazu, die sich über die Annäherungsversuche des Soldaten freute! Sie verlangte von ihm, dass er ihr den Film übergab, und er tat es. Dann setzte er sich, obwohl er nicht dazu eingeladen worden war, zu ihnen. Die Mädchen hörten ihm zu, schließlich hatte er Reue gezeigt und den Film herausgegeben. So kam es zu einer kurzen Unterhaltung, in deren Verlauf sich herausstellte, dass dieser Soldat, der sich so sehr bemühte, eine Unterhaltung auf Französisch zustande zu bringen, zufällig aus Freiburg stammte.

Heinz Rosenstihl war gerade einmal 22 Jahre alt, und ihm blieb der Mund offenstehen, als er erfuhr, dass Janine aus derselben Stadt stammte wie er und dass beide somit Freiburger »Bobbele« waren. Ein Strahlen breitete sich auf seinem Gesicht aus, und er versuchte sofort, Janine davon zu überzeugen, dass sie seine Familie kennen müsse, die einen Mietstall und eine Reitschule im ländlichen Osten Freiburgs, im Stadtteil Littenweiler, betrieb. Es dauerte gar nicht lange, wie immer, wenn Menschen in der Fremde jemandem begegnen, der aus derselben Stadt stammt, und Janine fing an, ihn nach Einzelheiten zu fragen, nach Freunden und der Heimat, die sie hatte zurücklassen müssen. Nach und nach begann die Mauer der Zurückhaltung zu bröckeln, die sie um sich aufgebaut hatte. Verloren, irgendwo in diesem Krieg, verbrachten dieser junge Mann und dieses Mädchen, er Soldat, sie Flüchtling, er Deutscher, sie Jüdin, ein paar glückliche Minuten zusammen und erzählten sich von ihrer Kindheit im Schwarzwald. Erinnerungen hingen in der warmen Sommerluft: der Markt auf dem Messplatz, der Blick vom Schauinsland, die sprudelnden Bächle, Dampfnudeln in Karamellsauce, Spätzle und Bretzeln.

Als sie sich das nächste Mal zufällig unten am Fluss trafen, hatte sich Heinz Rosenstihl entschlossen, sie zu retten. Er fühlte sich ganz besonders zu dieser hübschen jungen Frau hingezogen, weil er daran glaubte, sie schon gekannt zu haben, als sie Kinder waren. Irgendjemandes Klassenkameradin, die Freundin eines Freundes, ein blauäugiges junges Mädchen, dem er in einem Park begegnet war oder in einer Bäckerei oder vielleicht beim

Skilaufen im Schwarzwald, schon lange bevor sie seine Aufmerksamkeit jetzt und hier am Ufer der Saône in Anspruch nahm.

»Hitler wird die ganze Welt erobern, auch Palästina, aber ich kann dich retten«, erklärte er feierlich. Er schien an seiner edlen Absicht selbst Gefallen gefunden zu haben und schaute Malou an, die wie er katholisch war, als ob sie ihm dabei helfen könne, Janine beizubringen, das Unausweichliche zu akzeptieren.

»Nur so kannst du überleben. Man wird alle Juden umbringen, aber ich heirate dich und nehme dich mit nach Hause zu meiner Familie in Freiburg. Wir erzählen allen, dass du deine Papiere verloren hättest, und dann erfinden wir einfach alles andere. Deine Familie wird glücklich sein, weil sie dann weiß, dass wenigstens einer von euch am Leben bleibt. Und, wer weiß, vielleicht gibt es eine Möglichkeit, dass du ihnen von Deutschland aus irgendwie helfen kannst.«

Janine war völlig verblüfft und sagte kein Wort. Aber Malou kaute auf einem langen Grashalm und versuchte, den Wert dieses Soldaten als Ehemann einzuschätzen.

»Sag nicht zu schnell nein«, flüsterte sie ihr zu, »er ist kein schlechter Kerl und es kann sein, dass er Recht hat. Denk darüber nach.« Aber Janine stand schon und packte ihre Sachen zusammen.

»Danke«, sagte sie zu ihm. »Es ist wirklich nett und mutig von dir, mir solch ein Angebot zu machen. Aber man sollte uns nicht sehen, wie wir hier so lange miteinander reden.« Nervös zog sie ihren Rock und ihre Bluse an, schlüpfte in ihre Schuhe, stopfte ihr Handtuch und ihr Buch in ihre Tasche, und statt ihm die Hand zu drücken, lächelte sie ihm einen Wiedersehensgruß zu.

»Ist er verrückt?«, entfuhr es Sigmar, als Janine heimkam und ihm erzählte, was vorgefallen war. Er verbot ihr, je wieder mit dem Soldaten zu sprechen, obwohl er zugab, die Freiburger Familie Rosenstihl zu kennen und zu wissen, dass sie respektable Leute seien. Janine allerdings interessierte es wenig, was ihr Vater von der Familie dieses Soldaten hielt. Ihre eigenen Gedanken an Heirat waren in Mulhouse zu einem abrupten Stillstand gekommen.

Der Heiratsantrag dieses Deutschen hatte ihre Träume zurückgelenkt zu Roland, und sie wusste, wenn er ihr vorgeschlagen hätte, ihre Familie zu verlassen und der Verfolgung der Nazis durch eine christliche Heirat zu entkommen, wäre vermutlich der Ring schon an ihrem Finger. Die damit verbundene Sicherheit für sie und ihre Familie wäre nur ein willkommener Nebeneffekt all dessen gewesen, was sie sich so verzweifelt ersehnte. Sie betete um Gottes Hilfe bei der Suche nach dem Mann, den sie so sehr liebte, ohne allerdings bei ihren Gebeten seinen Namen zu nennen, aus Angst, dass der rächende Gott Abrahams unheilvoll die Stirn darüber runzeln würde, dass sie einen Katholiken erwählt hatte. Warum, so redete sie sich ein, soll ich den Herrn mit Einzelheiten belästigen, wo ER doch sowieso gerade mit so vielen Dingen von Weltbedeutung beschäftigt ist? Nach dem Krieg, so hoffte sie, würde sie hoffentlich einen Weg finden, IHN – oder wenigstens ihre Eltern – zu überzeugen, dass Rolands anderer Glaube ihrer Verbindung nicht im Wege stehen dürfe.

Im Moment allerdings tat göttliche Hilfe dringend not. Das Reich hatte sich das Elsass und Lothringen einverleibt, und es gab keine Möglichkeit, Kontakt nach Mulhouse aufzunehmen. Am 16. Juli hatte ein deutscher Befehl alle Juden aus dem Elsass verbannt. Tausenden war gerade einmal eine Stunde Zeit gelassen worden, bevor sie sich in der Synagoge von Mulhouse zu versammeln hatten, von wo aus sie auf Lastwagen aus der besetzten Zone gebracht wurden. Die Berichte, die Gray erreichten, schienen die Warnung zu bestätigen, die der Gefreite Rosenstihl ihnen überbracht hatte.

Eine Woche nach seinem plötzlichen und wagemutigen Heiratsantrag wurde Janine in das Büro des Schuldirektors zitiert. Der ernste, ein wenig an ein Frettchen erinnernde Mann mit dunklem, dünner werdendem Haar und einem kleinen Schnurrbart, war wütend.

»Was denken Sie sich eigentlich dabei, sich mit einem deutschen Soldaten zu treffen?«, fragte er entrüstet. »Als Jüdin, Mademoiselle, sollten Sie wissen, wie gefährlich das ist! Schämen Sie sich denn nicht vor Ihren Leuten?«

»Monsieur, ich weiß nicht, wovon Sie reden«, erwiderte Janine, die völlig durcheinander war, aber mit einer brüsken Handbewegung schnitt er ihr das Wort ab.

»Dann wissen Sie sicher, wieso der Gefreite Rosenstihl hierhergekommen ist, um mit mir zu reden! Er hat gesagt, er wolle Sie heiraten, um Sie zu retten, und hat verlangt, dass ich Ihren Vater überzeugen soll, damit er zustimmt. Aber ich weigere mich, in diese Angelegenheit hineingezogen zu werden! Und ich rate Ihnen mit allem Nachdruck, sich nicht mit ihm einzulassen, obwohl es so aussieht, als sei es schon zu spät.«

Sie und Malou lagen wieder am Fluss im Gras, als sie dem Soldaten aus Freiburg das nächste Mal begegnete. Diesmal schreckte Janine nicht davor zurück, ihren Ärger zu zeigen. Mittlerweile kam ihr seine Absicht, sie gegen ihren Willen beschützen zu wollen, verrückt und ziemlich anmaßend vor.

»Maintenant ça suffit! – Jetzt reicht es!«, fuhr sie den niedergeschlagenen Soldaten auf Französisch an und bestrafte ihn mit der Weigerung, den badischen Dialekt zu sprechen, der in ihren bisherigen Gesprächen für beide so etwas wie ein verbaler Zufluchtsort gewesen war.

»Lieber sterbe ich mit meinen Eltern, als mit dir zu fliehen. Wie konntest du annehmen, dass ich fortgehen und sie zurücklassen würde? Ich kann dich nicht heiraten, und jetzt kann ich nicht einmal mehr mit dir reden.«

~

In meiner Jugend hatte ich darauf vertraut, dass alle Franzosen in jener Zeit im Widerstand waren und, wenn sie sich schon nicht persönlichen Gefahren aussetzten, mindestens die Invasoren und das Leid, das diese überall in Europa über die Juden gebracht hatten, richtig einschätzten. Das war, bevor die Franzosen sich öffentlich mit ihrer Vergangenheit beschäftigten und in Filmen, Büchern und Gerichtsprozessen ihr Verhalten während des Krieges aufarbeiteten.

Auch meine Mutter hatte das so gesehen und es mir so geschildert. Ihre Liebe zu Roland, ihre Freundschaft mit Malou und den anderen, die Art und Weise, wie sie deren Land anstelle ihres eigenen, dessen sie sich so schämte, zu ihrer Heimat gemacht hatte, und, oui, ihre sorgfältig getroffene Entscheidung, so zu tun, als ob sie seit ihrer Geburt Französin gewesen wäre – all dies hatte dazu geführt, dass ich Frankreich liebte.

Meine Mutter war mein Idol, und meine Bewunderung für sie hatte dazu geführt, dass ich ein Land liebte, in dem sie vier Jahre glücklich gelebt hatte, während um sie herum ganz Europa im Chaos versank. Mit klaren Vorstellungen von Gut und Böse, wie es nur Kindern eigen ist, teilte ich die Schurken und Helden in all den Geschichten, die sie mir erzählte, eindeutiger auf, als es die immer wieder Änderungen unterworfenen Grenzen gekonnt hätten. Weil die Nazis böse waren, verbannte ich die Sprache meiner Großeltern, in der sie sich noch immer jeden Tag unterhielten, aus meiner Kinderwelt, während mein Französisch – dank der wöchentlichen Privatstunden, für die meine Mutter die französische Witwe eines amerikanischen Soldaten engagiert hatte – immer besser wurde.

Tatsächlich sagte meine Mutter niemals etwas, das darauf hätte hinweisen können, dass die Franzosen jemals mit Hitler kollaboriert hätten. Stattdessen behauptete sie, sie habe in den USA mehr offenkundigen Antisemitismus erlebt, als sie ihn persönlich in Frankreich oder sogar in Deutschland erfahren hatte. In mir weckte diese ungewöhnlich krasse und mit scheinbarer Überzeugung vorgetragene Behauptung die Angst, dass Juden auch in Amerika in Gefahr wären, und jedes Mal, wenn sie das sagte, zuckte ich unwillkürlich zusammen. Ich hatte keinen Grund, die Art und Weise, in der sie Berichte über die Verfolgung von Juden durch Franzosen überging, zu hinterfragen. Sie behauptete stattdessen, dass die Franzosen selbst Opfer gewesen und in den Vierzigerjahren gezwungen worden seien, sich dem Willen der Nazis unterzuordnen. Genauso wenig, wie sie ihre Liebe zu Roland aufgeben konnte, konnte sie Frankreich beschuldigen.

Eine typische antisemitische Karikatur aus der Vichy-Zeit zeigt den hakennasigen »patriotischen Juden«, offensichtlich ein Geldhändler, der sich selbst mit diesen Worten beglückwünscht: »500 000 Francs für die Nation, 1 Million für die jüdischen Marxisten. Ich habe dem jüdischen Volk heute wieder einen guten Dienst erwiesen.«

In den letzten Jahrzehnten ist die Wissenschaft zu weniger freundlichen Darstellungen der Wirklichkeit in jener Zeit gekommen. Obwohl viele Franzosen keinen besonderen Hass auf die Juden hegten, verschärfte die Regierung unter Pétain mit fanatischem Eifer die Sanktionen gegen sie. Was Pétain zunächst als »Collaboration«, Zusammenarbeit, bezeichnete, eine pragmatische Koexistenz mit den Deutschen innerhalb der französischen Grenzen, entwickelte sich schnell zu einer Zustimmung, genauer gesagt zu einem Wetteifern mit der deutschen Politik zur Vernichtung der Juden. In einigen Fällen marschierte die Vichy-Regierung sogar voraus und schritt zu Sanktionen, bevor die Deutschen sie überhaupt von ihr verlangten, und darüber hinaus waren die Maßnahmen, die sie ergriffen, härter als die von den Nazis erlassenen Anordnungen.

In beiden Teilen des Landes, dem von den Deutschen und dem von Vichy kontrollierten, änderte sich die Lage der Juden sehr schnell. Keine der beiden Zonen bot den Juden, deren Zahl – bei einer Gesamtbevölkerung Frankreichs von vierzig Millionen – von 150 000 im Jahre 1919 auf 350 000 zu Beginn des Zweiten Weltkrieges angestiegen war, einen sicheren Hafen. Weitere 400 000 Juden waren als staatenlose Flüchtlinge auf der Durchreise, in der Hoffnung, dass sie anderswo Sicherheit finden könnten. Viele fanden sich in den Fängen des Vichy-Regimes wieder, das Tausende von ihnen bereitwillig den Deutschen übergab. Auch aus psychologischer Sicht war das unverständlich: Wie konnten die Franzosen den Juden, die in die Lager gebracht wurden, alle Hoffnung nehmen, wo doch 1,5 Millionen ihrer eigenen Leute als Kriegsgefangene im Reich festgehalten wurden und erst nach der Niederlage Hitlers nach Hause kommen würden?

In jenem August 1940 begann das Vichy-Regime einen seiner ersten Angriffe auf die Juden, indem das ein Jahr zuvor erlassene »Loi Marchandeau«, das Gesetz, das rassistische Attacken der Presse verbot, außer Kraft gesetzt wurde. Dies ermöglichte es der Propaganda-Maschine Hitlers, die französische Öffentlichkeit mit demselben antisemitischen Gift zu füttern, das sie schon seit Jahren in ihrer Heimat versprüht hatte, um die Deutschen aufzuhetzen.

Das Datum, an dem das Gesetz außer Kraft gesetzt wurde, der 27. August, ließ meine Mutter erschaudern, wie auch zwei Monate zuvor, als am 27. Juni französische Soldaten unter Bewachung aus Gray hinaus und in die Gefangenschaft über den Rhein gebracht wurden.

»Es passt – du weißt, was heute für ein Datum ist«, bemerkte Janine, als sie und Trudi an der Straße standen und zusahen, wie die französischen Soldaten abgeführt wurden.

Je mehr ich mich mit der Geschichte meiner Mutter beschäftigte, desto deutlicher fiel mir auf, wie oft diese Zahl, die sie so fürchtete, vorkam.

Am 27. September 1940 unterzeichnete Deutschland einen Drei-Nationen-Pakt mit Italien und Japan, dessen Ziel es war, dafür zu sorgen, dass Amerika nicht in den Krieg eintrat. Am selben Tag ordneten die Nazis an, dass alle Juden erfasst werden sollten, und erließen damit den ersten gegen die Juden gerichteten Befehl in der besetzten Zone. Es war auffällig, dass dies auf den Tag 149 Jahre nach dem 27. September 1791 geschah, an dem eine Abstimmung in der revolutionären Assemblée Nationale aus Frankreich das erste Land Europas machte, in dem Juden volle Bürgerrechte gewährt wurden.

Es war der 27. März 1942, als mit dem ersten Transport nach Auschwitz mehr als tausend in Frankreich festgehaltene Juden in den Tod geschickt wurden.

Am 27. Mai 1943 traf sich erstmals der Nationalrat der »Résistance«, des französischen Widerstandes, unter Führung von Jean Moulin in Paris und sprach de Gaulle das Vertrauen aus, in der Hoffnung, dass dieser die Republik wiedererrichten werde. Aber der wagemutige Moulin – der kurz darauf gefasst und von der Gestapo in Lyon brutal gefoltert wurde – starb in dem Zug, mit dem er nach Deutschland abtransportiert werden sollte.

Am 27. Juli 1944 erschossen die Deutschen, in einem Versuch, die Résistance zu zerschlagen, fünf Widerstandskämpfer vor einem Café an der Place Bellecour in Lyon. Ihre Leichen ließen sie als Warnung an andere liegen. Heute gibt es an der Stelle, wo ihr Blut den Gehsteig tränkte, ein Mahnmal mit den Namen aller Nazi-Lager, die das Angesicht Europas befleckten. Darunter auch der des Vernichtungslagers Auschwitz, wo mehr als eine Million Gefangene ermordet wurden und das, genau ein halbes Jahr nach dem Massaker von Lyon, von sowjetischen Truppen befreit wurde. In Erinnerung an diesen 27. Januar 1945 wird heute alljährlich der 27. Januar als Internationaler Holocaust-Gedenktag begangen.

Kann es zu etwas gut sein, wenn man, wie meine Mutter es tat, einen bestimmten Tag im Monat als Unglückstag fürchtet? Die Antwort könnte nur dann »ja« sein, wenn an den anderen 29 Tagen nichts Unheilvolles geschehen würde. Aber das war nicht der Fall. Am 3. und 4. Oktober erließ das Vichy-Regime zwei weitreichende »Statuts des juifs« für die »zone libre«, mit denen Juden die Ausübung öffentlicher Ämter und bestimmter Berufe untersagt und ihre Rechte gegenüber dem französischen Gesetz eingeschränkt wurden. Ausländische Juden konnten festgenommen und in »Sonderlagern« interniert oder in weit entfernten Einrichtungen überwacht werden, eine Entscheidung, die schwerwiegende Folgen hatte.

Die Vertreter der Juden in Frankreich reagierten mit höflichem, aber energischem Protest und erinnerten daran, dass die jüdischen Bürger wie immer treu zu Frankreich stünden. In einer Stellungnahme beklagte Oberrabbiner Isaiah Schwartz die neuen Maßnahmen, rief zu Gleichbehandlung auf und versicherte, dass »uns keine Werte wichtiger« sein könnten als die Werte von »Arbeit, Familie, Vaterland«, die Vichy zur Staatsräson erklärt hatte.

»Wir werden auf ein Gesetz, das uns ausschließt, mit unerschütterlicher Hingabe an unser Heimatland antworten«, schrieb der Rabbi an Marschall Pétain. Sein Schreiben blieb unbeantwortet. Wie schon Alfred Dreyfus einige Jahrzehnte zuvor, weigerten sich französische Juden auch jetzt, ihr Selbstverständnis als treue, loyale Bürger ihres Landes durch die Tatsache, dass sie zu Opfern gemacht wurden, erschüttern zu lassen. In diesem Jahr 1940 bestanden die wieder in die Defensive gedrängten Juden Frankreichs darauf, dass ihnen als französischen Bürgern einen Schutz zu gewähren sei, auf den die über das Land verteilten staatenlosen Flüchtlinge nicht hoffen konnten. So wie meine Mutter instinktiv ihre Hoffnung auf Frankreich setzte und so tat, als ob sie das sei, was sie gerne gewesen wäre, nämlich Französin, bestanden die Juden Frankreichs stolz darauf, Franzosen zu sein. Sie mussten an Frankreich glauben, eine andere Wahl hatten sie nicht.

ZEHN

Über die Grenze

61 Jahre nach jenem Sommer, in dem meine Mutter durch die Fensterläden in der Rue Victor Hugo spähte, um die deutschen Soldaten in Badehosen zum Fluss marschieren zu sehen, kam ich im August 2001 in Gray an. Das Erste was ich sah, war ein Getümmel von durchtrainierten Triathleten, die laufend oder auf dem Fahrrad durch die sonst schläfrigen Renaissance-Straßen hetzten. Und was im welligen Wasser der Saône zunächst aussah wie Seehunde, waren in Wahrheit Schwimmer in glänzenden schwarzen Neoprenanzügen auf dem Weg zum flussabwärts gelegenen Ziel der ersten Etappe.

In meinen Kindheitserinnerungen war diese Stadt immer mit Geschichten aus der Kriegszeit verbunden gewesen. Jetzt, wo die Menge den aus ganz Frankreich angereisten Wettkämpfern zujubelte, war sie erfüllt von Vitalität und neuem Leben.

Ich hatte an diesem Tag eine Verabredung mit André Fick, dem früheren engen Mitarbeiter von Bürgermeister Joseph Fimbel. Er war 84 Jahre alt und ich war überrascht, dass ich ihn, während die Triathleten auf ihren Rennrädern durch die Stadt rasten, ebenfalls auf einem Fahrrad antraf. Er war mir entgegengefahren und hielt nach mir Ausschau, für den Fall, dass ich den Weg zu seinem Haus nicht finden würde. Ich konnte mich an seinen Namen erinnern, weil er auf Dokumenten aus der Kriegszeit stand, die meine Mutter mir gezeigt hatte. Dokumente, die seine offizielle Unterschrift trugen und damit in den Jahren der deutschen Besatzung für sie so etwas wie ein Rettungsanker gewesen waren. Hätte es André Fick nicht gegeben, wäre nicht sicher gewesen, ob ich je geboren worden wäre. Aber in dem Moment, als wir uns trafen, war ich tatsächlich nicht vorhanden, denn er hatte die Jahre übersprungen und hielt mich für Janine.

»Es ist wunderbar, Sie zu sehen«, sagte er in ungewöhnlich formellem Tonfall. Ungewöhnlich, weil er gleich darauf mit entwaffnender Offenheit sagte: »Vous savez, j'ai toujours eu le béguin pour vous. – Wissen Sie, ich hatte immer ein Auge auf Sie geworfen.« Er ergriff meine Hand, schien in meinen Augen und in meiner Stimme Janine zu sehen und schlüpfte, verführt durch seine eigenen Erinnerungen, wie durch eine Lücke in der Gegenwart zurück in eine längst vergangene Zeit, in der das Leben in Gefahr jeder Beziehung Tiefe und eine besondere Bedeutung gab.

Hinter dicken Brillengläsern füllten sich seine hellblauen Augen mit Tränen, und einen kurzen, selbstsüchtigen Moment lang wünschte ich mir, sie zu sein, meine Mutter, die für ihn ein Wunschtraum war, den er nie vergessen hatte.

André Fick war der Sohn eines Mulhouser Lebensmittelhändlers und als gläubiger Marist zunächst Schüler und später Lehrer an von Fimbel geleiteten Schulen gewesen. Er war am Vorabend des Krieges zur französischen Armee eingezogen worden. Wie so viele Elsässer war er nach der Niederlage 1940 nicht nach Hause zurückgekehrt, weil er befürchtete, dass die Deutschen ihn dann zwingen würden, für das Reich zu kämpfen. Stattdessen war er bereitwillig Monsieur Fimbel nach Gray gefolgt, wo er im Alter von 23 Jahren vier harte Besatzungsjahre lang den problematischen Posten eines städtischen Verbindungsbeamten zum deutschen Standortkommando übernahm.

Fick hatte selbst in einem Buch mit dem Titel »Gray à l'heure Allemande – Gray in der deutschen Zeit« diese schwierigen Jahre in der Geschichte der Stadt beschrieben. Er schildert, wie die Besatzungsmacht die deprimierten Bewohner ihre Niederlage spüren ließ. Jeder, so schreibt er, hatte auf seine Weise zu leiden. Einige hatten all ihren Besitz in den Bombenangriffen und den Feuern verloren und lebten am Rande des Existenzminimums. Andere mussten damit zurechtkommen, dass Ehemann, Bruder, Sohn oder Vater von den Deutschen in irgendwelchen Lagern gefangen gehalten wurden. Viele, vor allem Frauen, zerbrachen fast unter der Last, irgendwie für den täglichen Lebensunterhalt sorgen zu müssen, und wieder andere wurden zu gerissenen Schwarzmarkthändlern und nutzten den Hunger der Nachbarn, um selber reich zu werden. Manche resignierten und ertrugen die lange Besatzungszeit mit stoischer Ruhe. Es gab Menschen, die felsenfest an Marschall Pétain glaubten und daran, dass er schon tun würde, was für das Land das Beste war.

Das Verlangen nach Freiheit und ein tiefsitzender Ekel gegen die Faschisten veranlassten einige, wenn auch nicht viele, ihr Leben zu riskieren und in die Résistance einzutreten. Wieder andere zogen sich in den Untergrund zurück, weniger um die Herrschaft der Nazis zu untergraben, sondern um nicht aufgegriffen und in die Arbeitslager auf der anderen Rheinseite deportiert zu werden. Weil niemand vorhersagen konnte, wie lange die Fremdherrschaft dauern würde, legten sich Angst und Hoffnungslosigkeit wie ein Nebel über die Stadt.

Während der Inhalt der Speisekammern immer mehr schrumpfte, so erinnerte sich Fick, gab es täglich neue Vorschriften, die sie zu befolgen hatten. Verboten: sich mit mehr als drei Personen in der Öffentlichkeit zu versammeln. Verboten: das Zeigen der französischen Flagge oder das Benutzen von Dekorationen in den Farben der Trikolore. Verboten: irgendein Gebäude zu fotografieren oder ausländische Sender zu hören, vor allem »Radio Londres«, den französischsprachigen Dienst der BBC. Verboten: das Singen der »Marseillaise«, der französischen Nationalhymne, oder jegliche politische Aktivität. Verboten: Reisen ohne offizielle Erlaubnis.

In Gray hatte man dasselbe demütigende Problem wie alle Verwaltungen in der besetzten Zone. Unter den Bedingungen des Waffenstillstands war man verpflichtet, die Vorschriften der deutschen Behörden zu befolgen und mit ihnen »in korrekter Weise zusammenzuarbeiten«. Aber was hieß das? Unter den Bürgern von Gray gab es einige, die die »Collaboration« mit zunehmendem Argwohn sahen. Argwohn, der daher rührte, dass weder Bürgermeister Fimbel noch sein Assistent Fick aus Gray stammten, nicht einmal aus dem Département Haute-Saône. Außerdem sprachen beide, weil sie Elsässer waren, fließend Deutsch und schienen allzu schnell das Vertrauen ihrer deutschen Herren zu erringen.

Zum Entsetzen der Leute hingen bald überall in der Stadt Plakate, mit denen die Männer ermutigt werden sollten, sich um Arbeit in deutschen Fabriken zu bewerben, und auf Anordnung des deutschen Stadtkommandanten erschienen ähnliche Anzeigen in jeder Ausgabe der örtlichen Zeitung.

»Die harten Zeiten sind vorüber!«, stand da, und: »Papa verdient jetzt Geld in Deutschland!«

Die Deutschen unterstützten ihre Werbekampagne mit weiteren Plakaten, die darauf hinwiesen, dass ihre eigenen Männer Tisch und Bett von den in Deutschland arbeitenden Franzosen übernehmen würden: »Wenn ihr im Stich gelassen werdet, vertraut auf den deutschen Soldaten!« Von den Plakaten lächelte ein gutaussehender Wehrmachtsoffizier, der zufriedene französische Kinder in den Armen hielt.

Es war wenig verwunderlich, dass die Anzahl derer, die freiwillig in Deutschland arbeiten wollten, so gering war, dass die Nazis ab 1943 Franzosen zur Zwangsarbeit in deutschen Fabriken abkommandierten, wo sie anstelle der an die Front geschickten deutschen Arbeiter die Produktion kriegswichtiger Güter ankurbelten.

Um zu verhindern, dass die einsamen Frauen von Gray von deutschen Soldaten belästigt wurden, stimmte der zölibatär lebende

Bürgermeister zögerlich dem Befehl des Kommandanten zu, ein Bordell zu eröffnen. Monsieur Fimbel sorgte dafür, dass die Prostituierten in Paris und Dijon angeworben wurden und dass das Bordell möbliert und sauber war. Die Ausgaben dafür wurden den Kosten, die für den Unterhalt der deutschen Truppen entstanden, zugeschlagen, was bedeutete, dass die französische Bevölkerung dafür zu bezahlen hatte. Dennoch wurde nach dem Krieg eine Handvoll Frauen aus Gray öffentlich der »Fraternisation« beschuldigt. Wie mehr als zehntausend andere Französinnen, denen man »horizontale Kollaboration« vorwarf, zerrte man sie zum Rathaus, wo man ihnen die Köpfe kahl schor und sie der Menge präsentierte.

Um der Bevölkerung von Gray das Überleben unter dem Joch der Unterdrückung zu ermöglichen, mussten André Fick und der Bürgermeister auf verschlungenen Wegen den Deutschen zuvorkommen. Sie entwickelten, so erzählte mir Fick, die goldene Regel von »Diskretion und Verschwiegenheit« und erreichten so, dass die Stadt von grausamen Exzessen der Nazis verschont blieb. Mit List und Tücke gelang es ihnen, Vergeltungsmaßnahmen zu verhindern, und damit retteten sie viele, die sonst zu Opfern geworden wären. Sie erhoben Einspruch, um den Graylois zu helfen, und sogar scheinbare Anbiederungsversuche an die Deutschen waren in Wahrheit geschickte Winkelzüge der beiden elsässischen Maristen, um sie zu hintergehen.

»Wir haben Krieg gegen sie geführt«, sagte André an jenem Tag, als wir uns trafen. »Nicht mit Gewehren und Bajonetten, aber dennoch Krieg. Wir führten ihn mit Akten und Besprechungen.« Und dennoch gab es auch Bewohner, das gab er mit Trauer in der Stimme zu, die in ihm und dem Bürgermeister Werkzeuge der Deutschen sahen und sie hinter vorgehaltener Hand als Kollaborateure denunzierten, die nur den Willen der Sieger durchsetzten.

»Die Leute von Gray haben mich jeden Tag zur Kommandantur gehen sehen – und in ihren Augen war das zwielichtig. Sie haben gesehen, wie ich mit meiner Dokumentenmappe dorthin ging, und haben gesagt: ›Er ist ein Kollaborateur.‹ Das ist eine normale Reaktion. Was ich tat und was Monsieur Fimbel tat, ist von der Bevölkerung nicht immer richtig verstanden worden. Sie haben uns jeden Tag dorthin gehen sehen, aber wir haben das nicht getan, um den Deutschen die Stiefel zu lecken, sondern um Vorteile für die Bürger von Gray zu erreichen.«

~

Den ganzen Sommer und Herbst über setzte Joseph Fimbel seine Besuche bei Sigmar, seinem alten jüdischen Freund, fort. Als es am Jahresende kälter wurde, saßen sie am Küchentisch an dem kleinen Kanonenofen, den sie im Jahr zuvor aus Mulhouse geholt hatten. Alice tat, was sie konnte, um dem Bürgermeister aus den wenigen rationierten Lebensmitteln, die sie bekamen, etwas zum Essen und Trinken anzubieten. Schon im vergangenen Winter, lange bevor die Kämpfe ausbrachen, hatte man durch Lebensmittelmarken, die in der Mairie an die Bewohner ausgegeben wurden, den Bezug von Brot, Fleisch, Zucker, Wein, Mehl, Fett, Seife und Holzkohle eingeschränkt. Die Zuteilung richtete sich nach dem Alter der Bezugsberechtigten und der Arbeit, die sie verrichteten.

Als die Deutschen die Kontrolle übernahmen und die meisten Lebensmittel für sich selbst beanspruchten oder sie beschlagnahmten, um damit ihr Land und ihre Soldaten zu versorgen, wurde den Bürgern von Gray eine Diät von 1600 Kalorien pro Tag verordnet, eine Größenordnung, die später noch einmal fast halbiert wurde. Auch Fahrradreifen wurden rationiert, ebenso Kleidung und Schuhe, was dazu führte, dass Sohlen aus Holz in Mode kamen. Sehr schnell entwickelte sich ein Tauschhandel und es gab eine neue Währung: Zigaretten.

In diesem ersten Herbst unter der Besatzung führte die Lage Grays inmitten einer landwirtschaftlich geprägten Umgebung dazu, dass die Versorgung der Bewohner mit Lebensmitteln besser war als in den großen Städten. Auf dem kopfsteingepflasterten Platz vor der Mairie gab es einen Markt, wo man Obst und Gemüse kaufen konnte, und Butter und Eier waren auf den nahegelegenen Bauernhöfen zu bekommen. Alice freute sich jedes Mal, wenn der Bürgermeister vorbeikam, um ihren Gatten aufzuheitern, und sie servierte großzügig das Beste, was ihre Küche bot, dazu eine Tasse heiße Bouillon, ein kleines Glas Wein oder einen schwachen »Ersatzkaffee« aus Zichorienwurzeln.

Die beiden Freunde diskutierten noch immer hin und wieder über religiöse Fragen, aber mehr und mehr weckten die Tagesereignisse bei Sigmar Zukunftsängste. Als der Bürgermeister eines Abends vorbeischaute, fand er Sigmar in großer Sorge vor und sie sprachen darüber, wie eine weitere Flucht möglich wäre. Am Nachmittag war eine Postkarte von Maries Sohn Edy aus der relativ sicheren Schweiz angekommen, wo er als französischer Soldat um Asyl gebeten hatte und beim Fall Frankreichs interniert worden war. Was auf den ersten Blick aussah wie ein freundlicher Familiengruß, enthielt tatsächlich versteckte Anweisungen, die Sigmar zunächst auffielen und ihn dann verärgerten.

Sigmars Neffe Edmond »Edy« Cahen, Hauptmann in der französischen Armee, wurde nach der deutschen Eroberung Frankreichs in der Schweiz als Asylsuchender interniert.

»Du solltest Mimi einmal besuchen. Nimm Bella mit«, hatte er seiner Mutter in aller Vorsicht geschrieben. Er wusste, dass Post von außerhalb der besetzten Zone in Gray nur ausgeliefert wurde, wenn es sich um Postkarten handelte, und auch nur, wenn ausschließlich Familienprobleme angesprochen wurden, sonst wurde sie von den Zensoren vernichtet. Zwischen den Zeilen las Sigmar eine eindeutige Warnung, die ihn alarmierte, weniger wegen ihrer Aussage, sondern wegen dessen, was sie ausließ. Mit »besuche Mimi« meinte Edy: »Nimm Bella und sieh zu, dass du sofort aus Gray und der besetzten Zone fortgehst und in die sogenannte ›zone libre‹, den nicht besetzten Teil Frankreichs, gelangst.« Sigmar, Alice, Janine und Trudy erwähnte Edy nicht.

Sigmars Neffe, den er wie einen Sohn liebte, fand kein Wort für sie, nichts, trotz allem, was Sigmar seit ihrer Flucht aus Mulhouse vor einem Jahr getan hatte, um Edys Mutter und Bella zu beschützen.

»Amène Bella. Amène Bella – nimm Bella mit, nimm Bella mit«, murmelte Sigmar vor sich hin, empört darüber, dass Edy Marie aufforderte, ihre Haushälterin mitzunehmen, es aber nicht für nötig hielt, den Rest der Familie zu erwähnen. Weil aber Sigmar die Post seiner Schwester gelesen hatte, ohne sie zu fragen, auch wenn es eine Postkarte war, scheute er sich, die Sache mit ihr zu besprechen. Trotzdem brachte ihn die unerwartete Warnung seines Neffen aus der Fassung. Es war ihm als Juden verboten, ein Radiogerät zu besitzen, und so war er für Nachrichten auf die örtliche Zeitung angewiesen. Weil aber »La Presse Grayloise« strikt von der deutschen Kommandantur zensiert wurde, war es schwer, sich ein Bild vom Fortgang des Krieges zu machen. Sorgfältig bemüht, die öffentliche Meinung für die Deutschen einzunehmen, brachte das Blatt vornehmlich Berichte über Erfolge der Wehrmacht und warnte davor, dass »Terroristen« damit rechnen mussten, erschossen zu werden.

Jetzt fragte sich Sigmar, ob es besser wäre, in Gray zu bleiben, wo seine Freundschaft mit Bürgermeister Fimbel ihnen einen gewissen Schutz bot, oder ob sie, wie Edy vorschlug, im unbesetzten Teil Frankreichs sicherer wären. Der wurde wiederum von Pétain kontrolliert, und von Pétain konnte man nicht erwarten, dass er es sich zum Anliegen machen würde, ausländische Juden zu retten, die dorthin geflohen waren. Und selbst wenn sie in Lyon wirklich sicherer wären: Wie könnten sie die Reisepapiere bekommen, die sie brauchten, um Gray zu verlassen? Wo könnten sie wohnen? Und was war mit Norbert? Seit er zur Legion gegangen war, hatten sie nichts mehr von ihm gehört. Was wäre, wenn sich sein Sohn, jetzt wo sich Frankreich nicht mehr im Krieg befand, auf den Weg nach Hause machen würde, nur um dort festzustellen, dass seine Familie fort war?

Er entschied sich, diese Fragen am selben Abend mit Fimbel zu besprechen. Aber zunächst überbrachte der Freund eine schreckliche Nachricht. Als Teil einer großangelegten Aktion hatten die Nazis in Baden und anderen grenznahen Regionen alle Juden zusammengetrieben und jeden jüdischen Bürger, den sie noch in Freiburg finden konnten, in das französische Lager Gurs in der Nähe der spanischen Grenze deportiert. Sigmar saß wie gelähmt auf seinem Stuhl. Fräulein Ellenbogen, Frau Loewy, all ihre Freunde, die noch in der Stadt geblieben waren, als er mit seiner Familie von Freiburg nach Mulhouse geflohen war – waren sie entkommen oder hatte man sie deportiert?

Seine eigene Bequemlichkeit, so lange im besetzten Gray geblieben zu sein, war unverantwortlich gewesen. Überleben hieß »weg von den Deutschen« und nicht, mehr oder weniger als direkte Nachbarn der Kommandantur zu leben, die ihr Quartier zwei Häuser weiter im Gebäude der früheren Handelskammer bezogen hatte. Sigmar schilderte Monsieur Fimbel sein Dilemma, der wiederum in ernüchternden Einzelheiten beschrieb, welche Hürden zu überwinden waren, wenn er die Grenze zur unbesetzten Zone überschreiten wollte.

Die Grenze sei praktisch geschlossen, sagte Fimbel, es sei denn, man bekam einen Passierschein, für den man die Zustimmung der deutschen Kommandantur brauchte. Die Nachfrage nach diesen Papieren wurde jeden Tag größer und ebenso die Zahl der verzweifelten Antragsteller, die täglich das Rathaus belagerten, um die Erlaubnis zu bekommen, mit der sie die Demarkationslinie zwischen den beiden Zonen überschreiten konnten. Wenn die Anträge auf französischer Seite bearbeitet waren, wurden sie an die deutsche Verwaltung weitergereicht. Aber die Deutschen wiesen systematisch alle Anfragen von Juden zurück, und auch Nichtjuden mussten überzeugende Gründe vorlegen, um einen solchen Pass zu erhalten: kranke oder im Sterben liegende Verwandte, hilfsbedürftige Kinder oder Eltern, oder in Schwierigkeiten geratene Betriebe, die betreut werden mussten.

Der Posthalter, Monsieur Gieselbrecht, Malous Vater, unterschrieb heimlich gefälschte Dokumente, die bestätigten, dass auf der Post Telefonanrufe von außerhalb der besetzten Zone eingegangen seien, in denen die Gesprächspartner in Gray dringend aufgefordert wurden, nach Hause zu kommen. Elsässischen Landsleuten, die jetzt in Gefahr waren, für die deutsche Armee kämpfen zu müssen, stellte Monsieur Fimbel falsche Personalausweise aus, damit sie außer Reichweite waren, bevor man sie einzog.

Wie André Fick mir viele Jahre später erzählte, waren viele aus dem Elsass und Lothringen stammende Franzosen, die von den Deutschen rekrutiert werden konnten, um in den blutigen Schlachten an der Ostfront für das Reich zu kämpfen, nach Gray geflohen, weil sie gehört hatten, dass der elsässische Bürgermeister ihnen zu einer »Wiedergeburt« verhelfen konnte. Er gab ihnen neue Namen und verschaffte ihnen eine Beschäftigung als Arbeiter, die verpflichtet worden waren, die durch den Krieg beschädigten Äcker rund um die Stadt wiederherzustellen. Vertrauenswürdige »passeurs« schmuggelten einige von ihnen in die sichere Schweiz oder über die Demarkationslinie in die unbesetzte Zone und halfen später anderen, nach Nordafrika zu entkommen, wo sie sich den Resten der FFL, der Freien Französischen Armee anschlossen. Einige versteckte Bürgermeister Fimbel in Lastwagen, mit denen Versorgungsgüter in größere Städte wie Dijon gebracht wurden, und ließ sie dort widerwillig frei, damit sie selbst ihre nächsten Schritte planen konnten. Oder er brachte sie direkt zur Grenze, wo eine geschickt platzierte Bestechung mit Cognac, Champagner, Tabak oder Kaffee dafür sorgte, dass die Schlagbäume hochgingen.

Als die Nazis begannen, die Juden zu jagen wie wilde Tiere, half der maristische Bürgermeister auch ihnen zu fliehen und rettete mehr als zwanzig Juden, indem er ihnen Passierscheine verschaffte, sie vor Verhaftungen warnte oder sie auf abgelegenen Gehöften früherer Schüler versteckte.

Bei seinen heimlichen Aktionen verließ sich Joseph Fimbel auf einen kleinen Kreis loyaler Freunde und schlug Sigmar schon bald vor, dass Janine für ihn in der Mairie arbeiten sollte. Die Tatsache, dass sie fließend Deutsch und Französisch sprach, sei, so sagte er, von großem Wert, weil dies seinem Büro helfe, die Flut von Anträgen auf Passierscheine zu bewältigen.

Man würde sie nicht offiziell bezahlen können, aber die Tätigkeit eröffnete ungeahnte Möglichkeiten. An ihrem Schreibtisch im Rathaus hatte Janine mit vielen Menschen zu tun, die verzweifelt um die Papiere bettelten, mit denen sie aus der besetzten Zone ausreisen konnten, und sie half ihnen, die Formulare so auszufüllen, dass die Notwendigkeit einer Ausreise gut begründet war. Alle paar Tage ging sie, auf Nachfragen vorbereitet, mit einem Stapel von Anträgen zum Kommandanten, der die Papiere durchsah und dann diejenigen unterschrieb, die er für berechtigt hielt.

Im Nachhinein ist kaum zu glauben, dass weder der Bürgermeister noch Sigmar sie auf die Risiken hinwiesen, die der ständige Kontakt mit der deutschen Behörde mit sich brachte, und dass Janine selbst, erst 17 Jahre alt, es schaffte, allen mit dem Botendienst zwischen der Mairie und der Kommandantur verbundenen Gefahren aus dem Weg zu gehen. Dennoch ergriff sie die sich ihr bietende Chance mit Begeisterung und dem für sie ungewohnten Gefühl, wichtig zu sein. Später begriff sie, dass sie für die Tätigkeit denkbar ungeeignet war und sich damit sogar in Gefahr brachte – immerhin war sie eine geflohene deutsche Jüdin und hatte täglich Kontakt zu einem ranghohen Wehrmachtskommandanten, der sie für eine Französin hielt.

Aber zum ersten Mal seit sie von Roland getrennt worden war, hatte sie das Gefühl, dass sie etwas Sinnvolles tat und dass sie am richtigen Platz war. Den Antragstellern, die zu ihrem Schreibtisch kamen, stand die Angst, zurückgewiesen zu werden, ins Gesicht geschrieben und sie versuchte, ihnen zu helfen.

Den Deutschen verriet sie weder, dass sie Jüdin, noch, dass sie Deutsche war, und gab vor, Französin zu sein, eine Tarnung, an die sie sich von diesem Augenblick an immer klammerte. Ein neuer Personalausweis, unterzeichnet und mit dem Siegel der Stadt versehen von André Fick, ihrem direkten Vorgesetzten, war ein bewegender Hinweis auf seine Absicht, sie zu beschützen. Alle notwendigen Einzelheiten sind ordnungsgemäß aufgeführt: ihr richtiger Name, der blaue Fingerabdruck und ein Passbild, auf dem sie völlig sorglos aussieht, mit vollen Wangen, weit geöffneten Augen, frisch dreinblickend und lächelnd, in einem gerippten Rollkragenpullover und mit einer Brosche am Hals.

> GRÖSSE: 1,68 Meter
> GESICHTSFORM: länglich
> HAARFARBE: kastanienbraun
> HAUTFARBE: hell
> BART: keiner
> SICHTBARE MERKMALE: keine
> AUGEN: blau
> NASE: gerade
>
> WOHNORT? Das Wort Gray schrieb André Fick mindestens viermal so groß wie jedes andere Wort auf dem Pass. Aber hinter NATIONALITÄT kritzelte er etwas in Buchstaben, die so winzig waren und dazu noch durch den Stempel der Stadt verdeckt wurden, sodass die Schrift auch mit der stärksten Lupe nicht lesbar ist.

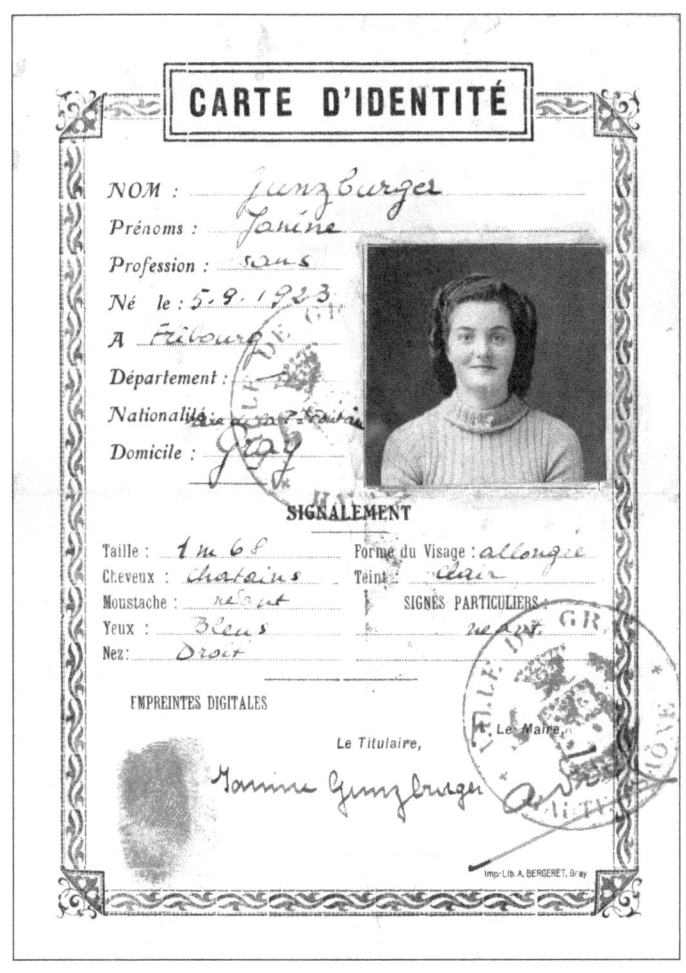

Janines neuer Pass, ausgestellt von André Fick, der ihre deutsche Staatsangehörigkeit verbergen sollte

Jahrzehnte später, als ich mit ihm in seinem sauber aufgeräumten Haus vor dem Kamin saß, erinnerte er sich, dass Trudi und Malou sich über seine Zuneigung zu Janine lustig machten. Sie folgten ihm und kicherten, sie verunsicherten ihn, wenn er durch die Straßen ging. Er war innerlich ohnehin schon durch seine zärtlichen Gefühle für Janine verwirrt und aufgewühlt und fühlte sich wegen seiner spirituellen Ziele nun schuldig. Lange Zeit hatte er sich vorgenommen, seinem Vorbild Joseph Fimbel in allem zu folgen. Das hätte – er erinnerte sich, es Janine gegenüber zugegeben zu haben – bedeutet, dass er denselben maristischen Eid ablegen musste wie der Bürgermeister, der ihn zur Ehelosigkeit verpflichtet hätte. Jetzt verzweifelte er daran, dass seine Zuneigung zu Janine eine Schwäche zutage brachte, die es ausschloss, auf Dauer ein zölibatäres Leben zu führen.

»Ich habe mir eine gemeinsame Zukunft vorgestellt«, sagte er in Gedanken an Janine. Die Erinnerung an das Mädchen, das er schon lange verloren und das in ihm die Sehnsucht erweckt hatte, war für ihn nun wichtiger als die Tatsache, dass Marguerite, seine Frau, neben ihm saß.

»Wie auch immer, Janine hat nein gesagt zu meinen Träumen. Sie war Jüdin und ich war Katholik, es konnte nichts werden mit uns, schon gar nicht, wenn man bedenkt, wie die Welt damals aussah.«

Was im Jahr 1940 – und auch im Jahr 2001 – unerwähnt blieb, war, dass Janine ihr Herz schon einem anderen französischen Katholiken aus Mulhouse geschenkt hatte. Und obwohl Roland in der Zeit, die sie in Gray verbrachte, so weit entfernt war wie der Mond, hatte er so sehr von ihr Besitz ergriffen, dass kein anderer ihrer Verehrer eine Chance hatte. Genau genommen war ihre Liebe zu Roland sogar noch stärker geworden. Sie loderte hell und klar wie eine Flamme, unbeeinträchtigt von unbedachten Worten oder von plötzlichen Launen, die allzu oft bei einem Paar, das zusammen ist, die Glut der Leidenschaft abkühlen, weil man den anderen für selbstverständlich nimmt.

~

Der für die Stadt zuständige Kreiskommandant war in den Fünfzigern, ein Reservist der Wehrmacht, der einberufen worden war, um hinter einem Schreibtisch zu sitzen. Er war kein junger, fanatischer Nazi, der seine Muskeln spielen ließ, oder einer wie der Hauptmann, der jeden Morgen in Reithosen und Stiefeln auf seinem riesigen Pferd durch die bescheidenen Straßen von Gray ritt und ein großes Schauspiel inszenierte. An diesen Anblick des ranghöchsten Soldaten erinnerte sich André Fick noch genau. In den Augen meiner Mutter war er eine Null, ein Niemand, eine leere Uniform, in der man das gesamte Übel des Nazismus personifiziert sehen konnte oder aber nur den routinierten Aufseher einer besetzten Stadt.

Nachdem Janine ihre Tätigkeit für den Bürgermeister begonnen hatte, ging sie alle drei oder vier Tage hinüber zum Büro des Kommandanten und legte ihm die »laissez-passer«, die Passierscheine, zur Unterschrift vor. Sie stand an seinem Schreibtisch und beobachtete ihn bei seiner Arbeit. Rangniedrigere Offiziere kamen in sein Büro oder gingen hinaus, das Telefon klingelte und seine Aufmerksamkeit wurde durch wichtigere Dinge abgelenkt.

Die schwarzen Augen des Führers starrten sie aus einer gerahmten Fotografie an der Wand an. Der Kommandant war ihr gegenüber höflich und wollte selten mehr wissen, als in den Akten stand. Im Lauf der Wochen verstärkte sich ihr Eindruck, dass diese Tätigkeit ihn zunehmend langweilte, dass er die Anträge schneller und unkonzentrierter durchging, vor allem, wenn die Mappe, die sie ihm vorlegte, besonders dick war. Manchmal, wenn er viel zu tun hatte, schienen die Namen der Antragsteller und ihre Zielorte ihn kaum zu interessieren, und obwohl es vorkam, dass er sie ganz genau betrachtete, fühlte sie sich immer sicherer. Sie ging näher auf seiner Linken an ihn heran, beugte sich über den Schreibtisch und blätterte – ein aufmerksames Mädchen – die Seiten für ihn um, sodass der obere Teil der Blätter mit den Namen der Antragsteller teilweise überdeckt war. Sie wagte sogar einige kurze Gespräche mit ihm, in der Hoffnung, dass ihr Französisch besser wäre als seines und dass er ihren deutschen Akzent nicht hören würde, was dazu geführt hätte, dass sie als Flüchtling und Jüdin erkannt worden wäre.

In ihrem Kopf hatte sich eine Idee festgesetzt: Was wäre, wenn sie ein nicht ausgefülltes Antragsformular unter den Stapel der Anträge mischte, die sie ihm vorlegte? Könnte es sein, dass der Kommandant es unwissend unterzeichnete und ihre Familie den Passierschein dann selbst benutzen konnte? Wenn der deutsche Offizier den Irrtum bemerken sollte, könnte sie vorgeben, dass es nur ein Versehen gewesen sei.

»Oh, je m'excuse!« Sie übte Erstaunen und Entsetzen vor dem Spiegel, die Augen weit aufgerissen vor Schreck, die Hände vor der Brust zusammengeschlagen. Sie würde den falschen Antrag wegnehmen und sich selbst mit tiefer Abscheu ausschimpfen.

»Wie kann das sein? Welch ein dummes Versehen! Ich verstehe nicht, wie mir das passieren konnte, Herr Kommandant!« Was könnte er tun? Würde er sofort vermuten, sie hätte es mit Absicht getan, oder würde er es ihrer Jugend und ihrer nachlässigen Arbeitsweise zugutehalten?

Mitte November entschied sich Janine zu handeln, hatte aber beschlossen, mit niemandem darüber zu reden. Sie wollte nicht, dass man ihr die Gefahren vorhielt, die sie sich schon in allen Details selbst klargemacht hatte. Sie wollte auch nicht, dass man versuchte, sie von ihrem Plan abzubringen, was, wie sie befürchtete, leicht möglich gewesen wäre.

Zwei Wochen zuvor hatten die Deutschen die Familie aus ihrer Wohnung in der Rue Victor Hugo vertrieben. Ihre Eignung als Quartier für Offiziere und ihre Lage nur wenige Schritte von der Kommandantur entfernt hatten offizielle Aufmerksamkeit erregt. Sigmar vermutete, dass es ihrem Vermieter mittlerweile unangenehm war, an Juden zu vermieten, und er die Wohnung der Besatzungsmacht angeboten hatte. Aber die Deutschen konfiszierten ohnehin alle Wohnungen und Häuser, die sie meinten, brauchen zu können.

Bürgermeister Fimbel hatte ihnen geholfen, etwas anderes zu finden, aber es wurde immer gefährlicher, sich auch nur auf die Straße zu wagen, und Sigmar dachte nur noch daran, wie sie möglichst schnell wieder fliehen konnten.

Deshalb bereitete sich Janine nun darauf vor, ihren Plan in die Tat umzusetzen. Vor allem freute sie sich darauf, ihren Vater zu beeindrucken, was ihn dazu verpflichtet hätte, ihr dankbar zu sein und ihren Einfallsreichtum zu bewundern. Tatsächlich war unter all den Gründen, die sie sich für ihr Vorgehen zurechtgelegt hatte, dieser der wichtigste: das immer präsente, drängende Bemühen, Sigmars Achtung zu erringen. Was wäre dafür besser geeignet, als wenn es ihr gelänge, die Familie zu retten? Sie fand auch die Vorstellung aufregend, sie würde Roland erzählen, wie sie es ganz allein geschafft hatte, ihre Familie über die Demarkationslinie zu bringen! Und wenn es möglich wäre, irgendwie aus dieser düsteren kleinen Stadt herauszukommen – vielleicht würde es ihr dann sogar gelingen, ihn ausfindig zu machen?

Sie beschloss, ihren Plan an einem Montag auszuführen, weil die Zahl der über das Wochenende eingereichten Anträge dafür sorgte, dass montags der Stapel immer besonders dick war. Sie versteckte das unausgefüllte Formular ziemlich weit unten, in der Hoffnung, dass dann die Aufmerksamkeit des Kommandanten nachgelassen hätte. Mit Schrecken dachte sie daran, dass sie sich seinen Zorn zuziehen könnte – sie war schon einmal Zeugin eines solchen Ausbruchs geworden –, deshalb musste es beim ersten Mal klappen. Wenn es danebenging und er ihren »Fehler« entdeckte, durfte sie es nicht wagen, je wieder so »unaufmerksam« zu sein. In jedem Fall würde der Deutsche, wenn er feststellte, dass der Antrag nicht ausgefüllt war, sich beim Bürgermeister beschweren. Das wiederum, so viel war ihr klar, würde ihren Vater in Verlegenheit bringen, weil es auch Monsieur Fimbel bei den Deutschen in ein schlechtes Licht rücken würde. Und natürlich konnte es auch damit enden, dass sie entlassen wurde.

Immer und immer wieder spielte Janine die Szene in ihrem Kopf durch. Was sie nicht vorhersehen konnte, war, dass sie, als sie sich über den Schreibtisch beugte, ihre vor Aufregung zitternden Beine ruhig halten musste und dass ihr Herz so rasend schlug, dass sie glaubte, der Kommandant würde ihren hämmernden Puls hören. Er unterzeichnete die Dokumente, und jedes Mal, wenn sie die Seiten für ihn umblätterte, nahm sie in ihrer Aufgeregtheit alles überdeutlich wahr: das Kratzen seines Füllfederhalters, mit dem er über das Leben von Menschen entschied, das Ticken seiner Uhr, jedes Haar und jede Ader auf seiner Bürokratenhand, die Schatten, die die tagsüber gewachsenen Bartstoppeln auf seine Wangen warfen, und die Speckrolle, die wie eine Wurst aus dem Kragen seiner Uniformjacke quoll. Um unbefangener zu wirken, bemühte sie sich, ihn nicht nur als Autorität zu sehen, sondern sich Dinge vorzustellen, die ihn menschlich machten. Sie stellte sich vor, dass er eine hübsche Frau hatte oder Kinder, die ihn vermissten und sich darauf freuten, das Geräusch seiner Stiefel auf dem Flur zu hören.

Mit jedem Dokument, das er unterzeichnete und damit dem näherkam, das sie ihm untergeschoben hatte, wuchs Janines Nervosität. Er unterbrach seine Tätigkeit, zog eine Schachtel Zigaretten aus der Tasche, nahm eine heraus, klopfte ein Ende auf seinen Tintenlöscher, zündete sie an und lehnte sich seufzend in seinem Stuhl zurück. Eine Sekunde lang überlegte sie, ob sie ihn um eine Zigarette bitten sollte, die sie dann Sigmar wie eine große, glänzende Schleife als Verzierung auf ihr Geschenk an ihn, den unterschriebenen Blanko-Ausweis, gelegt hätte.

Aber dann zwang sie sich dazu, den Kommandanten zu ermutigen, in seiner Tätigkeit fortzufahren: »Nous en avons beaucoup aujourd'hui – heute sind es wieder viele«, bemerkte sie, als ob sie sich dafür entschuldigen wollte, ihm so viel Arbeit mitgebracht zu haben.

»Oui, zu viel«, sagte er, unbeholfen beide Sprachen mischend. Dann schaute er zu ihr auf, lächelte ihr resigniert zu und beugte sich wieder vor, um seine langweilige Arbeit fortzusetzen. Als er das leere Formular unterzeichnete, wandte sie sich ab, weil sie befürchtete, dass er sonst wahrgenommen hätte, wie sie vor Freude fast zerplatzte.

»Gut. Fertig«, sagte er, schraubte seinen Füller wieder zu, nahm den Packen Ausweise in beide Hände, stieß ihn mit der schmaleren Seite auf die Schreibtischplatte, um ihn zurechtzurücken, glättete die Kanten, steckte ihn in eine Mappe und gab sie ihr. Die abgelehnten Anträge hatte er zusammengeheftet, dass darunter einer gewesen wäre, auf dem der Name des Antragstellers fehlte, erwähnte er nicht.

»Merci, Mademoiselle.«

»Vielen Dank, Herr Kommandant.« Eine Woge der Dankbarkeit überflutete sie, sodass sie vergaß, wo sie war, und auf Deutsch antwortete. Dann dreht sie sich schnell um und eilte aus dem Raum. Sie wollte jetzt nur noch ungestört sein und die Mappe nach »ihrem« Dokument durchsuchen.

»Auf Wiedersehen«, rief ihr der freundliche Soldat nach, der vor dem Büro des Kommandanten Wache saß und immer versuchte, mit ihr zu flirten. Aber bevor seine Worte die Wolke der Freude durchdrangen, in der sie schwebte, schlug schon die rote Tür zur Straße hinter ihr zu und sie war fort.

~

Am 20. November 1940 verabschiedete André Fick Janine am Bahnhof, und sie tauschten Abschiedsgeschenke aus. Sie hatte für ihn ein kleines Landschaftsbild gemalt, ein ruhiges Haus auf einer sonnenüberfluteten Wiese, und er hatte gespart, was von seinem bescheidenen Salär übriggeblieben war, und hatte ihr ein vergoldetes Armband gekauft. Wer wusste, ob, und wenn ja, wann sie sich wiedersehen würden? André machte sich Sorgen um Janine auf ihrer Fahrt ins Ungewisse, umso mehr, als er herausfand, dass die Familie nicht zusammen mit der Bahn durch die besetzte Zone reiste, sodass nicht einmal ihr Vater dabei sein würde, um sie zu beschützen.

Monsieur Fimbel fuhr Sigmar, Alice, Marie und Trudi direkt zur Demarkationslinie und wollte dort seine Autorität als Bürgermeister nutzen, um sie direkt auf die andere Seite zu bringen. Aber sein Wagen konnte nicht mehr als fünf Personen und auch nicht ihre vielen Koffer transportieren. Deshalb musste Janine einen Tag vor ihren Eltern mit dem Zug fahren, begleitet von Malou, die nach Lyon umziehen wollte, um dort Zahnmedizin zu studieren.

Zusätzlich zu dem Dutzend Gepäckstücke der Familie, die in ihr Abteil verfrachtet worden waren, hatten die beiden Mädchen noch die Verantwortung für Bella und deren Schwester Pauline übernommen, die zwei Wochen zuvor unerwartet in Gray aufgetaucht war und inständig darum gebeten hatte, dass auch ihr Name in das Ausreisepapier eingetragen wurde. Was die Sache noch schlimmer machte, war der Umstand, dass die beiden älteren Schwestern vom Äußeren her allzu sehr dem Zerrbild entsprachen, das die Nazi-Propaganda vom »hässlichen Juden« entworfen und überall verbreitet hatte. Zudem fiel Pauline wegen ihrer stark angeschwollenen, offenen Beine das Gehen schwer, sodass sie sich, sollte die Situation brenzlig werden, nicht schnell bewegen konnte. Außer diesen direkten Problemen und seinen Zweifeln daran, ob es gut war, dass Janine ohne Schutz reiste, wusste André auch, dass das Leben in der unbesetzten Zone deutschen Juden keineswegs die Sicherheit bot, auf die sie hofften. Deshalb hatte er sich veranlasst gesehen, ihr ein anderes, viel wichtigeres Abschiedsgeschenk zu überreichen: zwei Briefe, sorgfältig auf offiziellem Papier der Stadt Gray geschrieben. In beiden hatte er den Namen der Familie bewusst falsch geschrieben, Gunsburger ohne Umlaut und mit »s«, damit es »französischer« aussah.

Der erste, geschrieben sowohl in Französisch als auch in Deutsch, sollte den Deutschen den Argwohn nehmen, falls sie unterwegs kontrolliert wurden. Er bescheinigte, dass »Monsieur und Madame Gunsburger und ihre Kinder unsere Stadt verlassen und an ihren Wohnsitz Lyon zurückkehren«. Als Adresse hatte er die Wohnung von Maries Tochter Mimi angegeben.

Der zweite Brief, der sich an die Franzosen unter Pétain richtete, enthielt ein Führungszeugnis: »Ich, der unterzeichnete Bürgermeister der Stadt Gray, bestätige, dass die Familie S. Gunsburger sich während ihres gesamten Aufenthaltes in unserer Stadt in höchst zufriedenstellender Weise verhalten und immer ihre Liebe zu Frankreich unter Beweis gestellt hat.«

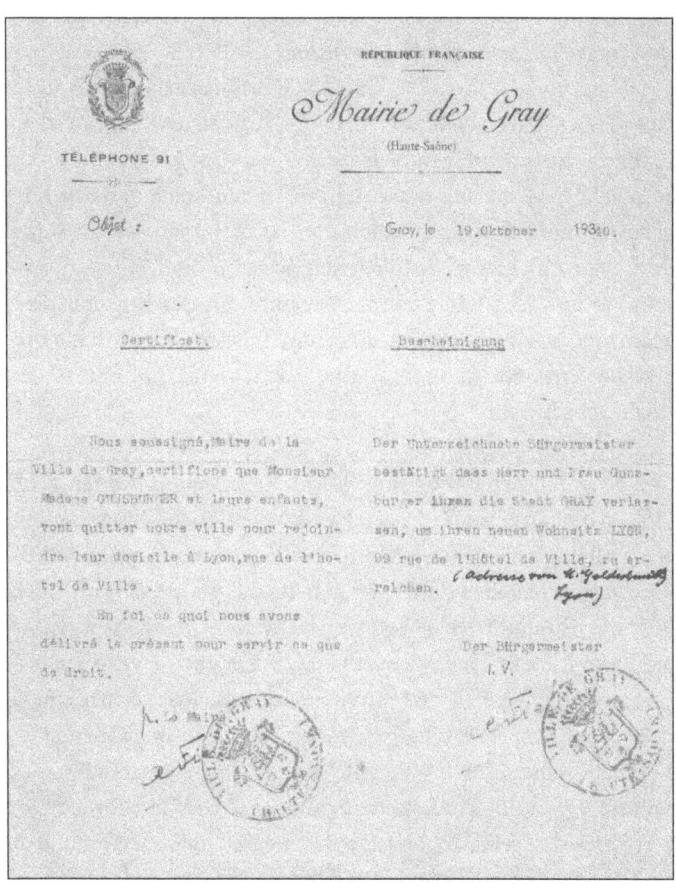

Um den Günzburgers die Ausreise aus der besetzten Zone zu erleichtern, bescheinigte André Fick mit dem Siegel der Stadt, dass die Familie ihren Wohnsitz in Lyon, in der unbesetzten Zone, hatte.

Wie er es schon mehrfach zuvor bei Briefen getan hatte, die Janines Familie helfen sollten, nahm er die Gefahr für sich selbst in Kauf, unterzeichnete die Briefe für den Bürgermeister als A. Fick und fügte jeder Unterschrift den Stempel der Mairie hinzu.

»Nur für den Fall, dass sich das eines Tages als nützlich erweisen könnte«, sagte er, als er die Briefe übergab, und zuckte mit den Schultern, damit das als nicht so wichtig erschien und ihre Besorgnis ein wenig gemindert wurde.

»Chagrin« – Trauer. Das war das Wort, das er mehr als sechs Jahrzehnte später benutzte, um die Abschiedsszene auf dem Bahnhof zu beschreiben, »als Janine ins Exil ging« und er sie zum ersten Mal scheu umarmte. Sie hatten beide geweint und bereuten nun, dass ihre Beziehung nie mehr war als ein süßes und ungeschicktes Geplänkel, das jetzt zu Ende ging. Dann stand er auf dem Bahnsteig und winkte, bis der Zug mit dem Mädchen, das aus seinem Leben trat, auf dem Weg in eine ungewisse Zukunft stampfend und schnaufend im Dunst der Ferne verschwand.

Der erste Teil der Reise führte sie in Richtung Südwesten nach Dôle, wo sie in einen Zug nach Nordwesten, nach Dijon, umsteigen wollten. Am nächsten Morgen sollte es dann mit einem dritten Zug weitergehen zum Grenzübergang, wo sie sich mit dem Rest der Familie treffen wollten. Als weitere Vorsichtsmaßnahme hatte Malous Vater, gebürtiger Elsässer und – wie Sigmar – ein deutscher Veteran des Ersten Weltkriegs, Kontakt zu einem alten Kriegskameraden aufgenommen, der nun im Range eines Generals stand und für diesen Grenzübergang zuständig war. Monsieur Gieselbrecht hatte seinem deutschen Waffenbruder geschrieben, dass seine Tochter mit ihren guten jüdischen Freunden die Grenze überschreiten wollte, und der deutsche General hatte ihm geantwortet, dass er sich persönlich mit ihnen treffen und dafür sorgen würde, dass sie sicher hinüberkämen. Aber kurz bevor sie ihr erstes Ziel erreichten, forderten deutsche Soldaten die Fahrgäste auf, den Zug in Dôle zu verlassen.

»Endstation! Alle müssen aussteigen«, riefen sie. Alle Personenzüge in der Gegend waren bis auf weiteres gestrichen worden.

Völlig verzweifelt saßen die Frauen, in Tränen aufgelöst, auf ihren Koffern vor dem Bahnhof, als ein deutscher Leutnant stehen blieb und ihnen höflich seine Hilfe anbot. Er und ein anderer Soldat seien mit zwei großen Lastwagen der Wehrmacht auf dem Weg nach Dijon und für zwei hübsche Mädchen, sagte er, habe man selbstverständlich Platz. Wenn sie ein wenig warten würden, kämen er und sein Freund gleich mit den Lastwagen zurück, und wenn sie versprächen, in Dijon mit ihnen essen zu gehen, fände er sicher auch Platz für die vielen Gepäckstücke. Wenn Pauline und Bella bereit wären, auf der Ladefläche mitzufahren, könnten auch sie gerne mitkommen.

Dass die Soldaten ihnen bei diesem Angebot vielsagend zuzwinkerten, fanden die Mädchen zwar wenig ermutigend, aber weil es keine andere Möglichkeit gab, in die Nähe der Grenze zu kommen, und sie ihre Familie auch nicht über ihre missliche Lage informieren konnten, blieb ihnen nichts anders übrig als zu akzeptieren.

Sobald der Soldat gegangen war, um die Lastwagen zu holen, begann Malou wütend die Anhänger von den Koffern abzureißen.

»Wie konnte dein Vater uns mit all diesem über und über mit jüdischen Namen beklebten Zeug losschicken«, schnaubte sie. »Günzburger! Cahen! Picard! Hat er keine Ahnung, was hier los ist? Wir müssen verrückt sein! Wer weiß, ob der Kerl nicht schon längst die Namen auf den Anhängern gesehen hat und jetzt nur weggegangen ist, um jemanden zu holen, der uns festnimmt? Wahrscheinlich fahren sie uns nur nach Dijon, um unterwegs ihren Spaß mit uns zu haben und uns dann der Gestapo zu übergeben.«

Innerhalb einer Stunde hielten zwei Lastwagen mit offener Ladefläche vor dem Bahnhof. Wie der Leutnant versprochen hatte, luden er und sein Kamerad das Gepäck auf einen der beiden Wagen und schoben dann Bella und ihre humpelnde Schwester auf den anderen. Das Einzige, was Bella an sich drückte, war das »Köfferle«, Sigmars kleiner, brauner Lederkoffer, der vollgepackt war mit seinen Dokumenten und Alice' Tafelsilber. Der Leutnant lud Malou ein, neben ihm im Führerhaus Platz zu nehmen, Janine stieg in das andere Fahrzeug, und sie brachen auf. Es wurde schnell dunkel, sie fuhren durch die bewaldete Gegend um

Besançon, und Janine unterhielt sich freundlich mit ihrem Fahrer. Sie bemühte sich zu glauben, dass die Soldaten, beide in ihren Zwanzigern, nichts anderes im Sinn hatten als unverfänglich ein wenig weibliche Gesellschaft zu haben, und nicht beabsichtigten, ihnen etwas anzutun.

Plötzlich schwenkte der vorausfahrende Laster an den Straßenrand und kam mit quietschenden Bremsen zum Stehen. Beide Türen flogen auf, und Malou sprang auf der Beifahrerseite heraus, wedelte mit den Armen und schrie den Deutschen an, der auf der Fahrerseite auf die Straße gesprungen war und sie mit rotem Kopf und noch lauter anbrüllte.

»Vous êtes des salauds! – Ihr seid widerliche Kerle!«, schrie sie. Ihr Atem hing wie eine Rauchfahne in der kalten Novemberluft. »Ich hasse euch! Ihr glaubt, Juden und Kommunisten wären ein Problem für Frankreich? Ihr Boches seid es, die unser Land zerstören! Ich wünschte mir, ihr würdet alle tot umfallen und uns in Frieden lassen. Ich will mit keinem von euch etwas zu tun haben, geht zum Teufel!« Der Soldat starrte Malou wütend an, und Janine rannte zu ihm, um ihn zu beruhigen.

»Bitte, bitte, das müssen Sie verstehen«, flehte sie, ergriff beide Arme des Leutnants und stammelte Entschuldigungen. »Ihr einziger Bruder, den sie so sehr geliebt hat, ist im Juni bei den Kämpfen umgekommen«, log sie. »Sie trauert noch immer um ihn. Und ihr Vater ist Elsässer und war, so wie Sie, im letzten Krieg deutscher Offizier. Malou weiß nicht, was sie sagt. Ich schwöre, aus ihr spricht nur die Trauer um ihren Bruder! Es hat nichts mit Ihnen zu tun. Sie müssen mir glauben!«

Der Offizier hatte die Arme vor der Brust verschränkt. Er starrte düster in den Wald. Es hatte zu regnen begonnen, die Tropfen pochten auf das trockene Laub, das auf der Straße lag, und Janine zitterte vor Kälte. Sie dachte an Bella und Pauline, die zusammengekauert auf der offenen Ladefläche saßen, und hatte keine Ahnung, was sie tun würde, wenn die Deutschen sie hier auf dieser gottverlassenen Straße mit all ihrem Gepäck aussetzen würden, während der Rest der Familie auf sie wartete.

»Bitte, verstehen Sie doch«, wiederholte sie und schämte sich, dass ihre Stimme so verzweifelt klang. Der Soldat machte auf dem Absatz kehrt.

»Ja, ich verstehe«, sagte er schließlich kurz angebunden. »Die Zeiten sind nicht einfach.« Er gab Malou ein Zeichen. »Kommen Sie«, sagte er mit deutlich freundlicherer Stimme, »steigen Sie wieder ein, wir müssen weiter.«

Kurz vor Dijon fuhr der Leutnant wieder an den Straßenrand, winkte den zweiten Lastwagen vorbei und ging dann zu seinem Kameraden, um mit ihm zu reden. Malou hatte er aufgefordert, sich hinter ihn zu stellen. Der Leutnant drängte darauf, Hotelzimmer zu suchen, bevor sie essen gingen, aber Malou erinnerte ihn an Bella und Pauline, die kalt, nass, hungrig und müde auf dem offenen Lastwagen saßen, und machte einen anderen Vorschlag.

»Warum setzen Sie uns nicht einfach am Bahnhof ab, damit unsere beiden Bediensteten dort auf uns warten können«, fragte sie strahlend. »Und während Sie, meine Herren, Zimmer für uns suchen, ziehen wir uns etwas Nettes an und sind dann gerne bereit, mit Ihnen essen zu gehen und zu tun, was Sie im Sinn haben. Bella und Pauline haben nichts dagegen, die Nacht auf einer Bank im Bahnhof zu verbringen.«

Als sie in der Stadt ankamen und die Soldaten mit dem Versprechen fortgefahren waren, sie wären innerhalb der nächsten Stunde wieder da, schlug Malou vor, dass sie und Janine sich die Nacht über in der Damentoilette verstecken sollten. Pauline und Bella sollten im Wartesaal bleiben und den beiden Deutschen bei ihrer Rückkehr eine glaubwürdige Geschichte erzählen: Sie sollten behaupten, die Mädchen seien schon fortgegangen, um sie zu treffen. Sie hätten gesagt, dass sie sich keine Sorgen machen sollten, denn sie wären vermutlich nicht vor dem Morgen zurück, weil sie die Nacht mit den beiden Soldaten im Hotel verbringen würden. Nein, leider wüssten sie auch nicht mehr.

Nachdem sie die Szene mehrfach durchgespielt hatten, gingen die beiden Mädchen in die Toilette, schlossen sich in zwei

Kabinen ein und versuchten, etwas Ruhe zu finden. Die Luft im Bahnhof war kalt und feucht, aber irgendwie schafften sie es, in einen unruhigen Schlaf hinüberzudämmern, bis ein paar Stunden später eine Putzfrau in die Toilette kam, an jede Tür klopfte, und laut ihre Namen rief:

»Janine! Malou! Janine! Malou!« Ihre Stimme schallte bis in die Bahnhofshalle, wo die beiden Soldaten warteten. Ihr Echo brach sich in der gewölbten Dachkonstruktion.

»Da draußen sind zwei deutsche Soldaten, die eine Malou und eine Janine suchen. C'est vous deux? – Seid ihr beide das?«, fragte die Putzfrau, ihren Schrubber in der Hand, leise und mit aufgerissenen Augen, als die Mädchen die Riegel öffneten und sie aus ihren Kabinen ansahen.

Später fragten sie sich, ob die Frau ihnen geglaubt hatte, als sie die Köpfe schüttelten. »D'accord«, in Ordnung, sagte sie, nickte und ging wieder hinaus, um den Soldaten mitzuteilen, dass die Mädchen nicht da wären. Am Morgen verließen Janine und Malou die Toilette, gingen wieder zu Bella und Pauline hinüber und bestiegen erleichtert einen Zug, der zur Grenze fuhr.

An den Namen der Stadt konnte sich Janine nie erinnern. Was ihr immer wieder vor Augen stand, war, wie verzweifelt und verloren sie sich gefühlt hatte, als sie sich mit Malou auf die Suche nach Monsieur Gieselbrechts Freund machte, dem deutschen General, der versprochen hatte, ihnen zu helfen. Pauline und Bella blieben mit dem Gepäck am Bahnhof, während die beiden Mädchen zu Fuß versuchten, sein Privatquartier ausfindig zu machen. Man hatte ihnen gesagt, sie sollten ihn dort treffen und nicht in der örtlichen Kommandantur, weil sie sonst unnötige Aufmerksamkeit erregt hätten. Vor einem schönen, von einer niedrigen Mauer umgebenen Landhaus sagte Malou zu Janine, sie solle draußen warten, während sie hineinging, um mit dem General das weitere Vorgehen zu besprechen. Er sollte dafür sorgen, dass Bella, Pauline und das Gepäck am Bahnhof abgeholt und sie dann zum Grenzübergang gebracht würden. Viele Minuten vergingen und aus den Minuten wurden Stunden, ohne dass Malou zurückkam. Janine wurde immer unruhiger, ging nervös die Straße auf und ab und ließ die Tür nicht aus dem Auge. Sie machte sich Sorgen um ihre Freundin, aber hatte genauso Angst davor, an der Tür zu läuten und womöglich Malous Vorgehen zu gefährden. Endlich öffnete sich die Tür, Malou spazierte die Treppen hinunter, schüttelte ihren Lockenkopf und lächelte dem General über die Schulter zu. Janine sprang auf und versuchte, in ihrem Gesicht eine Erklärung dafür zu finden, warum sie so lange gebraucht hatte.

»Oh, es war sehr schön!«, sagte Malou fröhlich. »Der General hat mir ein tolles Essen serviert und hat mir von all den gefährlichen Heldentaten erzählt, die er und mein Vater im Krieg gemeinsam erlebt haben.«

Der General schickte einen Lastwagen zum Bahnhof und fuhr Malou und Janine persönlich zum Übergang, wo schon die besorgte Familie wartete. Man machte sich bekannt, Bürgermeister Fimbel schüttelte dem Deutschen die Hand, Sigmar lüftete den Hut, verbeugte sich respektvoll und bedankte sich überschwänglich. Der General warf einen flüchtigen Blick auf ihre Papiere, befahl einem Uniformierten, den Schlagbaum zu öffnen, und wies mit einem Fingerschnippen andere Soldaten an, das Gepäck hinüberzutragen. Die Frauen schwebten mit einer Anmut und Grazie über die Grenze auf den sicheren Boden der unbesetzten Zone, als ob sie einen Walzer tanzen würden.

In drei Fuhren brachten Bürgermeister Fimbel und Sigmar die Frauen und das Gepäck zum nächsten Bahnhof, von wo aus sie nach Lyon weiterfuhren. Es war das letzte Mal, dass sich die beiden Männer sahen. Der hagere Elsässer und sein kurzgewachsener deutscher Freund umarmten einander zum Abschied und riefen ihren gemeinsamen Gott an, dass er sie beide vor den Gefahren beschützen möge, die vor ihnen lagen.

Wer hätte den Gang der Dinge, die dann folgen sollten, vorhersagen können? Am Ende schaffte es der Jude, dem Schicksal zu entgehen, das die Nazis für ihn vorgesehen hatten. Aber der Bürgermeister von Gray, der von seinen Mitbürgern verdächtigt worden war, zu freundlich mit den Besatzern zu sein, und dem manche sogar vorwarfen, er sei ein Kollaborateur, wurde von der Gestapo festgenommen und nach Buchenwald abtransportiert.

~

Am 1. Mai 1944, dem Maifeiertag, als die Mairie geschlossen und die Straßen festlich geschmückt waren, stürmten Geheimpolizisten aus Dijon auf Befehl der Pariser Gestapo-Zentrale in die École Saint-Pierre-Fourier, wo Monsieur Fimbel lebte und neben seiner Tätigkeit als Bürgermeister weiterhin Unterricht gab. Ihnen folgte eine Kommandoeinheit von sechzig Mann, deutsche SS und Wehrmachtssoldaten ebenso wie Mitglieder der mit den Deutschen kollaborierenden französischen »Milice«, alle schwarz gekleidet und mit Maschinenpistolen bewaffnet. Sie durchsuchten die Schule nach elsässischen Deserteuren und Mitgliedern der Résistance, in der Annahme, dass der Bürgermeister ihnen Unterschlupf gewährte. Die Nazis verhafteten fünf Personen, darunter Fimbel, und warfen sie in Dijon ins Gefängnis, um sie dort zu vernehmen und zu foltern.

Jahrelang hatten die Deutschen geglaubt, der Bürgermeister, den sie persönlich ausgesucht und eingesetzt hatten, handele nach ihrem Befehl. Jetzt sahen sie, dass er ihnen etwas vorgespielt hatte. Fimbel hatte sein eigenes Informationsnetzwerk betrieben, er hatte sogar heimlich gefälschte Passierscheine in der Druckerei der örtlichen Zeitung herstellen lassen, sodass Leute, deren Festnahme schon geplant war, Widerstandskämpfer und Juden, nur Stunden vor ihrer Verhaftung verschwinden konnten.

»Wir haben die Deutschen lange Zeit an der Nase herumgeführt, weil sie ziemlich naiv waren«, sagte mir André Fick, »aber irgendwann ging das nicht mehr.«

Drei Monate später kritzelte Fimbel eine Botschaft auf ein Stück Packpapier, das dank der Hilfe eines im Gefängnis arbeitenden, mitfühlenden deutschen Mönches – Alfred Stanke, den man später den »Franziskaner von Bourges« nannte – seine Freunde in Gray erreichte: »Mein Name steht auf der Liste derer, die deportiert werden«, schrieb Fimbel. »Macht Euch keine Sorgen um mich. Ich komme bald zurück. Gott wird mich beschützen... Mein Herz ist bei Euch.«

André Brissinger, ein maristischer Freund, schrieb später einen ausführlichen Bericht über die einjährige Leidenszeit, die Fimbel in der Gewalt der Nazis erleiden musste. Der Bürgermeister von Gray wurde mit dem Zug zusammen mit achtzig anderen Gefangenen in den Wald von Compiègne geschickt, ganz in die Nähe des Ortes, wo die Deutschen 1918 ihre Niederlage unterschreiben mussten und Hitler den Franzosen 1940 die Bedingungen für ihre Kapitulation diktiert hatte.

Am 17. August 1944 zwang die SS Fimbel und Hunderte andere deportierte Franzosen, ohne Nahrung oder Wasser in völlig überhitzte Viehwaggons einzusteigen. Die Reise dauerte vier Tage, und viele überlebten sie nicht. Unter den Toten waren auch die, die als Vergeltung dafür erschossen wurden, dass dreißig Gefangene es geschafft hatten, ein Loch in die Wand ihres Waggons zu schlagen, und aus dem Zug in die Dunkelheit gesprungen waren. Das erschien ihnen besser als das, was sie erlitten oder was sie an ihrem Zielort erwartete. Mit Scheinwerfern und Hunden suchten die Wachmannschaften nach ihnen und schossen zwanzig der Ausgebrochenen nieder oder schlugen sie halbtot. Am folgenden Morgen übten sie als Warnung an andere Vergeltung nach dem Zufallsprinzip.

»Wer kann Deutsch sprechen?«, brüllte der SS-Offizier, der an den Waggons vorbeiging. Die Türen waren geöffnet worden und die zusammengekauerten Gefangenen blinzelten ins Sonnenlicht.

Joseph Fimbel machte den Fehler, sich als nützlich erweisen zu wollen. Einmal mehr, so schilderte es Brissinger, erzeugte Fimbel damit Misstrauen, und sein Wunsch, zu helfen, bewirkte das Gegenteil.

»Was wollen Sie tun?«, fragte er ohne nachzudenken den Deutschen, nachdem er zehn Gefangenen den Befehl übersetzt hatte, dass sie aus den Wagen steigen und sich ausziehen sollten.

»Sie erschießen«, erwiderte der Nazi.

»Nein! Ich bitte Sie, tun Sie das nicht!«, schrie Fimbel und versuchte, Überzeugung in seine Stimme zu legen, um die Gefangenen zu retten. »Sehen Sie, das sind doch alte Männer. Das bisschen Leben, das ihnen noch bleibt, wird sowieso nicht mehr lang dauern. Warum wollen Sie alte Männer erschießen?«

»Ja natürlich, Sie haben Recht«, sagte der SS-Wachmann mit ruhiger Stimme, als ob für ihn ausschließlich die Vernunft zählte. Er befahl den ersten zehn, wieder zurück in den Zug zu steigen, und zeigte auf zehn der Jüngsten. Sie sollten herunterkommen, um an Stelle der anderen exekutiert zu werden.

»Nehmt mich an ihrer Stelle!«, verlangte Fimbel, der schon vor sich sah, wie das Blut junger Menschen sein Gewissen besudelte. Aber die zehn wurden weggezerrt, ihnen folgte ein Trupp von SS-Männern mit Spitzhacken und Schaufeln. Dann durchbrachen Gewehrschüsse die Stille des Waldes.

Als der Zug Buchenwald, das berüchtigte Arbeitslager der Nazis erreichte, in dem 56 000 Menschen litten und starben, bettelten die Gefangenen, die noch bei Bewusstsein waren, um Wasser. Unter den 80 000, die überlebten, war auch Léon Blum, der jüdische Premierminister Frankreichs der Vorkriegszeit, dem die Verantwortung für die Niederlage angelastet wurde. Blum war von Pétain zu lebenslanger Haft verurteilt und 1943 Hitler übergeben worden.

Bei der Ankunft im Lager wurden dem scheinbar leblosen Fimbel die Kleider ausgezogen und man zog ihm den Ring der Maristen vom Finger, bevor er auf einen Haufen Leichen geworfen und zum Krematorium gekarrt wurde. Als ein Mitgefangener feststellte, dass Fimbel sich noch bewegte, wurde er wiederbelebt, aber nur, um dann mit fünfhundert anderen in ein grausames Außenlager verlegt zu werden, wo er in einem Salzbergwerk arbeiten musste. Das Leben dort bedeutete Schläge,

Folter, Hunger und Krankheit, gefolgt 1945 von einem monatelangen Todesmarsch, als die Nazis sahen, dass die Alliierten auf dem Vormarsch waren.

Am 11. September 1944 befreite die US-Armee Gray, und die Uhren wurden wieder auf die französische Zeit zurückgestellt. Drei Monate später wählte das örtliche Befreiungskomitee einen Juden zum Bürgermeister.

Joseph Fimbel, der von sowjetischen Soldaten gerettet worden war, kehrte am 23. Mai 1945 nach Gray zurück. Er wog nur noch 43 Kilo, der Hunger hatte Löcher in seine Wangen gegraben und seine runzlige Haut war wächsern und gelb. Wie bei fast all seiner Kleidung, die er sein Leben lang getragen hatte, war seine gestreifte Lageruniform zu klein für seine langen, ausgemergelten Gliedmaßen.

Aber Joseph Fimbel bestand darauf, am ersten Abend nach seiner Rückkehr nach Gray genau diese erbärmlichen Lumpen zu tragen. Er verbrachte die erste Nacht auf den Knien in stundenlangem Gebet vor dem Altar von Nôtre Dame. Später wurde auf seinen Wunsch hin am Eingang zur Kapelle in dankbarer Verehrung Marias, der heiligen Muttergottes, deren mitfühlendes Lächeln und deren Heilsversprechen ihn auf seinem Weg zur Hölle am Leben erhalten hatten, eine Plakette angebracht.

Sein Porträt in der Rathausgalerie, wo die Bilder aller früheren Bürgermeister hingen, blieb lange Zeit das einzige Zeugnis, das in Gray an ihn erinnerte. Am 1. Mai 1954, auf den Tag zehn Jahre, nachdem er von den Nazis verhaftet wurde, ehrte ihn die französische Nation, indem sie ihn zum Ritter der Ehrenlegion ernannte. Mitgefangene aus dem Außenlager von Buchenwald waren zur Zeremonie erschienen, um Joseph Fimbel ihre Dankbarkeit auszudrücken und Zeugnis abzulegen über den Mut und die Selbstlosigkeit, mit der er ihnen auch in höchster Gefahr für sich selbst beigestanden hatte. Der Oberrabbiner von Lyon dankte ihm in einer Botschaft dafür, dass er persönlich mindestens 60 Juden gerettet hatte. Auch die Deutschen dankten ihm später, weil er nach dem Krieg dazu beigetragen hatte, Vergebung und Freundschaft zwischen den beiden Ländern zu fördern.

Der katholische Bürgermeister von Gray, Joseph Fimbel, wurde als politischer Gefangener in das Konzentrationslager Buchenwald deportiert.

»Erst als Fimbel aus Buchenwald zurückkam, verstanden die Leute, was er für sie getan hatte. Während der Besatzungszeit gab es immer ein gewisses Misstrauen«, so beschrieb André Fick den Tag, als dem elsässischen Bürgermeister endlich die Hochachtung zuteil wurde, die ihm zustand.

Auch André selbst erhielt die verdiente Anerkennung. 1958 wurde ihm in einer Feierstunde auf dem Platz vor dem Rathaus das Ehrenkreuz der Résistance, das »Croix du Combattant Volontaire de la Résistance«, verliehen. Obwohl Jahrzehnte vergangen waren und Joseph Fimbel 1978 gestorben war, blieb es Andrés wichtigstes Anliegen, dass die Stadt ihren früheren Bürgermeister dadurch ehrte, dass sie eine Straße nach ihm benannte.

Als ich anbot, seine Kampagne zu unterstützen, warf ihm seine Frau einen warnenden Blick zu. Sie hatten sicher schon früher versucht, dieses Ziel durchzusetzen, und Marguerite wollte nicht noch einmal die unguten Gefühle wiederbeleben, die dieses Thema bei ihren Mitbürgern weckte. Offensichtlich war die Meinung der Bevölkerung über die Leistung ihres Bürgermeisters während der Nazi-Zeit noch immer geteilt.

»Nach Moïse Lévy ist eine Straße benannt worden, und er hat viel weniger getan!«, beschwerte sich André bei seiner Frau, und seine Stimme zitterte wie die eines empörten Kindes.

André Fick wird mit dem Ehrenkreuz der Résistance ausgezeichnet, 1958

»Moïse Lévy hat Gray viel länger verwaltet, aber in einer époque, die ›bien banale‹ war, in einer Zeit, in der das einfach war, eintönig und friedlich. Das getan zu haben, was Fimbel in den vier Jahren der deutschen Besatzung getan hat, um so viele Menschen zu retten, das verdient mehr!«

Marguerite starrte ihn an, ohne zu antworten. Die zarte, weißhaarige Frau war nicht zu unterschätzen. André wartete eine Weile, dann wandte er sich mir zu und hob die Hände. »Meine Frau will nicht, dass ich damit weitermache. Und ich kann mich nicht gegen sie stellen«, sagte er. »Ich hätte es gerne getan, aus Treue zu ihm – meinem Chef, meinem Schuldirektor, meinem Lehrer –, weil ich ihm viel zu verdanken habe.«

Kurz vor Sonnenuntergang, als der letzte Triathlet an diesem Wettkampftag im Gray des Jahres 2001 die Ziellinie passiert hatte, nahm mich André Fick mit in die Oberstadt zur Basilika Nôtre Dame. Nach seinem Ruhestand hatte er es übernommen, dort in der großen Kirche die Orgel zu spielen, und er freute sich sehr, als ich darum bat, ihn hören zu dürfen. Durch das Orgelspiel hatte er seiner Stadt weiter gedient und zugleich einen persönlichen Weg gefunden, Maria zu verehren – nicht so, wie er sich das mit 23 vorgestellt hatte, als er unter dem Einfluss seines Mentors stand, sondern so, dass er ihr auch mit einer Frau an seiner Seite dienen konnte.

Als wir ankamen, war der Priester gerade dabei, die Eingangstür zu verschließen. Großzügig machte er für uns eine Ausnahme, und Marguerite und ich folgten ihrem Mann die steinerne Wendeltreppe der Kirche aus dem 15. Jahrhundert hinauf zur Orgelempore unter dem hohen Dachgewölbe. Ohne zu zögern und offensichtlich stolz auf seine Kirche, zog André die Register und schlug die Tasten an. Die Musik durchdrang das Kirchenschiff, und die vibrierenden Akkorde eines Chorals stiegen auf in den restaurierten Glockenturm und in die Dämmerung über der Stadt, die zu unseren Füßen lag und in der sich die Menschen auf das Abendessen vorbereiteten. Das improvisierte Orgelkonzert war das friedliche Ende eines hektischen Tages, der bestimmt war von Wettkämpfern, die durch die engen Renaissance-Straßen liefen, johlenden Zuschauern und quäkenden Lautsprechern. An diesem Abend war ich erfüllt von tiefer Dankbarkeit für die stille Tapferkeit all der Ficks und Fimbels – Menschen, die ihr Leben riskiert hatten, um mit den Mächten des Bösen zu kämpfen, an Orten, deren Namen nicht einmal Fußnoten im großen Buch der Geschichte sind.

ELF

Der Sonnenkönig

Am ersten Weihnachtsfeiertag des Jahres 1940 war Roland Arcieri allein in Lyon und mit sich und der Welt zufrieden. Er hatte ein eigenes Zimmer und die beträchtliche Summe von 30 000 Francs in der Tasche. Die Welt lag ihm zu Füßen. Er war zwanzig Jahre alt und gerade aus dem Bus gestiegen, der ihn aus Villefranche hergebracht hatte.

Er trug alles, was er besaß, bei sich und fühlte sich von einem bislang nicht gekannten Gefühl der Freiheit beflügelt. Der Rest seiner Familie hatte Villefranche am vorherigen Tag verlassen und war nach Mulhouse zurückgekehrt. Aber er spürte keine Einsamkeit, als er an diesem kalten Dezembertag die große ungepflasterte Place Bellecour überquerte. Sogar der Sonnenkönig saß einsam und frierend in der Mitte des Platzes auf seinem Bronzepferd, während alle anderen bei ihren Familien waren und sich bemühten, trotz der Rationierung zu feiern, so gut es eben ging. Roland schritt durch die jetzt ruhige und leere Stadt, als ob die Straßen ihm gehörten. Er schaute sich um mit der Unvoreingenommenheit der Jugend und dem Übermut des Eroberers. So ähnlich musste sich Ludwig XIV. gefühlt haben, als er im Triumph in die Stadt einzog.

Roland betrachtete sein neues Reich lässig und in aller Ruhe. »Kein Grund zur Hast«, pflegte er mit einem Schulterzucken zu sagen. »Am Ende kommen wir alle gleichzeitig an.«

Auf dem Gehsteig auf der anderen Seite der weiten, offenen Fläche des nur von einem Saum jetzt kahler Bäume begrenzten Platzes blieb er vor einer Buchhandlung stehen, stellte sein Gepäck auf den Boden und blickte in das Schaufenster. Die Eingangstür war verschlossen und mit einem Gitter versehen. Als Roland in die dunkle Auslage starrte, war es ihm fast so, als ob er sich selbst in dem Laden Bücher durchblättern sah: Biografien, Geschichtswerke und Belletristik und sogar einige Bände mit der üblichen »grivoiserie« – der Schlüpfrigkeit –, der erotischen Literatur. Er sah sich ganze Stapel von Büchern in die Hand nehmen, die auf den Tischen lagen, ruhig, ohne Eile und ohne die Verpflichtung, am Abend noch den Bus nach Villefranche erreichen zu müssen.

Endlich konnte er frei über seine Zeit verfügen, sein Vater zwang ihn nicht mehr, um zehn Uhr zu Hause zu sein und über jede kleine Summe, die er ausgab, Rechenschaft abzulegen. Er war nur zu bereit, in das neue Leben einzutauchen, »la bonne soupe, la grande liberté«! Es kümmerte ihn nicht, dass er nur ein schmales Studenten-Budget zur Verfügung hatte oder dass sein Vater ihm den wohlmeinenden, aber von ihm als lästig empfundenen Rat mit auf den Weg gegeben hatte, dass das Geld in seiner Tasche für zwei oder drei Jahre würde reichen müssen. Die vielen Bars und Cafés, die er sah, machten ihn neugierig. Niemals zuvor hatte er Zeit oder Gelegenheit gehabt, diese Welt kennenzulernen, und er fand es aufregend, dass ihm all das, was ihm jetzt so ungewohnt vorkam, bald schon vertraut sein und er es genießen würde, sich in dieser eleganten, weltoffenen Stadt zu Hause zu fühlen. Ein Mann in der Welt, der seinen Weg geht. Endlich begann sein Leben richtig!

Er war nach Lyon gekommen, um Jura zu studieren. Das jedenfalls hatte er versprochen, das war es, was sein Vater erwartete, und er selbst bemühte sich, mindestens eine Zeitlang, daran zu glauben. Im jetzt ablaufenden Jahr war er täglich eine Stunde mit dem Bus zum Studium nach Lyon gefahren, hatte aber auch seinen Wehrdienst abgeleistet, indem er zweimal in der Woche an Kursen zur Offiziersausbildung teilnahm.

Seine Familie war sechs Wochen nach der Kriegserklärung aus Mulhouse abgereist und nach Villefranche gegangen, weil die Textilfabrik, für die sein Vater und sein Onkel arbeiteten, einer Invasion zuvorkommen wollte und einen Teil ihres Geschäfts aus dem Elsass ausgelagert hatte. Die Firma besaß Spinnereien in Villefranche, einer kleinen, von Handel und Industrie geprägten Stadt nordwestlich von Lyon, die aber vor allem als Zentrum der Weinregion des Beaujolais bekannt war. Hier bezogen die zum gehobenen Management der Firma gehörenden Arcieri-Brüder eine großzügige, stilvolle Villa, nur eine kurze Wegstrecke mit dem Fahrrad entfernt von der an dieser Stelle durch eine grüne Landschaft ruhig dahinfließenden Saône.

Vom Haus war es aber auch nicht weit zur geschäftigen Hauptstraße, der Rue Nationale, die über einen Hügel und durch die in einer Senke liegende Stadt führte wie eine große Welle. Es gab keine Bäume am Rand dieser Straße und nicht einmal einen Platz im Zentrum. Außer der örtlichen Kirche und einigen wenigen alten Häusern bot die Stadt mit ihren gleichförmigen Fassaden an den vierstöckigen Gebäuden mit den Geschäften im Erdgeschoss wenig, was interessant oder schön gewesen wäre. Trotzdem trafen sich die Bewohner am Abend hier zum üblichen Spaziergang, vornehmlich weil man sicher sein konnte, anderen Leuten zu begegnen.

In dieser kleinstädtischen Umgebung fiel ein junger Mann wie Roland natürlich auf. Er war groß, außergewöhnlich gutaussehend und strahlte nachdenkliche Reserviertheit und romantische Zurückhaltung aus, was ihn für seine Mitmenschen interessant machte. Auf der anderen Seite hatte er auch die Gabe, durch seine aufrichtige, verbindliche Art und sein freundliches Wesen aus jedem Anlass ein Fest zu machen. Als einziger Sohn zwischen zwei ihn liebenden Schwestern hatte er einen Charme entwickelt, der bei Frauen gut ankam. Seine eleganten Komplimente waren bestätigend, ohne aufdringlich zu sein, und wegen seiner geschliffenen Manieren fühlten sich Frauen in seiner Gegenwart wohl. Er hatte die angeborene Gabe, dafür zu sorgen, dass sie sich schön und begehrt fühlten und sich von ihrer besten Seite zeigen konnten.

Es dauerte nicht lange und der junge Mann, der noch vor gar nicht langer Zeit im Schilf an der Ill in Mulhouse scheue Küsse mit Janine getauscht hatte, geriet in die Fänge einer zehn Jahre älteren Frau. Die prüden Moralvorstellungen der Zeit, die nur eingeschränkte sexuelle Freiheiten erlaubten, ließen es nicht zu, dass er sich mit einem unerfahrenen, ehrbaren Mädchen vergnügte. Aber als ihn die schöne Frau eines hochrangigen, zum Dienst eingezogenen französischen Reserveoffiziers einlud, mit ihr alle intimen Freuden zu teilen, fand Roland keinen Grund, abzulehnen. Die Tatsache, dass ihr abwesender Ehemann zufällig einer der wichtigsten Geschäftspartner seines Vaters war, spielte dabei keine Rolle.

Vor ihrer Ehe war sie Haute-Couture-Mannequin in Paris gewesen und Roland vermutete, dass sie ihren Textilunternehmer über ihre Tätigkeit im Geschäft mit Stoffen und Mode kennengelernt und ihn geheiratet hatte, weil sie sich davon ein Leben in Luxus und herausgehobener gesellschaftlicher Stellung versprach. Jetzt, wo ihr Ehemann im Krieg war, fühlte sie sich in ihrem Haus in der verkrusteten Provinzstadt Villefranche wie in einem sicheren goldenen Käfig und war gelangweilt. Ausreichend gelangweilt, wie bald klar wurde, um einen jungen Mann in die Geheimnisse einzuweihen, die ihr Bett bot.

Kurz nach der Ankunft der Arcieris war Roland ihr auf der Rue Nationale aufgefallen. Es war aber sein Vater Emil, der sie, unabsichtlich, zusammenbrachte. Er hatte an Weihnachten zu einem Geschäftsessen im besten Restaurant der Stadt eingeladen und sie saßen sich gegenüber. Noch bevor der Hauptgang serviert wurde, hatten ihre Zehen den Weg in seine Hosenbeine gefunden und schlängelten sich frech bis zu seinen Waden hoch. Sie lächelte den anderen zu, nippte kokett an ihrem Weinglas und tauschte Freundlichkeiten mit den Gästen aus, allesamt Betriebsangehörige mit ihren Frauen und Kindern, aber ihre Füße setzten ihr Abenteuer fort. Nach Neujahr suchte sie Emil in seinem Büro auf und bat ihn um einen Gefallen. Sie plane einen längeren Aufenthalt in Lyon, sagte sie, und frage sich, ob sie wohl Roland »ausleihen« dürfe, damit er ihr helfen könnte, ihr Gepäck zum Zug und in Lyon vom Bahnhof in die Stadt zu bringen. Sie habe zu viele Koffer, als dass sie alleine damit zurechtkäme.

Als Roland sie wie abgemacht abholen wollte, stellte er zu seinem Erstaunen fest, dass sie ihr Gepäck schon vorausgeschickt hatte und nun nur noch eine Reisetasche aus Krokodilleder und ihren neurotischen Foxterrier namens Pepi zu transportieren hatte. Gleichwohl bestand sie darauf, dass Roland mitkäme, und als sie in Lyon ausgestiegen und in ihrem Hotel angekommen waren, war es ihr ein Vergnügen, ihn auf ihr Zimmer einzuladen. In der Folgezeit erhielt Roland einen Privatunterricht, der ihm viel interessanter und naheliegender erschien, als Erbschaftsrecht zu büffeln. Verständlicherweise half ihm dies dabei, Janine aus seinen Gedanken zu verbannen, und führte dazu, dass der »drôle de guerre« – der lustige Krieg – noch viel mehr »drôle« – lustiger – wurde, je länger er dauerte.

~

Die Arcieris glaubten zunächst, sie wären in Villefranche sicher, bis im folgenden Frühjahr 1940 die Kämpfe ausbrachen. Als die Deutschen dreißig Kilometer vor der Stadt standen, reagierten sie, wie alle anderen auch, entsetzt und kopflos. Sie beluden einen Lastwagen mit Stoffballen, bestiegen selbst zwei Personenwagen und schlossen sich dem Massenexodus an. Sie fuhren über die vulkanischen Berge des Massif Central immer weiter nach Südwesten in Richtung Toulouse und spanische Grenze. Wenn ihnen der Treibstoff ausging, hielten sie abgemessene Stücke Stoff aus dem Lastwagen bereit und tauschten so Meterware gegen Kilometer. Jetzt diente ihnen der Stoff, der bislang immer für ihr Einkommen gesorgt hatte, direkt als Geld. Tatsächlich war er ein verlässlicheres Zahlungsmittel als der schwankende Franc in einer Zeit, in der das Land selbst nackt und zitternd dastand, während die Deutschen ihren Vormarsch unerbittlich fortsetzten.

*Lastwagen der Wehrmacht auf der Place des Terreaux in
Lyon vor dem Rathaus aus dem 17. Jahrhundert*

Am 19. Juni, fünf Tage, nachdem die Deutschen Paris überrannt hatten, erklärte sich Lyon zur offenen Stadt und vermied so einen Angriff, weil die Wehrmacht sie ohne Gegenwehr einnehmen konnte. Noch am selben Tag wehte die Hakenkreuzfahne über dem Eingang zum prachtvollen Rathaus, und deutsche Militärkapellen marschierten mit Tubas, Trompeten, Posaunen und Trommeln über die Place Bellecour. Die beliebte Place des Terreaux mit dem großartigen Bartholdi-Brunnen und den Straßencafés wurde zum Sammelpunkt der feindlichen Truppen und Parkplatz für Wehrmachtsfahrzeuge umfunktioniert.

Im folgenden Monat zogen sich die Deutschen nach dieser ersten Besetzung Lyons wieder zurück, aber bis dahin schlossen sie zehntausend französische Kriegsgefangene in ihrer Kaserne in Part Dieu ein und deportieren sie über die Grenze, wo sie fast fünf Jahre lang gefangen gehalten wurden.

Nach der unerwarteten Niederlage kehrten die Arcieris nach Villefranche zurück und blieben dort bis fast zum Jahresende. Dann beorderte die Firma sie wieder nach Mulhouse. Für die Arcieri-Söhne, Roland und seinen jüngeren Cousin André, brachte der Waffenstillstand eine neue Gefahr mit sich. Obwohl sie beide in einer Zeit geboren worden waren, in der das Elsass französisch war, konnten sie jetzt gezwungen werden, für den Führer zu kämpfen. Dieses Risiko wollten Rolands Eltern nicht eingehen. Sie entschieden sich, ihn allein in der unbesetzten Zone zurückzulassen, wo die Gefahr, dass er als zwanzigjähriger, körperlich fitter Elsässer in den Krieg geschickt wurde, deutlich geringer war. André, der erst 16 war, sollte nach ihrer Rückkehr wieder in Mulhouse auf die Schule gehen, weil seine Eltern überzeugt waren, dass die Briten, noch bevor er das wehrdienstfähige Alter erreichte, Hitler gestürzt hätten und der Krieg vorüber wäre. Dass vier Jahre später England und seine Verbündeten noch immer mit den Deutschen rangen und André sich in den Trümmern wiederfand, die Hitlers Versuch, Russland zu besiegen, hinterlassen hatte, hielten sie für absolut unvorstellbar. 130 000 junge Elsässer waren gezwungen worden, für das Reich zu kämpfen. André überlebte, aber 36 000 andere kehrten nie zurück.

Kurz bevor die Arcieris Ende 1940 den Rückweg nach Mulhouse antraten, traf Emil Vorbereitungen für das Leben seines Sohnes in Lyon. Er mietete ein Zimmer in der Wohnung einer Kriegerwitwe in einem ruhigen Stadtviertel, beschaffte ihm einen Teilzeitjob im Büro eines Notars und drängte ihn dazu, mit seinem Jurastudium fortzufahren. Roland gefiel das alles nicht: Die Wohnung der Witwe war zu weit draußen und schränkte seine Bewegungsfreiheit ein, die Arbeit beim Notar war schlecht bezahlt und langweilig, und Jura zu studieren schien ihm von zweifelhaftem Wert in einer Welt, in der Autorität nicht durch Recht, sondern durch Waffengewalt ausgeübt wurde. Wer, so fragte sich Roland, entschied über die zahlreichen neuen Regeln und Vorschriften, die jeden Tag in offiziellen Erklärungen aus Vichy angekündigt wurden? Wo waren die im Auftrag des Volkes erlassenen Gesetze, die den Deutschen das Recht gaben, von Paris aus ihr Diktat auszuüben? Wer ermächtigte Pétain – einen Mann, den Roland für einen senilen, selbstgerechten und scheinheiligen Speichellecker der Deutschen hielt –, im Namen der Nation zu handeln?

Wenige Tage zuvor hatte Pétain den beliebten Bürgermeister Edouard Hérriot aus Lyon verbannt. Hérriot hatte das Amt 35 Jahre lang inne und gegen den Waffenstillstand mit Hitler gestimmt. Außerdem war er der Abgeordnetenversammlung, die Marschall Pétain unbeschränkte Macht übertrug, ferngeblieben. Nein, aus Rolands Sicht hatte das Recht seinen Sinn verloren.

»Le droit mène à tout«, hatte sein Vater gesagt, »das Recht ist die Basis aller Dinge.«

Roland hatte geantwortet: »Oui, le droit mène a tout – à condition d'en sortir – ja, das Recht ist die Basis aller Dinge, sofern du ihm entkommen kannst.«

Großer Ehrgeiz war noch immer nicht Rolands Sache. Reichtum, die Rettung des Vaterlandes oder Kampfeslust waren nichts, wofür er bereit war, sein Talent oder seine Zeit einzusetzen. Die Vielschichtigkeit seiner Wurzeln – italienische, französische, deutsche, elsässische – verstärkte nur seinen Zynismus. Er sah keine Veranlassung, für Ideale zu kämpfen, sondern eher nach seinen eigenen Vorstellungen zu leben, mehr als Beobachter und kritischer Denker denn als Reformer oder Soldat. Nationalismus, Militarismus oder sogar Patriotismus, Dinge, die Völker dazu brachten, sich gegenseitig zu vernichten und dabei die individuellen Rechte einzuschränken, hatten für ihn keinen Wert.

Er war als Katholik aufgewachsen, misstraute aber zutiefst der Neigung der Religionen, den Menschen durch strenge Wertvorstellungen und Verhaltensvorschriften die Freude am Leben zu nehmen und ihnen den Stachel des Schuldbewusstseins einzupflanzen. Sein Verständnis vom Zusammenleben schloss niemanden aus, und während Vichy den Nazis nacheiferte und der Antisemitismus immer offener zu Tage trat, fiel Roland rückblickend auf, dass seine engsten Freunde alle Juden gewesen waren.

Seine politische Grundhaltung war entschieden liberal, und auf die dumpfe, rechtslastige, von Marschall Pétain betriebene »réhabilitation«, die Wiedergewinnung der nationalen Ehre Frankreichs, reagierte er mit Verachtung und Abscheu. Im vergangenen November, als der Marschall in Lyon eine Parade abhielt, um die Stimmung aufzuhellen und seine Unterstützer zu mobilisieren, war Roland, statt die Huldigungen der Menge mitzuerleben, lieber zu Hause geblieben. Aber die Zeitungen der Stadt hatten über alles berichtet. Vier Monate nachdem die deutsche Armee aus Lyon abgezogen war, waren Banner aufgezogen worden, die unter allgemeiner Zustimmung zumindest einen Tag lang die Gemütslage der Bevölkerung verbesserten und vortäuschten, dass sie vom Ausgang eines Krieges begeistert sein sollte, der zwar in einer Niederlage geendet, aber die Zerstörung vermieden hatte.

»Von ganzem Herzen jubelt Lyon Pétain zu«, stand an diesem Dienstag, dem 19. November, auf der Titelseite des »Le Nouveau Journal«. Bilder zeigten den alten »Helden von Verdun«, wie er in Uniform in einem offenen Wagen stand. Auf beiden Seiten begleitet von einer Motorradeskorte, fuhr er salutierend durch die Straßen, die Gehsteige gesäumt von Tausenden, die ihm auf der ganzen Strecke frenetisch zujubelten. Die Menschen litten noch immer unter der unrühmlichen Niederlage Frankreichs und sehnten sich danach, die Lösung in einem Führer finden zu können – in einem, der ihnen einen Weg in die Zukunft dadurch aufzeigte, dass er ein Frankreich wiederbelebte, das in der Vergangenheit versunken war, in einem über Achtzigjährigen, der bei Verhandlungen einschlief und bereit war, den Feinden nach dem Mund zu reden.

Roland bemühte sich, das alles auszublenden. Er stürzte sich kopfüber und lachend auf das, was ihm Spaß machte, lehnte die vom Regime verbreitete Aufforderung, jeder sei zu vermehrter Anstrengung aufgerufen, rundweg ab und folgte seinen eigenen Vorstellungen. Wenn alles rundherum in Aufruhr war, welchen Sinn hatte es dann, sich Sorgen um seine Arbeit zu machen oder für die Zukunft zu sparen? Wenn die ganze Nation damit beschäftigt war, daran zu denken, was gewesen war und was kommen würde, war er es zufrieden, die Gegenwart zu bewältigen.

»On verra ça après la guerre – warten wir mal ab bis nach dem Krieg«, war der Wahlspruch, nach dem Roland handelte. Er gab die ihn lähmende Tätigkeit im Notariatsbüro auf, ging kaum mehr zu den Vorlesungen in der juristischen Fakultät und verbrachte seine Tage mit gleichgesinnten Studenten, die ihren Wettkampfgeist beim Kartenspiel unter Beweis stellten – am liebsten bei Belote oder Bridge.

Als seine Gespielin der vergangenen sechs Monate nach dem Waffenstillstand im vergangenen Juni in die Arme ihres von der Front nach Hause gekommenen Mannes zurückgekehrt war, stürzte sich Roland wie besessen auf das tägliche Bridgespiel. Bald war er dabei sehr erfolgreich, wozu seine Gabe, genau beobachten zu können, und sein analytisches Talent ebenso beitrugen wie sein Glück als Spieler. Sein Geld gab er mit vollen Händen aus, vor allem nachdem ihn seine Eltern alleine in Lyon zurückgelassen hatten.

»On n'est jamais aussi bien servi que par soi-même.« Die alte Weisheit seines Vaters wurde für ihn zur Lebensmaxime: »Niemand sorgt für dich so gut wie du selbst.« In seinem Fall aber hieß »für sich selbst sorgen« auch »für andere sorgen«. Seine Großzügigkeit riss Löcher in seine Taschen, die nicht zu stopfen waren. Das aber störte ihn nicht im Geringsten.

Wie in Villefranche oder früher in Mulhouse, aber jetzt in deutlich mondänerer Umgebung, ging Roland abends auf die Lyoner Flaniermeile. Sie führte die breite Rue de la République hinauf und hinunter, einen der wichtigsten Boulevards der »Presqu'île«, des schmalen Streifens in der Mitte der Stadt, dessen Name »fast eine Insel« die geografische Lage genau beschreibt. Es ist eine lange, schmale und geschäftige Halbinsel zwischen den beiden Flüssen: der Saône im Westen und der Rhône im Osten. Damals führten 28 Brücken über die beiden Flüsse, von denen die Deutschen später 27 sprengten. Auf der Rue de la République fuhren Straßenbahnen in beide Richtungen, deren Oberleitungen Spuren in den Himmel zeichneten wie Spinnweben. Und genau wie Roland es von Mulhouse kannte, wo die Straßenbahn ebenfalls den Blick auf die andere Seite verstellte, war es auch hier wichtig, auf der »richtigen« Seite zu gehen. Warum sollte man auch auf der falschen Seite, dem »Gehsteig der Gehörnten«, Zeit verschwenden und Freunde verfehlen, die man zu treffen hoffte? Hier, das spürte er sofort, war es der westliche Bürgersteig, wo die jungen Leute spazieren gingen, und hier lief Roland, mitten in der Menge, Roger Dreyfus über den Weg, ein Studienkollege, den er zuvor in Mulhouse flüchtig gekannt hatte und der von jetzt an sein bester Freund wurde.

Roger war ein dünner junger Mann von 22 mit glattem dunklem Haar, abstehenden Ohren und kantigen Gesichtszügen. Außerdem war Roger nicht nur Elsässer, sondern auch, wie schon der Name sagte, unmissverständlich Jude. Daran dachte Roland immer, auch als sie beschlossen, zusammenzuziehen, und ein Zimmer mieteten, das zu ihrer Lebenseinstellung als Bohemiens passte. Es war eine kleine, unkonventionelle Junggesellenbude in der Rue Puits Gaillot Nr. 27, gegenüber dem Rathaus und der Oper, am oberen Ende der Rue de la République. Es gab keine Küche, man musste vier Treppen hochsteigen, sich ein Bett teilen und sich mit einem Bad im Flur begnügen. Aber von ihrem Dachfenster aus hatten sie einen wunderbaren Blick über die Rhône und auf die acht weiblichen Figuren aus weißem Marmor in klassischen Gewändern direkt gegenüber auf dem oberen Gesims der Oper. Morgens, wenn er die Läden öffnete, und abends, wenn er sie wieder schloss, grüßte Roland die Statue an der Ecke, eine hoffnungsvolle Muse mit einer Leier im Arm.

Roger Dreyfus, Rolands engster Freund und Zimmergenosse

Im Winter 1941, etwa einen Monat, nachdem er in die Stadt gezogen war, spazierte Roland über die Rue de la République, als er aus einiger Entfernung Janine entdeckte. Dass sie es war, konnte er aus der Art herauslesen, wie sie stand: »midi moins dix«, ein klein wenig nach links geneigt. Ihre Schwester Trudi war bei ihr, und sie waren stehen geblieben, um ein Schaufenster zu betrachten. Trotz der Auflage, die er sich selbst erteilt hatte, niemals hektisch zu werden und nicht übereifrig zu erscheinen, beschleunigte er seine Schritte, um zu ihnen aufzuschließen.

Er hatte die halbe Strecke zurückgelegt, als Janine ihn erkannte. Für sie war es, als ob ein Bild aus ihren Träumen plötzlich Gestalt annähme. Er trug keinen Hut, sein Mantel wehte seinen langen Beinen hinterher und er hielt einen zusammengerollten Schirm wie ein Schwert an seiner Seite. Die Welt begann sich zu drehen, alles verschwamm von ihren Augen. Da war nur noch Roland, der jetzt lächelte und seine Hand hob, um ihre Aufmerksamkeit zu erregen, eine Geste, die bestätigte, dass es wirklich er war. Um sie herum wurde es still – alle Geräusche drangen nur noch gedämpft an ihr Ohr, bis auf das verrückte, tanzende Pochen ihres Herzens. Wie oft hatte sie sich in den eineinhalb Jahren, die seit ihrer Trennung vergangen waren, diesen Moment vorgestellt. Sich gefragt, wie es wäre, ihn wiederzusehen und doch nicht zu wissen, wann und ob überhaupt sie ihn je wiedersehen würde.

Die Wucht ihrer Liebe zu diesem gutaussehenden Mann raubte ihr den Atem. Sogar in der kalten Winterluft dieses Abends fühlte sie, wie ihr das Blut in den Kopf schoss, und sie wusste, dass sie rot wurde. Ihre Beine waren wie auf dem Gehsteig verwurzelt und hinderten sie daran, in seine Arme zu laufen. Wie sollte sie ihn begrüßen? Sie hatte keine Ahnung, was sie ihm bedeutete, ob sie ihm überhaupt noch etwas bedeutete. Sie ergriff Trudis Arm, drehte ihre Schwester von dem Schaufenster weg und zeigte die Straße hinunter.

»Schnell, schnell!«, keuchte sie, »schau, wer da kommt, es ist Roland. Was soll ich ihm nur sagen?« Aber noch bevor ihre Schwester antworten konnte, stand er vor ihr und Janine konnte ein strahlendes Lächeln nicht unterdrücken. »Roland!«, rief sie. Es war das einzige Wort, das ihr in diesem Moment einfiel, und der einzige Gedanke, der zählte.

»Eh, voilà! Da schau her! Kann es denn wahr sein? Die berühmten Günzburger-Schwestern!«, begrüßte er sie ein wenig gönnerhaft. »Das ist unglaublich! Nie hätte ich erwartet, euch hier zu treffen! Wie lange seid ihr beiden bezaubernden jungen Damen schon in Lyon? Wart ihr wirklich schon die ganze Zeit hier, seit ihr mich in Mulhouse zurückgelassen habt, um allein gegen die Boches zu kämpfen?«

Unsicher streckte Janine ihre Hand aus, aber Roland schien das nicht zu bemerken. Er fasste sie an beide Arme und hauchte, in einer Geste, die ihr viel zu brüderlich erschien, zwei leichte Küsse auf ihre Wangen. Die Art seiner Begrüßung gab dem unerwarteten Wiedersehen eine unverbindliche, ein wenig spöttische Note, die ihm etwas von seiner Bedeutung nahm. Dann wandte er sich Trudi zu und begrüßte sie auf die gleiche Weise, ein Grinsen und die beiden Wangenküsse, die nichts versprachen, aber die Möglichkeit offen ließen, dass er ein anderes Mädchen hatte.

Janine fühlte sich unvorbereitet und beobachtet. Sie bedauerte, dass sie keine Zeit gehabt hatte, ihre Haare zu richten und ihre Lippen nachzuziehen, sodass er sie nun in diesem zerzausten Zustand sah. Sie wusste kaum, welche Kleidung sie trug, und fühlte sich ganz klein und zurückgesetzt. Sie hatte sich ihr Wiedersehen ganz anders vorgestellt: intimer, romantischer, einfach vollkommen. Und nun dieses zufällige Treffen in aller Öffentlichkeit. Unverbindlich höflich und zwanglos freundlich, gleichermaßen freundlich zu Trudi wie zu ihr. Sie kämpfte darum, ihre Stimme wiederzufinden, und fühlte sich in einem Schwebezustand, zugleich aber auch selbstbewusst bereit, sich in seine Arme zu werfen.

»Was meinst du mit: Seid ihr die ganze Zeit hier gewesen?«, wiederholte sie wie in Trance seine Frage. »Nein, nein, bis Mitte November waren wir in Gray, einer kleinen Stadt an der Saône. Aber da gibt es nichts, nicht einmal einen Grund, weshalb du sie kennen solltest.« Sie fürchtete, neugierig zu erscheinen, und verfiel in Schweigen. Aber sie musste wissen, wo er in den vergangenen eineinhalb Jahren gewesen war, in denen ihre größte Sehnsucht darin bestanden hatte, einen Brief von ihm zu bekommen.

»Aber was ist mir dir? Ich habe gehört, dass deine Familie nach Villefranche gezogen ist, aber es gibt so viele Villefranches, dass

ich keine Ahnung hatte, in welches ihr gegangen seid. Ich habe nur gehofft, du wärest nicht zur Armee eingezogen worden ...«
Roland warf seinen Kopf zurück und lachte.

»Welches Villefranche? Gibt es wirklich so viele? Ich war fast die ganze Zeit hier ganz in der Nähe, in Villefranche-sur-Saône. Du hättest mir nur eine Flaschenpost schicken müssen, sie wäre stromabwärts bei mir angekommen! Oder du hättest ja selbst schwimmen gehen und mich besuchen können. Das wäre wirklich eine nette Geste gewesen in diesen schlechten Zeiten.«

»Wenn ich das nur gewusst hätte, ich hätte das gerne getan.« Die Worte purzelten aus ihrem Mund, sie klangen wehmütig und traurig, aber er lachte schon wieder.

»Oui, ich erinnere mich daran, dass du schon in Mulhouse gelegentlich gern schwimmen gegangen bist«, neckte er sie.

Sie war wie versteinert und bedauerte plötzlich, dass sie ihm so deutlich zeigte, wie sehr sie ihn vermisst hatte. Sie fürchtete, weinen zu müssen, und blickte nach unten, aber Roland, der sah, wie sie rot wurde, rettete die Situation mit einer Frage.

»Also, wo wohnt ihr? Sind eure Eltern und euer Bruder auch hier?«, fragte er und unterbrach sie, bevor sie antworten konnte. »Nein, wartet – wir können doch hier nicht weiter einfach so auf der Straße stehen. Das müssen wir feiern.« Er stellte sich zwischen die beiden Schwestern, hakte sich, jede auf einer Seite, bei ihnen ein, deutete mit dem Kopf auf ein kleines Café und schob sie dorthin. »Ich bestehe darauf«, sagte er. »Ihr müsst Zeit für einen Kaffee mit einem alten Freund haben. Oder mindestens für etwas, das als Ersatzkaffee durchgeht in diesen traurigen Tagen.«

Tatsächlich mussten sie sich dann mit »Bovril« zufriedengeben, einem Aufguss aus Rindfleischextrakt, das Einzige, was in einer Zeit der strikten Rationierung zu bekommen war. Immerhin hatte das Getränk den Vorteil, warm zu sein. Roland hatte seine Beine unter dem Tisch direkt neben ihre gestellt und Janine war sich sicher, dass ihr auch Champagner in Versailles nicht mehr bedeutet hätte. Als ob sie die Zeit anhalten wollte, trank sie langsam und musterte ihn: die schmalen Handgelenke und Finger, die die Tasse hielten, die rechtwinkligen Kiefer, eine unerschütterlich steife Oberlippe, darunter ein sinnlicher Mund, seine neugierigen Augenbrauen über dunklen, sanften Augen und das dicke, kastanienfarbige Haar seines italienischen Großvaters. Als er seinen Schal abstreifte und ihn achtlos in seinen Schoß legte, fiel ihr auf, dass er so dünn geworden war, dass sie jedes Mal, wenn er schluckte, seinen Adamsapfel über dem Hemdkragen auf- und abtanzen sah. Dadurch wirkte er jung und verletzlich, und Janine fragte sich, ob er genug aß. Sie fühlte sich wie betäubt durch die übermächtige, köstliche Nähe zu ihm.

»Jetzt will ich alles genau wissen«, sagte er und kippte seinen Stuhl zurück. Er presste eine Sekunde lang seine Augenlider fest zusammen – eine Angewohnheit, die ihr vertraut war –, als ob er die Welt besser beurteilen könnte, wenn er sie wieder öffnete. Jetzt, wo er seine Augen geschlossen hielt, erlaubte sie sich einen bewundernden Blick auf das Gesicht, das sie so sehr vermisst hatte.

»Wieso seid ihr ausgerechnet hier hingekommen?«, fragte er, und ohne Warnung trafen sich wieder ihre Augen. »Warum Lyon? Wo wohnt ihr? Das habt ihr mir noch nicht erzählt.«

Janine und Trudi berichteten gemeinsam von ihrem Aufenthalt in Gray, von der schrecklichen Zeit, die ihr Vater im Gefängnis in Langres eingesperrt war, und von ihrer überstürzten Flucht mit Alice und ihrer Tante Marie, die sie nach dem deutschen Angriff mit Hilfe der französischen Armee bis nach Vichy geführt hatte. Obwohl sie glücklicherweise nach dem Waffenstillstand ihren Vater in Gray wiedergefunden hatten, war es zu gefährlich geworden, unter der Herrschaft der Nazis dort zu bleiben, und weil Maries Tochter in Lyon lebte, war das ihr Ziel geworden. Dennoch war es nicht einfach gewesen, die Passierscheine zu bekommen! Natürlich fühlten sie sich hier in der unbesetzten Zone viel sicherer und ihre Eltern seien dem Mann ihrer Cousine Mimi sehr dankbar, dass er ihnen geholfen hatte, sich in Lyon niederzulassen. Während sie alles aufzählten, was sich seit ihrer Trennung ereignet hatte, stellte Janine fest, dass sie in ihrer Nervosität anfing zu plappern. Trotzdem fuhr sie fort, weil sie die erstaunlichste Neuigkeit noch nicht erzählt hatte.

Norbert hatte sich im vergangenen Winter freiwillig zur Fremdenlegion gemeldet und war nach Marokko ausgeschifft worden. Ein Jahr lang waren sie ganz krank vor Sorge gewesen, weil sie nichts von ihm gehört hatten. Dann, weniger als eine Woche nach ihrer Ankunft in Lyon, hatte Alice ihn durch Zufall auf der Rue de la République gesehen, wo er saß und anderen Leuten die Schuhe putzte.

»Un vrai miracle! – ein wahres Wunder«, stieß Janine erfreut hervor. Nachdem Frankreich nicht mehr im Krieg war, hatte ihn die Legion in die unbesetzte Zone entlassen. Dann hatte sich Norbert überlegt, dass es besser wäre, zu seiner Verwandtschaft nach Lyon zu gehen, als ins deutsch besetzte Gray zurückzukehren. Mimi hatte sicher Kontakt zu Marie und könnte ihm erzählen, wo seine Familie war und wie es ihr ging.

»Mutter umarmte ihn und weinte vor Freude«, fuhr Janine fort. »Aber du kannst dir sicher vorstellen, wie sie sich fühlte, als sie ihren geliebten Sohn in diesem Zustand sah. Norbert hat uns erzählt, dass sie sofort anfing, ihn auszuschimpfen: ›Norbert! Was um Himmels willen tust du hier? Du lebst wie ein Bettler auf der Straße und putzt Schuhe? Warum bist du nicht gleich nach deiner Ankunft zu Mimi gegangen? Sie hätte dir bestimmt geholfen.‹«

Als sie mit ihrem Bericht an diesem Punkt angelangt war, bereute Janine schon wieder, so viele Einzelheiten genannt zu haben. Es wäre beschämend und illoyal gegenüber ihrer Verwandtschaft gewesen, wenn sie Roland erzählt hätte, was ihre Eltern zu ihrem Leidwesen erfahren hatten: dass Norbert tatsächlich direkt nach seiner Ankunft in Lyon zu Mimi gegangen war, sie aber nicht mehr getan hatte, als ihm ein paar Francs zu leihen und ihm die Flüchtlingsunterkunft zu zeigen, sodass er zum Zeitpunkt, als Alice ihn auf der Straße entdeckt hatte, immer noch als Obdachloser und Bettler lebte. Schnell wechselte Janine das Thema.

Mimis Mann Maurice hatte für sie ein wunderbares Apartment an der Place Gabriel Rambaud, ganz in der Nähe der Saône gemietet. »Nummer 14«, sie nannte absichtlich die Adresse, in der Hoffnung, dass Roland sie sich merken würde. Sie lag im fünften Stock eines Eckhauses, hatte eine umlaufende Terrasse und war viel schöner, als sie es erwartet hatten. Die Wohnung war groß, und durch die Glastüren zur Terrasse konnten sie direkt auf die Türme von La Fourvière blicken, die Basilika oben auf dem Hügel über der Stadt, auf dem anderen Ufer der Saône. Sie erwähnte nicht, dass Glastüren bei dem derzeitigen Mangel an Heizmaterial bedeuteten, dass es in der Wohnung schrecklich kalt war. Sie sagte ihm auch nicht, dass die Wohnung weder Bad noch Dusche hatte und sie und Trudi einmal pro Woche ins Hôtel Claridge gingen und sich dort eine Wanne teilten, weil das billiger war.

»Aber was ist mit dir?«, fragte ihn Janine, der es unangenehm war, dass sie ununterbrochen redete. »Wo wohnst du? Ist deine Familie auch hier oder ist sie noch in Villefranche?«

»Nein, ich bin ganz allein und habe es, wie Norbert, dringend nötig, ein wenig bemuttert zu werden«, sagte Roland mit einem übertriebenen Stirnrunzeln. Es klang wie ein Angebot, und Janine wurde sofort wieder rot. Sie hatte, um etwas mehr Chic zu zeigen, die Ärmel ihres Wollpullovers nach oben geschoben, und nun lagen ihre bloßen Unterarme verlockend nahe neben Rolands Händen auf dem Tisch. Wie sehr sie sich nach seiner Berührung sehnte oder sich vorstellte, seine Hand zu ergreifen!

»Meine Familie ist an Weihnachten nach Mulhouse zurückgegangen«, sagte er. »Und ich wette, dass sie jetzt alle deutsch sprechen müssen. Übrigens, Hannele«, erinnerte er sie mit einem schelmischen Grinsen an ihren deutschen Kosenamen, »ich muss dich wirklich dafür loben, dass dein Französisch so viel besser geworden ist. Du hast eine Menge gelernt, seit ich dich das letzte Mal gesehen habe.« Er pochte anerkennend mit dem Zeigefinger an seinen Kopf. Dann aber kroch erneut ein anzügliches Lächeln auf seine Lippen. »Die jungen Burschen in Gray müssen gute Lehrmeister gewesen sein.« Er wandte sich um und tätschelte zustimmend mit einer väterlichen, ein wenig anmaßenden Geste ihre Hand. Es war nicht die zärtliche Berührung, nach der sie sich all die Monate, in denen nur er ihre Träume beherrschte, gesehnt hatte.

»Da wir gerade von Familie reden: Ich glaube, es ist Zeit, nach Hause zu gehen«, fiel Trudi ein und warf ihr einen vielsagenden Blick zu. »Unsere Eltern werden sich Sorgen machen und mit dem Abendessen warten.«

Roland sah auf seine Uhr. »Oh, ich hatte keine Ahnung, dass es schon so spät ist! Wie egoistisch von mir, euch so lange aufzuhalten!« Er drehte sich um, winkte nach dem Kellner und stand dann auf, um ihnen in ihre Mäntel zu helfen. Janine wandte den Kopf. Sie wollte ihm nicht zeigen, dass Tränen in ihren Augen standen. Sie fragte sich, wie sie sich wieder unter Kontrolle bekommen sollte in diesem Moment, wo der Mann, den sie liebte, schon wieder von ihr fortging. Ihre Tasse mit der Fleischbrühe war zwar schon leer, aber dennoch ergriff sie sie und tat so, als ob sie einen letzten Schluck daraus trinken wollte. Dadurch konnte sie ihr Gesicht hinter der Tasse verbergen und versuchen, ihre Fassung zurückzugewinnen. Roland griff nach seinem Schirm hinter dem Stuhl und gab den beiden Schwestern so die Gelegenheit, an ihm vorbei zuerst auf die Straße zu gehen. Als sie durch die Tür traten, tupfte Janine heimlich ihre Augen ab und versuchte, eine Maske von Unbefangenheit aufzusetzen.

»Es war wundervoll, dich getroffen zu haben«, sagte sie auf dem Gehweg, zwang sich zu einem Lächeln und streckte ihm ihre Hand entgegen. Er zog mit überraschtem Blick die Augenbrauen hoch.

»Si vite que ça? – So schnell wollt ihr mich loswerden? Ich wollte gerade vorschlagen, dass wir uns alle morgen Nachmittag in einem netten Café in der Rue des Cordeliers wiedersehen.« Er schob seinen Schal in den Mantel, machte eine Pause und blickte die Straße hinauf in Richtung Rathaus. »Übrigens«, fügte er hinzu, »hat eine von euch zufällig in Mulhouse Roger Dreyfus kennengelernt?« Ohne eine Antwort abzuwarten, fuhr er fort: »Roger und ich teilen uns ein Zimmer, und wenn er Zeit hat, bringe ich ihn mit. Ich bin sicher, ihr werdet ihn beide mögen. À demain. Ich hoffe, ihr bekommt das hin. Sagen wir um fünf.« Er gab ihnen die Adresse, hauchte wieder Küsse auf ihre Wangen, drehte sich um und war fort.

Ohne Trudi wäre sich Janine, als sie nach Hause kamen, nicht sicher gewesen, ob sie das nicht alles nur geträumt hatte. In der Nacht ging sie gedanklich noch einmal kritisch jedes einzelne Wort durch, das sie gesagt hatte. Wenn sie ihn schon mit einem atemlosen Hagel von dahergeplapperten Wörtern zugedeckt hatte, warum hatte sie nichts gesagt, was ihr hätte helfen können, seine Achtung zu gewinnen? Oder sogar dazu geführt hätte, dass er ein kleines bisschen eifersüchtig wurde? Zum Beispiel, wie sie den Kommandanten ausgetrickst hatte, damit er ihre Papiere unterschrieb! Oder wie der in Gray stationierte Soldat aus Freiburg eine Katastrophe heraufbeschworen hatte, indem er sie retten und zu seiner Frau machen wollte! Oder wie André Fick, der auch in sie verliebt war, sein eigenes Leben in Gefahr gebracht hatte, weil er ihrer Familie half, über die Grenze zu kommen! Das waren die Geschichten, die sie hätte erzählen sollen, um sein Interesse an ihr zu steigern und sich in einem besseren Licht darzustellen. Das hätte sie tun können, das hätte sie tun sollen, und das hätte sie auch bestimmt getan, wenn sie mehr Zeit gehabt hätte – und noch immer ärgerte sie sich über sich selbst, weil sie so viel geschwatzt hatte.

Ihre Gefühle fuhren Achterbahn, sie war voller wiedererweckter Sehnsucht und quälender Selbstzweifel, sie durchlebte noch einmal jede der kostbaren Sekunden ihres Wiedersehens und schwor, sich beim nächsten Treffen anders zu verhalten – zurückhaltender und nicht so berechenbar. Die ganze schlaflose Nacht hindurch schwankte ihre Stimmung zwischen Freude und Verzweiflung, und sie hätte sich ohrfeigen können, weil sie nicht nach seiner Adresse gefragt hatte. Ohne Adresse wurde das nächste Treffen noch viel wichtiger. Weil sie kein Telefon hatten, musste jedes Treffen eingehalten werden, um in Kontakt zu bleiben. Es gab keine Möglichkeit, Roland zu erreichen, um Vereinbarungen zu ändern oder sich zu entschuldigen, wenn ihre Eltern sie nicht gehen lassen wollten. Sie wusste, dass sie eine schwierige Aufgabe zu bewältigen hatte. Trotz der 28 Brücken von Lyon musste sie eine neue, eine eigene Brücke bauen, um die Distanz zwischen ihm und ihr zu überwinden.

ZWÖLF

J'attendrai

»Shh! Je t'en prie! Arrête de parler allemand!« Mimi zischte Alice die Warnung zu, als sie mit ihr die Rue de l'Hôtel de Ville zu ihrer Wohnung hinunterging. »Ich bitte dich! Hör auf, Deutsch zu reden!« Sie schaute ängstlich über ihre Schulter, warf ihrer Tante einen ärgerlichen Blick zu und begrub ihr Gesicht in ihrem hochgeschlagenen Pelzkragen. »Es hilft keinem von uns, wenn du jedem Fremden, der dich zufällig hört, zu verstehen gibst, dass du ein Flüchtling bist.«

Alice schwieg ernüchtert. Zusammen mit den Tränen, die ihr in die Augen schossen, stieg die Erinnerung an ihr Haus in der Poststraße 6 in ihr hoch. Sie dachte zurück an die Zeit, als es erlaubt und völlig normal war, Deutsch zu sprechen. Als es etwas bedeutete, Frau Günzburger zu sein, und sie die Tür ihres eigenen, schönen Hauses für Sigmars elegant gekleidete Nichte mit dem blond gebleichten Haar öffnen und ihr eine Lehrstunde darüber erteilen konnte, wie man Gäste willkommen heißt.

Im Moment jedenfalls hatte die Zurechtweisung durch Maries Tochter sie mehr gekränkt, als die darin enthaltene Warnung sie besorgt machte. Die Arbeitslosigkeit, der Krieg, die Niederlage und die allgemeine Knappheit an allem, was man brauchte, hatten es dem Vichy-Regime leichtgemacht, die Flüchtlinge aus Mitteleuropa, die im letzten Jahrzehnt zu Hunderttausenden nach Frankreich gekommen waren, dafür verantwortlich zu machen. Und obwohl Mimi und andere französische Juden sehr wohl verstanden, dass sie sich so verhalten mussten wie alle anderen Angehörigen der französischen Nation auch, fürchteten sie doch, dass ein bunter Haufen ausländischer, aus ihrer Heimat vertriebener und verzweifelter Juden, die die Sprache nicht sprachen, sich aber darauf beriefen, mit ihnen verwandt zu sein, ihre soziale Stellung untergraben würde.

Die Eingangstür zum Haus Nr. 99, Rue de l'Hôtel de Ville (heute Rue du Président Edouard Herriot) in Lyon, wo Emilie Cahen Goldschmidt und ihr Mann Maurice mit ihren drei Kindern lebten

Alice hatte aus Mimis Worten nur die persönliche Beleidigung herausgehört. Sie ließ sich ein wenig zurückfallen, während Mimi stehenblieb, um die besonders schöne Türe vor dem Haus mit der Nummer 99 aufzuschließen. Sie war aus bernsteinfarbenem Holz und mit langen, senkrecht geschnitzten Reliefs von Früchten und Blumen auf den Füllungen beider Flügel verziert. Auf beiden Seiten war die Tür von Ziersäulen aus weißem Marmor eingerahmt, und eine klassische Skulptur schwebte über dem eleganten Torbogen. Sie zeigte auf einen gehörnten Teufel, der unter einer Marmorbank lauerte, auf der zwei Putten saßen und unschuldig mit einem Vogel spielten. Die Skulptur war ein Hinweis auf das unsichtbare Böse in der Welt, ein Symbol für die Unerbittlichkeit des Schicksals.

Oben in Mimis Wohnzimmer saß ihr Mann, Maurice Goldschmidt, zusammen mit Marie, Sigmar, Janine und dem ältesten ihrer drei Kinder, ihrem Sohn Elie-Jean, 15 Jahre alt und ein Wunderkind in Musik und Mathematik. Alle schauten auf Sigmar, der einen Brief seines Neffen Herbert aus New York vorlas. Als Mimi den Raum betrat, die mürrische Alice im Schlepptau, brach Sigmar mitten im Satz ab. Seine Nichte schnüffelte in der Luft und fuhr ihren Mann an.

»Du servierst echten Kaffee, Maurice?«, fragte sie ihn, noch bevor sie die anderen begrüßte, mit einem finsteren Blick, der die sinnlose Verschwendung wertvoller Nahrungsmittel verurteilte und zeigte, dass sie darüber schon früher oft gestritten hatten. Maurice starrte auf den elfenbeinfarbenen Teppichrand. Was seine Frau anging, hatte er sich daran gewöhnt, die Tugend des Schweigens anzuwenden.

In der Tat hatte sich Maurice, untersetzt, mit schütter werdendem Haar und deutlich älter als sie, immer darüber gewundert, dass die schöne Mimi damals seinen Heiratsantrag angenommen hatte. Lange hatte er versucht, die Gerüchte nicht wahrzunehmen, nach denen Mimi ihn nicht aus Liebe geheiratet habe, sondern weil sie zweimal bitter enttäuscht worden war und so etwas nicht noch einmal erleben wollte. Außerdem sicherte die Ehe mit

Maurice ihr ein Leben im Wohlstand. Leider stimmten die Gerüchte, und zudem war die erste von Mimis unglücklichen Liebesbeziehungen ihr Cousin Herbert gewesen, was zur Folge hatte, dass sie jedes Mal, wenn jemand seinen Namen erwähnte, an ihr gebrochenes Herz erinnert wurde.

Sigmars Nichten und Neffen in den frühen 1920ern (v.l.n.r.): Herbert Winter, Emilie »Mimi« Cahen, Jacob Winter, Gretl Winter, Edmond »Edy« Cahen

Herbert war der gutaussehende und elegante Sohn von Maries und Sigmars älterer Schwester Karoline. Obwohl er und Mimi sich ineinander verliebt hatten, als er Anfang zwanzig war, und obwohl sie große Pläne hatten, war er nach New York gegangen und hatte versprochen, seine Kusine zu heiraten, sobald er genug Geld verdient hätte, um sie ernähren zu können. Er hatte mit Hilfe von Krediten, die ihm Sigmar gewährt hatte, in Amerika einen Stahlhandel aufgebaut, und seine Briefe berichteten von großen geschäftlichen Erfolgen, bis er in den Strudel der Weltwirtschaftskrise von 1929 geriet.

Als Herbert sich wieder davon erholt hatte, schrieb er nach Hause, dass ihn seine Ehre dazu verpflichte, eine Amerikanerin zu heiraten, seine frühere Sekretärin, die während der Jahre der großen Depression treu an seiner Seite gestanden habe. Es sei großenteils ihr Einkommen gewesen, mit dem sie sich über Wasser halten konnten. Er schrieb in der Hoffnung, dass die jahrelange Trennung die Gefühle, die seine Kusine für ihn empfand, etwas abgekühlt hätte und dass eine hübsche, charmante und begabte junge Frau wie Mimi keinen Mangel an Verehrern habe.

Der Tod ihres zweiten Verlobten, der Opfer eines Raubüberfalls wurde, hatte ihr Herz dann endgültig gebrochen. Der Klatsch behauptete, es sei vor allem ihre untröstliche Trauer gewesen, die Mimi dazu gebracht hatte, Maurice, einen reichen Seidenhändler, zu heiraten, und dass sie in Wohlstand und Status die Befriedigung suchte, die ihr in der Liebe verwehrt geblieben war.

Seit damals hatte sie sich über ihre Stellung in den gehobenen Kreisen Lyons definiert und erklärt, sie habe volles Vertrauen, dass ihre engere Familie auch weiterhin in Sicherheit sei, weil der französische Staat sie beschützen werde. Deshalb weigerte sie sich auch, zur Kenntnis zu nehmen, dass Vichy einen eigenen Weg der Judenverfolgung eingeschlagen hatte, der sogar über das hinausging, was die von Hitler erzwungene Verpflichtung zur Kollaboration vorsah.

»Qu'est-ce qui se passe? – Was geht hier vor?«, sagte sie jetzt und schaute in die ernsten Gesichter um sie herum. »Was liest du da, Oncle?«

Sigmar antwortete, er habe von seinem Vetter Max Wolf, der von Belgien aus nach Brive-la-Gaillarde in Zentralfrankreich geflohen war, erfahren, dass er sich um Visa für Kuba bemühe, um aus Europa herauszukommen, und dass er ihnen riet, es ebenso zu tun. Kuba sei eine Art Hintertür für die Einreise in die Vereinigten Staaten, fuhr Sigmar fort, und biete die Möglichkeit, schneller aus Europa ausreisen zu können, als wenn man versuchte, direkt eines der sehr widerwillig und nur nach Quoten vergebenen amerikanischen Visa zu bekommen.

Jetzt müsse man die Dinge sehen, wie sie wirklich seien. Deshalb – in Sigmars Stimme klang Freude durch – hatte sich Herbert als Bürge angeboten und sich sogar bereiterklärt, ihre Reisekosten zu übernehmen, wenn das nötig sein sollte. Er bot an, ihre Tickets über seine Rücklagen bei der »Hebrew Immigrant Aid Society«, der Gesellschaft für die Unterstützung jüdischer Immigranten in New York, zu bezahlen, die wiederum mit dem »American Jewish Joint Distribution Committee« zusammenarbeitete, der Zentralstelle für die Verteilung jüdischer Immigranten, die Plätze auf gecharterten Flüchtlingsschiffen vergab, die von Marseille oder Lissabon aus Europa verließen.

Besonderes Glück sei noch, dass Herberts Frau einen Bruder habe, einen auf Kuba lebenden Geschäftsmann, der über gute Kontakte zur amerikanischen Regierung verfüge und in der Lage sei, ihnen nach ihrer Ankunft in Havanna zu amerikanischen Visa zu verhelfen.

Sigmar kündigte an, er sei bereit, diesen umständlichen Weg zu gehen, um an Visa zu kommen. Zunächst würde er nach Marseille fahren und sich dort um eine Passage über den Atlantik kümmern. Da es nur noch wenige Schiffe gab, die aus neutralen Staaten über den Atlantik fuhren, musste man beim Antrag auf ein Visum nachweisen, dass man eine Reise verbindlich gebucht hatte. Außerdem musste man eine ganze Reihe anderer offizieller Dokumente vorlegen.

Immerhin: Sigmar hatte einen Plan und war von ihm überzeugt. Er ließ die Briefe sinken und strahlte in die Runde. Er hatte aber nicht darüber nachgedacht, wie sehr die Nennung von Herberts Namen seine Nichte erregen würde. Und auch nicht, dass die Aussicht, ganz plötzlich Haus und Land verlassen zu müssen, bei seinen französischen Verwandten wie eine Bombe einschlagen würde.

»Kommt überhaupt nicht in Frage! Ich will an meinem Tisch essen! Ich will in meinem Bett schlafen«, fuhr Mimi ihn an. Sie sprang von ihrem Stuhl auf, und eine haushohe Welle des Zorns schwappte durch den Raum. Sie starrte Maurice an, als ob sie ihn bei der Vorbereitung eines Verbrechens erwischt hätte.

»Für euch Deutsche mag das genau die richtige Antwort sein«, schrie sie Sigmar an. »Kuba! Allez-y! Macht das! Aber wir sind reinrassige Franzosen. Pure sang. Verstehst du?« Sie benutzte die rassistische Terminologie der Nazis ganz bewusst. »Wir haben nicht die Absicht, unser Land zu verlassen. Diese ganze Diskussion ist absurd und aufgebauscht.« Sie beendete das Thema mit einem kurzen wütenden Lachen: »Herbert«, spottete sie. »Sans blague! Ohne Witz! Also ist Herbert der weiße Ritter, der uns retten will? Lieber setze ich auf den Marschall.«

Obwohl Janine entsetzt darüber war, wie Mimi mit Sigmar sprach, war sie heimlich begeistert von der Ankündigung ihrer Kusine. Die Idee, schon wieder wegzugehen, war für sie, jetzt, wo Roland wieder in ihre Welt zurückgekehrt war, unerträglich. Und Kuba? Wo war das? Sie konnte sich nicht erinnern. Außerdem: Die Franzosen waren keine Nazis und es würde sich, wie so oft, schon zeigen, dass die Sorgen und Pläne ihres Vaters grundlos waren. Warum hatten sie fast ein Jahr lang in Gray geschmort, bevor die Kämpfe begannen, ein Jahr, das unermesslich teuer war, wenn sie an die Zeit dachte, die sie mit Roland hätte verbringen können?

Sigmar stand auf, gab seiner Schwester einen Kuss, drehte sich zu Maurice um und streckte ihm die Hand entgegen. Er war seinem freigiebigen, angeheirateten Neffen sehr dankbar, der ihm, seit sie aus Mulhouse fortgegangen waren, großzügig Geld geliehen hatte, um sie über Wasser zu halten.

»Ich glaube, es ist das Beste, wenn wir später darüber reden«, murmelte er, »wenn du Zeit gehabt hast, darüber nachzudenken und es mit Mimi durchzusprechen.«

Alice und Janine folgten ihm pflichtbewusst zur Tür, während Mimi ihre Mäntel holte. Sie versuchte gar nicht erst zu verbergen, dass sie ihren Onkel und seinen Pessimismus endlich loswerden wollte. Als sie sich Janine zuwandte, blieb Mimi, ihren Mantel über dem Arm, stehen.

»Ich verstehe nicht, wie du diese schwarzen Wollstrümpfe anziehen kannst«, bemerkte sie und blickte auf Janines dunkle Beine und die Schuhe mit den Holzsohlen. Sie selbst trug teure, rosa schimmernde Seidenstrümpfe und hochhackige, vorne offene Pumps aus braunem Krokodilleder. »So etwas würde ich im Leben nicht tragen!«

Janine sagte nichts. Wenn sie das Geld dafür hätte, würde sie sich natürlich für Seide entscheiden. Aber an solch feine Dinge konnte sie im Moment nicht einmal denken. Dennoch war Janine Mimi dankbar, dass sie die Idee, sie müssten aus Frankreich fortlaufen, um ihr Leben zu retten, zurückgewiesen hatte, und war deshalb bereit, ihr die wenig einfühlsame Bemerkung zu vergeben. Sie gab ihr sogar Küsse auf beide gepuderten Wangen und schenkte ihr ein Lächeln, das echt aussehen sollte.

In den folgenden Wochen fand Norbert Arbeit als Verwalter des Bücherlagers einer Fernschule auf der anderen Seite der Rhône, und überredete den jüdischen Besitzer, Janine als Buchhalterin einzustellen, eine Tätigkeit, für die sie keinerlei Ausbildung hatte. Ihr von der Regierung ausgestellter Pass für ausländische Arbeitskräfte beschrieb sie unbestimmt und ungenau als »correctrice d'allemand«, als Korrektorin für die deutsche Sprache. Die Schule versandte Bücher, Hausaufgaben und Klausuren an Schüler im ganzen Land, die zu Hause lernten, weil sie keine Zeit oder kein Geld hatten oder zu weit entfernt wohnten, um in Lyon zur Schule zu gehen.

Janines Tätigkeit hatte den Vorteil, dass sie ihr eine glaubwürdige Ausrede bot, Roland spätnachmittags auf der Rue de la République zu treffen, nachdem sie vorgeschlagen hatte, dass die Schule ihn anstellen sollte, um die zurückgeschickten Arbeiten der Schüler in Geschichte und Literatur zu korrigieren.

Da sich ihre Beziehung nicht so wiederherstellen ließ, wie sie in ihren letzten Wochen in Mulhouse gewesen war, wurde sie zu einem Satelliten in seinem Orbit. Sie war dankbar für die Zeit, die sie in seinem Gravitationsfeld verbringen konnte, aber verharrte in einem Zustand berauschter Frustration. Nach der Arbeit traf sie sich mit anderen jungen Leuten und saß in den Cafés an der Place des Terreaux hinter dem Rathaus, wo der berühmte Bartholdi-Brunnen – ein von vier gegen das Geschirr ankämpfenden Pferden durch die Wellen gezogener Streitwagen – eine Art Sinnbild war für ihr Bestreben, den Krieg zu vergessen und mit ihrem Leben fortzufahren.

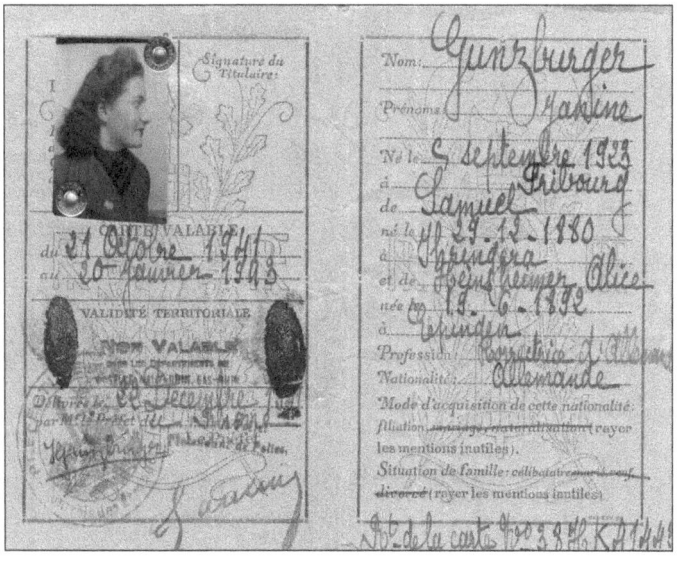

Janines Ausweis beschreibt ihren Beruf als »Korrektorin für deutsche Sprache«.

Aber Roland war von seinem Kartenspiel und der Gesellschaft anderer Studenten so in Anspruch genommen, unabhängig davon, wie wenig er selbst studierte, dass er sie dort kaum wahrzunehmen schien. Sie wiederum sehnte sich nach jedem kleinen Zeichen von Zuneigung, das ihre Hingabe gerechtfertigt erscheinen ließ. Roland wiedergefunden zu haben, aber dennoch nicht an ihn heranzukommen, war eine niederschmetternde Erfahrung. Ihre Fantasie hatte ihrer Hoffnung Flügel verliehen, die Alpträume der Verfolgung durch die Nazis vertrieben und sie von einer stürmischen, leidenschaftlichen Wiedervereinigung mit ihm träumen lassen.

Jetzt verfluchte sie ihre eigene Dummheit, überschätzt zu haben, was sie ihm bedeutete. Ihre Tage waren bestimmt von der Sehnsucht, ihn zu sehen, aber ihre Treffen – die nur zustande kamen, weil sie wusste, dass er über die Rue de la République flanieren oder dort sein würde, wo seine Freunde sich normalerweise aufhielten – waren im Regelfall ernüchternd und verletzten sie. Verzweifelt bemüht, zuerst seine Aufmerksamkeit und dann sein Herz zu gewinnen, dachte sie den ganzen Tag darüber nach, wie sie irgendetwas finden könnte, das sie beide interessierte. Roland brauchte nur ein Buch zu erwähnen, das er gelesen hatte, schon rannte sie in die nächste Buchhandlung, wo sie dann, weil sie kein Geld hatte, es zu kaufen, so viel darin las, wie sie konnte, ohne den Unmut des Verkäufers zu erregen, damit sie genug wusste, um mit ihm darüber diskutieren zu können.

~

Im März 1941 kam die Nachricht, dass Alice' Mutter Johanna in Zürich gestorben war. Sie hatte dort seit ihrer Flucht aus Eppingen in tiefer Verzweiflung bei ihrer Tochter Lina gelebt. Alice fuhr sofort zum Begräbnis, was noch möglich war, denn die neutrale Schweiz schloss erst im folgenden Jahr ihre Grenzen für Juden und schickte dann Flüchtlinge sogar zu den Nazis zurück. Noch im selben Monat informierten deutsche Beamte in Frankreich Berlin darüber, dass die Regierung Pétain 45 000 ausländische Juden in Lagern in der unbesetzten Zone interniert hatte, wie es das im vergangenen Oktober vom Vichy-Regime erlassene Gesetz vorsah.

»Die französischen Juden werden später folgen«, stellte der Bericht über die Internierungen der Vichy-Regierung fest, die zu dieser Zeit schon mehr Personen festgenommen hatte als die Deutschen in der besetzten Zone. Im Juni weitete ein neues Gesetz die Rechte der Vichy-Regierung aus und gestattete ihr, jeden

Juden, ausländisch oder einheimisch, aus jedem Grund zu internieren. Der Verdacht, Jude zu sein, war schon ausreichend. Eine Neufassung des »Statut des juifs« untersagte Juden, als Angestellte oder in akademischen Berufen zu arbeiten, und schrieb eine genaue Erfassung aller Juden vor, die sie verpflichtete, sich persönlich zu melden und ihren Wohnort, ihre Herkunft und ihr Vermögen anzugeben. Zwei Wochen später stimmte der Zentralrat der französischen Juden dafür, den neuen Regelungen Folge zu leisten, weil sich dies für loyale Staatsbürger so gehöre.

Im Juli wurde das Vichy-Regime durch ein neues Gesetz ermächtigt, im Rahmen eines aggressiven Arisierungsprogramms, das in der besetzten Zone schon umgesetzt wurde, auch in der unbesetzten Zone jüdischen Besitz zu enteignen. Mit dem erklärten Ziel, den jüdischen Einfluss auf die nationale Wirtschaft »auszuradieren«, konnte das gesamte Eigentum der Juden beschlagnahmt werden. Die Behörden verhafteten die ärmsten Juden, zunächst mit der Behauptung, dass die Internierung, wie schlecht die Versorgung in den Lagern auch war, aus humanitären Gründen erfolge. Der Verrat, den in Frankreich geborene Juden lange befürchtet hatten – dass sie genauso behandelt würden wie Juden ohne französische Bürgerrechte, die, weil sie neu im Land waren, auch nicht den gleichen Schutz erwarten durften –, wurde nun bittere Wahrheit.

Angesichts dieser bedrohlichen neuen Bestimmungen fuhr Sigmar erstmals nach Marseille, wo er sich bei den jüdischen Hilfsorganisationen um Papiere und eine Schiffspassage bemühte. Woche um Woche fuhr er, begleitet von Trudi, die ihm bei der Übersetzung half, mit der Bahn nach Marseille. Dort ging er zu Fuß den langen, mühseligen Weg zum Büro von »HICEM«, dem internationalen Arm der (amerikanischen) »Hebrew Immigrant Aid Society« in der Rue du Paradis auf einem Hügel über der Stadt und von dort aus später den Berg hinunter zum »Joint Distribution Committee«.

Die Agentur, unter dem Namen »The Joint« bekannt und in New York beheimatet, war 1914 von reichen amerikanischen Juden gegründet worden, um bedürftigen Menschen ihrer Religion bei der Überfahrt nach Amerika zu helfen. Jetzt wurde es zu ihrer Hauptaufgabe, Leben zu retten. Das »Joint« unterhielt ein Büro auf der breiten Avenue de la Canebière, nur wenige Schritte entfernt vom Hafen und seiner hektischen Betriebsamkeit. Dort hatten sich Flüchtlinge in Scharen versammelt, im verzweifelten Bemühen, irgendwie aus Europa herauszukommen. Immer wieder waren auch Sigmar und Trudi inmitten dieser Flüchtlinge. Aber jedes Mal, wenn sie das Chaos und die Rangeleien sahen, das endlose Warten auf Visa und andere Dokumente und die bürokratischen Hindernisse, die der Sumpf neuer Regelungen aus Vichy mit sich brachte, kehrten Vater und Tochter wieder nach Lyon zurück, mit nichts im Gepäck als der Gewissheit, dass sie ein weiteres Mal nach Marseille würden reisen müssen.

Sie brauchten französische Ausreisevisa, Transitvisa und Visa, mit denen sie nach Kuba einreisen konnten. Um ein Ausreisevisum zu bekommen, musste man einen Antrag bei der Präfektur des Departements, der örtlichen Behörde der französischen Zentralverwaltung, stellen, in dem man wohnte. Für Lyon war das die Préfecture du Rhône. Wenn die Präfektur dies verlangte, musste man ein polizeiliches Führungszeugnis vorlegen, zu beantragen bei der örtlichen Polizeibehörde. Für die Fahrt nach Marseille, um dort weitere Papiere zu beantragen, brauchten sie Reisepapiere, und bei der Ankunft mussten sie sich bei der Préfecture des Bouches-du-Rhône anmelden. Dieser Behörde, die zuständig war für das Departement, in dem Marseille lag, hatte das französische Innenministerium die Aufgabe übertragen, die knappen Plätze auf den wenigen Schiffen, die Flüchtlingen zur Verfügung standen, zuzuweisen – vorausgesetzt, ihre Papiere waren in Ordnung. Wenigstens könnten sie, wenn Herbert mit seinem Bemühen, ihnen Tickets zu kaufen, Erfolg hatte, die schwierige Klippe überspringen, in Frankreich Dollars zu beschaffen, die nötig waren, um die Passage zu bezahlen. Es kam hinzu, dass alle Papiere immer nur für einen eng begrenzten Zeitraum gültig waren. Wenn also eines der Dokumente ablief, bevor man die anderen beisammenhatte, mussten neue beantragt werden, und die ganze Prozedur begann von vorn.

»Die können mich gerade mal am Arsch lecken!« Eine schockierte Trudi berichtete, dass sie das erste Mal miterlebt hatte, wie ihr Vater einen Kraftausdruck gebrauchte, als ihm ein Mitglied der Hilfsorganisation erklärte, warum das Konvolut von Papieren, von dem Sigmar glaubte, dass es vollständig war, immer noch nicht ausreichte, sie ausreisen zu lassen. Die Hilfsorganisationen mussten dieselben Enttäuschungen und denselben Ärger ertragen. »HICEM« kämpfte tapfer darum, die Anforderungen der Konsulate, der Reedereien und der Vichy-Regierung zu koordinieren. Aber die Bemühungen der Agentur kamen an Grenzen, weil es zu wenig Geld gab, zu wenige Schiffe und zu wenige Länder, die bereit waren, Juden aufzunehmen. Und natürlich auch wegen der Trägheit der Regierungen, der Gleichgültigkeit der Behörden und der endlosen Bürokratie.

Mitte Juni 1942 stellten die amerikanischen Konsulate im besetzten Europa ihre Tätigkeit ein, und im selben Monat wurden in den Vereinigten Staaten neue Gesetze verabschiedet, die die Ausgabe von Visa noch strikter limitierten. Unter dem Vorwand, man habe Sicherheitsbedenken und fürchte, dass Spione und andere subversive Elemente sich als Flüchtlinge in die Staaten einschleichen könnten, kam die Immigration von Juden praktisch zum Erliegen.

Der Antisemitismus in den Büros der US-Regierung führte sogar dazu, dass den jüdischen Hilfsorganisationen unterstellt wurde, sie handelten als geheime Werkzeuge der Deutschen, um Nazi-Agenten nach Amerika einzuschleusen. Aber wie die »American Foreign Service Association«, die Gewerkschaft der Beschäftigten im Auswärtigen Dienst, später bestätigte, war es »offizielle Politik der USA, dass Juden keine Einreisevisa gewährt werden sollten, weil es nachteilig gewesen wäre, eine Regierung zu verärgern, die in Europa legitimiert und wichtig geworden wäre und deshalb möglicherweise ein wertvoller Verbündeter werden könnte«. In der Konsequenz führte das dazu, dass zwischen dem Angriff auf Pearl Harbor im Dezember 1941 und dem Kriegsende 1945 neunzig Prozent der Visa, die nach der Quotenregelung für Menschen vorgesehen waren, die aus von den Nazis kontrollierten Ländern in die USA einreisen wollten, nicht erteilt wurden.

~

An Tagen, an denen Trudi nicht mit Sigmar unterwegs war, half sie Janine bei der ermüdenden Tätigkeit des »ravitaillement«, des Hamsterns, wozu man auf der immerwährenden Suche nach Nahrungsmitteln Schlange stehen musste.

Janine (r.) – sie trägt einen Pullover mit einem Emblem aus Mulhouse – mit Trudi, Norbert und der Katze »Munnele« auf dem Balkon ihrer Wohnung in Nr. 14 Place Rambaud in Lyon

In ihrer Wohnung fielen nicht einmal Brotkrumen zu Boden, sodass sogar die Mäuse ermutigt wurden, sich wie Familienmitglieder zu den Mahlzeiten bei Tisch einzufinden. Wegen der Mäuse brachte Sigmar eines Tages eine Katze mit nach Hause, die allerdings nicht nur Mäuse jagte, sondern auch sehr schnell lernte, genauso zu stehlen wie die Mäuse, und unverschämt Essen aus Alice' Hand stibitzte, bevor sie die Teller zu Tisch bringen konnte. Als die Katze sich mit einem Stück köstlicher Leberwurst davonmachte, für das Alice einen ganzen Tag in der Kälte angestanden hatte, führte das nicht nur zu Tränen der Wut, sondern auch zu einer permanenten Sehnsucht nach dieser Wurstsorte, von der sich kein Mitglied der Familie je wieder befreien konnte.

Als es Trudi gelang, ein einzelnes Ei zu ergattern, stritten sich alle fünf selbstlos darüber, wer von den anderen es denn essen sollte, sodass es nach Tagen vornehmer Zurückhaltung verdarb und sie es wegwerfen mussten. Sie versuchten, aus gerösteten Erbsen Kaffee zu machen, lernten sich von gelben Rüben, genannt »Rutabagas«, zu ernähren und begnügten sich zu Mittag mit einem Apfel oder einer Karotte, damit sie pro Person eine Scheibe, ihre tägliche Ration einer trockenen Körnermischung, die als Brot bezeichnet wurde, für das Frülıstück aufheben konnten.

Auch hier, in der unbesetzten Zone, waren sie nicht allein mit ihrem schrecklichen Hunger, weil die Deutschen den Großteil der französischen Nahrungsmittel konfiszierten und über die Grenze brachten. Hunger wurde zum vorrangigen politischen Thema. Überall in Frankreich gingen Hausfrauen auf die Straße, um gegen den Hunger zu demonstrieren. Das untergrub die Popularität von Marschall Pétain, der als Großvater Frankreichs agierte, vorgab, für die traditionellen Werte zu stehen, aber nicht in der Lage war, für das Abendessen der Familie zu sorgen.

Als die Läden nicht einmal mehr das verkaufen konnten, was die Rationierung vorsah, zwang der Hunger die Menschen, ihre Nahrungsmittel zu den aufgeblähten Preisen des Schwarzmarkts zu kaufen – die manchmal um das Zehnfache höher waren. Obwohl dies verboten war, hatten die Behörden manchmal keine andere Wahl, als die Augen davor zu verschließen. Am Ende bot der Schwarzmarkt den Vorwand, alle diejenigen, die als politisch unzuverlässig angesehen wurden, zu verhaften. Das war nützlich, weil man so die Quoten einhalten konnte, die die Nazis sowohl für Sklavenarbeiter als auch für Juden vorgegeben hatten, die nun nach Osten deportiert wurden, um dort in den Krematorien der Lager verbrannt zu werden.

Das Jargon-Wort »le système D«, eine Abwandlung des Verbs »se débrouiller« – sich zu helfen wissen –, beschrieb die kleinen Gaunereien, die man brauchte, um zu überleben. Wenn man, was selten vorkam, die Gelegenheit hatte, etwas zu kaufen, stürzten sich die Leute darauf, selbst wenn sie es selbst nicht brauchen konnten, um es dann gegen Dinge, die man gerne haben wollte, einzutauschen. Als sich zum Beispiel Roland und Roger die Chance bot, an eine größere Menge Seidenstrümpfe zu kommen, legten sie zusammen, kauften sie und verkauften sie paarweise mit beachtlichem Profit. Von der Vichy-Regierung bekamen sowohl Roland als auch Roger ein kleines monatliches »Flüchtlingsgeld«, weil sie nicht nach Mulhouse zurückgehen konnten. Dennoch fuhr Roger, der zunehmend kühner wurde, in abgelegene bäuerliche Gegenden und kehrte mit Säcken voller Lebensmitteln zurück, die er mit großem Gewinn auf dem Lyoner Schwarzmarkt anbot.

Zum Beispiel reichte ihnen das Geld, das er verdiente, als er ein großes Rad Gruyère-Käse aufgetrieben hatte und es dann in Stücken verkaufte, für einige Wochen. Roland verpfändete die goldene »Baume & Mercier«-Armbanduhr, die ihm sein stolzer Vater zum »Baccalauréat«, zum Abitur, geschenkt hatte, und nahm danach jedes »petit métier«, jeden Gelegenheitsjob, an, um sie wieder auslösen zu können. Er verkaufte Schokoladentrüffel, die die Kusine eines Freundes eines Freundes hergestellt hatte, und neben seinen Korrekturarbeiten für Janines Arbeitgeber half er einem Chinesen, der Probleme hatte, seine Gedanken in französischer Sprache auszudrücken, bei der Abfassung seiner Examensarbeit.

»Mit Geld kann jeder gut leben«, hatte er beobachtet. »Die Kunst besteht darin, ohne Geld gut zu leben.«

Je mehr die Menschen unter den Entbehrungen litten, die das karge tägliche Leben mit sich brachte, desto mehr wuchsen Spannungen, Neid, Misstrauen und Hass. Kunden beschimpften die Händler, auf die sie angewiesen waren, sie seien gierig und nutzten ihre Notlage aus. Stadtbewohner beschuldigten Bauern, überhöhte Preise zu verlangen. Bauern ärgerten sich über die Hamsterkäufe der Städter, und jeder beobachtete eifersüchtig, was der andere zur Verfügung hatte. Die Reichen, die es sich leisten konnten, Dinge zu kaufen, die außerhalb der finanziellen Möglichkeiten ihrer weniger betuchten Nachbarn lagen, waren noch verhasster als die Deutschen. Man machte sich gegenseitig zur Zielscheibe von Denunziationen und begründete dies mit der Kleidung, die der eine trug, den wundersamen Lieferungen, die der andere angeblich erhielt, und mit den Gerüchen, die aus den Wohnungen drangen und der quälende Beweis dafür waren, dass es anderen besser ging als einem selbst.

~

Zu Beginn der Ferien im Juni entschloss sich Roland, für einige Zeit ein einfaches Leben zu führen. Er hatte, zusammen mit einem großgewachsenen, athletischen jüdischen Freund aus Algerien, eine Frau getroffen, die ihnen ein Kajak anbot. Obwohl der Preis für ihre Verhältnisse hoch war, kauften sie es in einem spontanen Entschluss und brachten es nach Saint-Germain-au-Mont-d'Or, ein Städtchen an der Saône nördlich von Lyon. Von dort aus paddelten sie zu einer kleinen, unbewohnten Insel im Fluss und schlugen ein Zelt auf, um dort den Juli unter freiem Himmel zu verbringen.

Am jenseitigen Ufer hatten sie Fahrräder angebunden, die sie benutzten, wenn sie Lebensmittel brauchten, und sie ergänzten ihren kargen Speiseplan durch kleine Fische, die sie an einer Leine fingen, über offenem Feuer grillten und unausgenommen, aber knusprig in den Mund steckten. Gelegentlich ruderten Freunde zum Lager der beiden hinüber, wo sie wie Stammeshäuptlinge herrschten und ihre Zeit damit verbrachten, zu schwimmen oder mit dem Kajak zu fahren, am Ufer der Saône herumzuliegen oder in ihrem Inselreich ein Sonnenbad zu nehmen. Janine konnte ihn dort nicht besuchen, aber sie zählte die Tage bis zu Rolands Rückkehr, obwohl sein Entschluss wegzufahren ihr deutlich zeigte, dass eine oberflächliche Freundschaft alles war, was er von ihr wollte.

In den Wochen, die er fort war, versuchte Janine ihn zu vergessen und erklärte sich sogar einverstanden, einem jungen Rabbi vorgestellt zu werden, der, wie Mimi Sigmar und Alice gegenüber betonte, eine gute Partie wäre. Im Bemühen, einen schneidigen Eindruck zu hinterlassen, erschien der Rabbi in Reitkleidung mit maßgeschneiderter Jacke, Reithosen und Stiefeln an der Place Rambaud, um Janine und ihren Eltern seine Aufwartung zu machen. Sigmar blieb vor Verblüffung fast der Mund offenstehen, als der junge Mann den Stuhl herumdrehte und sich rittlings auf ihn setzte, die Lehne zwischen seinen Beinen wie der Hals seines Pferdes, und eine Stunde so sitzenblieb.

»Das soll ein Rabbi sein?«, grummelte Sigmar hinterher laut und schüttelte in Erinnerung an den würdevollen Freiburger Rabbi Zimel den Kopf. Er wäre sehr erfreut gewesen, wenn seine Tochter einen Rabbi geheiratet hätte, aber der hier schien nur ein von sich selbst überzeugter Geck zu sein. Sigmar und seine Tochter waren einer Meinung, dass man davon Abstand nehmen sollte, ihm weitere Aufmerksamkeit zu schenken.

Ende Juli kam Roland nach Lyon zurück. Er war schlank und drahtig, sein dunkles Haar war gewachsen und seine Haut hatte in der Sonne eine goldbraune Farbe angenommen. Er sah noch viel besser aus als in Janines Erinnerung. »Basané«, gebräunt von der Sonne, so beschrieb ihn der Freund, der mit ihm auf der Insel war. Und das war das Bild von Roland, an das sich Janine immer erinnerte: Seine Haut weich und geschmeidig und glänzend wie goldener Honig. Sie war gefangen in ihrem körperlich spürbaren Verlangen, das sein Charme und sein gutes Aussehen immer in ihr weckten, und verehrte ihn wie ein mythisches Idol. Nur wenn sie in seiner Nähe war, fühlte sie sich vollständig; Roland wurde ihr Grund zu leben. Wie so viele andere Frauen ihrer Generation bekannte sie sich zu einem von ihrer Mutter vermittelten weiblichen Rollenverständnis, das sich im Verlangen ausdrückte, einem Mann zu dienen und ihn zu verehren. In ihrem Falle wurde das noch einmal verstärkt durch die starke ästhetische Anziehungskraft, die Roland auf sie ausübte und die sie gefangen hielt.

Sobald er wieder in der Stadt war, begann Janine erneut, ihn an den gewohnten Orten zu suchen – in den Cafés, den Buchhandlungen rund um die Place Bellecour, den Verkaufsständen unter den Schatten spendenden Kastanien am Saônequai und auf jenem Abschnitt der Rue de la République, den er nachmittags immer entlangzugehen pflegte. Sie nahm es auf sich, spät nach Hause zu kommen, und ging vor der Oper auf und ab, weil er auf dem Weg zu seiner Wohnung dort vorbeikommen musste. Aber ihre zufälligen Gespräche, fast immer in Anwesenheit seiner Freunde, behandelten selten persönliche Dinge.

An einem Augusttag kam Roger nach Hause in ihr gemeinsames Zimmer und fand Roland im Bett vor. Er krümmte sich, war nassgeschwitzt, fantasierte im Fieber und stöhnte vor Schmerzen. Er hatte seinen Hosenbund geöffnet, und seine zitternden Finger krallten sich in seinen harten und aufgeblähten Unterleib. Seine Kleidung und die Bettlaken waren beschmutzt mit Erbrochenem. Roger rannte los, um Hilfe zu holen, und als er Stunden später mit einem Arzt zurückkam, war Roland bewusstlos. Die Notoperation bestätigte die Diagnose, dass der Blinddarm geplatzt und Eiter in die Bauchhöhle geflossen war, was zu einer akuten Bauchfellentzündung geführt hatte. Auch nach der Operation bestand weiterhin die ernsthafte Gefahr einer Blutvergiftung, die tödlich verlaufen konnte.

Täglich nach der Arbeit eilte Janine in Rolands Krankenzimmer in der Clinique Vendôme, während ihre Eltern dachten, sie verbringe ihre Zeit mit Malou. Sie saß auf seiner Bettkante, kühlte seine glühende Stirn mit kalten Umschlägen, versuchte, mit ihm zu sprechen, hielt seine Hand, strich seine Kissen glatt und betete inständig, dass er wieder gesund werde. Sie las ihm vor, ohne zu wissen, ob er sie hörte, und versuchte, ihn wieder zum Leben zu erwecken. Sie erzählte ihm die neuesten Geschichten aus der Politik, über den Verlauf des Krieges und den Klatsch aus ihrem Bekanntenkreis. Sie beobachtete ihn, wenn er schlief, massierte seine Schultern und machte sich Sorgen über seinen Gewichtsverlust. Als er langsam wieder zur Besinnung kam und der Arzt sagte, er solle versuchen, feste Nahrung zu sich zu nehmen, verzweifelte sie, weil sie nichts auftreiben konnte, das gut genug schmeckte, um ihn zum Essen zu bewegen.

»Ich kann Ihnen nicht versprechen, dass er über den Berg ist«, sagte Dr. Pesson. »Er ist ein sehr kranker junger Mann, und es ist zu früh, um sagen zu können, wie es ausgeht. Aber es würde helfen, wenn wir ihn so weit aufpäppeln könnten, dass sein Körper gegen die Infektion ankämpft.«

Auf diese Weise begann Janines Laufbahn als Krankenschwester, eine Tätigkeit, auf die sie sich schon in Gray umfassend vorbereitet hatte und der sie auch in der Zukunft treu bleiben würde. Sie fragte den Arzt aus und erfuhr, wie wichtig die Zufuhr von Flüssigkeit ist, um den Blutkreislauf zu unterstützen. Sie suchte überall in der Stadt nach Traubenzucker und bezahlte ihn von ihrem eigenen, mageren Einkommen. Dann sah es wie durch ein Wunder so aus, als ob Roland sich etwas erholte, und ihre Freude über die Besuche im Krankenhaus wuchs schrittweise, weil sie so an seiner Seite sein konnte. Zum ersten Mal wusste sie jeden Tag, wo sie ihn finden konnte, und sie nutzte seinen Zustand, um ihn ihre Liebe spüren zu lassen und ihm ihre zärtliche Aufmerksamkeit zu schenken, sodass die Nähe, nach der sie sich seit ihrer ersten Begegnung immer gesehnt hatte, nun begann, langsam und still zu erblühen.

Dennoch schürten, bei aller Freude darüber, dass er zaghaft anfing, ihre Gefühle zu erwidern, die Bedingungen, unter denen dies geschah, in ihr moralische Selbstzweifel. War sie vielleicht heimlich froh darüber, dass sein Vorbeischrammen am Tod zu seiner Hilflosigkeit geführt hatte und er ihrer Pflege bedurfte? In diesem abgelegenen Krankenzimmer, so weit vom Leben entfernt wie eine Gefängniszelle, hatte sie dafür gesorgt, dass sie für ihn unverzichtbar wurde. Ein Schuldgefühl überlagerte die wertvollsten Momente ihres Lebens: wenn er ihr dankbar in die Augen sah, wenn er ihre Finger küsste oder ihre Hand hielt. Wenn sie sich wünschte, dass sie für immer allein in diesem Raum bleiben würden. Wenn sie sich bei dem Gedanken ertappte, dass er sich nicht erholen und sie verlassen würde, bevor sie ihn gelehrt hätte, sie zu lieben und zu begehren. Der Gedanke quälte sie, dass Gott sie dafür bestrafen würde, dass sie ihr Glück als Nebeneffekt des Leides eines anderen erfuhr, und dass deshalb Roland einen Rückfall bekommen und vielleicht sogar sterben würde. Sie erkannte aber, dass diese schreckliche Angst sich aus einer ebenfalls schrecklichen und sehr selbstsüchtigen Vorstellung heraus entwickelt hatte: Warum sollte Gott Roland als verlängerten Arm benutzen, um ihr eine Lektion zu erteilen? War sie so bedeutend?

Als Rolands Zustand sich langsam verbesserte und sie wahrnahm, dass er ihre Zeichen der Liebe erwiderte, schwand ihre Angst. Dennoch vergingen nach der Notoperation fünf Wochen, bis Dr. Pesson mit einem onkelhaften Klaps auf die Schultern seines jungen Patienten eine positive Diagnose stellte.

»Nun, mein Freund, Sie sind gerettet«, sagte er. »Ehrlich gesagt, ich dachte, es geht mit Ihnen zu Ende. Aber jetzt sieht es so aus, als ob Sie Glück gehabt haben – Sie werden es schaffen.«

Was weniger deutlich zu Tage trat, war, wie sehr Roland sich verändert hatte. Dem Tod ins Auge geschaut zu haben, hatte ihm eine gewisse Altersweisheit verliehen. Das Leben im Umfeld von Zufallsbekanntschaften und sorgenfreien Zeiten hatte seine Faszination verloren. Roland empfand eine große Dankbarkeit, weil sich Janine so sehr dafür eingesetzt hatte, dass er wieder gesund wurde. Aber darüber hinaus hatte er sie beide damit überrascht, dass er sich in den gemeinsam verbrachten Stunden der Nähe in Janine verliebt hatte. Wie konnte er auch anders auf ihre liebevolle Pflege antworten? Und wenn er jedes Mal, wenn er sie kommen sah, etwas tiefer in seinem Bett versank, bleich, mit trockenen Lippen und zerzaustem Haar, wer hätte ihm verübeln können, dass er gar nicht aussehen wollte, als ginge es ihm viel besser. Hätte er dann nicht befürchten müssen, dass Janine in ihren Bemühungen um ihn nachließ?

In all den Wochen, in denen sie mit ihm in seinem Zimmer allein war, in denen sie lange miteinander sprachen oder glücklich schwiegen, wurde sie für ihn wichtiger als jeder andere Mensch. Er kam aus einer Familie, in der man vor allem miteinander sprach, um die Zeit zwischen den Gängen des Abendessens zu überbrücken. Jetzt genoss er es, ihr zuzuhören, wenn sie ihm Geschichten erzählte, und versank in ihrer weichen, beruhigenden Altstimme. Sie öffnete den Schatz ihrer Erinnerungen und erzählte ihm die mitreißendsten Geschichten, um ihn ins Reich der Lebenden zurückzuholen, dorthin, wo er sie auch als Gesunder lieben würde und nie mehr einen Grund hätte, sie abermals zu verlassen.

Als es Roland gut genug ging, dass er das Krankenhaus verlassen durfte, verordnete der Arzt einige Wochen Ruhe auf dem Land. Keinesfalls durfte er die vier langen Treppen zu dem Zimmer hinaufsteigen, das er sich mit Roger teilte. Widerstrebend erklärte sich Roland bereit, einen Monat bei Freunden der Familie in Ecully zu verbringen, einem westlichen Vorort von Lyon. Janine war verzweifelt. Fast zwei Jahre waren vergangen, seit sie das erste Mal getrennt worden waren in den Tagen des Chaos und der kopflosen Angst bei Ausbruch des Krieges, und diese Trennung hatte ihn ihr weggenommen.

Als Roland dieses Mal Lyon verließ, abgemagert und schwach, fürchtete Janine, dass der Mann, der zurückkehren würde, derselbe wäre, der sie kurz zuvor bedenkenlos verlassen hatte, um einen Monat in völliger Unabhängigkeit auf einer Insel zu zelten, ein Mann, der es zufrieden war, seinen Weg allein zu gehen. Sie hatte einen solchen Mann schon in ihren Träumen gesehen: einen Mann in einem Kajak, mit in der Sonne golden schimmernder

Haut, der an ihr vorüberpaddelte und ihr zuwinkte, während sie alleine am Ufer zurückblieb. Dieses Bild beherrschte ihre Gedanken bei Nacht, aber auch tagsüber, und sie quälte sich selbst, indem sie sich immer wieder die Schreckensvision vor Augen führte, dass sie ihn erneut verlieren könnte. Wie sie hilflos zusah, wie er an ihr vorübertrieb. Wie sie ihm zurufen würde, über die Wellen hinwegschreien würde. Aber es gab so viele Schreie, überall, dass ihrer nicht gehört werden würde im Lärm der Welt und sie zusehen musste, wie er in der Ferne verschwand.

»J'attendrai«, flüsterte sie den Text ihres Lieblingsliedes, der das Versprechen enthielt, zu warten. Dieses Lied, das Verlust und unerfüllte Sehnsucht beschrieb, schwebte immer über ihrem Leben und kämpfte gegen den Sturm der Zeit, der Roland weiter und weiter in die Vergangenheit trug. Und dennoch war ihre Liebe immer da, fortwährend, unaufhörlich, ohne Ende, wie ein Stern, dessen Licht weiterreist in die Gegenwart, auch wenn sein Lebensfunke längst erloschen ist.

J'attendrai, le jour et la nuit.
J'attendrai toujours ton retour.
J'attendrai …
Le temps passait court en battant tristement
dans mon coeur si lourd.
Et pourtant, j'attendrai ton retour,
et pourtant, j'attendrai ton retour,
j'attendrai.

Ich werde warten, Tag und Nacht.
Ich werde immer auf Deine Rückkehr warten.
Ich werde warten.
Die Zeit vergeht und schlägt traurig
in meinem schweren Herzen.
Und dennoch warte ich auf Deine Rückkehr,
und dennoch warte ich auf Deine Rückkehr,
ich werde warten.

DREIZEHN

Die Zeit steht still

Als Roland Ende September nach Lyon zurückkehrte, bestand das größte Problem darin, einen Ort zu finden, an dem er und Janine allein sein konnten. Ein einziges Mal hatte er versucht, sie auf sein Zimmer mitzunehmen, einfach nur, weil er sie gebeten hatte, einen Knopf an seinen Mantel zu nähen, doch die »Concierge« schickte sie beide unerbittlich wieder auf die Straße. Aber zusammen in der Öffentlichkeit gesehen zu werden war auch nicht ohne Probleme.

Roland nach seiner Rückkehr von Ecully nach Lyon

Eines Nachmittags sah der junge Rabbi, dessen Werben Janine verschmäht hatte, sie Arm in Arm mit Roland auf der Straße und rannte sofort zu Mimi und berichtete ihr davon. Die Art und Weise, wie der Rabbi beschrieb, was er beobachtet hatte, die offensichtliche körperliche Nähe, die er daraus las, wie das junge Paar sich berührte, miteinander sprach und sich anschaute, veranlasste die selber unglückliche Mimi, sofort die »Presqu'île« hinaufzuhasten und ihrem Onkel davon zu berichten.

Der Neid beflügelte Mimi, sodass Sigmar und Alice, noch bevor Janine nach Hause kam, einen umfassenden Bericht über ihren verbotenen romantischen Spaziergang am Arm eines Fremden erhalten hatten. Als Sigmar sie fragte, wo sie gewesen sei, gab sie vor, ein Problem im Büro habe sie dort festgehalten, eine Lüge, die ihn vor Zorn rot anlaufen ließ. Zur Strafe ordnete er an, dass seine 18-jährige Tochter sofort ins Bett zu gehen habe und drei Tage lang keinen Fuß auf den Boden setzen dürfe, es sei denn, sie müsste zur Toilette. Am folgenden Abend ließ er sich erweichen und kürzte die Strafe ab, aber nur, weil ein Ölgemälde, das in einem dicken, vergoldeten Rahmen direkt über ihrem Bett hing, von der Wand gefallen war. Das Geräusch sorgte dafür, dass er ins Zimmer seiner Tochter rannte und sah, dass ihr das Bild direkt auf den Kopf gefallen war, sodass die Leinwand nun eine Delle hatte.

Aber er weigerte sich weiterhin, Roland kennenzulernen, und verbot Janine, eine Beziehung zu einem nichtjüdischen Mann einzugehen. Das würde, so warnte er, sowieso nur zu einem gebrochenen Herzen führen, weil er ihr niemals erlauben würde, außerhalb ihres Glaubens zu heiraten. Außerdem, fügte er hinzu, wisse sie sehr wohl, dass sie Lyon bald verlassen würden und eine Trennung dann unvermeidlich wäre.

Unerwarteterweise führte diese in sich logische Begründung dazu, dass ihre Mutter ihre Verbündete wurde. »Ach, das ist nur eine Schwärmerei«, befand Alice mit einem nachsichtigen Seufzer. Sie willigte ein, Roland an einem Tag zu treffen, als ihr Mann wieder einmal nach Marseille gefahren war, und war so beeindruckt von seinem ansprechenden Auftreten, seiner Höflichkeit und seinen Manieren, dass sie nichts dagegen einzuwenden hatte, wenn ihre Tochter ihre Zeit mit ihm verbrachte. Mit Blick auf Sigmars Auswanderungspläne würde die Beziehung wohl oder übel sowieso bald enden. Alice wagte es zwar nicht, sich gegen Sigmar zu stellen, war aber zu einem stillschweigenden Einverständnis bereit, solange Janine darauf achtete, bei ihrem Vater keinen Argwohn zu erregen, weil sie spät nach Hause kam oder mit Roland in der Öffentlichkeit gesehen wurde.

Janine durfte abends nicht ausgehen, außer zu besonderen Gelegenheiten, wenn Alice ihre Abwesenheit deckte, weil Roland sein Geld für Opernkarten verschwendet hatte oder für den Eintritt zu einem Konzert mit einem berühmten Sänger. Das Paar wurde unzertrennlich. Sie hielten Händchen in »La Traviata« und saßen wie gebannt vor Charles Trenet, dem jazzigen, blauäugigen »Fou Chantant«, dem singenden Narren, dem die Leute zujubelten, weil sie etwas brauchten, das ihre Stimmung hob. Meist aber konnten Janine und Roland sich nur am Spätnachmittag oder an Wochenenden sehen. Dann gingen sie manchmal in ein Kino an der Rue de la République, in der Hoffnung, einen neuen Film mit Tino Rossi zu sehen, dem korsischen Herzensbrecher mit den ebenholzschwarzen Haaren, der »J'attendrai« bekannt gemacht hatte, das Chanson, das »ihr Lied« geworden war.

Viel öfter aber gingen sie nur spazieren und redeten, durchkämmten Antiquariate nach Büchern, die sie interessierten, oder saßen, während es draußen dunkel wurde, in ihren bevorzugten Cafés – »Le Royal« oder »Le Tonneau« – und nippten zufrieden an ihren Tassen mit Bovril. Sie »tanzten auf einem Vulkan«, so nannte es Roland, sie genossen jeden Augenblick und verschlossen die Augen vor dem Unvermeidlichen.

Wenn sie durch die Stadt gingen, achteten sie nicht auf die Drohungen gegen Juden, die mit Kreide auf die Häuserwände gekritzelt waren: »Einen Juden zu töten, heißt, einen Soldaten zu rächen«. Sie bemühten sich, Orte zu finden, wo sie keine Rücksicht darauf nehmen mussten, ob sie jemand sah, der Sigmar davon berichten würde. Roland zeigte ihr die »traboules«, das Netzwerk aus Hunderten von verborgenen Gängen in der Altstadt, durch die man unter den Häusern von Straße zu Straße gehen konnte, ohne gesehen zu werden.

Ursprünglich waren diese Passagen gebaut worden, damit die Arbeiter aus den Seidenspinnereien die wertvollen Stoffe nicht im Freien durch Schmutz und schlechtes Wetter tragen mussten. Später halfen sie Mitgliedern der Résistance, der Gestapo zu entkommen.

In den verborgenen Innenhöfen zwischen den »traboules«, an Renaissancepfeiler geschmiegt oder unter gotischen Gewölben, fanden Roland und Janine Verstecke, in denen sie ihre Liebe miteinander teilen konnten, Orte, die ihnen das wenige an Privatheit boten, das ihnen möglich war.

Im Kino versteckten sie sich im Dunkel der letzten Reihe und verkrochen sich unter dem Mantel, den Roland – unabhängig vom Wetter draußen – mitgebracht hatte. Ihre Finger gingen auf Wanderschaft, schlichen sich zwischen Knöpfe und unter Reißverschlüsse, tasteten sich vorsichtig über unerforschtes Gelände an verborgene warme Stellen, wo sie sich wiederfanden. Ohne Worte vergingen sie in Küssen und malten sich eine Zukunft aus, die noch viel großartiger war als in irgendeinem der Filme, die sie sahen. Obwohl die Leidenschaft sie verzehrte und selbst wenn sie beide bereit gewesen wären, sich über die vorherrschenden Verbote des vorehelichen Verkehrs hinwegzusetzen, hatten sie keinen Ort, wo sie der Versuchung nachgeben konnten.

Eines Nachmittags gingen sie das Wagnis ein, in die »Boîte à Musique« in der Passage de l'Argue zu gehen, die die Place de la République mit der Place des Jacobins verbindet. Oberhalb der langen, schmalen Bar gab es in der zweiten Etage ein halbes Dutzend Türen, die sich jeweils in eine kleine Kabine öffneten. In jedem dieser Räume gab es ein ausgeblichenes Sofa, eine Lampe und ein Tischchen. Es war eine von der Funktion bestimmte Ausstattung. Paare, die keinen anderen Platz hatten, um allein zu sein, mieteten die winzigen Kammern auf Stundenbasis. Als sie die Boîte betraten, war es Janine zunächst so peinlich, mit Roland gemeinsam die Treppe hinaufzusteigen, dass sie ihn bat, alleine vorauszugehen, und ihm fünf Minuten später folgte. Oben stellten sie unter Kichern fest, dass jede Tür in der Mitte ein kleines Schiebefenster hatte, durch das die Bedienung den Gästen die bestellten Getränke diskret hineinreichen konnte.

Als der Kellner klopfte, huschten sowohl Janine als auch Roland schnell zur Tür, um durch die Öffnung in den Flur zu spähen. Im selben Moment wurde das Fenster in der gegenüberliegenden Tür aufgeschoben, und sie sahen dem Gast auf der anderen Seite, der geglaubt hatte, es sei für ihn geklopft worden, genau ins Gesicht.

Wie gelähmt und völlig entgeistert starrten sich Norbert und Janine über den schmalen Flur hinweg ins Gesicht. Weder Bruder noch Schwester brachte ein Wort heraus, beide waren völlig erstarrt, sich gegenseitig unter solch demütigenden Umständen angetroffen zu haben. Norberts Blick wanderte von Janine zu Roland und wieder zurück, in seinen Augen blitzte Wut auf, die Wut des älteren Bruders, der seine jüngere Schwester als sein Eigentum ansah und sich als Beschützer ihrer Ehre verstand, obwohl er in exakt derselben Situation erwischt worden war, die Zweifel auch an seiner eigenen Tugendhaftigkeit zuließ. Während Norbert noch völlig ungläubig vor sich hin starrte, schob Roland das Türchen wieder zu, und sobald sie glaubten, dass die Luft rein sei, gaben sie alle Pläne, intim zu werden, auf und eilten zurück in das violette Zwielicht der Place Rambaud, weil Norbert keinesfalls vor ihr nach Hause kommen durfte. Sie war zuerst da, erwähnte den Vorfall nicht und erreichte so ein stillschweigendes Einverständnis mit ihrem Bruder.

»Was zum Teufel hast du in einem solchen Etablissement gemacht?«, zischte er ihr später zu.

Worauf sie ungewöhnlich dreist antwortete: »Ich glaube, ich habe das Gleiche getan wie du.«

»Aber es ist nicht dasselbe!«, gab Norbert zurück.

»Ach, nein?«, versuchte sie einen Bluff. »Warum fragen wir nicht Vater, wie er das sieht?«

~

Später in diesem Herbst wurden die antijüdischen Maßnahmen der Vichy-Regierung noch einmal härter. Den Juden Frankreichs wurde die schwindelerregende Summe von einer Milliarde Francs auferlegt, als Strafe für ihre angebliche Verstrickung in Attentate in der besetzten Zone, bei denen deutsche Offiziere getötet oder verwundet worden waren.

In Paris wurden Synagogen in die Luft gesprengt, und die Deutschen verhafteten und internierten in und um die Hauptstadt Tausende prominente jüdische Persönlichkeiten. Am 23. Oktober wurde Juden auf Anordnung des Reichsführers Heinrich Himmler, Chef der Gestapo und der SS, verboten, aus Deutschland oder irgendeinem vom Reich besetzten Gebiet zu emigrieren. Zum Jahresende wuchs die Bedrohung ein weiteres Mal.

Das Vichy-Regime kündigte an, dass »alle ausländischen Juden«, die nach dem 1. Januar 1936 nach Frankreich eingereist waren, erfasst würden und Zwangsarbeit verrichten müssten oder in Internierungslager eingeliefert würden. Der japanische Angriff auf Pearl Harbor am 7. Dezember 1941 und die Kriegserklärung der USA hatten zwar in Frankreich Erwartungen geweckt, aber Roosevelts zuvor abgegebene Ankündigung, man werde nicht in den Krieg in Europa eintreten, und die amerikanische »Politik der verschlossenen Tür« gaben den Juden wenig Hoffnung, zu glauben, dass »Uncle Sam« ihnen bald zu Hilfe kommen werde.

Nicht einmal zwei Monate später, Ende Januar, wurden die Präfekturen angewiesen, mit der Internierung aller ausländischen Juden zu beginnen. Janine wurde von Entsetzen gepackt, als sie eines Morgens zur Arbeit ging und sah, wie französische Polizisten Juden auf einen Lastwagen trieben. In der Furcht, dass ihre Eltern verhaftet worden seien, rannte sie nach Hause und flog die fünf Treppen zu ihrem Apartment hoch. Alles war ruhig. Sie läutete, aber niemand öffnete. Völlig außer Atem und schluchzend vor Angst, trommelte sie immer wieder mit den Fäusten gegen die Tür, rief nach ihrer Mutter und sackte dann im Flur zusammen, zu erschöpft, um sich zu rühren. Dann hörte sie ein Geräusch an der Tür und sah, wie Alice den Kopf herausstreckte, noch immer im Nachthemd und mit offenen Haaren.

»Oh mein Gott«, schrie Alice und hockte sich neben Janine auf den Boden. »Was ist los? Bist du verletzt? Bist du krank? Warum bist du nicht bei der Arbeit?«

»Ich habe gedacht, man hätte euch abgeholt!«, heulte Janine. »Warum habt ihr nicht aufgemacht? Ich habe geläutet und gegen die Tür geschlagen! Auf der Straße ... ich habe gesehen, wie sie Juden auf Lastwagen verfrachtet haben! Ich war sicher, sie haben auch dich und Vater mitgenommen!«

Aber Alice und Sigmar waren einfach nur im Bett geblieben, weil das der einzige Ort in ihrer ungeheizten Wohnung war, wo sie der Kälte entgehen konnten.

Von jetzt an trug Janine jeden Morgen, wenn sie zum Bus ging, das neue zweireihige, braune Kostüm mit dem Pelzkragen und dem dazu passenden braunen Mantel, das ihre Eltern ihr in der Hoffnung geschenkt hatten, sie würden bald das Land verlassen.

Um sicherzustellen, dass ihre Töchter gut angezogen auf die Reise gehen würden, hatten sie sich bei Maurice erneut Geld geliehen und ihre Bezugsscheine für Textilien zusammengelegt, um die passende Garderobe für die Mädchen schneidern zu lassen. Beide wählten sie dunkle Kostüme mit Pelzbesatz, um elegant gekleidet in Havanna das Schiff verlassen zu können, was zeigte, wie wenig sie von dem Klima wussten, das dort herrschte, und wie sehr sie hofften, schnell nach New York weiterreisen zu können. Jetzt, wo jeder Jude in Frankreich jederzeit verhaftet werden konnte, entschloss sich Janine trotzig, die neue modische Kleidung jeden Tag zur Arbeit zu tragen, sodass sie, wohin sie auch fahren würden, bei ihrer Ankunft wie eine Dame aussähe.

Während der vergangenen Monate hatte Sigmar beharrlich ihre Fluchtpläne weiterverfolgt, jetzt angetrieben von neu geschürter Angst. Bislang hatten sie Glück gehabt, obwohl sie viel zu lange in Europa geblieben und die Augen vor der Gefahr verschlossen hatten. Jetzt musste Sigmar die nötigen Dokumente beschaffen, bevor wieder neue Verschärfungen in Kraft traten. Er hatte es sich zum Ziel gesetzt, alle Papiere so rechtzeitig zu besorgen, dass sie bis Mitte März ausreisen konnten.

Nach einigem Zögern hatte »HICEM« für sie Plätze auf der »Lipari« reserviert, einem Schiff, das sie von Marseille aus nach Nordafrika bringen würde, von wo aus sie ein anderes Schiff, das in Lissabon vom »Joint« gechartert worden war, nach Kuba bringen würde.

Ende Dezember war Sigmar in Lyon mit zwei jüdischen Freunden, der eine aus Freiburg, der andere aus Mulhouse, zu einem Notar gegangen. Beide mussten dort bestätigen, dass sie ihn kannten und wussten, wer er war und wo er herkam. Nur so konnte er ein Ersatzdokument für seine Geburtsurkunde bekommen, die aus Deutschland anzufordern nicht möglich war. Weil sie als »Staatenlose« keine gültigen Pässe hatten, war er eine Woche später mit seiner ganzen Familie in der Préfecture de la Rhône erschienen, um dort vorläufige Passierscheine zu beantragen, die es gestatteten, mit dem Zug nach Marseille zu fahren und von dort aus Frankreich zu verlassen. Am 3. Januar hatte er Ausreisepapiere erhalten, die drei Monate lang gültig waren, zwei Tage später hatte ihnen das kubanische Konsulat die Erlaubnis erteilt, als »Touristen« die Insel zu betreten, Ende Februar waren die Dokumente abgestempelt worden, die es ihnen gestatteten, über Marokko zu reisen.

Am Samstagabend, dem 7. März 1942 erreichte sie ein Telegramm von einer der Hilfsorganisationen mit der Information, dass ihre Schiffspassage am Freitag darauf bestätigt sei. Man wies sie an, am Tag vor ihrer geplanten Abreise bei der Préfecture des Bouches du Rhône vorzusprechen, um dort die Ausreisevisa zu erhalten, mit denen sie an Bord der »Lipari« gehen konnten.

Obwohl Sigmars Neffe Herbert mehr als hundert Flüchtlingen die Ausreise in die Vereinigten Staaten bezahlte, konnte er weder Mimi und Maurice Goldschmidt noch Marie oder Bella davon überzeugen, für sie Visa zu beschaffen oder ihnen eine Ausreise zu organisieren. Maurice und Mimi blieben stur dabei, in Lyon bleiben zu wollen. Beide bestanden darauf, dass die Maßnahmen der Vichy-Regierung sich gegen ausländische Juden richteten und nicht gegen die, die in Frankreich geboren waren. Im Übrigen gab Maurice zu, er habe nie schwimmen gelernt, hätte Angst vor dem Wasser und könne sich deshalb nicht überwinden, mit dem Schiff zu reisen. Und Marie und Bella waren natürlich nicht bereit, ohne den Rest ihrer Familie zu fahren. Am 8. März lieh Maurice Sigmar fünfhundert Dollar als Reisegeld. Sigmar notierte die Summe ordnungsgemäß, zusammen mit seinem eigenen Vermerk, Zinsen zu berechnen, in seinem Notizbuch, in dem er penibel auch die anderen Schulden aufgelistet hatte, die er seit ihrer Flucht aus Freiburg hatte aufnehmen müssen.

Weil die Familie nicht auf einen so kurzfristigen Reisetermin eingestellt war, hatte sie Mühe, die nötigen Koffer und Truhen aufzutreiben, in die sie ihre Sachen einpacken konnte. Außerdem mussten sie ganz schnell Sigmars Klavier verkaufen und die Möbelstücke, die sie von Freiburg nach Mulhouse, von dort nach Gray und von Gray nach Lyon mitgenommen hatten – nur um jetzt alles zurücklassen zu müssen.

Außer Kleidung und wenigen persönlichen Gegenständen – sofern sie nicht zu schwer waren – konnten sie nichts mitnehmen. Aber weil sie so wenig Zeit zum Packen hatten, fiel es ihnen auch leichter, sich von Liebgewordenem zu trennen. Da es in Frankreich kaum etwas zu kaufen gab, erhöhte sich der Wert von allem, was sie zurücklassen mussten, aber weil es einfacher war, handelten sie mit einem Interessenten einen Deal über ihre gesamte Hinterlassenschaft aus. Der Käufer allerdings nutzte ihre schwache Verhandlungsposition und erschien nicht zum vereinbarten Übergabetermin. Deshalb mussten sie am Tag der Abreise die Tür hinter allem, was ihnen geblieben war, abschließen, ohne das fest eingeplante Geld dafür erhalten zu haben.

Janines »Transitpass«, datiert vom 2. Januar 1942, anstelle eines Passes gültig nur für eine Fahrt nach Kuba mit Zug und Schiff

Beim letzten hastigen Durchgang durch die Wohnung vergaßen sie sogar die Kiste mit den Wertsachen, die sie unter Norberts Bett aufbewahrt hatten, und ließen so viele Erbstücke zurück, die sie immer in Ehren gehalten hatten. Wenigstens waren Dokumente, Briefe und Fotografien sorgfältig eingepackt worden.

Während die Familie um sie herum hektische Reisevorbereitungen traf, hatte sich Janine in ihren Kummer versenkt wie in ein Leichentuch. Sie hatte kaum Zeit, zu ermessen, wie ungeheuer groß der Verlust sein würde, dem sie sich gegenübersah. Während all der Monate, in denen Sigmar vergeblich herumgereist war, um ihre Flucht vorzubereiten, hatte sie sich eingeredet, dass es nicht dazu kommen würde. Sie hatte die Aussicht darauf ausgeblendet, sich geweigert, darüber zu sprechen, den Gedanken daran sogar aus ihren Alpträumen verbannt und sich selbst eingeredet, dass, wenn der Tag wirklich kommen sollte, sie darauf bestehen würde, dass die Familie ohne sie reise. Sie war 18 Jahre alt und brannte darauf, ihr Leben mit dem Mann zu teilen, den sie liebte.

Aber immer wenn sie darüber nachdachte, meldete sich in ihr die Stimme der Vernunft und widerlegte diese Gedanken. Hin- und hergerissen zwischen Verstand und Gefühl, wusste sie, dass sie nicht stark genug sein würde, sich in diesen gefährlichen Zeiten von ihren Eltern loszusagen. Sie dachte an den Morgen vor einigen Wochen, als sie befürchtet hatte, sie seien verhaftet worden, und sie wusste, dass sie sie beschützen musste. Wer konnte wissen, was sie auf Kuba erwartete? Sie brauchten sie, und sie gestand sich auch ein, dass sie nicht wusste, wie sie selbst angesichts der immer bedrohlicher werdenden Lebensumstände in einem Europa unter der grausamen Knute der Nazis ohne ihre Eltern zurechtkommen würde.

Und wenn sie in Frankreich bliebe: Wo und wie konnten Roland und sie wohnen? Und womit konnten sie ihren Lebensunterhalt verdienen? Keinesfalls konnte sie mit ihm zusammenleben, ohne verheiratet zu sein. Sie konnte sich aber auch nicht vorstellen, in eine französischen Mairie zu gehen und zu erwarten, dass ein Standesbeamter sie verheiraten würde – eine ausländische Jüdin und einen vertriebenen Elsässer, den die Deutschen sofort erwischt hätten. Für die Nazis wäre das ein gefundenes Fressen gewesen.

Im Übrigen: Wäre es fair, Roland der ständig wachsenden Gefahr auszusetzen, eine Jüdin zu heiraten? Er wäre sofort selbst verdächtigt worden, Jude zu sein. Sie hatten schon darüber gesprochen, dass seine Beschneidung als kleiner Junge für ihn eine große Gefahr darstellte. Aus der besetzten Zone hörte man viele Berichte von mit Waffengewalt erzwungenen »Hosenproben«.

Die Woche verging, und noch immer war sie wie gelähmt und unfähig, die Frage zu beantworten: Welche Entscheidung würde sie sich ihr Leben lang vorwerfen – zu bleiben oder zu gehen, als ob sie eine Wahl hätte. Sie zählte die Tage mit demselben bitteren Vorgefühl, das sie von der Rationierung her kannte: Man legte sich etwas zurück, wusste aber trotzdem, dass der Hunger unvermeidlich sein würde. Sie machte sich Gedanken, war aber sicher, dass es ein gutes Ergebnis nicht geben konnte. Sie wechselte ihre Meinung wieder und wieder. Sie packte ihre Sachen, kündigte bei ihrem Arbeitgeber und verhielt sich so – auch wenn es nur ihrer Eltern wegen war –, als ob sie fest vorhatte, mit ihnen zu gehen, obwohl sich inzwischen jede Faser ihres Körpers dagegen wehrte. Roland wiederum machte sich Sorgen darüber, ob er in der Lage wäre, sie zu beschützen, wenn die Deutschen sich entschließen würden, Lyon wieder einzunehmen. Am Ende entschied die Angst.

In diesen letzten Tagen ging Janine durch die Stadt mit den Augen einer Fremden, so wie bei ihrer Ankunft. Aber dieses Mal wollte sie die Stadt nicht kennenlernen, sondern im Gedächtnis behalten. Sie fühlte sich unsichtbar wie ihr eigener Geist und sah alles wie aus weiter Ferne. Der Alltag ging unverändert weiter, aber sie hatte nichts mehr damit zu tun. Für sie war alles nur noch Wehmut und Sehnsucht, die sie wie eine Außenstehende empfand, als ob sie schon weit fort wäre in einer kalten und einsamen Welt. Sie war eifersüchtig auf jedes Mädchen, das auf der Straße an ihr vorüberging, weil sie eine potenzielle Rivalin in ihr sah, die Roland trösten und ihn ihr dann wegnehmen könnte.

An diesem Dienstag, nach ihrem letzten Arbeitstag, holte Roland sie vor ihrem Büro an der Place Jules Ferry ab und erklärte, sie würden jetzt gemeinsam einen Ring für sie kaufen, als bleibende Erinnerung an ihr Versprechen, nach dem Krieg zu heiraten. Eine Stunde verging wie im Rausch, eine Stunde, in der sie einen Ring als Pfand für ihre gemeinsame Zukunft aussuchten, und erstmals schaffte sie es, die Gedanken auszublenden, die ihre Tage seit der Ankunft des Telegramms verdüstert hatten. Sie wählten einen quadratischen, an einen Aquamarin erinnernden Stein, der das kristallklare Blau ihrer Augen widerspiegelte. Der Stein war in einen modernen, breiten Silberreif gefasst – nicht auffällig oder übertrieben, einfach und klar, wie ihre Liebe zueinander. Während der Juwelier Rolands Namen und das Datum in den Ring gravierte, fiel sein Blick auf ein anderes Schmuckstück, eine Brosche mit drei Mohnblüten aus Email in den Farben Blau, Weiß und Rot, den Farben der französischen Trikolore. Es war die Flagge des Landes, in dem er auf sie warten würde. Und bevor sie ihn abhalten konnte, leerte er seine Taschen und kaufte ihr auch noch dieses patriotische Andenken.

»J'attendrai.« Er flüsterte die Worte aus ihrem Lied in ihr Ohr, als er die Brosche an ihrer Jacke befestigte, und dann steckte er ihr den Ring an den Finger.

»Moumoutte – Pelztierchen«, flüsterte er ihren Kosenamen. »Chérie.« Er nahm sie in die Arme und zog sie an sich, als ob nichts in der Welt sie trennen könnte. »Jour et nuit j'attendrai ton retour.«

Janine wusste, dass sie das Geld nicht hatte, um seine Geschenke zu erwidern. Aber weil sie irgendetwas zurücklassen wollte, das ihn an sie erinnerte, durchsuchte sie am Abend ihre Sachen nach den beiden Dingen, die ihr am wertvollsten waren: ein herzförmiges Amulett aus Rotgold mit ihren deutschen Initialen »H.G.«, das sie als Kind von einer Tante geschenkt bekommen hatte, und einen Granatring, den Alice, je einen für sie und für Trudi, aus den Ohrringen ihrer Großmutter hatte anfertigen lassen. Janine wusste, dass Roland diese Schmuckstücke nicht tragen konnte, aber sie gab sie ihm zusammen mit ihrem geliebten Poesiealbum als Bürgschaft dafür, dass sie nach dem Krieg zurückkehren und sie gegen sich selbst eintauschen würde, als Geschenk für den Rest ihres Lebens.

Am Donnerstag, dem 12. März nahm die Familie ein Pferdefuhrwerk zur Gare des Brotteaux, wo der Zug nach Marseille abfuhr. Edys Frau Lisette wollte weiter südlich, in Valence, zusteigen, wo sie versteckt lebte, weil sie die Familie vor ihrer Abfahrt noch einmal sehen und einen Abschiedsabend mit Janine verbringen wollte. Niemand rechnete damit, dass Roland am Bahnhof sein würde, aber als die Familie ankam, war er dort, zusammen mit Roger und einer von Norberts Freundinnen. Janines Augen waren rot vom vielen Weinen, aber anstelle des herzzerreißenden Abschieds, vor dem sie sich so fürchtete, schlenderte er nur an ihr vorüber, während ihre Eltern damit beschäftigt waren, sich von Marie, Mimi, Maurice und Bella zu verabschieden.

Zu ihrem Erstaunen blieb er nicht stehen, um sie zu begrüßen, zwinkerte ihr aber stattdessen zu, ergriff ihren Arm und flüsterte »Pas encore – Noch nicht«. Dann ging er an den Gleisen entlang und stieg in den Zug, einige Wagen hinter dem, in den Janines Familie einstieg.

Eine Stunde, nachdem der Zug den Bahnhof verlassen hatte und Sigmar und Alice in dem hin- und herschüttelnden Abteil in einen unruhigen Schlaf gefallen waren, gab Norbert seiner Schwester ein Zeichen, dass sie ihm folgen und mit ihm in den anderen Wagen nach ihren Freunden suchen sollten. Sie konnten nicht lange dortbleiben, weil sie befürchteten, dass ihre Eltern aufwachen und sich Sorgen machen würden, aber sie kritzelten den Namen ihres Hotels in Marseille auf ein Stück Papier und vereinbarten am selben Abend ein Treffen in der Stadt, nachdem Sigmar und Alice zu Bett gegangen waren. Dann kehrten sie in ihr Abteil zurück und beobachteten, wie hinter den Zugfenstern die Felder Frankreichs vorüberflogen und mediterrane Zypressen an die Stelle der Nussbäume und Platanen traten, die zuvor die Bahnstrecke gesäumt hatten.

»Nie wieder in meinem Leben habe ich einen so traurigen Tag erlebt wie diesen Donnerstag in Marseille, und noch immer hasse ich diese Stadt dafür, dass ich dort diesen schrecklichen Tag verbracht habe«, schrieb Janine später in ihr Tagebuch. »Erst als wir dort ankamen, wurde uns vollständig bewusst, dass wir am nächsten Tag – nur vierundzwanzig Stunden später – Frankreich für immer verlassen mussten.«

Als sie aus dem Zug ausstiegen, versuchte sie vergeblich, Roland in der Menge zu entdecken. Dann stand sie mit ihrer Familie vor dem Gare Saint Charles oben auf einem Hügel über der Stadt, von dem kaskadenartig Stufen über Terrassen nach unten führten. Rechts und links der Treppe standen Statuen und mit Grünspan überzogene Straßenlaternen. Vom Hügelkamm blickte sie hinunter auf Marseille und sah dahinter zum ersten Mal in ihrem Leben das Meer, das sich endlos in die Ferne weitete und sie erneut in Verzweiflung stürzte, weil es zeigte, wie unermesslich groß die Kluft war, die sie von Roland trennen würde.

Die Stadt lag ausgestreckt unter ihr, und auf dem Hügelkamm gegenüber, auf der anderen Seite des Hafens, hielt die vergoldete Marienfigur von Notre-Dame de la Garde mit Krone und ihrem kleinen Sohn im Arm Wacht über die Wasser des Mittelmeeres. Felsen aus rosa Kalkstein ragten wie Flecken aus den die Stadt umgebenden anthrazitfarbenen Hügeln, und unten, am Ende der Canebière, der Hauptverkehrsader, sicherten zwei Forts, deren Steine aus diesen Felsen gebrochen worden waren, die schmale Einfahrt zum Vieux Port, zum alten Hafen.

Dort am Fuße der Stadt umsäumten die geschäftigen Straßen der alten Viertel den berühmten Hafen auf drei Seiten, die vierte öffnete sich zur See. Die Familie ging zu Fuß durch ein Gewirr kleiner Gassen zu ihrem Hotel auf der Nordseite des Hafens.

Manche waren so steil, dass sie durch Treppen miteinander verbunden waren. Als es dunkel wurde, begann Janine, sich Sorgen zu machen. Was wäre, wenn Roland das Hotel nicht finden würde, in dem die jüdische Hilfsorganisation ihnen Zimmer für diese eine Nacht gebucht hatte? Es lag hinter dem Rathaus aus dem 17. Jahrhundert zwischen baufälligen Mietskasernen im Quartier du Panier, dem heruntergekommenen Rotlichtviertel der Stadt, das sich in verblichener Schönheit wie eine in die Jahre gekommene Hure nördlich des Hafens an den Hügel schmiegte.

Nach einem frühen Abendessen gingen Janine und Trudi auf ihr Zimmer, das sie sich mit Lisette teilten. Beide hofften, dass ihre Kusine bald einschlafen würde, sodass sie unbemerkt das Haus verlassen und sich mit ihren Freunden treffen konnten. Aber eigentlich hätten sie es besser wissen müssen. Obwohl Edy in der Zwischenzeit aus der Schweiz zurückgekehrt war und sie zusammen in Valence lebten, freute sich Lisette darauf, Janine wiederzusehen, und hatte die Absicht, die ganze Nacht mit ihr zu reden. Es sprudelte nur so aus ihr heraus: eine schwindelerregende Anzahl von Beobachtungen und Überlegungen, Gefühlen und Erzählungen, Witzen und Gedichten, Theorien über den Krieg und die Absichten der Deutschen und die Hoffnungen der Résistance, das Schicksal der Welt und den Kampf der Geschlechter, Dostojewski und Schiller und den Zustand der Menschheit und die Schwachköpfe in Vichy und die Situation des Theaters und hinduistische Kunst und die Ansprüche ihrer Schwiegermutter und den Verrat von Marschall Pétain und die Torheit des Glaubens und die Abwesenheit Gottes und all das andere, zu dem sie festgefügte Meinungen hatte.

Sie hatten sich lange nicht gesehen und sich viel zu erzählen, aber als klar wurde, dass ihre Freundin nicht müde werden und einschlafen würde, fasste Janine sich ein Herz, unterbrach Lisette und gestand ihr, dass sie vorhatte, heimlich zu gehen, um die letzten Stunden vor ihrem Abschied mit Roland zu verbringen. Es kam zu einem Zerwürfnis, das keine der beiden Frauen je im Leben vergaß. Lisette fühlte sich zurückgewiesen und verletzt, und Janine bedauerte ihre Entscheidung im gleichen Moment, in dem sie sich entschlossen hatte, ihr die Wahrheit zu sagen. Sie machte sich heftige Vorwürfe, aber es blieb ihr nichts anderes übrig, als ihre Scham hinunterzuschlucken und Lisette anzuflehen, ihren Eltern nichts zu erzählen. Dann legte sie ihren wunderschönen Pyjama aus blauer Seide, der für sie in Freiburg geschneidert worden war, in eine Papiertüte und schlich sich zusammen mit Trudi aus der Tür.

Die sechs jungen Leute trafen sich auf der Straße in der Nähe des Hotels und gingen zum Vieux Port, wo eine Brasserie geöffnet hatte. Sie bestellten »moules marinières«, die für Janine schwierig zu essen waren, weil sie nur eine Hand benutzen konnte – mit der anderen hielt sie sich an Roland fest. Sie stießen mit einem PGK genannten Getränk, einem blutroten Cocktail aus Picon, Grenadine und Kirsch, auf ihr Wiedersehen nach dem Krieg an und wiederholten das danach noch dreimal mit Tischwein. Nach dem Essen verabschiedeten sich Roland und Janine von den anderen. Sie gingen langsam Arm in Arm um das u-förmige Hafenbecken mit den vielen Booten herum, die ihnen die Illusion vermittelten, dass auf der Reise des Lebens jeder seinen Kurs selbst bestimmen und, wann immer er wollte, in den Hafen zurückkehren und an Land gehen konnte.

Das Hotel, in dem Roland ein Zimmer gemietet hatte, war noch schäbiger als das, wo sie Lisette allein und vor sich hinbrütend zurückgelassen hatten. Auf einem wackligen Bett in einer heruntergekommenen, bei Matrosen und Huren, Schmugglern und Süchtigen wohlbekannten Absteige, wollten Janine und Roland im durch das Fenster tanzenden Mondlicht eine einzige für sie unendlich wertvolle Nacht miteinander verbringen. Aus der Zeit gefallene Augenblicke, Momente der Ewigkeit, in denen die Uhr stillstand und der sie umgebende Krieg weit weg war.

Aber der Raum war kalt und feucht und der Heizkörper außer Betrieb. Janines blauer Seidenpyjama blieb in der Tüte, als Roland sie auf das Bett zog und sie tastend nach Knöpfen suchten, sich berührten und sich streichelten, die Schuhe abstreiften und sich aus ihren Kleidern befreiten. Mehr als alles, was sie sich je gewünscht hatte, wollte sie jetzt: sich ihm schenken.

Die bevorstehende Trennung beherrschte diesen Augenblick, und sie war entschlossen, ihm zu beweisen, dass es nichts gab, was sie ihm verweigern würde. Es war nicht der Zeitpunkt, scheu zu sein oder sich zu zieren, der Zeitpunkt für weibliche Zurückhaltung oder Unschuld, für Angst oder dafür, sich aufzusparen für einen Augenblick der Liebe, den sie vielleicht nie wieder mit ihm teilen würde. Was auch immer die Zukunft bringen würde, Roland sollte der Erste sein, dem sie sich ganz hingab. Sie spornte ihn an, ihre Lippen liebkosten seinen schlanken Körper, und sie küsste die glänzende, wulstige Narbe auf seinem Unterbauch, die sie zusammengebracht hatte. Sie stachelte seine Leidenschaft an und konnte nicht verstehen, warum Roland sich genau in dem Moment zurückzog, als sie ihn am meisten erwartete und mit ihm eins werden wollte.

Roland aber war fest entschlossen, ihr seine Liebe dadurch zu beweisen, dass er sich zurückhielt. Er wollte keine überstürzte, vom Verlangen getriebene, sexuelle Vereinigung an der Schwelle zu einem quälenden Abschied, er wollte sie heiraten. Er wollte nicht, dass nach ihrer Trennung auch nur der kleinste Zweifel zurückblieb, es sei sein wichtigstes Ziel gewesen, mit ihr zu schlafen, während es in Wahrheit sein innigster Wunsch war, sie zu seiner Frau zu machen, das, was sie einander bedeuteten, zu heiligen. Er hatte sich selbst, noch bevor der Zug Lyon verließ, geschworen, diesen Vorsatz nicht zu brechen, und versuchte nun, ihr zu erklären, dass es ihm moralisch verwerflich vorgekommen wäre, in einem schäbigen Raum und in einer schrecklichen Stunde ihr erster Liebhaber zu werden, um sie dann am nächsten Tag zu verlassen.

Dann wäre der Riss, den der Abschied bedeutete, noch einmal tiefer geworden, ganz abgesehen vom Risiko, dass sie schwanger werden könnte. Ein Kondom zu benutzen hätte er als gefühllos und herabwürdigend empfunden; ein Kondom war ein Hilfsmittel, das man bei einer Prostituierten benutzte, und kein Schutz, den man bei der Frau einsetzte, die man liebte. Und der Gedanke ließ ihn erschauern, dass ihr übel werden könnte oder sie seekrank würde, allein auf dem Meer, sein Kind in ihrem Bauch, in furchtbarer Angst davor, ihren Eltern die Wahrheit zu sagen, ohne medizinische Versorgung und ohne dass er ihr helfen konnte.

All diese Sorgen bestärkten ihn in seinem Entschluss. Und deshalb hielt er sie nur zärtlich in seinem Arm, ihren Kopf auf seiner Brust, ihr Ohr auf seinem klopfenden Herzen. Er küsste die braunen Locken, die ihre Stirn umrahmten, und strich ihr über das Haar, malte ihre gemeinsame Zukunft vor ihnen aus, und zum Schluss forderte er sie auf, die Augen zu schließen und sich etwas auszuruhen...

»Wo sind sie?«, riss eine Männerstimme auf Deutsch sie aus ihrem Schlaf. Wieder hörte sie die Stimme, jetzt lauter. Sie tastete nach Roland.
»Mein Vater!«, keuchte sie. Sie war sich sofort sicher, dass Lisette – wie wenig das auch ihrem Charakter entsprach – Sigmar aufgeweckt und ihm gesagt haben musste, dass sie sich davongestohlen hatte, und dass er ihnen irgendwie bis zu diesem Hotel gefolgt war. Schon kam er die Treppe herauf. Sie hörte seine schweren Tritte auf den Stufen und langte nach ihren Kleidern, die rund um das Bett auf dem Fußboden verstreut lagen.
Sie war zu Tode erschrocken bei dem Gedanken, dass er sie hier finden würde, obwohl sie wusste, dass nichts, womit er sie bestrafen würde, schlimmer sein konnte als die Strafe, die ihr schon auferlegt war: Roland verlassen zu müssen. Dennoch fürchtete sie sich davor, ihrem Vater in die Augen zu sehen und seine Enttäuschung mitzuerleben, zu spüren, dass sie seine Achtung verloren hatte. Und sie fürchtete die vor ihnen liegende Reise, mit ihm auf einem Schiff gefangen zu sein, sein strafendes Schweigen nicht durchdringen zu können. Jahre würden vergehen, aber diese Nacht würde auf immer wie ein Feuer in seiner Seele brennen. Von der Straße unten drang Scheinwerferlicht durch die Fenster. Sie hörte, wie Autotüren zugeworfen wurden, deutsche Stimmen,

laut und schneidend, und dann die unheilvollen Tritte von Stiefeln auf der Treppe. Aus Rolands Augen sprach Entsetzen. Er drehte sich um, ging fieberhaft die Möglichkeiten durch, die sie hatten, und hastete zum Fenster. Als er die verstaubten Vorhänge aufriss, spähte Janine nach unten und sah, wie drei schwarze Citroëns, die bevorzugten Fahrzeuge der Gestapo, die Kopfsteinpflasterstraße vor dem Hotel blockierten.

»Das ist nicht dein Vater da draußen. Es sind die Deutschen!«, flüsterte er. »Sie sind anscheinend auf der Suche nach Juden, in all diesen stinkenden Spelunken hier im Hafen! Merde, du musst hier weg, sofort!« Er drehte sich vom Fenster weg und riss die Tür zum Flur auf. Aber der Ausgang war versperrt, eine Woge von Alpträumen drängte sie zurück: donnernde Stiefelschritte, fliegende Fäuste, Jammern und Weinen, splitterndes Glas und brechendes Holz. Roland zog sie quer durch den Raum. Gegenüber dem Bett gab es ein zweites Fenster zum einen knappen Meter darunter gelegenen Dach des Nachbargebäudes. Er öffnete das Fenster, warf die Läden zurück und kroch auf das Dach hinunter, wobei er mit den Füßen vorsichtig die Neigung prüfte. Dann drehte er sich zum Fenster, um Janine beim Aussteigen zu helfen. Gehockt, um vom Haus aus nicht gesehen zu werden, krochen sie vom Fenster weg die rutschigen Dachziegel hinauf.

»Bleib hinter mir«, sagte er, »und gib keinen Laut von dir.« Er schlug ihren Kragen hoch, damit ihr wärmer war, strich mit dem Handrücken über ihre Wangen und legte seinen Zeigefinger auf ihre Lippen, als Warnung, ruhig zu bleiben. Aber sie brachte ohnehin kein Wort heraus.

Trotz des Entsetzens, das sie erfasst hatte, trieb ihr der Rundblick vom Dach Tränen in die Augen. Die Aussicht mit all ihrer glitzernden, vergänglichen Schönheit war atemberaubend: Sie sah das Licht der Sterne auf dem Wasser, sah den Glanz des von einem Hof umgebenen, frühmorgendlichen Mondes, sah, wie die Suchscheinwerfer auf dem mittelalterlichen Wachtturm an der Hafeneinfahrt die Wolken anstrahlten. Sie sah sich selbst mit den Möwen im Wind schaukeln, sah, wie sie auf Fensterbrettern landeten und

in Zimmer hineinspähten, wo Bürokraten schliefen und Flüchtlinge sich unruhig hin- und herwarfen.
Weit in der Ferne klingelten Glockenbojen ihre einsame Warnung über die Wellen auf ihrem Weg nach Marokko. Im Hafen schlugen Seile gegen die Masten der ausgeblichenen Boote, und vom Meer kam ein eiskalter Wind. Janine fröstelte, sie klammerte sich an Roland und barg ihr Gesicht in seinem Mantel. Die Reise, der Wein, der Rausch ihrer Leidenschaft und ihre Angst hatten sie total erschöpft. Aber ihre unsichere Lage auf dem rutschigen Dach zwang sie, wach zu bleiben ...

Im nebligen Dunst der Erinnerung vermischen sich Wahrnehmungen mit der Wirklichkeit, wird das, an was man sich zu erinnern glaubt, wichtiger als das, was tatsächlich geschehen ist. Und so behielt Janine die Ereignisse dieser Nacht in Marseille im Gedächtnis.

Die eigene Geschichte wird immer im Licht dessen gezeichnet, was man meint, erlebt zu haben. Sogar Alpträume erhalten dann eine eigene Wahrheit, unabhängig von den tatsächlichen Ereignissen des Krieges. Dass Marseille zu jener Zeit unbesetzt war – Deutschland übernahm erst acht Monate später die Kontrolle über ganz Frankreich bis zum Mittelmeer –, war zwar eine Tatsache, wurde aber komplett überlagert durch den Schmerz und die Qual, von Roland Abschied nehmen zu müssen.

Vielleicht aber hatte auch der Terror der Nazis, der dazu geführt hatte, dass sie auseinandergerissen wurden, sich zu einem Traum von solch schrecklicher Gegenwart verdichtet, dass es ihr so vorkam, als ob die Gestapo tatsächlich schon in Marseille war und Angst und Schrecken verbreitete.

Weil sie wusste, dass sie ewig bereuen würde, auf die Stimme der Vernunft gehört und sich zurückgehalten zu haben, verfing sich Janine in einem Netz von Einbildung und Selbsttäuschung, das ihr vorgaukelte, sie habe keine Wahl gehabt, wie sie die letzten Stunden miteinander verbrachten. Sie war fest überzeugt, sie und Roland hätten den größten Teil der Nacht in unsicherer Lage auf dem Dach verbracht, um der Verhaftung zu entgehen, und seien so darum betrogen worden, ihre Liebe zu vollziehen. Dieser Traum war das Märchen, von dem sie glaubte, dass es wahr wäre, an das sie sich erinnerte und das sie in den Jahren danach immer und immer wieder erzählte. Ihr ganzes Lebens lang vertauschte sie Traum und Wirklichkeit. Diese Geschichte war so lange Teil des Zaubers und der Romanze, die meine Mutter umgaben, bis ich mich selbst mit dem befasste, was sich wirklich im Krieg in Europa ereignet hatte. Wie geblendet glaubte ich alles an ihrer Geschichte: Durch ihre Liebe tapfer geworden, versteckte sie sich als Mädchen im Dunkel der Nacht, hoch über dem Meer mitten im Krieg auf einem Dach, und der Mann, den sie abgöttisch liebte, bewahrte sie vor dem Zugriff der Nazis. Später war dies die einzige der Geschichten, die sie mir erzählte, die sich durch meine Recherche als unwahr herausstellte.

Als Roland sie beim ersten Morgengrauen wachküsste und aus ihrem Traum befreite, wunderte sich Janine, dass sie zusammengerollt neben ihm im Bett lag. Seine Stimme drängte sie zur Eile, damit sie wieder in ihrem eigenen Hotelzimmer war, bevor ihre Eltern ihre Abwesenheit entdeckten. Sie hetzten zusammen zurück, während der rosige Schimmer der Morgensonne sich über die Kalksteinfelsen rund um die Stadt legte, Fischer ihre Netze sortierten und Katzen gespensterhaft durch die Gassen schlichen und mit den Pfoten die Abfallhaufen nach ihrem Frühstück durchsuchten. Janine hängte sich unter Tränen an ihn und umarmte ihn, aber zu ihrem Erstaunen und ihrer Erleichterung verweigerte er ihr einen Abschied.

»Non, ma chérie, pas encore – nein Liebling, noch nicht«, beharrte er und versprach, vor der Abfahrt am Pier der »Lipari« zu sein.

Leise schlich sie sich durch die Eingangstür, und Roland nahm auf dem Weg zurück zum Hotel, wo er sich noch ein paar Stunden ausruhen wollte, einen Umweg über den um diese Zeit schon belebten Hafen. Dort sah er eine Blumenfrau, die an einem Stand ihre Ware auspackte. Und weil er stehenblieb und auf die Blumen starrte, sprach sie ihn an.

»Frische Mimosen! Ein Geschenk des Frühlings!«, rief sie, nahm einen Strauß der provenzalischen Blumen mit den kleinen goldenen Bällchen auf den Stängeln, winkte ihm damit zu und grinste freundlich. Wie Vorboten der Frühlingsgöttin Proserpina blühen Mimosen am Ende des Winters, als Zeichen dafür, dass Gott die Erde nicht vergessen hat.

»Schenken Sie ihr Mimosen, und Ihr Mädchen wird sich immer an Sie erinnern«, drängte die Verkäuferin und neigte ihren Kopf, um den sonnigen Duft der Blüten einzuatmen. »Mimosen, wissen Sie, Mimosen stehen für Erinnerung.«

~

Der Quai de la Joliette mit seinen Piers, die groß genug waren für die Schiffe, die das Mittelmeer befuhren, lag etwas nordwestlich des Vieux Port am Rande des Quartiers du Panier, des Rotlichtviertels, dessen sündige Straßen die an Land gehenden Matrosen mit Sirenenklängen begrüßten. Verglichen mit dem abgegrenzten Areal des mitten in der Stadt gelegenen Vieux Port, in dem die Boote der Privatleute und der Fischer lagen, war die Joliette der Hafen mit den großzügigen Anlegeplätzen für den Frachtverkehr und die Passagierschiffe.

Hier wartete Roland auf Janine, in seinem Arm die Mimosen und in seiner Tasche den Brief, den er vor drei Tagen auf seinem Zimmer in Lyon geschrieben hatte und mit dem er ihr versprach, dass er sie nach dem Krieg finden würde. Er wusste, dass der Moment ihres Abschiedes zu öffentlich und zu schmerzhaft sein würde, um ihr all das sagen zu können, was er ihr sagen musste – deswegen hatte er es niedergeschrieben. Es war eine Art Vertrag.

Auf dem Kai wimmelte es von Menschen, denen, die abfuhren, und denen, die zurückblieben. Die Mannschaft des Schiffes und die Gepäckträger prüften die Papiere und das Gepäck, und die Mitarbeiter der Hilfsagenturen »Joint« und »HICEM« stellten sicher, dass alle, die dazu berechtigt waren, an Bord des Schiffes gehen konnten. Es wurde gestritten, es flossen Tränen, es gab Ärger um falsch ausgefüllte Papiere, fehlende Stempel, fragwürdige Visa und Namen, die unerklärlicherweise von den Listen gestrichen worden waren. Und natürlich gab es auch die übliche Aufregung, wenn Familien in dem Durcheinander auf dem Kai getrennt wurden oder darum kämpften, sich selbst und ihr Gepäck in der wogenden Menge zusammenzuhalten, die zum Schiff drängte.

In all diesem Durcheinander fand Roland schließlich Janine. Sie ging mit ihrem schweren Koffer ein wenig hinter dem Rest der Familie. Er hatte ein weißes Hemd mit Krawatte angezogen und einen langen Mantel, um einen guten Eindruck auf Sigmar zu machen, für den Fall, dass sich die Gelegenheit ergäbe, ihm vorgestellt zu werden. Falls Sigmar oder Alice ihn gesehen hatten oder Zeugen seines Treffens mit Janine und ihres innigen Abschieds geworden waren, ließen sie sich nichts anmerken und die beiden einige Minuten allein.

»Mimosen stehen für Erinnerung«, flüsterte Roland ihr das Versprechen der Verkäuferin ins Ohr, als er ihr die Blumen überreichte, mit kleinen gelben Blüten wie Wattebällchen und Blättern wie dunkle Federn. Er schob ihr den Brief in die Tasche und bat sie, ihn erst zu lesen, wenn das Schiff auf hoher See war. Als er sie an sich zog, musste sie so heftig weinen, dass sie nicht sprechen konnte. Er hob ihr Kinn, wischte ihr die Tränen fort und versuchte, ihr mit einem heftigen und langen Kuss Hoffnung und Mut einzuhauchen.

»J'attendrai, ma chérie«, sagte er und versuchte zu lächeln. »Le jour et la nuit, tu sais. J'attendrai ton retour. Toujour. Ich werde dich immer lieben.« Sie vergaßen den Lärm und das Durcheinander um sie herum. Sie hielten sich fest im Kampf gegen die Sinnlosigkeit, sich loslassen zu müssen.

Bevor Janine etwas sagen konnte, stand Norbert neben ihr. Es war Zeit, an Bord zu gehen, und Sigmar drängte. Die beiden jungen Männer umarmten sich. Dann nahm Roland Janines Gesicht in beide Hände, als ob er sich jeden einzelnen ihrer Gesichtszüge einprägen wollte, und mit einem letzten heißen Kuss überließ er sie den Armen ihres Bruders, der seine schluchzende Schwester zur Gangway führte.

Roland eilte den Pier hinunter zu einem Stand, wo man, wie er auf dem Hinweg gesehen hatte, Ruderboote mieten konnte. Er bezahlte für eines, ruderte gegen den Wind längsseits der »Lipari« und schaffte es, Janines braunen Mantel an der Reling zu entdecken, wo sich die Flüchtlinge drängten, um einen letzten Blick auf den zerfallenden Kontinent zu werfen, den sie hinter sich zurückließen.

»Moumoutte!«, rief Roland von unten herauf, um sie auf sich aufmerksam zu machen. »Chérie! Janine!« Er stellte sich auf in seinem Boot, in dem er mit seinem weißen Hemd, der Krawatte und dem Mantel völlig unpassend aussah, winkte ihr zu und rief ihren Namen. Sie schaute erstaunt hinunter auf das Wasser, und wurde von einem Sturm von Lachen und Tränen überwältigt.

»Setz dich wieder hin!«, rief sie. »Mon Dieu, ich habe Angst, du kippst um!« Aber unter ihrem Lächeln wurde sie bleich angesichts all der Dinge, die ihm jetzt, wo sie fort war, widerfahren konnten, ohne dass sie davon auch nur etwas erfahren würde.

»Entschuldigen Sie, Mademoiselle, möchten Sie, dass ich ein Bild mache?« Der Mann hinter ihr hielt eine Kamera. Erst Monate später erhielt sie den Schnappschuss, auf dessen Rückseite er seine eigene Bildunterschrift auf Französisch geschrieben hatte: »seul sur la mer – alleine auf dem Meer«. Die Fotografie, klein und verschwommen wie sie war, trug sie immer in ihrer Brieftasche. Sie hielt den Moment fest, als sie zum letzten Mal die Liebe ihres Lebens sah, schlank und unvergesslich in ihre Erinnerung eingegraben.

Es war nach drei, als die »Lipari« vom Kai ablegte. Die Sonne senkte sich schon über dem Horizont. Roland saß allein in seinem Ruderboot, warf ihr Küsse zu und winkte ihr hinterher. Die

»Lipari« schob sich an der Mole vorbei und lief auf die kalte, offene See hinaus. Janine begrub ihr Gesicht in den Mimosen und wusste, dass sie es nicht ertragen würde, sie verwelken zu sehen. Sie brach einen einzelnen Stängel für ihr Knopfloch ab, lehnte sich über die Reling und warf, in Tränen aufgelöst, Stiel um Stiel ins Wasser, als ob sie einen Weg markieren wollte, der sie zurückführen könnte. Die gelben Blüten tanzten auf den Wellen und trieben auf Rolands kleines Boot zu. Aber er konnte nicht Schritt halten, und die »Lipari« ließ ihn hinter sich zurück.

Janine erkannte plötzlich, dass es genauso war, wie sie es sich im vergangenen Herbst vorgestellt hatte, nachdem sie ihn von seinem Krankenbett wieder zurück ins Leben geholt hatte. Ihre große Liebe wurde von ihr fortgetrieben. Aber diesmal stand sie nicht einsam am Ufer, diesmal war sie es, die wegging. Als in der Ferne nicht mehr zu sehen war als ein winziger, tanzender Punkt, golden wie die Blüten der Mimosen, die um ihn herumflimmerten, stand sie immer noch und schaute ihm nach, auf ihren Lippen den Schwur »ihres« Lieblingsliedes.

»J'attendrai.« Ich werde warten. Immer.

VIERZEHN

Dunkelheit über der Tiefe

Am 13. März 1942 verließen sieben Schiffe den Hafen von Marseille, aber auf der Liste der Abfahrten, die täglich in »Le Sémaphore«, der örtlichen Zeitung für die Seefahrt, abgedruckt wurde, finden sich nur die Bestimmungshäfen von sechs. Für die Menschen auf dem siebten Schiff, der »Lipari«, war Diskretion lebenswichtig. Die »Lipari« war ein 1921 gebautes französisches Dampfschiff mit Heimathafen Le Havre. Sie hatte 105 Kabinen in der Ersten Klasse, 39 in der Zweiten und 84 in der Dritten, außerdem gekühlte Frachträume unten im Rumpf.

Am 13. März ging, statt Fisch, Bananen, Wein, Weizen oder Datteln, die Fracht der »Lipari« zu Fuß an Bord. Sie bestand aus Hunderten von Juden, was niemand öffentlich bekannt machen wollte, weil das Schicksal der Juden auf Messers Schneide stand. Für sie bedeutete es schon Gefahr, den Anker zu lichten und abzulegen, weil es die Aufmerksamkeit deutscher U-Boote erregen konnte, die im Mittelmeer auf der Lauer lagen.

Der Bestimmungshafen der »Lipari«, der vor der Öffentlichkeit verschwiegen wurde, war Casablanca. Dort sollten die Flüchtlinge auf einen aus Lissabon kommenden portugiesischen Frachter umsteigen, der gechartert worden war, um sie über den Atlantik zu bringen. Die Fahrt sollte länger dauern und dichter an einer Katastrophe vorbeischrammen, als irgendeiner, der an diesem Tag an Bord gegangen war, es sich hätte vorstellen können. Aber für jeden von ihnen war diese Flucht ein Wunder, das Ergebnis zäher Verhandlungen und bis ins Kleinste durchgeplanter Vereinbarungen, die für jeden Einzelfall von den Hilfsorganisationen in Lissabon, Marseille und New York getroffen wurden. Welch unglaubliches Glück sie gehabt hatten, war ihnen noch nicht bewusst, denn die Passagiere der »Lipari« waren die letzten Juden, die aus Frankreich entkommen konnten.

```
                DÉPARTS

         Du 13 mars (suite)
   DJEBEL-DIRA, vap. fr. p. Bône
     et Philippeville.
   DJEBEL-NADOR vap. fr. p. Bou-
     gie - Alger.
   LAVOISIER, ch. fr. pour St-Louis
     du-Rhône.
   LIPARI, vap. fr.
   M.-LE-BORGNE, vap. fr. p. Oran
     et Nemours.
   ST-CHRISTOPHE, ch. fr. pour La
     Mède.
   ST-ETIENNE, vap. fr. p. Caronte.
              Du 14 mars
   G.-G. DE-GUEYDON, vap. fr. pour
     Alger.
   GEORGES-CLAUDE, ch. fr. pour
     St-Louis-du-Rhône.
   IRIS, ch. fr. p. St-Louis-du-Rh.
   MOSELLE-I, ch. fr. pour St-Louis-
     du-Rhône.
   SAONE, ch. fr. pour St-Louis-du-
     Rhône.
   SURVILLE, vap. fr.
   TAIN-L'HERMITAGE, ch. fr. pour
     St-Louis-du-Rhône.
```

Das Marseiller Schiffsregister »Le Sémaphore«
verzeichnet am 13. März 1942 sieben Abfahrten, der
Bestimmungshafen der Lipari wird nicht genannt.

Tausende andere verzweifelte Flüchtlinge, die nach ihnen in Marseille ankamen, saßen dort in der Falle. In einer Gegend, wo der Lavendel blüht und wo die Städte Namen tragen, die in der Kunstwelt Sehnsüchte wecken oder Urlaubsträume reifen lassen – Arles, Aix-en-Provence, Saint Rémy oder Cassis –, wurden sie, hungrig und voller Angst, in eilig erbaute Lager eingepfercht, die nichts anderes waren als französische Sammelstellen für die Deportation in die Todeslager der Nazis in Polen.

Das Dampfschiff »Lipari«, 1922 in Le Havre in Dienst gestellt

Am 27. März 1942, gerade einmal zwei Wochen, nachdem die »Lipari« Marseille verlassen hatte, erfolgte die erste Deportation aus Frankreich. In einer dreitägigen Zugfahrt wurden 1112 Juden aus dem Lager Drancy bei Paris nach Auschwitz gebracht. Auf der Wannsee-Konferenz im Januar hatte die Nazi-Führung die »Endlösung der Judenfrage« beschlossen, was die »komplette Vernichtung der Juden« bedeutete. Geplant war die Auslöschung von geschätzt elf Millionen Juden in Europa, darunter auch derjenigen in nicht besetzten oder neutralen Ländern. Um dieses von Hitler vorgegebene Ziel zu erreichen, verlangten die Deutschen von den Franzosen, ihnen dabei zu helfen, Juden im ganzen Land festzunehmen, zu internieren und zu deportieren.

Als Antwort auf die Forderung aus Berlin entschied sich die Vichy-Regierung, ihnen zuerst die staatenlosen Juden anzubieten, die man südlich der Demarkationslinie aufgreifen konnte, zusammen mit den ausländischen oder staatenlosen Juden, die sich noch in der nördlichen, besetzten Zone befanden. Die Quote der an Deutschland zu überstellenden Juden musste erfüllt werden, und das »loi du nombre«, das Gesetz der Zahl, hatte zur Folge, dass für jedes Leben, das verschont blieb, unerbittlich ein anderes geopfert werden musste.

Am 27. Juni ordneten die Deutschen an, dass 50 000 Juden aus der unbesetzten Zone »geliefert« werden mussten. Da der Waffenstillstandsvertrag vorsah, dass Frankreich auf Anfrage jeden früheren Reichsbürger zu übergeben hatte, gab die Vichy-Regierung – die nun unter der Führung von Premierminister Pierre Laval stand – jede Verpflichtung auf, ausländischen Juden Asyl zu gewähren. Schon drei Tage später enthüllte Adolf Eichmann, der Leiter des »Judenreferates« im Reichssicherheitshauptamt, den ganzen Umfang der Nazi-»Endlösung«, als er persönlich nach Paris fuhr und neue Befehle überbrachte: Alle Juden in Frankreich, ausländische und einheimische, seien von nun an für die Deportation zu erfassen. Ihre Staatsbürgerschaft bot den französischen Juden keinen Schutz mehr.

Das hatte drastische Folgen für die Emigration aus Frankreich. Bereits im Februar, einen Monat bevor die »Lipari« Marseille verließ, hatten die Deutschen ihre vorherigen Bestimmungen überarbeitet, mit denen die Ausreise von Juden aus der besetzten Zone verboten wurde, sofern keine Erlaubnis von Himmler – als Chef der gefürchteten SS war er für die Umsetzung der »Endlösung« zuständig – vorlag. In der unbesetzten Zone führte die Absicht der Vichy-Regierung, zunächst ausländische Juden zu übergeben – »pour commencer«, um anzufangen, wie Laval es ausdrückte – und erst danach französische Staatsbürger, dazu, dass sie dort genauso verfolgt wurden wie in den besetzten Gebieten. Am 20. Juli erklärte der Innenminister der Vichy-Regierung vorher erteilte Ausreisevisa für ausländische Juden für ungültig. Ausgenommen waren nur Juden aus Belgien, den Niederlanden und Luxemburg.

Kurz darauf, am 5. August, führte das Ziel der Vichy-Regierung zu einer strikten Anordnung an alle Präfekten. Mit wenigen Ausnahmen wurde ihnen per Direktive vorgeschrieben, dass alle Juden, die nach dem 1. Januar 1936 nach Frankreich eingereist waren, sofort in die besetzte Zone zu überstellen und dass alle Ausreisevisa, über die sie verfügten, für ungültig zu erklären waren. Im folgenden Monat erläuterte Laval die Direktive mit den Worten: »Es wäre eine Verletzung des Waffenstillstandsabkommens, wenn man die Juden ausreisen ließe, weil dann die Gefahr bestünde, dass sie gegen Deutschland zu den Waffen greifen könnten.«

Am Ende der Nazi-Zeit stellte sich heraus, dass die ausländischen Juden viel konsequenter verfolgt wurden als die einheimischen. Mehr als zwei Drittel der insgesamt 75721 aus Frankreich deportierten Juden waren im Ausland geboren, obwohl die jüdische Bevölkerung des Landes nur zur Hälfte aus Ausländern bestand. Drei Viertel aller Deportierten wurden nicht von den Deutschen festgenommen, sondern von französischen Polizisten und Milizionären. Wenige von denen, die ergriffen wurden, überlebten. Weitere 4000 starben – oder wurden getötet –, während sie sich noch in französischen Lagern befanden. Am schlimmsten war die Verfolgung 1942, als es Janine und ihrer Familie im letzten Moment gelang, über Marseille auszureisen. Fast 42000 Juden – die meisten von ihnen Ausländer – wurden in diesem Schicksalsjahr deportiert.

Im Juli wurden bei einer Razzia, die später unter dem Namen »La Grande Rafle du Vél d'Hiv« in die Geschichte einging, fast 13000 Juden rund um Paris verhaftet. Daran beteiligt waren 9000 französische Polizisten. Benannt wurde die Aktion nach der

Radsporthalle, dem Vélodrome d'Hiver, wo die Festgenommenen, darunter 4000 Kinder, bei glühender Hitze fünf schreckliche Tage lang bei minimalen Rationen von Wasser und Nahrung festgehalten wurden, bevor man sie in die Todeslager schickte. Im Monat darauf wurde die Zahl der Festgenommenen im Département Bouches du Rhône rund um Marseille noch einmal deutlich gesteigert, obwohl viele der Deportierten bereits im Besitz von Ausreisevisa waren. Am 11. August wurde im Lager Les Milles bei Aix-en-Provence ein Konvoi aus deutschen und österreichischen Juden, deren Nachname mit den Buchstaben »A« bis »H« begann, zusammengestellt. In den folgenden Tagen wurden Tausende aus anderen Lagern in Güterwaggons gepfercht, während bei Schleppnetzfahndungen der französischen Polizei am 26. und 27. August in der unbesetzten Zone 6584 weitere Juden »eingesammelt« und in Konvois in Richtung Polen verladen wurden.

Selbst wenn es der Familie Günzburger gelungen wäre, auch noch später aus Frankreich zu entkommen, wäre ihre Flucht in Marokko zu Ende gewesen. In diesem Sommer, kurz nachdem sie aus Marseille in Richtung Casablanca abgefahren und von da nach Kuba weitergereist waren, schickte Joseph J. Schwartz, der charismatische Europa-Direktor des »Joint«, von Marseille aus ein Telegramm an das New Yorker Büro der Hilfsorganisation: »ES GIBT ERNEUT SCHWIERIGKEITEN MIT MAROKKANISCHEN AUSREISEVISA, AUCH BEI DENEN, DIE BEREITS FRANZÖSISCHE AUSREISEVISA HABEN. DAS MACHT ES ZWEIFELHAFT, OB IRGENDJEMAND CASABLANCA VERLASSEN KANN.«

Als die Probleme immer größer wurden, bemühte sich Schwartz, beim amerikanischen »Chargé d'Affaires« in Vichy, S. Pinkney Tuck, Hilfe zu bekommen. Der aber sagte, er habe schon bei Laval und anderen hochrangigen französischen Persönlichkeiten interveniert, mehr könne er nicht tun.

Schwartz berichtete dem »Joint« in New York, dass Tuck sich mit der Lage abgefunden habe: »Washington kennt jedes Detail und die französische Regierung kennt unsere Reaktion auf ihre unmenschliche Vorgehensweise«, habe Tuck ihm gesagt. »Ich glaube nicht, dass im Moment irgendjemand irgendetwas tun kann. Die einzige Sprache, die diese Leute verstehen, ist die der Gewalt.«

Aber die Lage wurde schnell noch schlimmer. »PRAKTISCH UNMÖGLICH FÜR JUDEN AUCH FRANZÖSISCHER NATIONALITÄT, AUSREISEVISA ZU ERHALTEN«, telegrafierte Schwartz am 11. September nach New York, und die von ihm dargestellte Praxis wurde kurz darauf formalisiert. Am 8. November erließ die Vichy-Regierung eine offizielle Anordnung, der zufolge keinerlei Visa mehr ausgegeben werden sollten, weil die Alliierten mit einer »Operation Torch« genannten Aktion die marokkanische und algerische Küste angegriffen hatten. Die Landemanöver, die Churchill optimistisch als »Beginning of the End«, den Anfang vom Ende des Krieges bezeichnet hatte, trafen in Casablanca auf französischen Widerstand, und Pétain brach die diplomatischen Beziehungen zu den Vereinigten Staaten ab.

Amerikanische Kampfflugzeuge und Kriegsschiffe beschossen französische Kampfflugzeuge, die französische U-Boote und Schiffe der französischen Kriegs- und Handelsmarine beschützen sollten. Mit dem Feuer, das den Hafen von Casablanca in Schutt und Asche legte, wurde auch die »Lipari«, auf der im März zuvor die Günzburgers entkommen waren, zerstört.

Drei Tage später, am 11. November, überschritt die Wehrmacht auf Befehl Hitlers die Demarkationslinie und überrannte den Süden Frankreichs bis zum Mittelmeer. Gegen die »Operation Anton«, wie der Codename der Nazis für die Besetzung ganz Frankreichs lautete, gab es keinen militärischen Widerstand, obwohl sie eindeutig ein Bruch des Waffenstillstandsvertrages von 1940 zwischen den beiden Nationen war. Vom Vichy-Regime ungehindert, übernahmen die Deutschen schnell den Rest des Landes, versperrten in der Folge alle Fluchtwege für Juden, die sich noch im Land befanden – Ausländer, Staatenlose und französische Staatsbürger –, und machten sie alle gleichermaßen zum Ziel der Transporte in die Lager. Binnen Monatsfrist nach der Eroberung Marseilles befahl Hitler die sofortige Deportation jedes Juden, der südlich der früheren Demarkationslinie angetroffen wurde.

Im Januar 1943 starteten die Deutschen in Marseille »Operation Tiger«, eine umfassende Verhaftungswelle, die sich außer gegen Juden auch gegen Kommunisten, Kleinkriminelle und andere »unerwünschte« Personen richtete. Es war die erste Stufe eines Plans der Nazis, der darauf abzielte, das alte Hafenviertel um den Vieux Port zu zerstören, um Widerstandskämpfern, die an antideutschen Guerilla-Aktionen teilgenommen hatten, die Zufluchtsorte zu nehmen und vor einem möglichen alliierten Angriff von See her die Kontrolle über diesen Bereich zu übernehmen. Als diese Attacke am 27. Mai 1944 erfolgte, wurden bei amerikanischen Luftangriffen mehr als 2000 Menschen getötet, die meisten von ihnen Zivilisten, und ein großer Teil der Stadt, in der Janine und Roland ihre letzte Nacht miteinander verbracht hatten, wurde dem Erdboden gleichgemacht.

Das war die bedrohliche Welt, der Janine entkommen war, als sie an Bord der »Lipari« gehen musste, um nach Casablanca zu fliehen, und es war die Welt, in der sie Roland zurückließ. Dass sie ihn so sehr liebte und so wenig begriff, in welcher Gefahr sie geschwebt hätte, wenn sie in Frankreich geblieben wäre, bestimmte ihre Zukunft und überschattete ihre Erinnerung an diesen Schicksalstag. Statt dankbar zu sein, weil sie im Alter von 18 Jahren und nach einem ganzen Jahrzehnt, in dem sie von Wahnsinn und Finsternis umgeben war, eine letzte Überlebenschance bekommen hatte, sah sie ihre Flucht als Abreise in die Verbannung. Denn der einzige Ort auf der Welt, an dem sie sich sicher fühlte, war in Rolands Armen.

∼

Janine stand noch immer an der Reling der »Lipari«, als die letzte goldene Mimose von den Wellen davongetragen wurde, die letzte neugierige Möwe zum Land zurückgeflogen war und Roland nicht länger weiterrudern konnte und schließlich sein Boot wieder zum Pier zurückbrachte. Sie drehte den Ring an ihrem Finger, das Kostbarste, was sie hatte, und versuchte, Trost darin zu finden, dass er wirklich da war, als ob er garantieren könnte, dass sie wieder vereint sein würden. Nun, wo alles, was für sie Bedeutung hatte, schnell in der Ferne verschwand, wurde sie wütend. Dennoch war es nicht ihre Art, laut zu fluchen. Eher schon drückte die Männerstimme, die sie aus ihren düsteren Gedanken riss, etwas aus, das sie nicht ertragen konnte.

»Merde à la France!« Sie fuhr herum und sah zu ihrer Überraschung eine Gruppe bärtiger, orthodoxer Juden, Diamantenhändler aus Antwerpen, hinter ihr stehen. Der polnische Akzent des Mannes, der geflucht hatte, mischte sich mit seinem belgischen Französisch, und wieder fluchte er: »Merde à la France!« Scheiß auf Frankreich! Er trug einen langen schwarzen Mantel und einen breitkrempigen schwarzen Hut, den er mit einer Hand festhielt, damit er nicht wegflog. Dann griff er nach der Reling und spuckte ins Meer.

»Diese feigen Franzosen sind nicht besser als die Deutschen, nur weniger ehrlich«, sagte er, mit Verachtung in der Stimme zu seinen Begleitern, die das als Aufforderung ansahen, es ihm gleichzutun, und ebenfalls ins Wasser spuckten.

Janine betrachtete den Mann – seine düstere, schwarze Kleidung, seine hagere Figur, seine schmalen, runden Schultern und die knochigen, um die Reling gekrallten Finger – und fand in einem Anflug von Bosheit, er sähe aus wie eine Krähe. Sein Angriff auf Frankreich, jetzt, wo Roland nur noch ein weit entfernter Punkt auf dem Wasser war, zerriss ihr das Herz. Er war die Verkörperung all ihrer Probleme: Er war einer von jenen Juden, die, wohin auch immer sie gingen, Misstrauen weckten und den Hass des Restes der Menschheit auf sich zogen. Warum sollte ihr Leben durch Leute wie ihn bestimmt werden? Durch Leute, die sich zu Außenseitern machten, während doch ihre ganze Freude am Leben darin begründet gewesen war, in Frankreich bleiben zu können, zu Frankreich zu gehören, wie alle anderen auch?

Fast vier stürmische Jahre waren vergangen, seit sie Freiburg verlassen hatten, und jetzt musste sie wieder ganz von vorne anfangen. Sie konnte kein Spanisch und wusste nicht, was sie an ihrem Reiseziel erwartete, diesem Ziel, das Kuba hieß und von dem sie annahm, dass es dort ziemlich unzivilisiert zuginge. Und was wäre, wenn Roland sie diesmal vergessen würde? Wie von Sinnen drehte sie sich zu dem Fremden um und ließ ihn ihre Verzweiflung spüren.

»Vraiment, Sie spucken auf die Franzosen? Ich für mein Teil wäre viel lieber in Frankreich geblieben, als mit Ihnen zusammen ins Exil geschickt zu werden!« Er sah sie sprachlos an, als ob er nicht glauben könnte, dass solch feindselige Worte aus ihrem Mund kamen.

Vom Vorplatz der Basilika aus dem 19. Jahrhundert, am höchsten Punkt Marseilles über dem Hafen, beobachtete Roland Janines Schiff, bis es am Horizont verschwand.

Mit diesem Ausbruch und der Einsicht, dass sie nun besser allein sein sollte, bevor sie noch jemand anderen attackierte, ging sie fort und blickte zurück zum Ufer. Hoch über den roten Ziegeldächern der alten, ausgestreckt daliegenden Stadt konnte sie die vergoldete Statue der Jungfrau mit dem Kind auf der Turmspitze von Nôtre Dame de la Garde erkennen. Roland hatte gesagt, er würde, wenn die »Lipari« abgelegt hätte, auf den Hügel steigen zur Terrasse vor der Basilika, um sie so lange wie möglich sehen zu können.

»Sieh hinüber zum Hügel«, hatte er ihr gesagt, »und sei gewiss, ich bin dort.« Janine richtete ihren Blick auf die Kirche und stellte sich vor, sie könnte ihn sehen.

»Warte auf mich«, flüsterte sie leise. »Bitte, mon chéri, bitte warte auf mich, oder komm bald zu mir.«

Als der Abendhimmel grau wurde und die Kälte durch ihren Mantel drang, verließ sie widerwillig das Deck und stieg die Treppe ins Schiffsinnere hinab. Die Gesellschaftsräume waren ihr verschlossen, die Bar, die Bibliothek, der große Salon mit seinen gemusterten Teppichen, den Tischen mit den Einlegearbeiten und den Louis-Seize-Stühlen, den schweren Vorhängen, den Palmen in ihren Töpfen, den Bronzebüsten und den getäfelten Decken und Wänden.

Ebenfalls nicht zugänglich für Flüchtlinge waren die Kabinen für die Passagiere der Ersten, Zweiten und Dritten Klasse. Stattdessen war ihr Platz für diese Reise der dunkle, überfüllte und fensterlose Laderaum. Normalerweise wurde hier die Fracht verstaut, jetzt gab es mehr als zweihundert in Reihen aufgestellte zweistöckige Betten. Vorhänge trennten Männer und Frauen, und über jedem Bett hing eine Blechschüssel, für den Fall, dass jemand seekrank würde.

Außer den Juden waren im Laderaum noch französische Kolonialsoldaten mit ihren roten Mützen, die in ihre Heimat Afrika zurückkehrten, weil ihre Dienste im Krieg nicht mehr benötigt wurden. Für die, die im Laderaum untergebracht waren, gab es ein Außendeck, wo sie sich versammeln konnten, die vornehmen Gesellschaftsräume waren für französische Offiziere reserviert, die in den für die Passagiere vorgesehenen Kabinen reisten.

Das Foto eines Mitreisenden zeigt Sigmar und Alice an Deck der »Lipari« auf der Fahrt nach Casablanca. Die beiden Frauen im Vordergrund (mit abgewendeten Gesichtern) sind vermutlich Janine und Trudi.

Als sie im Laderaum ankam, konnte Janine Alice und Trudi nirgendwo in der Nähe der Betten sehen, die sie durch ihr Gepäck für sich belegt hatten, zwei Oberstockbetten für die Mädchen, ein unteres für Alice. Sie nahm an, sie wollten ihr etwas Zeit geben, allein zu sein. Ihre Eltern hatten nicht erkennen lassen, ob sie bemerkt hatten, wie sehr sie unter dem Abschiedsschmerz litt, und hatten auch nicht nach dem Ring an ihrem Finger gefragt. Darüber zu sprechen hätte unweigerlich zu der Frage geführt, wieso sie gegen den Willen ihres Vaters ihre Romanze mit Roland fortgesetzt hatte. Aber weil sich ihre Eltern darauf verließen, dass die Trennung sie auseinanderbringen würde, schwiegen sie. Von sich aus hätte Janine niemals gewagt, dieses Thema anzusprechen, weder jetzt noch zu einem späteren Zeitpunkt.

Im Moment war sie erleichtert, ihre Ruhe zu haben, stieg in ihre Koje neben der von Trudi – eine von einer rohen Strohmatte bedeckte Pritsche mit einer übelriechenden Decke. Dann verbarg sie ihren Kopf in ihren Armen, um das Geräusch zu dämpfen, und weinte, bis keine Tränen mehr kamen. Schließlich tat sie das, was Roland ihr beim Abschied gesagt hatte, sie öffnete den schmalen Umschlag, den er ihr in die Tasche gesteckt hatte.

Als Erstes fand sie ein Geschenk, das sie gut gebrauchen konnte: ein neues Taschentuch. Als sie die Stickerei sah, musste sie sogar unwillkürlich schmunzeln. Sie zeigte in einer Ecke die kindliche Ansicht eines stolzen französischen Hahnes, der krähend die hinter dem Meer aufgehende Sonne begrüßt, als wollte er eine bessere Zukunft herbeirufen. Die Sonne, umgeben von einer Krone gestickter goldener Strahlen, war als Halbkreis über dem Wasser zu sehen. Unter dem Hahn war der Name des französischen Widerstandsführers, de Gaulle, eingestickt, der noch immer jenseits des Kanals in England im Exil war – es war eine politische Botschaft, ausdrücklich dafür gedacht, Tränen wegzuwischen.

Das gestickte Taschentuch, Rolands Geschenk für Janine

Janine zog die grobe Wolldecke über ihre Beine und brach das Siegel auf, mit dem Rolands Umschlag verschlossen war. Er enthielt zwölf sauber mit der Hand geschriebene Seiten. Im trüben Licht der hässlichen Glühbirne, die von der Decke herunterhing, begann sie zu lesen. Jedes einzelne der mit Liebe geschriebenen französischen Worte war für sie eine Kostbarkeit.

Rolands Brief an Janine

»Lyon«, stand oben auf der ersten Seite, die drei Tage zuvor datiert worden war.

>»Dienstagabend, der 10. März 1942. Für meine geliebte Janine, damit sie immer an mich glaubt und damit es ihr leichter fällt, auf eine bessere Zeit zu warten.«

Rolands Brief fuhr fort:

>»Als ich Dich vor drei Jahren zum ersten Mal sah, warst Du noch sehr jung und ich selbst kannte von der Liebe nicht mehr als das Wort. Die Gefühle, die ich für Dich empfand, verblassten mit dem Krieg, aber die Erinnerung an Dich war für mich immer von besonderem Wert. Als wir uns dann später in Lyon wiedersahen, habe ich mich nicht so verhalten, wie es dieser Erinnerung entsprochen hätte, und die idiotischen Grundsätze, die ich in einem vom Krieg bestimmten Jahr entwickelt hatte, haben aus unserem Treffen eine banale Begegnung gemacht. Für Dich bedeutete das einmal mehr Kummer, für mich einmal mehr Reue, denn trotzdem war ich mir meiner Feigheit bewusst.
> Du sollst aber wissen, dass ich Dich niemals ganz vergessen habe. In Villefranche habe ich von Zeit zu Zeit an Dich gedacht, und immer hat es mich gequält und beschämt. Wir mussten erst den letzten Sommer miteinander verbringen, damit ich in Dir die junge Frau sehen konnte, die Du bist. Alles, was zu sagen ich nicht den Mut hatte, will ich Dir jetzt sagen. Ich bitte Dich um Verzeihung, Janine, denn Du hast mich geliebt und gerade deswegen habe ich Dir Leid zugefügt.
> Ich hatte Glück, dass ich krank geworden bin, und selbst wenn meine Operation sehr unangenehm für mich war, so hat sie doch den Erfolg gehabt, dass sie mich Dir nähergebracht hat. Und seitdem liebe ich nur Dich. Es gibt

wohl so etwas wie ausgleichende Gerechtigkeit. Kaum habe ich Dich wiedergefunden, musst Du fliehen. Aber diesmal bist Du nicht allein in Deinem Schmerz und das Schicksal schickt mir eine gerechte Strafe für meine Fehler.

Aber dennoch ist unsere Liebe so stark, dass sie alle Hindernisse überwinden wird und am Ende ihre perfekte Erfüllung dadurch finden wird, dass wir heiraten und unser Leben zusammen verbringen werden. Vom heutigen Tag an betrachte ich Dich als meine Verlobte und meine zukünftige Partnerin. Du bittest nur darum, zu mir zu gehören. Wir müssen darauf warten, dass das Wahrheit wird. Wir haben nur einen Feind: die Zeit! Wie lange wir auch getrennt sein werden, unsere Liebe wird stärker sein, weil es nur auf uns ankommt. Ich gebe Dir mein Wort: Wie lange wir auch warten müssen – Du wirst meine Frau sein. Vergiss es nie, zweifele nie daran.

Glaube daran, dass sich unser Glück erfüllen wird, glaube daran mit Deiner ganzen Kraft, mit Deinem ganzen Willen, mit Deiner ganzen Liebe, und die Prüfung, die wir zu bestehen haben, wird so enden, wie wir es uns wünschen. Die Zeit kann daran nichts ändern. Ich bin mir Deiner sicher, und wenn Du meiner genauso sicher bist, haben wir schon bald die Hälfte unseres Schmerzes überstanden.

Du wirst sagen, dass zwei Jahre, in denen wir uns nicht sehen werden, eine lange Zeit sind. Aber es gibt keinen Grund, anzunehmen, dass wir so lange getrennt sein werden.

Vielleicht endet der Krieg in Europa in ein paar Monaten und dann können wir uns ganz normal schreiben und Telegramme austauschen. Auf jeden Fall werden die Kampfhandlungen im Winter beendet sein. Und sobald es wieder normalen Postverkehr gibt, wird unsere Trennung leichter werden.

Bitte glaube mir, ma chérie, es ist einfach nicht wahr, dass Du nicht wieder nach Europa zurückkehren kannst. So oder so: Sobald der Krieg in Europa vorüber ist, selbst wenn er verloren geht, kommst Du zurück nach Frankreich. Wenn man Dir untersagt, auf Dauer zu bleiben, kannst Du ein Touristenvisum bekommen, und das wird ausreichen, unsere Lebensumstände in Ordnung zu bringen, damit Du meine Frau wirst. Selbst wenn wir das Schlimmste annehmen, wenn der Krieg verloren geht und Du nicht nach Europa zurückkehren kannst, kann ich eine Genehmigung erhalten, in den USA zu leben oder dorthin zu reisen. Und dann werden wir in der Lage sein, die Pläne, auf die wir hoffen, in die Tat umzusetzen. Es gibt keinen Grund, daran zu zweifeln. Ich gebe Dir mein Wort, dass ich kommen und Dich finden werde, und es gibt kein Gesetz, das einen Fremden daran hindern kann, in ein Land einzureisen, wenn seine einzige Absicht die ist, die Frau zu heiraten, die er liebt!

Das Problem, das jetzt noch bleibt, ist Deine Familie. Niemand, ma chérie, kann Dich zwingen, einen Mann zu heiraten, den Du nicht willst. Lass Dich nicht entmutigen durch das, was Deine Familie sagt, was auch immer es sein mag. Es ist normal für Eltern, die immer das Beste für Dich wollen, zu glauben, dass sie Deine Zukunft sichern, wenn sie versuchen, Dich dazu zu bringen, den Mann zu heiraten, den sie für Dich ausgesucht haben. Es ist normal, dass sie in Dir das bekämpfen, was sie als Jugendschwärmerei ansehen. Es liegt an Dir, ihnen Deine Entschlossenheit und Deinen Willen zu zeigen, damit sie begreifen, dass Du selbst für Dein Glück sorgen wirst.

Es kann auch sein, dass Deine Eltern mit der Zeit versuchen werden, in Dir Zweifel an meiner Liebe zu Dir zu wecken. Sie werden nicht glauben wollen, dass ich Dich immer noch liebe und dass die Zeit nichts daran ändern wird! Vertraue mir und lass nicht zu, dass Du durch solche Argumente anfängst zu zweifeln. Gegenseitiges Vertrauen ist die Grundlage unserer Liebe und unseres Glaubens an die Vollendung unseres Glücks. Vergiss nie, ma chérie, dass ich Dir in allem voll und ganz vertraue, in allem, und dass ich mich mein ganzes Leben lang auf Dich verlassen werde.

Ich gebe Dir mein Wort, dass wir heiraten werden.

Weißt Du, ma chérie, das Schicksal hat uns eine Prüfung auferlegt, ob unsere Liebe stark genug ist, um sich zu vollenden. Du bist alles für mich und ich will nicht von meinem Schmerz reden, weil ich Dich so weit von mir fortgehen lassen muss. Aber Du musst wissen: Wenn ich Dich verliere, wird in meinem Leben nichts mehr gut sein. Du bist mein Ziel. Und, weißt Du, ma chère Janot, ich möchte mir diesen Preis verdienen. Ich muss etwas aus mir machen, um Dich und auch mein eigenes Glück zu verdienen. Ich möchte, dass Du alles, was ich an Liebe und Zärtlichkeit für Dich empfinde, verstehst, auch wenn ich nicht wage, das alles darzulegen, weil ich fürchte, Dich zu erschrecken. Aber eine solche Liebe kann ein Leben verändern.

Die Liebe nimmt Einfluss auf alles andere. Bewahre diese Liebe für mich, ma chérie, und glaube an mich.

Ab jetzt bist Du meine Verlobte; denke daran, wenn wir uns wiedersehen, dann wirst Du meine Frau werden und mich nie wieder verlassen. Schon jetzt gehöre ich nur Dir. Ich umarme Dich, ma chérie, mit absolutem Vertrauen in Dich und in die Zukunft. Lies diese Zeilen an Tagen, wenn nichts geht, in der Hoffnung, dass sie Dir ein wenig Mut geben und Dir alle Träume überbringen, die ich in einen Kuss legen kann. Nimm all meine Küsse, die kleinen und die wichtigen und die leidenschaftlichsten, und bewahre sie gut auf, bis zu dem Tag, an dem wir uns wiedersehen. Ich überlasse Dir unsere Liebe als ein wertvolles Pfand. Ich wünsche mir, dass Du sie mir zurückgibst, lebendig und rein, an dem Tag, an dem Du zurückkommst.

Und dann, weißt Du, werden wir mit all unseren Problemen nie mehr alleine sein, weil es außer denen, die wir lieben, auch noch einen Gott gibt, an den wir beide glauben. Und wenn man aufrichtig und wahrhaftig ist, lässt Gott die nicht allein, die guten Herzens sind. Du wirst sehen, er wird mich zu Dir zurückführen. Dessen bin ich sicher. Und der schönste Tag in meinem Leben wird der sein, an dem ich meine kleine Moumoutte wieder in die Arme nehmen kann und nie wieder loslassen werde.«

Er hatte den Brief mit »ton Schatsy« unterschrieben, seine Abwandlung von »Schatz«, dem deutschen Kosenamen, den sie ihm gegeben hatte.

Während der nächsten Tage blieb Janine, in Trauer aufgelöst, unter Deck. Im Dunkel des Frachtraumes lag sie in ihrer Koje, ihre Gedanken bei Roland, und versuchte, sich vorzustellen, wie es wäre, wenn er neben ihr unter der Decke läge. Zum ersten Mal stellte sie fest, wie sehr die langen Monate der Rationierung dazu geführt hatten, dass ihre Rippen hervortraten und ihr Bauch sich zwischen ihren hochstehenden Hüftknochen absenkte.

Aber Hunger hatte sie nur nach ihm. Sie versuchte, sich daran zu erinnern, wie er roch und wie er schmeckte, an das Pochen seines Herzens, die Wärme seiner Haut und das tiefe Gefühl in seinen Augen, wenn er sie ansah. Es war ihr nicht genug. »Ein Baby«, hatte er gewarnt, als er in ihrer gemeinsamen Nacht in Marseille standhaft geblieben war. Aber wie sehr wünschte sie sich jetzt, dass ein Stück Roland in ihr wüchse, mir ihr reiste, etwas, das sie immer verbinden würde, etwas, das dazu führen würde, dass durch dieses Kind ihre Liebe Bestand hätte, über ihre eigenen Leben hinaus. Warum hatte sie zugelassen, dass er ihr dieses Glück verweigerte? Tagelang lag sie da, ihre Knie unter das

Kinn gezogen, und gab gegenüber Alice vor, dass sie seekrank wäre, während Trudi versuchte, sie an Deck zu locken. Aber Janine rührte sich nicht. Sie lag da und weinte, ihr einziger Trost waren seine Liebesversprechen, die sich in ihr Herz eingeschrieben hatten.

»Unsere Liebe ist so stark, dass sie alle Hindernisse überwinden wird... Ab jetzt bist Du meine Verlobte; denke daran, wenn wir uns wiedersehen, dann wirst Du meine Frau werden und mich nie wieder verlassen. Schon jetzt gehöre ich nur Dir...«

Als sie eines Nachts im Dunkeln lag und ihre Tränen flossen, erschrak sie plötzlich zu Tode, als sich der Vorhang, der quer durch den ganzen Laderaum ging, plötzlich neben ihrem Kopf öffnete. Sie starrte in die weißglänzenden Augen und das schwarze Gesicht eines senegalesischen Soldaten, der im Bett hinter ihr lag. Seine strahlend weißen Zähne zeigten ihr ein freundliches Lächeln in der Nacht, und sie erschrak darüber, dass sie ihn mit den Geräuschen ihres Kummers gestört hatte.

Sanft streckte er einen Arm durch den Vorhang und legte einen Apfel neben ihren Kopf. »Ne pleurez plus«, forderte er sie auf. »Weinen Sie nicht mehr. Sie müssen essen und aufstehen. Es wird schon wieder werden.« Noch vor dem Wochenende überreichte ihr der tapfere Soldat einen dünnen Ring aus Metall in einem Briefchen, mit einer Notiz, mit der er sie bat, seine Frau zu werden.

Die »Lipari« fuhr entlang der französischen und der spanischen Küste, an Barcelona vorbei und weiter nach Süden über das Mittelmeer. Sie erreichte ohne Zwischenfälle Nordafrika und legte in Algier an, wo die Flüchtlinge aber nicht von Bord gehen durften.

»Wir mussten zwei Tage lang im Hafen an Bord bleiben, wir sahen die Stadt ganz in der Nähe und die Crew kommen und gehen«, so schrieb Janine später über die Reise. »Ich stellte mir vor, dass es Moses ähnlich ergangen sein musste wie uns, als er das Gelobte Land sah, es aber nicht betreten durfte. Und als wir drei Tage später in Oran ankamen, war es das Gleiche. Es war unmenschlich. Von Oran nach Casablanca wurde unser Schiff von fünf kleineren Kriegsschiffen begleitete, die uns beschützen sollten«, fügte sie hinzu. Sie suchten die Wellen nach Anzeichen ab, dass unter der Wasseroberfläche U-Boote auf der Lauer liegen könnten, und Minensuchboote durchkämmten das Meer vor ihnen.

»Wir hatten jeden Tag mehrere Alarmübungen, für den Fall, dass unser Schiff angegriffen würde. Ich hatte darauf gehofft, die berühmte Straße von Gibraltar zu sehen, aber die See war sehr rau, sodass es mir schon lange bevor wir dorthin kamen schlechter ging als je zuvor und ich meine Koje nicht verlassen konnte.«

Einige Nächte später wachte Alice, die im Bett unter Janine schlief, plötzlich auf und schrie vor Entsetzen, weil ein künstliches Gebiss direkt auf ihrem Gesicht gelandet war.

»Mes dents, mes dents! Qui a volé mes dents? Wer hat meine Zähne gestohlen?«, fragte die Besitzerin und stieg aus ihrer Koje, um Alice' Bett nach den Zähnen zu durchsuchen, die ihr heruntergefallen waren. Die Stimme der Frau klang entrüstet, kein Diebstahl schien für sie unvorstellbar.

»Gott im Himmel!«, schrie Alice auf, nachdem ihre Bettnachbarin wieder zurückgekrabbelt war. »Dieses Gebiss ist mir direkt auf die Nase gefallen! Ich bin zu Tode erschrocken!«

»Warum? Hat es dich gebissen?«, fragte Janine kichernd und wunderte sich selbst über den Scherz, mit dem sie den Zorn ihrer Mutter beantwortet hatte. Zum ersten Mal, seit sie an Bord gegangen waren, zeigte sich in ihrer Stimme ein Funke Leben. Aber als es wieder ruhig wurde im Laderaum, lag Janine wach in der von Geräuschen erfüllten Dunkelheit und wünschte sich, sie könnte ihre Worte zurücknehmen, weil sie ihr jetzt unpassend vorkamen. Sie nahm nur zu genau das Geraschel und die Seufzer wahr, das Atmen und das Schnarchen der Menschen um sie herum, darunter auch das ihrer Mutter, die versuchten, sich in ihre Träume zu flüchten, fort von den Gefahren der Nacht, durch die sie fuhren.

Am nächsten Morgen wagte sich Janine an Deck und traf erstmals einige der Mitreisenden. Aber noch immer verbrachte sie die meiste Zeit damit, die beiden Fotos von Roland anzusehen, die in das kleine blaue Notizbuch mit der Spiralbindung eingeklebt waren, das ihr altes Poesiealbum ersetzt hatte. Das erste war ein offizielles Porträt, Roland im Anzug, mit weißem Hemd und gestreifter Krawatte, sein glänzendes volles Haar aus der Stirn zurückgekämmt und mit ernstem Gesichtsausdruck. Auf der gegenüberliegenden Seite stand mit Hand geschrieben:

La soeur	Die Schwester
L'amie	Die Freundin
La tendresse	Die Zärtlichkeit
L'amour	Die Liebe
Toutes sont parfaites en toi	In Dir ist alles perfekt vereint
Et je ne sais laquelle	Und ich weiß nicht, was
Aimer le plus	ich davon am meisten liebe

Rolands erster Eintrag in Janines kleinem blauem Poesiealbum

337

Das Foto auf der nächsten Seite war ein Schnappschuss. Er stand im Mantel in Lyon am Ufer der Rhône, im Hintergrund eine Brücke, und lächelte scheu. Die Botschaft auf der Seite daneben hatte Roland einen Tag vor ihrer Abfahrt aus Marseille geschrieben, weil Janine Einwände geäußert hatte, im ersten Eintrag als »Schwester« und »Freundin« bezeichnet zu werden.

*Rolands zweiter Eintrag, geschrieben am Tag vor
Janines Abreise, verspricht ewige Liebe*

Das, was sie mitnehmen wollte, musste viel romantischer sein, und er kam dem nach:

> »Um das wiedergutzumachen, was ich Dir geschrieben habe, als ich noch nicht gewagt habe, Dir meine Liebe zu gestehen, bitte ich Dich jetzt, Deine Liebe zu bewahren, bis zu dem glücklichen Tag, an dem Du meine Partnerin fürs Leben wirst.«

Bevor sie das Schiff verließen, bat sie ein anderer junger Mann, der beobachtet hatte, wie viel Aufmerksamkeit sie ihrem kleinen blauen Büchlein schenkte, ob er auch etwas eintragen dürfe: »Für den Fall, dass Ihre traurigen blauen Augen wieder in Tränen ertrinken, erinnere ich Sie an dieses kleine Wort«.

Oben auf die Seite hatte er eine halbe französische Briefmarke aufgeklebt, auf der der Kopf eines Mädchens abgebildet war, das in die Ferne blickt. Über ihrem Kopf stand ein einziges Wort: »Espoir«. Hoffnung.

~

»We would have liked to stay at least a week at Casablanca and see this town so famous in France for its beauty.« Wir wären gerne mindestens eine Woche in Casablanca geblieben und hätten uns die Stadt angeschaut, die in Frankreich wegen ihrer Schönheit so berühmt ist. Mit diesen Worten beschrieb Janine später in ihrem Englischkurs auf Kuba ihre Reise. »Stattdessen mussten wir unser Schiff um vier Uhr verlassen und auf der anderen Seite des Kais gleich wieder an Bord der ›San Thomé‹ gehen, die am selben Tag aus Portugal angekommen war.«

Das Büro des »Joint« in Lissabon hatte die »San Thomé«, wie zuvor auch andere Schiffe, im neutralen Portugal gechartert, im einzigen Land, in dem noch Schiffe zur Verfügung standen. Die Agentur musste garantieren, dass jede Koje belegt wurde, und einen Vertrag abschließen, mit dem sie sich verpflichtete, die Überfahrt vollständig zu bezahlen, bevor das Schiff aus Marokko auslief. Die erste Hälfte des Betrages war fällig, als die »San Thomé« mit 110 Flüchtlingen in Lissabon ablegte, die volle Summe, bevor sie Casablanca verließ, wo weitere 448 Passagiere an Bord gingen. Außer den Reisenden der »Lipari« nahm sie noch Passagiere von der »Ville d'Oran« auf, einem überfüllten Viehtransporter, der mit weiteren Flüchtlingen und mehr als hundert Schafen Marseille eine Woche vor der »Lipari« verlassen hatte.

Einige der Reisenden von der »Ville d'Oran« wurden in Casablanca interniert, während sie auf die Ankunft der »San Thomé« warteten. Sie mussten machtlos miterleben, wie ihre Visa abliefen, und wurden von ihren Familienmitgliedern getrennt, deren Papiere noch gültig waren und die nun ohne sie die Reise fortsetzen mussten. Die Zurückgebliebenen konnten ihre Visa nicht in Marokko erneuern lassen, sodass sie unter Tränen auf dem Pier standen und zum Abschied winkten. Niemand wusste, was danach mit ihnen geschah. Sehr wahrscheinlich wurden sie später nach Frankreich zurückgeschickt und hatten keine Chance, erneut zu entkommen.

Die jüdischen Hilfsorganisationen zahlten pro Passagier etwa vierhundert Dollar und für Kinder den halben Preis, was bedeutet, dass für die Charter des Schiffes 192 607 Dollar bezahlt wurden, nach heutigem Geld mehr als zwei Millionen Euro. Im »HICEM«-Büro oben in der Rue de Paradis in Marseille arbeiteten 78 Personen, die bei der Erteilung von Visa halfen und die Reisen organisierten. Am Monatsende berichtete das »Joint«, dass es gelungen war, zusammen mit »HICEM« in der Zeit von Januar 1941 bis Mai 1942 fast 8000 Flüchtlinge aus Frankreich herauszubringen. Als die Nazis im November Marseille eroberten, bekam die Villa der »HICEM« einen neuen Verwendungszweck. Sie verwandelten das Haus der Hoffnung in einen Folterkeller für Hunderte Juden und Kämpfer der Résistance, deren einzige Möglichkeit zu entkommen der Tod war.

Die Flüchtlinge, die es an Bord der »San Thomé« schafften, verwandelten das Schiff in ein schwimmendes Babel – es waren Deutsche, Österreicher, Franzosen, Polen, Holländer, Belgier, Tschechoslowaken, Russen, Litauer, Luxemburger, Bolivianer, Rumänen, Jugoslawen, Spanier, Schweizer und viele, die in den Passagierlisten als »staatenlos« geführt wurden, Ausländer, denen man ihre Staatsangehörigkeit genommen hatte. Die meisten waren Juden, die schon für die Deportation und alles, was folgen würde, erfasst worden waren. Aber es gab auch die Freiwilligen, die im Krieg mit der französischen Fremdenlegion gekämpft hatten und denen nach der Niederlage Frankreichs die Einreise verweigert worden war.

Es gab nichtjüdische Deutsche, politisch Verfolgte, die aus dem Reich flohen, und ein Kontingent von Flüchtlingen aus dem Spanischen Bürgerkrieg, Freiwillige aus Dutzenden von Ländern, die sechs Jahre zuvor auf Seiten der Republikaner in die Internationalen Brigaden eingetreten waren und erfolglos gegen die Faschisten in Spanien gekämpft hatten.

Viele von ihnen wollten das Schiff im mexikanischen Veracruz verlassen, dem letzten Hafen, in dem die »San Thomé« vor ihrer Weiterfahrt nach Havanna anlegen würde. An Bord war ein Kreis von Intellektuellen und Künstlern, darunter auch eine beeindruckende Frau, von der es hieß, sie sei die Tochter des verstorbenen spanischen Schriftstellers Vicente Blasco Ibanez, dem Autor von »Die vier Reiter der Apokalypse«.

Mit einem russischen Bildhauer hätte sich Sigmar beinahe eine Schlägerei geliefert, was ein ungleicher Kampf geworden wäre. Er schlug vor, dass Janine nackt für ihn Modell stehen sollte, weil seine Frau im Laderaum gesehen hatte, wie Janine sich auszog, und ihm berichtet hatte, sie habe eine sehr gute Figur. Da war eine Schauspielerin aus Wien, die Janine zeigte, wie man sich mit Make-up und Licht zauberhaft verwandeln konnte, ein spanischer Dichter und Professor für Ästhetik mit dem Profil eines Adligen und ein feuerköpfiger deutsch-jüdischer Kommunist, der nach dem Krieg nach Deutschland zurückkehren und die Nation mit hochfliegenden Plänen wiederaufbauen wollte. Alles in allem war es eine bunt zusammengewürfelte Gruppe gramgebeugter Seelen, die sich hier, mitten im Krieg, zufällig auf der Überfahrt über den Ozean begegneten.

Sie alle waren für kurze Zeit und auf engem Raum aneinandergefesselt und mussten deshalb, getrennt von ihrem gewohnten sozialen Umfeld und in Umständen, die sie alle gleich machten, miteinander zurechtkommen. Geld allein garantierte keine

Sicherheit, aber genauso wenig verhinderte Armut die Reise. Was die Juden betraf, sorgten das »Joint Distribution Committee« und »HICEM« mit Hilfe von Spenden, die sie bei Wohltätern und Flüchtlingsfamilien in den USA einsammelten, dafür, dass niemandem, der ein gültiges Visum besaß, die Reise verwehrt wurde, nur weil er die Passage nicht bezahlen konnte.

Obwohl die »San Thomé« als Frachter gebaut worden war, hatte man das Wohl der Passagiere nicht außer Acht gelassen. An Deck gab es Liegestühle, und portugiesische Kellnerinnen servierten Essen reichlich und in einer Auswahl, wie sie die meisten Passagiere seit Jahren nicht mehr genossen hatten: Brot, Milch, Zucker, Kaffee und Fleisch – sogar die grundlegenden Nahrungsmittel empfanden sie als Luxus. Es gab ein paar Waschbecken und eine beschränkte Anzahl von Toiletten, die normalerweise blockiert waren. Aber es gab auch große Waschzuber an Deck, und wenn Gruppen von Passagieren unter sich sein wollten, durften sie die Rettungsboote dafür benutzen.

Die Tage vergingen, und die Menschen an Bord machten sich bekannt. Ein Franzose trug eine alte Pelzdecke nach oben und lud andere junge Leute ein, mit ihm dort bei Nacht unter den Sternen auf »la pelouse de mes ancêtres«, dem Rasen seiner Vorfahren, wie er die Decke liebevoll nannte, Platz zu nehmen, als ob er da, wo er sie hinlegte, ein Stück neue Heimat, einen geweihten Ort, schaffen könnte. Der Ozean selbst war unheimlich und leer, sie sahen nie ein anderes Schiff, weil die Gefahr, angegriffen zu werden, die meisten Schiffe dazu brachte, in ihren Häfen zu bleiben.

Mindestens im Vergleich mit der »Lipari« waren für Janine die Zustände auf der »San Thomé« eine freudige Überraschung.

> »Das neue Schiff war sehr komfortabel, weiß und sauber, um fünf wurde Tee serviert, auf den Tischen standen Blumen, die Laderäume, in denen wir schlafen mussten, waren weiß gestrichen, die Kojen waren aus weißem Holz, die Strohmatten in weiße Laken eingeschla-

gen, und obwohl wir keinen Salon hatten, wo wir unsere Tage hätten verbringen können, gab es einige Stühle auf dem Deck, das an manchen Stellen sogar überdacht war. Wir waren im Verlauf der Reise bescheiden geworden, sodass diese Dinge, die wir vorher verschmäht hätten, uns jetzt sehr erfreuten.

Aber diese Freude wich bald der Ernüchterung. Das Schiff war sehr klein, und weil wir sechshundert Personen an Bord hatten, war es praktisch unmöglich, auch nur einen Moment allein zu sein. Außerdem fühlten sich viele, die nicht mehr an fettes Essen, an so viel Butter und Schmalz gewohnt waren, nach wenigen Tagen krank. Die Leute begannen, sich zu streiten, heute um einen Stuhl, morgen um einen Löffel; aber wir waren noch nicht am Ende dessen, was wir ertragen mussten.

Je weiter wir nach Süden kamen, desto mehr spürten wir die Hitze. Wir mussten die Tage an Deck verbringen und waren von morgens bis abends der Sonne ausgesetzt, und bei Nacht schliefen wir unter dem Maschinenraum. Wir konnten die Temperaturen kaum noch ertragen. Es war schrecklich. Darüber hinaus brannte die ganze Nacht das Licht, als Vorkehrung für einen Notfall. Und dann war da noch der unerträgliche Lärm der Maschinen.

Deshalb beschlossen wir, unsere Betten an Deck aufzuschlagen, aber das war, wie sich herausstellte, auch nicht gut. Die Nächte waren so kühl und feucht, dass wir sofort eine heftige Erkältung bekamen. Außerdem wurde jeden Morgen um fünf das Deck gereinigt, weshalb wir früh aufstehen mussten. Dennoch fanden wir es besser, als im Keller zu schlafen.

Nach zwei Wochen kam endlich Land in Sicht. Der Kapitän sagte uns, es sei Jamaika, wo wir alle das Schiff verlassen und drei Tage in einem Lager verbringen müssten. Bevor das Schiff anlegen durfte, wurde es kontrolliert und mit ihm natürlich auch die Passagiere. Seit wir Marseille verlassen hatten, konnten wir zum ersten Mal die Reise genießen.

Es war ein wunderbarer Tag, die Sonne ging gerade hinter den Bergen auf, die das Rückgrat der kleinen Insel Jamaika bildeten. Es war der schönste Moment unserer Reise. Unser Schiff lief langsam in den Hafen von Kingston ein, im Hintergrund lagen die Blue Mountains und ganz in der Nähe sahen wir schon die kleinen Häuser der Stadt. Wir waren alle sehr froh, wieder Land zu sehen, und so schön wie es war, vergaßen wir fast, dass wir noch drei weitere Wochen vor uns hatten, bis wir an unserem Ziel ankommen würden.«

Als die »San Thomé« in die Bucht von Kingston einlief, stand Janine an der Reling und bewunderte den bunten Hafen im Kolonialstil. Plötzlich stand Sigmar neben ihr, ergriff ihr Kinn und schaute ihr ins Gesicht.

»Die Briten sind sehr konservativ«, fuhr er sie an. Seine Haut war trotz der Wochen in der Sonne weiß und angespannt. »Dein Lippenstift wird bei ihnen einen falschen Eindruck hinterlassen. Nimm mein Taschentuch und wisch ihn sofort weg.«

Woher wollte er wissen, wie man hier, auf dieser Karibikinsel, die Tugend und die Werte seiner Familie beurteilen würde? Er wusste ja selbst kaum noch, wer er war. Vergeblich suchte er in seinen Taschen nach einer Zigarre. Unter ihm huschten Jamaikaner hin und her, um die Taue der »San Thomé« an den Pollern auf dem Pier zu befestigen, und britische Offiziere mit Klemmbrettern redeten mit dem Kapitän. Aufmerksam beobachteten sie die Flüchtlinge, die zu Hunderten auf dem Deck standen, viele von ihnen in düsterer Kleidung aus Wolle und mit schwarzen Hüten, die nur allzu deutlich ihre Fremdartigkeit unter Beweis stellten.

An diesem Ostersonntag, dem 5. April 1942, hatte der Offizier die unangenehme Aufgabe, den angespannten und erschöpften Passagieren zu erklären, dass sie von Bord und in ein eine halbe Stunde entferntes Lager gebracht würden, damit man ihre Papiere und ihr Gepäck untersuchen könne. Die Briten waren in Sorge, dass sich deutsche Spione unter die Neuankömmlinge gemischt haben könnten, und brauchten einige Zeit, um das Schiff für die Weiterfahrt abfertigen zu können.

Sie erließen Befehle, aber weil nicht alle Englisch verstanden, redeten auf dem Deck alle in vielen Sprachen durcheinander, denn die Instruktionen wurden inoffiziell von Passagier zu Passagier übersetzt, mit unterschiedlicher Genauigkeit. Im Grundsatz ging es darum, dass die Reisenden mit Ausnahme von Toilettenartikeln und Kleidung für ein paar Tage ihr Eigentum zurücklassen mussten. Bei ihrer Rückkehr zum Schiff würden sie alles wieder so vorfinden, wie sie es verlassen hatten. Beamte des Zolls und der Einwanderungsbehörde durchsuchten jede Person, die die Gangway herunterkam, prüften ihre Visa und forderten sie auf, Geld und Wertsachen in ihrem Besitz zu deklarieren.

Wie konnten die Beamten an diesem Außenposten des Britischen Empire wissen, dass die Flüchtlinge sich durch diese Routine-Untersuchung in ihrer Würde verletzt sahen? Sie hatten ihre Häuser, ihren Besitz und ihre Geschäfte verloren oder aufgeben müssen, oder sie waren ihnen weggenommen worden. Gemälde, Klaviere, Bankkonten, Vieh, Versicherungen, Möbel, Schmuck, Autos, Geld und alles andere, was für sie von Wert war und was sie einmal besessen hatten. Mit einer gewissen Schadenfreude verbreitete sich das Gerücht, dass die Briten die Diamantenhändler aus Belgien und den Niederlanden einer besonders peinlichen körperlichen Untersuchung unterzogen.

Während die Günzburgers in der Schlange standen und auf den Bus warteten, der sie zum Lager bringen sollte, tippte plötzlich ein Offizier Janine auf die Schulter. Mit großer Sorge sahen ihre Eltern mit an, wie er sie mit der Begründung fortführte, er müsse ihr einige Fragen stellen. Der orthodoxe Jude, den Janine bei der Ausfahrt aus Marseille gemaßregelt hatte, hatte den

Briten von ihrem emotionalen Ausbruch berichtet, mit dem sie Frankreich verteidigt hatte. Weil Frankreich mit den Deutschen verbündet war, warf das Zweifel an ihrer Loyalität auf.

Behauptete sie immer noch, dass die Chance, Frankreich zu verlassen, für sie »Exil« bedeutete? Glaubte sie, eine Jüdin, immer noch, dass es ihr dort besser ginge? Sie hatte seine rhetorischen Fragen noch nicht beantwortet, als einer der britischen Beamten, die dabei waren, das Schiff zu untersuchen, das Büro betrat und einen dicken Umschlag auf den Schreibtisch seines Vorgesetzten legte. Mit Entsetzen erkannte Janine, dass es Rolands Abschiedsbrief war – das Wertvollste, was sie besaß. Von ihren Eltern zu Disziplin erzogen, hatte sie ihn ordentlich bei ihren Sachen im Laderaum zurückgelassen.

»Nein, nicht!«, schrie sie. »Bitte! Sie müssen mir das zurückgeben!« Sie griff nach dem Brief und bemühte sich, die Sache auf Englisch zu erklären. »Das geht nur mich etwas an!« Tränen der Hilflosigkeit liefen über ihre Wangen.

»Ich verstehe Ihre Gefühle, aber wir müssen das untersuchen«, sagte der Offizier und blätterte durch die zwölf eng mit der Hand und in französischer Sprache beschriebenen Seiten. Akribisch ging er das verdächtige Schriftstück durch. Als er auf der letzten Seite ankam, auf der die Schrift bis zum unteren Rand reichte, musste er das Blatt drehen, um die Unterschrift lesen zu können, die in größerer Schrift quer über das Papier geschrieben war. Als er den Namen las, runzelte er die Stirn und sah auf den Umschlag, der nicht erkennen ließ, wo und wann der Brief abgeschickt worden war. »Wer hat Ihnen das gegeben? ›Schatsy‹, oder? Ein deutscher Name, wenn ich mich nicht irre. Wer immer das ist, er hatte Ihnen gewiss eine Menge mitzuteilen! Ich fürchte, ich muss das übersetzen lassen, und das wird natürlich einige Zeit in Anspruch nehmen.«

Wie sehr Janine auch versuchte, die Sache zu erklären, alles Betteln und Erröten, ihre Tränen und ihre Erklärungsversuche konnten den Beamten nicht bewegen, ihr den Umschlag zurückzugeben. Alle Schriftstücke, die an Bord gefunden wurden, darunter auch ihr Brief, müssten von den Zensoren überprüft werden, sagte er. Auch wenn sie nicht wie eine gefährliche Person aussähe, sei doch das Risiko groß, dass ein Spion der Achsenmächte unerkannt in alliiertes Gebiet einreisen könnte, vor allem im gegenwärtigen Stadium des Krieges. Wenn sie, wie man erwarten sollte, loyal zu den Briten und den Amerikanern stehe, habe sie bestimmt Verständnis dafür, dass man auf Nummer sicher gehen müsse.

Der Brief, sagte er, würde postlagernd unter ihrem Namen im Hauptpostamt von Havanna auf sie warten, wenn sie dort ankäme. Aber sie hätte alles dafür gegeben, ihn mitnehmen zu dürfen.

»Übrigens, young lady«, sagte der Offizier noch, bevor er sie entließ, damit sie mit ihrer Familie den Bus besteigen konnte, »für die Zukunft rate ich Ihnen, mit dem, was Sie sagen, vorsichtiger zu sein. Wir leben in schwierigen Zeiten, und Wörter können Waffen sein.«

Drei Tage später wurden fast alle der etwa fünfhundert Flüchtlinge zum Schiff zurückgebracht, um ihre Reise nach Mexiko, Kuba oder in die Vereinigten Staaten fortzusetzen, je nachdem, für welches Land sie ein Visum hatten. 33 von ihnen blieben auf Jamaika. 235 hatten Mexiko zum Ziel, 280 Kuba und nur zehn die USA: Für aus Europa fliehende Juden waren die begehrtesten Visa die für Amerika, aber sie waren auch am schwierigsten zu bekommen. Viele von denen, die nach Havanna weiterfuhren, wollten dort nicht bleiben, sondern hofften, so bald wie möglich in die Staaten weiterreisen zu können.

Am 16. April, mehr als einen Monat nachdem sie Marseille verlassen hatten, erreichte die »San Thomé« den Hafen von Veracruz am Golf von Mexiko. Völlig unerwartet wurde 37 Kämpfern der Internationalen Brigaden des Spanischen Bürgerkrieges aus fünf verschiedenen Ländern, die alle Veracruz als Zielort hatten, untersagt, an Land zu gehen.

Man drohte ihnen, sie würden zurückgeschickt, wovor alle furchtbare Angst hatten. Zehn Tage lang wurde verhandelt, zehn Tage, in denen alle anderen Passagiere müde und ungeduldig warten mussten, bis unter der Hand Geld floss. Unterstützt vom »Joint« stimmte das Zentralkomitee der mexikanischen Juden zu, eine Bürgschaft zu hinterlegen, was den Ausschlag für die Einreise der Flüchtlinge gab. Unterdessen waren einige wagemutige junge Männer schon von Bord ins Wasser gesprungen, weil es ihnen besser vorkam, irgendwo an Land zu kriechen, als zu riskieren, zu den Faschisten nach Europa zurückgebracht zu werden. Aus Langeweile drohte auch Norbert seinen Eltern, dass er vorhabe, ebenfalls von Bord zu springen.

Aber obwohl die lange Wartezeit an den Nerven der Flüchtlinge zerrte, animierte sie doch die Bewohner von Veracruz, an Bord Partys zu organisieren, und das gefiel Norbert deutlich besser. Jede Nacht, verstärkt durch die Hoffnung, auf dem Schiff fremde junge Mädchen anzutreffen, kamen, begleitet von Musikern, gutaussehende mexikanische Hafenpolizisten mit Pistolen am Gürtel an Bord der »San Thomé«.

Der »Aguardiente«, der billige Zuckerrohrschnaps, der im Ort gebrannt wurde, half, die Passagiere aufzulockern, und die traditionelle mexikanische Sones-Musik sorgte für gute Stimmung. Die Marimbas und der Rhythmus der Bamba-Harfen, der Trommeln und der vierseitigen, mit einem Plektrum aus Horn gespielten Gitarren klangen durch die schwüle Tropennacht. Die Mexikaner tanzten mit den Europäern und versuchten, den Menschen, die noch wenige Wochen zuvor um ihr Leben gerannt waren und die auch jetzt noch nicht wussten, wie es um sie stand und ob sie überhaupt einen Grund zum Feiern hatten, die verwirrenden Tanzschritte beizubringen.

An einem dieser Abende lud Antonio Bravo, der attraktive portugiesische Kapitän der »San Thomé«, Janine, die ihm aufgefallen war, ein, mit ihm in seinen Privaträumen zu speisen. Er war mindestens zwanzig Jahre älter als sie, hatte eine beginnende Glatze und war eher klein, aber er hatte ein kräftiges Kinn mit Grübchen, hellblaue Augen und machte eine gute Figur in seiner weißen Uniform mit dem hohen Kragen, den Messingknöpfen und den Schulterstücken.

Sigmar fand es schmeichelhaft, dass der Kapitän seine Tochter auserwählt hatte, und weil er glaubte, dass es irgendwie von Vorteil sein könnte, forderte er sie auf, die Einladung anzunehmen. Aber hatte er darüber nachgedacht, dass der Kapitän nach kalten und einsamen Wochen auf See, in denen er ein Schiff voller Flüchtlinge, trotz der Gefährdung durch den Krieg, sicher über den Ozean gebracht hatte, von einer schönen Frau, die mit ihm in seinem Privatquartier speiste, womöglich mehr erwarten könnte als höfliche Konversation? Wie es gute deutsche Art war, sah er den Titel, die Goldlitze, die seine breiten Schultern schmückte, die Autorität, die er ausstrahlte, und fand, dass es sicher und in Ordnung wäre, wenn Janine der Einladung folgte. In seiner Naivität konnte er sich nicht vorstellen, dass der Kapitän sich, sozusagen unter den Augen ihres eigenen Vaters, Janine gegenüber ungebührlich verhalten könnte.

»Meine Güte, welche Ehre!«, sagte Sigmar laut. »Meine Tochter, eingeladen, mit dem Kapitän zu speisen!«

Zur Erinnerung nahm Janine das kleine blaue Notizbuch, ihr neues Poesiealbum, mit, in das der Kapitän gehorsam sein Foto einklebte und in holprigem Englisch einen Eintrag dazu schrieb: »Ich denke immer das beste und schönste Mädchen auf meinem Schiff.«

Aber die Einladung wurde nicht wiederholt, und Janine hätte sie auch nie ein zweites Mal angenommen. Als sie nach dem Essen auf seinem Privatdeck saßen, ergriff er plötzlich ihre Hand und drückte sie ohne Vorwarnung zwischen seine Beine, wo sie einen kleinen lahmen Vogel vorfand. Er versuchte, mit den Flügeln zu schlagen, aber sie riss ihre Hand zurück und beendete den Abend im Bewusstsein, dass nichts so einfach war, wie ihre Eltern es sich vorstellten. Sie wusste aber auch, dass sie ihnen nie davon erzählen durfte. Sie war sicher, dass ihre Eltern den Schock nicht verkraftet hätten, wenn sie über Sexualität sprach.

Immerhin war das Verhalten des Kapitäns für sie der Anlass für völlig neue Erkenntnisse. Ohne Roland an ihrer Seite lernte sie, mit den intimen Wünschen der Männer umzugehen. Das veränderte ihren Blick auf das andere Geschlecht beträchtlich und beeinflusste auch die Art und Weise, wie sie mich eines Tages vorbereitete: gegenüber Männern müsse man skeptisch sein, Misstrauen hegen, und immer bedenken, dass sie viele Möglichkeiten hatten, einem das Herz zu brechen.

~

Die »San Thomé« überquerte die Straße von Yukatan und näherte sich Kuba. Die Passagiere lasen in der Sonne, spielten Schach oder Karten, lernten Spanisch, unterhielten sich über den Verlauf des Krieges und versuchten, und sei es nur wegen ihrer Kinder, dem Leben mit so etwas wie Hoffnung zu begegnen.

Aber bei einem Paar stieg die Nervosität. Sie hatten bereits drei Jahre vorher die gleiche Reise unternommen, und sie war in einem Alptraum geendet. Im Mai 1939 waren Arnost und Camilla Roth mit ihrem kleinen Sohn auf der »St. Louis« nach Havanna gefahren. Die Reise stand unter keinem guten Stern, fast alle der 937 Passagiere wurden aus unerklärlichen Gründen daran gehindert, an Land zu gehen, und stattdessen ohne Skrupel zurück nach Europa geschickt. Die meisten von ihnen waren Juden, die darauf hofften, sich später in den Vereinigten Staaten niederzulassen. Sie hatten in Deutschland über ein Syndikat von Gaunern, an dessen Spitze Oberst Manuel Benitez, der korrupte Chef der kubanischen Einwanderungsbehörde, stand, zu horrenden Preisen kubanische Einreisepapiere gekauft. Was sie nicht wussten, war, dass acht Tage vor ihrer Abreise auf Kuba heftiger Streit unter mehreren skrupellosen Regierungsbeamten ausgebrochen war. Dies, und der politische Druck, keine weiteren Juden ins Land zu lassen, veranlasste den kubanischen Präsidenten Federico Laredo Brú, nachträglich die Einreisepapiere und Visa aller Passagiere bis auf 28 für ungültig zu erklären.

Als die »St. Louis« am 27. Mai 1939 auf der Reede vor Havanna eintraf, wurde ihr nicht erlaubt, in den Hafen einzulaufen, stattdessen wurde sie aufgefordert, die kubanischen Hoheitsgewässer sofort wieder zu verlassen. Verzweifelte Telegramme an Präsident Roosevelt und andere Staatsmänner brachten kein Ergebnis. Kein Land wollte Asyl gewähren. Sogar als die »St. Louis« vor Miami Beach ankerte, schreckte das State Department, das amerikanische Außenministerium, vor den vereinten Kräften des Antisemitismus und des Isolationismus zurück und weigerte sich, nachzugeben.

Um die gefährdeten Juden davor zu bewahren, nach Deutschland zurückgebracht zu werden, garantierte das »Joint« schließlich eine Summe von 500 000 Dollar, nach heutigem Wert mehr als sechs Millionen Euro, damit Frankreich, Belgien, die Niederlande und Großbritannien jeweils einen Teil von ihnen aufnahmen. Als dann im folgenden Jahr der Krieg ausbrach, waren nur die 287 Menschen, die in Großbritannien Zuflucht gefunden hatten, vor den Nazis sicher. Ein Viertel derer, die auf dem Kontinent Aufnahme fanden, kam schließlich in der Internierung oder in den Todeslagern um.

Unter denen, die Frankreich damals aufgenommen hatte, waren auch die Roths, die jetzt auf der »San Thomé« wieder auf dem Weg nach Kuba waren. Sie verließen sich auf die Zusage, dass die Einreisebeschränkungen der Insel sich seit dem Desaster ihrer letzten, umgeleiteten Reise geändert hätten. Trotzdem war es nicht zu vermeiden, dass ihre Geschichte überall auf dem Schiff weitererzählt wurde und die Reisenden, die Visa für Kuba hatten und die schockierenden Schlagzeilen von vor drei Jahren nicht kannten oder vergessen hatten, mit neuer Sorge erfüllte. Als die »San Thomé« sich Havanna näherte, zählten die Flüchtlinge an Bord die Tage, bis sie an Land gehen konnten, während die Angst erneut wie ein Gespenst über dem Schiff hing.

Am Sonntagmorgen, dem 26. April, fast sechs Wochen nach ihrer Abreise aus Marseille, erreichte die »San Thomé« die Hafeneinfahrt von Havanna, wo schon seit Hunderten von Jahren die großartige spanische Festung, das Castillo del Morro, über das

Meer nach Piraten Ausschau hielt und die Stadt beschützte. Aber an diesem Frühlingstag waren an diesem Ort, der so weit weg war von den Wirren des Krieges, die »Piraten« schon an Land, in Gestalt käuflicher kubanischer Beamter, die unter dem Deckmantel des Gesetzes auf Beutezug waren. Ihr Angriff auf das Schiff erfolgte mit Hilfe eines Erlasses, den der neue kubanische Präsident, General Fulgencio Batista, am 16. April unterschrieben hatte, an dem Tag, als die »San Thomé« in Veracruz festgemacht hatte.

Obwohl Batista mit seiner Amtsübernahme im Jahre 1940 Kuba wieder für Einwanderung geöffnet hatte – und damit weiteren 6000 Juden Asyl gewährte, zusätzlich zu denen, die schon vor dem Krieg im Land waren –, sperrte er jetzt die Insel für Neuankömmlinge, die einen sicheren Aufenthaltsort suchten. Es sah so aus, als ob sich das tragische Schicksal der »St. Louis« wiederholen würde. Durch die veränderten Regularien wurde die Erlaubnis der auf der »San Thomé« angereisten Flüchtlinge, in Havanna an Land zu gehen, widerrufen. Die Einreise war allen Flüchtlingen verboten, die in einem feindlichen Land geboren oder dessen Staatsbürger waren, und darüber hinaus auch allen Bürgern eines von einer feindlichen Macht besetzten Landes. Obwohl Kuba nicht aktiv an Kampfhandlungen teilnahm, hatte seine Regierung vier Monate zuvor Deutschland, Italien und Japan den Krieg erklärt.

Dadurch, dass der Erlass Batistas nicht nur Flüchtlingen aus den drei Achsenmächten die Einreise verweigerte, sondern darüber hinaus auch denen, die aus von ihnen besetzten Ländern irgendwo auf der Welt kamen, waren de facto Flüchtlinge aus mehr oder weniger ganz Europa und aus großen Teilen Asiens ausgesperrt. Offiziell hatte der Erlass zum Ziel, »die Unterwanderung Kubas durch feindliche Ausländer« zu verhindern, und führte dazu, dass zunächst nur vierzig Passagiere der »San Thomé« an Land gehen durften. Unter denen, die daran gehindert wurden, weil sie durch die Verordnung als mögliche feindliche Spione angesehen wurden, waren 147 Frauen und Kinder.

Wie schon beim Desaster mit der »St. Louis« machte auch diesmal das neue Gesetz keine Ausnahme bei Flüchtlingen, die schon auf See waren, als es erlassen wurde, oder die gültige Visa für Kuba besaßen. Im Gegenteil sprach der dritte Abschnitt des neuen Gesetzes diesen Punkt ausdrücklich an: »Alle Visa, die vor Inkrafttreten dieses Erlasses an Personen vergeben wurden, die das Land noch nicht betreten haben und in die oben angegebenen Kategorien fallen, sind hiermit aufgehoben.«

Das »Joint« griff ein, noch bevor die Passagiere irgendetwas von der vor ihnen liegenden Krise erfuhren. Die Agentur bat »aus humanitären Gründen« um Hilfe beim State Department und beim Beraterkreis des Präsidenten für politische Flüchtlinge, bei den Botschaften Polens, der Tschechoslowakei und Großbritanniens, bei den Spitzen der katholischen Kirche und bei hochrangigen kubanischen Beamten. Die US-Botschaft in Havanna schickte dem State Department ein Telegramm, in dem es hieß: »Während der offizielle Grund für den neuen Erlass darin besteht, mögliche Spione der Achsenmächte an der Einreise zu hindern«, gehe es wohl in Wahrheit um »einen Versuch, den jüdischen Hilfsorganisationen, die darum kämpfen, dass die Flüchtlinge an Land gehen dürfen, mehr Geld aus den Taschen zu ziehen.« In der Zwischenzeit verglichen die kubanischen Zeitungen die »San Thomé« mit der »St. Louis« und baten darum, dass den »belagerten Hebräern« Gnade gewährt werde.

»Es wäre grausam, wenn Flüchtlinge in die von den Achsenmächten beherrschten Länder zurückgeschickt würden«, schrieb »El Crisol« am 18. April: »In dieser für die ganze Menschheit dramatischen und schrecklichen Situation haben alle, die von den faschistischen Nazi-Ungeheuern verfolgt werden, Anspruch auf die Achtung und die Rücksichtnahme aller freien Menschen.«

Das Blatt »Finanzas« lobte die Regierung Batista dafür, dass sie das Land vor dem Zutritt feindlicher Spione schützen wollte, beklagte aber auch die Ungerechtigkeit, die darin bestehe, dass Visa nachträglich für ungültig erklärt wurden, die Kuba zuvor gewährt hatte, und dies, während die »Unglücklichen« schon auf

See waren. »Es darf nicht sein, dass unsere kubanische Regierung noch einmal ein Spektakel wie das mit der ›St. Louis‹ zulässt; sorgen wir dafür, dass sie ein letztes Mal dieser Schiffsladung Hebräer erlaubt, an Land zu gehen, die alle zur Einwanderung nötigen Formalitäten erfüllt hatten, bevor dieser Erlass herauskam.« Wenn man ihnen nicht gestatten würde einzureisen, »müssen sie zurückgebracht werden zu den Häfen, in denen sie sich eingeschifft haben und wo sie den Höllenhunden der Gestapo ausgeliefert wären«. Und andere Kommentare sprachen sich dafür aus, den Juden die Einreiserlaubnis zu gewähren, weil sie »Leute mit Geld« wären, die wahrscheinlich »zum Reichtum unseres Landes beitragen könnten«.

Weitere zehn nervenzerfetzende Tage ankerte die »San Thomé«, im Ungewissen über ihr Schicksal, auf Reede vor dem Hafen. Was die Günzburgers noch nicht wussten: Die Vereinigten Staaten hatten am 19. April ihren Antrag auf ein Visum abgelehnt. Deshalb war die Erlaubnis, nach Kuba einreisen zu dürfen, für sie unerlässlich, wie auch für die meisten anderen an Bord. Das »Joint« brachte frische Lebensmittel und Wasser zum Schiff und verhandelte mit einem Sprecherkomitee der Passagiere, um einen Ausweg aus der Sackgasse zu finden. Angst und Verzweiflung wuchsen von Tag zu Tag, ebenso wie die Berge von Müll und Fäkalien, die alle Bemühungen, die hygienischen Zustände an Bord eines Schiffes im Griff zu behalten, das nun dreimal so lange auf See gewesen war wie ursprünglich geplant, vergeblich sein ließen. Der Fortgang der Gespräche mit den kubanischen Behörden war das Einzige, woran die Passagiere denken konnten, und Gerüchte verbreiteten sich auf dem Schiff wie ein Lauffeuer.

»Casablanca!«, wollte jemand gehört haben, sei als Zielort genannt worden. Um Himmels willen, nein, jammerten die Passagiere. War es möglich, dass die Kubaner sie wirklich dorthin zurückschicken wollten? In ihrer wachsenden Verzweiflung wurde ihnen klar, dass sich ihre Lage nur ändern würde, wenn man genügend Geld zusammenbekäme, um die Behörden zu bestechen. Janine erinnerte sich, dass 100 000 Dollar genannt wurden, nach heutigem Geld 1,2 Millionen Euro. Nur wenige Flüchtlinge hatten überhaupt eine nennenswerte Geldsumme dabei. Aber es gab manche, die Diamanten besaßen. Janine vergaß nie, dass letztlich die orthodoxen jüdischen Händler aus Antwerpen, die sie zu Beginn ihrer Reise zurechtgewiesen hatte, für das Leben aller Passagiere bezahlten.

Nachdem die Krise vorüber war, gab das »Joint« eine Erklärung ab, dass es mit den kubanischen Behörden und mit »interessierten Personen mit Gemeinsinn« zwei Wochen lang »unermüdlich verhandelt« habe, bevor man am 5. Mai abends um 23:45 Uhr einen Anruf erhalten habe, dass die kubanische Regierung alle Flüchtlinge auf der vor dem Hafen liegenden »San Thomé« aufnehmen würde. Von den 12 000 Flüchtlingen, die seit Hitlers Machtergreifung auf Kuba Zuflucht gesucht hatten, waren sie die letzten. Durch den Erlass vom April 1942 wurden alle Einfallstore der Insel bis zum Ende des Krieges geschlossen. Aber auch nach 1942 gelang es einigen Verfolgten, sich mit hohen Schmiergeldzahlungen Schutz auf der Insel zu erkaufen, Gelder, die den gewaltigen Reichtum mehrten, den Batista mitnahm, als er mehr als ein Jahrzehnt später durch Fidel Castros Revolution vertrieben wurde und selbst fliehen musste.

»Die Natur des Problems, mit dem wir es in der kubanischen Situation zu tun haben, erlaubt es uns nicht, es öffentlich anzusprechen«, vermerkt eine im Juni verfasste vertrauliche Notiz des »Joint«. »Sie verstehen bestimmt, dass manches, was wir getan haben, nicht erwähnt werden sollte.« Aber in einem später verfassten Bericht wird deutlich ausgeführt, dass Oberst Benitez, Batistas Leiter der Einwanderungsbehörde, einen »schwunghaften Handel mit dem Verkauf von illegalen Einreisegenehmigungen« betrieb und dass Flüchtlinge, auch nachdem sie im Land waren, von Beamten mit der »Drohung einer nachträglichen Ausweisung« aus Kuba »ausgepresst« wurden. Wenn die Flüchtlinge nicht bezahlen konnten, sprang das »Joint« ein.

Für die Öffentlichkeit wurde in den kubanischen Zeitungen, darunter die »Havanna Post« und »El Pais«, als Begründung dafür, dass diese letzte jüdische Schiffsladung von der »San Thomé« an Land gehen durfte, eine Übereinkunft mit den Alliierten angegeben, man wolle damit Agenten der Achsenmächte aussondern, die unter ihnen verborgen seien. Amerikanische und britische Beamte hätten angeboten, so schrieb die »Havanna Post«, mit der kubanischen Regierung zusammenzuarbeiten, um die Papiere der Reisenden zu überprüfen, damit man feststellen konnte, ob es Flüchtlinge »nach Treu und Glauben« wären oder nicht. Das Blatt berichtete, dass sie sicherheitshalber als feindliche Ausländer betrachtet und zur Erfassungsstelle für Einwanderer in Tiscornia gebracht würden. Dort würde man ihre Papiere genauer untersuchen, bevor man sie in die Stadt Havanna entließe.

»Havaner Leben«, eine jiddische Zeitung, 1932 für die große Zahl der einheimischen Juden gegründet, die mit früheren Einwanderungswellen aus Europa nach Kuba gekommen waren, erwähnte, dass der amerikanische und der britische Botschafter versprochen hätten, zu prüfen, welche Passagiere der »San Thomé« womöglich infrage kämen, in die Vereinigten Staaten weiterzureisen.

Am 7. Mai bedankte sich im Namen des »Joint« der Ehrenvorsitzende Paul Baerwald bei Batista. »Eure Exzellenz«, schrieb er, »der hochfliegende Geist der Nächstenliebe, den Sie mit Ihrer Entscheidung bewiesen haben, erleuchtet das dunkle Kapitel der Unmenschlichkeit unter den Menschen. Bitte seien Sie versichert, dass wir uns sehr herzlich für die Gastfreundschaft bedanken, die Sie diesen Flüchtlingen und auch den anderen in Ihrem Land erweisen.«

Für die Menschen auf dem Schiff bedeutete die Erlaubnis, nach Kuba einzureisen zu dürfen, einen Schlussstrich unter die Jahre des unsäglichen Terrors und der Schikanen, des Leides und der Hoffnungslosigkeit, die sie in Europa unter den Nazis ertragen mussten.

Sie waren in Sicherheit, was auch immer jetzt kommen würde. Janine aber hatte – trotz der trostlosen und hektischen Tage, die sie auf der »San Thomé« durchlitten hatten, wie auch der, die vor ihnen lagen, und im Ungewissen, ob die Gezeiten des Krieges sie retten oder vernichten würden – nur eines im Sinn. Sie hatte nur einen Grund, an Land zu gehen. Sie musste zum Hauptpostamt von Havanna und dort den Brief abholen, dessen Liebesversprechen ihr half, die Grenzen der Zeit zu überwinden, zurück zu Roland und voraus zu den noch hoffnungsvolleren Träumen einer gemeinsamen Zukunft.

FÜNFZEHN

Incommunicado

Fast zwei Monate nachdem sie Marseille verlassen hatten, gingen die Passagiere der »San Thomé« in Havanna von Bord. Aber kaum hatten die müden Reisenden festen Boden unter den Füßen, mussten sie auch schon wieder in Boote einsteigen. Als Ziel wurde »Casablanca« bekannt gegeben.

Aber dieses Casablanca war nicht der von Menschen wimmelnde Hafen, den sie in Marokko hinter sich gelassen hatten, sondern ein verschlafenes Fischernest mit demselben Namen, den es bekommen hatte, weil am Strand in der Nähe des Kais ein weißes Haus – »casa blanca« – stand.

Es minderte jedoch nicht die Angst und die Verwirrung der Flüchtlinge, als man sie, statt sie in die kubanische Hauptstadt zu entlassen, auf die andere Seite der Havanna Bay brachte, auch wenn diese Bucht kaum breiter war als ein Fluss. In diesem unbekannten Casablanca auf der nordöstlichen Seite des Hafens wurden sie in Busse verladen, die sie schwerfällig auf ungepflasterten Straßen und vorbei an ärmlichen, mit Wellblech gedeckten Schuppen einen steilen Hügel hinaufbrachten. Oben angekommen wurden die fassungslosen Flüchtlinge in einem nur mit dem Nötigsten ausgestatteten Lager mit Namen Tiscornia zusammengepfercht, wo sie so lange bleiben sollten, wie die kubanischen Behörden dies für richtig hielten.

Erstaunlicherweise wussten auch noch Jahre später viele der Flüchtlinge nicht, wohin sie gebracht worden waren. Ihre Befürchtungen und die ungewohnte Umgebung führten dazu, dass die Überfahrt über die wenig mehr als einen Kilometer breite Hafeneinfahrt ihnen im Nachhinein viel länger und viel bedrohlicher vorkam. Das hatte zur Folge, dass sie fälschlicherweise annahmen, Tiscornia liege auf einer anderen Insel vor der kubanischen Küste. Für sie war Tiscornia das kubanische »Ellis Island«. Wie die Insel im Hudson River vor New York, die vom Ende des 19. Jahrhunderts bis 1954 als Sammelstelle für Immigranten diente, war auch Tiscornia nahe an Havanna und doch so fern. Vom Aussichtspunkt des Lagers aus konnte man die Stadt im Dunst glitzern sehen wie einen fernen Glanz der Freiheit jenseits des Wassers. Keiner von denen, die dort waren, kehrte nach der Entlassung jemals an diesen Ort zurück.

Janines »Touristenpass« für die Einreise nach Kuba,
ausgestellt an Bord der »San Thomé«

Wer heute dorthin fährt, findet außer einem Straßenschild an einer staubigen Landstraße mit der Aufschrift »Callejón Tiscornia« keinen Hinweis mehr auf das Lager. Auch auf Kuba hat man vergessen, wozu es in den Kriegsjahren genutzt wurde.

Allerdings kann man den Ort heute viel einfacher erreichen, nicht nur mit der Fähre, sondern auch mit dem Auto durch einen kurzen Tunnel, der unter den Felsen an der Hafeneinfahrt durchführt. Dort, wo die Forts »El Morro« und »La Cabaña« hinaus aufs Meer blicken, von denen es einmal hieß, es seien die mächtigsten spanischen Befestigungsanlagen in der neuen Welt. In Kolonialzeiten wurde zwischen beiden Forts jeden Abend eine Kette aus Bronze und Holz über die Hafeneinfahrt gespannt, damit fremde Schiffe nicht in die Bucht von Havanna einlaufen konnten. Dann schossen die Wachen auf dem Fort La Cabaña eine Kanone ab, um anzuzeigen, dass die Einfahrt verschlossen war, wodurch auch die Schiffe im Hafen daran gehindert wurden, ihn im Schutz der Nacht zu verlassen.

~

Am 31. Juli 1942 bat die in New York erscheinende Einwandererzeitung »Der Aufbau« um Gnade und Gerechtigkeit für die 450 Flüchtlinge, unter ihnen auch die Günzburgers, die aus Hitlers Europa gekommen waren und nach fast drei Monaten noch immer in Tiscornia festgehalten wurden. Im Lager waren 250 Passagiere der »San Thomé« und zweihundert weitere, von einer früheren, auch vom »Joint« arrangierten Reise. Sie waren mit der »Guinée«, einem anderen portugiesischen Schiff, gekommen und schon am 9. April interniert worden, einen Monat vor der Gruppe von der »San Thomé«.

»Die eingesperrten Flüchtlinge sind von Schweigen umgeben«, schrieb der »Aufbau«. »Alle paar Tage gibt es neue Gerüchte, dass der Tag ihrer Entlassung aus dem Lager näher rückt, aber immer wieder erweist sich, dass das, was als Übergangszeit gedacht war, zu einem Dauerzustand geworden ist. In ihren überfüllten Quartieren gibt es keinerlei Komfort, die Ernährung ist unzureichend und sie sind umgeben von Leuten, die die Chance wittern, sich an ihnen zu bereichern. Ihre Stimmung ist gedrückt, sie brüten über ihr unverdientes Schicksal und finden keine Antwort.«

Im Jahre 2004 war das Straßenschild »Callejon Tiscornia« der einzige Hinweis auf den Ort des Internierungslagers für Flüchtlinge aus Hitlers Europa. An derselben Stelle befindet sich jetzt Kubas »Instituto Superior de Medicina Militar«, die Medizinische Hochschule der kubanischen Armee.

Ein interner Bericht des Hilfskomitees des »Joint« beschreibt ihre Lebensumstände mit nackten Tatsachen: »Die Ausstattung des Lagers ist völlig unangemessen« für die dort festgehaltenen Insassen, darunter 88 Kinder, 66 alte Menschen, 168 Frauen und mehr als hundert Männer.

»Die große Mehrheit der Flüchtlinge lebt in Gruppen in Schlafsälen für 120 bis 125 Personen; Männer und Frauen sind getrennt und es gibt keinerlei Privatsphäre.« Unter Hinweis darauf, dass die Flüchtlinge nicht verständen, warum die Babys, die Kranken, die Schwachen und die Alten unterschiedslos festgehalten wurden, warnte der Bericht: »Wir haben die ernste Befürchtung, dass der allgemeine Gesundheitszustand gefährdet ist, und es gibt immer mehr Anzeichen von Lagerkoller.«

Die Passagiere der beiden Schiffe würden einer »Einzelfallprüfung« unterzogen, berichtete das »Joint«-Büro Havanna an das Hauptquartier in New York. »Gerüchte seien in die Welt gesetzt worden, dass sich Nazis unter die Gruppe gemischt hätten. Nach allem, was wir wissen, gibt es dafür keinerlei Anzeichen.« Aber die Flüchtlinge aus dem Lager zu befreien berühre komplexe finanzielle, diplomatische und politische Probleme, und die Forderung des State Departement, dass »jeder einzelne Fall sorgfältig überprüft werden müsse«, helfe nicht, die Vorgänge zu beschleunigen.

Ursprünglich war ihnen versprochen worden, dass sie binnen weniger Tage – »si, si – mañana, mañana« – das Lager verlassen könnten. Jetzt warteten die Flüchtlinge in gedrückter Stimmung, und nichts ging voran. Für die Kubaner war es höchst profitabel, die heimatlosen Europäer festzuhalten. Die Immigranten machten kein Geheimnis daraus, dass es ihr Ziel war, Kuba zu verlassen und in die Vereinigten Staaten zu gehen, sobald ihre beantragten Visa genehmigt würden. Deshalb hatte Batistas Regime auch kein Interesse daran, eine dauerhafte Beziehung zu ihnen aufzubauen. Stattdessen ging es darum, so viel wie möglich aus ihrem Aufenthalt auf der Insel herauszuschlagen.

Die Kubaner setzten »Lagergebühren« von einem Dollar pro Tag und Person an, hinzu kamen Gebühren für die medizinische Betreuung und sogenannte »außergewöhnliche« Gebühren, sodass sich die Gesamtsumme bereits Anfang Juli auf 45 000 Dollar, nach heutigem Wert mehr als eine halbe Million Euro, belief. Von dem Geld, das sie den Kubanern bezahlen mussten, hätten Familien wie die von Sigmar länger und besser in Havanna leben können als hier im Lager, aber die völlig überzogenen Abgaben fraßen bald alles Geld auf, das sie hatten. »Unabhängig davon, wie gut ihre finanzielle Situation vor ihrer Abreise gewesen sein mag«, berichtete das »Joint«, »droht ihnen hier der Bankrott.« Zusammen mit den Lagerinsassen, die dazu beitragen konnten, übernahm das »Joint« die Zahlungen für die Hälfte der Flüchtlinge, die kein Geld mehr hatten, weil die Kubaner die Entlassung aus dem Lager von der Zahlung der Gebühren abhängig machten.

Noch einmal verschärft wurden die finanziellen Probleme durch die »Cantina«, die Lagerküche, die ihr Monopol ausnutzte und exorbitante Preise verlangte. Aus Lautsprechern dröhnte kubanische Musik durch das Lager, aber die fröhlichen, rhythmischen Klänge der Tropen – Mambo und Rumba, Trommeln und Trompeten – konnten das Ausmaß der Betrügereien nicht übertönen. Weil es keinen Wettbewerb gab, verlangte die »Bodega« für alles, was sie an die Insassen verkaufte, den doppelten Preis. Diese wiederum konnten von den ihnen zugeteilten Rationen nicht überleben. Und die Lagerärzte rieten den Flüchtlingen, den Fisch oder das Fleisch, das ihnen vorgesetzt wurde, nicht zu essen, weil es verdorben sei. Der Anblick der hungernden Lagerinsassen führte dazu, dass das »Joint« Geld an die verteilte, die nichts hatten, damit sie in der »Cantina« einkaufen konnten. Außerdem schickte das »Joint« jeden Tag Trinkwasser in Flaschen, dazu Tausende Orangen, Mangos, Bananen oder Ananas, Hunderte von Eiern, manchmal auch Sardinen für die Erwachsenen und Butter und Milch für die unterernährten Kinder.

Die Wochen vergingen, und die Lagerinsassen gründeten eine Interessenvertretung und benannten Sprecher, deren Aufgabe es war, mit den Kubanern zu verhandeln und Absprachen mit dem »Joint« zu treffen. Wütend über die grotesken Preismanipulationen organisierten sie einen Boykott, stellten Streikposten auf und stärkten so ihr Selbstwertgefühl. Zum ersten Mal seit vielen Jahren gelang es ihnen, sich Gehör zu verschaffen – und tatsächlich wurden die Preise gesenkt. Dennoch war die Nahrungsfrage nur eines von vielen Problemen auf einer langen Liste. Die meisten waren körperlich geschwächt und mental ausgelaugt, litten darunter, mit vielen anderen unter unhygienischen Umständen zusammengepfercht zu sein, kämpften mit der Hitze, den Läusen und den Wanzen und viele wurden krank. Weil sie kein Geld hatten, um den Aufenthalt in der Krankenstation zu bezahlen, blieben die Kranken in den Schlafsälen, die so überfüllt waren, dass man kaum zwischen den Betten hindurchgehen konnte. Unter den Passagieren der »San Thomé« brach eine Epidemie aus, die von den Ärzten als »jahreszeitlich bedingte Grippe« bezeichnet wurde, andere Lagerbewohner litten unter Keuchhusten, Typhus, Hepatitis und der dadurch verursachten Gelbsucht.

»Patientin verstorben« stand auf dem Schild, das Trudi, nur halb zum Scherz, über ein Seil gehängt hatte, mit dem sie eine selbstgebaute Quarantäne-Station rund um das eiserne Etagenbett schaffen wollte, in dem die an Hepatitis erkrankte Janine lag, wimmernd, gelb und vom Brechreiz geplagt. Andere bekamen auch bald diese Krankheit, darunter auch ein gerade einmal sieben Monate altes Kleinkind, das immer schwächer wurde und dann starb.

»Es ist keine Frage, dass dieses Kind unter ordentlichen Bedingungen überlebt hätte«, stellte das »Joint« fest und machte die Zustände im Lager dafür verantwortlich. Weil aber das Kind und seine Mutter ihr Bett ganz in der Nähe von ihrem hatten, machte Janine sich immer Vorwürfe, der wahre Grund für den Tod des Kindes zu sein.

Obwohl die Kranken nicht isoliert wurden, war der Kontakt der Flüchtlinge zur Not leidenden, kriegsmüden Welt draußen so strikt eingeschränkt, dass das »Joint« ihren Status mit einem bitteren Wort beschrieb: »incommunicado«, isoliert. In einer Zeit, in der sie besonders darauf angewiesen waren, zu wissen, welches Schicksal Verwandte an anderen Orten der Welt erlitten hatten, wie sie ihr Leben ordnen oder wie sie in Kontakt zu Freunden oder Familienmitgliedern in den Vereinigten Staaten treten konnten, damit sie Hilfe bei der Erteilung von Visa oder der Gewährung von Krediten bekamen, waren sie von der Außenwelt abgeschnitten.

»Abgesehen davon, dass die gesamte Post sorgfältig zensiert wird«, berichtete das »Joint«, verbiete das kubanische Kommunikationsministerium die Zustellung »kritischer« Post, die wichtige Nachrichten enthalten könnte oder dringend benötigtes Geld, oder aber Dokumente, die Aufklärung über die Person des Empfängers geben könnten. Ebenso wenig erlaubten die Kubaner den Internierten, selbst irgendwelche Post zu verschicken. Das empfand Janine als die schlimmste Bestrafung, weil sie, seit die Briten auf Jamaika den für sie so unendlich wertvollen Brief Rolands beschlagnahmt hatten, an nichts anderes dachte, als den Brief zurückzubekommen und Roland zu schreiben, wo er sie finden konnte. Die größte Qual, schlimmer als die Krankheit und das Ungeziefer, die Hitze, die Langeweile und das ungenießbare Essen, war für sie, dass sie nach so vielen Monaten noch immer nicht mit ihm in Kontakt treten konnte.

Was wäre, wenn er als Elsässer in Lyon aufgegriffen wurde? Vielleicht hatten ihn die Deutschen schon erwischt? Und nach Russland geschickt? Er konnte tot sein! Sie konnte es nicht erwarten, zu einem Postamt zu kommen, und deshalb bat sie, als sie Zahnschmerzen bekam, den Lagerarzt um Erlaubnis, einen Zahnarzt aufsuchen zu dürfen. Sie konnte nicht ahnen, dass sie die ganze Zeit, in der sie in der Stadt war, von zwei Polizisten begleitet wurde. Also kehrte sie nach Tiscornia zurück, einen Backenzahn weniger im Mund und den Brief an Roland immer noch in ihrer Tasche, weil ihre Wächter sie daran gehindert hätten, ihn abzuschicken. Genauso wenig hätten sie zugelassen, dass sie Rolands Brief abgeholt hätte, der postlagernd auf sie wartete, wie es die Briten versprochen hatten.

Ihre einzige Hoffnung war, den Brief mit Hilfe einer vertrauenswürdigen Person herauszuschmuggeln, jemandem, dem es erlaubt war, frei ein und aus zu gehen. Da es nur einen in ihrer Umgebung gab, der das konnte, hatte sie keine große Wahl: Sigmars Cousin Max Wolf, ein raffinierter Geschäftsmann, der es geschafft hatte, mit Frau und Kindern einige Monate früher aus Frankreich nach Havanna zu kommen, und nur wenige Tage in

Tiscornia festgehalten worden war. Er wohnte nun in einer großen Wohnung, nicht weit entfernt vom Malecón, von wo aus er im kühlen Seewind nach Norden über die Straße von Florida hinwegschauen und seine Zukunft als erfolgreicher Händler an der Wall Street planen konnte. Er hatte Sigmar inzwischen überzeugt, dass er ihm nach New York folgen sollte, und fuhr pflichtgemäß einmal in der Woche mit der Fähre über die Havanna Bay, um sie im Lager zu besuchen.

Er war ein schwergewichtiger Mann und kam jedes Mal nach seinem Anstieg vom Pier zum Lager hinauf außer Atem und schnaufend am Tor an, im Gepäck Essen, Zigarren und die neueste Zeitung. Sobald er die Wachen passiert hatte, warf er sich, die Gesichtshaut unter seinem Strohhut und dem Stoppelbart gerötet, auf einen Stuhl unter der Pergola bei den Bäumen, wo die Flüchtlinge den Tag verbrachten. Janine beobachtete wie versteinert, wie er da saß und der Boden um ihn herum immer dunkler wurde, durchnässt vom Schweiß, der ihm die Beine herunterlief und sich in Pfützen auf dem Boden sammelte.

Rose, seine Frau, kam nie ins Lager, aber sie backte Rosinenkuchen und süße Obsttorten, die ihr Mann seinen Verwandten mitbrachte. Sein Sohn Erich wiederum kam oft, um Janine zu besuchen, und es war der erklärte Wunsch beider Väter, dass ihre Kinder eines Tages heiraten würden. Schon in Lyon war er Rolands Rivale gewesen, was Roland besonders beunruhigte, weil er wusste, wie wichtig Sigmars Einverständnis war. Erich hatte Janine dort mehrfach besucht und ihr eine Liebeserklärung in ihr kleines blaues Poesiealbum geschrieben, die bei allen, denen sie es zu lesen gab – Roland eingeschlossen – Zustimmung fand. Die Prosa-Übersetzung ist von mir, aber Erichs Original ging in gereimtem Französisch über zwei Seiten:

»War das dieselbe Hanna, die ich früher gekannt, aber in Freiburg niemals wahrgenommen habe? Aus ihr ist eine wunderbare junge Frau geworden. Ich kann ihren ruhigen, entschiedenen und ernsten Charakter nicht genug loben und erkenne zu spät meine eigene Dummheit, einen so faszinierenden Menschen zu früh verlassen zu haben. Ist es nicht normal, dass ich alles daransetzen werde, nach Lyon zurückzukommen, um sie dort wiederzusehen, sie dort so liebenswert wie immer vorzufinden und sie als unvergesslich in Erinnerung zu behalten?«

Es war tatsächlich Erich, den Roland im Sinn hatte, als er in seinen Abschiedsbrief geschrieben hatte, dass es für Eltern normal sei, »wenn sie versuchen, Dich dazu zu bringen, den Mann zu heiraten, den sie für Dich ausgesucht haben«, dass sie aber immer daran denken solle, dass niemand sie zwingen könne. Dennoch war es auch ein klein wenig Absicht, dass sie nach Monaten des erzwungenen Schweigens, das sie fast genauso belastete wie seinerzeit Rolands Zurückweisung, ihn nun mit dem Brief, den sie ihm zu schicken versuchte, eifersüchtig machen wollte. Deshalb schrieb sie offen, dass Erich Wolf ebenfalls auf Kuba war und regelmäßig – und, ja, ihr ergeben – den mühseligen Weg ins Lager auf sich nahm, um ihr den Hof zu machen. Wie sie es schaffen konnte, den Brief abzusenden, war weitaus ungewisser.

Eines Tages, als Onkel Max ihren Vater verließ, um nach einem Besuch in Tiscornia nach Havanna zurückzukehren, fing ihn Janine vor dem Lagertor ab. Sie fühlte sich ermutigt, weil sie mitbekommen hatte, wie er dringende Briefe von Sigmar und Alice aus dem Lager geschmuggelt hatte, die sie an die Verwandten ihrer alten Freundin Meta Ellenbogen geschrieben hatten. Beunruhigt durch Gerüchte, dass ihre Freiburger Mieterin unter denen gewesen sein sollte, die nach Gurs abtransportiert und nun in einem Transitlager bei Marseille festgehalten wurden, hofften sie, dass die amerikanischen Verwandten in der Lage wären, ihr ein Visum und eine Schiffspassage zu verschaffen, um so ihre Entlassung zu erreichen.

Wenn, so dachte sich Janine, Onkel Max bereit war, die in Tiscornia geltenden Regeln zu brechen und für Sigmar Briefe aufzugeben, könne er das auch mit ihrem Brief an Roland tun. Aber sie ging noch weiter. Sie bat Max nicht nur, ihren Brief nach Frankreich abzusenden, sondern fragte ihn auch zögernd, ob sie seine Adresse in Havanna angeben dürfe, damit er eine Antwort in Empfang nehmen könne, weil es nicht möglich war, im Lager Post zu bekommen.

»Monsieur Roland Arcieri, 27 Rue Puits Galliot, Lyon, France.« Max prüfte den Umschlag, den sie ihm überreichte, zog die Augenbraue hoch und blickte ihr fragend ins Gesicht.

»Nur ein Freund, Onkel«, versicherte sie ihm schnell. Er sagte nichts, verstaute den Brief sorgfältig in seiner Tasche, um zu vermeiden, dass er zu sehr verknickt oder von Schweiß durchtränkt wäre, bevor er ihrer großen Liebe ausgehändigt würde. Als sie den Brief unerwartet eine Woche später wiedersah, diesmal in der Hand ihres Vaters, war sein verknickter Zustand das Geringste, was sie erregte. Onkel Max hatte den Brief geöffnet, gelesen und wütend Sigmar übergeben, dessen dunkle Augen hinter der Lesebrille zornig hervortraten.

»Erich kommt hierher, um mich zu besuchen, aber er ist derselbe dumme Junge wie immer!«, las Sigmar vor. Ihre verletzende Beschreibung und ihre Taktlosigkeit waren ihm schrecklich peinlich gegenüber seinem Cousin, dessen Treue ihm an diesem sonderbaren, verlassenen Ort wie gottgesandt vorkam.

»Wie konntest du dich so vergessen und so etwas schreiben? Was hat dich getrieben, in Kauf zu nehmen, dass Onkel Max eine solch niederträchtige Bemerkung über seinen eigenen Sohn liest? Und das nach allem, was er für uns getan hat!«

Sigmar fuhr mit der Hand durch die Luft, zerriss den Brief in tausend Fetzen und vergaß völlig, dass Max sich herausgenommen hatte, Janines Privatsphäre zu verletzen, indem er ihre Post las. Insgeheim schäumte sie vor Wut, wagte aber nicht, etwas zu sagen. Wie konnte dieser Mann so wenig Anstand und Stolz haben und sich erlauben, ihren Brief zu lesen? Und ihn dann ihrem Vater aushändigen? Wie konnte er dann noch die Bosheit haben, sich aufgeregt und verletzt zu geben, statt sich zu schämen?

»Und Roland musst du vergessen«, machte ihr Sigmar, schon wieder etwas ruhiger, klar. »Fertig. Es ist sinnlos, auch nur an ihn zu denken. Dummes Zeug«, murmelte er. »Er ist keiner von uns. Das darfst du nicht außer Acht lassen. Die Welt tut es auch nicht. Zwischen ihm und dir sind ein Krieg und ein Ozean. Auch wenn Erich nicht der Mann ist, den du heiraten willst, du wirst ein neues Leben leben und viele andere junge Männer treffen, wenn wir in Amerika sind. Aber wenn du so unvorsichtig bist und mitten im Krieg nach Frankreich schreibst, sorgst du noch dafür, dass wir auf ewig hier eingesperrt bleiben. Mach nie wieder so etwas Dummes. Wenn die Kubaner das herauskriegen, werden sie dich für eine Spionin halten. Und wenn du das nächste Mal Onkel Max siehst, erwarte ich, dass du dich entschuldigst und ihm dein Verhalten erklärst.«

Der Aufkleber auf der Schachtel mit Sigmars kubanischen Lieblingszigarren »Romeo y Julieta«

Um seine Nerven zu beruhigen, zog Sigmar seine Zigarren hervor, die einzige Freude, die seine Anwesenheit auf Kuba ihm nach Jahren der erzwungenen Enthaltsamkeit gebracht hatte. Trotzig starrte Janine auf die Packung. Sigmar hatte seine bevorzugten Zigarren seine »Lieblinge« genannt. Wie sonderbar, das war Janine schon vorher aufgefallen, dass die Marke »Romeo y Julieta« hieß. Die beiden Namen waren auf ein rosa Banner über eine Abbildung der romantischen Balkonszene aus dem Shakespeare-Drama geschrieben. Rosen und Bougainvillen umgaben das Paar mit einem idyllischen Rahmen von Blüten, aber in ihren Gesichtern konnte man schon die kommende Tragödie sehen. Julia blickt mit unsäglicher Trauer und Sehnsucht in das hoffnungsfrohe Gesicht ihres Liebsten, als ob sie schon wüsste, dass sie dem Untergang geweiht waren.

Das Leben im Lager schritt in diesem Sommer voran, ohne dass es Zeichen für eine baldige Entlassung gegeben hätte. Die Flüchtlinge versuchten, sich sinnvoll zu beschäftigen: Frühgymnastik in der Pergola, Englischstunden – manche davon mit Norbert als Lehrer –, Spanisch und Russisch, Schulunterricht für die Kinder und gemeinsame Lesungen am Abend. Die orthodoxen Juden richteten über der Bodega einen Gebetsraum ein, in dem sie Gottesdienste abhielten, und an langen Nachmittagen saßen bärtige Männer im Schatten und studierten über Tische gebeugt den Talmud, ein Bild, das denen, die in der Nähe waren und sie beobachteten, Frieden und Vertrautheit vermittelte. Aber mit der Langeweile und der gnadenlosen Sommerhitze wuchs die Unzufriedenheit, vor allem bei den jungen Leuten, und spornte sie an, irgendetwas zu unternehmen, das die Eintönigkeit ihres Lebens unterbrach.

Eines Morgens stand Sigmar mit dem Ruf »Lisel! Komm schnell! Ich kann Norbert nicht aufwecken« vor der Frauenbaracke. Er war aufgestanden und hatte festgestellt, dass sein Sohn ohne Bewusstsein war. Norbert hatte sich am Vorabend einer Gruppe junger Männer angeschlossen, die in die Krankenstation eingebrochen waren und sich mit medizinischem Alkohol betrunken hatten – was seinen Zustand erklärte.

Andere nutzten ihre überschüssige Energie und organisierten politische Versammlungen. Fritz Lamm, ein 31-jähriger überzeugter Sozialist, den Janine schon auf dem Schiff kennengelernt hatte, stellte sich auf eine Kiste und hielt eine Ansprache an die jungen Leute im Lager. Sie sollten sich gegen die Kubaner auflehnen und fordern, entlassen zu werden, auch wenn nur sie selbst davon profieren würden.

»Die ältere Generation hat ihr Leben schon hinter sich!« An diesen flammenden Appell erinnerte sich Janine ihr Leben lang. »Lasst doch die Alten im Lager bleiben und warten. Wir Jungen müssen unsere Freiheit jetzt einfordern, damit wir unser Leben leben können. Wir müssen unsere Angelegenheiten in die eigenen Hände nehmen! Unsere Stunde ist gekommen!«

In Janines Poesiealbum trug sich der erklärte Utopist mit seinem Foto und in gleicher Weise ein: »ANGST IST UNNÖTIG«, schrieb er in Deutsch. Die Großbuchstaben verliehen den Substantiven die Würde und das Gewicht von Sinnsprüchen. »Niemand kann Dir Freiheit und Glück nehmen, solange beides in Dir ruht. Und mit ihnen ruhen in Dir die Hoffnung und die Erinnerung.«

Viele von denen, die sich versammelt hatten, um Lamms Reden zu hören, bewunderten ihn, weil er zu Taten aufrief. Sie waren überzeugt, dass er, wenn er nach dem Krieg nach Deutschland zurückkehren würde, als idealistischer Sozialreformer öffentliche Aufmerksamkeit erregen würde. Aber es gab im Lager auch viele, die seinen spalterischen Vorschlag, Freiheit nur für einen Teil der Lagerinsassen zu fordern, zurückwiesen, weil dieser vor allem die Älteren vor den Kopf stieß und sie sich zurückgesetzt fühlten.

All dies nahm Charles H. Jordan, der unermüdlich kämpfende Vertreter des »Joint« in Havanna, zum Anlass, einen Sonderbericht an das New Yorker Büro zu schicken, in dem er schrieb, dass die Flüchtlinge in Tiscornia in einen »depressiven Gemütszustand« versunken wären. Er fügte hinzu: »Ich fürchte, dass sie zunehmend ungeduldiger werden und in Gefahr geraten, sich aggressiven Leuten anzuschließen, die meinen, nicht länger darauf warten zu sollen, bis die Behörden handeln, sondern selbst zu handeln. Diese Haltung äußert sich zurzeit noch in rein internen Vorfällen.«

Jordan hatte nicht nur für die Freilassung der Festgehaltenen gekämpft, sondern sich auch permanent darum bemüht, die Lebensbedingungen im Lager zu verbessern. Er hatte sich für besseres Essen und medizinische Betreuung eingesetzt und es geschafft, die Kubaner davon zu überzeugen, dass die, die in der Obhut des »Joint« waren, Post und Geld empfangen durften. Zusätzlich zu den überhöhten Lebenshaltungskosten in Tiscornia erwartete man von den Flüchtlingen, dass jeder von ihnen, als Voraussetzung für seine Freilassung, ein Guthaben von 500 Dollar nachweisen musste und zusätzlich noch einmal 150 Dollar, »um die Reise fortsetzen zu können«. Das war für viele eine außerordentlich hohe Summe. Für die fünfköpfige Familie Günzburger zum Beispiel waren es nach heutigem Geld 40 000 Euro. Parallel zu den Bemühungen, die Kubaner zur Aufgabe dieser Forderung zu bewegen, arbeitete sich das »Joint« durch die Listen der Nationalen Flüchtlingsagentur in New York, um die amerikanischen Verwandten der Lagerbewohner aufzuspüren und sie zu bitten, mit Darlehen zu helfen.

Mit Blick auf Kuba erklärten die Mitarbeiter des »Joint«, sie seien schockiert und entmutigt durch das »übersteigerte Desinteresse« der örtlichen jüdischen Gemeinde, darunter auch fünfzig jüdische Familien aus den USA, an den Problemen der Flüchtlinge. Die aus mehr als zehntausend Juden bestehende Gemeinde sei unorganisiert, habe keine Führung und sei einheitlich nicht bereit, auf Bitten um humanitäre Hilfe zu reagieren. Die meisten der kubanischen Juden seien Flüchtlinge aus Osteuropa, die in den Zwanzigerjahren ins Land gekommen waren. Das »Joint« warf ihnen vor, dass es ihnen, obwohl sie auf der Insel schnell wirtschaftlich erfolgreich geworden seien, an angemessenem Mitgefühl für die Neuankömmlinge fehle, von denen viele dringend auf Hilfe angewiesen seien.

»Es gibt seitens der osteuropäischen Juden eine fortdauernde Abneigung gegen die Juden aus dem Westen«, stand in dem Bericht, »während die amerikanischen Juden insgesamt gegen die Aufnahme der Flüchtlinge auf Kuba eingestellt und nicht bereit seien, zu helfen, weder finanziell noch überhaupt.«

In einem Interview mit »Havaner Leben« im September wurde Jordan noch deutlicher. Havanna sei der einzige Ort auf Erden, dessen jüdische Gemeinde dem »Joint« bei seiner Arbeit die Unterstützung versagt habe. »Die Juden, die seit vielen Jahren hier leben, haben keinerlei Verständnis dafür, den Flüchtlingen zu helfen«, sagte er. »Überall auf der Welt kennen die Juden ihre Pflicht, nur auf Kuba nicht.«

Das »Joint« ging noch weiter: Nicht nur sei die durch den Krieg verursachte Einwanderung eine »sprudelnde Quelle zur Bereicherung der Mitarbeiter der kubanischen Regierung« geworden, sondern viele Mitglieder der jüdischen Gemeinde hätten sich ebenfalls an der Geschäftemacherei beteiligt, seien passiv geblieben oder hätten ihre Energie in internen Grabenkämpfen vergeudet. Wegen der Unfähigkeit der ehrenamtlichen Helfer musste sich der fünf Jahre zuvor gegründete kubanische Zweig des »Joint« mehr oder weniger allein auf Jordan verlassen. Für seine Gespräche mit der Regierung verpflichtete Jordan einen prominenten örtlichen Anwalt und Politiker, Jorge Garcia Montes – der später kubanischer Premierminister wurde –, und gemeinsam gelang es ihnen, das Los der Flüchtlinge deutlich zu verbessern.

Eine der wichtigsten Neuerungen, die sie durchsetzen konnten, war eine Änderung des Gesetzes, mit dem die Flüchtlinge gezwungen wurden, jeden Monat ihr Durchreise- oder Touristenvisum zu erneuern, was schwierig und teuer war. Jetzt erhielten alle Juden, die aus dem von Hitler beherrschten Europa geflohen waren, eine Aufenthaltserlaubnis bis Kriegsende. Das beendete den Amtsmissbrauch der Einwanderungsbehörde, die den Juden zuvor jährlich Zehntausende von Dollars an Gebühren und Bestechungsgeldern aus der Tasche gezogen hatte, um die auslaufenden Visa alle dreißig Tage zu erneuern. Diese nunmehr garantierte Sicherheit bot den Flüchtlingen, die schon früher nach Kuba eingereist waren und in der Stadt lebten, die Möglichkeit, Arbeit zu finden.

Eine größere Herausforderung war die Situation der 3500 deutschen und österreichischen Juden, denen die Kubaner mit besonderem Misstrauen begegneten. Auf Kuba wurde deren Loyalität infrage gestellt – wie es schon den deutschen Juden ergangen war, die vor 1940 in Frankreich Sicherheit gesucht hatten und bei Kriegsausbruch dann unter dem Verdacht, deutsche Spione zu sein, inhaftiert worden waren.

Noch bevor die »San Thomé« anlegte, plante das »Joint«, Präsident Batista davon zu überzeugen, die deutschen und österreichischen Juden nach Prüfung ihrer persönlichen Dokumente und ihres Hintergrundes zu »loyalen Ausländern« zu erklären. Um das zu erreichen, hatte Garcia Montes, so steht es in einem vertraulichen Papier des »Joint«, dem kubanischen Außenministerium ein »Memorandum über die Verfolgung der Flüchtlinge, ihre Ausbürgerung durch die deutsche Regierung und die gegenwärtige Einstellung der Flüchtlinge zu ihren totalitären Herkunftsländern« zugesandt.

Die Konsulate der anderen Herkunftsländer, deren Staatsbürger im Lager festgehalten wurden, schickten Beamte, um ihre Landsleute zu treffen, und waren bereit, die Bestätigungen auszustellen, die die kubanische Regierung – außer Geld – für deren Entlassung verlangte. Das amerikanische Konsulat in Havanna und auch andere amerikanische und kubanische Regierungsstellen hatten alle Passagiere überprüft, aber die Juden aus Deutschland und Österreich hatten keine Möglichkeit, die benötigte Bestätigung zu bekommen.

Weil es keine diplomatische Vertretung gab, die für sie bürgte, kamen am 19. Juli elf deutsche Männer, darunter auch Sigmar, auf den Gedanken, stattdessen auf Unterstützung durch die internationale Bruderschaft der »B'nai B'rith« zu setzen. Verzweifelt schrieben sie über das »Joint« in Havanna an die Großloge in New York und baten »B'nai B'rith« inständig darum, quasi als Regierung eines in alle Winde zerstreuten Volkes, die Bescheinigungen auszustellen, die die Kubaner verlangten.

Sie waren nicht mehr Bürger irgendeines Landes und schrieben deshalb als »internationale Brüder«. Sie boten die einzige Empfehlung an, die sie hatten: die Mitgliedschaft in den deutschen Logen von »B'nai B'rith« in ihrer jeweiligen Heimatstadt. Sie erstellten eine Liste, auf der jeder frühere Deutsche reduziert war auf die Mitgliedschaft in einer Loge, die es nicht mehr gab, in einer Stadt, deren Bürger sie nicht mehr waren: Sigmar Günzburger von der Loge Breisgau in Freiburg, Otto Nussbaum von der Loge Kaiser Wilhelm in Bremen, Alfred Kahn von der Loge Carl Friedrich in Karlsruhe und so weiter. Sie alle waren Männer aus Plauen und Stuttgart, aus Augsburg und Saarbrücken, wo es zu ihrer Rolle als herausragende Mitglieder ihrer jüdischen Gemeinde gehört hatte, zu den Treffen der »B'nai B'rith« zu gehen. Sie beschrieben, warum sie an Bord der »Guinée« und der »San Thomé« nach Kuba gekommen waren, und baten um Hilfe, um der »Folter« einer fortgesetzten Festsetzung hinter Stacheldraht zu entkommen, einer Gefangenschaft, die sie nach so vielen Jahren des Leidens und der Unterdrückung durch Hitler nicht verstanden.

»Warum wir hier sein müssen, wissen wir nicht«, schrieben sie. »Andere Flüchtlinge haben den Schutz ihrer Konsulate, wir fühlen uns völlig allein gelassen. Für uns als Logenbrüder – die sich in besseren Zeiten immer bemüht haben, anderen zu helfen – wäre es eine große Erleichterung, wenn unsere amerikanischen Brüder sich unserer annähmen. Bitte lassen Sie uns schnell wissen, ob wir uns auf Sie verlassen können.«

»B'nai B'rith« konnte wenig mehr tun, als den Brief an das New Yorker Büro des »Joint« weiterzureichen. Am 6. Oktober brachte ein Beauftragter des »Joint« das Hauptquartier auf den »neuesten« Stand, der nun schon seit mehr als fünf Monaten unverändert war. Kuba war im Begriff, diejenigen zu entlassen, die dafür infrage kamen, sofern sie nicht zur finanziellen Belastung für das Land wurden und die benötigten Bestätigungen ihrer Loyalität und ihrer Herkunft vorweisen konnten.

»Die Passagiere der ›San Thomé‹ sind durch das amerikanische Konsulat in Havanna und durch andere Dienststellen unserer oder der kubanischen Regierung überprüft worden. Nach unserem besten Wissen gibt es gegen keinen von ihnen Einwände und sie alle stehen treu zu den Prinzipien der Vereinten Nationen«, schrieb Robert Pilpel, ein hochrangiger Vertreter des »Joint«. »Diejenigen, die Bürger eines Landes sind, das die Deklaration der Vereinten Nationen unterzeichnet hat, Polen, Russland, Tschechoslowakei, Luxemburg, Belgien sowie die Schweiz und Frankreich, stellen etwa die Hälfte derer, die in Tiscornia festgehalten werden. Die anderen stammen aus Österreich und zum größten Teil aus Deutschland. Nach so vielen Monaten bleibt der Grund dafür, dass sie so außerordentlich lange festgehalten werden, unklar und unverständlich. Erst jetzt gibt es die Aussicht, dass einige, deren Konsulate in Havanna eine Unbedenklichkeitsbescheinigung ausgestellt haben, entlassen werden sollen.«

Die, die keine konsularische Vertretung in Havanna hätten, könnten Probleme bekommen, schrieb er, vor allem die deutschen Juden, die als staatenlos galten, nachdem ihnen die deutsche Regierung durch Beschluss vom 25. November 1941 die Staatsbürgerschaft entzogen hatte.

Rosch ha-Schana und Jom Kippur, das jüdische Neujahrsfest und das Versöhnungsfest, gingen in diesem Herbst ohne die Hochstimmung der spirituellen Reinigung und der Hingabe an ihre neue Welt, auf die Janine und die anderen so gehofft hatten, vorüber. Die Gebete um die Vergebung der Sünden, um Frieden und Versöhnung, konnten die Stimmung der Menschen nicht aufheitern, die zwar auf ihre Flucht aus Europa gehofft hatten, aber die harten Monate der Internierung nicht vorhersehen konnten. Sie durchforsteten ihre Seelen und ihr Verhalten in der Vergangenheit, baten um den Segen für ein gottgefälliges Leben und priesen die Gnade, zum auserwählten Volk zu gehören, als ob nicht schon frühere Generationen bitter dafür bezahlt hätten.

An Jom Kippur, dem Tag der Versöhnung, folgte Janine der Verpflichtung zum Fasten. Aber in der sengenden Hitze der kubanischen Septembersonne wurde ihr Verlangen nach Wasser so übermächtig, dass am Morgen beim Zähneputzen im Gemeinschaftswaschraum ein Tropfen den Weg durch ihre Speiseröhre fand, bevor sie den Rest fromm wieder ausspuckte. Schuldbewusst sah sie sich um, ob irgendjemand es bemerkt hatte. Aber sie wusste, dass ER sowieso alles sah. Sie redete sich ein, dass ihr Fehlverhalten unabsichtlich gewesen sei, nur ein Unfall, wusste aber tief in ihrem Inneren, dass sie es mit Absicht getan hatte und dass jetzt eine Strafe unvermeidlich sein würde – zumal die Lagerärzte davor gewarnt hatten, das Wasser aus den Hähnen zu trinken, weil es gefährliche Mikroben enthielt.

An diesem Abend saß Jordan nach den Jom-Kippur-Feierlichkeiten mit den Flüchtlingen in Tiscornia zusammen, um das Fasten zu brechen. Am folgenden Tag berichtete der Vertreter des »Joint« bitter nach New York, dass die örtliche jüdische Gemeinde, obwohl sie dieses Mal versucht hatte, ihrer Aufgabe so gut sie es vermochte gerecht zu werden, die religiösen Vorgaben »höchst unangemessen eingehalten hatte, was rundum zu großer Unzufriedenheit geführt habe«.

Aber was der Feiertag auch an Spiritualität vermissen ließ, es sah kurz darauf doch so aus, als ob ihre Gebete erhört worden wären. Gerade einmal zehn Tage später, am Freitag, dem 2. Oktober rief Jordan das »Joint« in New York an und gab die gute Nachricht weiter, dass der kubanische Bevollmächtigte für Immigration eine »definitive Erklärung« abgegeben hätte: Alle Festgehaltenen könnten das Lager bis zum Monatsende verlassen. Die Kubaner hatten vor, zuerst die Niederländer zu entlassen, danach die Franzosen und dann alle anderen, gestaffelt nach Herkunftsländern. Jordan mahnte zur Vorsicht und wagte es nicht, Vorhersagen zu treffen. Dennoch gab es einen Grund zu feiern.

Bei Sonnenuntergang des folgenden Tages fand sich fast das gesamte Lager vor dem Gebäude ein, in dem die Bodega untergebracht war und im Obergeschoss der Gebetsraum, für den das »Joint« eine Tora bereitgestellt hatte. Nach dem Schabbat-Ritual der Hawdala – mit dem der Schabbat beendet und die neue Arbeitswoche durch Eintauchen einer geflochtenen Kerze in Wein begrüßt wird – gingen Tiscornias Juden dazu über, den jährlichen Feiertag Simchat Tora auf besondere Weise zu zelebrieren.

Unter den Lorbeer- und Eukalyptusbäumen wechselten sich Männer darin ab, die heilige Tororolle an sich zu drücken, und trugen sie, wie die Tradition der Hakafot es vorschreibt, in fröhlicher Prozession, singend und tanzend sieben Mal um das Haus herum, vorbei an den rot blühenden Hibiskushecken und den mit Blüten überladenen Zweigen der Bougainvillen. Die Kinder hopsten und drehten sich, die Kleinsten schwenkten bunte Fähnchen, die sie in den letzten Tagen bemalt hatten, und trugen Kerzen in den Händen, deren Flammen mit ihnen auf und ab hüpften und wie Glühwürmchen in der Dämmerung tanzten. Männer wirbelten herum und stampften mit den Füßen auf den Boden, Loblieder klangen empor zum Himmel über den hohen Königspalmen, und die Juden von Tiscornia erneuerten ihren Glauben an einen Gott, der sie aus den Kellern des Todes hoffnungsvoll zu einem neuen Anfang geführt hatte. Auch die Juden, die von ihrer Natur her zurückhaltender waren und ihren Glauben weniger extrovertiert ausübten und nicht tanzten, wie Sigmar, schauten zu und beteten mit besonderer Ergriffenheit an diesem Tag, der sie von so vielen Jahren des Schreckens und des Chaos befreite.

Kurz darauf begannen die Behörden, die Insassen des Lagers nach und nach zu entlassen. Am 14. Oktober 1942 schrieben die elf deutschen Mitglieder der »B'nai B'rith« in der Befürchtung, sie würden weiter festgehalten, während die anderen gehen durften, erneut nach New York und baten um Hilfe.

»Wir müssen befürchten, dass unsere Fälle nicht besonders wohlwollend behandelt werden«, schrieben sie, diesmal in englischer Sprache. Aber am nächsten Tag gehörte die Familie Günzburger zu einer Gruppe, der plötzlich die Erlaubnis erteilt wurde, das Lager zu verlassen. Wie sich später herausstellte, enthielt Sigmars Akte ein Schreiben des französischen Justizministeriums, das seine unbescholtene Vergangenheit betätigte. Es war sechs Monate zuvor aus Paris abgeschickt worden. Zum Jahreswechsel waren bis auf 35 alle Flüchtlinge entlassen worden. Am 2. Februar 1943 verließen die letzten fünf Insassen das Lager und machten sich daran, ein neues Leben zu beginnen.

»Hiermit ist das Kapitel Tiscornia für die Passagiere der ›Guinée‹ und der ›San Thomé‹ beendet«, schrieb Charles Jordan in seinem Bericht an den »Joint«. »Mit anderen Worten: In Tiscornia ist niemand mehr!« Den letzten Satz hatte er mit Tinte und mit der Hand geschrieben, als ob er die Worte mit den eigenen Fingern formen wollte, um zu spüren, dass es ihm nach so langer und harter Arbeit endlich gelungen war, so vielen Menschen die Gnade der Freiheit zu sichern.

SECHZEHN

Leben im Limbo

Janine ging den prächtigen Paseo del Prado hinunter, der mit seinem breiten, baumbewachsenen Mittelstreifen zum Meer führte, und fühlte sich wie eine Göttin. Eine Göttin der Liebe oder der Schönheit, vielleicht auch der Fruchtbarkeit, wenn sie beobachtete, wie die Männer ihr auf die Hüften schauten. Junge Habaneros knieten sich vor ihre Füße, zogen ihre Taschentücher und taten so, als wollten sie den Gehweg vor ihren Füßen fegen.

»¡Ay, qué linda!«, riefen sie und schnalzten mit der Zunge. »Ay senorita, damit die Straße würdig ist, von einer Schönheit wie Ihnen betreten zu werden, muss sie glänzen!«

Die Monate auf dem Schiff und unter dem freien Himmel des Lagers im heißen Sommer 1942 hatten dazu geführt, dass Janine schlank und gebräunt war. Das Sonnenlicht hatte ihren bis zur Schulter reichenden, tabakbraunen Locken einen goldenen Glanz verliehen. Mit weit aufgerissenen blauen Augen hatte sie das quirlige Leben in der Stadt aufgenommen, die pastellfarbenen Gebäude mit den Säulen davor, die Bronzelöwen auf dem Paseo und die schmiedeeisernen Straßenlaternen auf ihren Marmorsockeln; die schicken Boutiquen, in denen Taschen aus Krokodilleder, Schmuck und Parfums verkauft wurden. Besonders bewunderte sie die modischen Spaziergänger. Janine beobachtete sie genau, um zu sehen, wie man sich kleidete, wenn man hierhergehören wollte, an diesen Ort, dessen weltoffenen Stil und kolonialen Charme sie so nicht erwartet hatte.

»¿Ay, señorita hermosa, de dónde es usted? ¿A dónde va? – Oh, schöne junge Dame, woher kommen Sie? Wo gehen Sie hin? ¡Vamos juntos! Gehen wir zusammen!« Männer in kurzärmeligen, karibischen Leinenhemden warfen ihr Fragen zu wie Rosen, um ihre Aufmerksamkeit zu erregen, und liefen ihr hinterher. Aber anders als sie sich sonst verhalten hätte, wich sie an diesem Morgen ihren Aufmerksamkeiten nicht aus, sondern lächelte ihnen freundlich zu und ging weiter.

In ihrer Hand hielt sie ein Bündel von Briefen, die sie gerade abgeholt hatte, nicht nur der eine, ihr wertvollster, der von den Briten – worauf sie nicht zu hoffen gewagt hatte – ihr wie versprochen aus Kingston hinterhergeschickt worden war, sondern zu ihrer großen Freude auch mehrere neue, eine Monatslieferung an Briefen von Roland, die alle für sie auf der Hauptpost von Havanna bereitlagen. Sicher hatte er angenommen, dass diese Briefe sie früher erreichen würden. Sie konnte sich vorstellen, wie besorgt er war, dass er nie eine Antwort erhalten hatte, und eilte zum Malecón, der Uferbefestigung, die den Paseo zur See abgrenzte. Dort setzte sie sich auf die Mauer, um die Briefe in Ruhe lesen zu können. Wenn sie die Augen schloss, war es ihr, als ob das Geräusch und der Geruch des Meeres sie nach Marseille zurückversetzten, zurück in seine Arme und zurück zu den zärtlichen Worten, die er ihr ins Ohr geflüstert hatte.

Viele Jahre später zerstörte mein Vater alle diese Briefe bis auf einen, den ersten und wichtigsten, im vergeblichen Versuch, den Schreiber der Zeilen aus ihrem Herzen zu verbannen. Deshalb kann ich mir nur vorstellen, mit welch leidenschaftlichen Worten der Liebe und des Begehrens Roland schwor, dass sie sich wiedersehen und ein Leben lang vereint sein würden, sie in ihren Träumen über das Meer entführte und sie daran glauben ließ, dass nichts sich geändert hatte.

Obwohl die Briefe auf ewig verloren sind, erinnerte sich Janine immer daran, dass sie sie in der Reihenfolge ihres Datums verschlungen hatte und dass Roland den ersten mit ihrem Lieblingszitat von Lamartine begonnen hatte.

»Un seul être vous manque, est tout est dépeuplé.« Wenn dir nur ein einzelner Mensch fehlt, ist deine ganze Welt leer.

~

Am 27. Oktober 1492 landeten die ersten Juden, die vermutlich mit Kolumbus gesegelt waren, um der Spanischen Inquisition zu entkommen, auf der Insel Kuba.

Auf den Tag genau 450 Jahre später erhielt ein anderer über den Ozean geflohener Jude, Sigmar Günzburger, vom kubanischen Verteidigungsministerium das für alle registrierten Ausländer vorgeschriebene kleine Ausweisheft, zusammen mit der strikten Aufforderung, dass er jeden Adresswechsel innerhalb von zehn Tagen bekanntgeben müsse.

Um auf das erhoffte neue Leben in New York vorbereitet zu sein, gab er seinen Vornamen als »Samuel« an und unterschlug den Umlaut »ü« in Günzburger. Aber auf dem in das Heft mit der Nummer ›352202‹ eingeklebten schwarz-weißen Passbild sieht er typisch europäisch aus, mit Anzug, weißem Hemd, gestreifter Krawatte und zur Seite gerichtetem Blick.

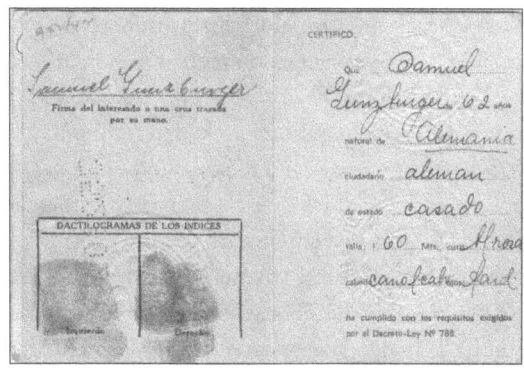

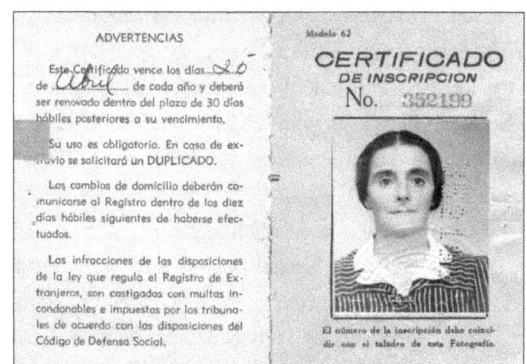

*Das Heft mit den Registrierungen und Fingerabdrücken von
»Samuel« Gunzburger, 62 Jahre alt, Janine Gunzburger, 19, und
Alice Gunzburger, 50, ausgestellt vom kubanischen Verteidigungsministerium*

Nichts ist mehr übrig von dem trotzig nach vorn schauenden Mann auf dem in Gray aufgenommenen Familienfoto. Dieses Bild zeigt Unterwerfung. Er lässt sich ergeben fotografieren und seine Daumen – »derecho y izquierdo«, den rechten und den linken, erst auf ein schwarzes Tintenkissen und dann auf den Ausweis drücken, wie ein auf frischer Tat ertappter Verbrecher.

Wenn ich jetzt dieses Heftchen anschaue, ist mir, als ob die Augen des Mannes auf dem Foto meinen ausweichen. Nur wenn ich meine Daumen auf die Abdrücke lege, die er hinterlassen hat, glaube ich, nach all den Jahren noch etwas von der Wärme seiner Finger auf dem Papier zu spüren.

Die Adresse, die Sigmar den Behörden an dem Tag nannte, als sein Ausweis ausgestellt wurde, gehörte zu einer Wohnung, die er glücklicherweise innerhalb weniger Tage nach der Entlassung aus Tiscornia gefunden hatte. Es war ein Vier-Zimmer-Apartment im gepflegten Stadtteil Vedado, wo die gehobene Mittelklasse wohnte, abseits vom Gewirr des Stadtzentrums und nur einen Steinwurf vom im maurischen Art-Deco-Stil erbauten Hotel Nacional.

Es war bekannt dafür, dass dort eine illustre Gästeschar aus Hollywoodstars, ausländischen Berühmtheiten und amerikanischen Wirtschaftsbossen in der Sonne lag oder auf der Terrasse am Meer unter den Palmen ihre Mojitos oder Daiquiris mit rosarotem Schaum schlürfte, während Mafiosi im Casino die Dollars kassierten, um damit geschickt das Räderwerk der Regierung zu schmieren.

Nie zuvor war es Sigmar so leichtgefallen, in eine Gegend zu ziehen, die als »verboten« bezeichnet wurde, nichts anderes bedeutete das Wort »vedado« auf Deutsch. Der Name stammte aus dem 16. Jahrhundert, als es verboten war, dort zu bauen, weil man einen freien Blick auf den Ozean behalten wollte, für den Fall, dass Piraten sich an Land schlichen. Später wurde daraus ein grünes Viertel mit breiten Straßen, prächtigen Herrenhäusern und den Jagüey-Bäumen mit ihren dicken und bizarr geformten

Luftwurzeln. Es war – und ist bis heute – eine der besten Adressen der Stadt. Dass Sigmar es sich leisten konnte, sich dort einzumieten, nicht im Überfluss, aber in bescheidenem, sparsamem Wohlstand, hatte er Herbert, seinem New Yorker Neffen, zu verdanken, der mit Krediten aushalf, wie es in Frankreich schon Maurice und Edy getan hatten.

Die neue Wohnung der Familie im Haus Nr. 855 auf der Calle 25 war im französischen Landhausstil möbliert. Sie lag in der ersten Etage des zweistöckigen Hauses, pro Etage gab es zwei Wohnungen. Jede hatte eine große, offene Terrasse zur Straße und Fenster ohne Glas, aber mit dunkelbraunen Läden zum Schutz vor der Sonne. Vom Wohnzimmer hinter der Terrasse führte ein schmaler Gang zwischen Küche und Esszimmer hindurch zu den ruhigen Schlafzimmern auf der Rückseite des Hauses, wo es einen Garten mit großen, schattigen Bäumen gab. Vom Flur aus hatte man Zugang zu einem grün gefliesten Badezimmer mit Wanne und Bidet. Ein gemeinsamer Balkon überspannte wie eine Brücke einen Innenhof und verband die offenen Küchen der Nachbarwohnungen. Dies war ein bei den Haushälterinnen der beiden Wohnungen sehr beliebter Platz, wo sie in ihrer Freizeit standen und ein Schwätzchen hielten. Hauspersonal war so preiswert und leicht zu finden, dass es sich sogar Flüchtlinge mit kleinem Budget leisten konnten, kubanische Dienstboten einzustellen.

Ihr Hauswirt, Moisés Simons, war einer der beliebtesten Musiker des Landes. Er lebte mit seiner hübschen, in Frankreich geborenen Frau in der Erdgeschosswohnung. Simons war berühmt geworden durch ein typisches kubanisches Lied mit dem Titel »El Manicero«, das die einfachen Erdnussverkäufer Havannas im ganzen Rest der Welt bekannt machte. Vermutlich gab es mehr Versionen des Lieds, als es überhaupt Noten hat.

Warum aber sollte ein erfolgreicher Komponist mit einem solchen Bekanntheitsgrad während des Krieges Wohnraum an jüdische Flüchtlinge vermieten? Es bleibt eine Vermutung, dass Simons nur vorgab, Katholik spanischer Herkunft zu sein, und in Wahrheit entweder selbst Jude war oder womöglich jüdische Vorfahren gehabt hatte. Es gibt nur wenige Informationen über ihn, und niemand weiß, warum er Kuba in einer so gefährlichen Zeit verließ, aber es steht fest, dass er 1945 im Alter von 56 Jahren in Madrid gestorben ist. Gerüchten zufolge war er zuvor einige Zeit lang als Zwangsarbeiter in Buchenwald eingesperrt gewesen.

Moisés Simons (stehend, links am Flügel) und sein Orchester, Mitte der 1920er-Jahre

Während des einen Jahres, in dem Janine in seinem Haus lebte, war sie stolz auf die Popularität ihres Hauswirtes und darauf, dass sie in der Lage war, sein bekanntestes Lied »pregón« zu singen, so wie die »pregóneros«, die fliegenden Händler, die ihre Waren ihren Kunden singend anboten. »El Manicero« war entstanden, weil Simons gehört hatte, wie ein Verkäufer von »cucuruchos de mani« vor einer Bar in Havanna Papiertüten mit gerösteten Erdnüssen feilbot. Angeblich hatte er sein Meisterstück noch in derselben Nacht komponiert, wobei er die Noten auf die Rückseite einer Serviette schrieb. Noten, die von diesem Augenblick an weltberühmt wurden.

Ganz in der Nähe des Hauses, in dem die Gunzburgers über ihrem Musiker wohnten, betrieben zwei gestrenge Schwestern aus England eine private Mädchenschule, an der Sigmar seine beiden Töchter anmeldete. Die Schule war bekannt für ihren formellen, englischen Lehrplan, und in Würdigung des britischen Nationalheiligen hatten ihre Gründerinnen sie »St. George's« genannt. Die Schule wurde hauptsächlich von kubanischen oder amerikanischen Mädchen der Oberschicht besucht, die in Vedado lebten oder in dem noch feineren Stadtteil Miramar mit seinen gepflegten Palacios am Meer. Sie bereitete sie auf ein Leben in den besten Kreisen vor, ob sie nun in Kuba heirateten oder in die Vereinigten Staaten gingen, in beiden Welten lebten, oder ihre Zeit damit verbringen würden, mit ihren wohlhabenden Ehemännern um den Globus zu reisen.

Nirgendwo gab es die barbusigen, nur mit Baströckchen bekleideten Mädchen mit Blumen im Haar und umgehängten Perlenketten, mit denen Norbert seine beiden Schwestern aufgezogen hatte. So, hatte er gesagt, müssten sie auch herumlaufen. Stattdessen waren Janine und Trudi sprachlos, weil ihre Klassenkameradinnen, deren Väter ihr Glück mit Tabak, Rum oder Zucker gemacht hatten, sich wie für eine Cocktailparty auf der Fifth Avenue kleideten.

Wobei es sowohl die Fifth Avenue in Manhattan sein konnte als auch die breite, beidseitig von Palmen gesäumte Fifth Avenue, die durch Miramar führte. Für beide wären diese jungen Damen perfekt und stilvoll gekleidet gewesen. Hier tanzten die kubanische Oberschicht, die Abkömmlinge des Landadels und der alteingesessenen Industriellenfamilien im Smoking und mit Seidenstrümpfen auf den Botschaftspartys oder in den luxuriösen »Big Five« Country Clubs, deren Mitgliedschaft so exklusiv war, dass selbst Batista, ein uneheliches Mischlingskind aus ärmlichen Verhältnissen, niemals aufgenommen wurde.

Jetzt dachte Janine mit Wehmut an die Kittelschürzen, die sie als Schuluniform im Lycée in Mulhouse über ihren Kleidern hatte tragen müssen. Damals wollte sie am liebsten ihre maßgeschneiderte Garderobe vorführen, jetzt aber war sie längst aus den Kreationen des Freiburger Schneiders herausgewachsen. Sie versuchte, unter den reichen Töchtern Havannas nicht aufzufallen, sich zu kleiden wie sie, mit karierten Plisseeröcken, Pullovern aus Shetland-Wolle, engen Perlenketten und braunen Schuhen. Die anderen Mädchen wurden jeden Morgen vom Chauffeur zu St. George's gefahren, begleitet von Bediensteten, die ihre Büchertaschen aus dem Auto in die Schule trugen und sie am Nachmittag wieder zurück zum Wagen brachten.

Obwohl fast alle diese kubanischen Mädchen der privilegierten Oberschicht angehörten, wetteiferten sie darum, sich mit Janine und Trudi anzufreunden, die von Anfang an darauf achteten, dass man annahm, sie wären Französinnen. Deutsche zu sein wäre jetzt, wo in Europa noch immer Hitlers Krieg tobte, wenig vorteilhaft gewesen. Französinnen zu sein verlieh ihnen eine Faszination, die wichtiger war als ihr Flüchtlingsstatus. Ihre Klassenkameradinnen stritten sich darum, wer sie im Auto nach Hause fahren durfte, und luden sie zum Essen, zu Partys und in die vornehmen Clubs an der Uferpromenade ein. Manchmal gaben sie den Schwestern auch eine Handvoll Fünf-Cent-Münzen und teilten mit ihnen das Vergnügen, wenn ein Geldautomat seinen Gewinn auf den Boden ausspuckte.

Unter den anderen Neuen in St. George's gab es auch einige Mädchen, die mit ihnen zusammen in Tiscornia gewesen waren und die nach dem Krieg nach Europa zurückkehren wollten. Generell aber orientierten sich die Schülerinnen am nördlichen Nachbarn. Kulturell waren sie eindeutig auf Amerika ausgerichtet und verehrten Dinah Shore, Tommy Dorsey, Frank Sinatra, Bob Hope, Bette Davis und Donald Duck. Die kubanischen Mädchen tranken Coca-Cola und wuschen sich mit Palmolive-Seife. Der Grund, warum die meisten Schwimmen als Lieblingssport angaben, war nicht die Nähe zum Meer – zumal Haie und Seeigel ihnen Angst machten –, sondern hieß Arturo und war ihr Schwimmlehrer. Er war groß und blond und sah unglaublich gut aus. Sie blieben auf der Höhe der Zeit durch die Lektüre von »Reader's Digest«, »Vogue«, »Town and Country«, »Life« und »Harper's Bazaar«.

Sie liebten »Longfellow«, den Film »Vom Winde verweht«, das von der Zigarettenmarke Lucky Strike gesponserte Radio-Programm »Your Hit Parade« und bevorzugten Verehrer, die in Yale studierten. Einige träumten davon, selbst einmal auf die Universität zu gehen oder in der Wirtschaft Karriere zu machen, aber für die meisten war die Zukunft nach St. George's eher die der Hausfrau. Die Absolventinnen des Jahrgangs 1944 berichteten ein Jahr nachdem sie die Schule abgeschlossen hatten, sie hätten wahnsinnig viel zu tun mit Unterricht in Tennis, Kunst, Französisch, Musik, Stricken und Nähen, und die Schülerin mit dem besten Abschluss besuchte einen Kurs für Sekretärinnen.

»Die moderne junge Frau kann für sich selbst sorgen«, erklärte eine Freundin von Janine, die sie aus Tiscornia kannte, in ihrer Examensrede in St. George's ein Jahr nach Kriegsende. »Viele Wege zur Unabhängigkeit stehen ihr offen, und dennoch weiß sie, dass ihr größtes Glück darin bestehen wird, die angesehene Frau eines angesehenen Mannes zu sein. Dann wird sie weit davon entfernt sein, ihre Persönlichkeit oder ihre Rechte als Frau einzuschränken, und sogar noch an Macht gewinnen. Heißt es nicht ›die Hand an der Wiege regiert die Welt‹?«

Als sie in St. George's aufgenommen wurde, war Janine 19 und wurde für den Unterricht in Englisch und Spanisch jüngeren Jahrgangsstufen zugeteilt. Aber sie machte rasch Fortschritte und bestand bereits zum Ende des Jahres die erste Prüfung. In einem Brief an Hannchen, ihre Kusine aus Eppingen, die jetzt in New York lebte, beschrieb sie St. George's. Der Brief war Teil einer Schulübung, und Janine schrieb in noch ungelenkem, gerade erst erblühendem Englisch.

> »Du weißt, dass ich, als wir aus Frankreich fortgehen mussten, nie gedacht habe, dass ich noch einmal zur Schule gehen würde. Aber als wir nach sechs Monaten

endlich Tiscornia verlassen konnten, meinte Vater, dass es für uns das Beste wäre, wenn wir zur Schule gingen, auch wenn ich das nicht so sehr mögen würde. Zunächst war ich mit diesem Vorschlag auch nicht sehr glücklich, aber dann habe ich eingesehen, dass es der einzige Weg ist, Englisch und Spanisch zu lernen.

Deshalb habe ich versucht, eine Schule zu finden, und ich hatte Glück, denn St. George's ist wunderbar.

Unsere Schule ist in einem sehr schönen Haus mit einem kleinen Garten davor und mit kleinen Blumen, die uns freundlich begrüßen, und innendrin ist es genauso. Die Lehrer reden mit uns wie mit Freunden und wir werden trotzdem respektiert und alles funktioniert gut. Wir lernen viele interessante Dinge und ich merke, dass ich in drei Jahren Krieg eine Menge Zeit verloren habe, weil wir gezwungen waren, dreimal die Schule zu wechseln.

Die Mädchen sind sehr nett, aber ich kann dir viele Unterschiede nennen zwischen ihnen und französischen Mädchen. Sie haben eine so andere Erziehung als wir in Europa. Sie sehen die Welt aus einem anderen Blickwinkel; sie wissen nicht, was Armut ist oder Sorge, und merken nicht einmal, dass wir uns im Krieg befinden. Das ist natürlich nicht ihr Fehler, sie sehen und fühlen solche Dinge ja nicht. Deshalb sind ihre Interessen auch nicht dieselben wie unsere.

Wir glauben daran, dass der Krieg gut ausgeht, hoffen auf amerikanische Visa, wollen Englisch und Spanisch lernen oder machen uns Sorgen über unsere Familie in Frankreich. Ich glaube, darüber muss ich dir nicht berichten. Du wirst selbst in den Zeitungen lesen, welche Gräuel die Nazis in Frankreich verüben. Es ist ganz normal, dass diese fröhlichen Mädchen sich um all das nicht kümmern, so wie auch wir uns vor dem Krieg hauptsächlich mit Tanzen, Kleidern und anderen schö-

nen Dingen befasst haben. Dennoch mag ich sie alle sehr und gehe oft mit ihnen aus. Ich versuche dir nur zu erklären, dass wir wegen dieser unterschiedlichen Interessen eine Freundschaft, wie ich sie zum Beispiel mit Malou hatte, nicht aufbauen können.
Zweimal in der Woche gehen wir mit der Schule schwimmen und wir haben einen sehr guten Schwimmlehrer. Daraus siehst du, dass wir auch Sport treiben. Außerdem gehe ich von Zeit zu Zeit ins Kino, das mag ich immer noch sehr gerne.
Hauptsächlich aber bin ich in meiner Freizeit zu Hause und lese gute Bücher. Du musst wissen, dass unsere Schule eine wunderbare Bibliothek hat, wo man alle Arten von Büchern finden kann. Jetzt glaube ich, dass du verstehst, warum ich dir geschrieben habe, dass ich ziemlich glücklich bin und Havanna nicht so bald verlassen möchte.
Den Eltern geht es gut. Vater verbringt seine Zeit damit, den ganzen Tag zu lesen, er lebt geradezu in seinen Büchern und erzählt uns immer von den wunderbaren Personen in seinen Büchern. Er findet unsere Schule sehr gut und interessiert sich sehr für das, was wir tun. Er staunt darüber, dass wir so viel lernen, und ist sehr froh, dass wir schließlich doch etwas von der ›Kultur‹ mitbekommen, die ihm in unserer Erziehung so gefehlt hat.
Das Einzige, worum ich mir Sorgen mache, ist, dass mein Englisch immer noch sehr unvollständig ist; wie du aus meinem Brief sehen kannst, mache ich viele Fehler, aber noch viel mehr Fehler mache ich beim Sprechen. Dennoch hoffe ich, dass ich es in einigen Monaten besser gelernt haben werde.
Jetzt muss ich aber meinen Brief beenden. Bitte antworte mir bald. Heute ist es eigentlich kein Brief, den ich geschrieben habe. Es ist eher eine Schilderung unseres Lebens an der Schule.«

An St. George's wurde Wert daraufgelegt, dass die Mädchen schrieben, und Janine schrieb, in Spanisch, Französisch und Englisch, sie arbeitete an Biografien und Nacherzählungen, Stoffsammlungen zur Geschichte und Geografie und persönlichen Aufsätzen, in denen sie ihre Meinung darlegte, die nicht immer exakt mit ihrem Leben als Immigrantin übereinstimmte, so wie sie es ihrer Kusine beschrieben hatte.

»Es wäre so schön, wenn ich einen Wintertag erleben dürfte und den Sport betreiben könnte, den ich in Europa so geliebt habe. Ich würde so gerne die hohen Berge im Schnee sehen. Ich würde so gerne die Glocken läuten hören und in einem Feld stehen und Blumen, Kirschen, Äpfel und Birnen pflücken und welche anderen Früchte es in Europa noch gibt. Es ist wahr, dass der Mensch mit dem, was er hat, nie zufrieden ist und immer nach Neuem schaut, solange bis er auch das hat, und dann wieder neue Träume träumt.«

Manchmal deutete die Wahl ihrer Themen darauf hin, dass sie nicht in der Lage war, ihre Sehnsucht zu Papier zu bringen. Als von Roland keine Post mehr kam, nachdem die Nazis im November 1942 ganz Frankreich überrannt hatten, schrieb Janine aus der Sicht eines fiktiven Briefträgers, der sich darüber freute, Botschaften der Liebe zu überbringen: »Es ist für mich jeden Tag ein großes Vergnügen, das Lächeln einer Mutter oder einer Verlobten zu sehen, wenn sie einen Brief von ihrem Liebsten erhält.«

~

Norbert, der seine Schulzeit schon beendet hatte, bekam eine erste Anstellung als Edelsteinschleifer in einer der neuen Diamantenhandlungen, die Flüchtlinge aus den Niederlanden und Belgien auf Kuba eröffnet hatten. Weil dieser Wirtschaftszweig neu war auf der Insel, war es eine Tätigkeit, für die Flüchtlinge eine Arbeitserlaubnis erhalten konnten. Deshalb lernten Tausende Männer und Frauen Rohdiamanten aus Südafrika zu schneiden, schleifen und zu polieren.

Die Nähe zu den USA und die günstigen amerikanischen Handelsbestimmungen erlaubten ihre Einfuhr nach Kuba und ihre Ausfuhr zurück nach New York, wo sie verkauft wurden. Die neuen Mitarbeiter perfektionierten ihre Fähigkeiten an achteckigen Steinen, die vor allem für die Zierfassungen von Schmuckstücken verwendet wurden. Sie schliffen Steine, die so klein waren, dass Norbert, als ihm einer auf den Boden fiel, nicht einmal versuchte, ihn zu finden, obwohl er laut darüber klagte, dass er ihn würde ersetzen müssen. Nur durch Zufall bemerkte Janine einige Tage später beim Frühstück ein Glitzern in seinem Augenwinkel, wo sich der kleine Diamant versteckt hatte.

Ob bei der Arbeit oder in seiner Freizeit, Norbert war ständig unterwegs und selten zu Hause. Wenn in Deutschland nicht die Nazis an die Macht gekommen wären, hätte seine Zukunft als Juniorchef im Familienunternehmen festgestanden, eingezwängt zwischen seinem anspruchsvollen Vater und seinem reizbaren und schwachen Onkel Heinrich. Jetzt akzeptierte er den Verlust des Anteils an ihrem Geschäft, auf den er Anspruch gehabt hätte, als Preis, mit dem er sich seine Unabhängigkeit erkaufte.

Die frustrierenden Versuche, sich als Junge Sigmars Achtung zu erwerben, bedrückten ihn hier auf Kuba nicht mehr. Er musste nicht mehr zur Schule und hatte nicht mehr die Verpflichtung, seinen Vater bei der Arbeit zu unterstützen oder sich dem Ruf der Familie entsprechend zu verhalten, und entfloh so der Überwachung, die er immer gehasst hatte. Deshalb war er mit 22 Jahren, ausreichend Dollars in seiner Tasche und keinem Mangel an Verehrerinnen bald der Einzige in der Familie, der Havanna als das lebendige tropische Eldorado genoss, das es war.

Oft klingelte das Telefon im Wohnzimmer und es meldeten sich mädchenhafte Stimmen, die in einschmeichelndem Spanisch baten, »por favor« mit Norberto sprechen zu können. Wenn er da war, beeilte sich Norbert, als Erster am Telefon zu sein. Weil er aber viel öfter, frisch gebadet, gut riechend und gut gekleidet, ausgegangen war, bot sich Sigmar die Gelegenheit, Fragen nach seinem Sohn mit drei kurzen spanischen Worten zu beantworten: »En la Calle! – Draußen auf der Straße! Unterwegs in der Stadt!«

Sigmar verbrachte einen Gutteil des Tages auf der Avenida de los Presidentes, die, wie der Paseo, zum Meer hinunterführte und einen breiten, parkähnlichen Mittelstreifen mit Marmorbänken unter den Bäumen hatte. Hier saß er und las »El Mundo«, die liberale Zeitung, um Spanisch zu lernen. Zu Hause hörte er unter dem Fenster die Rufe der Lotterieverkäufer, die mit ihren Losen die verführerische Illusion eines durch Reichtum veränderten Lebens anpriesen.

Aber ein Mann von seiner eisernen Genügsamkeit unterlag nie der Versuchung zu spielen und nahm auch nie Geld von Norbert an, sodass ihr Leben »im Limbo«, in einer Art Schwebezustand, mit permanenten Geldsorgen verbunden war. Die Schulden der Familie trug er penibel in sein liniertes Notizbuch ein, so wie er früher in Deutschland in einem Haushaltsbuch alle täglichen Ausgaben aufgelistet hatte, von Kartoffeln und Gurken bis zu Schmutzwäsche und Papier. Er war gewarnt worden, dass es Diebe gab, die mit Hilfe von Angelruten nachts durch die offenen Fenster auf Stühlen im Schlafzimmer abgelegte Herrenhosen stahlen, und schlief deshalb mit dem Geld unter dem Kopfkissen. Mehr als einmal hastete er morgens die Treppe hinunter und suchte unter den Büschen im Vorgarten sein Geld zusammen, weil die Haushaltshilfe unbekümmert das Bett abgezogen und über der Fensterbrüstung ausgeschüttelt hatte. Jede Woche, die verging, machte ihn nur entschlossener, endlich nach New York zu kommen, um seine Schulden zurückzahlen und neue Pläne für ihr Leben machen zu können.

An einem schwülen Frühlingsabend des Jahres 1943 kam Janine nach Hause und hörte, wie ihr Vater wütend vor sich hin stammelte. Er hatte Schweiß auf der Stirn, kaute an seiner Zigarre und tigerte unruhig auf den Bodenfliesen mit dem Schachbrettmuster hin und her.

»Hasch du so was schon mal gehört?«, sagte er im badischen Dialekt zu Alice, als er sich sein Gespräch mit dem Besucher vor Augen führte, der soeben die Wohnung verlassen hatte. Alice saß ruhig und wedelte sich mit einem Papierfächer Luft zu. Sie hatte am Nachmittag zu lange mit Rose Wolf in einem Café gesessen und nicht darauf geachtet, dass die Sonne durch das offene Fenster ihre empfindliche Haut verbrannte. Jetzt hatte sie schmerzhafte Blasen auf Armen und Beinen.

War Janine ihrem Gast vielleicht auf dem Gehweg begegnet, fragte Sigmar. Sein Name war Sokoloff und er war der Bruder von Herberts Frau Estelle. Wie von Herbert seinerzeit versprochen, als er ihnen vorgeschlagen hatte, nach Kuba zu fliehen, war Mr. Sokoloff bereit, seine Verbindungen zu nutzen, damit sie schnell ein amerikanisches Visum bekamen. Aber die Unterhaltung hatte Sigmar wütend gemacht. Er fand es schockierend, dass ihr Gast, der deutlich sichtbar einen Ehering am Finger trug, bei Kaffee und Kuchen an ihrem Tisch gesessen hatte und ihnen die Hilfe seiner Geliebten anbot.

»My amie is beautiful, meine amie ist sehr schön«, wiederholte Sigmar mit Hinweis darauf, dass Sokoloff das französische Wort für eine Freundin benutzt hatte. »Ich helfe Ihnen, zu meiner amie zu kommen. Das ist nicht weit von hier. Sie verbringen ein paar Tage dort und fahren dann weiter nach New York.« Konnte sich Sokoloff wirklich vorstellen, dass Sigmar – wie ungeduldig er auch sein mochte, endlich in die Vereinigten Staaten zu kommen – ihm eine solch unmoralische Liaison verzeihen würde? Konnte er erwarten, dass Sigmar wissentlich seine Frau und seine Töchter in das Haus der Geliebten eines verheirateten Mannes mitnahm? Das war einfach verrückt.

»Lieber bleibe ich hier in Havanna, als Herbert und Estelle anzulügen, wenn wir nach New York kommen«, schäumte Sigmar. »Was um Gottes willen hat sich dieser Mann überhaupt gedacht, hierherzukommen und vor uns mit seiner Geliebten zu prahlen? Das ist unglaubliche Chuzpe! Und dann anzunehmen, wir würden sie besuchen!«

Janine hörte schweigend zu und fing dann an zu kichern.

»Findest du das komisch? Lachst du mich aus?«, Sigmar starrte sie mit hervorquellenden Augen an. Es war der Gesichtsausdruck, der seine Kinder immer so erschreckt hatte, als sie klein waren.

»Papa, ich glaube, du bringst Englisch und Französisch durcheinander«, antwortete sie sanft. »M-I-A-M-I«, sie betonte das Wort langsam. »Miami, nicht my amie. Miami in Florida. Ich glaube, dass Mr. Sokoloff für uns einen Weg in die Staaten organisiert hat.«

~

Am 13. Juli 1943 schrieb Margaret L. Hannan, die Schuldirektorin von St. George's, einen Brief und setzte einen offiziellen Stempel darunter. In ihm waren die Fächer aufgelistet, die Janine besucht, und die Prüfungen, die sie erfolgreich abgelegt hatte. Hinzugefügt hatte sie eine Empfehlung für den Besuch einer Universität:

> »In Englisch hat sie bemerkenswerte Fortschritte gemacht, und dennoch zeigen ihre schulischen Leistungen, dass ihr Wissen weit größer ist als ihre Fähigkeit, es in einer für sie neuen Sprache auch auszudrücken. Ihre Prüfungen sind nach dem Standard der New York College Entrance Examinations, der in New York üblichen Aufnahmeprüfung für das College, erfolgt. Dabei hat sie folgenden Noten erzielt: Mittelalterliche Geschichte (91%), Französisch 3 Jahre (98%), Spanisch 4 Jahre (94%). In Englisch war sie sehr gut, benötigt aber weitere Praxis.

Wir sind sicher, dass Janine, wenn sie in der englischen Sprache geübter ist, keine Probleme haben wird, an einer Universität ihrer Wahl aufgenommen zu werden.

Janine hat sich in die Schulgemeinschaft gut eingefügt und an Schwimmwettkämpfen für die Schule teilgenommen. Ihr allgemeines Verhalten war ausgezeichnet. Wir wünschen ihr viel Erfolg.«

Miss Hannan blickte über die Gläser ihrer randlosen Brille, die sie immer auf ihre Nasenspitze gesetzt hatte, übergab Janine den Brief, schüttelte ihre Hand und fragte, was die Familie vorhatte.

»Wir sind sehr traurig, dich zu verlieren«, sagte sie. »Aber eines musst du mir versprechen: Wenn du in die Staaten kommst, mach nicht unsere ganze Arbeit zunichte, indem du dieses schreckliche amerikanische Englisch annimmst!«

Sechs Tage später unterschrieb der Vizekonsul der Vereinigten Staaten Sigmars Affidavit, die Bürgschaftserklärung, die für ein US-amerikanisches Einreisevisum nötig war. Norbert hatte sich entschieden, in Havanna zu bleiben. Seine Eltern überzeugte er damit, dass es für ihn besser wäre, dort zu arbeiten, als in die amerikanische Armee eingezogen und nach Europa geschickt zu werden. Seine Erfahrungen in der französischen Fremdenlegion hatten seine Begeisterung, gegen die Deutschen zu kämpfen, deutlich gedämpft. Sigmar und Alice kannten Norbert und vermuteten hinter dieser Entscheidung auch den Einfluss einer hübschen Señorita. Weil sie aber nicht bestreiten konnten, dass er in Havanna sicher und mit seinem Leben zufrieden war, gaben sie zögernd und traurig seinem Wunsch nach und ließen ihn zurück.

Auf dem Affidavit musste Sigmar einmal mehr erklären, dass er Flüchtling war: »Ich bin geboren am 29. Dezember 1880 in Ihringen in Deutschland. Ich bin Bürger keines Landes, war früher Deutscher«, gab er an. »Ich bin nicht in der Lage, von der Regierung des Landes, dessen Staatsbürger ich bin (oder war), einen

Pass zu erhalten, der mir eine Einreise in die Vereinigten Staaten ermöglichen würde.«

Fotos von Sigmar, Alice und den Mädchen waren auf das Formular geklebt, und jeder von ihnen unterzeichnete. Janine schrieb ihren Namen als »Johanna Dora Gunzburger« und beendete so ihre insgesamt fünfjährige Reise unter fast demselben Namen, mit dem sie Freiburg verlassen hatte.

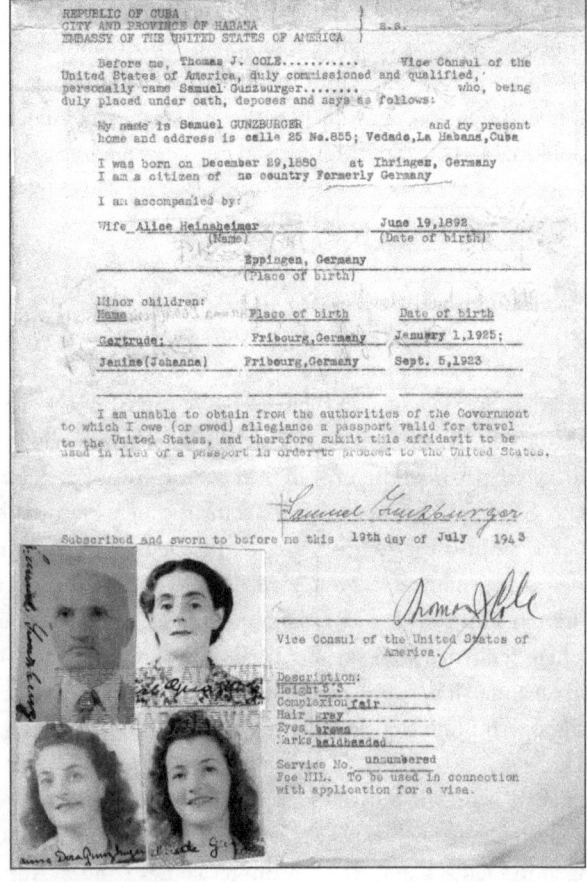

Sigmars Affidavit vom 19. Juli 1943, zu nutzen anstelle eines Passes für die Reise der Familie von Kuba in die Vereinigten Staaten

Am 10. August verließen sie Kuba in Richtung Miami. Bevor Janine und Trudi nervös zum ersten Mal ein Flugzeug bestiegen, küsste Norbert sie auf beide Wangen und schenkte ihnen ein entwaffnendes Grinsen. Dann nahm er seine beiden Schwestern in die Arme und gab ihnen, die drei Köpfe zusammengesteckt, zum Abschied ein paar Tipps. Der Moschusduft seines Lieblingsparfums hing in ihren Nasen, und seine Worte klangen warm in ihren Ohren:

»Ihr dürft nicht vergessen, vor dem Start nachzuschauen, ob Fallschirme unter euren Sitzen sind«, riet er ihnen. »Ihr werdet sie bestimmt brauchen, wenn ihr abspringen müsst.«

Dieses Mal glitzerte in seinen Augen kein verlorengegangener Diamant, der ihre Aufmerksamkeit auf seinen schelmischen Blick gelenkt hätte. Deshalb gerieten sie fast in Panik als sie an Bord gingen und es keine Fallschirme gab, bis ihnen klar wurde, dass Norbert sie zum Narren gehalten hatte. Und das war nicht die einzige Überraschung ihrer Reise.

Bei ihrer Landung in Florida trugen beide Schwestern die gleichen hellblauen Kostüme aus festem Baumwollstoff, mit schmal geschnittenen, engen Röcken und orangefarbenen Kragen. Auch diesmal, wie schon in Freiburg und Lyon, hatte Alice darauf bestanden, dass ihre beiden Töchter ihre Reise in maßgeschneiderten neuen Sachen antraten, um modisch gekleidet anzukommen, weil der erste Eindruck immer der wichtigste sei. Ihre beiden Mädchen hatten ihr schulterlanges, lockiges Haar auf der linken Seite gescheitelt. Trudis Haar war etwas heller und sie hatte braune Augen und einen Anflug von Alice' Sommersprossen. Janines Augen waren blau und ihre Schultern etwas breiter, sonst hätte man sie, gleich gekleidet wie sie waren und mit dem gleichen, erwartungsfrohen Lächeln, auch für Zwillinge halten können.

»Was werden da die Leute sagen?«, hatte Sigmar sie wieder einmal augenzwinkernd gefragt, als sie sich für die Reise angezogen hatten, so wie er es schon in ihrer Kinderzeit beim Pessachfest in Freiburg getan hatte. Aber zu ihrer Enttäuschung sagte keiner der

Amerikaner, denen sie in ihrer neuen Kleidung auf ihrem Weg durch den Flughafen von Miami begegneten, irgendetwas. Keine Pfiffe, kein Augenzwinkern, kein Zungenschnalzen und keine anerkennenden Kommentare von den Männern, die an ihnen vorübergingen. Nach mehr als einem Jahr in Kuba war das für sie wie ein Schock.

»Ich fürchte, wir haben etwas Wichtiges in Havanna zurückgelassen«, bemerkte Trudi zu ihrer Schwester. »Und ich meine nicht Norbert.«

»Was?«, fragte Janine und setzte ihren Koffer ab. Besorgt blickte sie zurück über all das, was sie in den letzten Jahren verloren hatten, und bereitete sich innerlich auf einen weiteren Verlust vor, den sie noch nicht kannte.

»Unsere Schönheit«, erwiderte Trudi finster.

SIEBZEHN

Hôtel Terminus

Trotz aller angeborenen Abneigung gegen jede Form von Vereinnahmung durch den Staat konnte Roland nicht verhindern, dass ihm im April 1942 von der Vichy-Regierung befohlen wurde, das Khakihemd, die dunkelgrüne Krawatte und das passende Barett der »Chantiers de la Jeunesse«, des von der Vichy-Regierung ins Leben gerufenen »Jugendarbeitsdienstes«, anzuziehen und für sein Land zu kämpfen, indem er Bäume fällte, um Holzkohle herzustellen.

Mit dem Ziel, den jungen Männern Frankreichs durch den Dienst in den nach der Niederlage der Armee aufgestellten paramilitärischen Einheiten wieder ein nationales Selbstwertgefühl zu geben, hatten die »Chantiers« in der unbesetzten Zone Hunderte von Lagern errichtet. Roland wurde mitgeteilt, er möge sich in Rumilly melden, einem Ort in den grünen Wäldern von Hochsavoyen, ganz in der Nähe der Schweizer Grenze. Er aber war sicher, dass es ihm gelingen würde, sich durch ein Schlupfloch irgendwie aus dem Dienst herauszuwinden, und meldete sich am Tag seiner Einberufung, einige Wochen nachdem Janine Lyon verlassen hatte, nur mit einer Zahnbürste im Gepäck im Lager. In der Tat führte ein schmerzhafter Leistenbruch – eine Folge der Blinddarmoperation vom vergangenen Sommer – zu einer Freistellung von zwei Monaten. Er wurde nach nur einer Nacht mit der Anweisung nach Hause geschickt, er solle sich einer Bruchoperation unterziehen, was er prompt ignorierte.

Acht Wochen später wurde er wieder einberufen. Diesmal fand er kein Mitgefühl bei den Staatsdienern des Vichy-Regimes, die darauf aus waren, die Tugenden, die Geisteshaltung und die Männlichkeit der jungen Franzosen zu stärken, um damit das zu bekämpfen, was Marschall Pétain als »Kultur der Dekadenz« bezeichnete und für den jämmerlichen Zustand Frankreichs verantwortlich machte.

»Eh, eh, keine Spielchen«, drohte der für die Einteilung zuständige Offizier am Empfang mit dem regierungsamtlichen Zeigefinger, als Roland ihn auf die Schmerzen in seinem Unterleib hinwies. Wie Tausende andere junge Männer im wehrfähigen Alter wurde auch er mit einer Axt, einer Spitzhacke und einer Schaufel bewaffnet, um acht harte Monate im Wald Disziplin und Gehorsam zu lernen, um durch die eintönige körperliche Arbeit den Patriotismus der Nationalen Revolution Vichys zu verinnerlichen. Wenn die »Chantiers«, die am Vorbild der Pfadfinder ausgerichtet waren, es schafften, einen Grundstock junger, fähiger Männer heranzubilden, mit dem eines Tages eine neue französische Armee aufgestellt werden könnte, wäre das, wie die Vichy-Führung heimlich zugab, ein durchaus erwünschtes Ergebnis.

Für Roland hätte es schlimmer kommen können. Im Elsass waren Männer und Frauen im Alter zwischen 17 und 25 schon seit mehr als einem Jahr zum deutschen Reichsarbeitsdienst einberufen worden, und wenig später wurden die jungen Männer auch in die Wehrmacht eingezogen. In diesem Juni kündigte Premierminister Laval in einer Radioansprache an, er hoffe, dass Deutschland in Europa triumphieren werde, und habe mit dem Reich vereinbart, für jeden französischen Kriegsgefangenen, den die Deutschen freiließen, drei Arbeiter über den Rhein zu schicken, um dort in den Fabriken zu arbeiten.

Unter den Bedingungen dieses angeblichen »Entlastungsplans«, der »La Relève« genannt wurde, wollte Laval den politischen Schaden begrenzen, den die eineinhalb Millionen französischen Kriegsgefangenen bedeuteten, die noch immer, trotz der kriecherischen Kollaboration mit Hitler, in deutschen Gefängnissen und Lagern festgehalten wurden. Dennoch bedeutete das Zahlenverhältnis von drei zu eins, dass viereinhalb Millionen französische Arbeiter freiwillig nach Deutschland gehen mussten, damit alle Kriegsgefangenen nach Hause kommen konnten.

In diesem Juli schloss die Pétain-Regierung Juden von den zweifelhaften Freuden des Dienstes bei den »Chantiers« aus. Dadurch konnte Roger in Lyon bleiben, wo eine Rekordzahl von Demonstranten am Bastille-Tag, dem 14. Juli, gegen die Vichy-Regierung auf die Straße ging.

Roland wusste nichts von diesem öffentlichen Aufstand. Es gab im Lager weder Radio noch Zeitungen, es war bewusst von der Außenwelt abgeschottet worden, auch damit sich niemand aufrührerisch betätigte. Stattdessen begannen und endeten die Tage mit nationalistischen Fahnenappellen und Treueschwüren auf ihre Führer. Unter den schneebedeckten, schroffen Felsen des Montblanc, an einem Ort, der eher geeignet war, sich in Demut zu üben und sich auf höhere Aufgaben vorzubereiten, wurde Roland gezwungen, zum Ruhme Gottes, Pétains und des Vaterlandes zu arbeiten. Er tat das, indem er den Rücken krumm machte und in den Bergen des Semnoz-Massives Holz sammelte. So sollte er den Wert einfacher Annehmlichkeiten erkennen, wie zum Beispiel der, einmal in der Woche, vorbei an entlegenen Chalets oder friedlich grasenden Kühen, vom Berg herab geführt zu werden, um zu duschen.

Innerhalb weniger Wochen, Ruhm hin oder her, war Roland klar, dass er die falsche Tätigkeit ausübte. Viel reizvoller war die Krankenstation des Lagers, wo man Erste Hilfe bei Unfällen leistete, sich um die Kranken kümmerte und diejenigen, die einen Arzt brauchten, den Berg hinunter zum Doktor begleitete, der in einem Bauernhaus praktizierte.

Unter dem Leitsatz »Il faut développer des choses«, man muss die Dinge vorantreiben, grübelte er über einen Plan. Und so gelang es ihm, nachdem er sich mit seinem Leistenbruch krankgemeldet hatte, sich mit dem Lagerarzt anzufreunden und auf den Posten in der Krankenstation zu wechseln, den er gerne haben wollte. Letzten Endes schaffte er es sogar, seinen ärztlichen Freund zu überzeugen, ihn ins Krankenhaus des malerisch an einem See gelegenen Städtchens Annecy einzuweisen, wo er auf Kosten der Regierung während seiner Dienstzeit bei den »Chantiers« operiert wurde.

Dort lag er allein und hilflos im Bett, und wenn das ohrenbetäubende Dröhnen der britischen Bomber auf ihrem Weg nach Süden, um Italien anzugreifen, die Nacht durchbrach, kauerte er sich im Bett zusammen und dachte zurück an die süßen Wochen im Jahr zuvor, als Janine ihn mit ihrer Liebe gesundgepflegt hatte.

Im folgenden März wurde Roland aus dem langweiligen Dienst in den Wäldern entlassen. Zu diesem Zeitpunkt hatte Hitler längst die Kontrolle über ganz Frankreich übernommen. In einem Umfeld, in dem jeder verdächtig war, verlangten die Deutschen am 27. Dezember 1943 die Entlassung des französischen Generals, der die »Chantiers« ins Leben gerufen hatte. Innerhalb weniger Tage landete der General im Gefängnis – zunächst in Deutschland, dann in Österreich –, weil er beschuldigt wurde, die erstarkende Résistance unterstützt zu haben. Im Frühjahr 1944 lösten die Deutschen die »Chantiers« auf und setzten die unbewaffneten Pfadfinder in den Zwangsarbeiter-Kolonnen ein, die den Atlantikwall bauten – ein gewaltiges System von Bunkern und Minenfeldern, das sich von Norwegen bis zur spanisch-französischen Grenze erstreckte und eine alliierte Invasion im Norden verhindern sollte.

~

Mit der zweiten Besetzung von Lyon im November 1942 richtete die Gestapo ihr Hauptquartier im noblen Hôtel Terminus am Gare de Perrache ein, dem Bahnhof am südlichen Ende der »Presqu'île«, von wo aus man die kreuz und quer durch Frankreich fahrenden Züge beobachten konnte. In diesem Jugendstil-Juwel von 1906, mit wunderbaren Holzvertäfelungen, Schmiedeeisen, bunten Glasfenstern und neoimpressionistischen Wandgemälden bezog Klaus Barbie, der berüchtigte »Schlächter von Lyon«, sein Büro als Chef der Gestapo. Im fünften Stock des gepflegten Hotels führten er und seine Schergen die grausamen Verhöre von Juden und Kämpfern der Résistance durch, aufgrund derer Barbie mehr als vierzig Jahre später angeklagt wurde. Die Bürokräfte gingen in der Zwischenzeit ganz normal ihrer Arbeit nach.

Und dennoch vertieften sich im selben Hotel, auf einer anderen Etage, tapfere Mitglieder der Résistance in die französischen Eisenbahnpläne und arbeiteten heimlich daran, die Ziele des Reiches zu sabotieren. Hier, in naiver Unkenntnis der sie umgebenden Gefahren, arbeiteten Roger Dreyfus und Roland Arcieri. Sie hatten freudig ein Angebot der »Société Nationale des Chemins de Fer Français (SNCF)«, der französischen Staatsbahn, akzeptiert. Roger, weil er so seine Deportation an »unbekannte Ziele im Osten« vermeiden konnte – was immer das für einen Juden hieß –, und Roland, weil er der Verpflichtung entging, für die Deutschen kämpfen oder Zwangsarbeit leisten zu müssen.

Als Roland aus den Bergen zurückgekehrt war, hatte er mit Schrecken festgestellt, dass die Forderung der Deutschen nach weiteren Hunderttausenden französischen Arbeitskräften ihn direkt in die Reihen derer befördert hatte, die dazu einberufen werden sollten. Laval, der die ständig wachsende Nachfrage der Deutschen nach Arbeitskräften nicht abweisen konnte, hatte ein Programm ins Leben gerufen, den »Service du Travail Obligatoire (STO)«, der alle französischen Männer im Alter von 22 bis 35 verpflichtete, sich für die Beschäftigung im Reich registrieren zu lassen. Für Roland kam es noch schlimmer, weil Laval anordnete, dass alle, die zwischen 1920 und 1922 geboren waren, sich sofort für zwei Jahre Zwangsarbeit in Deutschland zur Verfügung zu stellen hatten. Ausgenommen waren nur diejenigen, die in wichtigen Berufen tätig waren, darunter Bergleute, Landarbeiter, Polizisten und Bahnangestellte.

Roger, der am 27. Dezember 1919 geboren war, entging der Verpflichtung zur Zwangsarbeit um gerade einmal fünf Tage. Aber als Jude sah er sich besonderen Gefahren ausgesetzt. Weil er aus dem gleichen Grund von der Universität ausgeschlossen worden war und sein Studium der Naturwissenschaften nicht fortsetzen konnte, akzeptierte er sofort, als ein Freund, der als Techniker bei der Bahn arbeitete, für ihn eine Tätigkeit als Dolmetscher in den Büros im Hôtel Terminus fand.

Als Roland im Frühling von den »Chantiers« zurückkam, besorgte ihm Roger den gleichen Posten. An einem Eisenbahnknotenpunkt, den jährlich 3,5 Millionen Reisende passierten, wurden die beiden jungen Elsässer eingesetzt, um den Schriftverkehr zwischen den Beamten der deutschen und der französischen Bahn zu übersetzen.

Die SNCF, die 1937 verstaatlicht worden war, wurde zum wichtigsten Ziel der Résistance, weil die Deutschen anordneten, dass die Eisenbahn Truppen, Munition, Güter, zwangsverpflichtete französische Arbeiter und Juden, die zum Tod in den Lagern verurteilt waren, transportieren musste. Résistance-Kämpfer unter den französischen Bahnangestellten versuchten, Züge aufzuhalten oder sie zum Entgleisen zu bringen, und gaben Fahrpläne an Saboteure weiter, die Sprengstoff unter den Gleisen platzierten, um Lokomotiven in die Luft zu jagen. Sie sorgten dafür, dass die, die von den Nazis verfolgt wurden, mit der Bahn entkommen konnten, und nutzten die Züge, um Briefe, Schmuggelware und Untergrundzeitungen zu transportieren. Die deutsche Führung wusste sehr wohl, dass Mitarbeiter der französischen Bahn mit den Sabotageakten zu tun hatten, und drohte mit der Todesstrafe für alle Beteiligten.

Nach Kriegsende bestätigte die SNCF, dass von der Niederlage Frankreichs im Juni 1940 bis zum Juli 1944 die Widerstandskämpfer dafür sorgten, dass allein in der Region Lyon 249 Züge entgleisten, im ganzen Land waren es mehrere Tausend.

Sogar nachdem Jean Moulin, der Führer der Résistance, im Sommer 1943 verraten, festgenommen und ermordet worden war, wuchs der Widerstand. Zusammengewürfelte Gruppen von selbsternannten Saboteuren oder Guerilla-Kämpfern, die sich auf dem Land zu »Maquis« zusammenschlossen und in Lyon und anderswo die eher städtischen »Franc-Tireur«-Partisanen bildeten, zogen eine wachsende Zahl von Freiwilligen an, die lieber die Deutschen bekämpfen als bei ihnen Sklavenarbeit leisten wollten.

Der Untergrundkrieg war so erfolgreich, dass Roland im Verlauf eines einzigen Abends im August 28 Telegramme vom Französischen ins Deutsche übersetzen musste – alle enthielten sie Berichte über Sabotageakte an den Gleisen irgendwo im Land. Stunde um Stunde, während seiner ganzen Schicht, musste er immer wieder in Lyon-Perrache zu den Deutschen gehen, die wie wütende Hornissen umherschwirrten, und ihnen neue Berichte von Attacken auf die Bahnlinien bringen.

Jeden Tag lebten sie in der Furcht, entdeckt zu werden, Roland als Elsässer, Roger als Jude. Für den Fall, dass er sich schnell absetzen musste, hatte Roland sich falsche Ausweispapiere besorgt, auf denen ein Geburtsort außerhalb des Elsass genannt wurde, der ihn unmissverständlich als Franzosen auswies. Seine Vermieterin, eine Verwaltungsangestellte, die das Vichy-Regime verachtete und die – was wichtiger war – Zugriff auf offizielle Regierungsformulare nehmen konnte, hatte ihm eine andere Identität verschafft. Nicht ohne Ironie hatte sie dem gutaussehenden jungen Mann, dessen Freundin hatte fliehen und ihn allein zurücklassen müssen, den Namen Jean Moine gegeben, Hans (der) Mönch.

Aber auch die falschen Papiere boten Roland keinen ausreichenden Schutz. An einem Sonntagnachmittag klopfte Rogers Freundin völlig aufgelöst an seine Tür und teilte ihm mit, dass die Gestapo nach Roger suchte. Sie hatten ihr Zimmer durchwühlt und sie einer Vernehmung unterzogen, aber sie hatte nur gesagt, dass sie annähme, Roger sei nicht in der Stadt. Tatsächlich war er am Vortag wie gewohnt mit dem Zug aufs Land gefahren, um seine Eltern und seinen Bruder zu besuchen, die sich dort versteckt hielten und das Kriegsende abwarteten. Gefährlicher war, dass er auch Nahrungsmittel auf den Bauernhöfen besorgen wollte, um sie auf dem Schwarzmarkt in Lyon weiterzuverkaufen.

Da er als Jude von so vielen Berufen ausgeschlossen war und sein Vater nicht wie die Arcieris ins Elsass zurückkehren konnte, um sein Vorkriegsgeschäft wiederaufzunehmen, war Rogers kleiner Schwarzmarkthandel eine wichtige Einnahmequelle für die Familie. Obwohl Roland ihn immer wieder gewarnt hatte, weigerte sich Roger, seine verbotenen Geschäfte aufzugeben, und ging sogar so weit, auch an die Deutschen zu verkaufen. Die Gefahr, dass sich dies gegen ihn wenden könnte, nahm er nicht ernst.

Roger sollte am Nachmittag zurückkommen, und Roland hetzte zum Bahnhof, um ihn davor zu warnen, ihr gemeinsames Zimmer aufzusuchen oder an irgendeinen der Orte zu gehen, wo er normalerweise zu finden war, weil ihm die Gestapo dort eine Falle stellen könnte. In der Wartehalle ging Roland, immer wieder auf die Uhr schauend, auf und ab. Mit einem selbstkritischen Blick kam er jedoch zu der Erkenntnis, dass es besser wäre, wenn er entspannter und selbstsicherer wirken würde. Wenn er heute, an seinem freien Tag, Kollegen sah, winkte er ihnen zu. Er vermied es aber, in ein Gespräch hineingezogen zu werden, um sich nicht von seinem Vorhaben ablenken zu lassen. Langsam verstrichen die Minuten, und seine Angst wuchs. Beim Nachdenken darüber, warum die Gestapo Roger jagte, war ihm nach und nach klargeworden, dass sie auch ihn im Visier hatten. Niemand wusste, weshalb sie seinen Freund suchten. War es, weil er Jude war, oder Elsässer, oder ein kleiner Schwarzmarkthändler, oder weil er verdächtigt wurde, bei seiner Arbeit für die Eisenbahn die Résistance zu unterstützen? Wenn er daran dachte, dass er beschnitten war oder dass man in ihrem Zimmer Schmuggelware finden würde, könnte jeder Verdacht, den die Gestapo Roger gegenüber hatte, auch auf ihn zutreffen!

Roland schaute sich die Menschen um sich herum genau an, jetzt in der Befürchtung, dass man auch ihm gefolgt sein könnte. Am Ausgang zu den Gleisen standen zwei Männer mit bleichen Gesichtern, in dunklen Anzügen und mit Hüten auf dem Kopf. Ihr Gesichtsausdruck war teilnahmslos, sie lehnten rauchend, aber aufmerksam an der Wand. Der Pfiff der einfahrenden Lokomotive durchschnitt die Luft wie ein Klageruf – an diesem Tag sorgte kein sorgfältig vorbereiteter Sabotageakt für Veränderungen im Fahrplan – und die beiden Männer zertraten ihre Zigaretten unter ihren Absätzen.

Der gleichmäßige, stampfende Rhythmus der Räder kam näher, wurde lauter, näher und lauter. Die beiden Männer gingen los, und Roland rannte an ihnen vorbei, hinaus zu den Gleisen. Die Bremsen kreischten und die Waggons kamen knarzend zum Stillstand. Ein Fauchen, ein mächtiges Erzittern, ein letztes Ächzen der Lokomotive, dann Ruhe. Für Roland hörte es sich an wie eine Kapitulation. Türen öffneten sich, Passagiere drängten auf den Bahnsteig, und Roland stürzte vorwärts, drängte sich mit den Ellenbogen durch die Menge, um Roger zu finden. Ihn zu retten.

»Ah! C'est gentil!« Das ist aber nett! Roger blieb erstaunt stehen, setzte sein Gepäck ab und lächelte seinem Zimmergenossen zu. Noch bevor Roland eine Warnung flüstern konnte, erstarrte er. Hinter ihm blaffte jemand das Kommando: »HALT!« Dann stießen ihn die beiden breitschultrigen Nazi-Agenten zur Seite und ergriffen Roger mit seinen Koffern, die unzweifelhaft mit Ware für den Schwarzmarkt gefüllt waren.

Roland starrte in ohnmächtigem Schrecken auf die Rücken der drei schweigenden Figuren, sah zu, wie die beiden Männer Roger durch die Menge vom Bahnsteig zerrten. Er wollte schreien, weglaufen, seinen Freund aus dem Griff der beiden Bestien befreien. Aber er stand wie gelähmt und wartete darauf, dass er als Nächster ergriffen würde. Er versuchte verzweifelt so zu tun, als ob er nach jemand anderem Ausschau hielt und Roger nur zufällig in seinem Weg gestanden hätte. Er durchsuchte den Wartesaal, runzelte die Stirn und warf enttäuscht seine Arme hoch, um allen um ihn herum zu zeigen, dass derjenige, den er abholen wollte, den Zug verpasst und ihn nicht benachrichtigt hatte. Er schaute demonstrativ immer wieder auf die Uhr, prüfte den Fahrplan, zuckte mit den Schultern und spazierte ganz langsam aus dem Bahnhof. Mit jedem Schritt kämpfte er gegen den Drang, sich umzudrehen und zu sehen, wie jemand auf ihn zustürzte, um ihn festzunehmen.

An diesem Abend schickte ihm seine Vermieterin eine Warnung. Er solle nicht zu seinem Zimmer zurückkommen: Die Gestapo sei schon da gewesen und habe den Raum durchwühlt. Sie wolle keine weiteren Unannehmlichkeiten haben, er müsse ausziehen. Er verbrachte die Nacht bei einem anderen jüdischen Freund in der Stadt und kehrte am nächsten Morgen in großer Angst zum Büro der französischen Eisenbahn im Hôtel Terminus gegenüber dem Bahnhof Perrache zurück, wo er seinem Chef mitteilte, dass er kündigen wolle.

»Finito, finito«, sagte er, nachdem er die furchtbare Geschichte von Rogers Festnahme erzählt hatte, gab dem Chef dann aber recht, der erklärte, dass er dumm wäre, wenn er eine Arbeit aufgäbe, durch die er von der Zwangsarbeit in Deutschland ausgenommen war.

Warum verglich er seine eigene Situation, so fragte der Chef, mit der eines Juden? Dennoch war Roland tief verzweifelt, weil sein bester Freund festgenommen worden war. Ihn quälte der Gedanke an das, was die Nazis mit ihm machen würden. Schwarzhandel war sicher ein ernster Anklagepunkt. Aber würden die Deutschen berücksichtigen, dass Roger nur ein Gelegenheitshändler war? Wie lange würden sie ihn festhalten? Und wo? Roland quälte die Erinnerung daran, wie Roger vor zwei Jahren losgerannt war, um einen Arzt zu suchen, als er nach seinem Blinddarmdurchbruch ohne Bewusstsein zu Hause lag. Wenn Roger nicht so schnell gehandelt hätte, wäre er gestorben. Ihn jetzt in einer ähnlich bedrohlichen Situation alleinzulassen führte dazu, dass er sich wie ein Verräter fühlte. Ein Feigling. Es musste jemanden geben, der wusste, wie man ihn freibekäme. Aber seine Kontakte bei der Résistance machten ihm keine Hoffnung. Sie schüttelten nur den Kopf und rieten ihm, den Mund zu halten. Sonst würde er bald mit Roger eine Zelle teilen, wo auch immer dieser festgehalten wurde.

Knapp zwei Wochen später erhielt Roland den Auftrag, für eine Gruppe von deutschen und französischen Bahnmitarbeitern, zwei Wehrmachtssoldaten und einen Gestapomann in Zivil zu übersetzen. Sie gingen die Schienen entlang, um einen Sonderzug zu inspizieren, der auf einem Abstellgleis stand. Roland war entsetzt, als er sah, dass alle Fenster des Zuges mit Gittern verriegelt waren. Mit solchen Waggons wurden Menschen wie Roger in die Hölle transportiert. Was Roland nicht wusste, war, dass die meisten Passagiere, die gezwungen wurden, in Lyon-Perrache solche Züge zu besteigen, nie wieder zurückkamen.

Als die Gruppe der Inspektoren, zufrieden mit den Veränderungen, die an den Waggons vorgenommen worden waren, zum Hotel zurückging, rief der Gestapo-Agent Roland zu sich. »Sie, Dolmetscher! Kommen Sie hierher!« Sie gingen in der hellen Oktobersonne nebeneinander, ihren eigenen langen Schatten hinterher.

»Wo haben Sie so gut Deutsch gelernt?«, fragte der Gestapo-Agent. »Erkenne ich da einen Anflug von elsässischem Akzent? Nicht wahr?« Sein Schweigen war eisig. Er bot Roland eine Zigarette an, entzündete ein Streichholz und legte seine beiden hohlen Hände um die Flamme. »Woher kommen Sie? Wie war noch gleich Ihr Name?« Auf dem etwa einen Kilometer langen Rückweg entlang der Gleise bombardierte der Gestapo-Mann Roland mit bohrenden Fragen, sie waren scharf, vergiftet und zu höflich. Er versuchte seine Vergangenheit aufzudecken und seine Referenzen, wollte wissen, was er über den Krieg dachte und über die jüdisch-bolschewistische Bedrohung Europas. Immer wieder kehrte er durch die Hintertür zu Fragen nach seinem persönlichen Umfeld zurück, so lange, bis Roland sicher war, dass er versuchte, ihm eine Falle zu stellen.

»Nehmen Sie meine Karte«, beendete der Nazi das Gespräch, als sie zum Bahnhof zurückkamen. »Und machen Sie nicht den Fehler, mich nicht anzurufen, wenn Sie mir etwas zu erzählen haben.«

Noch am selben Nachmittag verließ Roland seinen Job im Hôtel Terminus. Durch seine Verbindungen zur Résistance gelang es ihm, bald darauf eine Beschäftigung zu finden, durch die er ebenfalls von der deutschen Zwangsarbeit ausgenommen blieb: Er arbeitete im Büro einer Mineralölfirma.

Roger hatte weniger Glück. Nach mehreren Wochen im Fort Montluc in Lyon, dem Gefängnis, in dem die Nazis Tausende von Juden und Widerstandskämpfern folterten und für die Deportation zusammentrieben, wurde er mit dem Zug nach Drancy gebracht, dem überfüllten und verwahrlosten Sammellager außerhalb von Paris. Drancy war ein gewaltiger u-förmiger Komplex von schlichten, fünfstöckigen Gebäuden. Er war ursprünglich als Großwohnanlage für die Unterbringung von sozial schwachen Franzosen geplant gewesen, dann aber vor der Fertigstellung zum Lager umfunktioniert worden. Im Inneren gab es so gut wie keine Elektrizität, Wasser oder Toiletten, dafür aber ausreichend Wachtposten, Flutlicht und drei Meter hohe Stacheldrahtzäune.

Ende 1943 wurde Drancy noch immer von französischen Polizisten bewacht, aber der für die Leitung dieses von Seuchen und Krankheiten heimgesuchten Gebäudekomplexes zuständige Nazi-Offizier war SS-Hauptsturmführer Alois Brunner. Das Lager war der letzte französische Aufenthaltsort für 67 000 der 76 000 Juden, die aus Frankreich in die Todeslager transportiert wurden.

Als Roger zwei Monate vor seinem 24. Geburtstag dort ankam, gab es 3000 Gefangene. Auf Seite vier des Lagerbuchs von Drancy Nr. 16 ist in exakter Buchführung, mit der die Polizei des französischen Innenministeriums den deutschen Aufsehern imponieren wollte, festgehalten, was man ihm am 29. Oktober 1943 wegnahm. »Nr. 7271: Erhalten von M. DREYFUS Roger,

27 rue Puits Galliot, Lyon – die Summe von 100 Francs.« Wie viele Tage seines Lebens man ihm nahm, ist nirgendwo aufgeführt.

~

Das »Centre d'Histoire de la Résistance et de la Déportation«, das Museum und Zentrum für die Geschichte des Widerstandes und der Deportation, wo ich Rogers Akten einsah, befindet sich in einem Gebäude an der Avenue Berthelot, das früher als Gestapo-Hauptquartier diente. Es liegt auf der anderen Seite der Rhône, gegenüber dem Bahnhof Lyon-Perrache. Hier fand ich auch die Unterlagen, die mir auf die quälenden Fragen nach dem Schicksal von Mimi, der Kusine meiner Mutter in Lyon, eine Antwort gaben. Sie war 41 Jahre alt, als sie mit ihren drei Kindern und Tante Maries treuer Haushaltshilfe Bella Picard in Drancy interniert wurde, am 9. November 1943, elf Tage nach Rogers Festnahme und auf den Tag genau fünf Jahre nach der Reichskristallnacht.

Die drei Goldschmidt-Kinder kurz vor ihrer Deportation nach Drancy und Auschwitz (v.l.n.r.): Elie-Jean, 18 Jahre alt, Jeanine, 16, und Jacques, 14.

»Reçu de Mme. Goldschmidt, Emilie, née Cahen, 99 rue de l'Hôtel de Ville, Lyon, la somme de trois cent dix (310) francs«, hatte ein Polizeibeamter ordnungsgemäß in das Lagerbuch Nummer 20 auf Seite 27 eingetragen. Bei Bella ist festgehalten, dass sie nur zehn Francs bei sich hatte, eine bittere Erinnerung an ihren niedrigeren sozialen Status. Erstaunlicherweise hatte der Polizeichef von Drancy auch in diesen verhängnisvollen Akten auf die allgemeinen Umgangsformen geachtet und die Personen mit dem Zusatz Monsieur oder Madame notiert und, wie bei verheirateten Frauen üblich, den Mädchennamen hinzugefügt.

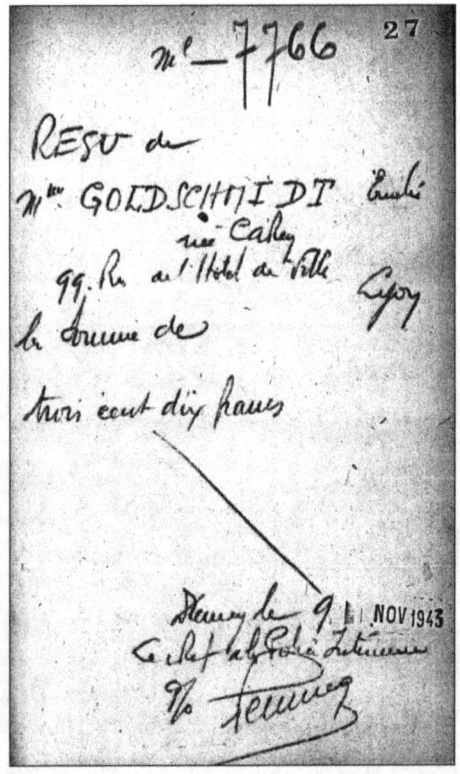

Quittung der französischen Polizei. »Erhalten« von Mme. Goldschmidt, Emilie, geb. Cahen, in Drancy am 9. November 1943.

Das Forschungszentrum des »CHRD« hatte im Erinnerungsband von Serge Klarsfeld an die Deportation französischer Jungen und Mädchen nach Auschwitz auch ein Foto der drei Goldschmidt-Kinder gefunden. Sie posieren festlich gekleidet, als ob sie zu einer Feier wollten, in der Sonne. Jacques, der Jüngste, ist ungefähr vier Jahre alt und hat Knie wie kleine, runde Äpfel. Er trägt kurze Hosen aus dunklem Samt, eine dazu passende Jacke, ein weißes Hemd, saubere weiße Kniestrümpfe und weiße Stiefeletten. Seine Schwester Jeanine, nicht ganz eineinhalb Jahre älter, sieht mit ihrem Kleid mit Kellerfalte, dem Jäckchen darüber und dem großen Hut, der seinen Schatten auf ihr Gesicht wirft, aus wie eine kleine Dame. Elie-Jean, drei Jahre älter als sein Bruder, steht rechts und grinst. Er trägt lange Hosen, ein Matrosenhemd und eine Seemannsmütze. Wie drei lebendige Geschenkpakete tragen sie alle Schleifen um den Hals.

Darunter stand:

>»Jeanine Goldschmidt wurde geboren am 23. Juni 1927 in Lyon, wo auch ihr Bruder Jacques am 8. Dezember 1928 geboren wurde. Ihr älterer Bruder Elie-Jean, auch in Lyon geboren, hatte am 8. November seinen achtzehnten Geburtstag gefeiert, zwölf Tage bevor sie mit Transport Nr. 62 nach Auschwitz deportiert wurden. Sie wohnten in Nr. 99, Rue de l'Hôtel de Ville in Lyon.«

Am Tag, als ich die Forschungsstelle des Museums verließ, die Akte aus Drancy und das Foto in der Hand, ging ich alleine und aufgewühlt durch Lyon. Ich überquerte die Rhône auf der Pont Galliéni, ging zum Gare de Perrache, wo Roger inhaftiert worden war, und die Presqu'île hinauf über den blutroten gestampften Boden der Place Bellecour.

Ganz in der Nähe, vor dem Haus Nr. 99 in der Straße, die einmal Rue de l'Hôtel de Ville hieß und die jetzt die Rue du Président Edouard Herriot war, hielt ich vor der wunderschönen Eingangstür des Hauses an, in dem meine Verwandten gelebt hatten.

Auf der mittleren Täfelung gab es noch immer die komplizierten Schnitzereien von Blumen und Früchten, und über dem Bogen, der den Eingang überspannte, lauerte noch immer der bärtige Teufel unter der Bank, auf der die beiden Engelchen saßen und mit Vögeln spielten.

Ergriffen von plötzlicher Trauer sprach ich ein Gebet für meine Verwandten, die ich nie kennengelernt hatte, weil sie ermordet worden waren, bevor ich geboren wurde: Als ob die Zeit stehengeblieben wäre, blieben Jacques, Jeanine und Elie-Jean für mich immer Kinder.

Ich stand da und versuchte irgendwie wieder zurückzufinden in die Gegenwart. Als eine junge, hübsche Nordafrikanerin zur Tür ging und sie aufschloss, bat ich sie darum, mich innen ein wenig umsehen zu dürfen. Meine Verwandten hätten während des Krieges in diesem Haus gewohnt, erklärte ich ihr, und als ich den Namen nannte, bestand sie darauf, dass ich mit ihr nach oben gehen und mit ihrem Mann reden sollte.

Seine Familie, sagte sie, habe vier Generationen lang in derselben Wohnung Tür an Tür mit den Goldschmidts gelebt, deshalb wusste er von den tragischen Ereignissen der Vergangenheit. Aber wie ich hatte auch Marc-Henri Arfeux, bei meinem Besuch 39 Jahre alt, Autor und Lehrer, die Goldschmidts nie persönlich kennengelernt. Auch er hatte in seiner Jugend von ihnen gehört und sein und mein Leben trafen sich an dem Ort, wo ihres endete. Seine Mutter war eine Freundin von Jeanine Goldschmidt gewesen, zwischen den beiden Mädchen betrug der Altersunterschied nur ein Jahr. Und sein Großonkel, André Laverrière, hatte voller Angst durch das Schlüsselloch in den Flur gespäht, als die mit den Nazis zusammenarbeitende französische »Milice« in den frühen Morgenstunden des 29. Oktober 1943 an die Tür der Goldschmidts pochte, um die Familie abzuholen.

Das Glück wollte es, dass Mimis Ehemann und ihre Mutter an jenem Morgen der Verhaftung entgingen, weil beide im Krankenhaus waren: Maurice wegen einer Bruchoperation, Marie mit

Herzrhythmusstörungen. Erstaunlicherweise hatte die »Milice« aber das Gebäude verlassen, ohne Bella mitzunehmen.

Am nächsten Morgen konnte die treue Seele den Gedanken nicht ertragen, dass man die von ihr verehrte Mimi und die Kinder, die sie wie ihre eigenen liebte, aus ihren Betten geholt und in die kalte Nacht abgeführt hatte, ohne ihnen zu gestatten, warme Kleidung mitzunehmen. Sie dachte nicht an die Gefahr, in der sie selbst schwebte, packte die Wintersachen der Familie zusammen und brachte sie zum Fort Montluc. Dort musterte das Wachpersonal die 64 Jahre alte jüdische Haushälterin, verglich ihren Namen mit den Listen und nahm sie ebenfalls fest.

Weitere Einzelheiten erfuhr ich von Marc-Henris Mutter Monique und von Pierre Balland, einem früheren Hemdenmacher, der meine Verwandten gekannt hatte. Er wohnte noch immer in dem Haus, sogar noch in derselben Wohnung im obersten Stockwerk, in der die junge Jeanine Goldschmidt ganze Nachmittage mit Pierres kinderloser Frau verbracht hatte.

»Die Goldschmidts sind verpfiffen worden«, sagte Monsieur Balland, trotz seiner fast neunzig Jahre äußerst rüstig und eine gepflegte Erscheinung. »Vielleicht war es Neid? Wer weiß? Madame war immer ›le feu dans le bâtiment‹, sorgte immer für Unruhe im Haus. Es war zu erwarten, dass irgendjemand der ›Milice‹ oder der Gestapo ihren Namen genannt hat«, sagte er. Und dass andere, die die Möglichkeit gehabt hätten, sie zu retten, nicht gehandelt hätten. Eine zweite jüdische Familie, Flüchtlinge aus Polen, war rechtzeitig vor der bevorstehenden Razzia gewarnt worden und hatte das Haus heimlich einige Tage zuvor verlassen. Dadurch hatten sie überlebt und waren nach dem Krieg nach Lyon zurückgekehrt.

Monsieur Balland starrte auf den Boden, als ob es ihm unangenehm wäre, darauf hinzuweisen, dass die beiden Familien verfeindet gewesen waren. Jedenfalls hatte das Paar aus Polen die Goldschmidts nicht darüber informiert, dass man ihnen geraten hatte, zu verschwinden. Gerüchten zufolge hatte Mimi sie einmal mit leeren Händen fortgeschickt, als sie um eine Spende für einen Fonds baten, der verarmten Juden half, den Nazis zu entkommen. Aber wer es auch war, der die Goldschmidts verraten hatte, er hatte Bella Picard wohl nicht erwähnt, vermutete Monsieur Balland, sonst wäre nicht zu erklären, warum die Geheimpolizei Bella zunächst nicht mitgenommen hatte, obwohl sie Jüdin war.

Emilie »Mimi« Goldschmidt, 1940

Monique Arfeux kämpfte mit den Tränen, als sie erzählte, wie die Goldschmidts den dringenden Rat, Lyon zu verlassen, in den Wind geschlagen hatten. Maurice weigerte sich, sein Geschäft aufzugeben, und Mimi wies den Vorschlag zurück, ihre Kinder auf dem Land zu verstecken. Am Morgen nach der Razzia, so erzählte es Monique Arfeux, sei ihr Onkel André in aller Eile zum Krankenhaus gefahren und habe Maurice und Marie davor gewarnt, wieder nach Hause zurückzukehren, weil die Gestapo in ihrer Wohnung gewesen war. Über Tote redet man nicht schlecht, daher deuteten Madame Arfeux und Monsieur Balland nur an, dass Mimi unklugerweise sich selbst und ihre Familie zum Ziel gemacht hatte. In einer Zeit, in der die »Milice« und die Deutschen darauf aus waren, Juden zu verhaften, die in ihr Blickfeld gerieten, lehnten die Goldschmidts es nicht nur ab, sich zu verstecken oder sich unauffällig zu verhalten, sondern stießen durch ihre Art auch viele Leute vor den Kopf, was dazu führte, dass sie unbeliebt waren und man mit dem Finger auf sie zeigte.

In den Tagen nach der Verhaftung der Goldschmidts zerstörten Gestapo und »Milice« alles, was sie in der Wohnung fanden. Fotografien und private Schriftstücke wurden auf die Straße geworfen, und aus Angst vor den Deutschen wagte niemand, etwas davon anzufassen. Maurice hielt sich bis zur Befreiung Lyons am 2. September 1944 versteckt und kehrte dann als gebrochener Mann in seine leere Wohnung zurück.

Er verbrachte, so schilderten es Monsieur Balland und Madame Arfeux, seine Tage damit, auf der Suche nach seiner Familie von einer Hilfsorganisation zur nächsten zu laufen, bis er gewissenlosen Betrügern zum Opfer fiel, die ihm versprachen, sie zu finden. Fremde zogen bei ihm ein. Sie nutzten bedenkenlos seine Lage aus, indem sie ihm erzählten, sie hätten seine Frau und seine Kinder gesehen. Einer schwor, er habe Elie-Jean im Lager Auschwitz III entdeckt, wo er in einem Bergwerk gearbeitet habe. Ein anderer wollte Jacques in den Steinbrüchen beobachtet haben; ein Dritter sagte, er habe Mimi, zum Skelett abgemagert, bei einem Appell gesehen. Wieder jemand wollte ihr im Buna-Werk begegnet sein, das die IG Farben direkt am Lager errichtet hatte, um dort unter Ausnutzung des endlosen Stroms von Sklavenarbeitern synthetischen Kautschuk zu produzieren.

Die angeblichen Augenzeugen ließen sich von Maurice bezahlen und nutzen ihn nach allen Regeln der Kunst aus. Sie wollten ein Dach über dem Kopf und sein Geld. Sie sorgten dafür, dass er fast ein Jahr lang täglich zum Bahnhof Perrache ging, um dort mit einem Foto in der Hand auf seine Familie zu warten. Jeden Morgen begab er sich, begleitet von einem der angeblichen Zeugen und voller Hoffnung, dorthin und drängte sich durch die

Reisenden, die aus den Zügen stiegen. Er war sich sicher, dass irgendwann der Augenblick kommen würde, an dem die Menschen, die er am meisten in der Welt liebte, ihm aus der Menge zuwinken und sich in seine offenen Arme werfen würden.

Schließlich ging er sogar so weit, die Ankunft der Züge abzuwarten, um dann jedem, der stehen blieb, die Bilder zu zeigen und ihn mit den Alpträumen seiner Vergangenheit zu konfrontieren. Auf die Weise wurde der Mann, der dem Schicksal entgangen war, dem seine Familie zum Opfer fiel, ein Geist, gejagt von Geistern, der durch seine Suche nach seinen Lieben der Welt abhanden kam.

Im Herbst 1944 unterrichtete Maurice' Schwiegermutter Marie ihren Bruder Sigmar in New York darüber, dass ihre Tochter, die drei Enkel und Bella im Jahr zuvor deportiert worden waren, und sie und Maurice sich immer noch bemühten, den Glauben nicht zu verlieren, dass sie zurückkämen. Marie selbst hatte es geschafft, sich nach Valence durchzuschlagen, wo sie sich bei Lisette und Edy versteckt hielt, die beide in der Résistance waren.

Nachdem die Deutschen vertrieben worden waren, konnten die Cahens ihre beiden Söhne und ihre beiden Töchter aus einem kleinen Bergdorf im Vercors zurückholen, wo sie eine Hilfsorganisation mehr als ein Jahr lang versteckt hatte. Weil Cahen ein eindeutig jüdischer Name war, hatte Lisette ihren Kindern einen neuen, französischen Nachnamen gegeben: Mit ihrem typischen, aber unter den gegebenen Umständen unpassenden, schwarzen Humor hatte sie sie Cacheux genannt, in Ableitung des Adjektivs »caché«, verborgen.

Als Lisette im Sommer davor ihre kleinen Cacheux-Kinder besucht und sie stark unterernährt vorgefunden hatte, war sie sofort nach Lyon gefahren, um ihre Schwägerin zu fragen, ob sie ihre Kinder nicht in ihre Wohnung aufnehmen könne. Mimi hatte sich einverstanden erklärt, das älteste Kind zu nehmen, nicht aber die drei anderen, und Lisette hatte das Angebot zornig abgelehnt.

»Mir ist es lieber, sie verhungert zusammen mit ihrer Schwester und ihren Brüdern, als dass sie hier bei dir lebt!«, antwortete sie wütend. »Mich schaudert, wenn ich daran denke, was sie hier lernen würde.« Ihre Verachtung für Mimi, die eines der Kinder nehmen wollte, dessen Geschwister aber zurückgewiesen hatte, rettete ihrer Tochter schließlich unerwartet das Leben, weil die »Milice« zwei Monate nach Lisettes Besuch die Wohnung der Goldschmidts überfiel und die Familie deportierte.

Nach der Befreiung Lyons fuhr Maurice nach Valence, um seine Schwiegermutter, seinen Schwager und dessen Frau zu besuchen. Weil er völlig am Boden zerstört war, nahm Marie es auf sich, mit ihm in die Stadt zurückzukehren und dort für ihn zu sorgen. Aber auch sie ließ sich binnen kurzem von den Einflüsterungen der um sie herumschwirrenden Dämonen verführen, die unbegründete Hoffnungen verkauften.

Marie schickte ihre Trauer über den Atlantik, indem sie ihrem Bruder Sigmar ihre Qualen in einer ganzen Reihe von engbeschriebenen Postkarten und Briefen schilderte. Hoffnungslosigkeit prägte ihre Zeilen und die mit kaum leserlichem Gekritzel vollgeschriebenen Ränder. Sie flehte ihn an, ihr, wenn möglich auch über das amerikanische Rote Kreuz, bei der Suche nach Informationen zu helfen, und brachte dabei immer wieder ihre Qualen zu Papier:

> »Du hast sicher von unserer großen, furchtbaren Tragödie erfahren. Meine liebe Mimi, die drei Kinder und meine arme Bella sind am 29. Oktober 43 verhaftet worden. Seit Drancy wissen wir nichts mehr von ihnen. Sie sind bestimmt in Polen oder Oberschlesien. Was ich erleiden muss, Du kannst es glauben, ist mehr als schrecklich, weil wir nicht wissen, wo sie sind …
> Es ist so hoffnungslos, zumal es auch noch so kalt ist. Glaubst Du, dass Herbert vielleicht etwas tun kann? Ich habe ihm schon geschrieben … Wenn nur irgendjemand wüsste, wo sie sind. Seit einem Jahr nichts Neues! Es ist

völlig hoffnungslos. Es gibt so viel Elend in der Welt und es wird sicherlich der heiligste Moment sein, wenn der Herr sie befreit. Maurice leidet unendlich. Und mir fehlen die Worte. Gott gebe uns Kraft! Wie oft denke ich an meinen lieben Sigmar, der uns mitnehmen wollte! Wie richtig es von Dir war, zu gehen! Wenn nur Gott unsere lieben Deportierten beschützt und sie gesund erhält. Ich bete ständig und hoffe, Gott erhört meine Gebete. Schreib mir. Denk an mich. Ich küsse Dich von ganzem Herzen. Deine traurige Schwester,
Marie«

Wieder und wieder schrieb sie an Sigmar, suchte Rat und schilderte die verzweifelten Versuche, die Maurice unternahm, um nach seinen Liebsten zu suchen. Er setzte sie auch nach Kriegsende fort, bis sich alle fünf Namen auf den Todeslisten fanden. Erst dann erfuhr er, dass seine Frau, seine drei Kinder und Bella mit Transport Nr. 62 deportiert worden waren, der kurz vor dem Mittag des 20. November 1943 den Bahnhof Bobigny bei Drancy verlassen hatte.

Der Transport, genehmigt in Berlin von Adolf Eichmann, bestand aus 1200 Juden, die man in Viehwaggons gepfercht hatte. Unter den anderen Gefangenen waren Rolands Freund Roger Dreyfus, Jacques Helbronner, der auch »der Jude des Marschalls« genannt wurde, weil er mit Pétain befreundet war, zusammen mit seiner Frau Jeanne, und auch Madeleine Dreyfus Lévy, die Enkelin von Alfred Dreyfus. Sie war mit Roger nicht verwandt. Man warf ihr vor, für die Résistance zu arbeiten, und sie wurde Anfang November in Toulouse verhaftet.

Der Zug fuhr nördlich des Elsass über die Grenze und endete in Auschwitz. Dort fehlten 19 Gefangene, die es unter höchster Lebensgefahr geschafft hatten, zu fliehen. In Auschwitz angekommen, wurden im eisigen Regen auf dem von SS-Männern mit Hunden bewachten Bahnsteig 1181 Gefangene von ihrem Gepäck getrennt. 895 Deportierte wurden sofort in den Tod geschickt, die übrigen 241 Männer und 45 Frauen wurden zur Zwangsarbeit abkommandiert. Von all diesen kamen bis auf 29 Männer und zwei Frauen alle noch vor Kriegsende um.

∼

Im Herbst 1944 verließ Norbert Kuba und kam in die USA, um Ende Dezember, an Sigmars 64. Geburtstag, bei seiner Familie zu sein. Aber schon wenige Wochen nach seiner Ankunft wurde er, wie er vorhergesagt hatte, zur amerikanischen Armee eingezogen. Zunächst wurde er für die Grundausbildung zu einer Infanterieeinheit nach Camp Blanding in Florida beordert. Bald darauf aber kam er zu einer Nachrichtentruppe, wo man sich seine perfekten Französisch- und Deutschkenntnisse zu Nutze machte.

Norbert in der Uniform der US Army während seiner Stationierung in Deutschland nach dem Krieg

Am letzten Apriltag 1945 begleiteten Janine und Trudi ihn zum Pier in Staten Island, von wo aus er nach Europa verschifft wurde. Wie zu erwarten, schimpfte er darüber, dass er seine neueste Freundin, dieses Mal eine Amerikanerin, zurücklassen musste. Alle Befürchtungen, er könne in Kampfhandlungen geraten, wurden kurz darauf durch sein sprichwörtliches Glück überholt. Er kam in Europa am 8. Mai an, genau am Tag der deutschen Kapitulation.

Nur wenige Tage waren vergangen, seit Pétain inhaftiert und Italiens Faschistenführer Benito Mussolini hingerichtet worden war und der wahnsinnige Adolf Hitler am letzten Apriltag in seinem Bunker in Berlin Selbstmord begangen hatte. Er kam der Niederlage und seiner Gefangennahme dadurch zuvor, dass er sich in den Mund schoss. Mit den letzten Worten, die er aufschrieb, machte der Führer, der ein »Tausendjähriges Reich« errichten wollte, die Juden verantwortlich, den Krieg herbeigeführt und für Millionen von Toten und entsetzliche Zerstörungen verantwortlich zu sein.

Seine Helfer fanden den verstümmelten Körper des »Führers« neben dem zusammengesunkenen Leichnam seiner Braut Eva Braun, die Hitler in den frühen Morgenstunden des vorherigen Tages geheiratet und die sich vergiftet hatte. Dann wurden beide, während rundum die Granaten der Roten Armee einschlugen, in einer makabren, von ihnen selbst verfügten Zeremonie, die an Begräbnisriten der Wikinger erinnerte, den Flammen übergeben.

Norbert hatte nie eine Party ausgelassen und traf jetzt gerade rechtzeitig zu den großen Feierlichkeiten ein, als jeder jeden küsste und es wenig Gelegenheit gab, stille Rache zu üben. Im Herbst hatte er einige Tage frei und nutzte die Gelegenheit, in seiner prächtigen amerikanischen Uniform durch Freiburg zu stolzieren und dann Lyon zu besuchen.

Ein Freund hatte ihm berichtet, dass Roland immer noch dort war und allein in einem Ein-Zimmer-Apartment lebte. Als sie sich trafen, erzählte Roland, welche Schwierigkeiten er in den letzten drei Jahren hatte überwinden müssen: wie er gerade so der Verhaftung durch die »Milice« entgangen war, wie er bei der Befreiung von Kugeln und Bomben verschont blieb und wie er in den Monaten zwischen der Rückeroberung Lyons und dem endgültigen Triumph über die Deutschen in der neu aufgestellten französischen Armee gedient hatte. Er hatte einen Schreibstubenposten bei einem Panzerregiment in einer Kaserne in Lyon übernommen. Seine Aufgabe war es, für Lebensmittel und Nachschub für die Soldaten in seiner Einheit zu sorgen. Zu dieser Zeit wusste er noch nicht, dass Roger ermordet worden war.

In der Champagnerlaune des Sieges, der verrückten Fröhlichkeit, die das Land unter sich begrub, feierten die beiden jungen Männer – Norbert war 24, Roland 25 – das Ende des Schreckens.

»Auf einem Bein steht es sich schlecht!«, erklärte Roland nach dem ersten gemeinsamen Glas. Beide waren der Meinung, dass man ein zweites Glas brauchte, und von da an ging es fröhlich weiter.

Nach diesem Treffen schrieb Norbert einen vernichtenden Brief an Janine, in dem er darauf bestand, dass sie Roland aufgeben müsse. Warum tat er das? Vielleicht gab es in Norberts Leben schon das blonde, protestantische deutsche Mädchen, das er später gegen den Widerstand seiner Eltern heiratete, und er wollte Janine deshalb davon abbringen, Sigmar noch mehr zu verärgern, wenn auch sie einen nichtjüdischen Partner wählte.

Vielleicht hatte Sigmar Einfluss auf Norbert genommen. Vielleicht auch meinte Norbert nur, er müsse seine Schwester beschützen, und hielt Roland nicht für würdig, sie zu heiraten. Diese Fragen bleiben auf ewig unbeantwortet. Auch wenn die Wahrheit, warum er diesen diffamierenden Brief schrieb, nie herauskam, stand außer Frage, dass er Janine zutiefst verletzte. Auch eine Bombe hätte bei diesem Angriff auf Janines geheimste Zukunftsträume keinen größeren Schaden anrichten können.

In den folgenden Jahren schaffte es Janine, den Brief komplett aus ihrem Gedächtnis zu löschen. Deshalb machte sie Norbert auch nie dafür verantwortlich, dass er bei ihrer Entscheidung, nie nach Frankreich zurückzukehren, was sie später immer bereute, eine Rolle gespielt hatte. Stattdessen verurteilte sie danach immer sich selbst, weil sie zugelassen hatte, dass ihre Befürchtungen stärker waren als ihr Entschluss, ihre Liebe zu finden.

Norberts grausamer Brief blieb verschlossen in einem vergessenen, in ihrem Schrank aufbewahrten Archiv, das Janine, obwohl sie später verheiratet war, immer als ihr »Altjungfernkästchen« bezeichnete. Dort bewahrte sie Dinge auf, die zu öffnen für sie zu schmerzhaft waren. Sie hatte Roland nicht geheiratet, und es war fast so, als würde sie die Bruchstücke ihrer einzigen großen Liebe, wie eine unglückliche, zurückgezogen lebende viktorianische Jungfer, sorgfältig in Bänder eingewickelt unter Spinnweben aufheben.

Ohne Absatz, in französischer Sprache und in Kursivschrift auf Luftpostpapier getippt, hatte Norbert den Brief am 16. November 1945 in Freiburg geschrieben. Die geschickte, ein wenig gestelzte Wortwahl und die väterliche Pose sind typisch für Norbert, ebenso der plötzliche Wechsel zu Großbuchstaben. Aber meine Übersetzung kann die vielen Fehler in der französischen Grammatik nicht wiedergeben, die vermuten lassen, dass dieser Brief in einer nicht durchdachten, vielleicht auch trunkenen Laune eines Soldaten geschrieben wurde, der schneidig daherkommen will. Eines Soldaten einer siegreichen Armee in einem besiegten Land, der sich nicht mehr an die Verfolgung erinnerte, die es hier einmal gab, und der sich jetzt zu wichtig nahm.

»Meine liebe Schwester Janine,
ich habe gerade Deinen Brief vom 3. November erhalten und beeile mich, sofort zu antworten. Du schreibst mir, dass Du mich für ausreichend intelligent hältst, zu verstehen, dass Deine Beziehung zu Roland nicht nur ein Flirt ist, sondern etwas Ernstes. Dann sagst Du, dass Du mich für dumm hältst, weil ich wenig auf diese Beziehung geachtet hätte. Nun, meine Liebe, ich glaube eher,

dass ich mich so verhalten habe, weil ich vernünftig bin. Ich kenne Dich und ich weiß wie Du denkst, und deshalb habe ich Dich nicht wütend machen wollen, indem ich Dir in dieser Sache meine Meinung gesagt habe. Ich erinnere mich daran, dass ich angedeutet habe, dass, während alle anderen sich bemühen, etwas aus sich zu machen, Roland noch immer der ewige Student ist. Vielleicht aber habe ich Deine Intelligenz überschätzt und Du hast nicht verstanden, was ich sagen wollte. Deshalb sage ich es noch einmal und jetzt auf Französisch.

Roland ist ein guter Junge, und ich wäre froh, ihn als Kumpel zu haben, um mit ihm Spaß zu haben. Aber Roland hat keine zwei Cent und verbringt immer noch seine Zeit in Cafés, in Restaurants und in Bars und er ist der Mann, den auf der Rue de la République viele Frauen kennen, während er vorgibt, nur Dich zu lieben. Ich habe ihn nur einige Tage besucht und mich bemüht, eine Freundschaft zu ihm aufzubauen und habe deshalb, wenn es um Dich ging, eine absolut neutrale Position eingenommen. Du weißt vielleicht so gut wie ich, dass er im Moment nicht nach Amerika kommen kann. Ich weiß zugleich, dass es Dir durchaus möglich wäre, nach Europa zurückzukehren. Deshalb ist dies meine Schlussfolgerung: IST DEINE LIEBE ZU ROLAND GROSS GENUG, DASS DU DEINE ELTERN VERLÄSST? DASS DU DEN USA DEN RÜCKEN KEHRST UND IN EIN LAND ZURÜCKKEHRST, WO DU NIEMANDEN KENNST? DASS DU IN EIN LAND ZURÜCKKEHRST, WO DIE, DIE DU KENNST, DICH VERACHTEN WERDEN? WILLST DU EINEN MANN HEIRATEN, MIT DEM DU HUNGERN WIRST? IN DIESEM FALL HAST DU MEINEN SEGEN. Setz alles auf eine Karte, geh das Risiko ein, ob er Dich heiratet oder nicht. Dann könnt Ihr Euch eine kleine Mansarde in der Rue des Roses, auf der Wolke der Glückseligkeit, mieten und glücklich sein. Um fair zu sein, könnte ich sogar erwähnen, dass Roland Interesse an Dir zu haben scheint, und ich vermute, das ist alles, was für Dich zählt. Was sollte ich Dir sonst noch erzählen? Dass wir gestern zusammen in die Stadt gegangen sind, dass wir es uns haben gutgehen lassen und dass wir die Nacht mit zwei Mädchen verbracht haben, die wir aufgelesen und auf sein Zimmer mitgenommen haben? Dass er eine Freundin gehabt hat und dass er einen furchtbar schlechten Ruf hat, und dass wir nur dreißig Minuten über Dich geredet haben? Um Dir ein vollständigeres Bild zu geben, kann ich hinzufügen, dass ich nicht erkennen kann, dass Ihr keine Kinder mehr seid und dass Eure Beziehung mehr sein soll als ein einfacher Flirt. Ich kann Dir aber versichern, und das ist meine endgültige Entscheidung, dass, wenn Du nach Europa zurückgehst und Roland heiratest, ICH NUR NOCH EINE SCHWESTER HABEN WERDE UND DASS DU MIT DEINER HOCHZEITSREISE FÜR IMMER AUS MEINEM LEBEN TRETEN WIRST.«

Er beendete den Brief, ohne ihn zu unterschreiben, aber mit einem deutschen Satz, der an die Romanfigur des Indianerkriegers Winnetou erinnerte, den er als Kind verehrt hatte. Eine absurde, anmaßende Floskel, die nur zu einem erhabenen, mächtigen Häuptling mit kräftigen Muskeln, einem glänzenden Tomahawk und einem Federkopfschmuck bis über die Schultern gepasst hätte: »Ich habe gesprochen. Howgh!«
Zwei Jahre später heiratete Janine Leonard Maitland.

ACHTZEHN

Der Löwe und Miss America

Der Mann, der mein Vater werden sollte, hieß Leonard Laurence Maitland und war im Oktober 1946 28 Jahre alt. Es war seine resolute und praktisch veranlagte ältere Schwester Mona, die dafür sorgte, dass er Janine bei einem arrangierten Rendezvous in New York kennenlernte. Janine war fünf Jahre jünger als Len und arbeitete bei einem Internisten auf der Madison Avenue. Mona betrat die Praxis, und die hübsche Assistentin fiel ihr sofort auf.

»Schade, dass sie eine Schickse ist. Wenn sie eine Jüdin wäre, würde ich sie mit meinem Bruder bekannt machen«, sagte Mona zum Doktor und wies mit dem Kopf auf Janine, die in ihrer weißen Arbeitskleidung im Flur stand. »Mein Bruder ist eine Mischung aus Gregory Peck, Gary Cooper und Cary Grant. Und er ist noch ohne feste Beziehung, aber nur, weil er im Krieg war.« Janine lehnte Versuche, sie zu verkuppeln, grundsätzlich ab und funkelte den Doktor wütend an. Aber dieser hatte schon eine Idee, wie er sie aus der Reserve locken könnte.

»Na ja, sie ist sowieso meschugge«, antwortete Dr. Morton. »Meschugge«, das jiddische Wort für »verrückt«, erzeugte genau die Wirkung, die er erwartet hatte.

»Warum sagen Sie so was?«, platzte es aus Janine heraus. Mit quietschenden Gummisohlen stürzte sie ins Behandlungszimmer zurück. »Habe ich Ihnen einen Anlass gegeben, so etwas über mich zu sagen?«

Mona fuhr überrascht herum. »Meschugge? Wenn sie wirklich eine Schickse ist, wieso hat sie verstanden, was Sie gesagt haben?«

»Ich habe nie gesagt, dass sie keine Jüdin ist«, gluckste Dr. Morton selbstzufrieden. »Das waren Sie.«

Leonard Laurence Maitland

Leonard Maitland rief Janine noch am selben Tag an und wollte unbedingt am Abend vorbeikommen. Sie hatte große Bedenken, einen Fremden zu treffen. Aber sie brauchte nur ein Blick auf den Mann an der Tür zu werfen und war froh, dass sie als Jüdin erkannt worden war. Sie saßen zusammen und unterhielten sich, und ihr einziges Problem bestand darin, Trudi dazu zu bringen, sie alleine zu lassen. Tatsächlich sah, wie Mona es versprochen hatte, ihre neue Verabredung überwältigend gut aus, wie ein Filmstar.

Er war über einen Meter achtzig groß, hatte glänzendes schwarzes Haar, ein kräftiges Kinn mit Grübchen, fesselnde blaue Augen, eine tiefe, einschmeichelnde Stimme und strahlte eine markante Männlichkeit aus. Zunächst sah Janine in seinem draufgängerischen Bemühen, verführerisch und charmant zu wirken, ein Zeichen von Selbstsicherheit. Später, als sich seine wahre Natur zeigte, stellte sich heraus, dass er weit weniger von sich überzeugt, dafür aber umso unergründlicher war.

Ich erfuhr relativ wenig über den Mann, der sich so heftig um Janine bemühte. Meine Kindheit war eingewoben in die Welt meiner Mutter, die aus den fesselnden Geschichten über ihr Leben bestand und die Gefahren, denen sie im Krieg ausgesetzt war. Und über ihre unglücklichen Liebe zu Roland.

Mein Vater hingegen war verschlossen und redete nicht über seine Vergangenheit oder seine Gefühle. Ich wusste, dass er irgendwann einmal den großen amerikanischen Roman schreiben wollte, über Tramps, die als blinde Passagiere auf Güterzügen mitfuhren. Dass er durch die Südstaaten gereist war, auf der Suche nach einem College, das ihm ein Stipendium gewähren würde, damit er für dessen Footballteam spielte. Dass er dabei sein gesamtes Geld ausgegeben hatte und eine Nacht hungrig im Gefängnis zubrachte, weil er in einem Obstgarten Äpfel gestohlen hatte und erwischt worden war.

Aber dass er schon einmal verheiratet gewesen war, erfuhr ich erst mit 17. Es war eine Jugendsünde, die er zu verbergen versuchte. Und während die Familie meiner Mutter ein ganzes Jahrzehnt lang in Europa den Nazis aus dem Weg zu gehen versuchte, ohne je zu verleugnen, dass sie Juden waren, war es mein Vater, der Bilderbuch-Amerikaner, der 1941 mit Hilfe einer richterlichen Verfügung seinen jüdischen Namen änderte. Er hatte befürchtet, dass durch den Antisemitismus in der amerikanischen Gesellschaft sein berufliches Fortkommen behindert werden könnte. Wegen der üblichen Vorurteile hatten amerikanische Juden in jener Zeit schlechtere Chancen im Beruf, und weil er ohne Weiteres für einen Christen gehalten worden wäre und sowieso keine Nähe zu irgendeiner Religion hatte, legte er seinen Namen ab, weil er ihn als unvorteilhaft ansah.

Er behauptete immer, auf Maitland sei er gekommen, als er bei einem Barbesuch mit Freunden einen Dart-Pfeil auf eine an der Wand hängende Weltkarte geworfen hätte. Der Pfeil war in einem kleinen Ort nördlich von Sydney stecken geblieben und er fand, der Ortsname Maitland klinge gerade richtig für jemanden, der sich im beruflichen Umfeld von Technik und Handel durchsetzen wollte.

Der Legende zufolge war der Name Maitland, der eigentlich aus Schottland stammte, mit einem schottischen Gefangenen nach Australien gelangt. Leonard allerdings setzte nie einen Fuß auf australischen Boden – und auf schottischen auch nicht, obwohl er mit Leichtigkeit beide Dialekte nachmachen konnte, und noch eine ganze Menge andere dazu.

Lens Eltern und Schwester: Bernard, Fanny und die dreijährige Mona, 1911

Len wurde am 11. Oktober 1918 in Manhattan als Sohn eines russischen Juden, Beresh Friedman, geboren, der nach der Revolution von 1905 vor den Pogromen und der Armut in Osteuropa geflohen war. Beresh war ein eigenständiger, bescheidener und schweigsamer Mann und überlegte sich zunächst, ob er nach Argentinien oder nach London gehen sollte, bevor er sich dann entschloss, in den USA einen neuen Anfang zu wagen.

Als er nach seiner Ankunft Ellis Island verließ, hatte er einen neuen Vornamen, Bernard, und ließ sich in New York als Schneider nieder. Es dauerte einige Jahre, bis er genug Geld beisammen hatte, um die Überfahrt für seine Frau Fanny, eine Bäckerstochter mit veilchenblauen Augen aus einem polnischen Schtetl, und die Tochter Mona bezahlen zu können.

Ihr einziger Sohn wurde, nachdem das Paar wieder zusammenlebte, in New York geboren. Die lange Trennungszeit der Eltern erklärt, warum Mona elf Jahre älter war und eine aktive Rolle bei seiner Erziehung übernahm. Sie rechnete es sich als Verdienst an, dass sie wenige Tage nach seiner Geburt ganz allein zur Meldebehörde gegangen war und den Namen ihres Bruders geändert hatte. Ihre Eltern hatten Louis eintragen lassen, sie strich den Namen durch und schrieb Leonard Laurence hinein, weil das für sie amerikanischer klang.

Bernard verbrachte seine Tage mit unermüdlicher Arbeit, immer eingehüllt in klassische Musik aus dem Radio, blieb jedoch bis zum Ende seines langen Lebens arm. Als er starb, war er seit 17 Jahren Witwer und blind. Sein Augenlicht war durch die unzähligen winzigen Nähte, die er im Laufe seines Lebens angefertigt hatte, immer schwächer geworden, bevor er es dann durch den grünen Star vollständig verlor. Seine Schneiderei hatte er in der Familienwohnung im Erdgeschoss der 84. Straße in Manhattans Upper West Side. Er engagierte sich politisch im »Workmen's Circle«, einer jüdischen Arbeitervereinigung mit sozialistischer Ausrichtung. Er hielt an einem Beruf fest, in dem Kundenzufriedenheit wichtiger war als Bezahlung, er kümmerte sich mit gleichem Engagement um Maßkleidung wie um die wenig anspruchsvollen Änderungen, verlangte für seine Arbeit immer zu wenig Geld und machte kaum Gewinn.

Bernard war Einzelgänger, Atheist und ein bitterer Zyniker. Er erinnerte sich voller Stolz an die glorreiche Zeit, die er in der Armee des Zaren verbracht hatte, ein nostalgischer Rückblick auf seine Jugend, der von seinem Bekenntnis zum Sozialismus unbeeinflusst blieb. Nur wenn man diese Tür zu seiner verstaubten russischen Vergangenheit durchschritt, konnte man ihn in ein Gespräch verwickeln. Durch das harte Leben, das seiner Soldatenzeit folgte, ordnete sich sein scharfer Intellekt immer der Notwendigkeit unter, nähen zu müssen, um den Lebensunterhalt zu bestreiten. Er schwor, Lens Finger abzuhacken, sollte er je auf den Gedanken kommen, ebenfalls Nadel und Faden in die Hand zu nehmen. Aber diese Drohung war unnötig.

Vater und Sohn verstanden sich nicht gut, und das Einzige, was sie gemeinsam hatten, war ihre Liebe zur Musik. Das wenige Geld, das Bernard für sich selbst beiseitelegte, gab er für Stehplätze in schwindelerregender Höhe auf dem obersten Rang der Metropolitan Opera aus. Zu Hause pfiff er die Begleitstimme, wenn Len mit seinem kräftigen Bass italienische Arien sang. Dennoch belastete Bernard ihr Verhältnis durch seine hämischen Bemerkungen über die Zukunftsaussichten seines Sohnes.

»Eher wachsen Haare auf deinem Handteller, als dass aus dir etwas wird«, pflegte er ihn zu verspotten. Die in der alten Welt übliche Erziehungsmethode, auf diese Weise den Ehrgeiz eines Kindes anzustacheln, bestimmte Leonards Verhalten sein Leben lang. Er vergab und vergaß es nie, sodass schließlich die demütigenden Bemerkungen meines Großvaters wie eine Prophezeiung des blinden Sehers Teiresias indirekt unser aller Leben beeinflussten. In seiner eigenen Bewertung reichten Leonards Erfolge nie aus, den Ansprüchen zu genügen, die sein Vater an ihn gestellt hatte, und im Laufe der Jahre wurde aus seinem Unmut, wenn er sich über etwas ärgerte, beißende Kritik – zunächst an seinem Vater, dann an sich selbst, und schließlich auch an anderen. Er begegnete den übersteigerten Anforderungen seines Vaters, indem er der Welt gegenüber eine kämpferische Haltung einnahm, und schaffte es nicht, anderen mit Nachsicht zu begegnen.

1940 begann Len an der NYU, der New York University, Ingenieurwesen zu studieren und heiratete, zur bitteren Enttäuschung seiner Familie – mit gerade einmal 21 –, eine vier Jahre ältere Nichtjüdin. Ohne lange zu überlegen, lief er von zu Hause fort, getrieben von dem unbedingten Willen, endlich der düsteren Enge und Unordnung im Apartment seiner Eltern zu entkommen. Schnittmuster und Nadeln, dicke Stoffballen und alle anderen Schneider-Utensilien bestimmten das Leben in der muffigen Abgeschlossenheit der elterlichen Wohnung, in der das Surren von Bernards alter Nähmaschine nur aussetzte, wenn ein Kunde zur Anprobe kam. Einige Zeit lang hatte auch Mona mit ihrem Mann und ihrem Sohn dort gewohnt und für eine stickige, reizbare Atmosphäre gesorgt, die Leonard mindestens ebenso hasste wie das sture Festhalten seiner Eltern an der Kultur ihrer Heimat.

Len und seine Frau bezogen ein Studio-Apartment in Greenwich Village, ganz in der Nähe der NYU, aber es dauerte nicht lange und der aufwändige Lebensstil seiner jungen Braut sorgte dafür, dass Leonard sich immer mehr verschuldete. Er war gezwungen, sein Studium aufzugeben, arbeitete tagsüber in Vollzeit als technischer Zeichner, um ihren Lebensstil finanzieren zu können, gab seinen geliebten Platz im Chor des Colleges auf und besuchte nur noch die Abendkurse der NYU auf dem Campus in der Bronx. Um die immer zahlreicher eintreffenden Rechnungen bezahlen zu können, nahm er nach dem Unterricht eine zweite Tätigkeit als Assistent eines Schaufensterdekorateurs in einem Warenhaus an, bis dessen sexuelle Avancen ihn zwangen, den Job wieder aufzugeben.

Leonard hatte einen wissenschaftlich geschulten und analytischen Verstand und bestand darauf, alles im Leben nach Fakten und objektiven Maßstäben zu beurteilen. »Keine Spekulationen« war die wichtigste Erkenntnis, die er aus seinem Studium gewonnen hatte und die er später seinen Kindern einbläute – ein gutes Grundlagentraining für mein späteres Leben als Journalistin.

Er verließ die Universität 1943, mitten im Krieg, mit einem Abschluss in Maschinenbau. Seine Farbenblindheit führte dazu, dass er nicht Pilot bei der US Air Force werden konnte. Also ging er, getrieben von seinem eigenen Ehrgeiz und seiner Sehnsucht nach dem Meer, zur Handelsmarine, die gerade in einer landesweiten Aktion nach fähigen Technikern suchte. So half er durch seine Teilnahme am größten militärischen Nachschubprogramm aller Zeiten, den Krieg zu gewinnen. Er transportierte Treibstoff, Munition, Flugzeuge, Panzer, Lastwagen, Jeeps und anderen wichtigen Nachschub durch verminte Gewässer zu den kämpfenden amerikanischen und alliierten Truppen.

Obwohl ihre Verluste während des Krieges streng geheim gehalten wurden, hatte die Handelsmarine mehr Opfer zu beklagen als jede Waffengattung der Armee. Tausende freiwillige Seeleute wurden auf den eilends fertiggestellten »Liberty«- und »Victory«-Schiffen durch Angriffe von Land, aus der Luft und vom Wasser aus getötet oder verwundet.

Ein Gesetz von 1936 legte fest, dass in Kriegszeiten Mitglieder der Handelsmarine als Soldaten zu betrachten seien, aber dennoch wurde ihnen die Vorzugsbehandlung, die alle anderen Veteranen erfuhren – zum Beispiel ein kostenloser Besuch der Universität oder Hilfen beim Kauf eines Hauses oder dem Aufbau eines Geschäftes –, versagt. Eine Initiative zur Beseitigung dieser Ungleichbehandlung wurde nach dem Tod von Präsident Roosevelt nicht fortgesetzt. Noch heute, mehr als sechzig Jahre später, scheitern Bemühungen, diese Ansprüche wiederzubeleben, im Kongress, obwohl die meisten der früheren Seeleute längst nicht mehr leben. Tatsächlich starben viele von ihnen an Lungenkrankheiten, die sie sich während ihres Dienstes zugezogen hatten. Sie berichteten immer davon, dass der auf den »Victory«-Schiffen zur Isolierung der Rohre verwendete Asbest wie Schneeflocken durch die Maschinenräume trieb.

Aus Sicherheitsgründen erfuhren die Seeleute während des Krieges im Voraus nichts über den Zielort ihrer nächsten Mission, und sogar die Ladepapiere enthielten nur die Angabe »Ausland«. Aber Leonard berichtete später von gefährlichen Frachtaufträgen auf die Philippinen, nach Guam, Hawaii, Frankreich, England, Italien, Afrika und auch in die Sowjetunion, bei denen die amerikanischen Schiffe durch die Verteidigungslinien der Achsenmächte schlüpfen mussten.

Von seinem Besuch in der Sowjetunion brachte er ein kleines, hölzernes Zigarettenetui mit silbernen Einlegearbeiten mit nach Hause, ein Buch über Stalingrad in russischer Sprache und die Erinnerung an die Lautsprecher, aus denen marxistische Parolen über die Straße schallten, was in ihm einen lebenslangen Horror vor dem bewirkte, was er das »nervtötende Übel des Kommunismus« nannte. Durch das Gehen an Deck in den kalten und unruhigen Gewässern des Nordatlantik hatte er sich einen breitbeinigen, weichen, nach Halt suchenden Seemannsgang angewöhnt.

Er hatte unter einem Chefingenieur gedient, den er hasste, und kehrte aus dem Seekrieg als Leutnant und mit der menschenverachtenden Erkenntnis zurück: »Versuche niemals, einem Trottel etwas beizubringen, und wenn dein Vorgesetzter ein Arschloch ist, tue nie mehr, als er dir ausdrücklich aufgetragen hat.« Aber diesen Leitsatz sagte er nur so daher, in Wahrheit stellte er an sich immer die höchsten Ansprüche und verlangte auch von den Menschen um ihn herum höchsten Einsatz. An Bord hatte er den Spitznamen »L Quadrat« oder »L^2« für »Leonard Laurence« erhalten, aber diese Bedeutung blieb auf der Strecke und wurde später in seiner Familie durch »Leonard the Lion« – Leonard der Löwe – ersetzt, weil er zu Hause ruhelos umherlief und dadurch den Eindruck von Dynamik und beherrschter Wildheit erweckte.

Seine erste, im Rausch der Jugend geschlossene Ehe endete schnell. Das wenige, was die beiden verband, fiel dem Krieg zum Opfer. Im November 1944, Len war zwischen zwei Aufträgen gerade einmal zu Hause, erfuhr er, dass seine Frau während seiner Abwesenheit in Queens offen mit ihrem Geliebten zusammenlebte.

Sie flehte ihn an, ihr zu verzeihen, aber er ließ sich 1945 wegen Ehebruchs scheiden, fuhr wieder zur See und beschloss, nie wieder zu heiraten. 1946, zwei Monate bevor er Janine kennenlernte, verließ er die Handelsmarine und übernahm eine Stelle als Vertreter für eine Firma, die Vertriebstechnik herstellte. Er bereiste die Neuenglandstaaten und den nördlichen Bereich des Bundesstaates New York, ein einsamer junger Mann, der mit schweren Musterkoffern Fabriken in weit verstreut liegenden Städten besuchte, die niemand kannte.

Die Tätigkeit als Verkäufer empfand er als Herausforderung, der er sich freudig stellte, er fühlte sich bestätigt, wenn es ihm gelang, zögernde Kunden mit Charme und Überzeugungskraft und manchmal auch mit Einschüchterungen dazu zu bewegen, einen Auftrag zu unterschreiben. Was er weniger schätzte, war die damit verbundene Reisetätigkeit, endlose Fahrten auf endlosen Straßen, um kümmerliche Aufträge einzuholen, einsame Abendessen und eine endlose Reihe immer gleicher, öder Hotelzimmer.

In seinen vielen Briefen an Janine beklagte er sich immer wieder über seine Arbeit, obwohl er sich in den ersten Monaten ihrer Fernbeziehung vor allem bemühte, sie eifersüchtig zu machen. Ihre Treffen waren geprägt von dem gleichen neckischen Geplänkel, das auch ihren Briefverkehr bestimmte. Er sehe in ihr eine »Herausforderung«, sagte er. Sie sei »exotisch«. Bei Sodawasser im Restaurant der Hot-Dog-Kette Nedick's, das er spöttisch »The Orange Room at Nedick's« nannte, spielten sie mit Andeutungen, um Zweifel an ihrer Treue zu wecken und so das Interesse aneinander zu steigern. Letztlich verletzte und verunsicherte das aber beide.

Aus den Briefen, geschrieben auf vergilbtem Papier mit stilisierten Zeichnungen alter, bekannter Hotels im Staat New York – dem »Onondaga« in Syracuse, dem »Van Curler« in Schenectady, dem »Cadillac« in Rochester, dem »Arlington« in Binghampton –, kann man die Unsicherheit hinter den großspurigen Anspielungen des jungen Handelsreisenden erkennen:

»Ich hoffe, dass es Dir gut geht, wenn Dich dieser Brief erreicht«, schrieb er, »und dass Du vor wilder Sehnsucht nach mir vergehst.«

»7. Januar 1947 – Diese Städte machen mir keinen Spaß, sie fordern einen geradezu heraus, sich seine eigenen Ablenkungen zu suchen. Natürlich hat Dein Briefschreiber damit Gott sei Dank keine Probleme. Wenn Du jetzt Einzelheiten dazu vermisst, nimm einfach an, dass ich wie üblich ein schlimmer Finger gewesen bin...«

»23. Januar 1947 – Wenn diese ewige Herumfahrerei nicht bald aufhört, bekomme ich große Probleme, weil ich dann in jeder Stadt, in die ich komme, eine andere Femme Fatale haben werde, und das ist nicht gut, weil es mir dann an innerer Ruhe fehlt...«

»27. Januar 1947 – Am Freitagabend ging es mir schlecht, aber am Samstag war alles viel besser. Am Nachmittag habe ich mein Gewehr genommen und bin mit einem Freund auf den Schießstand gegangen, bis es fast dunkel war. Und wie durch Zufall hatte ich dann ein Blind Date mit einer Unbekannten und wir alle hatten viel Spaß, auch ich...«

Janine versuchte sich zu revanchieren. Sie schrieb zurück – manchmal auf Französisch, um ihn zu ärgern – und berichtete von erfundenen Theaterbesuchen und Partys und davon, dass sie in netter Begleitung tanzen gewesen sei, und das so detailgetreu, dass er ihr glaubte.

Eines Abends kam sie zu einem Treffen mit einem dünnen goldenen Fußkettchen, was seinem Stolz einen heftigen Schlag versetzte und zu einem Wutausbruch führte. Ein so intimes Geschenk konnte nur von einem anderen Verehrer stammen! Wie konnte sie es tragen, wenn sie mit ihm ausging! Er ergriff ihr Bein und zerriss die Kette durch den Nylonstrumpf. Janine hob die Kette auf, ließ sie aber nie reparieren und gab auch nie zu, dass sie ein Geschenk von Trudi gewesen war.

»Na ja, das zeigt immerhin, dass er Interesse hat«, bemerkte sie gedankenversunken, wusste aber nicht, ob sie erfreut oder verärgert sein sollte.

Im Laufe der Wochen und Monate kamen Leonard und sie sich näher, und Janine versuchte, die Gedanken an Roland aus ihrem Leben zu verbannen und ihn zu vergessen. Seit dem Treffen zwischen Roland und Norbert nach dem Krieg in Lyon hatte Janine nie erhalten, wonach sie sich so sehr gesehnt hatte: Rolands Bitte, zu ihm zurückzukommen. Hatte er tatsächlich vergessen, dass sie sich geschworen hatten, zu heiraten? Hatte der Krieg ihn verändert, oder hatte er sich einfach nur in eine andere Frau verliebt?

Tag für Tag betete sie um einen Brief von ihm. Und wenn Gott ihr keine Antwort gab, versuchte sie auf ihre Weise das Schicksal zu beeinflussen: Wenn ich heute von der U-Bahn statt über den Broadway über die Cooper Street nach Hause gehe, werde ich einen Brief von ihm vorfinden. Wenn ich mich heute zuerst um die Wäsche kümmere, statt zum Briefkasten zu gehen, dann liegt heute noch ein Brief für mich auf dem Tisch. Wenn ich mich dazu zwinge, heute den ganzen Tag lang nicht an ihn zu denken, ist bestimmt ein Umschlag von ihm in der Post.

Seit nach dem Kriegsende der normale Postverkehr mit Europa wiederaufgenommen worden war, wuchs Janines Kummer jeden Tag, weil kein Brief von ihm ankam, und langsam verlor sie die Hoffnung.

In ihrem Kopf kreisten unablässig immer wieder dieselben Fragen, und sie entschloss sich, mit ihrem Cousin Herbert zu sprechen. Mehrere Samstage lang trafen sie sich zum Mittagessen in der Nähe seines Apartments an der Madison Avenue, und sie erzählte ihm von ihrer Sehnsucht, nach Frankreich zurückzukehren und Rolands Frau zu werden oder ihn wenigstens zu besuchen, um herauszufinden, ob ihre Liebe zueinander noch Bestand hatte.

Ihre Freundin Malou, die mittlerweile verheiratet war und als Zahnärztin in Marseille arbeitete, hatte ihr in einem Brief genau das geraten:

> »Meine Meinung ist, dass Ihr Euch sicher beide weiterentwickelt habt und vermutlich erst wieder aneinander gewöhnen müsst. Aber bevor Du irgendeine Entscheidung triffst, musst Du Roland unbedingt sehen. Wenn Du jetzt darauf verzichtest, ihn zu treffen, wirst Du Dir Dein Leben lang sinnlos Vorwürfe machen.«

Widerwillig bot Herbert an, ihr Geld zu leihen, damit sie sich ein Ticket für eine Schiffsreise über den Atlantik kaufen konnte, aber Janine fragte sich, wie sie es würde zurückzahlen können. Eine Woche vor ihrer ersten Anstellung hatte er ihr zehn Dollar Taschengeld geliehen. Als sie diese Schuld von ihrem ersten bescheidenen Gehalt zurückzahlen wollte, lehnte er das trotz seines Reichtums nicht ab, wenn auch nur, weil er ihr den Wert des Geldes beibringen wollte. Wie würde sie es also schaffen, eine viel höhere Summe zurückzuzahlen, wenn sie in Frankreich war? Außerdem waren seine Einwände gegen ihre Reise, in der er ein großes Wagnis sah, größer als seine Bereitschaft, ihr Geld zu leihen.

Wie konnte sie sicher sein, dass Roland sie noch wollte? Hatte sie sich gut überlegt, was es für ihre Eltern bedeuten würde, wenn sie aus New York fortginge? Sie waren in ihrem Bemühen, in einer für sie so ungewohnten Welt ein neues Leben aufzubauen, auf sie angewiesen. Und dann: Wie würde Roland sie in Frankreich ernähren können, wo er doch erst sein Jurastudium beenden und sich auf einen einträglichen Beruf vorbereiten musste? Und wenn es schiefging: Woher sollte sie Geld bekommen, um in die Vereinigten Staaten zurückzukehren? War sie darauf vorbereitet, sich den Rest ihres Lebens schuldig zu fühlen? Die Günzburgers waren niemals Leute gewesen, die eine Scheidung gutgeheißen hätten. Wie käme sie damit zurecht, wenn sie ihren Schritt bereuen würde, aber keinen Ausweg wüsste?

All das hatte sie in den Jahren, bevor sie Len traf, mit sich herumgetragen, wenn sie gelegentlich mit dem einen oder anderen Mann ausging, der nicht im Krieg war und ihr vorgestellt wurde. Sie lebte einen von Routine bestimmten, gewöhnlichen Alltag, der sich großenteils in der langweiligen gesellschaftlichen Einöde am nördlichsten Zipfel von Manhattan abspielte. Es war überhaupt nicht das, was ihr und Trudi vorgeschwebt hatte, als sie ihre Eltern davon abgebracht hatten, sich in Buffalo, im Norden des Bundesstaates New York, niederzulassen, in der Nähe von Tante Tony und Onkel Heinrich, die sie gleich nach ihrer Ankunft aus Kuba besucht hatten. Dort feierten sie Janines ersten amerikanischen Geburtstag, und Sigmars Bruder schenkte ihr eine deutsche Ausgabe von »Die Brüder Karamasow«.

Nein, Janine und Trudi hatten davon geträumt, das faszinierende, pulsierende Leben in Midtown Manhattan zu entdecken, während sie auf das Ende des Krieges warteten: die Straßenschluchten zwischen den Wolkenkratzern, die Theater am Broadway, die schicken Läden und interessanten Leute. Das Leben, das sie erwartet hatten, würde wie Talmi auf den Gehsteigen der Stadt glitzern, im Licht der Straßenlaternen blinken und das Märchen bestätigen, dass die Straßen in New York mit Gold gepflastert seien. Stattdessen waren Sigmar und Alice dem Strom der vielen anderen, neu angekommenen deutschen Juden nach Washington Heights gefolgt, das nur »Das Vierte Reich« genannt wurde, und nach Inwood etwas weiter nördlich gezogen. Am äußersten Ende des Broadways, in der Nähe der 204. Straße, zwölf Kilometer nördlich vom Times Square, mietete Sigmar ein kleines Drei-Zimmer-Apartment mit Bad, nicht ohne zuvor den Hausverwalter mit 500 Dollar bestochen zu haben. Seine Töchter waren enttäuscht, weil die Wohnung dunkel war und nichts vom Glanz der berühmten Stadt hatte, die Gegenstand ihrer Träume gewesen war.

Aber viel schlimmer war für Janine, dass sie trotz ihrer sehr guten Examensnoten in Kuba und trotz der Meinung ihrer kubanischen Schuldirektorin, sie könne jede amerikanische Universität ihrer Wahl besuchen, ihren Kindheitstraum, Ärztin zu werden, aufgeben musste. Obwohl Sigmar sie scherzhaft immer »die Medizinerin« genannt hatte, stimmte er dem langen und teuren Medizinstudium nicht zu. Er sah die besten Zukunftsaussichten seiner Töchter darin, gutverdienende Männer zu finden. Er dachte nicht darüber nach, dass Janines Chancen für eine gute Partie durch den Besuch der Universität deutlich verbessert worden wären – und sei es nur, weil sie dort junge Männer mit vielversprechender Zukunft kennengelernt hätte. Und Janine wagte es niemals, ihn umzustimmen.

Um wenigstens einen Teil ihrer Interessen wahren zu können, begnügte sich Janine damit, Sprechstundenhilfe zu werden, und besuchte die medizinische Berufsschule. Durch Zufall war dort eine von Alfred Dreyfus' Enkelinnen ihre Klassenkameradin. Ihr Vater Pierre verdiente seinen Lebensunterhalt damit, in Amerika Vorträge über die Dreyfus-Affäre zu halten.

Mit Hilfe eines Stipendiums konnte Janine das Schulgeld bezahlen, und nach dem Unterricht arbeitete sie als Sekretärin in der Schulverwaltung. Aber der Alltag aus Schule, Sandwiches am Mittag, Arbeit und gemeinsamen Abenden mit ihren Eltern sorgte dafür, dass sie nach Abwechslung suchte, vor allem, als Trudi eine ernsthafte Beziehung mit Heinz Rawitscher begann, den die beiden Schwestern noch aus Freiburg kannten.

Heinz war zwei Jahre älter als Norbert und hatte beide Mädchen in den Dreißigerjahren beim Bund Deutschjüdischer Jugend kennengelernt, wo sie alle drei Mitglied waren. Diese Gruppierung war gegründet worden, weil deutsche Juden, anders als ihre arischen Klassenkameraden, von der sie alle faszinierenden Hitlerjugend ausgeschlossen waren. Die Schwestern hatten Heinz als gutaussehenden Jungen in Erinnerung, elegant gekleidet, mit ebenmäßigen Gesichtszügen, freundlichem Auftreten und guten Manieren. Seiner Familie gehörte das Kaufhaus Modern in der Freiburger Innenstadt. Das Geschäft war arisiert worden, Heinz' Vater gestorben, und 1944 ermordeten die Nazis seine Mutter und seine Schwester. Heinz war entkommen, weil er im Alter von 16 Jahren nach Basel gegangen war, um dort eine Automechaniker-Lehre anzutreten. Er hatte die Hoffnung, mit einer abgeschlossenen Ausbildung ein amerikanisches Visum zu bekommen.

Drei Jahre später reiste er tapfer und allein nach New York und nannte sich dort, aus Rücksicht auf sein neues Heimatland, Harry Rawlings. Er war einer der wenigen Männer im wehrfähigen Alter, die nicht eingezogen worden waren – aus medizinischen Gründen –, und besuchte die beiden Schwestern Günzburger gleich nach ihrer Ankunft in der Stadt. Einige Tage später schickte er ihnen eine Postkarte. Er schrieb, dass er sich sehr gefreut habe, sie wiedergesehen zu haben, und sehr darauf hoffe, die Freundschaft fortzusetzen. An diesem Samstagabend, schrieb er, würde er um acht Uhr unter der großen Uhr des Biltmore-Hotels warten.

»Ich hoffe, dass eine von Euch kommt!«, lud er sie beide ein. Trudi entschied sich, hinzugehen – was Janine recht war, denn sie fand den Annäherungsversuch an sie beide wenig taktvoll. Für sie mussten romantische Gefühle mit einer Herausforderung verbunden sein. Es entsprach ihrem Naturell, dass ein Mann uninteressant wurde, wenn er zu leicht zu haben war, und das war es auch, was Len für sie so faszinierend machte. Bei Roland war ihr Verlangen mit ihren Bemühungen gewachsen, ihn für sich zu gewinnen. Wenn Len genug von der Ehe hatte – er hatte sie offen gewarnt, dass er nie wieder heiraten würde –, dann würde sie ihn dazu bringen, dass er ihr einen Antrag machen würde! Dass er außergewöhnlich gut aussah und andere Frauen ihn unwiderstehlich fanden, machte die Sache nur noch interessanter. Er war stark, schlagfertig, unersättlich neugierig und hinterließ überall den Eindruck, er könnte die Welt aus den Angeln heben. Er war ein Mann, auf den man sich verlassen konnte, einer, der die Dinge in die Hand nehmen und sie immer beschützen würde.

Nach allem, was sie in Europa an Schrecken und Irrsinn kennengelernt hatte, reizten sie sein unerschütterlicher Fortschrittsglaube und sein jungenhafter, typisch amerikanischer Optimismus und Idealismus. Außerdem hatte die Tatsache, dass er in Amerika geboren war, für Janine eine besondere Bedeutung. Wann immer sie in den Spiegel blickte, sah sie »das Mädchen aus einem fremden Land« – so hatte es Hannah Arendt ihrem früheren Liebhaber Martin Heidegger beschrieben, lange nachdem sie in die Vereinigten Staaten geflohen war.

Als Janine darüber nachdachte, Len zu heiraten, war sie entschlossen, zusammen mit ihrem fremden Akzent auch die verhasste Identität als Flüchtling abzulegen. Wenn sie schon nicht zu Roland nach Frankreich zurückkehren konnte, wollte sie Amerikanerin sein, mit einem Amerikaner verheiratet, und amerikanische Freunde haben. Sie wollte endlich ihr eigenes Leben anfangen, sich zu ihrer Staatsbürgerschaft bekennen und dorthin gehören, wo sie lebte. Plötzlich hatte sie es abgrundtief satt, auf die Erfüllung eines unerreichbaren Traumes zu warten. Sie wusste, dass Leonards Herkunft aus kleinen »ostjüdischen« Verhältnissen ihren Eltern nicht gefallen würde. Gleichzeitig genoss sie es, ihnen damit ein wenig zurückzuzahlen, dass sie Roland abgelehnt hatten, weil er kein Jude war.

In ihrer Fantasie verglich sie ihren Traum von einem Leben mit Roland mit der Vorstellung, Len zu heiraten, und beging aus Eigensucht den schwerwiegenden Fehler, ihm von seinem Konkurrenten aus vergangenen Tagen zu erzählen.

Es war ein Bekenntnis, das den Verlauf ihrer Ehe immer beeinflussen sollte. Bis zu ihrem Tod konnte sie nicht sagen, warum sie dieses Thema angesprochen hatte. Ihre einzige Erklärung war, dass sie ihn eifersüchtig machen wollte, um sein Verlangen nach ihr anzustacheln. Nachdem Leonard genug über den ersten Mann in ihrem Leben und über das Leid erfahren hatte, das es für sie bedeutet hatte, ihn zurücklassen zu müssen, wollte er ein

Bild seines Rivalen sehen. Danach ordnete er eine »Trennungsparty« an, mit der er die Erinnerung an Roland aus ihrem Herzen tilgen wollte. Diese rituelle Zerstörung ihrer Vergangenheit, fünf Monate nachdem sie sich kennengelernt hatten, brannte sich als so traumatisches Erlebnis in ihr Gedächtnis ein, dass sie niemals den hellbraunen Rock und den grünen Rollkragenpullover vergaß, den sie an diesem Abend getragen hatte.

Sie saßen im Wohnzimmer ihrer Eltern auf der Couch, als Sigmar mit einem Apfel und einem Messer in der Hand aus der Küche kam.

»Ich esse immer einen Apfel, bevor ich zu Bett gehe«, sagte er und deutete so an, dass es für Janine an der Zeit wäre, ihren Gast zu verabschieden. Aber nachdem sich Sigmar ins Schlafzimmer zurückgezogen hatte, verlangte Len, dass sie die Schachtel holen sollte, in der sie Rolands Bilder und die Briefe, die er ihr nach Kuba geschrieben hatte, aufbewahrte. Er sah sich alle genau an und forderte sie dann auf, sie zu zerreißen. Vielleicht hat er Recht, dachte sie. Vielleicht ist es jetzt, fünf Jahre nachdem ich ihn verlassen habe, an der Zeit, sich von der Vergangenheit zu befreien und nach vorne zu blicken. Es würde wehtun, aber es würde vielleicht auch helfen.

»Bist du im Bett, Hannele?«, rief Sigmar aus dem Schlafzimmer. Aber sie überhörte ihn und schaute Leonard an, der die Schachtel auf dem Wohnzimmertisch durchwühlte. Stück für Stück ließ er sie alle Erinnerungen an den Mann zerstören, den sie seit ihrer Jungmädchenzeit geliebt hatte. Zunächst fühlte sie noch Reue, dann wurden daraus Überzeugung und Hoffnung, dass es sie erleichtern und zu einer Art Läuterung führen würde. Angetrieben durch jahrelang unterdrückten Zorn und angestaute Sehnsucht zerriss sie die Bilder mit dem geliebten Gesicht und verfluchte Roland insgeheim für jeden Tag, den sie zum Postkasten gerannt war, ohne je den Brief vorzufinden, den sie so dringend ersehnt hatte.

»Assez, time enough, genug«, dachte sie entschlossen. Ratsch. »Bastante.« In jeder Sprache, die sie auf ihrer Flucht gelernt hatte.

Genug ist genug. Ratsch. Es ist zu spät. Sie zerriss die Fotos, zerriss sein Gesicht und starrte ihre Hände an, als ob sie nicht zu ihr gehörten. Seine dunklen Augen. Sie dachte an seine Angewohnheit, sie fest zu schließen, als ob er nach einem inneren Frieden suchte, und daran, dass sie das zunächst als Ablehnung verstanden hatte. Jetzt füllten sich ihre eigenen Augen mit Tränen der Enttäuschung. Ratsch. Sie zerriss das Bild ein zweites Mal, schaute auf das Stück Papier in ihrer linken Hand und sah nur noch einen zerfetzten Rest seines Lächelns, das sie immer verzaubert hatte. Sie dachte an die Stunden im Kino in Lyon, wo ihre eigene heimliche Liebe viel aufregender gewesen war als alles, was über die Leinwand flimmerte. Sie dachte an seine Lippen, die sich in der Dunkelheit mit ihren trafen. Sie dachte an die Schauer, die sie überliefen, wenn seine Hände ihre Haut berührten. Sie dachte an seine Küsse – Küsse, die weich und zärtlich waren, und andere, heiß und fordernd; Lippen, die auf ihrem Hals brannten und dann über ihre Wange den Weg zu ihrem sehnsüchtigen Mund fanden, der ihn begehrte und auf ihn wartete. Immer warten – warten und warten, viel zu lange. In Mulhouse und Gray, in Lyon und Havanna, und jetzt in Manhattan. Ratsch, ratsch, ratsch, ratsch, ratsch. Der Stapel aus zerrissenem Papier und Fotos wuchs vor ihr, zerstreute Mosaiksteine, die sich in einen Scheiterhaufen ihrer Liebe verwandelten.

Lens dunkler Kopf mit dem glänzenden Haar hatte sich über die Schachtel gebeugt, und er durchwühlte die Scherben ihrer Vergangenheit wie ein Antiquitätenhändler auf einem Flohmarkt. Dann sah sie das Bild, das sie so liebte, das letzte, was sie von ihm gesehen hatte. Roland allein auf dem Meer in dem kleinen Boot, das er gemietet hatte. Das Foto, das ein anderer Reisender vom Deck der »Lipari« aufgenommen hatte, an jenem letzten, unerträglichen Tag, als sie aus seinen Armen gerissen wurde. Auch der Brief lag noch in der Schachtel. Der zwölfseitige Brief, den Roland ihr in die Manteltasche gesteckt hatte, während sie den Strauß Mimosen in den Armen hielt, bei ihrem qualvollen Abschied auf dem Quai de la Joliette in Marseille. Nein! Nein! Das geliebte Bild und der wunderbare Brief waren wertvolle Schätze. Sie musste sie aufheben.

»Möchtest du etwas trinken?«, schlug sie Len beiläufig vor und beschäftigte sich damit, Papierfetzen und zerrissene Fotos vom Boden aufzulesen, die auf dem Teppich verstreut lagen. »Wir hätten Saft und ich glaube, Vater hat sogar noch eine offene Flasche Weißwein im Kühlschrank.«

Aber anders als sonst machte sie keine Anstalten, ihm etwas zu holen, deshalb stand Leonard selbst auf und ging in die Küche. In seiner Abwesenheit trocknete sie ihre Augen, nahm das Foto aus der Schachtel und ließ es hinter die braune Couch gleiten.

»Gläser sind in der Vitrine gegenüber vom Kühlschrank«, rief sie in die Küche, in der Hoffnung, Len würde nicht merken, dass ihre Stimme stockte. Dann nahm sie den dicken Umschlag mit Rolands Versprechen für ihre gemeinsame Zukunft und schob ihn ebenfalls hinter die Couch. Sie atmete erleichtert auf, als sie hörte, wie er an der Wand herunter auf den Boden rutschte.

»Wie lange wir auch getrennt sein werden, unsere Liebe wird stärker sein.« Sie kannte Rolands Prophezeiung und seinen Schwur auswendig. »Ich schwöre Dir, dass Du, wie lange wir auch warten müssen, meine Frau sein wirst. Vergiss es nie, zweifle nie daran ...«

~

Im März schnitt Janine eine Kolumne von Dorothy Dix aus der Ratgeber-Rubrik des »Daily Mirror« aus, heftete sie auf ein Blatt weißes Schreibmaschinenpapier, schrieb die Worte »HÜTE DICH!!! Bruder, HÜTE DICH!!!« an den Rand und schickte sie an Len.

> »Junger Mann, wenn du daran denkst, zu heiraten, wie ernsthaft befasst du dich damit? Machst du dir darüber ebenso viele Gedanken wie beim Kauf eines neuen Autos? Denke daran: Der Erfolg jeder Ehe hängt mehr am

Mann als an der Frau. Er trifft seine Wahl und ist verantwortlich dafür, welche Art von Mädchen er heiratet. Umgekehrt muss die Frau nehmen, was sie bekommt, und sehr oft ist er gar nicht nach ihrem Geschmack. Deshalb: Denke bei der Wahl deiner Frau mindestens ebenso gründlich nach wie beim Kauf eines neuen Autos.«

Len schrieb zurück, und seine Antwort hätte auch an die Kolumnistin der Rubrik »Eheberatung und Sex« gerichtet sein können. Der Brief begann mit einem Geständnis: »Ihr provozierender Artikel hat mich in einen bemerkenswerten Zwiespalt gestürzt.« Dann nahm er kaum verhüllt Bezug auf Janines zuvor gebrochenes Herz:

»Das Modell, das ich in diesem Frühjahr bekommen werde, ist sehr schön und ich glaube, man kann sagen, dass es ein sehr gutes Angebot ist. Es hat viele interessante Extras, die, wenn sie auch nicht neu oder von ungewöhnlichem Design sind, doch gut zu funktionieren scheinen. Es ist kein Sportwagen und auch nicht ausgefallen oder luxuriös ausgestattet, scheint aber Eigenschaften zu haben wie soliden Komfort, Stabilität, ein hübsches Äußeres und einfache Bedienbarkeit. Alles was bei vernünftiger Bewertung vorhanden sein sollte … Es schluckt alle Bodenwellen mit Leichtigkeit und nimmt einem alle Sorgen vor gefährlichen Straßen, die vor einem liegen könnten. Im Leerlauf schnurrt der Motor wohlig wie eine Katze, das Getriebe schaltet problemlos in den höchsten Gang und die Bremsen sind fast zu gut. Dennoch habe ich in der vergangenen Woche vom Hersteller dieses wunderbaren Fahrzeugs erfahren, dass ich, bevor ich mich völlig zum Narren mache, genau über die Folgen nachdenken sollte, die ein früherer Unfall für den Wagen gehabt hat.

Eine vorsichtige und gründliche wissenschaftliche Untersuchung hat nämlich ergeben, dass er erheblichen Schaden genommen hat…
Jetzt muss ich bald zu einer Entscheidung kommen, sonst könnte es sein, dass ein anderer die Gelegenheit wahrnimmt und ich mich in einem Zustand der Mutlosigkeit und der Verwirrung wiederfinde, der sich aus den erwähnten Überlegungen ergibt. Ich hoffe auf Ihren klugen Rat und darauf, dass Sie mir helfen können, dieses drängende Problem zu lösen.«

Als Antwort darauf entwickelte Janine einen Plan, mit dem sie Len dazu bringen wollte, ihr einen Heiratsantrag zu machen. Ich war noch ein Kind, als sie mir davon erzählte, und ich war ziemlich schockiert, genauso wie Len, dem sie es ebenfalls einmal gebeichtet hatte. Erst viele Jahre später gab sie zu: »Mit meinem überstürzten Vorgehen habe ich mir selbst etwas vorgemacht. Ich habe den Mann, den ich geheiratet habe, ja gar nicht gekannt.«

Ein Ereignis dieses Sommers spielte Janine in die Karten. Im Frühjahr war Tante Marie aus Lyon für einige Monate nach New York gekommen. Sie trauerte noch immer um Mimi, Bella und ihre drei Enkelkinder, die in Auschwitz umgebracht worden waren, und war auf der »SS Mauretania« in die Staaten gekommen, um bei ihren Brüdern Sigmar und Heinrich und bei ihrer Schwester Sara in Cleveland Trost zu suchen. Als Janine sie eines Abends fragte, ob Marie ihr für einige Tage das Rückfahrticket leihen würde, weil sie ihrem Freund einen Streich spielen wollte, war Tante Marie zwar erstaunt, willigte aber ein.

»Ich habe eine Passage nach Frankreich gebucht«, eröffnete Janine kurz darauf Leonard mit unschuldigem Gesichtsausdruck und wedelte mit dem Ticket vor seinen Augen. Sie hoffte, ihre Absicht, die USA zu verlassen, würde ihn dazu bringen, ihr einen Heiratsantrag zu machen. Sie wusste, dass er sofort an Roland denken würde.

»Du willst ohne mich fahren?«, fragte Len, offensichtlich genauso überrascht, wie sie es beabsichtigt hatte, und griff nach ihrer Hand.

»Warum nicht«, antwortete sie, »eigentlich gibt es hier nichts, was mich hält.«

»Gut, dann komme ich mit«, sagte er. »Ich nehme frei.«

»Kommt gar nicht in Frage. Stell dir vor, was Vater sagt, wenn er erfährt, dass wir zusammen verreisen wollen, ohne verheiratet zu sein?« Sie schüttelte den Kopf und lachte.

»Okay, dann heiraten wir eben.«

»Lass dir Zeit und denk lieber noch mal darüber nach«, antwortete sie, um ihr Gewissen zu beruhigen.

»Nicht nötig. Ich habe mich entschieden.«

»Wenn das so ist«, sagte sie, »können wir auch hierbleiben«, und steckte das Ticket zurück in ihre Tasche. »Wir brauchen eine Wohnung, wie sollen wir dann eine solche Reise bezahlen?«

Am nächsten Morgen gab Janine Tante Marie das Ticket zurück und teilte ihr mit, dass sie sich verlobt habe, vorausgesetzt, ihre Eltern stimmten zu. Aber lange wollte sie nicht mehr warten. Obwohl bis zu ihrem 25. Geburtstag noch mehr als ein Jahr Zeit war, fürchtete sie sich vor einem in Frankreich üblichen Brauch. Dort überreichte man einer unverheirateten Frau mit 25 das »Bonnet de Sainte Catherina«, die »Haube der Heiligen Katharina«, als Zeichen dafür, dass sie nun eine »Alte Jungfer« war.

Zu meinem 25. Geburtstag nähte mir meine Mutter ein sehr feines »Bonnet de Sainte Catherine«. Sie bestickte es mit rosa und lavendelfarbenen Blütenzweigen, wickelte es mit diebischer Freude in Seidenpapier und legte es in einer Silberschatulle, die sie beim New Yorker Juwelier Bergdorf Goodman erstanden hatte, feierlich auf mein Bett. Bis heute erinnere ich mich, wie mir vor Ärger die Worte wegblieben, als ich das Seidenband von dem ungewöhnlich wertvoll aussehenden Päckchen löste und sah, was sie mir schenkte. Zumal Bergdorf nicht gerade zu den Geschäften gehörte, in denen meine Mutter, die sehr sparsam war, normalerweise einkaufte.

Gleichwohl hatte ihre Botschaft Erfolg. Vermutlich hatte sie sich eingebildet, Hochzeitsglocken zu hören. Nur zwei Monate später heiratete ich tatsächlich. Allerdings war es eine überstürzte Entscheidung und meine Ehe hatte auch nur kurze Zeit Bestand. Dennoch waren meine beiden Eltern überzeugt, dass es besser war, geschieden zu sein, als nie geheiratet zu haben. Mit 25 unverheiratet? Beide waren der Ansicht, dass der Eindruck, übergangen worden zu sein, andere Verehrer, die nicht verstanden, warum ich noch Single war, abschrecken würde.

In Janines Fall erhöhte auch der Wettstreit unter den Geschwistern den Druck auf sie, weil Trudi und Harry Rawlings im Frühjahr 1947 erklärt hatten, sie würden heiraten. Untersuchungen aus den späten 1940er-Jahren haben ergeben, dass 62 Prozent aller jüdischen Männer, die aus Deutschland nach Amerika geflohen waren, sich für Frauen entschieden, die ebenfalls deutsch-jüdische Flüchtlinge waren. Was meine Tante und meinen Onkel angeht, erinnere ich lieber an die Freiburger Weisheit, die besagt, dass jeder Eingeborene, der in ein »Bächle«, einen der von Schwarzwaldwasser gespeisten Kanäle, tritt, ein anderes Freiburger »Bobbele« heiratet.

Trudis Hochzeit war für den 15. Juni festgesetzt worden, und Janine fand es wenig reizvoll, weiter alleine bei ihren Eltern zu leben, nachdem ihre Schwester ausgezogen war. Samstagabends, wenn sie Gäste hatten und Len auf einer seiner Geschäftsreisen war, ermutigte Alice ihre ältere Tochter, lieber auf ihrem Zimmer zu bleiben, als von ihren Freunden gesehen zu werden, die darüber tuscheln würden, wieso sie nicht ausging.

»Ich hätte Verständnis, wenn du nicht kommst, um die Gäste zu begrüßen«, sagte Alice mit mitleidigem Tonfall. »Ich sage ihnen einfach, du fühlst dich nicht wohl.«

Dennoch hatte Alice keine eindeutige Meinung, wenn es um Leonard ging. Sie war überwältigt vom guten Aussehen des jungen Mannes, seinem stürmischen Auftreten und seiner Freundlichkeit ihr gegenüber, sie musste einfach bewundern, was für einen »schönen Menschen« Janine erobert hatte, war aber wegen seiner Herkunft besorgt.

»Wie kannst du einen Mann heiraten, wenn wir nicht einmal seine Familiengeschichte kennen?«, sorgte sich Alice über mögliche Erbkrankheiten. »Was, wenn es in seiner Familie Geisteskrankheiten gibt? Wie können wir das herausfinden? Wirklich, wir wissen überhaupt nichts.«

Er sei ihr ein Rätsel, sagte sie und äußerte den Wunsch, in seinen Kopf hineinsehen zu können, um seine Gedanken zu »lesen« – ein Wunsch, den ich, zugegebenermaßen, öfter teilte. Aber Leonard blieb immer ein faszinierendes Rätsel, ein schwieriger, sprunghafter Mann mit einem herausragenden, hellwachen Verstand und klaren Grundsätzen, der sich zugleich aber auch zurückzog, ein Mann, der sich nach der Bestätigung in der Liebe sehnte, aber niemals gelernt hatte, sie zu geben oder anzunehmen.

Sigmar sah die Verbindung ebenfalls mit gemischten Gefühlen. Um sein Schuldeutsch aufzupolieren, hatte sich Leonard wiederholt bemüht, sich mit Sigmar in dessen Sprache zu unterhalten, was ihm leichtfiel, da sein künftiger Schwiegervater schlecht hörte. Aber obwohl sich Sigmar immer darauf freute, mit Janines lebhaftem amerikanischen Verehrer über Politik und Wirtschaft zu reden, erhob er unerwartet Einwände, als Len offiziell um die Hand seiner Tochter anhielt.

»C'est un prince!« Er ist ein Prinz! Tante Marie war die Erste, die für Leonard Partei ergriff. Aber Sigmar wollte erst Lens Scheidungsurteil sehen und äußerte dann Zweifel, ob er wirklich Jude sei. Janine war das so peinlich, dass sie sich im Badezimmer einschloss, als ihr Vater ihn prüfte. Zunächst setzte Sigmar eine Jarmulke auf das glatte schwarze Haar des jungen Mannes und trat kurz zwei Schritte zurück, um den Anblick feierlich abzuschätzen. Fast war es, als ob er erwartete, die Kippa könne ihm anzeigen, dass der Kopf, auf dem sie saß, in Wahrheit nicht berechtigt war, sie zu tragen. Dann legte Sigmar ihm ein Gebetbuch auf den Tisch und forderte ihn auf, darin zu lesen. Len öffnete es auf der falschen Seite und offenbarte damit, dass er die hebräische Schreibweise von rechts nach links nicht gewohnt war.

Als Sigmar und Alice herausfanden, dass Leonard Maitlands Eltern – Fanny und Bernard Friedman – zweifellos Juden waren, aber Immigranten aus kleinen Verhältnissen und aus »Hinterberlin«, östlich von Berlin, verdüsterte sich Sigmars und Alice' Urteil über die Wahl ihrer Tochter. Das Gefühl der Überlegenheit, das deutsche Juden lange Zeit gegenüber ihren Brüdern aus Osteuropa empfunden hatten, überlebte sogar Hitlers Bemühungen, alle Juden zu vernichten, unabhängig davon, woher sie kamen oder welche gesellschaftliche Stellung sie hatten.

»Du machst dir dein Bett, und du musst darin liegen«, warnte Sigmar Janine, als er widerwillig der Hochzeit zustimmte. Auch wenn sich seine Einwände am Ende als nicht völlig ungerechtfertigt herausstellten, waren doch die Gründe für die problematische Ehe der beiden andere als die, die er vorhergesagt hatte.

~

Janine behielt ihre Hochzeit in diesem Sommer nicht als besonders erfreuliches Ereignis in Erinnerung. Sie schreckte davor zurück, ihre Eltern, so kurz nachdem Trudi geheiratet hatte, schon wieder mit den Kosten für eine große Feier zu belasten. Deshalb nahm sie erfreut das Angebot von Estelle und Herbert an, die Hochzeit Ende Juli mit einer Nachmittagsparty in deren feudalem Landhaus auf Long Island zu feiern.

Weil Ehen nicht am Schabbat geschlossen werden dürfen, hätte die Trauung am Sonntag, dem 27. Juli stattfinden müssen. Aber natürlich kam für Janine der 27. als Unheil bringendes Datum nicht in Frage, und so wählte sie den 28. Juli, einen Montag, was die Anzahl der Gäste begrenzte, denn nicht jeder, der geladen war, konnte sich frei nehmen. Auch Norbert, der keine Party ausließ, fehlte, weil er noch bei der Army in Deutschland war. Um die Gästeliste aufzufüllen, luden Estelle und Herbert ihre Freunde aus dem Country Club ein, und Braut und Bräutigam fühlten sich unwohl, in einem Kreis fremder Menschen zu heiraten, die sie nicht kannten und die an ihnen kein Interesse hatten.

Unabhängig von der Organisation des Festes gab es einen kleineren Streit über das Brautkleid. Janine, wie immer praktisch denkend, lehnte weiß ab, weil sie das Kleid auch später tragen wollte, und entschied sich für blau. Aber als Leonards dominante Schwester sie dazu bringen wollte, ein dunkelblaues Taftkleid mit tiefem Ausschnitt zu kaufen, mischte sich Estelle ein.

»Du bist es, die hier heiratet, Denk daran!«, sagte Estelle, die fand, dass das, was Mona als »atemberaubend« bezeichnete, zu aufreizend und zu ausgefallen für eine jungfräuliche Braut war. Stattdessen nahm Estelle Janine in ihren Lieblingsladen auf der Park Avenue mit und kaufte ihr ein schulterfreies, hellblaues Chiffonkleid mit schmaler Taille und einem bodenlangen, fließenden Plisseerock. Dazu suchte Estelle ein Diadem aus Blumen aus und lieh ihr ihr eigenes Collier aus unterschiedlich großen Perlen und weiße Spitzenhandschuhe, die bis über die Ellenbogen reichten.

Die einzige Musik kam aus dem Grammophon. Es war das Hochzeitslied »Because God Made You Mine« – Weil Gott Dich Mir Gegeben Hat. Janine fand den Text mit Blick auf die Macht der Geschichte passend, weil sich jetzt, nach einem halben Jahrhundert der Verfolgung, zwei Menschen aus zwei verschiedenen Welten hier in einem amerikanischen Garten das Jawort gaben.

Aber weil Sigmar die Musik kaum hörte, konnte er auch nicht zu ihrem, dem Ereignis angemessenen, langsamen Takt marschieren. Stattdessen schob er seine Tochter ungestüm mit ihren silbernen Sandalen über den graswachsenen Weg zur Chuppa, dem traditionellen, von vier Säulen getragenen und an diesem Tag mit Blättern gedeckten Hochzeitsbaldachin, der das neue Heim der Frischvermählten symbolisieren sollte. Lange Seidenbänder flatterten von Janines Brautstrauß, als Vater und Tochter an den wenigen Spalier stehenden Gästen vorüberhasteten.

»Because God Made You Mine« – Janine und Len heiraten am Montag, 28. Juli 1947 im Sommerhaus der Winters in Sea Cliff, Long Island

Auf den Hochzeitsbildern blickt Sigmar in seinem zweireihigen, grauen Nadelstreifenanzug ernst in die Welt, Janine schaut sogar ein wenig traurig, das festliche Diadem aus weißen Blüten, an dem der Schleier befestigt ist, passt nicht zu ihrem abwesenden Gesichtsausdruck.

»Mein Gott, was tue ich eigentlich hier?«, fragte sich Janine plötzlich, von Panik erfasst, und bemühte sich gleichzeitig vergeblich, den Arm ihres Vaters zu drücken, um seinen Gang zu verlangsamen. Ein Paar kann auf viele verschiedene Arten auseinandergehen, aber als Janine und Roland sich trennten, hatte der freie Wille keine Rolle gespielt. Und sogar jetzt, an ihrem Hochzeitstag, dachte sie daran, dass sie niemals freiwillig ihrer ersten großen Liebe abgeschworen hatte – sie war immer noch da, wie ein Traum, der, flüchtig wie ein Schmetterling, über dem Eheversprechen schwebte, das sie abgeben würde. Sie spürte Roland, auch an diesem Ort und in diesem Augenblick – die Liebe der unschuldigen Jahre ihrer Jugend, bevor der Krieg sie gelehrt hatte, dass Zeit und Ereignisse stärker sein konnten als eigene Vorsätze und die Absicht, an ihnen festzuhalten.

»Möge Eure Liebe so hell brennen wie diese Kerzen!«, das war der Segen des Rabbis, als er Janine und Leonard vor einem mit Stoff behängten Tisch aus Weidengeflecht, auf dem zwei silberne Kerzenleuchter standen, zu Mann und Frau erklärte. Aber ein plötzlicher Windstoß löschte die Flammen, und Janine erschauderte in ihrem hellblauen Chiffonkleid mit Schleppe, das so leicht war wie ein Kuss, und starrte auf die feinen Rauchfähnchen, die von sechs schwarzen Dochten aufstiegen wie Gespenster. Leonard hatte den breiten goldenen Ring schon auf ihren Finger geschoben, und sie dachte daran, dass auf die Innenseite ihrer beiden Ringe drei Worte eingraviert waren: »à toi toujours«, immer Dein. Es war ein Versprechen in französischer Sprache, aber sie tauschte es mit einem amerikanischen Ehemann, der die Bedeutung nicht erahnte.

Am Abend brachten die beiden Frischvermählten zuerst Alice und Sigmar in Lens rumpelndem schwarzen Buick-Cabriolet aus dem Baujahr 1935, den er »Jackson« nannte, nach Hause und fuhren dann weiter zum luxuriösen Hotel Pierre an der Kreuzung Fifth Avenue und 61. Straße, wo sie auf Janines Wunsch ihre Hochzeitsnacht verbringen wollten. Weil es ihr peinlich war, in diesem Wrack von einem Auto vorzufahren, bestand sie darauf, dass Len ihn einige Blocks entfernt parkte. Und tatsächlich hielt »Jackson« während ihrer ganzen Hochzeitsreise brav durch und brachte sie sicher wieder zurück zur Tür ihrer Eltern. Das waren seine letzten Kilometer, danach weigerte er sich, anzuspringen.

Ein riesiger Strauß weißer Gladiolen begrüßte Janine in ihrem Zimmer im Hotel Pierre. Es waren Lens Lieblingsblumen, »the biggest bang for the buck«, die größte Menge Blumen, die man für sein Geld bekam – sie waren groß, machten etwas her und hielten lange. Bis zu seinem Lebensende würde er ihr diese Blumen schenken. Janine sagte ihm nie, dass sie die blütenumkränzten Totempfähle als anstößig empfand, steif und stillos mit ihren einzelnen Blüten von protziger Schönheit, auch wenn sie sie nach Lens Tod aus Nostalgie selbst kaufte.

Aber in ihrer ersten gemeinsamen Nacht beobachtete sie die Blumen argwöhnisch, im Ungewissen über ihr künftiges Leben.

*Gladiolen zu jedem Geburtstag – diesmal in
Glen Head, Long Island, 1949*

Als sie endlich aus dem Badezimmer kam in ihrem duftigen weißen Negligé – sie hatte sich die Zeit genommen und ihre Strümpfe und ihre gesamte Unterwäsche gewaschen, in der Hoffnung, dass sie über Nacht trocknen würden –, hatte sich ihr frischgebackener Ehemann einen blendend weißen Pyjama mit dunkelblauen Paspeln angezogen. Er saß am Fenster, wartete auf sie und blickte geduldig hinaus auf die dunklen Bäume des Central Parks. Mit plötzlich aufwallender Freude gestand sich Janine ein, dass ihr Ehemann, wie ihre Tante Marie es dargestellt hatte, aussah wie ein erhabener Prinz, der über sein Reich hinwegblickte. Sie sollte glücklich sein, einen solchen Mann geheiratet zu haben.

Len hörte ihre Schritte, drehte seinen Kopf, hob erwartungsvoll seine dunklen Augenbrauen und gab ihr ein Zeichen, näherzukommen, damit sie das Brüllen der Löwen hören konnte, die im nahegelegenen Zoo in ihren Käfigen auf- und abgingen. Er zog sie zart in seine Arme.

»Oh, ich dachte, du hättest gebrüllt«, sagte sie und strich über sein Haar.

»Ich habe auch gebrüllt«, sagte er, »jeder Löwe, der auf sich hält, hätte gebrüllt, wenn er so lange warten müsste wie ich.«

Als die Frischvermählten am nächsten Tag ihre Hochzeitsreise antraten, bestand Janine auf einem Umweg, um Alice die Gladiolen zu bringen. Sie fuhren weiter, verbrachten ein paar glückliche Tage im ländlichen Hotel Paradox Lake in den Adirondacks und reisten von dort aus weiter nach Montreal. Aus Kanada schrieb jeder der beiden an Sigmar und Alice. Len schwärmte von seiner neuen Frau.

> »Janine ist hier das bei weitem hübscheste Mädchen, und wenn ich sie mir so ansehe, meine ich, sie sollte eigentlich Miss America sein – sie wird mit jedem Tag schöner, gesünder, selbstsicherer und gelassener. Wenn ich sie dabei beobachte, wie sie sich um uns beide kümmert, und

sehe, wie schön und lieb sie ist, bin ich sicher, dass sie die wunderbarste Frau auf der Welt ist, und kann kaum glauben, dass ich so viel Glück habe und dass das alles wirklich wahr ist.«

Aber welche Spiele kann das Leben spielen, welche Geheimnisse lenken unsere Wege und bestimmen unsere Ziele? Janine und Len begannen ihr Leben als Paar in derselben Stadt, in der Roland knapp zwei Jahre später aus Frankreich eintraf, entschlossen, die Frau zurückzugewinnen, die er heiraten wollte.

NEUNZEHN

Liebesbriefe

Fast zwei Jahre nachdem meine Eltern geheiratet hatten, kam ich auf die Welt, wie wir alle mit dem Nachteil, dass ich nicht wusste, was vorher geschehen war. Welches Kind könnte das begreifen? Unwissend fallen wir in den Schoß der Zeit und versuchen, die Vergangenheit aus Bruchstücken zusammenzufügen. Wir wundern uns über geheimnisvolle Narben, wir meinen, den Geruch von Zweifeln wahrzunehmen, und wir stolpern über Reste von Träumen, die überall im Innenleben unserer Familie verstreut liegen. Jahre vergehen, bis wir wissen, wohin wir gehören. Und dennoch: Wenn wir in der Morgendämmerung unseres Lebens unsere Augen öffnen, glauben wir, dass die Welt erst mit uns begonnen hat.

Als ich Teil der Geschichte wurde, die ich zu erzählen versuche, war ich – eines meiner seltenen Male – zu früh. Nach nur acht Monaten kam ich vorzeitig zur Welt, weshalb ich mich offensichtlich benachteiligt fühlte. Später musste ich mir viele Male anhören, dass ich in meinem Kinderbettchen so wild gestrampelt und um mich getreten hätte, dass die Schwestern mir die Beine zusammenbinden mussten, damit ich mich nicht selbst verletzte. Noch im Krankenhaus warnten sie meine Mutter, es sähe so aus, als ob sie es mit einem ausgesprochen schwierigen Fall zu tun bekäme.

Vielleicht trug diese pessimistische Sicht des Krankenhauspersonals ja mit dazu bei, dass sie schlechte Laune hatte, als mein Vater uns beide erst am Nachmittag des folgenden Tages in der Klinik besuchte. Er stürmte in ihr Zimmer, mit einer neuen Krawatte um den Hals, auf der stolz, mit gelben Buchstaben auf weinrotem Grund, vom Kragen bis zum Gürtel, die Botschaft stand: »It's a Girl! It's a Girl! It's a Girl!«

Aber das war noch nicht alles. Er hatte ein Dutzend kleine, duftende Gardeniensträußchen zum Anstecken mitgebracht und heftete sie nun nacheinander allen Schwestern der Entbindungsstation an die Uniform. Als er zum Bett meiner Mutter zurückkehrte, war der Karton mit dem grünen Seidenpapier, in den die Gärtnerei die Sträuße eingepackt hatte, leer: In einem Anfall von Großzügigkeit hatte Len alle Blumen verschenkt und nicht darauf geachtet, einen Strauß für seine Frau aufzuheben. So fing es an. Der erste Streit zwischen meinen Eltern, den ich miterlebte, hatte seine Ursache im zwanghaften Bemühen meines Vaters, andere Frauen zu erfreuen.

»Um Himmels willen, nimm die auch noch«, sagte Janine und zeigte auf das großzügige Arrangement langstieliger roter Rosen, die ihr Norbert, der noch in Deutschland war, geschickt hatte. »Es gibt bestimmt noch einige Schwestern, denen du nichts geschenkt hast, du kannst es ja mal auf dem nächsten Stockwerk versuchen.« Später am Abend, als Len nach Hause gegangen war – und bevor eine der Schwestern, die er bezaubert hatte, mich aus dem Zimmer brachte, damit ich bei den anderen Neugeborenen schlafen konnte –, gaben meine Mutter und ich uns gemeinsam unseren postnatalen Tränen hin. Es war nicht das letzte Mal, dass mein Vater uns Anlass zum Weinen gab.

~

Eine der Vorbedingungen Janines für ihre Ehe mit Len war ihre Weigerung, von ihren Eltern fortzugehen. Sie hatte sie nicht wegen Roland verlassen, und jetzt, wo sie einen anderen geheiratet hatte, konnte nichts in der Welt sie dazu bringen, wegzuziehen. Als Herbert Len eine Stellung anbot, sorgte Janine, obwohl es der Einstieg in eine große Karriere hätte sein können, dafür, dass er ablehnte, weil damit eine halbjährige Tätigkeit in Japan verbunden gewesen wäre. Sie weigerte sich, New York zu verlassen, nicht einmal vorübergehend. Widerstrebend lehnte Len Herberts Angebot ab und arbeitete weiter als Vertreter für Vertriebstechnik, was ihn zu einem rastlosen Handlungsreisenden machte. Weitere sechs Jahre später begleitete Janine ihn auf eine Dienstreise nach Kalifornien, und auch dort verzichtete Len aus Rücksicht auf sie auf ein lukratives Angebot, weil das mit einem Umzug nach Los Angeles verbunden gewesen wäre.

»Die Leute hier erzählen mir dauernd, was für einen außerordentlich fähigen Ehemann ich habe, und sie haben ihm einen sehr wichtigen Job in der Fabrik angeboten, den er sehr gerne angenommen hätte«, schrieb Janine an Trudi. Aber der Chef der Firma habe ihr gesagt, dass Len das Angebot aus »Rücksicht« auf ihre Bindung an ihre Familie ausgeschlagen habe, »die in den Problemen begründet sei, die sie gemeinsam mit ihren Eltern durchgestanden hätte«. Trudi gegenüber gab sie zu: »Ich habe gar nicht gewusst, dass er so viel Verständnis aufbringt.«

Janine arbeitete jetzt für den Chefarzt der Kardiologie im Mount Sinai Hospital, und im Haushalt sorgte Len für die Wäsche und die groben Putzarbeiten. Jeden Montagabend feierte er ihre Hochzeit, die an einem Montag stattgefunden hatte, mit einem anderen Geschenk. Zum ersten Jahrestag überreichte er seiner Frau einen handgeschriebenen Zettel – einen »Gutschein«, wie ihre Eltern sagten –, mit dem er versprach, ihr später einen Diamantring zu kaufen. Es war ein Angebot, das sie nie einlöste. Sie wusste, dass er sich das nicht leisten konnte. Glücklich tauchte Len in den Kreis der Familie ein und wurde nun »Leonardle« genannt, das war der badische Kosename, den Alice ihm als Beweis ihrer wachsenden Zuneigung gegeben hatte.

Er empfand es anfangs als glückliche Fügung, dass sie nur wenige Schritte von seinen Schwiegereltern entfernt eine eigene

Wohnung fanden. Da die Wohnungsnot nach dem Krieg groß war, mussten auch sie dem Hausverwalter 500 Dollar bezahlen und mieteten dann ein Apartment direkt gegenüber von Janines Eltern auf demselben Flur. Ein Penthouse auf der Fifth Avenue hätte ihr nicht besser gefallen.

Von Anfang an verbrachten Janine und Trudi und ihre Männer viel Zeit miteinander. An einem schwülen Sommerabend, ein Jahr nach ihrer Hochzeit, sie hatten schon einige Runden Canasta gespielt, teilte Trudi ihnen alarmierende Neuigkeiten mit. Sie war am Nachmittag mit Alice, die eine schmerzhafte Entzündung im Mund hatte, zum Zahnarzt gegangen. Der Zahnarzt hielt es für möglich, dass die Wunde ihrer Mutter ein Krebsgeschwür sein könnte.

»Um Himmels willen, nein!«, brach es aus Janine heraus. »Hoffentlich werde ich schnell schwanger! Wenn etwas mit Mutter passiert, muss jemand da sein, den ich liebhaben kann!«

Sie warf die Worte hin, ohne darüber nachzudenken, so wie man beim Spiel unpassende Karten ablegt, und Len tat so, als ob er es nicht gehört hätte. Erst hinterher fiel ihr ein, dass ihre Worte falsch verstanden worden sein könnten. Sie fühlte sich schuldig, auch wenn sich an ihrem Ziel nichts änderte. Als der Sommer zu Ende ging und sich herausstellte, dass die Sorgen um Alice unbegründet waren, sahen Trudi und Janine Mutterfreuden entgegen. Sie trugen sogar eine Art Wettstreit aus, denn beide waren innerhalb weniger Wochen schwanger geworden, sodass Trudis Tochter Lynne gerade einmal zwanzig Tage vor mir auf die Welt kam.

»Was geht einem Mann durch den Kopf, wenn er 700 Meilen nach Hause fährt und nicht einen Cent verdient hat?« So beschrieb Arthur Miller im Jahre meiner Geburt die Misere des Handlungsreisenden. Im Falle meines Vaters geben seine im März 1949 von unterwegs geschriebenen Briefe wieder, wie schwer er daran trug, nicht in seinem gemütlichen Heim bei seiner schwangeren Frau zu sein.

Trudi mit Lynne (l.) und Janine mit Leslie

»Ich bin ganz allein in der großen Welt«, schrieb er Janine in deutscher Sprache aus Hudson, New York, und wiederholte dabei die Worte, die sie, wie er wusste, in ihrer Kindheit während ihres Aufenthalts in der Abgeschiedenheit der Alpen benutzt hatte. »Ich bin so einsam ohne Dich und kann es nicht erwarten, zu Dir nach Hause zu kommen«, klagte er aus Syracuse. »Es ist schrecklich, nicht nahe genug bei Dir zu sein, um Dich tagsüber anzurufen, und die Nächte sind unerträglich.«

Ich fand die Briefe meines leidenden, jugendlichen Vaters erst nach seinem Tod, und sie waren eine Entdeckung für mich, die das Bild, das ich von ihm hatte, grundlegend veränderte. Noch heute lese ich sie mit einem überwältigenden Gefühl des Verlustes. Wie gerne hätte ich diesen zärtlichen, leidenschaftlichen, verletzlichen Mann kennengelernt.

»Syracuse – Meine Liebste, ich denke dauernd an Dich und bete, dass es Dir gut geht – ich vermisse Dich so schrecklich, dass mir manchmal ganz schlecht wird... Es macht mich so nervös und unruhig, fort zu sein. Das Einzige, woran ich denken kann, ist, hier fertig zu werden und nach Hause zu kommen... Mein Darling, ich liebe Dich so sehr und möchte Dich immer bei mir haben... Ich war ein braver Junge und habe nichts Böses getan – Du wärest stolz auf mich. Aber ich sehne mich nach niemandem außer Dir... Nimm mich heute Nacht in Deine Arme. Ich brauche Dich und liebe Dich von ganzem Herzen. Len«

Fast jeden Tag rief er Janine an und legte seine Reisen auch an weiter entfernt gelegene Orte im Staat New York so, dass er so schnell wie möglich wieder zu ihr nach Hause fahren konnte. »Mehr und mehr«, schrieb er aus Utica, »wird mir klar, dass mein Familienleben wirklich das Wichtigste für mich ist und dass ich es nicht erwarten kann, nach Hause zu kommen und es mit der Frau meiner Träume fortzusetzen.« Die Sehnsucht nach ihr nahm ihm die Geduld, für sein staatliches Ingenieursexamen zu lernen, und er machte sich auch darüber Sorgen, ob es ihm gelänge, für ausreichend gute Verkaufszahlen zu sorgen, um seinem Chef gegenüber die Reisekosten rechtfertigen zu können. »Ich reiße Bäume aus, um Geschäfte anzustoßen«, schrieb er, »aber der Markt ist so schlecht, dass jeder Verkauf, und sei er noch so unbedeutend, mir vorkommt, als müsste ich einen Zahn ziehen – einen eingewachsenen Backenzahn.«

Der Brief, der mich am meisten berührte, war einer, der zeigte, wie wenig Leonard verstand, mit welchem Rivalen er es zu tun hatte. Was dachte sich Janine wohl, als er die Hymne ihrer großen Liebe auf sich übertrug? »J'attendrai« war das Liebeslied aus zweiter Hand, das Len laut in seinem Hotelzimmer sang, um seine Einsamkeit zu überwinden. Er konnte nicht wissen, dass dieses Lied für sie unwiderruflich zu einem anderen Mann gehörte und dass sein Text, der von Verlust und Sehnsucht handelte, vor ihrem geistigen Auge Roland auferstehen ließ.

> »Ich vermisse Dich muchissimo und frage mich, wie ich überhaupt ohne Dich einschlafen kann. Ich bin so allein, dass ich Selbstgespräche führe, um überhaupt mit jemandem zu reden, und singe dann für Dich ›J'attendrai‹ als Zugabe. Noch ein paar Tage mehr und ich werde verrückt. Wundere Dich deshalb nicht, wenn ich Dir bei meiner Rückkehr zunächst etwas merkwürdig vorkomme. Ich liebe mein Mädchen und bete sie an – Du weißt, wen ich meine –, ja, Hannele, sag ihr das, wenn Du kannst. All meine Liebe und tausend Küsse und Umarmungen, Len«

Wenn ich diesen Brief des ungeduldigen und jungenhaften Ehemannes lese, kommt es mir vor, als ginge er durch das Minenfeld ihrer Ehe, wie er über das offene Gelände der Industrieanlagen ging, die er bereiste. Aber dieses Minenfeld bestand aus den übermächtigen Erinnerungen an einen unsichtbaren Rivalen. Len, Janine und Roland – jeder von ihnen betrogen durch die Liebe und den Krieg.

∼

Im Herbst 1948 verließen Sigmar und Alice die Stadt, um einige Wochen bei Heinrichs Familie in Buffalo zu verbringen. Diese alljährliche Pilgerfahrt und ein zweiwöchiger Sommerurlaub an einem See in den Catskills – den er lesend und sie strickend verbrachte – waren die einzige Auszeit, die sie sich von der Abgeschiedenheit ihrer kleinen Wohnung nahmen, wo der Tagesablauf durch Routine und Sparsamkeit geprägt war. Weil Sigmar schon 62 war, als sie in den Staaten eintrafen, hatte er gar nicht mehr versucht, eine Arbeit zu finden.

Stattdessen bemühte er sich, die Geheimnisse von Geldanlagen an der Börse zu ergründen – obwohl seine Hoffnung, ausreichend Kapital dafür zur Verfügung zu haben, einen deutlichen Dämpfer erhielt, als sich herausstellte, dass die große Erbschaft, auf die er gehofft hatte, erheblich kleiner war als erwartet. Das zunächst große Vermächtnis, das ihm ein reicher älterer Bruder hinterlassen hatte, war in all den Jahren, in denen er es nicht in Anspruch nehmen und nicht selbst anlegen konnte, deutlich geschrumpft. Hinzu kam, dass die Witwe eines anderen Bruders, der viele Jahre zuvor kinderlos gestorben war und seinen Geschwistern beträchtliches Grundeigentum und einen großzügigen Nachlass vererbt hatte, es schaffte, das Testament zu ihrem Vorteil zu umgehen. Aber als Sigmars noch lebender Bruder und seine Schwestern die Witwe verklagten, um an die ihnen zustehenden Anteile zu kommen, weigerte Sigmar sich, mitzumachen.

»Ich soll die Witwe meines Bruders verklagen?«, fragte er ungläubig und verurteilte die Klage seiner Geschwister als abwegige Maßnahme, unabhängig von den finanziellen Möglichkeiten seiner Schwägerin oder ihren Versuchen, sie zu übervorteilen.

Mit dem Geld, das Sigmar durch seine erste Erbschaft erhalten hatte, bezahlte er seine Schulden mit Zinsen an Herbert, Maurice und Edy zurück, und was übrigblieb, versuchte er zu investieren. Jeden Tag fuhr er zur Wall Street, um Seite an Seite mit seinem Cousin Max, der Broker werden wollte, das Börsensystem verstehen zu lernen. Aber für die riskanten Spekulationen des Aktienmarktes erwies sich seine späte Lehrlingszeit eher als teuer denn als profitabel. Er beobachtete, mal in hilfloser Unentschlossenheit, dann in Treue zu den wenigen Aktien, die er als seine »Lieblinge« bezeichnete, wie der Wert seiner Anlagen fiel. Deshalb bat er Janine eines Tages, als er in Buffalo war, in seinen Unterlagen den Einkaufspreis von Aktien zu überprüfen, die jetzt im Begriff waren, immer weiter zu fallen.

Die Jalousien waren heruntergelassen und die Wohnung ihrer Eltern im zweiten Stock war aufgeräumt und sauber wie immer.

Janine, im dritten Monat schwanger, setzte sich an den Mahagoni-Sekretär im Wohnzimmer ihres Vaters. Über ihrem Kopf hing ein großes, gerahmtes Bild von Präsident Franklin D. Roosevelt, das die Dankbarkeit ihres Vaters gegenüber seinem neuen Heimatland ausdrückte. Sigmar hatte jahrelang unter den Augen von Hitler und Pétain, die ihn überall beobachteten, gelebt und hatte, was für ihn ungewöhnlich war, diese künstlerische Huldigung an »FDR«, groß wie ein Plakat, angeschafft, im Glauben, der von vielen jüdischen Flüchtlingen geteilt wurde, dass der Kriegspräsident sein Bestes getan hatte, sie zu retten.

Dass Roosevelt die Tore für die Einwanderung der europäischen Opfer nirgendwo auch nur annähernd so weit geöffnet hatte, wie er es hätte tun können, oder dass seine Regierung sich geweigert hatte, den jüdischen Forderungen nachzugeben und die Eisenbahnlinien zu den Todeslagern zu bombardieren, war etwas, was man zu dieser Zeit noch nicht genau wusste.

In den folgenden Jahren konnte sich Janine nicht daran erinnern, ob die Unterlagen über Sigmars Transaktionen tatsächlich schwer zu finden waren, weshalb sie sich verpflichtet fühlte, auch die privaten Unterlagen zu durchsuchen, oder – sie gab diese Möglichkeit zu – ob es wahllose, dreiste Schnüffelei war, die sie weitersuchen ließ. Was es auch war, später bereute sie, wie Pandora, ihre Neugier, nachdem ihr Blick von den Unterlagen der Aktienhändler abschweifte und auf ein Telegramm des Internationalen Komitees vom Roten Kreuz fiel. Darin stand, dass ein Roland Arcieri in Frankreich den Suchdienst des Roten Kreuzes um Hilfe gebeten hatte, um den Aufenthaltsort von Janine Günzburger in New York herauszufinden. Wenn sie diese Botschaft erhalten sollte, bat das Rote Kreuz sie um sofortige Kontaktaufnahme.

Völlig überwältigt von ihrer Freude vergaß sie die qualvollen Jahre, die sie vergeblich gewartet hatte, vergaß ihren Ehemann, vergaß das Kind, das sie in sich trug. Ihr sehnlichster Wunsch war in Erfüllung gegangen: Endlich, endlich suchte Roland nach ihr! Endlich, nach all den Jahren, die sie geduldig gewartet hatte, lag er vor ihr, der eindeutige Beweis, dass Roland sie immer noch liebte. Mit der Dringlichkeit eines Telegrammes rief ihr Geliebter nach ihr.

Fieberhaft und aufgeregt las sie das Telegramm noch einmal, um herauszufinden, wie man darauf antworten konnte. Aber wann war es angekommen? Sie las es noch einmal, drehte es herum, suchte vergeblich nach einem Umschlag, fand aber kein Datum. Warum hatte ihr niemand etwas von diesem Telegramm gesagt? Plötzlich legte sich wie eine dunkle Wolke eine Vermutung auf ihr Herz. Es konnte Monate oder sogar Jahre her sein, dass das Telegramm angekommen war. Widerstrebend machte sie sich klar: Die Tatsache, dass es unter den Unterlagen in Sigmars Schreibtisch verborgen lag, bewies, dass Absicht dahinter steckte. Der Boden schwankte unter ihren Füßen. Ihr Vater, dessen eiserne Unnachgiebigkeit sie immer gefürchtet, dessen Aufrichtigkeit sie aber nie in Zweifel gezogen hatte, hatte sie gewissenlos hintergangen.

Eine Welle des Ekels überschwemmte sie, ihre Beine gaben nach und der Raum begann sich zu drehen: Roosevelt, feierlich in seinem dunklen Anzug, die Veilchen mit ihren lila Blüten auf dem Fensterbrett, die Lindt-Schokolade in der Porzellanschüssel, die Alice jedem Gast anbot, die neueste Ausgabe des »Aufbau«, der Aschenbecher aus Kristallglas neben Sigmars Lesesessel – all diese normalen Gegenstände kamen ihr plötzlich hinterlistig und heuchlerisch vor. Wie Kulissen auf einer Bühne verbarg das »gemütliche« Wohnzimmer ihrer Eltern eine widerliche Welt der Geheimnisse und der Falschheit. Sie griff nach der Schreibtischecke. Ein unbekanntes Gefühl der Wut und der Verletzlichkeit ergriff sie und sie wusste nicht, wie sie damit umgehen sollte. Ihre Gedanken flogen zurück in der hilflosen Suche nach einer Erklärung, die es ihr erlaubt hätte, zu verzeihen.

Gab es auch Briefe? Natürlich! Ihre große Liebe hatte geschrieben, hatte sie angefleht, dass sie zu ihm kommen sollte! Und weil er keine Antwort erhalten hatte, konnte Roland daraus nur geschlossen haben, dass seine Briefe sie nicht erreicht hatten. Hätte er sich sonst an den Suchdienst des Roten Kreuzes gewandt? Aber hatte Norbert ihm nicht ihre Adresse gegeben, als sie sich in Lyon getroffen hatten? Bestimmt hatte er ihr dann geschrieben! Wie furchtbar musste es für ihn sein, nach Jahren des Zweifelns und des Schweigens zu der Annahme verleitet worden zu sein, dass sie ihn vergessen hatte. Ungeduldig und in wilder Entschlossenheit, die Wahrheit herauszufinden, durchwühlte sie jede Schublade von Sigmars Schreibtisch. Sie war sicher, dass er, wenn er das Telegramm aufgehoben hatte, auch die Briefe irgendwo versteckt haben musste. Das Telegramm war der Beweis, dass ihr Vater es nicht gewagt haben würde, sie zu vernichten. Aber da war nur das eine Telegramm, das den Flammen vermutlich nur wegen seines offiziellen Absenders entgangen war. Denn dies war die Art von Schriftverkehr, das erkannte sie, den kein aufrechter Deutscher wie ihr Vater, der immer auf eine saubere Aktenlage bedacht war, bedenkenlos vernichtet hätte.

Wie der Zeit entrückt – mit einer Vergangenheit, die jetzt neu bewertet werden musste, einer Gegenwart, die sie nicht alleine herbeigeführt hatte, und einer Zukunft, über die sie nicht mehr frei entscheiden konnte – verbrachte Janine Stunden auf dem Fußboden des Wohnzimmers ihrer Eltern und fragte sich, wie es weitergehen sollte. Es hatte keinen Zweck, ihren Vater zur Rede zu stellen. Er würde auf sein Recht – nein, auf seine Verpflichtung – verweisen, seine vor Liebe blinde Tochter vor einer unüberlegten Beziehung zu bewahren. Sigmar würde nicht zugeben, irgendetwas falsch gemacht zu haben, und solche Vorwürfe würden nur einen Keil zwischen sie und ihn treiben. Deshalb unterdrückte sie, in Anerkennung seiner Autorität und immer noch um seine Zustimmung bemüht, ihren berechtigten Zorn.

Darüber hinaus – das erkannte sie in ihrer Hilflosigkeit – konnte sie das Thema kaum ansprechen, ohne Len einzubeziehen und ihm damit zu zeigen, wie viel Roland ihr immer noch bedeutete. Warum sollte sie ihren Mann verletzen und ihre Ehe belasten, jetzt, wo sie ihn ohnehin nicht verlassen konnte? Wie hätte sie nach Frankreich fahren können, wenn ihr ungeborenes Kind sie hier festhielt? Sie war an diesen Ort gefesselt – durch mich, die ich in ihr wuchs. Die einmalige Chance, ihrem Leben einen anderen Verlauf zu geben, war genauso im Dunst der Vergangenheit verloren wie ein abgefangenes Telegramm, das versteckt in einer Schreibtischschublade lag.

Ende 1949 wurde Janine erneut in einen bitteren Zwiespalt gestürzt, als ihr früherer Arbeitgeber, Dr. Morton, einen Brief an sie weiterleitete, den er gerade aus Montreal erhalten hatte. Ein Fremder hatte ihn mit eleganter Handschrift geschrieben. Er war datiert auf den Heiligen Abend, ihr Name war falsch geschrieben und Roland wurde in ihm nicht erwähnt. Dennoch wusste Janine sofort, dass er seinen Teil dazu beigetragen hatte. Erstaunlich war, dass Roland zu wissen schien, dass sie geheiratet hatte – vielleicht von Edy oder Lisette oder durch die immer brodelnde Gerüchteküche in Mulhouse – und trotzdem immer noch nach ihr suchte. Er war sogar schon über den Atlantik gekommen! Er war schon auf dem Weg zu ihr!

»Sehr geehrter Herr,
ein Freund, der gerade aus Frankreich hier eingetroffen ist, um eine Reise durch Kanada und die Vereinigten Staaten zu unternehmen, möchte gerne Kontakt zu einer alten Bekannten aufnehmen, Miss Jeanine Gunsburg.
Miss Gunsburg hat vor ein oder zwei Jahren bei Ihnen gearbeitet und alles, was wir wissen, ist, dass sie geheiratet hat.
Sie sind der Einzige, den wir um Informationen über den Namen ihres Mannes und ihre neue Adresse bitten können.
Wenn es möglich ist: Wären Sie so nett, diese Informationen an meine unten genannte Adresse zu schicken. Mit Dank im Voraus für Ihre Bemühungen.«

Hätte es mich nicht gegeben, wäre sie zu ihm gelaufen. Das hat mir meine Mutter oft erzählt, und sie dachte immer an die stille

Qual, die sie empfand, weil sie Rolands Freund schreiben wollte, obwohl sie wusste, dass es zu spät war. Sie konnte – mit mir oder ohne mich – ihre Ehe nicht aufgeben und durfte deshalb auch nicht nach Montreal schreiben. Sie verbrachte ihre Tage in einem Nebel von unausgesprochenem Zorn und Trauer, sie wollte unbedingt antworten, war aber wie gelähmt, weil sie wusste, dass sie Roland, wenn er käme, um sie zu besuchen, nie wieder gehen lassen würde. Eine Kontaktaufnahme wäre einfach zu gefährlich gewesen. Ihr Traum war gekommen, um sie zu suchen. Und jetzt musste sie sich vor ihm verstecken.

Janine und Leslie

Irgendwie hatte ich immer das Gefühl, verantwortlich zu sein. In einem Augenblick, in dem sie frei gewesen wäre, ihr Glück mit Roland zu suchen, war ich es, die sie gefangen hielt. Es ist nicht verwunderlich, dass ich nicht nur von ihrer großen, romantischen Liebesgeschichte fasziniert war, sondern auch immer den überwältigenden Wunsch verspürte, die Mutter, die ich bewunderte, zu beschützen. Ich wollte sie glücklich machen, was dazu führte, dass ich mich oft gegen meinen Vater stellte. Ich hätte ihn gebraucht, um zu dem Schluss zu kommen, dass meine Mutter die richtige Wahl getroffen hatte; stattdessen verfolgte er, je mehr die Zeit verging, seine eigenen Ziele.

~

Im selben Monat, in dem Janine sich dagegen entschied, Rolands Freund in Montreal zu antworten, kam Norbert zu Sigmars 70. Geburtstag aus Deutschland nach Hause. Er überraschte seine Eltern mit der niederschmetternden Nachricht, dass er eine Deutsche heiraten wollte. Er hatte seine zukünftige Frau fünf Jahre zuvor, kurz nach seiner Ankunft am Tag der deutschen Kapitulation, kennengelernt, als er als Chefermittler einer Sondereinheit der Militärpolizei nördlich von Frankfurt arbeitete. Norbert wusste, seine Eltern würden außer sich sein. Was hätte, nach allem, was sie erlebt hatten, für sie – und schlimmer noch, ihren Freunden gegenüber – erniedrigender sein können als ein Sohn, der eine nicht-jüdische deutsche Kriegsbraut mit nach Hause brachte? Wie schon Janine war nun auch Norbert hin- und hergerissen zwischen der Frau, die er liebte, und der Verpflichtung gegenüber seiner Familie. Für die gesamte Dauer seines Aufenthaltes verschwieg er Janine und Trudi seine Pläne, und erstaunlicherweise sagten auch die Eltern seinen Schwestern nichts.

Nachdem Norbert nach Deutschland zurückgekehrt war, schwelte viele Monate lang ein hochemotionaler Briefwechsel zwischen Eltern und Sohn, wobei sich Norberts Briefe lasen wie das Gerede eines Jugendlichen, der zehn Jahre jünger war als seine 29. Aberwitzig argumentierte er heute so und morgen anders, wechselte zwischen Aufruhr und Verwirrung hin und her und gab zu, dass sein verlängerter Aufenthalt in Deutschland »nicht nur mit der Liebe zu meiner Arbeit zu tun hatte, und schon gar nicht mit meiner Sympathie für Deutschland«. Eher habe er verzweifelt gekämpft, um »Gefühl und Vernunft« gegeneinander abzuwägen. Und nun hatte das Gefühl gesiegt und er wollte die Erlaubnis, die Frau zu heiraten, die er ausgewählt hatte. In offensichtlich heftigem Zwiespalt erläuterte er seinen Eltern das Dilemma, in dem er sich befand, und verband es mit dem Versprechen, nicht ohne ihre Zustimmung zu heiraten:

> »Was ist besser: Ohne sie unglücklich zu sein, wenn ich Euch folge, oder mit ihr unglücklich zu sein, wenn ich Euch nicht folge?... Wenn Ihr mir antwortet, bitte droht mir nicht mit allem Möglichen... Ich könnte nie in einer Ehe glücklich sein, die ich gegen Euren Willen schließe. Und ob ich je glücklich sein könnte, wenn ich mich der Ablehnung unterwerfe, die Ihr wahrscheinlich hegt, kann nur die Zeit lehren.«

Alice hob alle Briefe Norberts auf und auch die Entwürfe ihrer Antworten, die sie und Sigmar schweren Herzens und um jedes Wort ringend ihm schrieben. Die Entwürfe zeigen, dass sie immer wieder Sätze, die ihnen zu unnachgiebig vorkamen, ausgestrichen und durch auf den Rand geschriebene, mitfühlendere Formulierungen ersetzt hatten.

Es ging um viel. Sigmar und Alice fürchteten, ihren einzigen Sohn zu verlieren, und Sigmar erinnerte sich nur zu gut an seinen älteren Bruder Hermann, der außerhalb seines Glaubens geheiratet und sich völlig von ihnen gelöst hatte. Hermann war aus Deutschland ausgewandert, als Sigmar noch ein Junge war, hatte in London eine Protestantin geheiratet und fürchtete so sehr, seine Eltern würden daran verzweifeln, dass er den Namen Gunn annahm und alle Kontakte abbrach. Bis zu ihrem letzten Atemzug grämten sich Simon und Jeanette seinetwegen. Viele Jahre später tauchte Hermann in New York wieder auf. Dennoch vergaß Sigmar nie, wie sehr seine Eltern gelitten hatten, und schrieb Norbert deshalb auch mit großer Zurückhaltung. Er fürchtete, wenn er unnachgiebig wäre, könnte Norbert sich auf Dauer in Deutschland niederlassen, statt nach Hause zurückzukehren und mit seiner Familie in den Staaten zu leben.

Alle Briefe waren in Deutsch geschrieben, Norberts mit Schreibmaschine auf Papier der US Army.

Über einen hatte er nachträglich, wohl in einem Anflug von Misstrauen, von Hand eine Warnung geschrieben, damit seine Schwestern ihn nicht heimlich lesen sollten: »NUR FÜR PAPA UND MAMA!« Einen anderen beendete er: »Mit tausend Grüßen und Küssen, Euer Euch liebender-und-hoffender-dass-Ihr-das-auch-fühlt Sohn und Bruder (obwohl das meine Schwestern nichts angeht), Norbert«.

Erstaunlicherweise wurde weder in Norberts Briefen noch in denen seiner Eltern der Name seiner künftigen Braut erwähnt oder irgendetwas über sie gesagt – über Dorothea Ostheim, eine, wie sich später zeigte, zierliche, hübsche Blondine von 27 Jahren. Sie war eine lebhafte, vernünftige und bescheidene Person, war Mitglied des BdM, des Bundes deutscher Mädel, gewesen und hatte in den Kriegsjahren als Sekretärin bei der Wehrmacht gearbeitet. Erst später kam heraus, dass ihre Eltern geschieden waren, ihr Vater mittlerweile verstorben war, eine Schwester Selbstmord begangen hatte und ihr einziger Bruder noch immer ein verbissener Antisemit war. Alice nahm in einem Brief Stellung gegen die Heirat:

»Lieber Norbert,
Dein Brief zeigt mir, dass Du zu früh und zu lange von zu Hause weggeschickt worden bist, aus Deinem Umfeld herausgerissen und gezwungen wurdest, mit Leuten zusammenzuleben, die die Welt mit anderen Augen sehen, anders leben und anders fühlen. Erst wenn Du

wieder bei uns bist, wirst Du erkennen, dass Du dort vielleicht eine verständnisvolle Freundin hast, dass sie aber nicht die richtige Frau für Dich ist, nicht die Frau, die Du brauchst. Es ist mit Dir immer das Gleiche, weil Du immer glaubst, jemanden zu lieben, und sie nicht verlassen willst, und dann trennst Du Dich jedes Mal von ihr und bist froh, dass es vorbei ist...
Du bist, wie Du sagst, kein Kind mehr. Du allein bist verantwortlich für das, was Du tust und was Du nicht tust. Wenn Du glaubst, dass alle Voraussetzungen für eine frohe und sorgenfeie Zukunft gegeben sind, können wir Dich nicht aufhalten. Aber wir hier in Amerika fühlen sicher anders als Du dort drüben, keiner der Flüchtlinge hier wird je Dachau und Auschwitz vergessen oder die Empörung darüber, wie man uns gesehen hat und wie wir behandelt worden sind.
Du kannst nicht erwarten, lieber Norbert, dass irgendjemand uns versteht, wenn wir ein arisches deutsches Mädchen in unsere Familie aufnehmen...
Mit viel Liebe, Deine Mama«

Sigmar gab den schriftlichen Rat, dass er selten von einer »erfolgreichen »Mischehe« gehört habe, die glücklich verlaufen sei«, und gab zu, dass Norberts Wahl seiner Braut für ihn »ein großer Schock und die größte Enttäuschung seines Lebens« gewesen sei. Aber dennoch gab er gleich darauf schweren Herzens seinen Widerstand auf.

»Du bist jetzt in einem Alter, in dem ein Mann das Recht hat, seinen eigenen Weg zu gehen, und ich bin weit davon entfernt, Dich in Deinen Entscheidungen beeinflussen zu wollen. Wenn Du nach gründlichem Nachdenken noch immer der Meinung bist, dass die von Dir geplante Ehe für Dein Lebensglück unbedingt nötig ist, werden wir Dir sicher keine Steine in den Weg legen, und ich hoffe, dass das Verhältnis zwischen Dir, uns und unserer Familie sich wegen dieser Heirat nicht ändert.«

Dass Sigmar seine Gefühle im Zaum gehalten hatte, zeigen die Sätze, die er für die letzte Version des Briefes aus dem ursprünglichen Entwurf herausgestrichen hatte:

»Aber Du kannst uns nicht dazu zwingen, eine christliche deutsche Frau als Familienmitglied zu akzeptieren. Und ich persönlich bin nicht sicher, ob ich je über die Einwände hinwegkomme, die ich gegen eine solche Verbindung habe.«

Noch kurz vor der Heirat forderte er seinen Sohn auf:

»Komm nach Hause und nimm Dir die nötige Zeit und den nötigen Abstand, um das alles noch einmal vollständig und ohne Einflussnahme unsererseits oder durch irgendjemand anderen auf dieser Seite des Teiches zu überdenken.«

Er schloss mit: »Dein Dich innig liebender Papa«.

In diesem Dezember heirateten Norbert und Dorothea im kleinen Kreis in Deutschland. Sigmar und Alice schickten als Hochzeitsgeschenk 2000 Dollar, für sie eine gewaltige Summe, nach heutigem Wert mehr als achtmal so viel. Dorothea versprach, Norbert glücklich zu machen, und bedankte sich bei ihren Schwiegereltern für ihre Großzügigkeit und ihr Verständnis:

»Ich kann mir gut vorstellen, was es Euch gekostet hat, uns Eure Erlaubnis zu geben. Und vor allem weil ich weiß, warum Ihr gezögert habt, bin ich Euch doppelt dankbar... Vielen Dank für Eure lieben Briefe, die mir

bestätigen, dass Ihr mich als Tochter akzeptiert. Darüber bin ich so glücklich, dass ich es nicht in Worte fassen kann. Es ist wunderbar, zu wissen, dass ich Euch willkommen bin, und ich bin sicher, dass es mir dadurch viel leichter fallen wird, mich an das Leben in den Vereinigten Staaten zu gewöhnen. Ich bete jeden Tag, dass es nicht mehr lange dauern wird, bis ich meine neuen Eltern kennenlerne.
Viele liebe Grüße und alle guten Wünsche, Eure Thea«

Es dauerte ein Jahr, bis Norbert von der Einwanderungsbehörde in Washington die Erlaubnis bekam, dass seine neue Braut nach New York nachkommen durfte. Er verbrachte Monate mit Lobbyarbeit und Papierkrieg, um Hindernisse zu überwinden und die Auflagen der strengen Einwanderungsgesetze der Nachkriegszeit zu erfüllen. Als Norberts Frau ankam, war Janine so beunruhigt über die Auswirkungen, die diese Heirat auf ihre Eltern hatte – die sich bemühten, gegenüber ihrem aus Flüchtlingen bestehenden Kreis von Freunden und Familie die richtige Mischung aus Verständnis und Ablehnung zu zeigen –, dass es ihr widerstrebte, Sigmars nachgiebige Haltung gegenüber seinem Sohn mit seinem selbstherrlichen Eingriff in ihr eigenes Liebesleben zu vergleichen.

Statt sich über Sigmar oder auch Norbert zu ärgern – auch in Erinnerung an dessen vergifteten Brief aus Lyon, mit dem er sie gewarnt hatte, dass sie, sollte sie Roland heiraten, ihren einzigen Bruder verlieren würde –, umarmte Janine ihre neue Schwägerin herzlich und freundschaftlich.

Tatsächlich war es Janine, die Dorothea half, eine amerikanische Identität zu entwickeln, wozu auch der offensichtlich obligatorische Namenswechsel gehörte, sodass Dorothea ihr neues Leben als Doris begann.

Der Todesstoß in dieser Angelegenheit kam für Sigmar, als Herbert Norbert einlud, um mit ihm über seine Zukunft zu reden.

Sigmar hatte seit seiner Ankunft in Amerika immer darauf gehofft, dass sein Sohn sich eine große Karriere bei seinem erfolgreichen Neffen aufbauen würde. Es wäre auch ausgleichende Gerechtigkeit gewesen. Schließlich war es Sigmar gewesen, der seinen Neffen in das Stahlgeschäft eingeführt hatte, mit dem er reich geworden war, und jetzt konnte Herbert sich bei Norbert revanchieren.

Aber an dem Morgen im Jahr 1951, als Norbert in Herberts Büro in Manhattan eintraf, mit frisch geschnittenen Haaren, blankgeputzten Schuhen, einem neuen Anzug und hochfliegenden Erwartungen, ließ ihn sein älterer Cousin erst einmal mehr als eine Stunde warten und fertigte ihn dann kurzerhand ab.

»Ich glaube, dein Vater liest die ›New York Times‹?«, fragte Herbert, nachdem er sich nach der Gesundheit seiner Eltern erkundigt hatte.

»Ja, jeden Tag, jede Seite«, antwortete Norbert strahlend.

»Gut. Wenn ich es recht sehe, suchst du Arbeit. Ich schlage vor, du gehst die Stellenanzeigen in der Sonntagsausgabe durch«, sagte Herbert. »Jetzt, wo du diese Frau geheiratet hast, ist das alles, was ich für dich tun kann.«

Sigmar und Alice ließen, was ihnen hoch anzurechnen ist, niemals zu, dass ihre deutsche Schwiegertochter erfuhr, wie enttäuscht und bestürzt sie über Norberts Ehe waren. Doris wiederum konvertierte zum jüdischen Glauben und trug einen goldenen Davidsstern an ihrer Halskette, auch als sie eine Stelle im amerikanischen Konzernbüro von Mercedes-Benz annahm, wo sie für einen deutschen Spitzenmanager arbeitete. Als ihr einziges Kind seine Bar Mitzwa feierte, stand ein strahlender Sigmar neben seinem blonden Enkel und verlas den Segen der Tora.

Sein Leben lang zeigte Norbert seine Ergebenheit gegenüber seinen Eltern, indem er sie jeden Freitagabend allein besuchte. Seine Eltern folgten dem immer gleichen Ritual und stellten volle Flaschen seines Lieblingswhiskeys »Seagrams Seven« auf den Tisch, zusammen mit Ginger Ale und einer Packung Zigaretten, und erst nachdem er nach Hause gegangen war, schüttelten sie sorgenvoll den Kopf, weil er Gewohnheiten entwickelt hatte, die alles andere als gesund waren.

Zu diesen Gewohnheiten gehörte auch sein nie zu stillender Appetit auf Frauen. Dennoch hielt seine Ehe mit Doris, auch wenn er sexuelle Abenteuer suchte, die selten verborgen blieben und immer die Gefahr in sich trugen, dass eifersüchtige Ehemänner gewalttätig wurden. Er, wie später auch Harry, Trudis Mann, arbeitete in New Jersey im Wäsche-Service für Großkunden und gab mehr als einmal Janine gegenüber nervös zu, dass, wenn er an all die möglichen Vergeltungsakte denke, die ihm angedroht worden waren, es ihm das Liebste wäre, »umgelegt« zu werden. Das wäre besser als alle anderen martialischen Alternativen, die er sich vorstellen konnte.

Mit Blick auf die Überzeugung meiner Großeltern, dass ein gemeinsamer Hintergrund die beste Voraussetzung für eine glückliche Ehe wäre, ist es erstaunlich, dass Trudi, die als Einzige einen Freiburger Juden heiratete, auch die Einzige war, deren Ehe mit einer Scheidung endete, wenn auch mit einer freundschaftlichen und in mittleren Jahren. Und obwohl Sigmars und Alice' Ehe arrangiert worden war und die große, romantische Liebe nie eine Rolle gespielt hatte, war sie zweifellos die beste von allen und hielt durch widrige Zeiten mehr als fünfzig vertrauensvolle Jahre lang.

»Ich danke dir«, sagte Sigmar auf seinem Totenbett zu Alice. Er war 92, und es war exakt dreißig Jahre nach dem Tag, als sie Europa verlassen hatten. »Du warst immer mein lieber Hausgeist«, sagte er. »Trotz allem, was wir durchgemacht haben, hatten wir ein wunderbares Leben miteinander. Kein Mann könnte je eine bessere Frau haben.«

*Alice und Sigmar in ihrem Apartment in New York,
wo sie 1943 ankamen und bis zu ihrem Tod lebten.
Sigmar wurde 92, Alice 95 Jahre alt…*

ZWANZIG

Vom Dyckman-House zu unserem neuen Haus

Das orange- und beigefarbene Backsteinhaus mit der Nummer 680 an der West 204. Street, in dem ich bis zum Alter von fast neun Jahren, umgeben von der Familie meiner Mutter, lebte, liegt noch immer praktisch unverändert einen Block westlich des Upper Broadway in Manhattan. Hier, hinter den Art-Deco-Doppeltüren mit geätztem Dekorglas und einem schmiedeeisernen Ziergitter davor, das eine aufgehende Sonne zeigt, wohnten fast während der gesamten Fünfzigerjahre Günzburgers in vier Apartments.

Unseres war auf dem zweiten Stock und ich empfand es als wunderbar, weil Sigmars und Alice' Wohnung genau gegenüber auf der anderen Seite des stuckverzierten Hausflures lag. Drei Treppen weiter oben, direkt über uns, wohnte meine Tante Trudi, ihre Tochter Lynne war meine beste Freundin und liebste Spielkameradin. Und zwischen meinem Bruder Gary, vier Jahre jünger als ich, und Onkel Norberts Sohn Stanley, der mit seiner Familie zwei Etagen höher lebte, betrug der Altersunterschied gerade einmal einen Monat. Meine Mutter und ihre Schwester hatten zwischen ihren Apartments ein einfaches Kommunikationssystem entwickelt. Es bestand aus einer Kaffeekanne, die vor dem

Küchenfenster über Rollen auf- und abgezogen werden konnte. Praktisch das ganze Leben wurde gemeinsam verbracht, und unser enger Zusammenhalt führte dazu, dass wir diese Jahre wehmütig das »goldene Zeitalter« nannten.

Janine (l.) und Trudi vor den Bänken des Dyckman-House, an der Ecke Broadway / West 204. Street, ca. 1951

(v.l.n.r.): Harry und Trudi, Norbert und Doris, Len und Janine in einem New Yorker Restaurant, 1951

Außerhalb des sicheren Kokons unserer Familie taten die zurückgezogen lebenden deutsch-jüdischen Flüchtlinge ihr Bestes, um an der ruhigen Nordspitze der faszinierendsten Insel der Welt einen kleinen europäischen Kosmos zu erschaffen. Die Gemeinde lebte abgeschlossen in ihrem eigenen Dunstkreis, und mir schien es immer so, als ob sie das Dyckman-House, ein altes holländisches Bauernhaus aus der Kolonialzeit, zu ihrem Zentrum gemacht hatte. Es ist ein kaum bekanntes Juwel für Entdecker, ein verstecktes Wahrzeichen Manhattans, und thront, schräg gegenüber von dem Haus, in dem wir alle wohnten, wie aus der Zeit gefallen auf einem Hügel über den modernen Gebäuden an der Straße, umgeben von einer Stützmauer aus groben Feldsteinen. Es erzählte mir wehmütig von alten Zeiten, so wie die Flüchtlinge, die auf den bunt bemalten Bänken rund um das Haus saßen und sich miteinander unterhielten. Drei Jahrhunderte nachdem die ersten wagemutigen deutschen Einwanderer in der Neuen Welt angekommen waren und hier siedelten, schien es, als ob der Geist Dyckmans die Flüchtlinge aus Nazi-Deutschland hierher beordert und ihnen befohlen hätte, sie sollten diesen malerischen grünen Fleck als Treffpunkt nutzen. So wie die kopfsteingepflasterten Marktplätze, die sie in Deutschland hinter sich gelassen hatten.

In dieser Enklave, zwischen der Henry-Hudson-Bridge hinüber zur Bronx, dreißig Blocks weiter nördlich und der George-Washington-Bridge, die dreißig Blocks weiter südlich nach New Jersey führte, bemühten sich Sigmar, Alice und andere deutschsprachige Einwanderer, die Zivilisation und Tradition des Landes, das einmal ihre Heimat gewesen war, wieder aufleben zu lassen. Man traf sich, ohne sich abzusprechen, auf den Bänken am Dyckman-House oder bei den täglichen Spaziergängen im Viertel. Herren im Mantel zogen ihre grauen Filzhüte vor den Damen mit Samtkappen und schwarzem Schleier. Höflich achteten sie darauf, die Handschuhe auszuziehen, bevor sie sich die Hand gaben.

»Guten Tag, wie geht's?« Der badische Dialekt aus dem Schwarzwald hatte die Neue Welt erreicht und war, wie so viele Sprachen vorher und so viele, die noch kommen würden – in die Straßen dieser Stadt eingezogen, die an Neuankömmlinge gewöhnt war und sie willkommen hieß.

Heutzutage zeugen bunte Schilder in spanischer Sprache davon, dass eine neue Bevölkerungsgruppe dort Einzug gehalten hat. Es gibt sie nicht mehr, die irische Bar, den italienischen Laden und die chinesische Wäscherei, deren ernste, fleißige Eigentümer die weißen Hemden der jüdischen Flüchtlinge gestärkt und ihnen mit Bleistift geschriebene Quittungen mit nicht zu entziffernden Zahlenkolonnen ausgehändigt hatten.

Ebenfalls verschwunden ist der Klang der deutschen Sprache, den meine Kusine Lynne und ich überall hörten, wenn wir bei unseren ersten Versuchen auf Rollschuhen zum Süßwarenladen an der 207. Straße staksten und uns darüber stritten, was wir für unsere zehn Cents kaufen sollten. Oder zum Drugstore an der Ecke, wo es Eiscreme in Tüten gab oder Salzstangen oder »Golden Books«, Kinderbücher mit amerikanischen Geschichten, die niemand um uns herum kannte.

Die Schilderungen meiner Mutter waren viel komplizierter und viel beunruhigender als die, die wir in den »Golden Books« lasen. Von klein auf erzählte sie mir faszinierende Dinge von Gefahren und Liebe, die sich an weit entfernten Orten zugetragen hatten. Ich wusste, dass sie übers Meer gekommen war, aus einem fernen Land, das Frankreich hieß. Ich glaubte, es hinter den Hudson River Palisades, den Klippen am jenseitigen Steilufer des Hudson sehen zu können, wo das, was für mich so beeindruckend aussah wie der Eiffelturm, der Sendemast einer Radiostation in New Jersey war. Ich hörte den ganzen Tag über Deutsch, aber meine Mutter bestand darauf, in mir ein Interesse an Frankreich zu wecken.

Deswegen liebte ich es, mit ihr mittags zu Nash's zu gehen, einer Bäckerei in der Dyckman Street, wo ein großes Wandgemälde den Eindruck vermittelte, man säße in einem Pariser Café in der Rue de la Paix. Dort aßen wir Hamburger und Pommes Frites und ich fühlte mich wie in Paris an einem kleinen Bistro-Tisch, umringt von Kellnern mit langen Schürzen und Schnurrbärten, die Tabletts mit Mokkatassen für feine Damen mit tollen Hüten, Netzstrümpfen und eng taillierten Kleidern balancierten, während unter den Tischen gelangweilte, langbeinige Pudel lagen, mit Bändern um ihre Schwanzquasten.

In der wirklichen Welt hatten die Frauen aus Europa, die für uns das Gebäck aus der Ladentheke bei Nash's holten, lange blaue Nummern auf ihre Unterarme tätowiert. Und die Partys, die ich in der wirklichen Welt miterlebte, wurden von deutschen Paaren veranstaltet, die sich gegenseitig zu »Kaffee und Kuchen« in ihre kleinen Wohnungen einluden und froh waren, bekannte Gesichter zu sehen, die ihnen zeigten, wie sie selbst früher einmal gewesen waren.

In dieser neuen Umgebung, in der man sich anpassen musste, entdeckten die Flüchtlinge von neuem ihre Andersartigkeit und bemühten sich, eine Welt wiederzubeleben, die ihnen gestohlen worden war. Alice und ihre Freundinnen deckten die Ausziehtische in ihren Wohnzimmern mit ihren besten Tischtüchern und erinnerten sich mit gegenseitigem Bedauern an das Geschirr mit Goldrand, das sie zurücklassen mussten, die dünnen tschechoslowakischen Kristallgläser und das Tafelsilber mit Monogramm – all das, was einmal als Aussteuer für ihre Hochzeit ausgesucht worden war und sie ein Leben lang hätte begleiten sollen. Jetzt drapierten sie Schweizer Schokolade auf Papierdeckchen und benutzten Geschirr, das sie früher allenfalls als praktisch empfunden hätten, nicht aber als »fein« genug für Gäste. Sie rechneten Gramm in Unzen um und zogen leidlich schmeckende Linzer Torten und Rührkuchen mit Puderzucker aus Backöfen, deren ungewohnte Temperaturangaben in Fahrenheit sie verunsicherten. Aber sie waren zufrieden, dass sie ihre Rezepte austauschen und ihre Sprache pflegen konnten, gaben sich gegenseitig Tipps, wie sie ihre Schadenersatzansprüche gegenüber dem deutschen Staat geltend machen sollten, und versuchten, sich als Amerikaner neu zu erfinden, wenn auch nur untereinander.

Alternde Einwanderer bauten sich zögerlich ein neues Leben auf in einem Land, in dem sie keine Geschichte hatten, und verließen sich auf ihre eigene Zeitung, den »Aufbau«, der 1934 für die jüdische Bevölkerung New Yorks gegründet worden war und in dessen Beirat Geistesgrößen wie Thomas Mann und Albert Einstein waren, damit sie in ihrer eigenen Sprache die Dinge lesen konnten, die für sie von Bedeutung waren. Ich erinnere mich noch gut an sie: Gretl, Marcel, Jakob, Max und Rose, Frau Burger und Frau Dreyfuss, Herr Meyer und Herr Kaufmann, der in Freiburg der Hebräisch-Lehrer meiner Mutter gewesen war und jetzt in Inwood wieder aufgetaucht war. Er schaffte es unerklärlicherweise noch immer, dass meine Mutter sich schuldbewusst fühlte.

Wie frisch geschlüpfte Vögelchen, die aus dem Nest gefallen sind, waren sie klein und verletzlich, aber tapfer. Und noch heute denke ich, wenn ich einen deutschen Akzent höre, an ihre Gesichter und fühle eine Vertrautheit, die mich in meine Kindheit zurückversetzt. Im Akzent der Menschen aus dem Deutschen Reich spiegelt sich für mich das Überleben wider. Immer wenn ich eine bestimmte deutsche Stimme höre, in der Geschichte mitschwingt, erwacht in mir eine wehmütige Liebe.

In den Jahrzehnten nach seiner Ankunft in New York führte Sigmar einen Privatkrieg mit Deutschland, allerdings nur auf dem Papier. Seine Bemühungen, für die Wiedergutmachung durch die deutsche Regierung akribisch die Verluste aufzulisten, die er erlitten hatte, zogen sich über Jahre hin. Ebenso kämpfte er darum, einen gerechten Ausgleich für sein Geschäft und sein Haus in Freiburg zu bekommen. Er hatte an Leute verkauft, die ihren Vorteil suchten und deren Zahlungen, wie sehr sie auch unter dem wahren Wert lagen, von seinen gesperrten Konten bei deutschen Banken eingezogen worden waren.

Den Rest seines Lebens saß Sigmar, als ob es sein normaler Beruf gewesen wäre, beinahe täglich an seinem Schreibtisch und schrieb Briefe und Eingaben, in denen die Verluste aufgelistet waren, die in den sechs harten Jahren, die er auf der Flucht war oder sich versteckt hielt, zusammengekommen waren. Die Gesamtkosten der Flucht, nicht gerechnet die Werte, die er zurücklassen musste, gab er mit 82 781,50 Reichsmark an, von denen die deutsche Nachkriegsregierung zunächst nur die lächerlichen Kosten für die Zugfahrt von Freiburg nach Mulhouse im Jahre 1938 erstatten wollte. Obwohl er das Geld dringend brauchte, machte er seine Ansprüche nur schriftlich geltend – wobei er handschriftliche Kopien all seiner Schreiben anfertigte – und zog nicht in Betracht, nach Deutschland zurückzukehren und sich dort persönlich, mit dem Wissen und der Erfahrung, die nötig gewesen wären, um seine Angelegenheiten zu kümmern.

In seinen schriftlichen Eingaben richtete Sigmar sein Augenmerk vor allem auf das Geschäft mit den beiden Brüdern Albin und Alfons Glatt, die den als »nichtarisch« geltenden Baustoffhandel für einen Bruchteil seines tatsächlichen Wertes übernommen hatten. Norbert, der die Glatt-Brüder 1946 besucht hatte, verhandelte ergebnislos mit ihnen, und auch Sigmars Neffe Edy, der eine Anwaltskanzlei in Mulhouse hatte, erreichte nichts.

Dann schrieb Sigmar direkt an die Glatts und teilte ihnen mit, dass die Zeit gekommen sei, die Dinge neu zu bewerten. Die Lagerhalle der Günzburgers auf dem Gelände des Güterbahnhofs mit Gleisanschluss hatte volle zwanzig Jahre zuvor 36 000 Mark gekostet, und er hatte sie für die Hälfte an die Glatts verkaufen müssen. Die Glatts hatten das gesamte Mobiliar der Firma, die Autos und die Lastwagen für einen lächerlich niedrigen Preis bekommen. Dazu gab es noch andere Teilbereiche des Geschäfts, wie zum Beispiel den in langen Jahren aufgebauten Kundenstamm oder die Tatsache, dass ihre Lieferanten die Firma aus alter Verbundenheit beim Erwerb knapper Materialien bevorzugten. Auch dafür hatten die Glatts, anders als üblich, nichts bezahlt. Letztendlich, so argumentierte Sigmar in seinen Briefen, sollten die Glatts die Differenz zum seinerzeitigen wahren Wert des Geschäftes bezahlen: Sie sollten entweder die Günzburgers dafür entschädigen, dass sie ihre Notsituation unter Hitler ausgenutzt hatten, oder das Geschäft zurückgeben. 1949 antworteten die Glatts auf diesen Vorschlag und bestanden darauf, dass sie allein das Geschäft gerettet hätten, äußerten gleichzeitig aber auch den Wunsch, zu einem Kompromiss zu kommen.

»Sehr geehrter Herr Günzburger,

wir hatten uns sehr gefreut, als wir den Besuch Ihres Herrn Sohnes erhielten. In den vergangenen Jahren haben wir uns oft gefragt, wohin Sie das Schicksal wohl verschlagen habe und wie Sie die Kriegsjahre überstanden haben. Wir freuten uns, zu hören, dass es Ihnen und Ihrer Familie gut geht. Wie es bei uns aussieht, wird Ihr Herr Sohn schon berichtet haben, doch möchten wir Ihnen einzelnes noch ergänzen.
Die ersten beiden Jahre nach der Geschäftsübernahme hatten wir uns schwer anzustrengen, um uns mit dem Geschäft durchzusetzen. Das ist uns denn auch gut gelungen und den ganzen Krieg über hatten wir gut zu tun. Dadurch, dass das männliche Personal eingezogen wurde, waren wir gezwungen, das mehrfache vom normalen zu arbeiten. Zum Beispiel waren wir jeden Sonntag im Geschäft.
Die Transportschwierigkeiten waren sehr groß. Last- und Personenwagen wurden bei Kriegsausbruch requiriert. Das Güterbahnhoflager haben wir durch Anbau etwas vergrößert. Den Umsatz in der Rosastraße haben wir wesentlich vergrößert, durch Aufnahme des Schraubengeschäfts. Dieses haben wir besonders gepflegt und gut entwickelt.
Am 27. November 1944 wurde das Anwesen der Rosastraße total zerstört [durch den Bombenangriff der Alliierten] und das Warenlager sowie die gesamte Büroeinrichtung und die Wohnungseinrichtung des Herrn

Albin Glatt völlig vernichtet. Alle Akten und Bürounterlagen gingen dabei verloren, sogar die Buchhaltung und alles was sich im Kassenschrank befand, verbrannte... Hier mussten wir uns zunächst auf das Gedächtnis und besonders aber auf die Anständigkeit der Kundschaft verlassen. Verluste waren nicht zu vermeiden, weil es vielen unserer Kunden ebenso erging und ein Teil auch, bei dem Angriff umkam. Das Güterbahnhoflager erhielt durch Bombenwurf einige Male Beschädigungen die wir jeweils wieder reparieren ließen...

Wir beschäftigten uns die nächsten sechs bis acht Monate mit dem Durchwühlen der Trümmer in der Rosastraße nach noch einigermaßen brauchbaren Waren, denn es war mitunter noch ein ganzes Fitting oder eine Rohrschelle oder ähnliches zu finden. Wir sammelten sozusagen jeden ausgeglühten Nagel und jede nicht zerschmolzene Schraube oder Fitting um es irgendwie wieder zu verwerten. Das Walzeisengeschäft lag vollkommen darnieder, da wir vom Oktober 44 ab bis Anfang 46 keine Zufuhr erhielten. Am Güterbahnhof mussten wir sehr aufpassen, da dauernd die Gefahr des Diebstahls bestand. Einige Male wurde auch eingebrochen und Material weggeholt.

Von 1946 an gelang es uns Material bei zu schaffen. Dadurch erhielt das Geschäft von etwa Ende 46 an einen starken Aufschwung.

Seit etwa zwei Monaten ist mehr und mehr ein Nachlassen des Geschäfts spürbar. Die Zahlweise der Kundschaft lässt außerordentlich nach. Wir müssen scharf und anhaltend monieren... Wir nehmen an, es ist Ihnen bekannt, dass die Gewinne größtenteils durch Steuern absorbiert werden...

Persönlich geht es uns einigermaßen ordentlich. Leider haben wir beide unsere Frauen verloren. Albins Frau starb Anfang 1945, Alfons' Frau Anfang 1948...

Ihr Herr Sohn hat uns nahegelegt, wegen der uns von Ihnen durch Herrn Cahen übermittelten Forderung, direkt an Sie zu schreiben. Wir schlugen diesem zunächst eine persönliche Unterredung vor und baten zu diesem Zweck hierher zu kommen. Dies ist ihm aber wegen Zeitmangel nicht möglich... Uns wäre es natürlich auch angenehmer, wenn wir uns mit Ihnen direkt verständigen könnten, denn wir glauben, dass dadurch rascher eine Einigung erzielt würde...

Mit freundlichen Grüßen, Ihre Gebrüder Glatt«

Im Oktober 1949 fuhr Norbert, der noch in Deutschland stationiert und von seinem Vater und Onkel bevollmächtigt worden war, zu den Glatts und vereinbarte etwas naiv eine Abschlusszahlung in Höhe von 40 000 D-Mark, was damals 10 000 Dollar entsprach. Das war noch immer weit unter dem Wert der Firma und galt für das Geschäft mitten in Freiburg, die Lagerhalle am Güterbahnhof und das gesamte Inventar, alle Fahrzeuge, Konten und den Kundenstamm. Sigmar und Heinrich waren verzweifelt, weil sie sich auf den jungen und unerfahrenen Norbert verlassen hatten und einmal mehr von den Glatts übervorteilt worden waren.

Zwei Jahre zuvor hatte die französische Militärverwaltung eine weitreichende Verordnung zur Rückübertragung in Kraft gesetzt, die vorsah, dass in ihrer Besatzungszone, also auch in Freiburg, Nazi-Opfer das Recht erhielten, ihr Eigentum zurückzubekommen. Schlimmer noch war, dass Norbert sogar eine Verzichtserklärung unterschrieben hatte, die weitere Ansprüche auf öffentlichen Schadenersatz, auch gegenüber dem Staat, ausschloss.

Zur selben Zeit hatten Sigmar und Alice alle Hände voll zu tun, an Freunde und Familienmitglieder in Europa zu schreiben und Anfragen früherer Mitarbeiter zu beantworten, die das jüdische Paar inständig baten, bei der Entnazifizierung für sie zu bürgen. Sympathie für die Nazis, die früher nützlich gewesen war, schadete jetzt dem Ruf, gefährdete die Stellung in der Gesellschaft und schränkte die Möglichkeit ein, einen Arbeitsplatz zu finden oder beruflich voranzukommen.

Aus diesem Grund bat zum Beispiel Sigmars früherer Buchhalter um Hilfe und auch die Frau des deutschen Offiziers, dessen Familie mietfrei im Untergeschoss des Günzburger-Hauses gewohnt hatte, bevor Hitler an die Macht kam. Frau Nagel schrieb 1951 aus Bonn und verlieh ihrer Bitte an Alice mit Fotos ihrer Töchter Nachdruck, die wegen der großen Zahl junger Männer, die im Krieg geblieben waren, nun keine Chance mehr hätten, einen Partner zu finden, sowie mit einem Bild ihres Sohnes aus dem Jahr 1943, in einer deutschen Armeeuniform mit hohen schwarzen Stiefeln und einem Orden auf der Brust. Wie immer bewahrte Alice eine handgeschriebene Kopie ihrer Antwort an Herrn und Frau Nagel auf.

> »Es fällt mir wirklich schwer, Ihren Brief zu beantworten. Er hat so viele traurige Erinnerungen an schreckliche Zeiten geweckt – Zeiten, in denen wir in Angst lebten und erniedrigt waren, Zeiten, in denen uns so viel weggenommen wurde und die wir deshalb lieber vergessen würden.
>
> Hier in Amerika geht es uns gottseidank gut und nach so langer Flucht haben wir hier eine neue Heimat und ein neues Auskommen gefunden. Dafür sind wir sehr dankbar. Aber bevor wir hier ankamen, mussten wir einige harte Jahre überstehen und es ist ein Wunder, dass wir alle uns hier wieder getroffen haben. Schon in Frankreich war es nur möglich, die Grenze von der besetzten in die unbesetzte Zone zu überschreiten, weil uns ein anständiger deutscher Offizier geholfen hat. Und allein das war schon ein Gottesgeschenk. Wenn wir damals nicht hätten entkommen können, wären wir wahrscheinlich unter den sechs Millionen gewesen, die vergast worden

sind. Viele unserer engsten Verwandten sind auf diese Weise umgekommen. Auch das arme Fräulein Ellenbogen, ihr Bruder und ihre Schwägerin.«

Alice schloss mit einer spitzen Beobachtung:

»Ich freue mich, dass Ihr Sohn gesund aus dem Krieg zurückgekehrt ist. Ich habe mir Sorgen um ihn gemacht. So jung und so leidenschaftlich wie er war, und so von der Sache überzeugt, hat er bestimmt in der ersten Reihe gekämpft und war ein begeisterter Soldat der Wehrmacht. Das muss hart für Sie gewesen sein. Auch Ihnen, Herr Nagel wird es nicht leichtgefallen sein, immer wieder Ihren Lebensstil ändern und ein neues Auskommen finden zu müssen. Was das angeht, können Sie sich nicht vorstellen, wie schrecklich das für die Flüchtlinge gewesen ist. All diese Leute, die kein Geld mehr haben und kein Englisch können, haben keine Wahl und müssen die niedrigsten Tätigkeiten verrichten. In diesen schweren Zeiten haben wir alle dieses Schicksal zu tragen, keinem bleibt etwas erspart, die ganze Menschheit ist davon betroffen.«

Den Wechsel von »Lebensstil und Auskommen«, den Alice in ihrem Brief in Bezug auf Herrn Nagel so mitfühlend erwähnte, kannte sie aus eigener Erfahrung. Als sie nach New York kam, lebte ihre Schwester Rosie in der South Bronx in einer trostlosen Wohnung in einem trostlosen Haus ohne Aufzug direkt an der Bahnlinie. Ein Zimmer der Wohnung hatte sie möbliert vermietet. Rosies Mann, Natan Marx, einst der stolze Besitzer des Familienbetriebs in Eppingen, verdiente vierzig Dollar im Monat als Tellerwäscher in der brütenden Hitze einer Krankenhausküche in Brooklyn. Er starb 1949 nach einem Herzanfall im Alter von 62 Jahren. Ihre Tochter Hannchen, die 16 war, als sie Ende 1938 emigrierten, bekam als Dienstmädchen im Haus ihrer

Herrschaft 28 Dollar im Monat und versuchte, ihre Eltern davon zu unterstützen.

Sigmar und Alice blieb das Elend, das andere Flüchtlinge erleiden mussten, erspart, aber auch sie lebten in bescheidenen Verhältnissen. An Tagen, an denen Sigmar nicht mit Max zur Wall Street fuhr, bestand seine tägliche Arbeit darin, morgens den Wirtschaftsteil der »New York Times« gründlich durchzulesen und am Nachmittag andere Zeitungen, was seine sozialen Kontakte auf den täglichen Weg zum Zeitungsstand beschränkte.

Mehrmals in der Woche spielten er und Max Karten, ihre deutschen Lieblingsspiele, und an besonderen Tagen leisteten er und Alice sich eine Vorstellung in der Metropolitan Opera – vor allem, wenn Wagner-Opern auf dem Spielplan standen – oder einen Klavierabend mit Werken von Chopin oder Beethoven in der Carnegie Hall. Generell aber beschränkte sich ihr Bild von Amerika auf Inwood, und sie waren zufrieden, bei ihrer Familie zu sein oder ihre Zeit mit anderen deutsch-jüdischen Flüchtlingen zu verbringen, die, wie sie, einfach nur dankbar waren, dass sie noch lebten.

Mit seinen Enkeln im selben Haus wurde Sigmar zunehmend milder, und die strenge, autoritäre Vaterfigur, die Janine, Trudi und Nobert in ihrer Jugend so gefürchtet hatten, wurde zu einem freundlichen und in seine Enkel vernarrten Patriarchen, den sie »Bapa« nannten und der von allen geliebt wurde. Er zeigte mir, wie ich Zeitung lesen sollte, und regte so mein Interesse am Journalismus an. Und nie ließ er die Chance aus, mir die goldene Banderole seiner Zigarre wie einen Ehering auf meinen Finger zu stecken und mich an seinem Arm und den Hochzeitsmarsch summend in einer feierlichen Zeremonie durch die Wohnung zu geleiten.

Gleich nachdem Alice und Sigmar eingezogen waren, nahmen sie bei ihrer direkten Nachbarin Lou, einer Lehrerin, Englischunterricht. Als Hausaufgabe mussten sie Seite um Seite in Übungshefte schreiben, was sie beobachtet hatten oder was ihnen durch den

Kopf ging. Es wechselte ungeordnet zwischen politischen und persönlichen Betrachtungen hin und her. So lernten sie, fleißig und gewissenhaft, Sigmar mit dem Füller und Alice mit dem Kugelschreiber, auf Englisch zu schreiben und erstellten damit unbeabsichtigt Tagebücher, in denen sie Gedanken äußerten, die sie sonst für sich behielten.

Sigmar schrieb:

> »Jeder muss mit seinem eigenen Unglück zurechtkommen. Es ist besser, in der Gegenwart zu leben, als sich immer an vergangene Zeiten zu erinnern. Viele Flüchtlinge kommen ohne einen einzigen Dollar in der Tasche an. Als ich Europa verlassen konnte, war ich ein glücklicher Mann. Große Nationen sollten sich um Frieden bemühen, aber immer das Schwert schärfen, um sich zu verteidigen. Die Geschichte wird unsere Generation für verrückt halten, weil sie einen Krieg nach dem anderen geführt, Millionen Menschen getötet und den Reichtum ihrer Länder vernichtet hat. Zur Börse zu gehen ist gefährlich. Ich würde gerne alle Kriegsverbrecher den Russen übergeben. Ein zerstörtes Europa ist alles, was der Krieg zurückgelassen hat.«

Und Alice:

> »Ein Mensch, der aus religiösen Gründen von einem Land in das andere reist, wird Pilger genannt. Die Juden sind in keinem Land willkommen. Eine andere Sprache zu sprechen, fällt älteren Leute schwer. Irren ist menschlich. Das Leben ist hart, besonders in unseren Zeiten. Es ist sehr hilfreich, ein gutes Wörterbuch zu haben. Wenn die Welt befreit ist, wird es Freude und Lachen und Frieden geben. Ich wollte, ich könnte den Armen helfen. Ich verbringe die meiste Zeit in der Küche. Es ist lange her, seit ich meine Heimat verlassen habe. Alte Möbel sind

besser als neue Möbel. Ich verdanke mein Heim und meine Freiheit diesem Land. Ich werde nie mehr nach Europa zurückkehren.«

Alice reiste, trotz ihres Entschlusses, nie nach Europa zurückkehren zu wollen, noch zweimal dorthin, weil sie Sehnsucht nach ihrem Bruder in London hatte. 1957, es war die erste Reise, die sie allein unternahm, fuhr sie nach London und besuchte dabei auch Verwandte in Zürich.

Auf dem Weg in die Schweiz machte sie Station in Freiburg, ging, wie von magischen Kräften angezogen, zur Poststraße und checkte im Hotel Minerva ein. Es wurde jetzt von Schöpperles Tochter Rosemarie und ihrem Mann, Friedrich Stock, betrieben. Obwohl sich die neuen Eigentümer höflich verhielten, ärgerte sich Alice darüber, dass die efeubewachsene Fassade des Hotels ihr Haus in den Hintergrund drängte – das Haus, in dem ihre drei Kinder geboren worden waren und wo sie die ersten, von Wohlstand geprägten Jahre ihrer Ehe verbracht hatte.

Gegenüber an der Rosastraße lag Sigmars früheres Geschäft, das nun »Eisen Glatt« hieß. An diesem Nachmittag ging Alice schweigend durch Freiburg zu dem Warenhaus, das einmal der Familie von Trudis Mann gehört hatte. Mit dem Wort »Nebbich!« – was soll's – beschrieb sie ihre Trauer und ihre Fassungslosigkeit auf einer Postkarte, die das Hotel Minerva zeigte. Sie brachte sie zur Post, bevor sie am Abend zu ihrem Zimmer hinaufstieg und zu Bett ging. Aber sie fand keinen Schlaf, hier in Deutschland, als zahlender Gast in dem Haus, das eigentlich ihres war, stand nach wenigen Stunden wieder auf, packte ihre Sachen und rief ein Taxi, das sie über die Grenze nach Mulhouse brachte. Niemals wieder würde sie nach Deutschland zurückkehren. Oder nach Frankreich.

Als Alice spät in jener Nacht in Mulhouse ankam, fuhr sie direkt zum Hôtel du Parc, einem der besten Hotels in der Stadt, und fragte auf Englisch nach einem Zimmer.

Aber in der zu dieser späten Stunde leeren Empfangshalle entging ihr nicht, dass der Hotelangestellte sich über sie lustig machte: »Quelle idiote! Avec cet accent alsacien, elle ne parle aucun mot de français?« Ist die blöd! Mit diesem elsässischen Akzent will sie kein Wort Französisch können?

»Nein, nicht blöd«, antwortete Alice auf Französisch, so wie es in ihrer Jugend die »freche Lisel« getan hätte. »Nur eine Amerikanerin.«

~

In dem Umfeld, in dem ich meine frühe Jugend verbrachte, war, ohne Alice zu nahetreten zu wollen, mein Vater der einzige »richtige« Amerikaner. Er war der, an den man sich wandte, wenn man irgendwo hingehen oder wenn man etwas wissen wollte. Und er war es auch, der das Gespräch mit Sigmar suchte, damit dieser sich mit der englischen Sprache beschäftigte. Mein Vater bemühte sich, sein Französisch und Deutsch zu verbessern, und lernte lange Listen von Vokabeln und die schwierigen Regeln der deutschen Grammatik auswendig, um für seine Schwiegereltern zu dolmetschen und ihren Schriftverkehr so zu redigieren, dass es nach gutem Englisch klang.

Wenn es um Sprache, Selbstvertrauen, Wissen oder Auftreten ging, konnte ihm niemand das Wasser reichen. Sonntags, wenn er am Harlem River mit Trudis Mann Harry Tennis spielte, trug er eine Sportkleidung, die für mich Symbolcharakter hatte – ein klassischer Tennispullover, den Alice für ihn gestrickt hatte, mit dickem weißen Zopfmuster und roten und blauen Streifen um den V-Ausschnitt. Es schien, als ob nur er, wegen seiner Herkunft und seiner Zugehörigkeit zur amerikanischen Nation, berechtigt war, dieses Kleidungsstück tragen, vor allem, weil mein Onkel niemals einen solchen Pullover als klaren, dreifarbigen Anspruch auf die amerikanische Staatsbürgerschaft besaß. Mein amerikanischer Vater trug diesen Pullover wie eine Flagge, und ich war stolz, seine Tochter zu sein.

Dennoch verbrachten meine Mutter, mein Bruder und ich wenig Zeit mit ihm. Mom hatte ihren Beruf nach meiner Geburt aufgegeben, und wir verlebten ganze Sommer in einer gemieteten Hütte an einem See, wo Dad uns nur an Wochenenden besuchen konnte. Aber das Familienleben in der Stadt, an das wir uns gewöhnt hatten, wurde auch auf dem Land fortgesetzt, weil Trudi und Harry sowie Norbert und Doris ebenfalls Häuser am See mieteten, nur wenige Schritte von unserem entfernt.

Freitagabends brachten die Männer ganze Berge von hübsch eingewickelten Paketen mit Gebäck von Nash's und der Schmutzwäsche einer Woche, damit ihre Frauen sie waschen und bügeln konnten, und früh am Montagmorgen fuhren sie wieder zurück in die Stadt.

Len ging immer noch oft auf Dienstreisen, die er einsam und unglücklich hinter sich brachte, war aber wild entschlossen, über seine normalen Touren und sein normales Vertretergehalt hinaus Geld zu verdienen. Wenn er zu Hause war, unterhielten er und Janine sich regelmäßig darüber, ob es klug wäre, sein eigenes Geschäft aufzumachen. Es waren Diskussionen, die dadurch erschwert wurden, dass er die Dinge immer optimistisch sah und sie es ablehnte, Risiken einzugehen, weil sie aus eigener leidvoller Erfahrung nur zu gut wusste, dass überall Gefahren lauern konnten.

Irgendwann kündigte er, schloss einen Vertrag mit zwei Herstellern, deren Produkte er an der Ostküste vertreiben wollte, und gründete seine eigene Firma. Er nannte sie »Unisco« und mietete Büroräume in der Nähe unserer Wohnung. Mit seinem ungeheuren Elan und seinen natürlichen Führungsqualitäten gewann er rasch an Format und Autorität, und binnen kurzem stellte er Mitarbeiter ein, die schon bald unter seinem Perfektionismus litten. Er war immer noch viel unterwegs und klagte in seinen Briefen, wie hart es war, genug zu verkaufen, damit seine Kommission von zwei auf fünf Prozent stieg, und deshalb arbeitete er noch mehr als früher, nun auch noch nachts und an Wochenenden.

Leslie (l.) und Lynne, Kusinen und ständige Spielkameraden

Obwohl wir nur selten zusammen waren, liebte ich ihn von ganzem Herzen und kämpfte immer um seine Aufmerksamkeit und seine Anerkennung. Er versuchte seinerseits, in mir Furchtlosigkeit und Kampfgeist zu wecken. Seine Bemühungen begann er damit, dass ich mich mit meiner Kusine Lynne messen musste, meiner besten Freundin und meinem Alter Ego, mit der ich jede Minute gemeinsam verbrachte. Wir gingen morgens zusammen zur Schule, der Public School 98 an der 211. Straße, nachmittags wieder nach Hause, und benutzten eher Fußgängerunterführungen, als den Broadway zu überqueren, auf dem so viel Verkehr war, dass unsere Mütter glaubten, das wäre zu gefährlich.

Oft waren wir sogar gleich angezogen, in feinen Kleidchen aus der Madison Avenue, die wir von Herberts Töchtern übernahmen. Ich bekam immer das blaue Kleid, meine Kusine wegen ihrer braunen Augen das rosafarbene. Damit setzten unsere Mütter die Regel fort, die Alice wegen der Augenfarbe ihrer Töchter eingeführt hatte, die deswegen immer wie Zwillinge aussahen.

*Gary und Leslie auf einem Jahrmarkt am Upper
Broadway in New York City, 1956*

Obwohl Lynne und ich dauernd zusammen waren, dachte sich mein Vater ständig neue Wettbewerbe zwischen uns aus. Der erste war der Größenvergleich. Fast jede Woche einmal stellte er uns Rücken an Rücken, um festzustellen, wer von uns beiden mehr gewachsen war, und ich streckte mich so gut ich konnte, damit ich für ihn größer erschien. Er legte seine Hand auf meinen Kopf und ich bemühte mich, die Augen nach oben zu richten, um das Ergebnis sehen zu können. Daddys Enttäuschung war jedes Mal spürbar, wenn wir zusammen mit dem Aufzug die drei Stockwerke von Lynnes Apartment zu unserem hinunterfuhren und er mich drängte, ihm eine tröstende Erklärung zu geben.

»Lynne ist drei Wochen älter!«, bot ich ihm hoffnungsvoll an. »Hast du auch bestimmt ihr Haar richtig heruntergedrückt?« Aber er ließ keine Erklärung gelten und beschwerte sich, dass ich niemals so groß würde wie sie, wenn ich nicht endlich anfinge, mehr zu essen.

Er war entschlossen, dafür zu sorgen, dass ich stark und selbstbewusst wurde, und ärgerte sich darüber, dass er immer wieder gegen meine kindliche Angst ankämpfen musste, die nach seiner Ansicht zweifellos in der besorgten Überempfindlichkeit unserer Großmutter – unserer »Nana« – und unserer Mütter begründet war. Die Erfahrungen, die sie durch Krieg und Verfolgung gemacht hatten, hingen für ihn wie eine düstere Wolke über jedem Tag und konnten jederzeit in einem Fiasko enden.

Mein Vater akzeptierte nicht, dass wir vor etwas zurückschreckten, wenn es aus seiner Sicht keinen Grund dafür gab. Er hatte kein Verständnis dafür, dass ich Angst vor Hunden hatte, und wenn wir in einen Freizeitpark gingen, ärgerte er sich, dass ich außer dem Riesenrad keine anderen Fahrgeschäfte benutzen wollte, weil mich das schwindlig gemacht hätte. Meine Freude, wertvolle Zeit mit ihm allein zu verbringen, war immer etwas gedämpft, weil ich fürchtete, ihn zu enttäuschen, wenn ich vor etwas Angst hatte.

Im Winter fuhren wir manchmal zu einer Eisbahn, wo er mir Schlittschuhlaufen beibringen wollte. Ich bat ihn, mich an der Hand zu halten, aber er bestand darauf, dass ich alleine laufen und versuchen sollte, ihn einzuholen. Er lief rückwärts, streckte seine Arme nach mir aus und forderte mich auf, seine Hände zu fassen, sorgte aber dafür, dass mir das nie gelang, weil er immer wieder außer Reichweite war. Je näher ich kam, desto schneller lief er voraus. Er lockte mich, zog sich zurück, forderte mich erneut auf, war wieder fort.

Scheinbar mühelos und mit eleganten Bewegungen glitt er davon, zwischen die anderen Schlittschuhläufer, wobei er die eleganten Bewegungen der jungen Mädchen in ihren Eislaufkostümen bewunderte, die Pirouetten für ihn drehten. Ich tapste mit meinen unbeholfenen Baby-Schritten langsam über das Eis, hielt panisch nach ihm Ausschau, nach ihm mit seinem »Du-kannst-es-Lächeln« und seinem aufmunternden Nicken. Ich stand steif auf dem Eis und wollte doch nur die Wärme und Sicherheit seiner Arme spüren. Aber er war immer unerreichbar.

Am schlimmsten war es nachts, wenn ich allein in meinem dunklen Zimmer wach lag und mich vor den gestaltlosen Dämonen fürchtete, die im Schatten auf mich lauerten. Wie ich mich danach sehnte, in jenen schlaflosen Nächten, wenn die Stunden unerbittlich und in quälender Langsamkeit vor sich hin krochen, in den Armen meiner Mutter Trost zu finden. Deshalb krabbelte ich Nacht für Nacht zu ihr herüber, bis mein Vater, der von dieser Störung genug hatte, mir für den Fall, dass ich auch nur einen Fuß über die Schwelle meines Schlafzimmers setzte, Strafen androhte, die schlimmer waren als meine namenlose Furcht im Dunkeln.

Dennoch hielt ich es eines Abends nicht mehr aus, alleine in der düsteren, angsterfüllten Einsamkeit meines Zimmers. Wie auf dem Bild an der Wand, auf dem ein Teller und ein Löffel auf Wanderschaft gehen, wollte ich weglaufen. Ich schob einen schweren Stuhl durch den Flur unter unsere Wohnungstür, krabbelte an ihm hoch, bis ich den Riegel erreichte, öffnete ihn und schlich auf Zehenspitzen aus unserer Wohnung, auf der Suche nach Unterschlupf bei der älteren Generation, die meine Flucht verstehen würde. Ich betete, dass meine Großeltern zu Hause wären und dass sie hören würden, wenn ich läutete, und ich fragte mich, ob sie meine Eltern rufen oder mir, einem barfüßigen Flüchtling in einem mit Herzchen bedruckten Flanellnachthemd, das verzweifelt ersehnte Asyl gewähren würden.

Tatsächlich war es dann so, als ob man hinter der Tür Kaisers Geburtstag feierte! Sigmars Bruder Heinrich und seine Frau Tony waren einige Stunden zuvor aus Buffalo angekommen, und so empfing mich eine Welt, die das Gegenteil des Schweigens war, vor dem ich die Flucht ergriffen hatte. Überall brannte Licht, man unterhielt sich angeregt, auf dem Tisch standen die Schokoladenplätzchen in Eichblattform von Nash, Nanas berühmter Rührkuchen, ihre mit Schlagsahne dekorierte Zitronentorte und ein Teller mit grünen Weintrauben neben einer Wasserkaraffe. Mein Großvater zog an einer Zigarre, und er und sein Bruder tranken deutschen Wein. Ich war froh, dass es Zeller »Schwarze

Katz« war, weil ich wusste, dass mir Bapa dann die kleine schwarze Plastikkatze schenken würde, die als Dekoration um den Flaschenhals gewickelt war.

Gar nicht einverstanden war meine Großtante Tony. Sie blickte missbilligend über das Drahtgestell ihrer Brille und schürzte ihre Lippen zum Zeichen ihrer Ablehnung: »Wie kann es sein, dass sie sich mitten in der Nacht aus ihrer Wohnung schleicht, ohne dass ihre Eltern es wissen?«, fragte sie. »Lisel, das kannst du nicht zulassen, bring sie sofort zurück nach Hause.«

Ich verlor alle Hoffnung. Aber Nana nutzte die Gelegenheit, sich gegen ihre dominante Schwägerin durchzusetzen, fütterte mich mit Plätzchen und nahm mich dann mit in ihr Bett. Sie zog ein langes weißes Baumwollnachthemd mit in den Kragen eingestickten Initialen an, das noch aus ihrer Aussteuer stammte. Dann zog sie die Haarnadeln aus ihrem Knoten und lockerte die noch kaum grauen Zöpfe, die ich nie anders als zusammengerollt an ihrem Hinterkopf gesehen hatte. Bald darauf schmiegten wir uns im Mahagoni-Doppelbett meiner Großeltern aneinander, auf quadratischen, europäischen Kissen unter weichen, dunkelroten Daunendecken, und verglichen die merkwürdigen Konturen, die wir in der Dunkelheit sahen, sogar mit geschlossenen Augen.

Ich konzentrierte mich auf die unter meinen Augenlidern herumschwirrenden Formen in Weiß, Gold und Schwarz, Mustern die schneller wechselten, als ich sie hätte beschreiben können.

»Ja, ich sehe genau das Gleiche«, versicherte mir Nana, »jeder sieht das.« Aber da hatten sich bei mir die Muster schon geändert und ich bemühte mich, sie zu erkennen. Glühwürmchen! Hummeln! Kleine rote und blaue Pünktchen! Blitzende, silberne Feuerwerkskörper!

»Doch, das Gleiche«, sagte sie. Mit ihren bloßen Armen drückte sie mich an sich, ihre Haut war kühl, haarlos, weich und zwischen den Sommersprossen so hell wie das Mondlicht. Ich bezweifelte das, denn wenn meine eigene Beschreibung kaum dem entsprach, was ich gesehen hatte, wie konnte dann einer von uns beiden wissen, dass wir das Gleiche sahen? Nanas Atem kam ruhig und regelmäßig, sodass ich annahm, sie wäre eingeschlafen, während neben uns Bapas Schnarchen die Nacht durchdrang. Zum ersten Mal machte es mir nichts aus, dass ich als Einzige wach lag. Ich suchte überall im Raum nach Ungeheuern, ich versuchte, die bekannten, in den Vorhängen versteckten Hexen zu sehen, aber sie waren alle verschwunden.

Am nächsten Morgen fand mich mein Vater, außer sich, weil ich verschwunden war, eingekuschelt im Bett seiner Schwiegereltern, und als ich das nächste Mal in der Nacht fliehen wollte, erwischte er mich auf frischer Tat. Bevor ich auch nur die Tür aufschließen konnte, kam er aus dem Elternschlafzimmer über den Flur, riss mich vom Stuhl und steckte mich zurück ins Bett. Um ehrlich zu sein, erinnere ich mich nicht daran, ob er sehr böse war. Er war selbst keiner, der sich anderen Autoritäten unterwarf, und hatte wahrscheinlich heimlich den Hut vor mir gezogen, weil ich so kühn war, mich ihm zu widersetzen.

~

Im Frühjahr 1954 warf meine Mutter die leichte, geblümte Winterdecke über die genoppten, kirschroten Polster unserer Wohnzimmercouch und saß stundenlang vor dem Fernsehgerät der Marke Zenith, während die Anhörungen der McCarthy-Kommission bei der Armee übertragen wurden. Mit krankhaftem Interesse folgte sie, die Zigarette in der Hand, den Bosheiten eines gnadenlosen Demagogen, der Hass und Verdächtigungen ausstreute und mit Feuer und Schwert Andersdenkende verfolgte, dieses Mal Angehörige der US-Armee, denen vorgeworfen wurde, Kommunisten zu sein. Sie verpasste nicht eine Minute dieser blutrünstigen Hexenjagd.

Inzwischen saß auch ich in sehr jungen Jahren dauernd vor dem Fernsehgerät, allerdings war es in meinem Fall das »Million Dollar Movie«, das mich fesselte, die Idee eines Senders, denselben Film mehrmals am Tag auszustrahlen und das an jedem Tag der Woche, sodass ich, zu Tränen gerührt, bald jede Textzeile auswendig kannte und den Schauspielern auf dem Fernsehschirm einen Gute-Nacht-Kuss gab. Tatsächlich steigerte die Idee, denselben Film immer und immer wieder abzuspielen, meine Bewunderung für meine Lieblingsfilme, und im Rückblick ist mir klar, dass sie alle das Gleiche zum Thema hatten: zwei unglücklich Liebende in aussichtsloser Situation.

Die beiden Filme, die ich am meisten mochte, zeigten mir, zu welchem Chaos es führen kann, wenn ein halbwegs glückliches Paar auf eine aufregende Persönlichkeit trifft. In »Mr. Peabody und die Meerjungfrau« verliebt sich ein verheiratetes Mitglied der Bostoner Oberschicht in mittleren Jahren leidenschaftlich in eine Nixe aus der Tiefe des Meeres, und obwohl er sich, ohne Mitgefühl zu zeigen, von Frau und Tochter trennen will, um in alle Ewigkeit mit seinem Fantasiewesen zusammenzuleben, muss er sie aufgeben. In der Schlussszene sieht man, wie die Meerjungfrau alleine in der Tiefe zwischen den Grotten des schwarzweißen karibischen Ozeans verschwindet.

Aber nichts lässt sich mit »Casbah!« vergleichen, dem Klassiker des romantischen Films. An seinem Schluss hebt das Flugzeug mit der wunderschönen französischen Heldin in Algier ab, in Tränen aufgelöst, weil ihr Geliebter, der fesche Juwelendieb Pepe Le Moko – der sie ihrem Verlobten ausgespannt hatte – nicht wie verabredet am Flughafen erschienen war. Wir sehen sie durch das kleine Flugzeugfenster im Profil in großartiger Pose, wunderschön und traurig. Knapp außerhalb ihres Blickfeldes liegt Pepe blutend auf der Startbahn. Die Polizei hatte ihm, als er auf dem Weg zu ihr war, um mit ihr zu fliehen, in den Rücken geschossen. Mit letzter Kraft streckt der attraktive Dieb, sehnsüchtig und verzweifelt, die Arme nach dem Traumbild seines Mädchens aus, das ohne ihn fortfliegt. Ihr Flugzeug hebt ab und die Trauer auf ihrem Gesicht sagt, dass sie glaubt, Pepe habe sie verlassen.

Diese Szene hatte ich immer vor Augen, als meine Mutter mir später die Geschichte ihrer verlorenen Liebe zu Roland anvertraute. Aber »Casbah!« hatte auch noch den anderen Teil der

Handlung, in der Pepe bedenkenlos in eine frühere Liebe einbricht, und auch das war mir eine Lehre. Es zeigte mir, dass ich misstrauisch sein musste gegenüber dem einladenden Lächeln von Frauen, die erröteten und deren Stimme die Luft mit Musik erfüllte, wenn sie meinem Vater begegneten.

Diese Situation ergab sich sogar in unserem eigenen Haus, als ich sieben Jahre alt war und mit ihm vom Park zurückkam. Dad trug seinen Tennispullover, kurze weiße Hosen und Sportschuhe, als eine attraktive, dunkelhaarige Frau in einem Tenniskleidchen mit Plisseefalten und hübschen langen Beinen durch den Hausflur eilte, um mit uns in den Aufzug zu steigen. Er zeigte sein übliches verwegenes Lächeln und hielt ihr die Tür auf. Ihr Name war Jean, und ich wusste, dass sie eine Freundin meiner Mutter war, die mit ihr schon öfter auf den Bänken am Dyckman-House gesessen hatte. Sie wohnte mit ihrem Mann und ihren beiden kleinen Töchtern in unserem Haus und hatte es zu Alice' Ärger bereits geschafft, Sigmar zu ihrem Bewunderer zu machen, wenn dies auch nur in seinen Bemerkungen und völlig unschuldig zum Ausdruck kam. Aber meinem Vater war Jean noch nicht begegnet.

»Ist das dein Vater?«, gurrte sie und strich mir übers Haar. Sie gab sich keine Mühe, ihr Interesse zu verbergen. »Du musst mich vorstellen, Süße. Ich suche immer nach Tennispartnern!« Als sie sich ihm zuwandte, studierte ich im Spiegel an der Rückwand des Aufzugs, wie sie angeregt auf ihn einredete. Ich wollte schnell aussteigen, aber als der Fahrstuhl auf unserer Etage anlangte, stellte sich mein Vater in die Tür und blieb stehen, um sich weiter mit ihr zu unterhalten.

»Ich kann gar nicht glauben, dass Sie Janines Mann sind und dass wir uns noch nie gesehen haben«, flötete Jean. »Kein Wunder, dass sie Sie versteckt hat!«

Als wir an diesem Tag nach Hause kamen, saß meine Mutter, mit einer Näharbeit beschäftigt, auf dem Teppich. Gary hockte in seinem Laufstall, und Louis Armstrong schmachtete aus dem Plattenspieler: »Jeannine, I Dream of Lilac Time«, eine Platte, die

Dad ihr gekauft hatte. Sie hatte eines ihrer besten Cocktail-Kleider aufgetrennt, dunkelblau, aus Taft und mit kleinen silbernen Punkten, und machte mir daraus ein Kleidchen, das ich in meiner Rolle als Königin Esther in dem Stück tragen sollte, das wir in der Sonntagsschule beim Purimfest aufführten.

Mom hatte ihr wunderschönes Kleid geopfert und den Nachmittag damit verbracht, es von Hand für mich wieder zusammenzunähen und blitzende silberne Münzen an das Oberteil zu heften. Ich starrte das Wunderwerk mit offenem Mund an, überwältigt von der Großzügigkeit meiner Mutter und ihrem handwerklichen Geschick. Aber ich fühlte mich – vielleicht, weil ich das »Million-Dollar-Movie« gesehen hatte – unwohl und unzufrieden. Irgendwie hatte ich den Eindruck, ich sei ihr gegenüber illoyal, weil ich Zeugin der Szene im Aufzug geworden war, ohne ihr davon zu erzählen. Aber ich konnte einfach die knisternde Atmosphäre nicht beschreiben, die in der Luft lag, als Mommies Freundin ihrem sehr gutaussehenden Mann im Aufzug begegnet war.

~

Fast zwei Jahre lang war das Einzige, was meine Eltern beschäftigte, die Suche nach einem Haus in der Vorstadt, das sie sich leisten konnten. Jedes Wochenende fuhren sie in der näheren Umgebung herum. Das Einzige, was sie sich vorgenommen hatten, war, dass es nicht mehr als zwanzig Minuten von der 204. Straße entfernt sein durfte. Ich hoffte darauf, dass der Tag niemals kommen würde, an dem mein Vater, der immer groß dachte, und meine Mutter, die ihn immer zurückhielt, sich einigen würden, wie viel sie ausgeben konnten, fanden, wonach sie suchten, und wir umziehen würden.

Dad wollte mit aller Gewalt im Leben vorankommen und aus Inwood wegziehen, und Mom behagte es überhaupt nicht, ihre Familie zurücklassen zu müssen. Sie hatte den Fehler gemacht, Alice den Schlüssel zu unserer Wohnung zu geben, und Nana machte großzügig davon Gebrauch, ohne Rücksicht auf Dads Privatsphäre zu nehmen. Mittlerweile liefen seine Geschäfte so gut, dass er im nördlichen Teil von New Jersey ein Bürogebäude gekauft hatte, in einer Vorstadtgegend, von der Mom fand, sie sei nahe genug bei ihren Eltern gelegen. Jetzt bestand er darauf, dass sie ein Haus dort in der Nähe finden sollten. Sogar ich musste zugeben, dass unser Apartment mit seiner winzigen Küche und dem einen Badezimmer zu klein war, vor allem nachdem meine Mutter ein Hausmädchen in Vollzeit eingestellt hatte, das in dem Zimmer schlief, das ich mir ohnehin schon mit Gary teilte.

Dennoch war der Gedanke, meine geliebten Großeltern verlassen zu müssen, und Lynne, meine beste Freundin, und Trudi, die wie eine zweite Mutter war, und den immer lustigen Norbert, zu schrecklich, um darüber nachzudenken. Und die Aussicht darauf wurde durch die mühsame Suche nach einem Haus nur noch schlimmer. Woche für Woche fuhren wir im Bergen County von Haus zu Haus, und das Einzige, was wechselte, war das Footballspiel, das gerade im Autoradio übertragen wurde.

Jedes Mal, wenn wir über den Hudson River fuhren, schwärmte mein Vater von der George Washington Bridge, die für ihn ein Wunderwerk der Hängebrücken-Technik war, und oft sang er aus voller Brust im Stile von Paul Robeson die Mississippi-Hymne »Ole Man River«. Mein Traumbild hingegen, nach dem Paris oberhalb der Hudson River Palisades von New Jersey lag, ging für immer verloren: Denn der Sendemast, in dem ich den Eiffelturm gesehen hatte, stand fest auf dem Boden von Fort Lee, dessen Champs-Élysées durch ein hässliches Industriegebiet an der Route 9W führte.

In jedem Haus, das wir besichtigten, versuchte meine Mutter, meine Begeisterung dadurch zu wecken, dass sie mir das Zimmer zeigte, das meines werden würde, und mir auftrug, darüber nachzudenken, wie ich es einrichten würde. Aber egal, wie ich in meinem Kopf die Möbel stellte, wir kamen selten zurück, um das Haus ein zweites Mal in Augenschein zu nehmen, und deshalb war ich auch nie enttäuscht. Ich wollte sowieso nicht in ein Haus einziehen, das weiter als einen Steinwurf von dem Gebäude entfernt lag das ich am meisten liebte, dem Dyckman-House.

Deshalb war ich völlig überrascht, als meine Eltern tatsächlich ein Haus kauften – einen zweistöckigen Neubau in Englewood Cliffs, an einer ungepflasterten Straße, an der es nur halbfertige Rohbauten und einige Baugrundstücke gab, die zum Verkauf standen. Direkt nach der Besichtigung hinterlegten sie eine Kaution – es war ein Tag, an dem ich, der ewigen Sucherei müde, daheim geblieben war, um mit Lynne zu spielen –, deshalb kam ich zu einem eigenen Zimmer, ohne es in meiner Vorstellung eingerichtet zu haben. Meine Eltern hatten unterschiedliche Ansichten über das Haus.

»Es ist Zeit, dass wir ausziehen, deshalb wird das unser erstes Haus«, dachte mein Vater.

»Ich will nie wieder meine Koffer packen, das ist es jetzt«, schwor sich meine Mutter.

Meine eigenen Gefühle schrieb ich unter Tränen auf einen Notizzettel, den ich am Morgen, als wir auszogen, unter der Wohnungstür meiner Tante hindurchschob:

»Liebe Trudi,
Ich ertrage es nicht, von euch fortzugehen. Nein, ich will nicht weg von euch, was soll ich tun?
Bitte, kauft das Haus neben unserem. Bitte.
In Liebe,
Leslie«

Als wir aus Manhattan und über den Hudson River fuhren, an jenem Tag, als wir aus der Geborgenheit fortzogen, die unser Apartmenthaus und unsere Familie geboten hatten, ging ich ins Exil in ein fremdes Land. Ich gewann ein ganz neues Verständnis von der Geschichte meiner Mutter. Ich dachte daran, wie sie immer wieder ihr Haus verlassen musste und nicht wusste, was als Nächstes passieren würde. Ich war damals acht Jahre alt und verstand auf einmal ganz genau, wie sie sich gefühlt haben musste, als sie über den Rhein fuhr und ihre Kindheit hinter sich ließ. Auch ich begriff, dass mein Leben nicht mehr das gleiche sein würde.

Ich verließ Inwood, und auch ich ging nach Amerika.

EINUNDZWANZIG

Die andere Frau

Die Frau, die in die Ehe meiner Eltern einbrach und die Beziehungen meines Vaters zu allen, die er kannte, untergrub, war eine russische Jüdin mit eisernem Willen. Ihr Abscheu gegenüber dem Kommunismus hatte sie dazu gebracht, im Alter von 21 Jahren ihr Haus und ihre Familie in St. Petersburg zu verlassen, um in Amerika ein Leben in Freiheit zu suchen. Wie mein Vater war auch Alissa Sinowjewna Rosenbaum entschlossen, ihre Vergangenheit hinter sich zu lassen, und änderte ihren jüdischen Namen. Ihren herben russischen Akzent behielt sie ihr Leben lang. Erstaunlicherweise hatte die Faszination, die sie auf Dad ausübte, nichts mit sexueller Anziehungskraft zu tun.

Sie war eine kräftig gebaute, starke Frau mit großen, hungrigen Augen und kurzen, schwarzen Haaren, die wie der Helm der Athene ihren Kopf umschlossen, und sie war 13 Jahre älter als mein Vater. Nachdem er 1958 ihr Manifest »Atlas Shrugged« – auf Deutsch »Atlas wirft die Welt ab«, 2012 als »Der Streik« neu aufgelegt – gelesen hatte, wurde die philosophierende Schriftstellerin, die sich den Namen Ayn Rand gegeben hatte, seine Göttin.

Einer ihrer Anhänger beschrieb ihre Fähigkeit, andere mit psychologischen Mitteln zu verführen, damit, dass sie in der Lage sei, das Weltliche zu »vergeistigen«. Mein atheistischer Vater folgte der von ihr propagierten Philosophie des Objektivismus und dem darin zum Ausdruck kommenden eiskalten Credo des rationalen Egoismus mit der fanatischen Überzeugung eines religiösen Eiferers.

Mit seinem hintergründigen, guten Aussehen und seiner Fähigkeit, alles genau zu analysieren, entsprach Len dem Idealtyp des Mannes, dem Rand in ihren Romanen ein Denkmal setzte: der romantische Held als denkender Einzelgänger, getrieben von seinem Eigeninteresse, der jede Anpassung an andere ablehnt. Die Inkarnation ihrer Romanfigur Howard Roark, des trotzigen Helden von »The Fountainhead« – auf Deutsch »Der ewige Quell« und verfilmt als »Ein Mann wie Sprengstoff« mit Gary Cooper in der Hauptrolle des Architekten Howard Roark – saß in einem Vortragssaal in Manhattan zu ihren Füßen, in Person meines Vaters, der im Alter von etwas über vierzig Jahren ihr gelehriger Schüler wurde.

Wie konnte es geschehen, dass dieser Mann mit dem scharfen Intellekt, der mit Leib und Seele um seine Unabhängigkeit kämpfte, bedingungslos in einer Bewegung aufging, die sich zu einem Kult entwickelte? Dass er nicht nur Rands generelle Einstellung zum Leben verinnerlichte, sondern auch noch eine ganze Reihe von Sichtweisen übernahm, die ihm vorschrieben, welche Meinung er zu mehr oder weniger allem zu haben hatte – von Psychologie und Politik bis zu Literatur, Kunst und Musik –, und die von ihm verlangten, dass er jeden verachtete und zurückwies, der eine andere Ansicht vertrat als Rand? Welches unausgesprochene Sehnen nach Bestätigung oder Zustimmung bediente der Objektivismus in ihm, dem Mann mittleren Alters, mitten im Jahrhundert, der gerade erst ein Unternehmen gegründet hatte, ihn, den Amerikaner der ersten Generation, dessen angeborener Optimismus und persönlicher Ehrgeiz ihn daran glauben ließen, dass der Mensch sich selbst erfinden könne und müsse? Er sah alles durch die Brille ihrer auf Selbstbewunderung basierenden Weltsicht.

»Der Kern meiner Philosophie«, schrieb sie, »ist das Konzept des Menschen als eines heldenhaften Wesens, das sein eigenes Glück als den moralischen Sinn seines Lebens begreift, das den Erfolg seines Tuns als seine edelste Aufgabe betrachtet und die Vernunft als über allem stehende Konstante.«

Ungeachtet aller hochfliegenden Prinzipien gab es bei uns zu Hause regelmäßig Streit, wenn es darum ging, die Lehren Rands im wirklichen Leben anzuwenden. Rand verurteilte Altruismus als verwerflich, erhob Selbstsucht zur Tugend und lehnte soziale Verantwortung für die Armut oder das Leid anderer ab. Die Ideologie, die mein Vater nachplapperte, wandte sich gegen alles Gemeinschaftliche und grenzte an faschistische Ideale, weil sie eine Elite von »richtig« denkenden, gestählten Individuen forderte, Menschen, die sich weigerten, irgendeiner Macht auf der Welt nachzugeben, außer der von Ayn Rand. Sie verlangte, dass man sie als den größten Menschen verehrte, der je gelebt hatte, und als »obersten Schiedsrichter« allen moralischen Handelns. Es war unfassbar, aber mein Vater war verhext.

Auf Rands Lehren war er durch einen Angestellten gekommen, der ihm eine Ausgabe von »Atlas Shrugged« zu Weihnachten geschenkt hatte, kurz nachdem wir nach New Jersey gezogen waren. »Unisco« hatte ein eigenes Firmengebäude übernommen und Dad begann, Typenschilder für Industrieanlagen und Maschinen zu produzieren, und wechselte so vom Handel zur Produktion. Jetzt, in seinem Ehrgeiz, ein Industrie-Imperium zu schaffen, lobte ihn Ayn Rand als einen, der die höchste Stufe des Menschen erreicht hatte – der Selfmademan, der amerikanische Industrielle.

»Die Wörter ›Geld verdienen‹ sind die Essenz der menschlichen Moral«, predigte sie, deshalb arbeitete mein Vater meistens bis nach elf Uhr abends und auch an Samstagen. Er ging in seiner Fabrik auf, kümmerte sich um technische Probleme, freute sich über seine perfekten Produkte, spielte mit seinen Maschinen und atmete, ohne darüber nachzudenken, die giftigen Chemikalien und die Metallspäne ein, die sie emittierten, was die Belastung für seinen Körper, der schon im Krieg dem Asbest ausgesetzt gewesen war, weiter steigerte.

Bei seinen Angestellten bestand er, wie bei seinen Kindern, auf Perfektion. Sie müssten ihn ja nicht lieben, sagte er, Hauptsache, sie respektierten ihn. Dennoch träumte er im Innersten seiner Seele, da wo er seine Gefühle verbarg, einen nahezu unwirklichen Traum von unbedingter Loyalität und war völlig überrascht, als er herausfand, dass die Art und Weise, wie er seine Leute drillte, nicht Dankbarkeit, sondern Untreue zur Folge hatte. Obwohl viele wichtige Mitarbeiter kündigten, Kundenlisten und Betriebsgeheimnisse mitnahmen und ihm dann Konkurrenz machten, stellte er nie seinen harten Führungsstil in Frage. Stattdessen bestärkte ihn jeder Verrat in seiner Haltung, dass er alleine war und sich im Krieg mit der Welt befand.

Wir kommen als unbeschriebenes Blatt auf die Welt, lehrte ihn Ayn Rand. Nichts ist angeboren, aber alles ist erreichbar. Nicht nur im geistigen, auch im physischen Bereich unterzog sich Leonard einem harten Programm der Selbstperfektionierung. In den frühen Sechzigerjahren, lange bevor es überall Fitness-Studios und ihre Anhänger gab, begann mein Vater im Keller mit schweren Hanteln Krafttraining zu betreiben. Wie es seine Art war, trainierte er mit wissenschaftlicher Präzision, lehrbuchhaftem Pflichtbewusstsein und gnadenloser Disziplin.

Ohne Rücksicht darauf zu nehmen, ob er müde war oder nicht, verschwand er kurz vor Mitternacht in seiner Höhle, und bis in die frühen Morgenstunden konnten wir zwei Stockwerke höher in unseren Schlafzimmern zuhören, wie er ächzend und stöhnend sein Training absolvierte. Nach der letzten Wiederholung jeder Übung, die er unter größter Kraftanstrengung bewältigte, ließ er die schweren Hanteln auf den Boden fallen, sodass die Fenster in ihren Rahmen zitterten und das ganze Haus bebte.

»Schlag mich!«, befahl er uns am Küchentisch und rollte einen Ärmel hoch oder hob das Hemd in die Höhe, um uns seinen festen Körper als Ziel anzubieten – seinen ausgeprägten Bizeps oder seinen wie aus Stein gemeißelten Bauch mit dem wohldefinierten Sixpack. Er bestand darauf, dass ich ihn schlug, was ich hasste.

»Härter, härter!«, trieb er mich an. »Was ist los mit dir? Sei kein Waschlappen! Kannst du nicht härter schlagen?«

Das Merkwürdige hinter all seinem kriegerischen Getue war, dass er physische Kraft weder nötig hatte, um seine Gegner zu bezwingen, noch sich je gestattete, sie anzuwenden. Dennoch tat er immer wieder so, als ob er den Schurken, der es wagte, uns zu ärgern, am liebsten zusammenschlagen würde, sei es nun ein Vorgesetzter, ein Lehrer, ein Freund oder ein Nachbar. Tatsächlich erlebten wir nie, dass er in eine Schlägerei geriet, aber er genoss trotzig den Gedanken daran, und in der Sicherheit unseres Hauses plusterte er sich auf und drohte allen möglichen Leuten, als ob er der Anführer einer Jugendgang wäre.

»Hast du ihm gesagt, was für einer ich bin?«, fragte er ernsthaft – und spannte seine Muskeln, fletschte die Zähne und schob seinen Unterkiefer vor, als ob er einen unsichtbaren Gegner mustern würde. »Dass ich ihn kaputtmachen könnte?«

Er fragte es mit einem unschuldigen, hoffnungsvollen Gesichtsausdruck, weil er im Grunde nichts anderes wollte, als von seiner Frau oder seiner Tochter bewundert zu werden. Er wollte, dass sie in ihm den perfekten Helden sahen, der auf alle Fragen des Lebens eine Antwort wusste.

Unglücklicherweise kamen die meisten von Dads Antworten unverfälscht aus dem Mund von Ayn Rand, und schon bald versuchte er, jeden, der ihm begegnete, für ihre Lehren zu begeistern. Jahrelang wurde ich Zeuge seiner philosophischen Dispute, und jedes Mal drehte sich mir dabei der Magen um. Er lauerte unvoreingenommenen Besuchern regelrecht auf und nahm sie in die Mangel, sogar meine Mitschüler, die mich zu einem Date abholen wollten und ahnungslos bereit waren, sich zu einem kurzen Gespräch zu ihm zu setzen. Schlimmer noch war, dass er von allen in seiner Familie verlangte, jedes von Rands Worten als die ewige Wahrheit anzusehen.

Dad stellte seinen Neffen, den Sohn seiner Schwester Mona, einen Rechtsanwalt, in seiner Firma an und sorgte dafür, dass er schon bald die Lehren des Objektivismus mit gleicher Leidenschaft vertrat wie er. Dass seine Bemühungen bei Mom und mir erfolglos blieben, traf ihn tief. Wenn er es am Wochenende schaffte, zum Abendessen zu Hause zu sein, nahm er uns mit Rands Vorstellungen in Beschlag, was für heftige Diskussionen sorgte. Im Alter von zwölf Jahren fing ich an, mich auf die Diskussionen einzulassen, weil mich der intellektuelle Gehalt reizte. Ich verstand aber nie, dass Meinungsunterschiede zu abstrakten Themen wie der Bedeutung des Lebens oder der Natur oder dem Wesen der Moral als Zeichen für Missachtung gewertet wurden und zu heftigen Differenzen führten, die persönlich wurden.

»Streit dich nicht mit ihm«, wies meine immer auf Harmonie bedachte Mutter mich an. »Mach es wie ich, tu so, als ob du zustimmst. Ich sitze da und nicke, und es geht mir zum einen Ohr hinein und zum anderen wieder heraus, während ich an etwas ganz anderes denke.«

Dennoch wurde für meine Mutter jedes Treffen mit Freunden an den Wochenenden zum Alptraum, weil Leonards Rechthaberei unweigerlich dazu führte, dass er jeden verunglimpfte und angriff, der den Fehler machte, das Gespräch über den Objektivismus als Anfang einer allgemein interessierenden Diskussion zu sehen. Im Beisein der anderen sagte sie nichts, aber wenn wir spätabends nach Hause kamen, war der Ärger in ihrer ruhigen, traurigen Stimme nicht zu überhören, wenn sie seine intellektuelle Arroganz geißelte und seine sture, andere zurückstoßende Parteinahme für Ayn Rand beklagte. Ich hörte sie sprechen und wusste, dass sie im Geiste wieder ein Paar von ihrer Liste der Leute strich, die bereit waren, mit uns einen Abend zu verbringen oder sich ein weiteres Mal Dads streitsüchtiger Philosophiererei auszusetzen.

Sie warnte ihn, dass seine Verachtung auch gute Freunde verletzte, die es hassten, mit »Das siehst du falsch« angeherrscht zu werden, wenn sie ihm nicht zustimmten.

Letztlich standen die ersten zehn Jahre, die meine Eltern miteinander verbrachten, im Zeichen ihrer größer werdenden Familie, die zweiten zehn wurden durch die ständigen Meinungsverschiedenheiten überschattet, die dank Ayn Rand in unser Heim eingezogen waren, überschattet.

Wobei Rands eigenes Privatleben durch ihre öffentlich gewordene außereheliche Affäre mit ihrem jugendlichen Günstling Nathaniel Branden für gehöriges Aufsehen sorgte. Aber auch wenn es um Sex oder Liebe ging, hatte Rand, wie bei allen anderen Themen, feste Erwartungen an ihre Gefolgschaft. Ihre Heldinnen hatten dem Mann zu dienen, ihn als eine Art »Übermensch« anzubeten und sich danach zu sehnen, sich ihm sexuell unterwerfen zu können, wie die Mädchen in den romantischen Fortsetzungsgeschichten, die sich ihre Mieder zerrissen. Sie bestand darauf, dass der ideale Mann eine Frau haben musste, die »seine tiefste Sicht von sich selbst widerspiegelt«, eine Frau, deren Unterwerfung es ihm gestattet, sein Selbstwertgefühl zu erfahren.

»Es gibt keinen Unterschied zwischen den Normen seines Denkens und den Bedürfnissen seines Körpers... Liebe ist die Erwiderung unserer höchsten Werte – etwas anderes kann sie nicht sein.«

Wo stand Janine? Sie hatte erfahren, was folgt, wenn ein alles bestimmender »-ismus« eine Gesellschaft vereinnahmt, und schreckte vor einer Lehre zurück, die wie mit Krakenarmen alle Bereiche des Lebens umklammert hielt. Damit kam sie nicht zurecht und war auch nicht bereit, gemeinsam mit meinem Vater Rands Vorträge über Objektivismus zu besuchen.

Bis es zu spät war und er eine andere Frau gefunden hatte, die neben ihm saß und ihm persönliche Dinge auf den Block schrieb, auf dem er sich Notizen machte. Sie war schlank und brünett, hatte abgekaute Fingernägel, war von ihrem Mann, einem Magazin-Fotografen, geschieden und lebte allein mit ihren beiden kleinen Söhnen. Len hatte sie als Leiterin seines Büros angestellt, und sie versuchte skrupellos, weiter aufzusteigen.

»BETSY«, hatte sie ihren Namen in großen Buchstaben und mit Tinte auf seinen Notizblock geschrieben, als sie während eines Vortrages von Ayn Rand neben ihm saß. Und dann noch einmal in feiner, zarter Schrift und in kleinen Buchstaben: »betsy ellen chase«, ihr Nachname »Chase«, die Jagd, schien passend zu sein. Zwischen seinen Notizen zu den Themen »Pseudo-Selbstachtung«, »Erkenntnislehre der Psyche« und »Ganzheitliches Bewusstsein« hatte Len auf seinem Notizblock ein halbes Dutzend Positionen notiert, die sie in seiner Firma einnehmen könnte, von »stellvertretende Leiterin der Finanzabteilung« bis zu »zuständig als Zuchtmeister und für die Liebe«.

»Was ist der Unterschied zwischen Vizepräsident und Leitender Vizepräsident?«, schrieb sie zurück.

»Sie sehen zum Anbeißen aus«, kritzelte er bei einem anderen Vortrag auf seinen Notizblock und malte dann Kringel darüber, um die Worte unleserlich zu machen, wie ein Schüler, der hinter dem Rücken seines Mathematiklehrers mit einer Klassenkameradin flirtet.

Bei einem Vortrag über Sexualität machte er sich ausführliche Notizen zum Thema »krankhafte unterschiedslose Promiskuität« auf der Suche nach Selbstachtung. »Mr. Promiscuous«, der ewige Frauenheld, war Rands Umschreibung für einen Mann, der unfähig ist, dauerhafte sexuelle Befriedigung mit einer Frau zu erreichen, die seine eigenen hohen Wertvorstellungen teilt und deshalb ständig auf der Suche nach neuen und wechselnden Eroberungen ist.

»Ich brauche ständige Bestätigung«, notierte er in Anführungszeichen, als ob der Mann, um den es ging, ein anderer gewesen wäre. Aber auf der Rückseite des Blattes hatte er eine eindringliche Warnung an sich selbst geschrieben:

»WISSE IMMER, WAS DU TUST!!!!«

~

Der Umzug nach New Jersey war, ohne dass ich das ahnen konnte, wie der Neuanfang in einem fremden Land. In der kleinen, öffentlichen Grundschule, die ich jetzt besuchte, waren Krieg und Verfolgung, vor denen meine Mutter nach Amerika geflohen war, nicht mehr Bestandteil der eigenen Erfahrung der Kinder und es interessierte sie auch nicht. Es war ganz anders als in der Nachbarschaft von Inwood, die ich schrecklich vermisste. Ich fühlte mich alleingelassen, und jeden Tag, wenn ich von der Bushaltestelle nach Hause kam und um die Ecke bog, betete ich und drückte die Daumen, dass das Auto meiner Mutter in der Einfahrt stand, weil ich dann wusste, dass sie für mich da sein würde.

Um mir die Trennung von meiner Kusine leichter zu machen, hatte meine Mutter ein Gästebett mit Rollen für mein wunderschönes, in graublauer Farbe und im provenzalischen Stil eingerichtetes Zimmer gekauft, damit Lynne uns an Wochenenden besuchen konnte. Für mich war es unmöglich, mich an das neue Leben in der Vorstadt zu gewöhnen, wenn ich es nicht mit meiner engsten Freundin teilen konnte, und es machte mich unendlich traurig, als ich erfahren musste, wie etwas von dieser Nähe verloren ging.

Jedes Wochenende bettelte ich, dass Lynne zu uns käme, aber sogar, wenn ich meine Kusine dazu gebracht hatte, zuzustimmen, rief sie unweigerlich am Freitagnachmittag an und sagte ab, weil sie lieber zu Hause bleiben wollte. Die ganze Woche über fieberte ich ihrem Besuch entgegen und jedes Mal war ich am Boden zerstört, weil ich ihr versprochen hatte, dass wir zusammen so viel Spaß haben würden, und sie dann überhaupt nicht kam!

»Hab dich nicht so, damit musst du fertig werden!«, schimpfte Dad. Er saß am Küchentisch, aß geröstete Erdnüsse aus dem Deckel eines großen Vorratsglases und trank dazu den einen extra trockenen Martini, den er sich jeden Abend gestattete. »Es ist dein Fehler, wenn du immer noch glaubst, dass sie käme!«

Inzwischen hatte Trudi einen kleinen Sohn mit Namen Michael bekommen, und ihre Familie war ebenfalls aus Inwood fort in nördliche Richtung nach Riverdale gezogen, das zur Bronx gehörte, von wo aus man auf den Hudson River sehen konnte. Aber weil das bedeutete, dass ich meine Kusine nicht einmal dann sehen konnte, wenn wir meine Großeltern besuchten, wurden unsere Trennung und mein Gefühl, sie verloren zu haben, nur noch schmerzlicher.

In der Abgeschiedenheit unseres Heims, in dem das Leben so anders war als in dem Apartmenthaus, wo wir zuvor mit der ganzen Familie gelebt hatten und das weit entfernt war von dem heimeligen Trubel auf den Bänken rund um das Dyckman-House, fand ich zu meiner Mutter. Weil mir plötzlich Lynne fehlte, die sonst immer da gewesen war, brauchte ich meine Mutter umso mehr. Und weil auch meine Mutter erstmals von ihren Eltern und ihren Geschwistern getrennt und mein Vater selten zu Hause war, wandte sie sich mir zu. Zwischen uns entstand schon bald eine außergewöhnliche Freundschaft. Es gab nichts, was wir uns nicht erzählen konnten, und unser gegenseitiges Vertrauen hatte immer Bestand, auch nachdem mein Bruder und ich Freunde in unserem Alter gefunden hatten. Damals wie heute schätze ich unsere Nähe zueinander als eines der wichtigsten Geschenke, die ich in meinem Leben bekommen habe.

Wann ich das erste Mal von Roland gehört habe? Um ehrlich zu sein, ich kann mich nicht, genauso wenig wie mein Bruder Gary, daran erinnern, dass ich je nichts von der »Großen Liebe« gewusst hätte, die unsere Mutter in Europa zurücklassen musste. Mir wurde oft gesagt, dass es ungewöhnlich sei, wenn eine Mutter mit ihren Kindern so offen redet. Dennoch war ich gerade erst 13 geworden, als ich meinte, aus der Geschichte ihrer ersten wahren Liebe Untertöne einer nicht wiedergutzumachenden Schuld herauszuhören. Bis sie das Gefühl hatte, betrogen zu werden, hätte sie gesagt, ihre Ehe mit meinem Vater sei eine andere Art des Lebens, als sie es geführt hätte, wenn der Krieg nicht dazwischengekommen wäre. Aber niemals hätte sie diese Art des Lebens als falsch bezeichnet. Doch das änderte sich schlagartig.

Als mein 13. Geburtstag kurz bevorstand, bereitete ich mich mit Freude darauf vor, eine Bat Mitzwa zu werden. Aber mein atheistischer Vater war dagegen, und völlig unerwartet wurde mein Großvater Sigmar sein Verbündeter, in dessen traditionellem Verständnis des jüdischen Glaubens nicht vorgesehen war, dass die Riten der Religionsmündigkeit auch für weibliche Gemeindemitglieder galten. Als Ersatz für die religiöse Feier schlug Dad vor, dass wir meine »Mündigkeit« durch einen Besuch in der Metropolitan Opera begehen sollten, um mich in die Musik einzuführen, die er liebte. Obwohl ich begeistert war, dass er mich in die Oper mitnehmen wollte, war es für mich nicht dasselbe wie meine Bat Mitzwa.

Dad nörgelte über den Spielplan der Met: Meine erste Oper sollte bunt und romantisch sein, mit opulenten Kostümen und Kulissen, wie bei »Aida« oder »La Traviata«. Stattdessen war die Aufführung, für die Mom Karten bekommen konnte, schwer und ernst – Richard Strauss' »Elektra«, nach einer Tragödie von Sophokles und den Sagen des Trojanischen Krieges, aufgeführt in einem einzigen verstörenden Akt und gesungen auf Deutsch.

Ich freute mich trotzdem darauf, an diesem Abend mit meinen beiden Eltern auszugehen, vor allem, weil ich meinen Vater so selten sah. Außerdem hatte ich Interesse an der griechischen Mythologie entwickelt, sodass ich mit der Wahl der Oper ganz zufrieden war. Wie sich dann tatsächlich herausstellte, hätten die Götter selbst nichts Passenderes auswählen können, jedenfalls wenn man den archaischen Hintergrund nimmt, der dieser Oper zugrunde liegt.

»Elektra« ist die Geschichte einer Tochter und eines Sohnes, gefangen in den ehebrecherischen Leidenschaften und Streitigkeiten ihrer Eltern. Es ist eine Geschichte von Leid und Schuld, von Rache und Mord und von der Verantwortung der Kinder für das Handeln ihrer Eltern. Mit diesem Opernabend, den ich nie vergessen werde, trat ich, so wie es mit meiner Bat Mitzwa gewesen wäre, in die Welt der Erwachsenen ein, mit all ihren bitteren Wahrheiten. Er zeigte mir, wie Heimlichkeiten und Untreue eine

Familie von innen heraus zerstören können. Die verhängnisvolle Geschichte der Elektra und ihrer Treue zu ihrem Vater zeigt, dass es für Kinder mit ihrem ausgeprägten Gerechtigkeitssinn und ihrer aus Kindesliebe gespeisten Loyalität natürlich ist, Partei zu ergreifen und Wiedergutmachung für einen verletzten Elternteil einzufordern. Diese Botschaft Elektras erwies sich schon bald als zeitlos.

Am Nachmittag meiner Geburtstagsfeier rief mein Vater an und entschuldigte sich überschwänglich dafür, dass wir ohne ihn in die Oper gehen müssten, weil er wegen irgendeines Problems mit einer Bestellung und einem Liefertermin bis in die Nacht in der Firma bleiben müsse. Das verdarb mir den Abend. Aber noch viel trauriger wurde ich, als Elektra am Ende der Vorstellung, während der ich neben einem leeren Stuhl saß, leblos zu Boden gesunken war, ein Opfer ihrer eigenen Gefühle und ihrer Rachegelüste, verdammt wie ihre Eltern. Das Licht ging wieder an, und Mom bemühte sich tapfer, dem Abend doch noch eine feierliche Note zu geben.

»Lass uns Dad in der Firma anrufen und ihn fragen, ob er nicht eine Pause machen und mit uns einen Nachtisch essen kann«, schlug sie vor, als wir Arm in Arm in das Neonlicht auf dem glitzernden, von Menschen wimmelnden Broadway hinausgingen.

Ursprünglich hatten wir den Plan gehabt, zu Sardi's zu gehen, meinem Lieblingslokal in dieser Gegend, wo man auch Schauspieler antreffen konnte, die nach der Vorstellung zu Abend aßen, aber ich war sofort einverstanden, Dad zu einem Lokal zu locken, das näher an seinem Büro lag.

Mom schlüpfte in eine gläserne Telefonzelle, und ich stand draußen und bewunderte die glanzvoll gekleideten Opernbesucher auf ihrem Weg in die City. Als ich das nächste Mal zu meiner Mutter hinaufschaute, war ich fassungslos, weil sie weinte. Tränen rannen ihr über die Wangen, für mich ein ungewohnter Anblick, und ich beobachtete, wie sie nach Münzen suchte und sie in den Schlitz steckte, um einen weiteren Anruf zu machen.

Es sah so aus, als ob niemand abnahm, aber als ich versuchte, die Falttür der Zelle zu öffnen, weil ich sie fragen wollte, ob etwas nicht in Ordnung war, zog sie sie stumm wieder zu, schüttelte den Kopf und tupfte ihre Augen mit einem bestickten Taschentuch ab. Bei ihrem dritten Anruf antwortete jemand, und ich konnte hören, dass sie deutsch sprach. Die Erwachsenen in unserer Familie hatten es sich – sehr zum Ärger von uns Kindern – zur Gewohnheit gemacht, deutsch zu sprechen, wenn sie nicht wollten, dass wir etwas mitbekamen, und ich konnte daraus schließen, dass sie mit ihrem Bruder Norbert telefonierte.

Die Angst packte mich, weil ich mir nicht erklären konnte, wieso sie in der Telefonzelle stand und weinte. Die Familientragödie, die wir soeben auf der Bühne gesehen hatten, gespielt von kostümierten Figuren einer Sage aus längst vergangener Zeit, war zu einem Drama in der wirklichen Welt geworden, auf Deutsch, wie die Oper, und mit meiner Mutter als Darstellerin in einem gläsernen Käfig auf einer belebten Straße in Downtown New York. War Daddy krank? Hatte er einen Unfall gehabt? Erst später verstand ich, dass dieser Anblick, meine Mutter in der Telefonzelle, ihr Schmerz für jeden Passanten sichtbar, zum Sinnbild der öffentlichen Demütigung wurde, die sie durch Dads Doppelspiel erlitten hatte.

Dann fuhren wir ohne zu reden am Hudson River entlang und über die Brücke und nahmen die Straße zu Vaters Büro in Ridgefield. Aber das einstöckige Fabrikgebäude war dunkel, und der Parkplatz war leer. Sie ließ mich im Wagen zurück, ging zur Tür und schaute durch das Fenster seines Büros, aber alles war verschlossen.

»Vielleicht ist Daddy doch früher als erwartet fertig geworden und ist schon nach Hause gefahren!«, sagte ich, als sie zurückkam. »Warum machst du dir solche Sorgen?«

»Ich habe es dort schon versucht«, antwortete sie mit ausdrucksloser Stimme und schaute immer noch auf die Eingangstür.

Als wir nach Hause kamen, war Daddy nicht da, und er kam auch erst einige Stunden später. Wenn meine Mutter belogen worden war, sagte ich mir, dann war auch ich belogen worden. Wenn sie vor den Kopf gestoßen worden war, dann auch ich, und das an diesem für mich so besonderen Abend.

Wenig später fuhren Gary und ich in ein Sommercamp. In ihrer lebenslangen Suche nach Verlässlichkeit und weil sie vor einem Ultimatum zurückschreckte, verschloss Mom die Augen vor ihrem Eheproblem, das immer schlimmer wurde. Sie wechselte zu einem modischen Haarschnitt mit blonden Strähnen, aber weil sie trotz aller Bemühungen, ihre Ehe zu retten, nicht bereit war, sich zum Objektivismus zu bekennen, schien Dad sich berechtigt zu fühlen, sich einer Frau zuzuwenden, die seine ideologischen Vorstellungen teilte. Offensichtlich befürwortete Miss Chase das dem »rationalen Eigennutz« gewidmete Leben, das Rand als wesentlich betrachtete, und schon bald warb Dad unübersehbar um Miss Chase, ohne Rücksicht auf unsere Gefühle zu nehmen.

Zum Beispiel entschied er, dass Gary, der heftig dagegen protestierte, sein Fahrrad an den Sohn von Miss Chase weitergeben musste. Dad sagte ihm, er sei dafür zu groß geworden, und bestand darauf, ihm ein neues zu kaufen. Dann erklärte er, dass er Miss Chase Moms Kombiwagen geben würde, und sagte Mom, sie könne sich jedes andere Auto kaufen, das sie wollte.

Wer hätte sich vorstellen können, dass unsere vernünftige, kostenbewusste Mutter in einem Sportwagen, einem neuen, schicken, silbernen Thunderbird-Cabrio vorfahren würde? Es hatte schwarze, lederbezogene Schalensitze und ein schwarzes Stoffverdeck, das automatisch zurückfuhr und auf Knopfdruck im Kofferraum verschwand, unauffälliger, als mein Vater sich an meinem Geburtstag davongestohlen hatte. Der Preis für das neue Auto war exorbitant. Aber an einem Herbsttag überschritt Betsy Chase alle Grenzen. Meine Mutter hatte Grace, unser Hausmädchen, ohnmächtig im Wohnzimmer vorgefunden und völlig aufgelöst das Büro meines Vaters angerufen und um Hilfe in diesem offensichtlichen medizinischen Notfall gebeten.

»Ich schicke Ihnen Ken, er wird sich darum kümmern«, antwortete Miss Chase barsch. »Len hat zu tun.« Sie legte auf, ohne den Anruf an meinen Vater durchzustellen. Und es war mein Cousin Ken, der Janine sehr ergeben war und Miss Chase nicht mochte, der meiner Mutter endlich den Kopf zurechtrückte.

Einige Tage später teilte Mom uns mit, dass sie Daddy gebeten hatte, auszuziehen. Mein Vater bat mich um ein Gespräch, aber ich wollte ihn nicht sehen und versteckte mich auf meinem Zimmer. Onkel Norbert kam mit einem Lastwagen und half ihm, seine Sachen in die Gartenwohnung im nahegelegenen Leonia zu bringen, wo er mit Miss Chase und ihren Kindern zusammenleben wollte. Mom hatte große Kartons mit Töpfen, Pfannen, Bettlaken und Handtüchern vollgepackt und großzügig einige Möbelstücke bereitgestellt, die er ebenfalls mitnehmen sollte. Auf einem Haufen lagen seine Reitstiefel, sein Tennisschläger und seine Schlittschuhe – alles Dinge, die er selten benutzte und jetzt mitnahm, sodass sich in uns der Eindruck festigte, die Trennung würde für immer sein. Ich stellte mir Daddy auf der Eisbahn vor, wo er mit den Söhnen von Miss Chase Schlittschuh lief, und war sicher, dass sie mit viel mehr Selbstvertrauen über das Eis gleiten würden, als ich es getan hatte.

Während Daddy und Norbert den Lastwagen beluden, ging Mom mit uns ins Kino. Dort verschwand sie in einer Telefonzelle und telefonierte mit Trudi. Als wir nach Hause zurückkehrten, war ich sicher, wir würden Dad wie üblich in der Küche vorfinden, wo er einen Martini trinken und darauf warten würde, dass Mom ihm das Abendessen kochte. Aber wie sein Büro am Abend meines Geburtstags vor sieben Monaten, lag das Haus ruhig und dunkel vor uns. Es hatte sich verändert und bot keinen Schutz mehr. Früher hatte mein Vater mit der Dynamik und Energie seiner überlebensgroßen Persönlichkeit und der knisternden, pulsierenden Vitalität seines ruhelosen Geistes für ein vibrierendes Klima gesorgt, wie das Brummen in den

Heizungsrohren. Jetzt war er fort – und das Schweigen im Haus war ohrenbetäubend.

~

Nachdem mein Vater uns verlassen hatte, blieb sein Platz im Ehebett meiner Eltern nie leer. Dort schlief jetzt ich. Ob meine Mutter mich dazu eingeladen hatte oder ob ich die Initiative ergriff – wir verbrachten jede Nacht zusammen und hielten uns an den Händen. Obwohl meine Mutter kräftig war und einen Meter siebzig groß, wirkte sie plötzlich klein und hilflos und ich hatte das Gefühl, ich müsste sie beschützen. Eine gewaltige Aufgabe für eine Dreizehnjährige, die selbst darunter litt, verlassen worden zu sein.

Außerdem hatte ich insgeheim das Gefühl, an der Trennung meiner Eltern mitschuldig zu sein. Mich quälte, dass meine nächtlichen Angstzustände, derentwegen ich so oft in ihre Privatsphäre hinter ihrer Schlafzimmertür eingedrungen war, den Appetit meines Vaters auf eine andere Frau angespornt hatten, einer Frau, die keine nächtlichen Unterbrechungen durch ein Kind duldete. Konnte es einen klareren Beweis dafür geben, dass ich es war, die sich zwischen meine Eltern gestellt hatte, als die Tatsache, dass ich jetzt da schlief, wo sein Platz gewesen war? Ich wollte meine Mutter wieder glücklich machen, ich wollte der Held sein, der den bösen Drachen erschlägt und die schöne, unglückliche Maid in ein goldenes Zauberschloss geleitet, wo alle Probleme sich lösen.

Spät in der Nacht in ihrem Schlafzimmer, wenn sie mit den Tränen kämpfte und gequält seufzte, brachte ich meine Mutter dazu, mir von ihrer Vergangenheit zu erzählen. Unser goldenes Traumschloss war die europäische Welt vor zwanzig Jahren, wo sie von einem anderen, ihr treuen Mann geliebt worden war. In der Diele hörten wir das Pendel und jede halbe Stunde den Schlag der französischen Uhr, und ich reiste mit meiner Mutter zurück in ihre Mädchenzeit in Freiburg und verstand auf einmal, wie schlimm es für sie gewesen sein musste, ihr Heim und ihre Freundinnen zu verlassen und nach Frankreich zu fliehen. Sie nahm mich mit in das Mulhouse des Jahres 1939, in die am Vorabend des Krieges von Angst ergriffene Stadt an der deutschen Grenze, und sie machte mich mit Roland bekannt, dem schlanken, feinfühligen Jungen mit den sanften Augen. Nacht für Nacht lagen wir nebeneinander, redeten mehr als wir schliefen und tauchten in ihre Vergangenheit ein. Ich liebte ihre Erzählungen, denn dadurch wurde ihre Geschichte vor meinen Augen lebendig, und das war viel besser als jedes »Million Dollar Movie«, weil ich wusste, dass sich das alles tatsächlich ereignet hatte.

Ich sah meine Mutter als Teenager vor mir, kaum älter als ich selbst, wie sie Rolands Aufmerksamkeit auf sich zog. Ich sah sie auf der Party, bei der das Spiel des Flaschendrehens dafür gesorgt hatte, dass sie sich küssten, sah sie dicht aneinandergeschmiegt im hohen Gras liegen, an einem grünen Fluss mit gekräuselter Oberfläche, während ihre Finger auf Wanderschaft gingen. Mom blätterte sich durch die Seiten ihrer Erinnerung und lud mich ein, an ihrer verflossenen Liebe teilzuhaben.

Vielleicht war das ihre Art, es meinem Vater heimzuzahlen: Daddy lebte zusammen mit Miss Chase in einem seltsamen Apartment – und meine Mutter erweckte Roland zum Leben und sorgte dafür, dass er mit uns die Nächte verbrachte. Sie verdrängte die Qualen, die die Untreue meines Vaters ihr bereiteten, indem sie eine größere Liebe und einen größeren Verlust beschwor, und verdrängte damit Daddy in die zweite Reihe. Ich lag da, war hin- und hergerissen, war wütend auf meinen Vater und zugleich schuldbewusst, weil ich ihm untreu wurde. Ich verachtete ihn, weil er meine Mutter betrog, war mir aber gleichzeitig bewusst, dass wir ihn mit der Erinnerung an Roland betrogen. Ich sehnte mich nach einem Happy End in der Geschichte meiner Mutter, ich wollte hören, wie sie wieder mit Roland vereint war, auch wenn dieses Ende bedeutet hätte, dass es mich nicht gab.

Als meine besten Freundinnen nachfragten, was denn mit meinem Vater wäre, warum er von uns fortgegangen sei, tat ich alles, um meine Mutter vor der Schmach zu schützen, die es bedeutet hätte, auch nur anzudeuten, dass er eine andere Frau gefunden hatte, die seine Liebe eher verdiente. Deshalb benutzte ich die Geschichte von Moms Romanze mit Roland, um die Dinge umgekehrt darzustellen. Es gebe da einen anderen Mann, sagte ich. Die Nazis hätten meiner Mutter die große Liebe ihres Lebens gestohlen. Dass mein Vater es war, der das Haus verlassen hatte, spiele keine Rolle, sagte ich, weil das gebrochene Herz meiner Mutter noch immer in Frankreich schlug. Sie habe Roland nie vergessen, Roland, der sie über alles geliebt hatte und den sie geheiratet hätte, wenn da nicht der Krieg gewesen wäre. Im Schrecken und im Durcheinander des Krieges hätten sie sich aus den Augen verloren, aber Mom habe ihn immer geliebt, und deshalb hätte mein Vater sie wegen seiner ständigen und verzweifelten Eifersucht verlassen.

Es gab andere Einzelheiten der Geschichte, die ich mit meinen gerade einmal 13 Jahren meinte, niemandem erzählen zu können. Im Schutz der Dunkelheit, so hatte es meine Mutter mir geschildert, sei sie in jener letzten Nacht in Frankreich weggelaufen, um bei Roland zu sein, und diese Nacht sei damit zu Ende gegangen, dass sie sich auf einem Dach über dem Hafen von Marseille versteckt hätten. Wer weiß, wohin ihre Leidenschaft sie in jenen schrecklich kurzen Stunden vor ihrer Trennung getragen hätte, wenn nicht die Nazis eine Razzia in ihrem Hotel unternommen hätten?

Ich lag stocksteif im Ehebett meiner Eltern und bewunderte das wagemutige Mädchen, das später meine Mutter geworden war. Die pflichtbewusste Mutter, die rund um unsere Terrasse Geranien pflanzte, mir Käse-Sandwiches als Pausenbrot schmierte und mich von meinen Klavierstunden abholte, hatte vor langer Zeit zitternd vor Kälte mit ihrer großen Liebe auf einem Dach gesessen, im Mondlicht, das sich in den Wellen widerspiegelte, die meine Mutter am nächsten Tag nach Casablanca tragen würden.

»Aber warum bist du nicht bei Roland geblieben und deine Familie ist ohne dich gefahren?«, wandte ich ein, weil ich daran glauben wollte, dass die Liebe stärker ist als alles andere. Wie sie suchte ich eine Ausflucht und betrauerte das, was sie in der Vergangenheit verloren hatten, weil wir nicht wussten, was die Zukunft bringen würde.

»Weißt du, in Frankreich waren Juden nicht sicher, weil die Nazis nach und nach alles übernahmen. Wenn es nach mir gegangen wäre, so verrückt wie ich nach ihm war, hätte ich mein Leben mit ihm auf einem Dachboden verbracht, aber Roland befürchtete, dass wir gefasst worden wären.«

»Warum ist er dann nicht mit dir gegangen?«

»Er konnte die Papiere nicht bekommen, die er gebraucht hätte.«

»Aber warum bist du dann nach dem Krieg nicht zurückgegangen und hast ihn geheiratet?«

Ich wollte alles wissen – und genau dies, die Antwort auf diese entscheidende Frage, blieb für mich immer ein Geheimnis.

»Ich wollte meine Eltern hier nicht ohne mich zurücklassen. Aber ich habe auch gedacht, Roland hätte mich vergessen. Alles, was ich weiß, ist, dass Bapa sein Telegramm versteckt hat und wahrscheinlich auch seine Briefe. Als ich herausgefunden habe, dass Roland nach mir gesucht hatte, war ich mit Daddy verheiratet und du warst in meinem Bauch. Ich konnte nicht einfach weglaufen nach Frankreich und dich deinem Vater wegnehmen.«

Unter der Bettdecke drückte Mom meine Hand. Minutenlang sagte ich nichts, weil ich befürchtete, in Tränen auszubrechen. Aber ich hatte eine andere Frage.

»Warum fährst du nicht jetzt dorthin und suchst ihn? Jetzt, wo Daddy weggegangen ist …?« Ich hielt den Atem an, weil ich Angst vor ihrer Antwort hatte. Ich versuchte, selbstlos zu sein, obwohl ich darauf gefasst war, dass meine Welt auseinanderbrechen und ich das Schicksal erleiden würde, das Ayn Rand allen vorhersagte, die sich um andere Menschen kümmerten. Wir schwiegen, und das Messingpendel in der Diele schwang vor und zurück.

»Jetzt ist es zu spät. Ich bin sicher, dass Roland verheiratet ist. Die Frauen fanden ihn immer attraktiv.« Die Qual der Erinnerung färbte ihre Stimme dunkel. »Und vor allem: Ich könnte dich niemals verlassen.«

Tagsüber saß ich mit ihr auf dem Teppich in ihrem Schlafzimmer neben einer kleinen Kommode aus französischem Walnussholz mit zwei Schubladen. Dort bewahrte sie ihre persönlichen Sachen auf. Wir gingen sie alle durch und schwelgten in ihren Erinnerungen: Eine Brosche aus Emaille von ihrer Kusine Mimi, auf der ein Mädchen aus dem 18. Jahrhundert dargestellt war, das Blumen gießt. Bänder, die Mom an ein rotes Barett geheftet hatte, das sie trug, als sie zur Schule ging. Die Bänder zeigten an, welche Klasse die Trägerin besuchte. Aber sie war nie lange genug auf eine Schule gegangen, sagte sie mit trauriger Stimme, um so viele Bänder zusammenzubekommen, dass sie sich irgendwo heimisch fühlen konnte. Und die Medaille, die sie bei einem Schwimmwettbewerb auf Kuba gewonnen hatte.

Aber ihre beiden wertvollsten Erinnerungsstücke waren die Nadel mit den drei blau-weiß-roten Mohnblüten und der silberne Ring mit dem quadratischen blauen Stein, den Roland ihr in Lyon gekauft hatte, als Symbol ihrer Verlobung. Sie zog ihren breiten goldenen Ehering vom Ringfinger und versuchte Rolands überzustreifen, aber er war zu eng und passte nur auf ihren kleinen Finger.

»Ich glaube, ich war damals viel dünner«, sagte sie, in Gedanken versunken. »Im Krieg gab es nichts zu essen. Wir hatten immer Hunger.«

»Kannst du ihn nicht beim Juwelier weiten lassen?«, schlug ich vor. Mom antwortete nicht, aber behielt den Ring an ihrem kleinen Finger. Mein Vater hatte seinen Ehering nie getragen, weil er, wie er sagte, »die Durchblutung störe«.

Als wir die Erinnerungsstücke in der Kommode durchgegangen waren, machten wir mit dem Kleiderschrank weiter. Dort fanden wir das Schwarz-weiß-Foto von Roland, das der Mitreisende vom Deck der »Lipari« aufgenommen hatte. Er stand in dem kleinen

Ruderboot, das er gemietet hatte, um dem Dampfer auf seinem Weg hinaus in den Hafen zu folgen. Genauso, wie sie es mir gesagt hatte.

»Er war damals auch sehr dünn«, bemerkte sie. »Schau dir an, wie der Mantel an ihm schlottert. Aber ich mochte es, dass er so mager war. Ich weiß auch nicht, warum Daddy immer glaubt, er müsse dicke Muskeln haben...«

Gemeinsam sahen wir uns einige Minuten lang die alten Fotografien an, dann griff sie nach ihrer Brieftasche und schob das Foto von Roland hinter die anderen, die sie dort aufbewahrte, Bilder von mir und Gary und mein Lieblingsbild meines Vaters, grinsend wie ein Filmstar, mit seinem Grübchen im Kinn und den rabenschwarzen Haaren.

»Rolands Brief muss auch hier sein«, sagte Mom und durchwühlte die Fächer, bis sie den Umschlag fand. Es war der Brief, den Roland ihr in die Manteltasche geschoben hatte, als sie auf dem Pier standen und er sie ein letztes Mal umarmte, damals, 1942. Mein Französisch war noch nicht gut genug, dass ich alles, was er geschrieben hatte, übersetzen konnte, aber Mom las den Brief laut und auf Englisch vor. Ich vermute, sie konnte ihn auswendig.

> »Wie lange wir auch immer getrennt sein werden, unsere Liebe wird stärker sein... Glaube daran, dass sich unser Glück erfüllen wird, glaube daran mit Deiner ganzen Kraft, mit Deinem ganzen Willen, mit Deiner ganzen Liebe, und die Prüfung, die wir zu bestehen haben, wird so enden wie wir es uns wünschen... Ich gebe Dir mein Wort, dass wir heiraten werden... Wenn ich Dich verliere, wird in meinem Leben nichts mehr gut sein. Du bist mein Ziel.«

∽

Noch keine Woche war vergangen, seit Daddy ausgezogen war, da kam er am Sonntagmorgen mit einer Tüte Bagels in der Hand zum Frühstück. Ich ging danach sehr schnell auf mein Zimmer, während Gary und Mom noch am Tisch blieben und sich mit ihm unterhielten. Ich hörte vom oberen Treppenabsatz, wie mein Vater sagte, dass er abends so lange arbeiten würde und Mühe hätte, morgens pünktlich aufzustehen, weshalb mein neunjähriger Bruder Gary sofort anbot, ihn morgens anzurufen, um ihn zu wecken.

»Wirklich, Dad, das würde ich gerne machen«, zwitscherte er, ganz Gary, der Junge mit der angeborenen Großmut.

»Hey! Das ist toll! Damit würdest du mir einen großen Gefallen tun«, antwortete Dad mit dem einschmeichlerischen Tonfall, den er als Vertreter gelernt hatte. Am liebsten hätte ich Gary meine Schokoladenmilch über den Kopf gegossen und zugesehen, wie sich Pfützen auf dem Haarwachs bildeten, das er in seinen Bürstenhaarschnitt gerieben hatte. Gary durchsuchte die Küchenschublade, in der Mommy allen möglichen Krimskrams aufbewahrte, nach einem Stück Papier und einem Bleistift, um sich Daddys Nummer aufzuschreiben, und ich hätte gerne gewusst, wie er es empfände, wenn Miss Chase den Hörer abnähme und ihn fragen würde, was ihm einfiele, bei ihr zu Hause anzurufen.

Am nächsten Sonntagmorgen kam Daddy wieder zu Besuch. Dann lud er Mom unter der Woche zum Essen ein. Zu meiner eigenen Verwunderung hatte sie sich schick angezogen, ihre Haare gerichtet und ihre Fingernägel lackiert, aber mir sagte sie, es hätte nichts zu bedeuten, wenn sie sich träfen. Selbstverständlich gebe es immer einiges zu besprechen, wenn ein Paar getrennte Wege gehe. Natürlich würde er nicht wieder einziehen, schwor sie, bestimmt nicht! Zum Ende der darauffolgenden Woche sagte mein Vater meiner Mutter, er würde gerne wieder nach Hause kommen. Er liebe sie und brauche sie und schätze sie jetzt noch viel mehr als je zuvor.

Abgesehen davon hatte sich herausgestellt, dass Betsy Chase sorglos und verschwenderisch mit seinem Geld umgegangen war –

was ihn fatal an seine erste Frau Claire erinnert hatte. Sie hatte ihre Wohnung bis in die letzte Ecke mit allem möglichen Schnickschnack ausgestattet und sogar mitten im Dezember Liegestühle gekauft! Die Aussicht auf weitere Einkaufstouren schien ihn maßlos zu erschrecken. Was noch schlimmer war, so beklagte er sich bei meiner Mutter, sie sei, als er sie deshalb zur Rede gestellt hatte, ausgerastet und habe alle möglichen Gegenstände nach ihm geworfen! Er liebe uns alle und vermisse uns alle ganz schrecklich. Er habe Miss Chase schon gekündigt und schwor, dass er sie nie wiedersehen wolle – weder sie noch irgendeine andere Frau, die mit dem Rock rascheln oder ihm zuzwinkern würde. Ab sofort, versprach Dad, würde er ein Engel sein. Schließlich sei meine Mutter die Frau, die am ehesten seinen höchsten Ansprüchen genüge und seinem eigenen Wunschbild entspräche.

Die Rückkehr meines Vaters sorgte dafür, dass ich aus dem Schlafzimmer meiner Mutter ausgesperrt wurde und nachts wieder zurück auf mein Zimmer musste, wo ich darum kämpfte, mit meinen widersprüchlichen Gefühlen zurechtzukommen. Ich liebte ihn und hasste ihn gleichzeitig. Ich freute mich, weil er zurückgekommen war, und wollte mich gleichzeitig vor ihm verstecken. Ich hatte mich in den Wochen, in denen er fort gewesen war, von ihm distanziert und mich hinter meine Mutter gestellt – und jetzt war ich alleingelassen und überflüssig.

Ich konnte nicht verstehen, wieso meine Mutter Dad so schnell wieder aufnahm, nach allem, was er ihr angetan hatte, und ich litt unter der Last meines Wissens – sowohl über Miss Chase als auch über Roland. Miss Chase gab es nicht mehr, das freute mich. Aber was war mit dem unwiderstehlichen Franzosen, dessen Schicksal ein Geheimnis war?

Er war in meinem Kopf, ihm gehörte meine Aufmerksamkeit, und ich musste herausfinden, ob sein Bild immer noch in der Brieftasche meiner Mutter steckte. Als sich das bestätigte, fragte ich mich, was das jetzt, wo Daddy zurückgekehrt war, zu bedeuten hatte.

»Dreh noch einmal so ein Ding wie mit Betsy Chase, und ich gehe und suche Roland«, drohte Mom. Es sollte ein Scherz sein, aber man merkte, dass es ihr ernst war.

»Du wärst sowieso enttäuscht«, antwortete Dad. »Ich bin sicher, du würdest schon bald erkennen, dass ich der bessere Mann bin. Ich wette, er ist ein Schwächling.«

ZWEIUNDZWANZIG

Atlas

Am Sonntag, 27. Juni 1965 überwand mein Vater seinen »Slice« und beförderte mit einem guten Schlag seinen Golfball 178 Meter auf das siebte Grün des Englewood Golf Clubs. Der Ball flog gerade wie ein Pfeil, traf den Fahnenstock und plumpste freundlicherweise ins Loch. Er hatte ein Ass, ein »Hole-in-One« gespielt. Im Clubhaus sprach sich das schnell herum. Irgendjemand kam auf die Idee, bei uns zu Hause anzurufen und meiner Mutter mitzuteilen, dass sie schnell herkommen solle, und als mein Vater von seiner Runde zurückkam – so stolz, als ob es ihm gelungen wäre, eine Rakete auf den Mond zu schießen –, waren alle anderen Golfer schon im Clubrestaurant, um mit ihm dieses seltene Ereignis zu feiern.

Zu Beginn der Saison hatte mein Vater, der ewige Optimist, für ein paar Dollar eine Versicherung für genau solche »Hole-in-One«-Fälle abgeschlossen, die nun dafür aufkam, dass Dad jedes Mitglied, das ins Clubhaus kam, um ihn zu beglückwünschen, zu einem Drink einlud. Dad war außer sich vor Freude und sah in seinen gestreiften Golfhosen und dem leuchtend roten Polohemd blendend aus.

Vor allem freute er sich, weil er mit diesem Ass meine Mutter ausgestochen hatte, die nur zwei Wochen vorher an einem anderen Loch ebenfalls ein »Hole-in-One« erzielt hatte. Von dem

Moment an, als ihr unter den Augen meines Vaters dieser Schlag gelungen war, bemühte er sich verzweifelt, es ihr gleichzutun, und die Tatsache, dass in seinem Fall die Spielbahn fünfzig Meter länger war, stellte ihn besonders zufrieden. Er erklärte es damit, dass sein kraftvoller und gut gezielter Schlag Folge seines Könnens gewesen sei, während sie ihr Ass nur mit ungewöhnlich viel Glück gespielt hatte.

»Ich habe den Ball nur klug ins Loch gerollt«, stimmte Mom bereitwillig zu, weil sie sich unwohl fühlte, ein »Hole-in-One« erzielt zu haben, bevor er es tat. Dadurch bestätigte sie den Rat, den sie mir oft gegeben hatte – dass es psychologisch unklug wäre, in

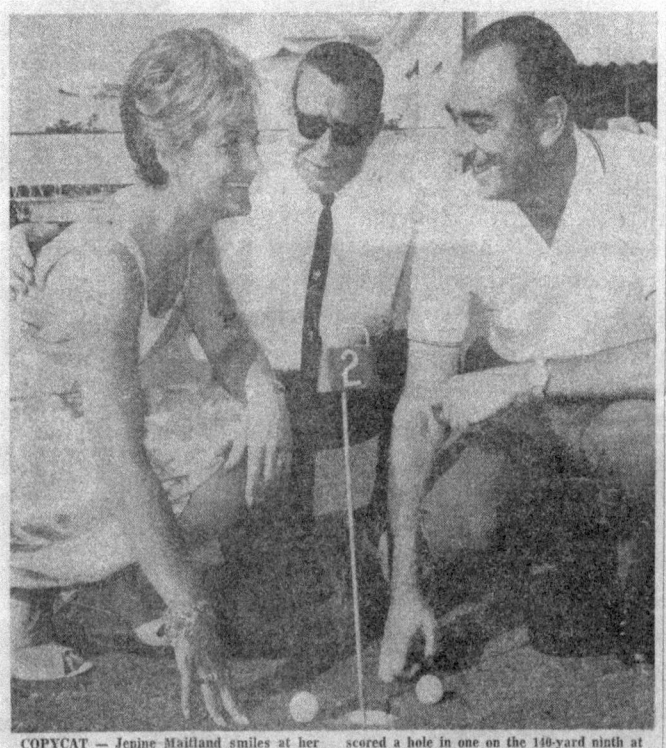

COPYCAT — Jenine Maitland smiles at her husband Leonard, right, after he aced the 195-yard seventh hole yesterday at Englewood Golf Club. Just 2 weeks ago Mrs. Maitland scored a hole in one on the 140-yard ninth at the same club. At center is club chairman Arnie Harris of Teaneck. (Staff photo.)

irgendeinem Wettbewerb besser zu sein als der Mann, weil das empfindliche männliche Ego damit einfach nicht zurechtkäme.

Aber der Text unter dem Bild meiner Eltern, das am nächsten Tag in der Lokalzeitung »Bergen County Record« erschien, fasste die Dinge mit einem höhnischen Wort zusammen: »COPYCAT« – nachgemacht. Das Foto zeigt meine Eltern – sie knien auf dem Grün neben einem Golfloch mit zwei Bällen und dem Clubmanager zwischen ihnen. Mom und Dad lächeln sich an, blicken sich offen in die Augen und wenden der Kamera ihr Profil zu. Später schaute sich meine Mutter das Bild in der Zeitung an und erklärte, dass das Lächeln meines Vaters mit den vielen Zähnen unaufrichtig sei.

»Das ist sein falsches Grinsen«, sagte sie. »Mich kann er nicht täuschen, nicht mal eine Sekunde lang. Ich weiß, dass er es nicht erträgt, wenn er seinen Platz im Rampenlicht teilen muss.«

Aber er war tatsächlich froh über seine Großtat, und in jener Zeit war ihre Ehe wirklich glücklich. Durch ihren Eintritt in den Golfclub hatten sie neue Freunde gewonnen, und Dad wurde etwas von seinem grimmigen Bekenntnis zum Objektivismus abgelenkt. Außerdem brachte der Club einen prickelnden Reiz von Las Vegas in ihr Vorstadt-Leben. Der Club lag gegenüber von Manhattan auf dem anderen Ufer des Hudson. Dort trafen sich die Prominenten und die Entertainer, die etwas von der Glanz- und Glitzerwelt mitbrachten, aber es gab auch zwielichtige Gestalten mit guten Verbindungen und halbseidenen Geschäften, die immer einen Hauch von Gefahr um sich herum verbreiteten. Über sie wurde viel getuschelt, und ab und zu begegnete man einer Berühmtheit oder einem exzentrischen Typen, über den dann bei den regelmäßigen Abendveranstaltungen mit Essen und Tanz geredet wurde, für die man einen ganzen Kleiderschrank voller festlicher Kleidung brauchte.

Mit anderen Paaren aus dem Club fuhren Mom und Dad zum ersten Mal gemeinsam nach Europa. Sie bereisten den Kontinent im Eiltempo und übernachteten in den besten Hotels, aber Mom wollte auch einen Umweg machen, um ihre Verwandten wiederzusehen.

(v.l.n.r.) Leslie, Len, Janine und Gary, 1970

Am wichtigsten war ihr, sich in Mulhouse mit Edy und Lisette zum Mittagessen zu treffen. Es war das erste Mal, dass Mom sie nach dem Krieg sah. Das Treffen war eine einzige Peinlichkeit, weil Moms Cousin und dessen Frau sich gerade scheiden ließen, sich weigerten, miteinander zu sprechen, und ihre Kinder als Mittler benutzten, sogar als die Familie am Mittagstisch saß.

Als sich die unbezähmbare Lisette gerade mit meinem Vater unterhielt, nutzte Mom die Gelegenheit und nahm Edy beiseite, um ihn zu fragen, ob er ihr irgendetwas über Roland sagen konnte. Sie hatte keine Gelegenheit, um das Thema herumzureden, und kam deshalb sofort zur Sache. Was wusste Edy über ihn? War er bei Kriegsende in Lyon geblieben oder war er wieder in Mulhouse? Hatte er je geheiratet? Wusste Edy, ob er Kinder hatte? Hatte er sein Studium beendet und arbeitete jetzt als Rechtsanwalt? Vielleicht hatten sich die beiden im Kreise elsässischer Juristen getroffen?

Edy blickte sie finster an und schnitt ihr das Wort ab. »Laisse tomber! N'y pense plus!«, sagte Edy. »Vergiss es! Denk nicht mehr über ihn nach. Das Einzige, was ich dir sagen kann, ist, dass die Frauen Roland Arcieri ruiniert haben …«

Janine fragte nicht weiter. Sie kannte Rolands Ausstrahlung auf Frauen gut genug, um die Botschaft zu verstehen. Mit Roland verheiratet zu sein, sagte sie sich, hätte sich durchaus als größere Qual herausstellen können als ihre Beziehung zu Len. Sie würde versuchen müssen, die Träume zu vergessen, die sie, für den Fall, dass ihr Ehemann sie wieder betrog, gehegt hatte. Die Erinnerung an ihre Liebe, die ihr über das schreckliche Jahr hinweggeholfen hatte, als Len fremdging. Als sie wieder nach Hause kamen, vertraute mir Mom traurig an, was Edy gesagt hatte. Ihren Traum, eines Tages wieder mit Roland vereint zu sein, sagte sie, habe sie schließlich in Mulhouse beerdigt, dort wo er begonnen hatte.

∽

An einem grauen Morgen im November, ich stand kurz vor meinem Schulabschluss, schrieb Dad eine Reihe von Symptomen, die er an sich festgestellt hatte, auf ein Stück Papier: Atemnot, Schweißausbrüche, schwachen Puls, verschwommene Sicht. Er fuhr hinüber in die City zu Charles Friedberg, dem früheren Arbeitgeber meiner Mutter und Chefarzt der Kardiologie am Mount Sinai Hospital. Wir erfuhren es von Dads Sekretärin, als Mom versuchte, ihn vom Flughafen in Newark aus anzurufen, weil wir auf dem Weg waren, uns einige Colleges für mich anzusehen. Wir brachen die Reise ab, bevor wir sie angetreten hatten, fuhren sofort zu Dr. Friedberg und trafen dort gerade rechtzeitig ein, um die Diagnose zu hören.

Dr. Friedberg schaute sich das EKG an und sagte: »Scheiße! Sie haben einen Herzanfall gehabt. Ich kann gar nicht glauben, dass Sie heute Morgen noch Hanteltraining gemacht haben! Und dann sind Sie zur Arbeit gegangen und von dort aus selbst hierhergefahren?«

Dad war erst 48, Mom war 43. In diesem schrecklichen Moment erlebten wir erstmals, dass Dad verletzlich war, und das änderte unser Leben für immer. Er, das Urbild männlicher Kraft und Gesundheit, ein Athlet und ein Bodybuilder, ein Mann, der niemals zu viel aß oder trank, hatte einen Herzinfarkt erlitten! Wir waren sprachlos und hatten schreckliche Angst vor dem, was das für ihn bedeutete.

»Was ein Mist«, warf Dad ein. »Ich achte auf meinen Körper wie auf einen verfluchten Tempel. Es gibt keinen Scheißkerl auf der ganzen Welt, der besser in Form wäre als ich, aber keiner von denen hat je einen Herzanfall gehabt! Sogar mein eigener Vater, der in seinem Leben nie hinter seiner Nähmaschine hervorgekommen ist und sich überhaupt nicht um seine Gesundheit kümmert, ist 86 und sein Herz schlägt ganz normal. Das ist, verdammt noch mal, nicht fair!«

Aber Dr. Friedberg erklärte, es liege an der Milch, die er in seiner Jugend literweise zum Essen getrunken hatte, womit Len sich immer gebrüstet hatte, und an zu viel Fleisch und Fett, und natürlich auch am Apfelstrudel seiner Mutter, den er in sich hineingestopft hatte. Und die Zigaretten, der Stress bei der Arbeit und die ständige Anspannung durch sein Naturell als »Typ-A-Persönlichkeit«, das alles hätte mit dazu beigetragen. Dr. Friedberg ordnete Bettruhe an, bis im Mount Sinai ein Zimmer für ihn bereitstünde. Er solle sich darauf einrichten, einige Wochen dort zu verbringen, in denen er ernsthaft versuchen müsse, gar nichts zu tun, außer ruhig zu liegen, sich zu erholen und abzuschalten. Und bis auf Weiteres dürfe er auch nicht Auto fahren.

Wir machten uns schweigend auf den Weg nach Hause. Zum ersten Mal erlebte ich, dass meine Mutter auf dem Fahrersitz saß und er auf die Rolle des Beifahrers beschränkt war. Also war mein Vater eine »Typ-A-Persönlichkeit«! Ich hatte diesen Begriff noch nie gehört, war aber erleichtert, dass es dafür eine medizinische Bezeichnung gab. Mom hatte sich hinter das Steuer von Dads großem Cadillac gesetzt und fuhr übervorsichtig nach

Norden in Richtung unserer Ausfahrt. Sie bemühte sich, alles zu vermeiden, was ihn dazu gebracht hätte, ihren Fahrstil zu kritisieren. Aber Dad war mit sich beschäftigt. Er saß da wie ein General nach einer verlorenen Schlacht, in Handschellen und im Begriff, alle Strategien zu verfluchen, die er immer sorglos angewendet, die sich aber beim letzten Feldzug als falsch erwiesen hatten.

Auf einmal war die Welt unglaublich viel gefährlicher geworden. Dad war unser Beschützer: Er hatte geschworen, dass er unbesiegbar sei, und wir hatten ihm bis zu einem gewissen Grad geglaubt. Ich fühlte mich schwach und innerlich hohl, und die Zukunft schien ein Abgrund zu sein, der genauso steil abfiel wie die Klippen der Hudson River Palisades, an deren schroffen Rändern wir auf der Schnellstraße entlangfuhren.

Während Dad im Krankenhaus war, entwarf Mom für ihn ein neues Leben. Sie war wie immer klug genug, das Thema nicht direkt anzuschneiden, sondern es ihm »durch die Hintertür« nahezubringen, damit er den Eindruck haben konnte, es selbst entwickelt zu haben.

Als sie anfing, saß er in seinem Krankenbett und drückte eine Metallspirale mit zwei Griffen auf und zu, um seine Hand- und Unterarmmuskulatur zu trainieren. Er hatte sie überzeugt, ihm das Gerät von zu Hause ins Krankenhaus zu schmuggeln.

»Wäre es nicht verrückt, wenn Picasso das Malen aufgeben würde, um Tänzer zu werden?«, fragte sie ihn beiläufig. Sie hatte einen Moment lang vergessen, dass die Objektivisten wenig Verständnis für Künstler hatten, die die Formen des menschlichen Körpers abstrakt darstellten.

»Wahrscheinlich täte er der Welt damit einen Gefallen«, bemerkte er. »Du weißt doch, dass ich von Picasso nichts halte. Was willst du mir eigentlich sagen?«

»Also gut, dann sagen wir Michelangelo«, blieb sie beim Thema. »Die Frage ist dieselbe.«

Sie saß häkelnd auf dem Stuhl neben seinem Bett, wo sie den ganzen Tag von frühmorgens bis Mitternacht damit verbrachte, sich um ihn zu kümmern und ihn zu pflegen, so wie sie es 25 Jahre zuvor mit Roland getan hatte. Erst dann fuhr sie nach Hause.

»Es ist ein Jammer, wenn ein Mensch seine natürlichen Talente nicht nutzt. Du bist der geborene Verkäufer, aber statt das zu tun, worin du wirklich gut bist, reibst du dich in deiner Fabrik auf – und der Herzinfarkt ist die Belohnung dafür.«

Die Anforderungen des Produktionsprozesses bedeuteten für Len zu viel Stress, dachte sie sich, und dass er dabei Metallstaub und giftige Dämpfe einatmete, war ebenfalls gefährlich. Deshalb wäre es für ihn besser, wenn er die Fabrik verkaufte, und schließlich überzeugte sie ihn.

Immer wenn es in ihrem gemeinsamen Leben um wichtige Entscheidungen ging, hörte Dad auf den Rat meiner Mutter. Er gab also die Fabrik auf, die sein ganzer Stolz war, und ließ die damit verbundenen Opfer und den ewigen, ihn sehr belastenden Ärger mit seinen Mitarbeitern hinter sich.

Viel zögerlicher aber war er, als er verstand, dass er auch seinen Traum von sich als einem der Helden von Ayn Rand aufgeben musste. Einer jener unbeugsamen Industriekapitäne, deren Aufgabe es ist, das Räderwerk der Welt am Laufen zu halten. Moms Sorgen um seine körperliche und geistige Gesundheit brachten ihn erstmals dazu, anzuerkennen, dass er ein verletzliches menschliches Wesen war. Sie nahm ihn an der Hand und führte ihn auf einen Weg, der ihm das Leben rettete, aber für ihn hieß es, erneut Klinken zu putzen.

Wenige Monate nachdem er wieder angefangen hatte zu arbeiten, verkaufte Dad die Fabrik und bezog mit seiner Sekretärin zwei Räume in einem Bürogebäude, gerade einmal sechs Blocks von zu Hause entfernt. Einmal mehr wurde er zum Zwischenhändler und besuchte florierende Industriebetriebe, die anderen gehörten und von anderen betrieben wurden, von Männern, die nur deshalb glücklicher oder erfolgreicher waren, weil ihr Herz mitspielte. Statt zu produzieren, verkaufte er. Er arbeitete vom Büro aus mit dem Telefon und bereiste sein Verkaufsgebiet, und

Jahr für Jahr bekam er von den Firmen, die er repräsentierte, die höchsten Auszeichnungen und zeigte auf den Fotos mit den anderen Geehrten sein »falsches Lächeln«.

∼

Drei Jahre später stellte mein Vater fest, dass er in seinen Fingern ein taubes Gefühl hatte. Er büßte seine Geschicklichkeit ein und hatte Mühe, Hemden zuzuknöpfen, Münzen aufzulesen oder eine Schraube anzuziehen. Er beschrieb das Problem mit einem deutschen Wort: Er hätte sein »Fingerspitzengefühl« verloren, sagte er, denn es fiel ihm leichter, seine neue körperliche Unzulänglichkeit in einer fremden Sprache zu beschreiben. Auf der anderen Seite: Wie konnte eine Schwäche, die sich so merkwürdig anhörte, so beunruhigend sein?

Die Ärzte konnten sich nicht erklären, woran es lag, und rieten ihm, irgendwie damit zurechtzukommen. Er erfand kleine Hilfsmittel, zum Beispiel einen Haken, mit dem er die Knöpfe durch die Knopflöcher zog. Aber bald darauf traf er auch beim Tennis die Bälle nicht mehr so sicher wie gewohnt, und sogar seine langjährigen Tennispartner, darunter auch Trudis Mann Harry, vermieden ein Tennismatch mit ihm und schoben solch fadenscheinige Begründungen vor, dass es ihm wehtat. Als der Golfschläger zusammen mit dem Ball wegflog, weil er ihn nicht mehr festhalten konnte, war das so demütigend, dass meine Eltern aus dem Club austraten. Die Mitgliedschaft nur für sie alleine lohne den Beitrag nicht, sagte Mom, und außerdem würde es ihr grausam erscheinen, wenn sie spielte, während er es nicht mehr könne.

Stattdessen fuhren meine Eltern und ich an den Wochenenden, wenn Gary unterwegs war, an den Strand und verbrachten dort die beste Zeit, die wir je miteinander hatten. Gelegentlich blieben wir von Freitag bis Sonntag an der Küste bei Montauk, aber meist machten wir nur einen Tagesausflug zum nahegelegenen Teil von Long Island. Am Strand trug mein Vater seine knappe Speedo-Badehose, mit der er aussah, als wäre alles in Ordnung. Bevor wir uns im Sand niederließen, machte Dad, der keinen Moment ungenutzt verstreichen lassen konnte, öffentlich seine gymnastischen Übungen und ließ sich erst dann mit einem Kreuzworträtsel im Sand nieder.

Wir verbrachten viele harmonische Stunden und blieben immer, bis die Massen der anderen Badegäste einpackten und das Meer seine Würde zurückerhielt. Dann setzte er sich, seinen Tropenhelm auf dem Kopf, wie ein weißer »Bwana«, ein Kolonialoffizier auf Safari, in einen Stuhl und öffnete die Flasche Weißwein, die er den ganzen Tag für »unseren« Sonnenuntergang kühlgehalten hatte. Mom fütterte die kreischenden Seevögel mit den Resten unseres Mittagessens – sie achtete immer auf Nachzügler, die zu scheu oder zu glücklos waren, ihren Anteil abzubekommen – oder strich mit ihren roten Fingernägeln durch den Sand auf der Suche nach Muscheln, die wir mit nach Hause nahmen.

Manchmal ließen sich meine Eltern zu einem späten Bad im Meer verleiten. Ich beobachtete, wie sie zum Wasser gingen, Mom, die ihre goldenen Locken unter ihre Badekappe schob, und Dad mit seinem langbeinigen Seemannsgang, der zunehmend unsicherer wurde, als ob hoher Seegang herrschte und seine Schritte erschwerte. Hand in Hand tauchten sie in die stahlgraue Brandung ein. Die Strandwachen waren schon gegangen, und ich bemühte mich, sie draußen auf den sich hebenden und senkenden Wellen des Atlantik noch auszumachen, während sie weiter und weiter hinausschwammen. Verzweifelt und außer Atem stand ich am Ufer und spähte in die Ferne, stampfte mit den Füßen auf und schrie sinnlos gegen den Wind an, um meine Eltern wieder an den Strand zurückzurufen. Bei ihrer Rückkehr lachten sie mich aus, Mom leerte ihre nutzlose Badekappe aus und Dad strich seine Haare zurück und schüttelte das Wasser von seinem Körper wie ein riesiger Hund.

Ich verließ den Strand nie ohne herumzutrödeln, in der Hoffnung, dass ich die Sonne daran hindern könnte, unterzugehen, und dass es ewig Tag bleiben würde. Wenn wir durch den Sand zum leeren Parkplatz gingen und die Flut kam und das Stück Strand, auf dem eben noch unsere Fußspuren zu sehen waren, wieder in Besitz nahm, drehte ich mich um, schaute zurück und wünschte mir, ich könnte die Stunden festhalten und das blau-goldene Panorama von Strand, Himmel und Meer für immer in der Schatzkammer meiner Erinnerung aufbewahren, bevor die Dunkelheit sich niedersenkte.

Die Zeit verging, und Dads mysteriöses Leiden wurde nicht besser. Ich fragte mich, ob er deswegen milder wurde, vor allem als ich meine College-Zeit an der Universität von Chicago beendete und erklärte, ich würde meinen Einstieg in den Journalistenberuf verschieben und erst noch an der Harvard Divinity School Religionswissenschaften studieren. Ich wusste, dass Dad alles ablehnte, was mit Religion zu tun hatte, und erwartete seinen Widerspruch, aber er akzeptierte meine Entscheidung und half mir sogar beim Umzug nach Cambridge. Er mietete einen Lastwagen und versuchte, uns mit einem ärmellosen Unterhemd zu beeindrucken, in dem er aussah wie ein Lastwagenfahrer. Er saß auf dem Fahrersitz, drückte die Hupe und winkte den anderen Truckern, denen wir auf dem Highway begegneten, kollegial zu, als ob er sein Leben lang selbst einer gewesen wäre und wie sie ihr Geld auf der Straße verdiente.

Als wir in der Abenddämmerung am Apartmenthaus in der Prescott Street hinter dem Fogg-Museum ankamen, in dem ich wohnen würde, war aus unerfindlichen Gründen die Tür verschlossen. Weil aber Dad den Lastwagen mit meinem gesamten weltlichen Besitz nicht unbewacht lassen wollte, überzeugte er den Hausmeister, ihm eine Leiter zu leihen. Dann stieg er trotz seiner körperlichen Probleme zu meiner Wohnung hoch und brach in der Dunkelheit das Fenster zum Hof auf, um die Tür von innen zu öffnen. Er arbeitete das ganze Wochenende hindurch, um das kleine Apartment für mich wohnlich einzurichten.

In den folgenden elf Jahren schenkte er mir bei jedem Umzug seine Zeit und half mir so gut er konnte, bis seine gesundheitlichen Probleme ihn ganz daran hinderten, mit den Händen zu arbeiten oder Werkzeuge zu benutzen. Er hängte Vorhänge auf, Lampen, Bilder und Handtuchhalter, sicherte Türen und Fenster mit besonderen Schlössern und tat alles nur Erdenkliche, um die jeweilige Wohnung für mich angenehmer und sicherer zu machen.

Im Winter musste er sich wegen einer Netzhautablösung operieren lassen. An einem frühen Sonntagmorgen rief er mich aus dem Krankenhaus an – soweit ich mich erinnern konnte, war es das erste Mal, dass er von sich aus zum Telefon griff, um mit mir zu reden. Sonst nahm er nur einfach kurz den Hörer, wenn ich mit Mom telefonierte.

»Ich liege hier und denke nach, und da ist mir in den Sinn gekommen, dass du Religionswissenschaften studierst, weil du vielleicht auf der Suche nach etwas bist – auf der Suche nach dem Sinn des Lebens – oder wie immer du das nennen magst«, begann er in einem mir unbekannten, zögerlichen und – um seinen Lieblingsausdruck zu benutzen, »respektvollen« Tonfall.

»Sollte das so sein, dann weiß ich nicht, ob dir das überhaupt hilft, aber die Notwendigkeit dieser Operation hat bei mir einiges geklärt, und ich möchte meine Gedanken mit dir teilen. Sei einfach glücklich!«, sagte er, und aus seiner Stimme war der Ingenieur so deutlich herauszuhören wie eine quadratische Gleichung. »Am Ende zählt nur das. Sei einfach glücklich, Püppchen. Mach das Beste aus deinem Leben, bei allem, was dir wichtig ist. Bei allen deinen Plänen, über die wir gesprochen haben, du und ich, ist das das Einzige, was ich dir mit auf den Weg geben möchte.«

~

Ich bemerkte Carole Gordon zum ersten Mal bei meiner Hochzeit im Jahre 1975 auf der Terrasse hinter unserem Haus, wo ich mit meinem Vater tanzte. Er sah mit seinem weißen Anzug und dem zur Farbe seiner Augen passenden hellblauen Hemd blendend aus. Sie trug ein knielanges, ärmelloses Kleid aus rotem Chiffon, schlängelte sich an uns heran und begann sofort, mit ihm zu flirten. Sie war braungebrannt und dunkelhaarig, die Frau eines Geschäftsmannes und eine Bekannte von Jean, einer Freundin meiner Mutter, die sie meinen Eltern vorgestellt hatte.

Ich erinnere mich daran, dass mir ihre ausgeprägten Waden, ihr muskulöser Oberkörper und ihre gestählten Arme auffielen. Sie hatte eine Figur, die unter Beweis stellte, was ich schon gehört hatte: dass sie ihr Leben dem Tennis gewidmet hatte. Weniger beeindruckend fand ich, dass sie einen ausgeprägten Brooklyn-Dialekt sprach oder eine vergleichbare Long-Island-Variante davon, die nachzumachen mir leichtfiel.

Tatsächlich gelang es mir, ihre Art und ihre Sprache so genau zu imitieren, dass sogar Dad lachen musste, obwohl er sie mochte und obwohl er wusste, dass meine unfeine Art, sie nachzuäffen, ihm zeigen sollte, dass ich wusste, worauf sie aus war. Er hielt sich zurück und antwortete gutgelaunt auf meine plumpe Taktik. Aber es dauerte nicht lange, und ich erkannte, dass Carole Gordon die hundertprozentige Verkörperung eines Frauentyps war, von dem mein Vater sagte, dass ihn die Männer am meisten mochten: lebhaft und so schwer zu fassen wie ein gelber Tennisball.

Mir fiel auch auf, dass ich mich selbst in einem hoffnungslosen Widerspruch verfangen hatte: Ich hätte es besser gefunden, wenn mein Vater von einer Frau beeindruckt gewesen wäre, die ich bewunderte. Zugleich aber war ich erleichtert, dass ich sie nicht ernstzunehmen brauchte, da sie nicht mehr war als ein billiges Weibsstück, das niemals erwarten konnte, den Platz meiner Mutter an seiner Seite einzunehmen.

Inzwischen übersah mich Carole geflissentlich und versuchte, sich bei meiner Mutter einzuschmeicheln. Sie tat so, als ob es ihr um Freundschaft ginge, lud meine Eltern zu einer ganzen Reihe von Partys in ihr perfekt ausgestattetes Haus in Scarsdale ein und sorgte dafür, dass mein Vater, angeblich um ihr zu helfen, ihr –

wie meine Mutter sagte, »wie ihr Dackel« – folgte. Das war gewiss etwas, worauf seine bisherigen häuslichen Pflichten ihn nicht vorbereitet hatten, denn meine Mutter bat ihn nie um irgendetwas, es sei denn, man hätte dafür einen Werkzeugkasten gebraucht.

Meine eigene Ehe, zu der meine Eltern mich gedrängt hatten, endete nach weniger als zwei Jahren mit einer freundschaftlichen Übereinkunft. Wie sich schnell herausstellte, waren sowohl mein Ehemann, ein Produzent für TV-Nachrichten, als auch ich noch nicht bereit, eine dauerhafte Verbindung einzugehen.

Aber ich war froh, dass ich in New York lebte und arbeitete, weil ich mir gleich mit meiner ersten Arbeitsstelle bei der »New York Times« einen Lebenstraum erfüllen konnte – und das direkt nach meinem Examen in Religionswissenschaften. Ich weiß immer noch nicht, was dazu führte, dass das Verhältnis zwischen meinem Vater und mir sich auf Augenhöhe einpendelte: meine neugewonnene wirtschaftliche Unabhängigkeit, das Impressum der »Times«, mein Harvard-Examen oder eine Veränderung, die in ihm oder in mir vorgegangen war.

Er steckte sich Ausschnitte von meinen Zeitungsartikeln in seine Brusttasche, um sie Freunden oder Kunden mit derselben Freude zu zeigen wie andere die Bilder ihrer Enkel. Als eine Enthüllungsserie über technische Mängel an den Wagen der New Yorker U-Bahn und über die Korruption bei der zuständigen Behörde, die ich für die Titelseite geschrieben hatte, mehrere Journalisten-Preise gewann, begleitete mich Dad zum festlichen Essen anlässlich der Preisvergabe ins Waldorf Astoria. Es war passend, denn er war es, der mir das nötige Wissen über die Konstruktion der Fahrgestelle und die Bedeutung von Haarrissen beigebracht hatte.

Später, als die Frauenbewegung ins Bewusstsein der amerikanischen Öffentlichkeit rückte, fing ich an, mich gegen die fürstliche Behandlung aufzulehnen, mit der meine Mutter, dem Beispiel ihrer eigenen Eltern folgend, ihn umsorgte. Als Kind hatte es mich nie gestört, wie Nana sich nahezu sklavisch bemühte, immer für Bapa da zu sein. Nun kamen mir die selbstsüchtigen Erwartungen, die mein Vater an meine Mutter stellte, erniedrigend vor. Für ihn war es zum Beispiel selbstverständlich, dass Mom auf ihn zu warten hatte, auch wenn er selbst sich ihr gegenüber oft rücksichtslos benahm.

Einmal, als ich sie übers Wochenende besuchte, saß ich neben ihm am Frühstückstisch und las Zeitung.

»Janine!«, rief er zum Obergeschoss hinauf.

»Mom zieht sich gerade an«, sagte ich. »Kann ich irgendetwas für dich tun?«

»Nein, ich brauche deine Mutter.« Er hob die Stimme und rief lauter: »Janine!«

»Was hast du Dad? Ich kann das bestimmt auch machen.«

Er beachtete mich nicht und rief wieder: »Janine.«

Mom kam im Morgenrock barfuß in die Küche hinunter gehastet. »Was ist?«, fragte sie und prüfte, ob wir uns stritten. »Ich wollte gerade unter die Dusche gehen.«

»Ich will jetzt meinen Kaffee«, sagte er zu ihr. Mir blieb die Luft weg, aber er zuckte nicht mit der Wimper.

»Deine Mutter weiß, wie ich ihn mag. Halt dich da raus«, sagte er, als ich Einwände dagegen erhob, wie er sie behandelte. »Du musst mir nicht sagen, wie ich meine Ehe zu führen habe.«

∾

Im Februar 1976 machten meine Eltern Urlaub in Acapulco, als Trudi anrief und bestätigte, was alle schon befürchtet hatten. Norbert war ins Krankenhaus eingeliefert worden, und man rechnete damit, dass er nicht mehr lange leben würde. Sein Kampf gegen den Lungenkrebs, den er zwei Jahre lang geführt hatte, ging zu Ende. Meine Eltern flogen sofort nach Hause, aber noch im Flugzeug bekam Dad plötzlich hohes Fieber und fing an, unkontrolliert zu zucken. Nach der Landung konnte er kaum noch gehen oder seine Hände gezielt bewegen. Er sah alles doppelt, und er, der normalerweise klar wie ein Nachrichtensprecher redete, stammelte nur noch unverständlich vor sich hin und wurde in dasselbe Krankenhaus eingeliefert, in dem Norberts Leben zu Ende ging. Dort wurde ein Alptraum Wirklichkeit. Verzweifelt fuhren wir mit dem Aufzug immer wieder zwischen den Zimmern zweier Männer auf und ab, die wir beide liebten – von hoffnungsloser Trauer an einem Bett zu von Hilflosigkeit und Ungewissheit geprägter Angst am anderen, weil die Ärzte nicht wussten, wo die Ursache der Symptome lag, die Dad entwickelt hatte.

Am nächsten Tag standen Mom und ich an Norberts Bett, als er – angezogen, gutaussehend und so frisch rasiert und wohlriechend, als ob er zu einem Rendezvous gehen wollte – im Alter von nur 55 Jahren starb.

Stunden später sorgte Mom dafür, dass Dad mit einem Krankenwagen in das Mount Sinai Krankenhaus verlegt wurde. Es war der Anfang einer bedrückenden Suche nach einer Diagnose für seine Krankheit. Schließlich behalf man sich damit, dass man sie vorübergehend der weniger schlimm klingenden Gattung »Periphere Neuropathie« zuordnete, einer Erkrankung des peripheren Nervensystems.

Unsere tiefe Trauer um Norbert, mit seiner einnehmenden Persönlichkeit und seiner Lebenslust, wurde natürlich überlagert durch unsere Angst um Dad und unsere Sorge um Alice, die im Alter von 84 Jahren ihren geliebten einzigen Sohn zu Grabe tragen musste.

Glücklicherweise ließen Dads schlimmste Beschwerden nach einigen Wochen nach, er konnte etwas klarer sehen und kam wieder auf die Beine. In den folgenden fünf Jahren litt er unter denselben Einschränkungen seiner körperlichen Leistungsfähigkeit wie zuvor, auch wenn es Anzeichen einer fortschreitenden Verschlechterung gab. Dennoch klagte er nie und ließ auch nicht zu, dass sein Körper ihn besiegte.

Stattdessen wurde er kreativ. Er kaufte ein Stück Land hinter dem Strand bei den Hamptons auf Long Island und plante ein Haus, das auch von Howard Roark, dem objektivistischen Architekten aus der Verfilmung des Ayn-Rand-Romans »Der ewige Quell« hätte entworfen sein können. Aber das zukunftsweisende Design stammte von ihm. Mitten im Gebäude hatte er einen großen, freien Raum vorgesehen, in dem es keine Pfeiler oder tragenden Wände geben durfte. Ich war gerührt, weil er vor meinem Schlafzimmer einen Freisitz, eine Art Vogelnest geplant hatte, damit ich dort schreiben konnte. Er hatte große Probleme, ein Bauunternehmen zu finden, das bereit war, das Haus nach seinen Plänen zu bauen. Wie es auch der Held im Roman von Ayn Rand getan hätte, bestand Dad so kompromisslos auf seinem Konzept, dass dies den Bau verhinderte.

Auf dem Papier arbeitete er jahrelang mit einem Architekturprofessor der Columbia University zusammen, sogar noch, als er kaum noch in der Lage war, sich auf dem schwierigen Strandgelände fortzubewegen. Dann hörte er einmal mehr auf meine Mutter, die Stimme der Vernunft, und behauptete resigniert, es sei an der Zeit, das Grundstück zu verkaufen.

Bald darauf gestand sich mein Vater ein, dass er Probleme hatte, die beiden Treppen zu seinem Büro im zweiten Stock hinaufzusteigen. Außerdem war, weil er einen Vertreter eingestellt hatte, der seine Reisetätigkeit übernahm, sein Einkommen geschrumpft, sodass Mom vorschlug, sein Geschäft aus Gründen der Bequemlichkeit und der Wirtschaftlichkeit in das Untergeschoss unseres Hauses zu verlegen. Die enge Treppe nach unten hatte ein Geländer, an dem er sich festhalten konnte. Dad war ohnehin daran gewöhnt, jeden Abend hinunterzusteigen, weil er zäh gegen seine körperlichen Beeinträchtigungen ankämpfte und eisern und diszipliniert weiter seine Bodybuilding-Übungen absolvierte.

Jetzt, wo das Büro, die Sekretärin und der Vertreter sich im Untergeschoss etabliert hatten, stellte Mom fest, dass ihr Ehemann jeden Dienstag fortging. Seine Abwesenheit konnte ihr nicht entgehen – sie hatte wieder angefangen, halbtags für eine Gruppe von Kardiologen zu arbeiten, hatte dienstags frei und war deshalb dann normalerweise zu Hause. Ihr war aufgefallen, dass er im Kofferraum seines Wagens eine Decke, einen Kaffeebecher, seine Tenniskleidung und seinen Tennisschläger deponiert hatte. Er behauptete, er spiele Tennis mit einem Einkäufer des Flugzeugherstellers Grumman. Ein zufällig mitgehörtes Telefonat enthüllte den Schwindel: Der Grund dafür, dass Dad jeden Dienstagvormittag um elf Uhr dreißig fortfuhr und erst am späten Nachmittag wieder zurückkam, war, dass er den Tag mit Carole Gordon verbrachte.

Als Mom Jean von ihrer schrecklichen Entdeckung erzählte, schleppte ihre Freundin sie zu einem Psychotherapeuten, der ihr ihre Möglichkeiten brutal vor Augen führte.

»Finden Sie sich damit ab oder verlassen Sie ihn«, riet er ihr. »Glauben Sie bloß nicht, dass Sie ihn ändern können. Es hat nichts mit Ihnen zu tun und nicht einmal mit seiner Liebe zu Ihnen.«

Er unterstellte, dass Leonard sich immer und immer wieder selbst versichern musste, dass er auf Frauen attraktiv wirkte. Und den Beweis lieferte er sich durch wiederholte sexuelle Abenteuer. Weil die Rückschläge, die er im Geschäft und an seiner Gesundheit verkraften müsse, an seinem ohnehin angeschlagenen Selbstbewusstsein nagten, sei es nicht ungewöhnlich, dass seine sexuelle Anziehungskraft für ihn immer wichtiger würde.

»Wenn Sie es ertragen können und Ihre Ehe retten wollen«, so schloss der Therapeut, »haben Sie nur eine Wahl: wegschauen.«

Aber Mom konfrontierte Dad damit. Wie könne er, wenn er nur einen Funken Anstand im Leib habe, ihr dies antun, wo er doch, als sie ihn nach der Geschichte mit Betsy Chase wiederaufgenommen hätte, geschworen habe, ihre Ehe zu respektieren? Sie war gekränkt, verletzt und wütend, weil er sie ausnutzte, während alles, was sie tat, darauf ausgerichtet war, ihm zu helfen. Sogar ihre Entscheidung, wieder in einer kardiologischen Praxis zu arbeiten, hatte sie getroffen, weil dadurch immer eine gute medizinische Versorgung sichergestellt war.

Aber das eigentliche Problem mit seinem Herzen, sagte sie, sei, dass er gar keines habe. Seine herzlose Hemmungslosigkeit hätte ihre Ehe kaputt gemacht.

»Geh!«, sagte sie. »Es macht mir nichts mehr aus. Geh und lebe dein Leben mit Carole.«

»Bitte, glaube mir doch, ich liebe Carole nicht«, beteuerte Len. »Du bist die einzige Frau, die ich lieben könnte. Ich möchte doch nur etwas Spaß haben. Es muss dich nicht kümmern.«

Es war noch immer so wie vor Jahrzehnten, als er mit seinen amourösen Abenteuern geprahlt hatte. Sie zu betrügen war ihm nicht genug. Es war, als ob er nicht nur sich selbst, sondern auch seiner Frau gegenüber beweisen müsste, dass es immer andere Frauen gab, die seinem Charme erlagen. Welche anderen Gründe er auch sonst haben mochte, ob er nun meinte, sich revanchieren zu müssen, oder geschickt ausnutzte, dass sie einen Anreiz brauchte, um lieben zu können – Lens Art, unverhohlen anderen Frauen nachzustellen, schien immer auch darauf abzuzielen, sie eifersüchtig zu machen. Natürlich hatte auch er gute Gründe, eifersüchtig zu sein, denn von Beginn an wusste er, dass Janine ihn nie mit der gleichen bedingungslosen Hingabe lieben würde, wie sie Roland geliebt hatte.

Genauso wie Gary und ich mit der Geschichte der Liebe, die unsere Mutter in Frankreich verloren hatte, aufgewachsen waren, war es unserem Vater nicht entgangen, dass alle um sie herum dies ebenfalls wussten. Wer Janine kannte, wusste, dass es Roland gegeben hatte. Sie war in Träumen gefangen, die ihr gestohlen worden waren. In ihrem Herzen war sie mit dem Franzosen verheiratet, den sie hatte zurücklassen müssen, es war eine idealisierte, eine immer perfekte Liebe, ohne Alltagsbeschwernisse. Und womöglich hatte das dazu geführt, dass meinem Vater vorenthalten wurde, was er gebraucht hätte. Sein unsichtbarer Rivale war unschlagbar.

Erst später – als ich die Briefe las, die Dad ihr in den ersten Jahren ihrer Ehe geschrieben hatte, und dadurch den jugendlichen Ehemann kennenlernte, der seine ständig wachsende, ihn verzehrende Liebe zu ihr aufschrieb – spürte ich, dass ich ihm Unrecht getan hatte. Dann fragte ich mich reuevoll, warum ich die Veränderungen in ihrer Ehe nur aus der Sicht meiner Mutter wahrgenommen hatte.

In all den Jahren, in denen ich das Leid meiner Mutter wegen der Untreue meines Vaters teilte, hatte ich es versäumt, die entscheidende Frage zu stellen: Hatte sie, weil sie zugelassen hatte, dass Roland immer zwischen ihnen stand, in ihrer Ehe eine Situation geschaffen, aus der mein Vater ausbrechen musste? Welche Umwege hatte er nehmen müssen, um zu spüren, dass er geliebt wurde?

Vielleicht musste für beide das Objekt ihrer Begierde unerreichbar sein. Sie hatten geheiratet, als sie noch ziemlich jung waren, und die Flamme der Liebe lässt sich nicht leicht bewahren, wenn das Eheleben von Gewohnheiten und Alltagsroutine geprägt ist. Die Leidenschaft, die Mythen und Dramen beflügelt, braucht die Herausforderung, wenn das Feuer weiter brennen soll. Tatsächlich erklärte auch Carole Gordon, als meine Mutter sie wütend und verzweifelt zur Rede stellte, ganz unverfroren, dass sie ihre unmoralische Beziehung zu Len beibehalten wolle, so wie sie war.

»Ich habe von all dem genug. Wenn du Len willst, nimm ihn dir«, sagte Mom ihr eines Tages, als Dad außer Haus war und sie das Telefon im Büro abnahm, nur um festzustellen, dass ihre frühere Freundin Len sprechen wollte.

Carole lachte. »Nein danke«, spottete sie. »So wie es ist, ist es mir ganz recht.«

~

Im Sommer 1982 hatte meine Berichterstattung über Korruption in den Behörden und die organisierte Kriminalität dazu geführt, dass ich zur Hauptstadt-Korrespondentin aufstieg und von der »New York Times« nach Washington geschickt wurde, um über das Justizministerium zu berichten. Dort traf ich wenig später Daniel Werner, der bald darauf mein zweiter Ehemann wurde. Kurioserweise war er, wie mein erster Mann, Produzent von Fernsehnachrichten.

In den kommenden Monaten vermied ich es, Dan der strengen Beurteilung meines Vaters zu unterziehen, weil ich allein über meine Zukunft entscheiden wollte. Als ich meinen Eltern im nächsten März erzählte, dass ich mich mit einem Mann verlobt hatte, den sie noch nie gesehen hatten, reagierten sie erwartungsgemäß bestürzt. Kurz darauf lernten sie Dan kennen und hießen ihn herzlich in der Familie willkommen. Wir planten eine einfache Hochzeit im Frühling. Aber zuvor wollte sich Dad einer riskanten Behandlung unterziehen, die Plasmapherese genannt wurde, ein Art Blutwäsche, mit der er hoffte, sein Blutplasma von überzähligen Antikörpern zu reinigen, in der Annahme, dass diese zur Verschlimmerung seiner Neuropathie beigetragen hatten. Die Behandlung wurde abrupt abgebrochen, als er eine lebensgefährliche Hepatitis bekam.

Ich hatte gerade die Einladungen zur Hochzeit verschickt, als Jean mich anrief und mir mitteilte, dass Dad sehr viel schlimmer erkrankt war, als meine Mutter es mir gesagt hatte. Ich solle sofort nach Hause kommen, warnte mich Jean, weil man nicht einmal bei Len sicher sein konnte, dass er es überleben würde.

Wieder einmal fand ich ihn im Krankenhaus vor, seine Augen und seine Haut waren – als Folge der Gelbsucht – schrecklich dunkelgelb, und zum ersten Mal in meinem Leben sah ich ihn mit Bart. Der Löwe lag bewegungsunfähig im Käfig seines Krankenhausbettes, seine explodierenden Bilirubin-Werte hatten dazu geführt, dass er dem Delirium nahe war und mich kaum erkannte. Meine Mutter, die sich bemüht hatte, mir während meiner Hochzeitsvorbereitungen den Ernst der Lage vorzuenthalten, verbrachte wieder Tag und Nacht an seinem Bett. Sie schlief auf einer Liege in seinem Zimmer und fuhr jeden Morgen für eine halbe Stunde nach Hause, um zu duschen und die Kleidung zu wechseln. Wenn es möglich war, mit übermenschlicher Willenskraft und aufmerksamer, liebevoller Fürsorge einen Menschen aus dem Rachen des Todes zu befreien, war meine Mutter dazu entschlossen, die Hand Gottes aufzuhalten und die Höllenhunde zu erschlagen.

Am Morgen nach meiner Ankunft teilte der Arzt Mom, Gary und mir auf dem Krankenhausflur mit, seine Leber sei so geschädigt, dass Len das Wochenende nicht überstehen würde. Das wolle er auch meinem Vater mitteilen, wenn der ihn verstehen würde. Mom rannen die Tränen über die Wangen, sie drehte sich entsetzt zu uns um und wollte etwas sagen, aber das einzige Geräusch, das sie zustande brachte, war ein ersticktes Gurgeln tief in ihrer Kehle.

»Es tut mir leid, aber das dürfen Sie meinem Vater nicht sagen«, wandte ich statt ihrer ein. Ich war, genau wie sie, davon überzeugt, dass diese grausame Prognose ihn eher umbringen würde als die in seiner Leber wütende Hepatitis. Die Hoffnungslosigkeit wäre es, die ihn töten würde – eine Art sich selbst erfüllendes Todesurteil. Solange Dad an seine Chance glaubte, würde er, da war ich sicher, kämpfen und siegen. Gary sah das genauso. Der Arzt schüttelte verärgert den Kopf, zuckte mit den Schultern und wandte sich an Mom.

»Rufen Sie mich, wenn Sie mich brauchen«, sagte er und ging den Flur hinunter. Sein Stethoskop schwang wie ein Pendel um seinen Hals.

Wir kehrten wieder an Dads Bett zurück, und Gary riss ihn aus seiner Bewusstlosigkeit. Wütend hob er den Kopf unseres Vaters an, beugte sich zu ihm herunter, sodass sich ihre Nasen berührten, und schrie in sein gelbes Gesicht: »Verdammt noch mal, stirb mir jetzt nicht. Ich brauche dich! Wag es ja nicht, zu sterben!«

Als die Ärzte eine Bluttransfusion anordneten, bestand Gary, der die passende Blutgruppe hatte, darauf, dass Dad sein Blut bekommen sollte. Jeden Tag kam Gary mit proteinhaltigen Getränken ins Krankenhaus und flößte sie Len ein – was manchmal Stunden dauerte, weil Dad das Getränk nur mühsam durch einen Strohhalm trinken konnte, während Gary sich über ihn beugte und ihn anspornte, alles auszutrinken.

Innerhalb einer Woche schien ein Wunder zu geschehen, denn Dad bewies dem Arzt, dass er falsch gelegen hatte, und gewann seinen Kampf mit dem Tod. Weitere zwei Wochen später gab es ein weiteres Wunder: Dad konnte mich an seinem Arm zum

Altar der sonnendurchfluteten jüdischen Kapelle an der Fifth Avenue gegenüber dem Central Park führen, wo Dan und ich in einer bescheidenen Zeremonie heirateten. Allerdings stützte nicht ich mich auf seinen Arm, sondern er sich auf meinen und auf die am Mittelgang der Kapelle stehenden Bänke.

Bald darauf flogen meine Eltern nach St. Tropez, um sich im Haus eines Verwandten zu erholen. Dummerweise ging Mom nach ihrer Rückkehr die inzwischen eingetroffene Rechnung des Krankenhauses durch, in der auch Sonderleistungen während des Aufenthalts meines Vaters aufgeführt waren. Dabei machte sie eine Entdeckung, die der im Urlaub wiedergewonnenen Nähe der beiden einen heftigen Schlag versetzte. Die Rechnung deckte nämlich auf, dass Dad jeden Morgen, wenn meine Mutter nach Hause gefahren war, um zu duschen und sich umzuziehen, Carole Gordon angerufen hatte – so angeschlagen wie er war. Sich um seine Liebesaffäre zu kümmern war seine Art, gegen den Tod anzukämpfen.

Bald darauf fuhr Dad wegen seiner eingeschränkten motorischen Fähigkeiten zwei Autos zu Schrott, das erste Mal bei seiner dienstäglichen Fahrt zu Carole Gordon, das andere Mal bei einem Kundenbesuch. Dabei war er an einer Highway-Ausfahrt über die Absperrung geraten, und der Wagen hatte sich überschlagen, woraufhin Mom darauf bestand, dass er nicht mehr Auto fuhr. Aber das hinderte ihn nicht daran, auch weiterhin unterwegs zu sein, weil ihn nun Zoanne, seine ihm treu ergebene Sekretärin, jeden Dienstagmorgen zu Carole Gordon fuhr und ihn am Nachmittag wieder abholte. Immerhin erzählte Zoanne meiner Mutter davon. Sie schilderte ihr auch, was Dad täglich am Telefon mit Carole besprach, weil sie das in dem kleinen Büro gar nicht überhören konnte.

Carole sei ein einfältiger und hilfloser Dummkopf, erzählte Zoanne Mom. Sie rief jeden Tag im Büro an, bat Len in allen möglichen Belangen um Rat und folgte dann bedenkenlos seinen Empfehlungen. Carole sei völlig auf ihn angewiesen, weil sie sonst mit ihrem Leben nicht zurechtkäme. Später, als Dads Gesundheitszustand sich weiter verschlechterte, verließ sie sich sogar bei der Planung ihrer nächsten Affäre auf seine Hilfe. Wie Zoanne sagte, hatte Carole ihren neuen Liebhaber schon ausgewählt, es war ein deutlich jüngerer Mann, ein Tennislehrer.

Ich konnte nicht anders als Mom zu fragen, warum sie sich das alles bieten ließ. Sie antwortete, sie trage selbst daran Schuld, weil sie so viel Liebe, Zeit und Energie für ihre Kinder und ihre Eltern aufgebracht habe. Außerdem sei ihr klargeworden, dass sie seit seiner ersten Affäre nicht in der Lage gewesen sei, ihm jene Art von unterwürfiger Verehrung zukommen zu lassen, die ihm Carole Gordon entgegenbrachte – wenn sie es überhaupt jemals gekonnt hatte. Aber jetzt, wo er wegen seiner gesundheitlichen Probleme Hilfe brauchte, könne sie ihn aus Mitleid nicht verlassen. Es mache ihr nichts mehr aus, dass Dad fremdgehe, und obwohl sie den Grund dafür kenne, sei durch seine Untreue jedes Gefühl für ihn erloschen. Meine Mutter vertrat die Meinung, dass Len, weil das Leben so grausam zu ihm gewesen sei, jedes Glück, das er finden könne, verdient habe. Carole nehme ihr nichts von dem weg, was sie für sich brauche. Tatsächlich, sagte Mom, sei sie nicht einmal mehr bereit, mit ihm darüber zu reden.

Im Gegenteil, jeden Dienstagmorgen bemühte sich Mom, Dads Kleidung bereitzulegen und ihm dabei zu helfen, dass er gut aussah. Für sie war das eine Frage seiner Würde. Obwohl sein Haar dünner und grauer geworden war und seine Wangen durch die geheimnisvolle Krankheit, die im Begriff war, ihn noch in seinen Sechzigern umzubringen, viel zu früh eingefallen waren, blieb sein gutes Aussehen wichtig für sein körperliches Wohlbefinden, und das wollte sie ihm bewahren. Immer wenn er zum Aufbruch bereit war, klappte Zoanne seine Gehhilfe – sein »Pferd«, wie Dad das Gerät mit dem Stolz eines Kriegers nannte – zusammen und verstaute sie in ihrem Wagen. Was an diesen Dienstagen weiter geschah, nachdem Zoanne ihn an einem unbestimmten Ort in der Nähe von Westchester abgesetzt hatte, wollte Mom nicht wissen. Sie unterwarf sich seiner namenlosen

Krankheit, einem Feind, der ihr Len ebenso geschickt und rücksichtslos wegnahm, wie das Ayn Rand, Betsy Chase oder nun eben Carole Gordon auch getan hatten.

Erstaunlicherweise entdeckte Dad selbst einen Zusammenhang zwischen dem Kampf, den er mit seiner Vergänglichkeit austrug, und der Verlockung, der er nachjagte, wenn er aus der Sicherheit seines Heimes und seiner Ehe ausbrach. Der Reiz, den Frauen, Projekte oder neue Ideen auf ihn ausübten, lenkte ihn ab von der Vorahnung des Todes, die ihn immer gequält hatte.

Vier Jahre nachdem Len von seiner Hepatitis genesen war, fand er in einem Nachruf auf seinen besten Freund die Worte dafür: Jeans warmherziger Mann Jack war binnen einer Woche, nachdem man bei ihm galoppierende Leukämie festgestellt hatte, gestorben. Dad war am Boden zerstört. Bei der Beerdigung saß er zusammengesunken und gegen seine Gewohnheit im Rollstuhl und sprach davon, dass er eine neue »Taubheit« empfinde, seit er Jack verloren habe.

»Mein guter, geliebter Freund Jack ist nicht alleine gestorben. Ein wichtiger Teil von mir ist mit ihm gegangen«, sagte Dad, mit seiner dunklen und jetzt vor Leid brüchigen Stimme. »Das Bewusstsein, das uns Menschen von den Tieren unterscheidet, ist Segen und Fluch zugleich. Uns unserer Angst stellen zu müssen, ist furchtbar, und wir überleben nur, weil wir es schaffen, uns abzulenken und Auswege zu suchen. Wie könnten wir sonst mit dem Schicksal fertigwerden, das auf uns wartet?«

DREIUNDZWANZIG

Zusammengehörigkeit

Im Sommer 1989 plante Mom eine »Pilgerfahrt« an die Stätten ihrer Familie in Freiburg und nach Ihringen und Eppingen, wo ihre Eltern geboren waren. Außerdem wollte sie nach Frankreich, nach Mulhouse, Gray und Lyon, wo sie als junges Mädchen im Krieg gelebt hatte. Sie war darauf gekommen, weil Hannchen, ihre Kusine, ihr erzählt hatte, dass eine ganze Reihe deutscher Städte ihre früheren jüdischen Bürger zu Versöhnungstreffen eingeladen hatten und in Freiburg eine solche Zusammenkunft für den Oktober geplant war. Zögerlich und innerlich zerrissen kamen frühere Flüchtlinge aus Ländern, in denen sie sich ein neues Leben aufgebaut hatten, dorthin zurück, wo sie geboren waren, und verbrachten eine besinnliche Woche mit Konferenzen und Programmen, um sich mit einem Deutschland bekannt zu machen, das ganz anders war als das, aus dem sie viele Jahre zuvor fliehen mussten.

Wir waren zu spät dran, um noch auf die Liste derer gesetzt zu werden, die in diesem Jahr offiziell eingeladen wurden und deren Reisekosten die Stadt erstatten würde. Aber Mom fragte sich, ob es nicht möglich wäre, auf eigene Faust dorthin zu fahren und die anderen Eingeladenen zu treffen, unter denen vermutlich viele ihrer früheren Freunde waren. Sie erzählte uns von ihren Reiseplänen, als ich mit Dan und unseren beiden Kindern – Zach, damals vier, und Ariel, zwei Jahre alt – in New Jersey war, und mein Mann ermutigte mich, gemeinsam mit Gary und meinen Eltern zu fahren. Es wäre ein wichtiges Erlebnis für uns, weil wir Orte besuchen würden, wo sich viele Ereignisse zugetragen hatten, die wir aus ihren Erzählungen kannten.

So verlockend die Aussicht darauf war, schien es doch bittere Ironie zu sein, dass mein Vater die wichtigste Reise, die wir je als Familie gemeinsam unternahmen, im Rollstuhl antreten musste. Außer bei Zoobesuchen mit seinen beiden Enkelkindern, in die er vernarrt war und die er aufforderte, ihn »Grumps«, Brummbär, zu nennen, weil das seiner spröden Persönlichkeit entsprach, unterwarf er sich selten dem, was er als öffentliche Zurschaustellung seiner Beeinträchtigung ansah. Deshalb hatte er sich auch immer geweigert, Geld für einen besseren Rollstuhl auszugeben und bestand darauf, das klapprige Modell zu benutzen, das ihm die örtliche Gesundheitsbehörde gebraucht zur Verfügung stellte. Aber keiner von uns hatte bei der Reiseplanung berücksichtigt, dass sich dieses Gefährt als denkbar ungeeignet für das holprige Kopfsteinpflaster Europas erweisen würde. Wir hatten nicht darüber gesprochen, aber wir waren alle tief bewegt über seinen Großmut, diesem Abenteuer zuzustimmen, nur um Mom einen Gefallen zu tun. Aber ohne ihn wäre sie nie gefahren.

Es erwies sich als vorausschauend, dass ich mit der »New York Times« vereinbart hatte, eine Reportage über unsere Reise zu schreiben. Die Zeitung engagierte Fotografen in Frankreich und Deutschland, die uns begleiteten. Als der Artikel dann erschien, war ich sehr erstaunt, dass es auf diese Reportage mehr Leserreaktionen gab als auf alles andere, was ich je geschrieben hatte. Aus den ganzen USA kamen Anrufe und Leserbriefe von wildfremden Menschen, die von ganz ähnlichen Erfahrungen berichteten, die sie im Krieg oder danach beim Besuch der Orte gemacht hatten, aus denen sie geflohen waren. Interessant war auch, dass viele frühere Flüchtlinge sich daran erinnerten, Janine in Europa oder auf Kuba gekannt zu haben, und jetzt versuchten, wieder Kontakt zu ihr aufzunehmen. Das Wichtigste für uns alle aber war, dass wegen meiner Vereinbarung mit der Zeitung aus der Reise ein zielgerichteter Auftrag wurde, Fakten zu sammeln und verlorengegangene Erinnerungen wiederzuentdecken. Für mich war es der Anlass, Treffen zu organisieren und Erkundigungen anzustellen, was ich nicht getan hätte, wäre es nicht mein beruflicher Auftrag als Reporterin gewesen. Deshalb konnte ich mich von Berufs wegen für historische Vorgänge interessieren, wenn auch der eigentliche Anlass ein persönlicher war.

So kam es, dass Mom und ich zu einem Gespräch mit Oberbürgermeister Dr. Rolf Böhme in das Freiburger Rathaus, ein Gebäude aus dem 16. Jahrhundert, eingeladen wurden. Wir saßen dort, und der Geist meines Großvaters war allgegenwärtig. Sigmar wäre begeistert gewesen, und sein deutscher Stolz hätte ihn überwältigt, wenn er gesehen hätte, wie wir mit allen Ehren in seiner Heimatstadt empfangen wurden. Der Stadt, die seinen Namen auf eine offizielle Liste zu boykottierender Personen gesetzt hatte, ihn genötigt hatte, seinen ganzen Besitz zu verkaufen, und ihn dann dazu gebracht hatte, mit leeren Händen zu fliehen.

Oberbürgermeister Böhme war ein liberaler Sozialdemokrat und hatte dafür gesorgt, dass, als Teil einer breit angelegten Versöhnungsaktion, frühere jüdische Mitbürger Freiburg besuchten, ein Schüleraustausch mit Israel vereinbart und eine neue Synagoge auf städtischem Gelände ganz in der Nähe des berühmten Münsters gebaut wurde. Die Grundsteinlegung 1985 fand zeitgleich mit dem ersten Treffen der früheren Bürger statt, und die neue Synagoge, die das in der Kristallnacht zerstörte Original aus dem 19. Jahrhundert ersetzte, wurde 1987 eingeweiht. Der Oberbürgermeister wies darauf hin, dass in die Planung ein Freiburger »Bächle« einbezogen war und dass einer der schmalen Kanäle direkt vor dem Eingang des Tempels entlanglief, wo sich das Wasser unter einem Davidsstern aus rostfreiem Stahl sammelte.

Niemand wusste, welcher glücklichen Fügung es zu verdanken war, dass 1938 die mit wunderbarem Schnitzwerk versehenen Holztüren der alten Synagoge rechtzeitig entfernt, so vor dem Feuer der Kristallnacht gerettet und – zusammen mit dem silbernen Toraschild – im Keller eines Museums aufbewahrt worden waren. Als die neue Synagoge gebaut wurde, bekamen die alten Türen wieder ihre Funktion für eine neue jüdische Gemeinde, die etwa hundert Personen zählte, zum größten Teil keine Deutschen, sondern Menschen, die nach dem Krieg aus Russland und anderen osteuropäischen Ländern nach Deutschland gekommen waren.

Nur fünf Mitglieder der früheren Freiburger Jüdischen Gemeinde hatten die Konzentrationslager überlebt, erzählte uns der Oberbürgermeister. Und es waren auch nur wenige, die es irgendwie geschafft hatten, den Nazis zu entkommen, und nach dem Ende des Terrors nach Freiburg zurückgekehrt waren. Ihm sei sehr wohl bewusst, dass viele ältere Bürger Scham empfänden, wenn sie ihren früheren jüdischen Nachbarn begegneten, die jetzt zu den von der Stadt organisierten Versöhnungstreffen gekommen waren. Er sei aber dennoch fest entschlossen, das zu tun, was er als Verantwortung der Gesellschaft ansehe: sich der Vergangenheit zu stellen und Wiedergutmachung zu leisten. Auf seinem Schreibtisch lag ein schwarzer Stein, den er zehn Jahre zuvor aus Auschwitz mitgebracht hatte und den er nun in die Hand nahm und heftig auf seine Schreibtischauflage schlug. Es war wie ein feierliches Versprechen.

»Dieser Stein stammt von dort, wo die Juden selektiert wurden, wo entschieden wurde, ob sie leben oder sterben sollten.« Es war, als ob die Schuld der Nazis in den Stein eingeschlossen wäre. »Er ist immer hier … damit wir uns bewusst sind … niemals wieder.«

Beeindruckt von der unerwarteten Schönheit der Geburtsstadt meiner Mutter und der grünen Berge ihrer Umgebung, bewunderten wir die malerischen mittelalterlichen Gebäude im historischen Stadtkern, der 1944 von britischen Bombern zerstört und dann sorgfältig wiederaufgebaut worden war – ein Ergebnis des

Marshallplans und des Wirtschaftswunders, das zu Deutschlands Aufstieg aus den Trümmern geführt hatte.

Wir fuhren vom Rathaus die kurze Strecke zum ersten Zuhause meiner Mutter in der Poststraße 6. Dad und Gary warteten in unserem gemieteten Wagen, und Mom und ich sahen uns das Haus aus der Nähe an. Sie zeigte auf das Fenster ihres Schlafzimmers, auf den Garten, wo sie mit Trudi gespielt hatte, das Hotel Minerva an der Ecke, das nun nicht mehr als Hotel betrieben wurde, und auf Sigmars früheres Büro schräg gegenüber. Ein »EISEN GLATT«-Schild über einem blitzenden Ausstellungsraum mit verschiedenen, in Marmor eingebauten Whirlpool-Wannen bewies, dass die Glatts noch immer den Baustoff- und Sanitärhandel betrieben, den sie von Sigmar und seinem Bruder übernommen hatten, als der Betrieb 1938 »arisiert« worden war.

»Wie gerne würde ich mein altes Zuhause noch einmal von innen sehen!«, murmelte Mom wehmütig. Ich ging zur breiten Eingangstür aus Eichenholz und schaute auf die Namensleiste. Das imposante Haus, in dem sie geboren worden war und das man während des Krieges zu einer Erweiterung des Hotels Minerva ausgebaut hatte, war in Wohnungen aufgeteilt worden.

Obwohl meine Mutter der Meinung war, dass es sich nicht gehören würde, sich fremden Menschen aufzudrängen, drückte ich auf eine zufällig ausgewählte Klingel. Mit einem Summen öffnete sich die Tür, und meine Mutter folgte mir auf Zehenspitzen und über meine Schulter spähend die gewundene Treppe hinauf. In der zweiten Etage verwies uns der Bewohner, bei dem ich geläutet hatte, an die nebenan wohnende Eigentümerin des Hauses. Aber die gebrechliche blonde Frau, die ihre Tür nur einen Spalt breit öffnete, nahm an, dass ich ihren Sohn sprechen wollte, und deutete auf die Treppe nach oben. Rosemarie Stock, geborene Schöpperle, erkannte meine Mutter nicht wieder, und Mom auch nicht die Spielkameradin ihrer Kinderzeit aus dem benachbarten Hotel.

Auf dem obersten Treppenabsatz klopfte ich an die Tür, und ein großgewachsener junger Mann mit rotblonden Haaren öffnete. Ein aufmunterndes Lächeln huschte über seine offenen, sympathischen Gesichtszüge. Ich hatte erwartet, dass Mom ihm auf Deutsch erklären würde, warum wir zu ihm heraufgekommen waren, aber sie stand sprachlos und scheu hinter mir.

Michael Stock begrüßt Janine im Haus ihrer Kindheit in der Poststraße 6

»Wir sind auf Besuch aus den Vereinigten Staaten«, begann ich in holprigem Deutsch, um ihr Schweigen zu überbrücken. »Dieses Haus hat vor dem Krieg der Familie meiner Mutter gehört und sie würde es sich gerne einmal von innen anschauen, wenn Sie nichts dagegenhaben. Sie ist das erste Mal wieder hier und es würde ihr sehr viel bedeuten.«

»Natürlich«, rief er und begrüßte Mom freundlich und warmherzig, als ob er seit vielen Jahren nur darauf gewartet hätte, dass wir kamen. Es war merkwürdig, aber fast war uns so, als ob wir dieses Gespräch schon vor langer Zeit vereinbart hatten.

»Frau Günzburger«, platzte es plötzlich aus ihm heraus. Wir waren verblüfft, dass er ihren Mädchennamen benutzte, obwohl ich ihn nicht erwähnt hatte. Er ergriff Mom am Arm und zog sie in die Wohnung. »Ich warte schon so lange darauf, Sie kennenzulernen. Ich kann kaum glauben, dass Sie wirklich hier sind!«, sagte er. »Ich wollte immer wissen, was damals wirklich passiert ist. Ich habe mich immer gefragt, wie wir an dieses Haus gekommen sind und ob Ihre Familie fair behandelt worden ist ...«

Michael Stock, 36 Jahre alt, strahlte Wärme und Interesse aus, bestand darauf, dass wir uns setzten, und ging zu einem Schrank, um eine Flasche Cognac und drei Gläser zu holen.

»Auf eine besondere Gelegenheit muss man anstoßen!«, sagte er, und durch seine offene Gastfreundschaft überwand er die gemischten Gefühle meiner Mutter. Er goss mit solchem Schwung Weinbrand in das Glas, dass es überlief und sich eine Lache auf dem Tisch bildete, worauf er in Lachen ausbrach. Die Pfütze auf dem Tisch war eine Art Sinnbild für seine überfließende Herzlichkeit, die größer war, als wir es je erwartet hätten.

Jetzt, und mehr noch am selben Abend, als wir Michael und seine Partnerin Karla zum Abendessen einluden, hörte Mom begeistert zu, als er erzählte, was seit ihrer Flucht in der Poststraße geschehen war. Er berichtete, dass sein Großvater August Schöpperle schon 1938 begonnen hatte, Sigmars Haus zu renovieren und umzubauen, um es als Erweiterungsbau für das Hotel zu nutzen, aber – noch bevor die Arbeiten beendet waren – feststellen musste, dass ihm die Schulden über den Kopf wuchsen. Geplagt von der Furcht, dass der Tourismus durch den Krieg zum Erliegen kommen würde, und ohne zu ahnen, dass das Geschäft dadurch sogar beflügelt wurde, weil die Regierung Wohnraum für ausgebombte Familien anmietete, hatte er sich aufgehängt.

Augusts Witwe verfiel dem Alkohol, und ihre Tochter Rosemarie musste das Hotel weiterführen. Sie war damals 19 Jahre alt und nicht darauf vorbereitet, eine solche Verantwortung zu übernehmen. Es war deshalb wohl auch nicht verwunderlich, dass sie bald darauf heiratete: Vier Tage nach dem Begräbnis ihres Vaters traf sie Friedrich Alois Stock, einen Teilnehmer der Olympischen Spiele in Berlin 1936, der aussah wie Johnny Weissmuller und zwanzig Jahre älter war als sie.

Er war Chemiker von Beruf, arbeitete bei Schering und wurde 1941 eingezogen, um bis zum Kriegsende in einem Chemielabor zu arbeiten, vermutlich in Polen. Michael sagte, Friedrich wollte nie darüber reden, aber er vermute, dass sein Vater dabei geholfen hatte, Chemikalien für den Krieg herzustellen, darunter auch Komponenten für das Zyklon B, das in den Gaskammern der Nazis verwendet wurde.

Nach seiner Rückkehr betrieb die Familie das Hotel bis in die Siebzigerjahre weiter, und 1986, acht Jahre nach Friedrichs Tod, verkaufte Rosemarie es, aber nur das Haus Poststraße 8, das ursprüngliche Hotelgebäude. Damals, fügte Michael hinzu, war die Familie Stock nach nebenan in das frühere Haus der Günzburgers mit der Nummer 6 gezogen, das sie behalten und in fünf Wohnungen aufgeteilt hatte.

Michael führte uns durch das ganze Gebäude, von seiner frisch renovierten Dachgeschosswohnung unter dem spitzen Giebel – wo, wie Mom noch wusste, das an einen Vogel erinnernde Fräulein Ellenbogen gewohnt hatte –, zu seinem hellen, modern eingerichteten Büro im früher dunklen Untergeschoss – dort hatte ihre Köchin die Gläser mit eingekochtem Gemüse gelagert – bis zu den Wohnungen der Mieter auf den anderen Stockwerken. Zum Schluss führte er uns zur Wohnung seiner Mutter.

»Ich bin so froh, dass Sie überlebt haben«, sagte Frau Stock zu Mom. Sie bat uns, Platz zu nehmen, aber sie sprach emotionslos und abgehackt, ihre Augen waren wachsam und wanderten nervös hin und her. Obwohl das Gespräch immer wieder von ihrem tiefen, trockenen Husten unterbrochen wurde, rauchte sie unablässig.

Ihre Worte waren wie Spitzen auf einem Lanzengitter, das sie um ihr Eigentum gezogen hatte, für den Fall, dass Moms unerwartete Rückkehr in die Poststraße finanzielle Gründe haben sollte. Offensichtlich vermutete sie, dass wir nur aus einem Grund nach Freiburg gekommen waren: um das Haus zurückzuverlangen, das Sigmar unter Zwang zu einem Preis verkaufen musste, der weit unter dem tatsächlichen Wert gelegen hatte. 1989 schätzte Michael das Haus auf mehr als drei Millionen Dollar.

»Sie haben in Amerika bestimmt gut von dem Geld gelebt, das mein Vater für das Haus bezahlt hat«, bemerkte Frau Stock und zog an ihrer Zigarette, was einen weiteren Hustenanfall auslöste.

Mom war ganz in ihren Erinnerungen versunken, die sich über diese unerwartete Begegnung im Heim ihrer Kindheit legten wie ein Nebel, sodass Frau Stocks Bemerkung sie unerwartet traf.

»Welches Geld?«, antwortete sie und setzte sich abrupt auf, im Bemühen, angesichts dieses unangenehmen Wortwechsels so höflich zu bleiben, wie Alice es von ihr erwartet hätte.

»Was meinen Sie?«, fragte Mom. Sie wusste, dass Sigmar alles bis auf den letzten Pfennig an das Deutsche Reich hatte abführen müssen. »Gut leben von dem Geld, das wir für das Haus bekommen haben? Wir hatten nichts, als wir das Land verlassen mussten.«

»Aber weshalb haben wir dann überhaupt etwas dafür bezahlt?«, fuhr Frau Stock stur fort. »Es war hart für meinen Vater. Warum hat Ihr Vater ihm das Haus bei Ihrer Abreise nicht einfach übergeben, wenn Sie sowieso kein Geld mitnehmen konnten?« Sie hatte nicht bemerkt, dass sich ein verärgerter Tonfall in die Stimme meiner Mutter geschlichen hatte.

»Warum gehen Sie nicht und fragen das den Führer?«, schnappte Mom und sprang auf, um das Gespräch zu beenden. »Wie viel Geld Ihr Vater meinem auch bezahlt hat, die Nazis haben alles an sich gerissen.«

Im folgenden Jahr traf ich Frau Stock wieder. Ich war auf einer weiteren Recherchereise in Freiburg, und wir saßen bei Kaffee und Kuchen in dem Raum, der einmal der Salon meiner Großeltern gewesen war. 1952, so erzählte Frau Stock mir, hätte Norbert sie besucht und freundlich mit ihnen über die Angelegenheit gesprochen. Sie und ihr Mann wären einverstanden gewesen, eine Entschädigung in Höhe von 15 000 D-Mark, damals weniger als 4000 Dollar, zu zahlen. Es war ihr wichtig, dass wir das wussten.

Darüber hinaus habe sie 1980 an Edmond Cahen, unter dessen Namen 1938 eine Grundschuld auf die Immobilie eingetragen worden war, den Gegenwert von fünftausend Dollar bezahlt. Ich nahm an, dass Sigmars Neffe, als bekannt wurde, dass das Deutsche Reich die Vermögen der Juden beschlagnahmte, eine Grundschuld auf das Haus hatte eintragen lassen, als Sicherheit für das Geld, das er Sigmar geben würde, wenn dieser mit seiner Familie einige Monate später ohne einen Pfennig in Mulhouse eintreffen würde.

»Aber warum ist Ihre Großmutter überhaupt geflohen?«, fragte sie mich. »Ich habe das nie verstanden. Sie war sicher keine Jüdin, sie sah nicht aus wie eine Jüdin.«

»Was meinen Sie damit?«, ich konnte nicht an mich halten, ihr diese Frage zu stellen.

»Na ja, sie hatte keine jüdische Nase oder Lippen.« Frau Stock zuckte mit den Achseln, zeichnete mit dem Finger eine große Hakennase in die Luft und stülpte ihre Unterlippe nach unten, sodass sie feucht und rosa hervortrat. Es sah aus wie eine der hässlichen rassistischen Karikaturen auf einem Nazi-Plakat.

Um schnell das Thema zu wechseln, bat ich sie, zu beschreiben, wie die Nachkriegszeit in Freiburg verlaufen war. Ich stellte mir vor, es wären düstere Jahre der nationalen Demütigung gewesen, in denen die Wahrheit über die Verbrechen der Nazis zu weltweiter Verurteilung geführt hatte und sich die deutsche Bevölkerung der schmerzlichen Verpflichtung unterziehen musste, ihr Gewissen zu durchforsten. Aber es war, als ob sie die Vergangenheit durch eine mit den Jahren blind gewordene Fensterscheibe wahrnähme, und deshalb sah sie die Zeit nach dem Krieg nur aus einem praktischen Blickwinkel, nicht aus dem emotionalen.

»Schrecklich!«, sagte sie. »Für uns war der Frieden schlimmer als der Krieg. Wir hatten einen furchtbar kalten Winter. Keine Heizung, kein Wasser, keine Fenster, keine Elektrizität. Es gab nichts zu essen, aber wir hatten noch Glück wegen des Hotels, weil unsere französischen und amerikanischen Gäste uns Lebensmittel besorgt haben.«

Rosemarie Stock in ihrem Schlafzimmer mit der
Urkunde vom Sportfest der Hitlerjugend 1934

Später, sagte sie, hätten sie und Friedrich, wie so viele andere ihrer Generation, mit ihren vier Kindern niemals über die Nazi-Zeit, über die Juden oder über die Konzentrationslager gesprochen. Statt des Wortes »Konzentrationslager« benutzte sie die weniger drastisch klingende und weithin akzeptierte, aus zwei Buchstaben bestehende Abkürzung »KZ«.

»Es gab keinen Grund, über die Juden oder die KZs zu reden«, erklärte Frau Stock. »Die Kinder haben auch nie danach gefragt. Es war kein Thema. Sie sind zur Schule gegangen, haben ihre Hausaufgaben gemacht, haben gespielt und gegessen. Warum hätte ich ihnen von den KZs erzählen sollen? Nein. Man kann die Zeiger der Uhr nicht zurückstellen. Man muss nach vorne schauen.«

Bevor ich ging, zeigte sie mir noch ein Erinnerungsstück an jene Zeit. Sie führte mich in ihr Schlafzimmer, wo eine gerahmte Urkunde an der Wand hing. Sie hatte sie bekommen, weil sie 1934 bei einem Leichtathletikfest der Hitlerjugend gewonnen hatte. Die Urkunde zeigte einen Jungen und ein Mädchen, die lächelnd Nazi-Fahnen schwenkten. Und sie war stolz, sich damit fotografieren zu lassen.

~

Mutter bewegte sich durch Freiburg wie in Trance, überflutet von ihren Erinnerungen und aufgewühlt von ihren Gefühlen. Sie litt darunter, dass ihr früheres Zuhause in mehrere Wohnungen aufgeteilt worden war, und sie war wütend, wenn sie daran dachte, dass Alice – die zwei Jahre vorher im Alter von 95 Jahren gestorben war – mehr als doppelt so lange in ihrem engen, kleinen Apartment in New York gelebt hatte wie in dem großzügigen Haus, aus dem sie geflohen waren.

Alles hatte sich verändert, und das beunruhigte sie. Aber sie führte uns wie selbstverständlich zu ihrer früheren Schule, zum Münster, dessen gotische Architektur mein Vater als einzigartiges Meisterstück der Ingenieurskunst rühmte, bis zur renommierten

Universität, deren dicke Steinwände die Narben des Krieges trugen, und direkt daneben an die Stelle, wo die einstmals majestätische Synagoge in Flammen aufgegangen war.

Als sie und ich nicht mehr wussten, wie wir zur neuen Synagoge finden könnten – wo wir uns mit Gary, Dad und dem Rest der Gruppe, darunter auch Oberbürgermeister Böhme, zum Freitagabendgebet treffen wollten –, verbot sie mir strikt, irgendeinen Passanten nach dem Weg zu fragen, weil sie befürchtete, dass man uns als Juden erkennen würde. Sie betrachtete jeden, dem wir begegneten, mit Argwohn, unabhängig davon, wie freundlich und entgegenkommend er war, fragte sich, welche Absichten er hatte, und mehr noch, welches Interesse die Stadt hatte, so viel Energie und Kosten zu investieren, um ihre früheren jüdischen Bürger zu diesen gut organisierten Treffen einzuladen.

»Würden Sie jemals darüber nachdenken, hierher zurückzuziehen?«, wurde meiner Mutter von einem Reporter der örtlichen Zeitung gefragt.

Mom dachte einen Augenblick nach und antwortete dann erstaunlich offen: »Nur wenn jeder, der alt genug ist, Hitler unterstützt zu haben, gezwungen würde, fortzugehen.«

Ganz oben auf Mutters Liste der Pflichten, die wir in jeder Stadt zu erfüllen hatten, stand der Besuch des jüdischen Friedhofs, auf dem ihre Vorfahren begraben lagen. An jedem dieser Gräber bückte sie sich, um einen kleinen Stein aufzuheben, den sie als Zeichen der Erinnerung auf den Grabstein legte.

In Freiburg bedeutete das, dass wir das Grab von Sigmars Eltern, Simon und Jeanette, finden mussten. Es war ein merkwürdiges Gefühl zu wissen, dass ihre Gebeine den Krieg über friedlich und vergessen geruht hatten, während ihre Kinder verfolgt und zur Flucht gezwungen wurden. Ebenso war es merkwürdig, dass in den Jahrzehnten, die seitdem vergangen waren, niemand ihre Gräber besucht hatte. In der Tat war es das erste Mal in einem halben Jahrhundert, dass sich jemand aus unserer Familie um ihre Erhaltung kümmern konnte, daher hatte sich Mom vorher Sorgen gemacht, in welchen Zustand wir die Gräber vorfinden würden.

Aber dort, ebenso in den nahegelegenen Geburtsorten von Sigmar in Ihringen und Alice in Eppingen, stellten wir fest, dass die jüdischen Friedhöfe in Deutschland auf Kosten der Regierung sorgfältig hergerichtet worden waren. Darüber hinaus gab es in Freiburg zwei Denkmäler, die uns Geschichten erzählten. Das eine ehrte die jüdischen Soldaten der Stadt, die im Ersten Weltkrieg für das Vaterland gestorben waren. Das andere war eine Erinnerung an die Freiburger Juden, die im Holocaust ermordet worden waren.

Dad fuhr in seinem Rollstuhl hinter mir her, als ich kurz innehielt, um ein Foto von dem großen schwarzen Marmorstein zu machen, der auf dem Grab von Moms Großeltern stand und auf dem auf Deutsch Psalm 34 eingemeißelt war: »Viel Leiden hat oft der Gerechte, doch Gott rettet ihn aus allen«. Später, als die Fotografie entwickelt worden war, erschrak ich, denn das Bild meines Vaters in seinem Rollstuhl spiegelte sich in der glatten Oberfläche des Grabsteins. Es war so deutlich zu erkennen, als ob es unter den Namen von Simon und Jeanette in den Marmor eingeätzt worden wäre, und ein kalter Schauer überlief mich wie eine Vorahnung.

Wir fuhren von Deutschland aus weiter nach Frankreich, aber wir hatten nicht vor, Roland zu finden oder Moms treue Freundin Malou oder André Fick, der immer für sie da gewesen war. Aber ganz in der Nähe des Hauses, in dem Roland gelebt hatte, besuchten wir die Familie von Lisettes und Edys Sohn Michel Cahen, meinem Cousin. Edy war 1987 gestorben, und Lisette hatte nach ihrer Scheidung in den 1960er-Jahren das große Haus in Mulhouse verlassen und war mit nichts als einem Koffer nach Paris gezogen, in ein Zimmer in einem bescheidenen Hotel auf dem linken Seineufer in der Rue de l'Odéon.

Als wir in Paris ankamen, holte uns Lisettes Tochter Isabelle ab. Lisette lebte jetzt in einem »maison de retraite«, einem Altersheim, in einer ruhigen Gegend. Ihr Zimmer war wie immer vollgestopft mit Büchern und unnützen Dingen und Bildern, die sie, oft auch auf der Straße, gesammelt hatte. Sie war ihr Leben lang den merkwürdigsten Entdeckungen gegenüber aufgeschlossen gewesen. Lebhaft wie in ihrer Jugend schaffte sie es, uns mit ihren Geschichten, die sie mit der ihr eigenen, sarkastischen Lebensfreude erzählte, zu fesseln, und überforderte jedes Mal unser Erinnerungsvermögen, weil sie in atemlosem Tempo zur nächsten Geschichte wechselte.

Für Janine und Lisette hatte dieses Wiedersehen große Bedeutung, weil es die unangenehmen Erinnerungen an ihr letztes Treffen, als Lisette uns nach ihrer Scheidung mehrere Wochen lang in New York besucht hatte, verdrängte. Damals war Lisette depressiv, trank viel und nörgelte über alles, was Janine ihr zeigte, mit Ausnahme des Gebäudes der Vereinten Nationen, und für das Leben ihrer Freundin als Hausfrau in Amerika hatte sie nur Verachtung übrig.

Demgegenüber war ihr Treffen in Paris – das ihr letztes sein sollte – bestimmt von gegenseitigem Verständnis. Beide erinnerten sich wieder, was sie einander bedeutet hatten. Aber sogar dann, und obwohl sie niemals mit etwas hinter dem Berg hielt, erzählte Lisette meiner Mutter nichts über Roland. Obwohl sie ihn kannte, in der Nachkriegszeit in Mulhouse gelebt hatte und deshalb sicher eine ungefähre Vorstellung hatte, was aus ihm geworden war, sagte Lisette zu diesem Thema kein Wort.

Schaute sich Mutter die Gesichter derer, die uns begegneten, genau an? Suchte sie, als wir die Rue du Sauvage in Mulhouse oder die Rue de la République in Lyon hinuntergingen, die Straßen, auf denen sie sich entweder auf der Suche nach Roland oder an seiner Seite die Sohlen abgelaufen hatte, in jedem großgewachsenen, gutaussehenden Mann eine ältere Ausgabe ihrer ersten wahren Liebe? Ich bin sicher, dass es so war. Aber aus Rücksicht auf Dad vermieden wir beide, Roland zu erwähnen.

Zudem hatten sich nicht nur die Orte, die wir auf dieser Reise besuchten, verändert, sondern auch das Verhalten der vier Personen in unserer Familie. Dad ging auf jeden von Moms Wünschen ein, wenn sie zum Beispiel an Orten anhalten wollte, die ihr wichtig waren, und er schwieg respektvoll, wenn sie in allen Einzelheiten Geschichten aus ihrer Jugend erzählte. Geschichten, die wir alle in ihren Umrissen kannten und die uns jetzt, wo wir sie noch einmal im Detail an den Orten hörten, an denen sie sich tatsächlich ereignet hatten, besonders fesselten.

Wir reisten in einer Stimmung, die von unserem Willen geprägt war, eine perfekte Auszeit vom Alltag zu nehmen. Mom und ich waren damit beschäftigt, in ihre Vergangenheit einzutauchen, wir fotografierten und zeichneten Erinnerungen auf. Dad bewunderte die mittelalterliche Architektur und die Sanierungsarbeiten und fragte Bauarbeiter aus. Und Gary gab sich tapfer alle Mühe, das große Auto zu fahren und ihm zu helfen, wenn er ihn brauchte.

Garys Aufgabe war die schwierigste. Er stellte sich hinter unseren Vater, schlang ihm seine Arme um die Brust, spreizte die Beine, um einen festeren Stand zu haben, und bemühte sich, mit ihm gemeinsam zu gehen – zwei große Soldaten aus Holz, die unbeholfen zusammen vorwärts torkelten. Gary kämpfte darum, Dad aufrecht zu halten, half ihm aus dem Auto in den Rollstuhl, brachte ihn in Restaurants und auf die Toilette und stützte ihn beim Treppensteigen. Dadurch war mein Bruder körperlich oft so erschöpft, dass er schweißgebadet in aller Öffentlichkeit einschlief, sobald er sich hinsetzte.

Eines späten Abends in Paris, unsere Eltern waren schon zu Bett gegangen, saß ich mit Gary an einem Tisch auf dem Gehsteig vor dem Deux Magots und war verwundert, als er plötzlich sagte, Dads Gesundheitszustand sei eigentlich auch ein Segen. Die endlosen Prüfungen, denen er ausgesetzt war, hätten dazu geführt, dass er ein neues Mitgefühl für gewöhnliche Sterbliche entwickelt habe.

»Je eingeschränkter er geworden ist, desto mehr hat er sich zu einem vollständigen und starken Menschen entwickelt. Er war ein Comic-Held und ist jetzt ein richtiger Held. Und ich habe begriffen, dass ich Superman nie sonderlich gemocht habe. Aber Clark Kent liebe ich.«

Es fiel mir schwer, Trost aus dieser Feststellung zu ziehen. Doch je länger die Reise dauerte und je besser wir uns verstanden, desto mehr kam es uns so vor, als ob wir nur wieder in unser Auto einsteigen müssten, um dort das zu erleben, was Mutter als »togetherness«, Zusammengehörigkeit, bezeichnete. Uns war, als ob wir immer weiterfahren könnten, durch die Vergangenheit und durch die Zukunft, bis wir so weit fort wären, dass uns nicht einmal der Tod finden würde.

Sechs Monate später kam Michael Stock mit seinem Freund Stefan nach New York, um an einem internationalen Schachturnier teilzunehmen. Gary, der als Anwalt in der City arbeitete, bot ihnen an, in seinem Apartment zu wohnen. Mehrfach lud Mom alle zum Abendessen ein, was jedes Mal zur Folge hatte, dass Dad und Michael sich hinterher ans Schachbrett zurückzogen, um sich aneinander zu messen.

Dann schlugen Gary und ich Mom vor, dass wir gemeinsam mit ihnen das Pessachfest feiern und sie einladen sollten, vorher mit uns zu ihrem ersten Sederabend zu gehen. Mom befürchtete, dass die Fokussierung des Gottesdienstes ihnen unangenehm sein könnte, weil die Liturgie vielfach Bezug nahm auf die immerwährenden Leiden des jüdischen Volkes und damit auch auf die, die sie verfolgten. Aber sie gab nach, und als wir die Geschichte der Sklaverei in Ägypten, die Flucht durch das Rote Meer und die Suche nach der Freiheit im gelobten Land heraufbeschworen, nahmen unsere beiden deutschen Gäste spontan an unserer Zeremonie teil. Mom war die Erste, die erklärte, dies sei ein wunderbarer und wichtiger Abend.

»Eine solche Versöhnungsfeier hätte ich mir niemals vorstellen können«, sagte sie.

Wer hätte vorhersehen können, dass der Enkel von Herrn Schöpperle eines Tages aus seiner Wohnung in Sigmars früherem Zuhause in Freiburg nach Amerika fahren und mit uns die

Haggada lesen, Matzen essen und Petersilie in Salzwasser tauchen würde, um symbolisch die Tränen der Juden in der Gefangenschaft zu schmecken? Wir nahmen die Tradition auf, umrundeten die Tische und lasen abwechselnd die Haggada, und an diesem Abend waren auch deutsche Stimmen darunter.

Einige Male gab es ungewollt peinliche Momente, wegen einiger heikler Passagen, die zufällig von ihnen gelesen wurden. Aber dennoch machten unsere Gäste unbeirrt mit, auch als wir von den Tagen lasen, »da böse und feindliche Männer den Schrecken an unsere Tür trugen«, und mit dem Tyrannen, von dem die Rede war, genauso gut der Führer gemeint sein konnte wie der Pharao. Michael und Stefan hoben ihre Weingläser, wie es der Text vorsah, und wir alle beteten gemeinsam.

»Denn nicht einer allein ist aufgestanden, um uns zu vernichten, sondern in jeder Generation steht man gegen uns auf, um uns zu vernichten. Doch der Heilige, gesegnet ist ER, rettet uns aus ihrer Hand.«

∽

Im August besuchten uns meine Eltern in unserem Urlaub auf Martha's Vineyard. Dad schien müde zu sein und es war eine schwierige Aufgabe, mit ihm über enge Wege durch die Dünen vom weit entfernten Parkplatz zum Meer zu kommen. Die einzige Stelle, wo uns das mit vereinten Kräften gelang, war Squibnocket Point, ein kleiner, mit Steinen übersäter Strand an der Südküste, wo der Zugang am einfachsten war, wenn auch die Brandung dort stärker und das Wasser kälter war als an den anderen Stränden.

Jeden Tag gingen unsere Kinder Zach und Ariel, die sich ganz und gar bewusst waren, wie wichtig ihre Aufgabe war, vor uns her und räumten die Steine am Strand von Squibnocket aus »Grumps« Weg, auf dem ihr Großvater sich gewissenhaft und langsam mit seinem »Pferd«, der Gehhilfe, die ihm etwas Halt gab, zum Strand bewegte. Dan und ich gingen an seiner Seite und stützten ihn.

Am Strand saß ich mit meinen Eltern im Sand und wir besprachen gemeinsam unseren zweiten Besuch in Freiburg. Die Stadt hatte sie für den Oktober offiziell eingeladen, und Gary und ich wollten sie wieder begleiten. Dieses Mal würden wir am offiziellen Programm mit mehreren Diskussionsveranstaltungen teilnehmen, die wir im Vorjahr großenteils verpasst hatten, weil wir unsere eigenen Wege gegangen waren. Dad schlug vor, die Reise zu verlängern und zu einem Besuch in dem gerade wiedervereinigten Berlin zu nutzen.

Mein Vater verbrachte seine Tage auf Martha's Vineyard mit Lesen, gefesselt von einem Kurzgeschichtenband mit dem Titel »Brennendes Geheimnis«, den ihm Michael Stock geschenkt hatte. Es war ein Werk des berühmten jüdischen Wiener Schriftstellers Stefan Zweig, dessen Bücher 1933 auf den Scheiterhaufen der Nazis in Flammen aufgegangen waren und der 1939 aus Europa geflohen war und drei Jahre später Selbstmord begangen hatte. Michaels Lieblingsbuch war die »Schachnovelle«, eine psychologische Erzählung über das Schachspiel, die Zweig in seinen letzten vier Lebensmonaten schrieb, bevor er sich aus Verzweiflung das Leben nahm.

Mein Vater hingegen gab die Hoffnung niemals auf. An einem langen, heißen Tag am Strand bat er uns, ihn zum Wasser zu bringen, und weil er sich der Tatsache beugen musste, dass er nicht mehr im Meer schwimmen konnte, saß unser gelähmter Atlas wie mit Ketten gefesselt mit ausgestreckten Beinen in den Kieselsteinen an der Stelle, wo die Brandung sich auslief. Mit stoischer Ruhe sah er zum in der Ferne zerfließenden Horizont, den er viele Jahre zuvor als junger, wehrhafter Seemann auf dem Weg in den Krieg überquert hatte. Jetzt saß er, bewegungsunfähig auf seine Arme gestützt, und wehrte sich in aufrechter Haltung gegen die Gewalt des Wassers, das gegen seinen Oberkörper schlug. Die Brandung löste Steine aus dem Sand und schleuderte sie an seinen Körper, seine Haut färbte sich rot und blau, und in den Haaren auf seiner Brust sammelten sich kleine Muscheln und winzige Kiesel.

Als er endlich genug hatte, mussten wir hart kämpfen, um ihn auf die Füße zu stellen und über den Sand zurückzubringen. Aber nachdem Mom ihn trockengerieben hatte und er wieder in seinem Rollstuhl saß wie auf einem Thron, gab mein Vater den Kindern – die ihn schweigend beobachtet und erschrocken gesehen hatten, wie er von den Wellen hin und her geschlagen worden war – eine kinoreife Vorstellung. Er zeigte sein blauäugiges, zerknittertes Grinsen, schlug sich mit den Fäusten gegen die eingeölte Brust und ließ seinen Tarzan-Jodler hören, laut genug um alle Untiere und Dämonen, die im Dschungel des Lebens lauern mochten, zu erschrecken.

Eine Woche später, kurz vor Mutters Geburtstag, erschien eine große Beule an Daddys Hals. Eine geschwollene Lymphdrüse von der Größe eines Golfballs saß in seiner Kehle, das »brennende Geheimnis« meines Vaters war ein tödliches Krebsgeschwür. Wie bei Zweig war der Feind, der ihn angriff, aus seinem Inneren hochgekrochen und hatte heimlich alle Verteidigungslinien überwunden.

VIERUNDZWANZIG

Am Scheideweg

Mein Flugzeug landete auf dem Züricher Flughafen im leichten Frühdunst eines Oktobertages im Jahre 1990, zwei Wochen nach der deutschen Wiedervereinigung, in einem Europa, dem die Zukunft offenstand. Zu Hause war es das genaue Gegenteil, dort griff der Tod schon nach meinem Vater.

Er hatte darauf bestanden, dass ich fahren sollte, und so war ich auf dem Weg nach Freiburg, zusammen mit Trudi, die schon lange von Harry geschieden war, und ihrem neuen Partner Bob. Aber an mir nagten Zweifel und Schuldgefühle, weil ich, wenn auch nur für eine Woche, nicht bei meinem Dad sein konnte. Der Krebs war in Dads Lunge entdeckt worden, wuchs schnell und war nicht aufzuhalten. Es gab die Möglichkeit, ihn durch radikale Maßnahmen zu verlangsamen, doch Mutter hatte das ruhig, aber bestimmt abgelehnt.

»Warum«, fragte sie mich, »sollen wir ihn durch eine tödliche Chemotherapie leiden lassen, damit er einige wenige Monate länger lebt, in denen er sich quält und unter Schmerzen auf das Ende wartet?«

Aber mein Vater wollte leben und alles in Anspruch nehmen, was helfen könnte, sein Leben zu verlängern, und Gary und ich stimmten ihm zu.

Wir lehnten uns alle drei gegen das Unvermeidliche auf und belogen uns selbst in der Hoffnung, dass er sich erholen würde. Aber Mutters medizinischer Fachverstand bestätigte sich einmal mehr, als die giftigen Infusionen der Chemotherapie einen erneuten Herzanfall auslösten. Die Behandlung wurde abgebrochen und Dad nach Hause entlassen, wo er einem Tod begegnen würde, mit dem er sich nicht abfinden wollte. Also feierte er seine Rückkehr nach Hause wie einen Sieg und äußerte jeden Tag naiv Bedenken, warum er sich nicht besser fühlte. Im Gegensatz zu dem Herzinfarkt, den er Jahrzehnte zuvor erlitten hatte, kam es ihm jetzt so vor, als ob er sich viel langsamer erholen würde. Er blendete dabei alle Gedanken an seine viel schlimmere Krankheit aus. Über den Tod sprach er nie, und während wir uns heimlich danach sehnten, unsere Gefühle mit ihm zu teilen, hielt uns der Rat seines Arztes davon ab.

»Zwingen Sie ihn nicht dazu, sich mit dem zu beschäftigen, was kommt, bis er es von selbst erkennt«, wies uns der Onkologe mit fester Stimme an. »Er wird derjenige sein, der Ihnen sagt, wann er bereit ist, darüber zu reden.«

Den ganzen September über pendelte ich zwischen meinem eigenen Zuhause in der Nähe von Washington und dem Haus meiner Eltern in New Jersey hin und her. Ich wollte unbedingt eine tief gehende Beziehung zu meinem Vater, aber er zeigte kein Interesse an essentiellen Gesprächen. Sein einziges Zugeständnis an seine letzte, bedrohlichste Diagnose war, dass er sich nicht kräftig genug fühlte, um zu reisen, deshalb gaben er, Mom und Gary ihre Pläne auf, noch einmal nach Freiburg zurückzukehren. Da es aber das sechste und vermutlich auch das letzte Versöhnungstreffen der Stadt war, bestärkten sie mich und Trudi, die ebenfalls eingeladen war, zu fahren. Außerdem hatte ich Interviewtermine in Deutschland vereinbart, weil ich eine andere Story schreiben wollte, und selbst wenn ich nicht führe, meinte Mom, wäre mein Platz in jedem Fall in Washington, wo ich arbeitete, und bei Dan, Zach und Ariel. Es wäre gar nicht möglich gewesen, jede Minute an Dads Seite zu verbringen.

Um mich selbst zu beruhigen, buchte ich meinen Flug von New York aus und blieb erst noch eine Woche in New Jersey, damit ich am 11. Oktober, an seinem 72. Geburtstag, bei Dad sein konnte. Das einzige Geschenk, das ich für ihn vorbereitet hatte, war ein gerahmtes Foto seiner beiden Enkelkinder – was, wie ich glaubte, dem Gedanken des Weiterlebens am nächsten kam. Als ich dann gehen musste, kam es mir so vor, als ob sogar er, in seiner eigenen rauen Macho-Art, versuchte, aus einem ganz normalen Abschied einen besonderen zu machen.

»Lass es dir gutgehen, Puppe«, sagte er ungeduldig, weil ich ihn ganz besonders umarmte und küsste, während er an seinem Schreibtisch saß. »Pass auf dich auf. Ich liebe dich auch, bis nächste Woche. Jetzt geh mir nicht länger auf den Wecker und mach dich verdammt noch mal auf den Weg, sonst verpasst du noch dein Flugzeug.«

~

Bei meinem zweiten Besuch in Freiburg ging beinahe alles schief. Es fing schon damit an, dass unsere Gastgeber mich nicht im selben Hotel untergebracht hatten wie Trudi. Ich war allein in der Stadt, in der meine Mutter geboren war, während zu Hause das Leben aus meinem Vater wich. Ich schwebte wie ein Geist durch Straßen, die ich kaum kannte, verloren in der Geschichte. Ich, der amerikanische Abkömmling des 13. Kindes meiner Urgroßeltern, folgte schweigend den Spuren meiner Vorfahren und wusste nicht, wer ich war. Ich ging durch die Stadt, die mich wegen der Geschichten meiner Mutter immer gelockt hatte, und schlüpfte in ihr jüngeres Ich. Ich war ein Mädchen mit Kastanien in den Taschen, das durch den Colombi-Park ging, wo Tauben in den Ästen über den Stiefmütterchen gurrten, und rannte die Stufen zum Haus Poststraße 6 hoch, wo ich Alice strickend und mit dem kleinen Fräulein Ellenbogen plaudernd vorfand.

Bei Nacht brütete ich in der einsamen Abgeschiedenheit meines dunklen Hotelzimmers in der historischen Stadtmitte. Mein enges Bett wurde zu einem Floß ohne Ruder und Steuer, das sich losgerissen hatte und auf dem ich wach lag und durch Zeit und Raum geworfen wurde. Ich kämpfte gegen die Strömung, die von zwei Angst einflößenden Wellen gespeist wurde: Die eine rollte aus einem ganz anderen Freiburg, dem der Nazi-Zeit, in die Gegenwart, die andere schwoll in der Ferne an, auf der anderen Seite des Ozeans, und trug meinen Vater immer weiter in das Vergessen. Alle 15 Minuten durchdrangen die beharrlichen Schläge der Glocken vom großen Turm des Münsters die nächtliche Stille. Sie schlugen die vergehende Zeit und verwehrten mir das Hinabsinken in einen wohltuenden Schlaf.

Am Tag hastete ich durch die Stadt und machte mir hektisch Notizen für meine Reportage. Das half mir, meine Gedanken von Dad abzuwenden und auch meine Reise zu rechtfertigen. Ich hatte mir zum Ziel gesetzt, bei diesem Versöhnungstreffen weitere Flüchtlinge aus Freiburg zu interviewen – aus Israel, Australien, anderen Gegenden Europas, oder aus Nord- und Südamerika, die mir ihre Erfahrungen und Gefühle mitteilen sollten. Darüber würde ich dann eine längere Reportage schreiben. Jetzt wusste ich, dass ich ihre Geschichten schon kannte, so als ob sie meine eigenen wären. Ich verstand die bittersüßen Gefühle, die sie bei ihrer Rückkehr nach Freiburg empfanden – mit allen Ehren und Entschuldigungen willkommen geheißen zu werden und gleichzeitig immer auf der Hut zu sein, wenn sie daran dachten, was sie verloren hatten.

Ich war mehr an dem interessiert, was die Deutschen sagten. Die Stadt hatte Treffen mit hohen Beamten und bedeutenden Persönlichkeiten aus Religion und Gesellschaft organisiert, aber auch mit Schülern und Lehrern. Ihr Ziel sei Versöhnung, sagten sie, aber man müsse auch ständig auf die Verlockungen des Hasses achten. Ich fand ihre Worte eindrucksvoll. Sie enthüllten, wie die Nachkriegsgeneration, die ohne eigene Schuld geboren worden war, jeder für sich, aber auch alle zusammen, darum kämpfte, mit der Last ihrer Geschichte fertigzuwerden.

»Meine Eltern waren dafür verantwortlich«, sagte zum Beispiel Kristiana Wettling, eine Sprachlehrerin, die mehrfach Auschwitz besucht hatte. »Ich fühle keine Schuld, weil ich damals nicht gelebt habe, aber ich fühle mich verantwortlich, weil ich Deutsche bin und weil die Gewalt im Namen des deutschen Volkes ausgeübt wurde. Ich arbeite in einer Gruppe mit, die es sich zum Ziel gesetzt hat, Überlebende der Konzentrationslager ausfindig zu machen, und bis jetzt haben wir 33 000 Menschen identifiziert. Ich gebe jedes Jahr ein Monatsgehalt, um ihnen zu helfen.«

Oberbürgermeister Böhmes Pressesprecher, Walter Preker, der mir ein langjähriger Freund wurde, arrangierte ein Interview mit Dr. Hans Schadek, dem damaligen Leiter des Freiburger Stadtarchivs. Mich interessierte vieles, vor allem aber wollte ich herausfinden, was mit den beiden Frauen geschehen war, die bei meinen Großeltern gelebt hatten, als die Familie 1938 nach Mulhouse floh.

Dr. Schadek, der sich auf die Geschichte der Freiburger Juden spezialisiert hatte, wartete auf mich mit Unterlagen aus den Archiven, die bis in das Jahr der Ankunft der Günzburgers in der Stadt im Jahre 1889 zurückreichten und durch die Jahre der Herrschaft Hitlers fortgeführt worden waren. Mit einem Seufzen, das mehr sagte als alle Worte, überreichte er mir eine Liste der aus der Stadt deportierten Juden, und mich überlief es kalt, als ich dort auch den Namen Meta Ellenbogen fand – es war der erste offizielle Beweis, der bescheinigte, wie sie verschwunden war. Die Liste beschrieb ihr Schicksal mit einem einzigen Wort: »verschollen«. Ein Wort, das Verschiedenes bedeuten konnte – vermisst, verloren, vergessen oder vermutlich tot. Auschwitz, 17. August 1942, im Alter von 57.

Sigmar, der nicht wusste, dass sie nach Polen deportiert worden war, hatte noch drei Jahre nach seiner Flucht seine Bemühungen, sie zu retten, aus der Ferne fortgesetzt.

Therese Loewy war Nummer 202 auf der Liste der Deportierten. Der Tod der Witwe, die bei meinen Großeltern gelebt und Sigmar Klavierunterricht gegeben hatte, wurde als Selbstmord bezeichnet. Dem wollte ich nachgehen.

Walter vermittelte mir ein Gespräch mit Hugo Ott, einem Professor der Freiburger Universität, früher ein herausragender Schüler von Martin Heidegger, der ein Buch über Frau Loewys Tod geschrieben hatte. Professor Otts Abhandlung über die Witwe Alfred Loewys, Heideggers vormaligem Mentor, war Teil seiner Recherche über die umstrittene Beziehung des Philosophen zum Nationalsozialismus während seiner Zeit als Rektor der Universität im Jahre 1933.

»Laubhüttenfest 1940«, so lautete der Titel des Buches. Gemeint ist Sukkot, das jüdische Erntedankfest, das traditionell acht Tage dauert, in denen man in einer selbstgebauten Hütte lebt, die mit grünen Zweigen und Früchten gedeckt ist. Das Fest erinnert an die vierzig Jahre, die das Volk Israel auf der Suche nach dem gelobten Land heimatlos durch die Wüste geirrt war.

Aber warum war das der Titel eines Buches? Professor Ott hatte meine Frage erwartet. Weil vor Sukkot am 22. Oktober 1940 der Gedanke der »Ernte« die Aufmerksamkeit von Hitlers Regierung erregt hatte. Mit einem zynischen Hinweis auf die symbolische Bedeutung des Wortes, so beschrieb er es, hatten die Greifkommandos der Nazis 6504 Juden zusammengetrieben und damit alle »entwurzelt« und aus ihrer Heimat vertrieben, derer sie in den Gebieten an der deutschen Westgrenze, in Baden, in der Pfalz, im Saarland und im früher französischen Lothringen habhaft werden konnten. Zur Erinnerung an dieses schreckliche Ereignis hielt die Stadt Freiburg ihre Versöhnungstreffen mit den früheren jüdischen Bürgern im Oktober ab.

1940, so erzählte Professor Ott, hingen in den Tagen vor Sukkot die Rebberge im Kaiserstuhl voller Trauben, und überall auf den Straßen flatterten die roten Fahnen mit den Hakenkreuzen zur Feier der Wiedereingliederung des Elsass. Im Morgengrauen brach die Gestapo in jeden jüdischen Haushalt ein und gab den Bewohnern zwei Stunden Zeit, um ihre Koffer zu packen und sich auf die Abreise vorzubereiten. Dann wurden sie durch die Städte zu den Bahnhöfen geführt und in verplombte Züge eingeladen, die sie in einer mörderischen Reise in das Lager Gurs brachten, das im unbesetzten Frankreich an den Pyrenäen ganz in der Nähe der spanischen Grenze lag.

Bis 1943 waren im Dreck und der schrecklichen Kälte des Lagers mehr als tausend Insassen an Unterkühlung, Krankheiten und Hunger gestorben. Zu diesem Zeitpunkt war Fräulein Ellenbogen schon, zusammen mit 4000 anderen, weitertransportiert worden, diesmal in eines der Todeslager, die man eigens errichtet hatte, weil sie »effektiver« waren.

Frau Loewy wich diesem Schicksal aus. Am Tag vor der Sammelaktion, sagte Professor Ott, hatte sie, wie immer an Feiertagen, die Gräber ihres Mannes und ihrer Tochter besucht, um zu beten und als Zeichen der Erinnerung kleine Steine zurückzulassen. Im feuchten und trüben Nebel des folgenden Sukkot-Morgens klopfte die Gestapo, wie bei den anderen, auch an ihre Tür und forderte sie auf, sich zur Abreise bereit zu machen. Aber bevor sie zurückkamen, um sie mitzunehmen, entzog sich Frau Loewy, die Pianistin, damals 56, den Nazis, indem sie sich die Pulsadern aufschnitt. Sie starb am selben Abend und wurde neben ihrem Mann begraben. Es gab keine Juden mehr in der Stadt, die ihr das Kaddisch, das Totengebet, hätten singen können. Ein Jahr später schickte die Gestapo Bilder des Ehepaars Loewy an die Universität, damit man an ihnen die typisch jüdischen Gesichtszüge studieren könne.

~

So kam es, dass ich mich tagsüber, bewaffnet mit Schreibblock, Kugelschreiber und Kamera, in die Arbeit stürzte, während ich nachts in meinem düsteren Hotelzimmer unter dem unerbittlichen Viertelstundenschlag der Münsterglocken wach lag. Mitte der Woche hatte ich die Freundinnen meiner Mutter aus Kindheitstagen zu einem Essen eingeladen. Sie waren sehr daran interessiert, zu erfahren, wie es ihr ergangen war.

Dann schlug Michael Stock einen Ausflug vor. Anschließend wollte er mich mit Berthold Glatt bekanntmachen, dem Sohn eines der beiden Brüder, die Sigmars Firma übernommen hatten. Ich dachte zunächst, wir würden ihn im Ausstellungsraum in der Rosastraße gegenüber dem Hotel Minerva treffen, aber Michael fuhr aus der Stadt hinaus nach Westen und durch Vororte mit schlichten Häusern, gedeckt mit orangefarbenen Biberschwanz-Dachziegeln. In den Gärten wuchsen Nadelbäume, und vor den Fenstern blühten rote Geranien, auch jetzt noch im Oktober. Wir kamen an Weingärten und Spargelfeldern vorbei und dann in ein Gewerbegebiet, das in der Nähe der Bahnlinie errichtet worden war. Es gab dort »Thyssen« und »Siemens« und dann auch »Eisen Glatt«. Ich war völlig überrascht von der Größe des Betriebes. An der Rampe stand eine ganze Flotte grüner Lastwagen, und im Hof türmte sich Baumaterial vor einer Reihe gepflegter Lagerhäuser. Was hätte Sigmar nur gedacht, wenn er dies hätte sehen können!

Das Betriebsgelände von »Eisen Glatt« im Jahr 1990, ein ausgedehnter Komplex von Lagerhäusern und Büros.

Mit uns gekommen war Sissi Walther, ein Mitglied der bekannten Freiburger Bierbrauerfamilie Ganter. Sie war 47 Jahre alt und sagte, sie habe ihr Leben lang heftig damit gerungen, dass ihr Vater Hitler unterstützt habe, und hatte sich seit der ersten Wiedersehensfeier mit früheren jüdischen Freiburger Bürgern 1985 leidenschaftlich um die Wiederherstellung der deutsch-jüdischen Freundschaft bemüht. Sie war eine 1,80 m große, walkürenhafte Frau mit kurzgeschnittenen, platinblonden Haaren und markanten Gesichtszügen. Sie sagte mir, sie sei gut bekannt mit Berthold Glatt und wolle bei diesem besonderen Treffen vermitteln.

»Herr Glatt?«, fragte die distanzierte Empfangsdame im Eingangsbereich mit leicht erhobener Stimme und ungläubigem Gesichtsausdruck, als Michael den Zweck unseres Besuches erläuterte. Eine Journalistin aus Amerika, sagte er ihr, die Enkelin des früheren Firmenbesitzers, die über ihre Familie recherchiere, würde sich freuen, wenn Herr Glatt einige Minuten Zeit hätte, mit ihr zu reden.

»Er ist sehr beschäftigt, Sie müssen warten«, war die knappe Antwort.

Während wir stundenlang im Empfangsbereich warteten, fiel mein Blick fiel auf einen Stapel Hochglanzbroschüren, die zum fünfzigjährigen Bestehen der Firma gedruckt worden waren: »50 Jahre Leistung und Partnerschaft! – das ist Eisen Glatt«, war auf dem Titelblatt zu lesen. Im Inneren beschrieb eine Zeittafel die Entwicklung der Firma seit ihrer »Gründung« durch Albin und Alfons Glatt im Jahr 1938. Neben einer Aufzählung der Gründungsdaten einer ganzen Reihe von Zweigbetrieben in vielen deutschen Städten war eine alte sepia-gefärbte Fotografie abgedruckt, auf der zwei Männer im Anzug und mit Krawatte in den ersten Tagen der Firma vor einem hölzernen Lagerschuppen posierten. Ob die beiden Männer auf dem Foto Albin und Alfons oder Sigmar und Heinrich waren, war für mich nicht zu erkennen.

Sissi las die Zeittafel, sprang auf und fing an, in ihren hohen schwarzen Stiefeln, die zu einem preußischen Adligen gepasst hätten, im schmalen Eingangsbereich auf und ab zu gehen. Die Broschüre schwenkte sie wie ein Beweisstück über ihrem Kopf.

»Gründung des Unternehmens«, entrüstete sie sich und las den Bericht über die Anfänge der Firma vor. »Aber das war keine Gründung! Das war eine Übernahme von einer jüdischen Familie!«

In diesem Moment öffnete sich die Tür zu den Geschäftsräumen, und Berthold Glatt stürmte heraus. Er war etwa Mitte fünfzig, elegant gekleidet und sehr erregt.

»Ich bin nicht interessiert«, schnaubte er mit rotem Kopf, als Sissi ihm zu erklären versuchte, dass mein Interesse rein journalistisch sei.

»Nicht interessiert. Nicht heute. Nicht morgen. Nicht einmal nächstes Jahr. Nie!«, brach es aus ihm heraus. »Welches Recht haben Sie, sie hierherzubringen?«, bellte er Sissi an und deutete mit dem Kopf in meine Richtung.

»Nicht interessiert!«, eiferte sich Sissi. Ihr Gesicht war bleich geworden, und ihre Unterlippe zitterte. Sie hielt ihm die Broschüre unter die Nase und trommelte mit dem Finger auf die Zeile mit dem vorgeblichen Gründungsdatum der Firma.

Daraufhin packte Berthold Glatt Sissi Walthers Ellenbogen und schob sie durch den Empfang und aus der Eingangstür, derweil die Empfangsdame hinter ihrem Tresen hervorkam, mich ergriff und es ihrem Chef gleichtat. Niemand hatte den Mut, Michael anzufassen. Er war groß und sehnig, und seine lockere Haltung deutete an, dass er ein kräftiger Mann war. Außerdem war er schon auf dem Weg zur Tür.

Am Abend wollte ich, aufgebracht wie ich war, meinen Eltern berichten, was geschehen war, aber als ich aus meinem Hotelzimmer anrief, war das, was mir Mom erzählte, auf einmal viel wichtiger, als das, was ich zu berichten hatte: Mom sagte, sie fürchte, dass der Krebs jetzt auch in Dads Gehirn eingedrungen sei.

Wieder verbrachte ich eine schlaflose Nacht und zählte verzweifelt die Schläge der Glocken, die eine traurige Totenmesse läuteten. Ich verbarg meinen Kopf unter den Kissen, aber die Glocken weckten mich jede Viertelstunde und zwangen mich, mein Leid wach zu ertragen. Ihr Echo klang durch die schmalen gepflasterten Straßen, durch die Schwarzwaldtäler und die violett gefärbten Vogesen am Horizont, über die zerklüfteten Pyrenäen und über die kalten, weiten Wasser bis zum Haus meiner Eltern.

Am nächsten Tag fuhr ich mit Walter zum jüdischen Friedhof auf einem Hügel an der Ortsgrenze von Ihringen, der landwirtschaftlich geprägten Gemeinde, in der Sigmar geboren worden und die später eine Hochburg der Nazis gewesen war. Im Jahr zuvor waren meine Eltern, Gary und ich schon dort gewesen. Wir hatten die Tore verschlossen vorgefunden und Gary war über die verputzte Mauer gestiegen, um sich die Gräber der Urgroßeltern seiner Mutter anzuschauen. Damals war alles noch in Ordnung, aber ein knappes Jahr später waren unbekannte Barbaren in den Friedhof eingedrungen und hatten im Schutz der Nacht fast alle der zweihundert Grabmale zerstört und den Friedhof geschändet. Die schweren Grabsteine mit den hebräischen Namen waren aus ihrer Verankerung gerissen worden und lagen in Reihen, die Inschriften nach oben, wie auf dem Schlachtfeld niedergemähte, graue Soldaten. Mit blauer und roter Farbe waren Hakenkreuze, SS-Runen und wie zum Hohn auch Davidssterne wie schwärende Wunden auf die zerstörten Tafeln gemalt. Einige ältere Grabsteine waren nur noch Haufen von zerschlagenem und zerbrochenem Marmor. Es war schwierig, unter den Zerstörungen die Gräber unserer Familie zu finden.

Walter zeigte mir einen Artikel aus der »Badischen Zeitung«, der berichtete, dass es in den letzten drei Jahren in Baden-Württemberg 24 Übergriffe auf jüdische Friedhöfe gegeben habe, und der in Ihringen sei derjenige mit den schlimmsten Zerstörungen gewesen.

Aber in der deutschen Öffentlichkeit kam es zu einem Aufschrei: Am Samstag nach den Übergriffen waren 6000 Demonstranten in schweigendem Protest durch den Ort marschiert, und auch in den folgenden Wochen kamen viele Besucher und verurteilten die Schändung des Friedhofs. Am Tag, als ich mit Walter dort war, hatte man die hohen Eisengitter, mit denen der Friedhof normalerweise verschlossen ist, geöffnet, damit jeder den Vandalismus selbst sehen konnte. Am Tor hing eine vom Bürgermeister und vom örtlichen Pfarrer gemeinsam unterzeichnete Tafel:

> »Unbekannte haben den jüdischen Friedhof auf übelste Weise geschändet. Wir sind traurig, empört und tief beschämt. Aus Respekt vor den Toten bitten wir Sie, liebe Besucher, den Friedhof in Andacht und schweigend zu betreten und Ihre Gespräche und Diskussionen erst außerhalb des Friedhofes fortzusetzen.«

1990 entweihten unbekannte Vandalen fast zweihundert Gräber auf dem kleinen jüdischen Friedhof in Ihringen, wo Sigmars Vorfahren begaben liegen, darunter auch das Grabmal der Familie Günzburger (rechts).

Walter und ich gingen zwischen den zerstörten Grabsteinen hindurch, auf denen Familiennamen zu lesen waren, die früher einmal das Leben zu beiden Seiten des Rheins bestimmt hatten. Der

Friedhof war 1810 eingeweiht worden, und der jüngste Grabstein stammte aus dem Jahr 1940, als die letzten badischen Juden zusammengetrieben worden waren, um deportiert zu werden. Aber der Hass, der zu jahrhundertelanger Verfolgung geführt hatte, ließ den Gebeinen der Ihringer Juden auch nach dem Tod keine Ruhe, auch denen nicht, die diesem Fluch in der geweihten Erde des Friedhofs sogar während des Holocausts entgangen waren. Überall waren die Friedhofsmauern mit Drohungen der Neo-Nazis und mit grün-roten Hakenkreuzen beschmiert:

HE – KOMM DU JUDE –
WIR FAHREN NACH DACHAU.
JUDE VERRECKE!
JUDENSCHWEINE

Viele von denen, die über den Friedhof gingen und in Trauer und Ekel den Kopf schüttelten, hielten Kinder an der Hand und versuchten, in dem, was sie sahen, ein lehrreiches Beispiel zu sehen. In der Zwischenzeit hatten sich vor den Toren Gruppen gebildet, die ihre Meinungen austauschten und darüber diskutierten, wie die Regierung antworten sollte.

»Sie müssen den Friedhof sofort wieder so herrichten, wie er war«, sagte eine Frau zu ihrem Mann, der vehement dagegen war. »Mein Großvater war am Anfang in der Partei, weil sie ihm Arbeit versprochen hatten«, sagte er, als ich ihn bat, mir seine Sicht der Dinge mitzuteilen. »Aber nach der Kristallnacht ist er ausgetreten. Sie haben ihn nach Buchenwald gebracht und dort ist er umgekommen. Und wenn ich heute sehe, was hier passiert ist, denke ich, es sollte so bleiben, wie es ist, als Warnung an alle jungen Leute, die sich zu diesem alten und kranken Denken hingezogen fühlen.«

An diesem Abend fürchtete ich die Gefängniszelle meines Hotelzimmers noch mehr als in den Tagen vorher. Deshalb nahm ich dankbar an, als Michael und Karla mich für den Abend in die

Poststraße 6 einluden, wo sie vorhatten, alle meine Freiburger Freunde zu einem Abendessen zusammenzubringen. Unter den Gästen waren Michaels Schachfreund Stefan, Walter und seine Frau Josefine und auch Sissi. Wir diskutierten lebhaft bei einem guten Essen und Riesling.

Aber meine Gedanken glitten immer wieder zurück in die Vergangenheit, als Alice und Sigmar zwei Stockwerke tiefer Gäste bewirtet hatten und der gleiche goldene Oktobermond auf den Giebeln und Dächern lag und der gleiche Wind aus dem Schwarzwald ihre Vorhänge blähte.

Stunden später war das Haus ruhig und dunkel, und ich lag wach unter den massiven Balken des hohen Giebeldaches. Ich dachte an all die Frauen, die in diesem Haus wach gelegen und Angst gehabt hatten. Meine Großmutter, Tante Trudi und meine Mutter, die sich darauf vorbereiteten, in eine fremde Welt auswandern zu müssen. Die ängstliche Frau Stock, die darum kämpfte, mit der Zukunft zurechtzukommen. Und die trauernde Witwe Loewy und das hilflose Fräulein Ellenbogen, beide am Morgen eines Feiertages vor genau fünfzig Jahren aus dem Schlaf gerissen.

Durch das offene Fenster hörte ich, wie die schwere hölzerne Eingangstür geöffnet und dann wieder zugeschlagen wurde, und vernahm dann Schritte auf der Treppe: Vor mir erstand der Horror von SS-Männer in Stiefeln auf dem Weg hinauf zum Dachgeschoss, um uns alle abzuholen. Es war fast so, wie mir meine Mutter ihre Flucht vor den Nazis auf ein Dach in Marseille beschrieben hatte, gerade als sie sich ihrer Liebe hingeben wollte, dann aber in einen Traum abglitt, der seine eigene Realität erhielt.

Mit bloßliegenden Nervenenden schwebte ich in einem zeitlosen Zustand an der Schwelle zum Unbewussten. Ich verbrachte die Nacht zwar nicht mehr im Banne der allgegenwärtigen Glocken des Münsters, aber die knatternden Vespas, der laute Verkehr an der Straßenecke, die durchdringenden Sirenen und das heisere Palaver der bierseligen Studenten auf den Gehwegen verhinderten, dass ich einschlief.

Im Nebel meiner halbwachen Alpträume sah ich betrunkene Jugendliche mit Vorschlaghämmern, die unter den Sternen von Ihringen über Mauern kletterten und auf Grabsteine einschlugen. Vorfahren, an die keiner mehr dachte, schrien um Hilfe, baten darum, in Ruhe gelassen zu werden, und dann sah ich meine Mutter weinen – das von Angst geschüttelte Mädchen, das darum trauerte, Deutschland verlassen zu müssen und dann in Frankreich den zärtlichen Mann fand, der für immer seinen Platz in ihrem Herzen eingenommen hatte.

Am Morgen rief ich meinen Cousin in Mulhouse an und fragte ihn, ob ich das Wochenende bei ihnen verbringen könnte. Es war ein Umweg, den ich überhaupt nicht vorgesehen hatte. Aber mein Flug nach Hause ging erst drei Tage später, und wie meine Großeltern im Jahre 1938 entschied ich mich, dass, wenn ich schon nicht gleich nach Amerika gehen könnte, es richtig wäre, nach Frankreich zu fahren. Michael bot mir freundlicherweise an, mich nach Mulhouse zu bringen, und als wir am Grenzübergang anhielten – an jener umstrittenen Grenze, die früher einmal den Unterschied zwischen der Hoffnung auf Leben und dem fast sicheren Tod bedeutete –, war ich verwundert, dass die Grenzbeamten uns nur flüchtig ansahen und uns dann durchwinkten.

Anscheinend waren die Grenzwächter am Rhein nicht der Ansicht, dass sich in dem Auto, das mich auf den Spuren meiner Familie von der Poststraße 6 in Freiburg zu meinen Verwandten nach Mulhouse brachte, etwas befinden könnte, das man untersuchen müsste. Es war nichts ungewöhnlich an der gemeinsamen Fahrt eines Deutschen und einer Jüdin, deren jeweilige Geschichte ihren Ausgangspunkt an derselben Adresse hatte.

Ich selbst fing erst jetzt an, mir den eigentlichen Grund meiner Reise klarzumachen – dass das Gewicht und die Allgegenwart der Vergangenheit mich nach Frankreich gelockt hatten, wo ein Auftrag auf mich wartete: Ich musste etwas in Ordnung bringen.

Was ich in Deutschland gelernt hatte, war, dass die Vergangenheit nicht etwas für immer Verlorenes war, sondern etwas, das entdeckt werden wollte.

Von den Jahren gezeichnete Gesichter warteten darauf, wiedererkannt zu werden. Ich überquerte den Rhein und folgte den Spuren meiner Mutter, auf einem Weg, den sie mir vorgezeichnet hatte und jahrzehntelang mit mir gegangen war, als ob sie mich auf die Aufgabe vorbereiten wollte, die jetzt vor mir lag: Ich musste Roland finden, so wie meine Mutter es vor mir getan hatte.

FÜNFUNDZWANZIG

Die Mission

Im Telefonbuch von Mulhouse gab es drei Arcieris – eine Frau und zwei Männer –, von denen zu meiner Enttäuschung keiner Roland hieß. Hatte ich wirklich geglaubt, es wäre so einfach, ihn zu finden? Mein Cousin Michel Cahen lebte noch immer in demselben Gebäude, in dem Jahrzehnte zuvor meine Eltern seine Eltern, Edy und Lisette, besucht hatten, und das hatte mich hoffen lassen, dass Familien im Elsass dazu neigten, an ihren Wurzeln festzuhalten.

Das Haus meines Cousins lag in derselben bürgerlichen Wohngegend über der Stadt, wo, wie mir meine Mutter gesagt hatte, vor dem Krieg auch die Arcieris gelebt hatten. Als ich mit Michael Stock durch das grüne, gepflegte Viertel fuhr und nach der Adresse der Cahens suchte, kam mir auf einmal der verrückte Gedanke, ich würde heute Nachmittag noch Roland begegnen.

Auch mein Cousin lebte also auf dem Rebberg, und deshalb war es wahrscheinlich, dass er ihn kannte. Lisette, Michels Mutter, die Roland zusammen mit meiner Mutter während des Krieges getroffen hatte, hatte ihn bestimmt mit ihrer Familie bekannt gemacht – schließlich waren sie Nachbarn.

Aber als ich bei meinen Verwandten war, schreckte ich davor zurück, Michel, seiner Frau Huguette und seiner Schwester Isabelle, die gerade über das Wochenende aus Paris gekommen war, den Grund dafür mitzuteilen, warum ich so dringend nach einem Franzosen suchte, der für mich ein Fremder war. Außer Isabelle kannte ich meine Verwandten in Mulhouse nicht besonders gut und fragte mich, wie sie diese Information aufnehmen würden.

Zudem hatte Michel in den vergangenen Jahren die ganze Familie dadurch verblüfft, dass er sich in eine ungewohnte Frömmigkeit hineingesteigert hatte und deshalb kurz nach unserer Ankunft mit Isabelle und mir im Schlepptau zur Synagoge eilte, um dort das Ende des Schabbats zu feiern, wozu wir auf der für Frauen vorgesehenen Empore Platz nehmen mussten. Deshalb konnte ich mir auch nicht vorstellen, dass er damit einverstanden gewesen wäre, dass ich nach der verlorenen Liebe meiner Mutter suchte, einem Katholiken, der vermutlich seit Langem verheiratet war.

Wie schrecklich wäre es gewesen, wenn Michel, der wusste, dass die Tage meines Vaters gezählt waren, annähme, meine Mutter hätte mir den Auftrag zu dieser Recherche gegeben, weil sie sich kaltschnäuzig auf ihr zukünftiges Leben in Freiheit vorbereitete. In jedem Fall hätte er es als wahnwitzig angesehen, wenn ich mir Hoffnungen machte, meiner Mutter eine Liebe zurückzubringen, die sie vor langer Zeit in ihrer Vergangenheit begraben hatte.

Beim Abendessen bemühte ich mich um einen unverfänglichen Ton, nahm einen Schluck und fragte beiläufig nach Roland. Michel schwieg einen Moment und sagte dann, ja, er glaube, dass sein Vater Edy Roland Arcieris Frau bei ihrer Scheidung vertreten hatte. Ich bemühte mich, meine Freude zu verbergen – Scheidung! –, und biss mir auf die Lippen, um nicht zu verraten, dass ich erleichtert war. Dennoch schien er meine Hintergedanken durchschaut zu haben. Die Scheidung liege lange zurück, sagte Michel und blickte von seinem Salat auf. Er habe keine Ahnung, fügte er spitz hinzu, ob eine der beiden Parteien wieder geheiratet habe.

»Seine frühere Frau lebt noch in Mulhouse, là, j'en suis sûre, da bin ich sicher. Ihre Familie hat ein bekanntes Blumengeschäft. Aber über Roland weiß ich nichts.«

Er machte eine Pause, als ob er sich überlegte, wie viel er preisgeben solle, bat seinen Sohn, ihm das Brot herüberzureichen, und fügte dann hinzu, dass er eine Rechtsanwältin kenne, die einmal zu Edys Schützlingen gehört habe, deren Mädchenname Arcieri gewesen sei. Vielleicht war sie mit dem Mann verwandt, den ich suchte?

In der überschaubaren Welt der kleinen Stadt Mulhouse wo jeder jeden kannte, stellte sich später heraus, dass sie die Tochter von Rolands Cousin André war, und ich erfuhr auch, dass Moms Klassenkameradin Yvette, die sie 1938 Roland vorgestellt hatte, später Isabelles Englischlehrerin auf dem Gymnasium gewesen und eine gute Freundin der Familie Cahen geworden war.

Nach dem Essen – Michel hatte sich in einen Sessel gesetzt und las in Hörweite des Telefons seine Zeitung, was meine Unsicherheit erhöhte – rief ich seine Kollegin an, von der er vermutete, dass sie mit Roland verwandt war. Da niemand den Hörer abnahm, blieb mir, weil ich nur an diesem Abend in der Stadt war, nichts anderes übrig, als alle drei Arcieris anzurufen, die im Telefonbuch standen. Ich wählte, ohne eine klare Vorstellung zu haben, was ich sagen würde, wenn jemand sich meldete. Absichtlich begann ich mit den Männern, weil ich befürchtete, bei der Frau zu erfahren, dass Roland wieder geheiratet hatte, danach gestorben war und sie seine Witwe wäre. Aber keiner der beiden Männer antwortete, und als ich die Frau anrief, belohnte mich Emilienne Arcieri mit der Nachricht, sie sei Rolands Schwester!

Ich rang nach Worten und sagte stotternd, dass ich ihn suche, weil meine Mutter, die vor ihrer Heirat Janine Günzburger geheißen hatte, in den 1940er Jahren in Lyon mit Roland befreundet gewesen sei. Aber wenn ich gehofft hatte, dass sie sich an den Namen meiner Mutter erinnern und freundlich reagieren würde, wurde ich enttäuscht. Rolands Schwester sagte, sie habe Janine nie gesehen und könne sich nicht an sie erinnern. Außerdem, fügte sie kurz angebunden hinzu, lebe Roland nicht mehr in der Stadt. Und übrigens auch nicht mehr in Frankreich. Aber gerade als ich dachte, sie würde auflegen, bat sie mich, einen Moment zu warten. Als sie ans Telefon zurückkehrte, war ich überrascht, weil sie sagte, sie würde lieber direkt mit mir reden und ich solle sie besuchen.

Deshalb stand ich am folgenden Morgen wie erstarrt vor dem Eingang eines Apartmenthauses an der Avenue Robert Schuman im unteren Teil der Stadt, wo Isabelle mich abgesetzt hatte. In diesem Augenblick war ich sicher, dass noch nie in meinem Leben ein Treffen für mich eine größere Bedeutung gehabt hatte als das, dem ich jetzt entgegensah. Ich stand zögernd im trüben Licht des hinter Milchglasscheiben ausgesperrten Tages in der leeren Eingangshalle und hatte plötzlich Angst davor, Antworten auf Fragen zu bekommen, die mich mein Leben lang beschäftigt hatten, weil diese Antworten mich womöglich für immer unglücklich machen würden. Langsam und immer noch unsicher, wie ich ihr am besten begegnen sollte, stieg ich die Treppen hinauf, läutete die Glocke und hörte ihre Schritte auf dem Holzfußboden.

Als die Tür sich öffnete, starrte ich ungläubig in ein Gesicht, das in meiner Vorstellung all die perfekten Züge hätte haben müssen, die ich seit meiner Kindheit auf den wenigen Fotos, die meine Mutter noch von Roland besaß, bewundert hatte. Aber Emilienne Arcieri unterschied sich in allem von ihrem jüngeren Bruder. Zu meiner großen Enttäuschung stellte ich im hellen Neonlicht des Hausflurs fest, dass sie erschreckend hässlich war. Nase und Mund, bei ihm so harmonisch, traten schwer und männlich aus ihrem faltigen Gesicht hervor. Ihre dicken braunen Augenbrauen hingen über ihrer Brille und führten schräg zu ihren fleischigen Ohren, was ihr das Aussehen eines traurigen Bassets verlieh.

Insgesamt, das zeigte ihr Gesicht, war sie von der Natur benachteiligt worden. Rechts und links durchzogen, von der Mitte ihrer großen, hervorstehenden Nase abwärts, zwei Furchen ihre bleichen Wangen, und ihre Unterkiefer traten breit und weich hervor. Sie stand aufrecht in robusten Schuhen, ihre knochigen Schultern verhüllt von einer Strickjacke, die sie gegen die herbstliche Kälte über ihr Hemdblusenkleid gezogen hatte. Sie hatte lange, gerade, hagere Unterschenkel und Unterarme und war größer, als ich es mir vorgestellt hatte. Der einzige Schmuck, den sie trug, war ein Kruzifix, das an einer Kette um ihren Hals hing.

An der Türschwelle schüttelten wir uns die Hände, dann bot mir Emilienne in ihrem hellen, spärlich möblierten Wohnzimmer einen Stuhl an, entschuldigte sich und ging in die Küche, um Tee zuzubereiten. Als sie mit einem Tablett zurückkam, half ich ihr, das Geschirr auf einen kleinen Tisch zu stellen. Sie setzte sich steif mir gegenüber auf einen Hocker. Es sah so aus, als ob sie jeden Moment die Flucht ergreifen könnte.

Die Unterhaltung begann vorsichtig. Ich versuchte, unsicher und vage zu erklären, warum ich gekommen war, nahm aber an, dass auch sie – auch wenn ich ihn noch nicht kannte – einen Grund hatte, mich hierher einzuladen. Deshalb war unser Gespräch zunächst ein vorsichtiges Abtasten. Ich sagte ihr, dass ich nach einigen Tagen, die ich in Deutschland verbracht hatte, nach Frankreich gekommen war, um meine Verwandten auf dem Rebberg zu besuchen, und sie erzählte mir, dass sie früher in deren Nähe gelebt hatte, bis sie später in die Stadt gezogen sei.

Nach und nach erfuhr ich die Geschichte ihres bitteren Lebens, sie erzählte sie mit schonungsloser Offenheit, aber ohne Selbstmitleid. Wie die Natur, hatten es auch ihre Mitmenschen nicht gut mir ihr gemeint, und eine Heirat stand nie zur Debatte. Sie hatte ihr Apartment vor fast dreißig Jahren gekauft, als das neue Gebäude als Beispiel für geradliniges, modernes Bauen galt. Von ihrem Gehalt als Sekretärin in einer örtlichen Kali-Firma musste sie lange dafür sparen.

In den Sechzigerjahren hatte sie aufgehört zu arbeiten und ihr Leben der Religion und der Pflege ihrer Mutter gewidmet, die sich weigerte, das Haus zu verlassen, in dem sie mit ihrer Familie gelebt hatte. Erst als ihre Mutter mit 99 Jahren gestorben und Emilienne fast siebzig war, konnte sie ihr »neues« Apartment in der Stadt beziehen – das nun schon seit mehr als zwanzig Jahren leer auf sie wartete und dringend einer Renovierung bedurfte. Sogar noch als wir dort saßen, kam mir der Gedanke, dass dieser kalte und karge Raum typisch war für eine Person, die entweder ihr Leben auf das absolut Notwendige beschränkt hatte oder aber – fast wie eine Nonne im Kloster – nicht genug vom Leben kennengelernt hatte, um Dinge aufzubewahren, die an eigene Erlebnisse erinnerten.

»Ich bekomme nicht oft Besuch, aber ich bin sehr froh, dass Sie hier sind«, sagte sie. Zunächst hielt ich diese Gefühlsregung für eine Höflichkeitsfloskel. »Obwohl ich Ihre Mutter nie kennengelernt habe, besitze ich etwas, was ihr gehört. Ich wollte es immer zurückgeben, aber ich hatte natürlich keine Ahnung, wie ich sie ausfindig machen könnte. Deshalb habe ich Sie gebeten, herzukommen.«

Sie stand auf und ging quer durch den Raum zu einem Regal aus Glas und verchromtem Stahl unter einem Bild der Heiligen Familie in einem unauffälligen Rahmen. Es war eines von mehreren Bildern, die im Raum hingen und aus einem katholischen Kalender zu stammen schienen. Auf einem der oberen Regalbretter stand inmitten einer Reihe anderer Bücher ein kleiner Band, den sie hervorzog und mir wortlos in die Hände legte. Er war in rotes Papier mit einem Muster von vierblättrigen Kleeblättern gebunden und trug auf der Titelseite einen gedruckten Aufkleber.

Hanna Günzburger
Freiburg Br.
Poststraße 6
Tel. 2833

Im Inneren hatte Mom, für mich kaum leserlich, in der komplizierten deutschen Sütterlin-Schrift, dieselbe Adresse hineingeschrieben und darunter, in ihrer mir bekannten Schreibschrift, ihre Adresse in Mulhouse. Von der ersten bis zur letzten Seite waren die Seiten gefüllt mit Gedichten und Botschaften, verfasst in den Jahren 1935 bis 1938, die meisten geschrieben von Freundinnen in einem Deutsch, das genauso schwierig zu lesen war wie ihre Adresse.

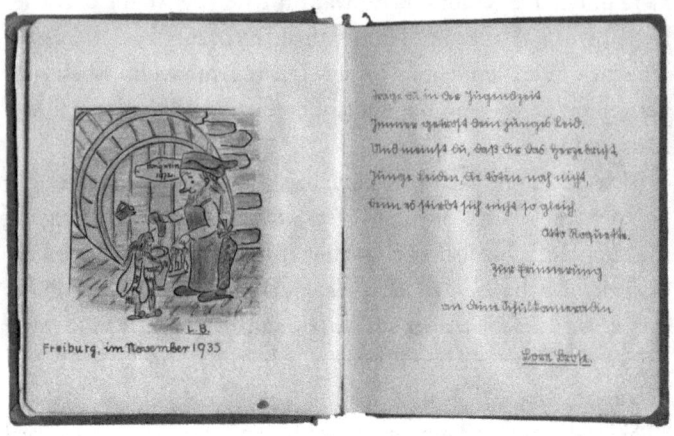

Das Poesiealbum, das Janine 1942 Roland überließ, ist ein Juwel voller anrührender Bilder und Gedichte ihrer Freundinnen aus der Mädchenzeit, darunter auch dieser Eintrag von Lore Brose.

Ich war überwältigt von den liebevollen, bunten Zeichnungen die die Eintragungen begleiteten. Mit außergewöhnlicher Kunstfertigkeit und Fantasie hatten die Freundinnen ihrer Jungmädchenzeit Zwerge mit Bärten und Zipfelmützen, Kinder in den Trachten ihrer Heimat, Tiere und Insekten, Blumen und Gärten, Illustrationen zu Kinderreimen und frühe Disney-Figuren gezeichnet. Scherenschnitte von Katzen, Hunden, kleinen Mädchen und Blumen schmückten viele andere Seiten.

Tränen der Dankbarkeit stiegen mir in die Augen, und ich brachte kein Wort heraus. In meiner Hand hielt ich den Schatz, den meine Mutter Roland beim Abschied aus Lyon als Pfand gegeben hatte, als greifbares Versprechen, dass sie eines Tages zu ihm zurückkehren würde. Sonst hätte sie dieses Büchlein niemals weggegeben.

Für mich, so wie damals für Mom und Roland, war dieses Büchlein mit den Freundschaftsgrüßen ein immerwährender Beweis für die Ernsthaftigkeit ihrer Beziehung. Umso erstaunlicher war, dass diese fromme und strenge Frau, der ganz offensichtlich die Liebe versagt geblieben war, es all die Jahre bei sich behalten hatte. Bei meinen »Ausgrabungsarbeiten« an der Liebe meiner Mutter hatte ich eine unbezahlbare Entdeckung gemacht. Ich hatte eine Scherbe gefunden. Und jetzt musste ich weitersuchen.

»Das ist großartig!«, rief ich, nachdem ich mich wieder gefangen hatte. »Wie kann ich Ihnen jemals danken? Es ist wunderbar, dass Sie das so lange aufbewahrt haben. Wie sind Sie daran gekommen?«

Ich wollte aufspringen und sie umarmen, aber sie wandte sich ab und wurde rot. Offensichtlich war sie solche Gefühlsausbrüche nicht gewohnt.

»Ich habe das Buch in unserem Elternhaus im Zimmer meines Bruders gefunden, als er 1949 nach Kanada gegangen ist. Es lag zwischen den anderen Sachen, die er zurückgelassen hat«, sagte sie. »Wie ich Ihnen schon am Telefon gesagt habe: Ich habe Ihre Mutter nie kennengelernt – Roland war viel jünger als ich, wir hatten ganz unterschiedliche Freunde. Als Roland nach der Besetzung Frankreichs in Lyon gelebt hat, war ich mit meinen Eltern und meiner Schwester hier. Aber ich habe dieses Büchlein immer für etwas Besonderes und für so originell gehalten, dass ich, obwohl ich nicht viel mitgenommen habe, als ich hierhergezogen bin, es nicht über mich gebracht habe, es wegzuwerfen.«

Sie schaute sich in ihrer leeren Wohnung um und zuckte mit den Schultern, als ob sie hinzufügen wollte, dass der Mensch manchmal Dinge tut, die er nicht mit Logik erklären kann.

»Als Sie mich gestern Abend angerufen haben, war ich wie vor den Kopf geschlagen, weil mir plötzlich einfiel, dass der Familienname, den Sie genannt haben, derselbe sein könnte wie der auf der Titelseite dieses Büchleins, und deshalb bin ich aufgestanden und habe nachgeschaut. Und jetzt glaube ich, dass es mir vorbestimmt war, es aufzuheben. Ich hoffe, Sie bringen es ihr zurück. Ich kann mir vorstellen, dass sie sich freut, es nach all diesen Jahren zurückzubekommen.«

Es stellte sich heraus, dass dies die längsten Sätze waren, die Emilienne Arcieri bei unserem Treffen sagte. In ihnen lag auch das meiste Gefühl, dessen sie fähig war. Sie dazu zu bringen, von Roland zu erzählen, war viel schwieriger, und ich hatte den Eindruck, dass sie mich mit einer gewissen Reserviertheit beobachtete, als ich sie danach fragte, was Roland erlebt hatte und wo er war. Sie wollte wissen, warum ich daran so interessiert sei und ob ich gekommen sei, weil meine Mutter mich geschickt hatte.

»Non, elle n'avait aucune idée que j'essaierais de vous voir«, versicherte ich ihr. »Meine Mutter hat keine Ahnung, dass ich versuchen würde, Sie zu treffen.« Aber Mom sei in den gefährlichen Jahren, bevor sie geflohen war, sehr eng mit Roland befreundet gewesen und habe sich immer gefragt, wie es ihm während der Besatzungszeit ergangen sei und ob er danach ein glückliches Leben gehabt hätte. Und weil sich für mich die Gelegenheit ergeben hätte, meinen Verwandten einen kurzen Besuch abzustatten, sei mir in den Sinn gekommen, ihre alten Sorgen zu zerstreuen.

Emilienne sagte nichts, und um das lastende Schweigen zwischen uns zu überwinden, plapperte ich einfach drauflos und sagte ihr viel mehr, als ich vorhatte. Ich erzählte, dass ihr Bruder meiner Mutter nach dem Krieg geschrieben hatte und dass mein Großvater so ungerecht gewesen war, Rolands Briefe abzufangen. Mom habe nur zufällig und lange nachdem es angekommen war, ein Telegramm von ihm gefunden. Deshalb sei es nicht ihre Schuld gewesen, dass sie nicht geantwortet hatte.

»Au contraire, ma mère en était vraiment désolée.« Mom sei noch immer verzweifelt darüber, dass Rolland vielleicht glauben könnte, sie habe ihm mit Absicht nicht geantwortet. Ich ging sogar so weit, sie zu bitten, diese Botschaft an ihren Bruder weiterzuleiten.

Als Emilienne meinen kleinen Vortrag unbeachtet ließ und direkt nach meinem Vater fragte, nahm ich das als Hinweis darauf, dass ich die Grenzen der Höflichkeit überschritten hatte. Sie fragte mich, ob ich verheiratet sei, und ich kramte meine Brieftasche hervor und zeigte ihr die Bilder meiner Kinder, als ob das unschuldige Lächeln eines Fünfjährigen und einer Dreijährigen dazu beitragen könnte, die Lauterkeit meiner Absichten zu unterstreichen. Wir sprachen französisch und ich versuchte, etwas verunsichert, aber auch ein wenig unverfroren, Einzelheiten aus ihr herauszukitzeln, auch wenn das von ihr als Europäerin vielleicht als aufdringlich empfunden wurde.

Ungeniert setzte ich die gesamte Palette meiner journalistischen Fähigkeiten ein, mit der es mir bislang stets gelungen war, Informationen aus Polizisten, Gaunern oder Politikern herauszulocken – aus Leuten, die gerne ihre Kenntnisse und ihre Wichtigkeit mitteilen, wenn man ihnen mit Staunen begegnet oder ihnen signalisiert, dass man sich geschmeichelt fühlt. Aber Emilienne, der es gar nicht darum ging, mich zu beeindrucken, erwies sich als verschlossen.

Sie beantwortete jede meiner Fragen mit dürren Fakten. Von sich aus sagte sie nichts, aber ich erfuhr doch einiges: Wie mein Cousin mir erzählt hatte, war Roland in der von Hoffnung geprägten Zeit kurz nach dem Krieg nach Hause zurückgekehrt und hatte 1947, im Jahr als sein Vater starb, Colette, ein Mädchen aus der Stadt, geheiratet. Ihre Familie handelte erfolgreich mit Blumen und exportierte Alpenveilchen nach ganz Europa. Bald darauf bekamen die beiden eine Tochter, aber kaum zwei Jahre später ließen sie sich scheiden, und Roland ging nach Kanada.

Das war, als er – ich wusste es, sagte aber nichts davon – versucht hatte, Kontakt zu Mom aufzunehmen. Obwohl er Frankreich noch oft besuchte, blieb er bei seiner Entscheidung, niemals wieder in seiner Heimat leben zu wollen. Er hatte in Montreal ein neues Leben angefangen und war in seiner Firma, die Kupferminen betrieb und Besitz in Panama hatte, bis zum Präsidenten aufgestiegen. Seine zweite Ehe, die er 1960 mit einer Kanadierin aus dem englischsprachigen Landesteil geschlossen hatte, war kinderlos geblieben. Die Tochter aus seiner ersten Ehe lebte in Paris, arbeitete für eine Pharmafirma und war erst kürzlich mit etwas über vierzig Jahren Witwe geworden. Roland sei, so sagte seine Schwester, siebzig.

Ich fragte sie, ob sie mir Fotos zeigen könnte, und war darauf gefasst, dass sie ablehnen würde. Aber sie hatte schon einige ausgesucht und in einem Umschlag unter ein Buch auf dem Kaffeetisch gelegt, so als ob sie noch nicht entschieden hatte, ob sie sie mir zeigen wollte oder nicht. Jetzt zog sie jedes Foto einzeln heraus und betrachtete es liebevoll, bevor sie es an mich weiterreichte.

»Er sieht auch jetzt noch so gut aus wie immer«, bemerkte sie sanft. Dann fügte sie resigniert und bitter hinzu: »Er hat das Glück, dass er mir überhaupt nicht ähnlich sieht. Ich habe, weil ich so schrecklich hässlich bin, nie Freude am Leben gehabt.« Sie beugte sich über den Tisch, an dem wir uns gegenübersaßen, fand wieder zu ihrem nüchternen Ton zurück und sagte mir, wann und wo jedes dieser Fotos aufgenommen worden war. Es war kein Zufall, dass das erste, das sie mir zeigte, ein Bild von der zweiten Hochzeit ihres Bruders war. Das strahlend schöne, frischverheiratete Paar geht nach der Trauung durch den imposanten steinernen Torbogen eines öffentlichen Gebäudes, im Hagel der von den Gästen geworfenen Reiskörner, so weiß und so dicht wie ein Schneesturm im Februar.

Groß und schlank in einem eleganten schwarzen Anzug mit weißem Hemd, weißer Fliege und einem weißen Sträußchen am Revers, schreitet Roland in die Kamera wie ein männliches Fotomodell in einem Katalog für Brautkleidung. Sein Haar ist dick und vor der Zeit ergraut, was ihm, dem 39-Jährigen, einen vornehmen Ausdruck verleiht, und sein faltenloses Gesicht mit feierlichem Ausdruck, ist in seiner gereiften Männlichkeit noch viel eindrucksvoller als auf dem Bild in der Brieftasche meiner Mutter. Neben ihm steht lachend eine kesse, hübsche, dunkelhaarige Braut, die gegen die niederprasselnden Reiskörner die Augen zusammenkneift. Sie trägt einen weißen Brautstrauß und einen Hut aus Spitze, lange weiße Handschuhe und eine helle Nerzstola über einem blauen Seidenkleid mit ausgestelltem Rock, kurz genug, um den Blick auf schlanke, wohlgeformte Beine in passenden blauen, hochhackigen Seidenschuhen freizugeben.

Ich betrachtete die Fotografie und fühlte mich innerlich wund und leer, als ob das Bild eine Bombe wäre, die meine Träume zerstört hatte, während meine Begeisterung, eine Möglichkeit gefunden zu haben, wie man Roland erreichen konnte, der Enttäuschung wich. Rückblickend kam mir in den Sinn, dass Roland ungefähr zu jener Zeit wieder geheiratet hatte, als Dad Ayn Rand verfallen war und Miss Chase zur Muse seines egozentrischen Selbstbildes gemacht hatte. Danach war die Ehe meiner Eltern nicht mehr dieselbe gewesen. Wenn doch Roland damals nur ein weiteres Mal versucht hätte, mit Mom Kontakt aufzunehmen!

Wehmütig dachte ich an die Zeit zwischen 1949, als Roland in Kanada ankam und Mom meinte, ihn nicht treffen zu dürfen, und 1960, als er diese andere Frau heiratete. Wenn Gary und ich nicht gewesen wären, hätte unsere Mutter vielleicht mit ihm ein glücklicheres Leben gehabt.

Ich schaute mir das Bild des frischverheirateten Paares in meiner Hand noch einmal an und versuchte, mir selbst einzureden, dass es eigentlich nicht viel aussagte, so wenig wie das Fotoalbum von der Hochzeit meiner Eltern etwas über die Untreue meines Vaters und den Kummer aussagte, der ihre Ehe aushöhlte.

Diese Fotografie drückte großes Glück aus, aber sie hielt auch nur einen dreißig Jahre zurückliegenden Moment fest: Sie sagte mir nichts darüber, wie es mit dem Paar zum jetzigen Zeitpunkt stand.

Emilienne zeigte mir weitere Fotos. Roland im befreiten Frankreich, am 2. April 1945, im Anzug, mit Schlips und mit breitem stolzem Lächeln, als ob er ganz allein die Deutsche Armee über die Grenze zurückgetrieben hätte. Er sitzt auf einer Bank, zusammen mit seinen Eltern und seinen beiden Schwestern, mit ausgebreiteten Armen seine Mutter und Emilienne umfassend, eine mondgesichtige Frau von 32 Jahren mit einer Haarrolle über der Stirn, die an einen Liebesknochen erinnert. Weiter außen auf der Bank sitzt Vater Arcieri, der Textilkaufmann, der typische Franzose seiner Zeit, im Anzug mit Weste, mit Spitzbart, Baskenmütze und einer Pfeife zwischen den Zähnen.

Roland kehrt nach der Befreiung zu seiner Familie nach Mulhouse zurück, (v.l.n.r.): Emil, Régine, Léonie, Roland, Emilienne

Ein weiterer Schnappschuss zeigt – grau in grau und mehr, als ich erwartet hatte – etwas von seiner schlaksigen Figur, die meine Mutter immer beklagt hatte: Roland, knapp über dreißig, steht in Badehosen in einer flachen Brandung, sein V-förmiger Oberkörper dünn und unbehaart, und blinzelt in die Sonne. Von seiner Leiste aufwärts bis zur Hüfte zieht sich eine Narbe über seinen Unterleib, die bestätigt, was Mom mir darüber erzählt hatte, wie sie ihn nach seinem Blinddarmdurchbruch gepflegt und zurück ins Leben geholt hatte.

Das nächste Bild zeigt Roland zu Hause in Montreal, im Schneidersitz auf einem Perserteppich, in einem Polohemd, mit Freizeithosen und Ledersandalen, seine grauer werdende Haarmähne immer noch mit schwarzen Strähnen durchsetzt und straff zurückgekämmt. Ein zotteliger, hellbrauner Hund liegt zusammengerollt an seiner Seite und eine Flasche Champagner ragt aus einem silbernen Kühler neben einem Weihnachtsstern auf einem Marmortischchen.

Auf dem nächsten Bild sitzt Roland, eine Zigarette in der Hand, auf einem Felsblock. Ein weiteres zeigt ihn mit schicker Khakihose und Jackett auf einer Mauer über dem Genfer See.

Roland mit 43, ein nachdenklicher Geschäftsmann bei einem Empfang in Hannover. Etwas später bei einer Abendgesellschaft auf Teneriffa, der elegante Topmanager eines Bergbauunternehmens, blendend aussehend, im Smoking mit Fliege, lachend, zusammen mit Freunden. Es waren Bilder eines Lebens, das er ohne meine Mutter gelebt hatte, ohne dass sie jemals aufgehört hatte, sich nach ihm zu sehnen.

Ich war entmutigt, bemühte mich aber, meine Stimme fröhlich klingen zu lassen, dankte seiner Schwester überschwänglich und stand auf, um zu gehen. Aber bevor ich meine Jacke anzog, schrieb ich Moms Adresse und Telefonnummer auf einen Zettel und gab ihn Emilienne, damit sie sie an Roland weiterleiten konnte, obwohl nichts darauf hindeutete, dass sie es tun würde.

Dann fragte ich sie, ob sie so freundlich wäre, mir seine Adresse zu geben, und sie nahm eine kleine, gedruckte Visitenkarte von sich, strich ihren Vornamen aus, ersetzte ihn durch den ihres Bruders und schrieb seine Adresse in Kanada über ihre. Aber sie fügte keine Telefonnummer hinzu, wie ich vermutete absichtlich.

Ich schüttelte ihre Hand, und als wir zur Türe gingen, zögerte ich und wagte es dann, sie nach einem Bild von Roland zu fragen, das ich für meine Mutter mitnehmen wollte. Zwar sagte ich, dass Janine erfreut wäre, ein neueres Bild von Roland sehen zu können, aber eigentlich war ich mir unsicher, wie Mom tatsächlich reagieren würde. Es war durchaus möglich, dass sie, wenn sie unter den gegenwärtigen Umständen an Roland erinnert wurde, nur noch trauriger würde.

Emilienne schwieg einen kurzen Moment und ging dann zurück zum Tisch, blätterte die Bilder im Umschlag durch und wählte zu meinem Erstaunen zwei recht neue. Auf dem einen steht Roland auf einem Hügel, die Stadt Montreal im Hintergrund. Auf dem anderen sitzt er an seinem Esszimmertisch und seine Frau steht hinter ihm, ihre Hände auf seinen Schultern, als ob sie ihn auf seinem Stuhl festhalten wollte.

Mir wurde klar, dass ich Emilienne vermutlich nie wiedersehen würde, und ich verabschiedete mich von ihr etwas beschämt, weil ich mit meinen geheimen Wünschen in die Wohnung dieser aufrichtigen und klarsichtigen Frau eingedrungen war. Erst die Enttäuschung, die das zweite Foto in mir auslöste, führte mir vor Augen, welche Hirngespinste und welch unsinnige Hoffnungen mich dorthin geführt hatten. Ich überlegte, wie ich das meiner Mutter erzählen sollte, und was ich getan hatte, kam mir plötzlich zwielichtig und peinlich vor.

Am 24. Oktober kehrte ich nach New Jersey zurück und wartete, bis ich mit Mom allein war, um ihr von meinem Treffen mit Emilienne zu erzählen. Während meiner einwöchigen Abwesenheit war der Zustand meines Vaters immer schlechter und meine Mutter immer verzweifelter geworden. Ich hatte gehofft, dass meine Unternehmung in Europa ihr über diese Krise hinweghelfen würde, weil ihr dadurch eine Zukunft mit völlig neuen, unerwarteten Chancen aufgezeigt wurde. Und wenn schon nicht die eine, die ich ihr gewünscht hätte, dann doch eine mit gewissen Möglichkeiten. Aber Mom schaute mich mit offenem Mund entgeistert an, entsetzt über die Freiheiten, die ich mir herausgenommen hatte.

»Ich fasse es nicht, dass du sie angerufen hast, du, eine völlig Fremde!«, stieß sie hervor. »Wie um Himmels willen hast du erklärt, was du wolltest? Was wolltest du überhaupt? Was hast du geglaubt, erreichen zu können?« Sie sah mich genauso argwöhnisch an, wie Emilienne es getan hatte.

»Wer hast du gesagt, bist du? Woher kanntest du überhaupt ihren Namen? Ich hoffe nur, dass du nicht gesagt hast, ich hätte dich geschickt! Und warte – wie hast du Michel erklärt, was du tust? Was um Himmels willen hat er sich dabei gedacht?«

Über ihr Poesiealbum mit den Eintragungen freute sie sich hingegen sehr. Dass es wieder aufgetaucht war, schien fast ein Wunder zu sein. Und sie klammerte sich an jedes Wort, das ich über Roland erzählte. Dass er tatsächlich auf dieser Seite des Atlantiks geblieben war, nachdem er 1949 in die Vereinigten Staaten gekommen war, um sie zu finden, traf sie wie ein Erdbeben.

*Emiliennes Foto von Roland mit silbernen Haaren
– aufgenommen auf dem Mont Royal in Montreal –
war Janines erster Blick auf ihn nach fast 50 Jahren.*

Als ich ihr die Fotografien übergab, war sie noch viel mehr von den Veränderungen überrascht, die die Jahrzehnte bewirkt hatten. Sie konnte kaum fassen, dass sie ihren Roland, den sie als noch nicht ganz 23-Jährigen auf dem Quai de la Joliette verlassen hatte, jetzt vor sich sah, mit siebzig und mit silbergrauen Haaren. Dicke Haare, aber dennoch silbergrau. Janine registrierte, dass seine Frau hübsch war, und gab mir die Fotos zurück. Es war zu viel für sie. Auch ich fühlte mich schrecklich, nicht nur, weil ich mit meiner Suche nach Roland auch meinen Dad betrogen hatte, sondern auch, weil ich meiner ohnehin von ihren Gefühlen hin- und hergerissenen Mutter eine weitere Belastung aufgebürdet hatte. Sie sah erschöpft aus, fast so grau und ausgezehrt wie Dad.

»Ich habe sogar Rolands Adresse«, murmelte ich. Und in der Hoffnung, dass sie das aufmuntern würde, bot ich ihr die Karte mit Emiliennes handschriftlichen Eintragungen an. Aber Mom schüttelte nur den Kopf, und ihre Augen füllten sich mit Tränen.

»Ich nicht«, sagte sie. »Ich hätte nie den Mut, ihm zu schreiben. Ich weiß nicht, wie du es schaffst, so etwas zu tun. Aber selbst wenn ich es könnte, er ist verheiratet. Warum sollte ich ihm jetzt Probleme bereiten? Ich weiß nur zu gut, wie schrecklich es ist, wenn man einen Mann hat, hinter dem eine andere Frau her ist. Nein, das mache ich nicht. Ganz bestimmt nicht.«

~

»Was haben wir heute vor? Was machen wir jetzt?«, fragte mein Vater immer wieder am letzten Tag seines Lebens. Es war, als ob er wusste, dass etwas wirklich Großes mit ihm geschehen würde. Obwohl wir uns bemüht hatten, ihm so etwas wie Normalität vorzuspielen und mit ihm zusammen die Realität zu verleugnen, spürte er vielleicht wirklich schon den Tod nahen, als er mir plötzlich jede Stunde die nervtötende, immer gleiche Frage stellte: »Was haben wir heute vor?«

Wie ein vielbeschäftigter Topmanager, der Termine einhalten muss, deren Einzelheiten Untergebene zu organisieren hatten, rief er mir diese Frage aus dem Zimmer zu, in dem er, eine Hantel zu seinen Füßen, saß und in den Fernseher schaute, obwohl er nicht mehr viel wahrnehmen konnte. Vielleicht war es aber auch so, dass er nur noch eine unvermeidliche Verabredung hatte, die er so sehr fürchtete, dass er sie nicht beim Namen nennen konnte. Was wir auch vorhatten, er wollte sicher sein, dass wir es gemeinsam tun würden.

»Wenn du mit deiner Morgentoilette fertig bist, sag mir, was wir heute vorhaben, was wir als Nächstes tun werden«, rief er mir zu, als ich mich anzog. Seine Stimme klang so umgänglich und entspannt, dass ich plötzlich traurig wurde, weil mir bewusst wurde, dass er vorher nie so gesprochen hatte.

Etwas, das nicht zu ihm passte, etwas Unbestimmtes und Verletzliches hatte von ihm Besitz ergriffen. Es war schrecklich, mitzuerleben, wie der alte Krieger seine Rüstung ablegte, während der Feind immer näher kam. Wenn sogar dieser außergewöhnlich starke und vitale Mann sterben konnte, war keiner von uns sicher.

Es war der 9. November, der Jahrestag der Kristallnacht, ein Tag, der von vielen Juden als Tag der Trauer begangen wird, Trauer um das, was man verloren hatte.

Nach meiner Rückkehr aus Deutschland war ich zunächst nach Hause gefahren, um an Halloween, dem Pseudo-Feiertag der Kinder, bei Zach und Ariel zu sein, bevor ich wieder zu meinen Eltern fuhr. Aus irgendeinem Grund hatte ich mich auch gezwungen, einen Tag in die Bibliothek zu gehen, um zu lesen. Ich wollte den Tod verstehen und suchte Hilfe, um ihn auch meinen Kindern erklären zu können – jedenfalls redete ich mir das ein. Als ob es eine Antwort gäbe, die es einem ermöglicht, es zu verstehen, wenn jemand, den wir lieben, für immer fortgeht.

Die folgenden Tage hatte ich mit meinen Eltern verbracht, eingeschlossen in einem Kokon der Vertrautheit. Manchmal lag Dad zusammengerollt im Bett, den Kopf im Schoß meiner Mutter, und sie strich ihm über das Haar und streichelte seinen Rücken, als ob er ein Schuljunge wäre, der bei einer Prügelei verloren hatte und von seiner Mutter getröstet wurde. Es brach mir das Herz, zu sehen, wie sie sich auf diese Weise näherkamen, mit so viel Gefühl füreinander und so wenig verbleibender Zeit.

Nur selten hatten wir Besuch, aber regelmäßig kam Dads Sekretärin Zoanne die Treppe hinauf und stand neben seinem Bett oder seinem Stuhl, um Bericht zu erstatten oder Anordnungen entgegenzunehmen, wie sie sich im Geschäft verhalten sollte, das nun mehr oder weniger sie führte. Das Signal an der Bürotür, das wie das Muhen einer Kuh klang, drang durch das ganze Haus, und das knarrende Garagentor schwang auf und wieder zu, der Paketbote kam, um Sendungen zu bringen oder abzuholen, und Zoanne zog an ihrer Zigarette und teilte allen, die anriefen und Len sprechen wollten, unbekümmert mit, dass er leider außer Haus sei und zurückrufen würde.

Abends nach der Arbeit kam Gary zu Besuch, und Dad lag nur eines auf der Seele. Er mochte die Lebensgefährtin meines Bruders nicht und zwang sich aus der Teilnahmslosigkeit, in die er sich eingehüllt hatte, um seinem Sohn zu sagen, er solle sie aufgeben.

»Das Mädchen ist nichts für dich«, sagte Dad. Es waren die einzigen Abschiedsworte, die einen Rat enthielten. »Kannst du dir das nicht noch mal durch den Kopf gehen lassen? Es gibt so viele andere Mädchen da draußen. Kannst du dich an meine Nachtschwester im Krankenhaus erinnern? Donna – war das nicht ihr Name, Janine? Die war wirklich etwas Besonderes, und ich kann dir versichern, sie mochte dich.«

»Um Himmels willen, nachdem sie dich gesehen hat, wäre ich für sie doch nur eine Enttäuschung«, antwortete Gary mit einem gespielten Stirnrunzeln halb im Scherz in Anspielung auf Dads körperliche Vorzüge.

Unser Vater hatte großen Einfluss auf Gary – auch noch über seinen Tod hinaus: Innerhalb eines Jahres nach Vaters Tod heiratete er jene Krankenschwester, womit er Dads Vorschlag viel zu ernst nahm und in aller Eile in eine Verbindung eintrat, die schon drei Jahre später in einer Scheidung endete.

Wir waren darauf vorbereitet, dass die Neuropathie meines Vaters schlimmer wurde, vor allem nachts. Mom hatte ihm das ganze Ehebett überlassen und schlief auf dem Teppich, weil sie in seiner Nähe sein wollte, wenn er etwas brauchte, sich aber vorsehen musste, nicht getroffen zu werden, wenn er mit Armen und Beinen unkontrolliert um sich schlug. Pausenlos warf sich Dad im Bett hin und her, kämpfte darum, seine gelähmten Glieder zu bewegen, und landete mehr als einmal mit blauen Flecken und stöhnend auf dem Boden. Dann rief Mom in der Dunkelheit nach mir, damit ich ihr helfen konnte, ihn wieder ins Bett zurück zu heben. Wenn wir das nicht schafften, mussten wir die Feuerwehr zu Hilfe rufen.

Männer in Stiefeln und gelben Regenjacken stürmten die Treppe hinauf – während draußen die weißen Blinklichter nachts um drei die schlafende Straße taghell erleuchteten –, und damit wurden die Versuche, meinen Vater wieder sicher in sein Ehebett zu bringen, zum medizinischen Notfall.

Gutgelaunt und mit jugendlicher Leichtigkeit hoben ihn die Feuerwehrleute wieder zurück zwischen die Bettlaken, aber er empfand seine Hilflosigkeit angesichts dieser Zurschaustellung männlicher Kraft als Demütigung.

Deshalb mietete Mom – es war, ohne dass wir das wissen konnten, an seinem letzten Morgen – ein Krankenhausbett mit Gittern. Um dafür Platz zu schaffen, wurde ihr Doppelbett in den Flur geschoben und dort aufrecht an die Wand gestellt, wie eine Anschlagtafel, die darauf hinwies, dass das Schlafzimmer nur vorübergehend als Krankenzimmer genutzt wurde.

Den letzten Nachmittag verbrachten wir in dem Raum, der in meiner Mädchenzeit meiner gewesen war. Mom hatte daraus ein Arbeitszimmer gemacht, und normalerweise saß Dad dort vor dem Fernsehgerät und klickte sich durch die Programme, von Sport über Nachrichten bis zu den bekannten Filmklassikern, bei denen er sich darauf verlassen konnte, dass am Ende der Held siegte.

Jetzt aber drehte er sich plötzlich ohne etwas zu sagen in seinem Sessel um und tastete nach dem Tisch mit dem Deckchen auf Höhe seines Ellenbogens, in einem unbeholfenen Versuch, an das Telefon zu kommen. Die große Tischlampe mit dem vasenförmigen Keramikfuß wackelte gefährlich hin und her, und

Mom schoss von der Couch hoch, um sie aufzufangen. Sie stellte ihrem Mann das Telefon in den Schoß und ging, in der Annahme, zu wissen, warum er sich so angestrengt hatte, durch das Zimmer und holte ihr Adressbuch. Sie wusste, dass sie keine Zeit mehr haben würden, die zwischen ihnen entstandenen Wunden zu heilen, und wählte, ohne sich noch gegen all den Kummer in einer Ehe aufzulehnen, die auch anders hätte enden können, Carole Gordons Nummer.

»Bleib dran, Len möchte mit dir reden«, sagte sie ins Telefon, so distanziert, als ob sie seine Sekretärin wäre. Taktvoll und großzügig tat sie so, als ob sie nicht wisse, wer am anderen Ende war, überreichte meinem Vater den Hörer und zog mich aus dem Raum, damit er sich von der Frau verabschieden konnte, die aufzugeben er zahllose Male versprochen hatte, ohne es je wirklich ernst gemeint zu haben. Mom schloss die Tür hinter uns und gab erst dann den Tränen nach, die sie ihm nie gezeigt hatte, weil sie entschlossen war, ihn im Glauben zu lassen, dass es ihm wirklich bald besser gehen würde.

Tatsächlich hatten wir uns in der vergangenen Woche alle an den Rat des Arztes gehalten und keine Gespräche mit ihm gesucht, die über das Übliche hinausgegangen wären. Mom gegenüber hatte mein Vater nur einmal geäußert, dass er bedauerte, »ein Versager« gewesen zu ein. Er meinte damit, finanziell in seinem Leben nicht das erreicht zu haben, was er von sich selbst erwartet hatte.

»Das hat mich nie gestört«, antwortete meine Mutter. »Ich hätte mir nur gewünscht, dass du mir treu gewesen wärst.«

Im Flur sagte sie zu mir, dass es selbstsüchtig wäre, ihm ein letztes, tiefgehendes Gespräch aufzuzwingen, sosehr wir uns auch danach sehnen würden. Aber ich wünschte mir, ihm sagen zu können, wie sehr ich ihn immer geliebt hatte. Die bedrückende Last des Schweigens, obwohl es doch so vieles gab, was gesagt werden wollte, war kaum zu ertragen. Die Worte, die ich ihm sagen und die ich von ihm hören wollte, damit ich mich immer daran erinnern konnte, wurden nie ausgesprochen.

An diesem Nachmittag setzte ich mich gegen Mom durch, die seit Tagen nicht geschlafen hatte, und engagierte eine Krankenschwester, die die Nacht über bei ihm wachen sollte. Mom hatte, bevor die Krankenschwester kam, beschlossen, das Abendessen in eine Art Picknick zu verwandeln. Weil Dad die Treppe nach unten nicht mehr bewältigen konnte, hatte sie einen Klapptisch im Arbeitszimmer aufgestellt, damit wir dort mit ihm essen konnten.

Meine Mutter schickte mich los, Fisch und Gemüse einzukaufen, das Essen, das sie seit seinem Herzanfall vor zwanzig Jahren immer für ihn zubereitet hatte, und zum ersten Mal seit Tagen ging ich nach draußen. Wie eine Geisel, die aus dem Haus geflohen war, in dem ein Verrückter meine Eltern gefangen hielt, wünschte ich mir, ich könnte Hilfe finden, um sie zu befreien. Ich fuhr nach Fort Lee, während auf der Brücke hinüber nach Manhattan und in all den Wohntürmen jenseits des Hudson, die mein Vater immer so bewundert hatte, die Lichter angingen. Ich war überrascht, dass es die Welt mit all ihrer Geschäftigkeit noch gab.

Nach dem Essen, als wir ihm aufhalfen und er seine Arme auf unsere Schultern gelegt hatte, wurde Dad plötzlich schlaff. Mom und ich kämpften, damit er uns nicht entglitt, und riefen die Krankenschwester um Unterstützung. Wir strauchelten zum Schlafzimmer zurück, während Dads Knie nachgaben, und hoben ihn auf das geliehene Krankenbett. Sein männlich schönes Gesicht war leer, grausam fahl und ausdruckslos, aber als wir die Geländer hochzogen, damit er nicht herausfallen konnte, zerriss etwas in ihm. Dieser weitere Kontrollverlust war für ihn einer zu viel. Es war nicht möglich, das wilde Feuer, das ihn am Leben erhielt, zu zähmen oder einzusperren.

Mein Vater, bis zum letzten Moment ein Löwe, brüllte, schlug gegen das Geländer und rang um Luft, seine blauen Augen vor Angst und Wut starr und weit aufgerissen. Ich wollte ihn anfassen, um ihn zu beruhigen, aber er wirbelte mit seinen Armen wie wild um sich. Seine verkrallten Finger fuhren durch die Luft, er wurde von einer schrecklichen, letzten Panik ergriffen und wehrte mich mit aller ihm noch verbliebenen Kraft ab. In einem Anfall von unbewusster Raserei zerkratzte er mir die Haut unterhalb meines Daumennagels, sodass das Blut hervortrat. Noch heute habe ich auf meinem Daumen eine kleine weiße Narbe, eine bleibende Erinnerung an meinen Vater, an den Augenblick, in dem wir gegeneinander gekämpft hatten, weil wir uns beide liebten, und Dad seine Unabhängigkeit auch in seinen letzten Stunden behaupten wollte.

In der Nacht litt er schrecklich. Wir weinten vor Verzweiflung, weil wir ihn nicht beruhigen konnten und Mom versuchte, seinen Arzt zu erreichen, der das Interesse an seinem Patienten an dem Tag verloren hatte, als die Chemotherapie einen Herzinfarkt auslöste. Jetzt, nach Mitternacht, als wir seinen Anrufbeantworter mit so viel gequälter Hilflosigkeit vollgesprochen hatten, dass er zurückrief, riet er uns, ihm ein stärkeres Beruhigungsmittel zu verabreichen. Er warnte uns, dass dieses Medikament die Herzfrequenz herabsetzen würde und so seinen Tod beschleunigen könnte, aber es würde ihm Ruhe bringen und das wäre eine Gnade. Mom beendete das Telefonat und starrte mich schweigend an. Alle Farbe war aus ihrem Gesicht gewichen. Dann sagte sie, man erweise der Achtung vor dem menschlichen Leben, die immer ein Eckpfeiler von Dads Grundhaltung gewesen war, einen schlechten Dienst, wenn man zulasse, dass er wie ein verwundetes Tier stumm leide.

Ich stand wie betäubt neben ihr an der Küchentheke, wo sie uns wie so oft in diesen frühen Morgenstunden im Herbst einen Snack zubereitet hatte, der sie an ihre Kindheit erinnerte: geröstete Walnüsse mit Apfelstücken und Weißwein. Weil Dad die Nüsse nicht mehr selbst öffnen konnte, durchsuchte sie die Schüssel, wählte die schönsten und größten aus und knackte sie für ihn. Jetzt rannen ihr Tränen die Wangen hinunter, und voller Liebe bereitete sie sich darauf vor, ihn ein letztes Mal zu füttern. In aller Hochachtung vor dem Mann, mit dem sie ihr Leben geteilt hatte, zerstampfte sie eine Tablette, mischte sie unter die Apfelstücke, und trug die Schüssel nach oben. Wir saßen bei ihm, bis er aufhörte, mit Armen und Beinen um sich zu schlagen, und in einen Dämmerschlaf versank, aber wir konnten nicht einschätzen, was das bedrohliche Rasseln in seiner Brust bedeutete.

Und so überzeugte ich kurz nach drei Uhr morgens meine Mutter, sich selbst ein wenig auszuruhen. Die Krankenschwester sollte uns sofort rufen, wenn Dad aufwachen würde. Wir gingen ins Gästezimmer, wo wir, so wie wir es gemacht hatten, als ich dreizehn Jahre alt war und Dad unser Haus verlassen und versucht hatte, mit einer anderen Frau zusammenzuleben, nebeneinander in der Dunkelheit lagen. Jetzt war die andere Frau an der Seite meines Vaters eine Krankenschwester, eine Frau, die nichts von seiner Anziehungskraft wusste.

Nein, sie kannte seine Beredsamkeit nicht und auch nicht die weiche Musik seiner tiefen Bassstimme, war nie von seiner Fähigkeit, jedes komplexe Problem blitzschnell zu analysieren, beeindruckt worden, war nie von ihm über einen Tanzboden gewirbelt worden, hatte nie gekichert, wenn er ihr das Haar mit einem Winkellineal schnitt, um sicher zu sein, dass jede Strähne die perfekte Länge hatte, hatte nie miterlebt, wie er das ganze Wochenende über unermüdlich arbeitete, um uns ein gemütliches Heim zu bereiten, hatte nie gehört, wie er in fehlerfreiem fremden Akzent einen Witz erzählte, und hatte nie die Lebensfreude aus seinen Augen blitzen sehen.

Nein, sie kannte all das nicht, saß auf ihrem Stuhl an seinem Bett, wo sie Wache halten sollte – und schlief in der Stille der Nacht ein. Und so begegnete mein Vater, irgendwann in einer grausamen Stunde, in der er unbeobachtet war, allein dem Tod.

Als ich aufwachte, schlich die graue Frühdämmerung unter den Jalousien hervor. Die Schwester hatte mich durch die Bettdecke hindurch an den Zehen gezogen. Sie legte einen Finger auf ihre Lippen und machte mir ein Zeichen, ihr zu folgen. Eingeklemmt zwischen meiner Mutter und der Wand kroch ich über das Fußende aus dem Bett, um Mom nicht aufzuwecken. Ich war froh, dass sie nach so vielen schaflosen Nächten auf dem Fußboden ruhig und tief atmete.

»Er hat uns verlassen«, sagte die Schwester plötzlich im Flur, wo auch die antike Uhr aufgehört hatte zu ticken, weil sie seit Wochen nicht mehr aufgezogen worden war.

Ich hätte gerne um uns herum eine Barrikade errichtet. Ich hatte Angst, die Schwester würde irgendein Amt anrufen, das ihn uns wegnehmen würde, und schob sie schnell aus der Tür, um die Welt von uns fernzuhalten. Ich ging zurück und küsste Dads lebloses Gesicht mit dem feinen, sandpapierartigen Ein-Tages-Bart und nahm seine kalten, schweren Hände in meine. Dann sank ich in den mit gelber Seide bezogenen Sessel im provenzalischen Stil, der noch warm war von der Schwester, die darin geschlafen hatte, und kämpfte mit dem Gedanken, dass nun, wo zwischen ihm und mir eine unüberbrückbare Distanz lag, mein Vater, der mir immer ausgewichen war, auf einmal für mich erreichbarer war als je zuvor. Ich überlegte mir, ob ich Mom noch ein paar Stunden schlafen lassen sollte, jetzt wo sie ihre Pflicht ihm gegenüber erfüllt hatte. Aber ich saß einige Zeit bei ihm und ging dann, um sie zu wecken. Ich wollte, dass sie ihrem Mann näher war als jede andere Frau, auch wenn diese andere Frau seine Tochter war, die ihn auf ihre eigene Weise immer geliebt hatte.

SECHSUNDZWANZIG

Midi Moins Dix

An einem Winterabend, fast drei Monate nachdem mein Vater gestorben war, besuchte sein langjähriger Finanzberater Janine und Gary, um mit ihnen über die Rücklagen der Familie zu sprechen. Er war ein aristokratischer deutscher Jude mit dem richtigen Gespür und den nötigen finanziellen Ressourcen, um die trendigen Gemälde von Lucian Freud zu sammeln. Er machte diesen Hausbesuch in New Jersey nur, um Janine einen Gefallen zu tun, und aus seiner Achtung gegenüber Janines Vater, die bis in die Freiburger Zeit zurückreichte. Loyal gegenüber früheren Generationen beugte er sich über Bankabrechnungen und Bewertungen von Finanzmaklern, die auf dem Esstisch verstreut lagen, und kam zu dem Schluss, dass Dads Finanzgeschäfte außerordentlich verwirrend waren.

Vor seinem Tod hatte Len die Nachweise seiner Geldanlagen auf seinem Computer gespeichert und durch ein Passwort gesichert. Die örtlichen Computerläden schafften es nicht, den Code zu knacken, und Gary schickte die Festplatte an eine Firma in Texas, die sich auf das Hacken von gesicherten Daten spezialisiert hatte. Irgendwie ging sie dabei verloren.

Kurz nach neun Uhr an diesem Abend klingelte das Telefon in der Küche. Angesichts der schwierigen Lage, die vor ihnen auf dem Tisch ausgebreitet war, erwarteten beide Männer, dass Janine, die sich entschuldigte und hinausging, um den Anruf entgegenzunehmen, schnell wieder auflegen und zu ihnen zurückkehren würde. Aber keiner der beiden, und am wenigsten Janine, konnte damit rechnen, dass sich an diesem Abend ein weiteres Mal die Vergangenheit zu Wort melden würde.

»Allô? Bonsoir, Janine? C'est vraiment vous? Hallo? Guten Abend, Janine, sind Sie das wirklich? Hier ist Roland Arcieri... Ich glaube, Sie können sich erinnern, aber ich hoffe, ich störe Sie nicht. Meine Schwester in Mulhouse hat mir Ihre Telefonnummer gegeben, nachdem Ihre Tochter sie vor drei Monaten besucht hat. Aber ich gebe zu, ich habe bis jetzt gezögert, Sie anzurufen.«

Die Stimme am Telefon sprach französisch mit dem schweren elsässischen Akzent, bei dem das harte »r« in den Hals hinunterrutscht, und er betonte ihren Namen auf der ersten Silbe, was »TSCHA-nien« eine Betonung gab, die außer Len nie ein Amerikaner beherrscht hatte.

Janine hörte, wie Roland Arcieri ihren Namen sagte, und ihre Knie gaben nach. Die Jahrzehnte waren wie weggeblasen. Jeder ihrer müden Muskeln, die sie all die Jahre vorangetrieben hatten, sie dazu gebracht hatten, gegenüber ihren Eltern und ihren Kindern, ihrem Mann und seiner Familie ihre Pflicht zu erfüllen, war plötzlich aufgeschreckt und erwachte zu neuem Leben. Auf einmal begann die Welt mit unendlich vielen neuen Möglichkeiten zu leuchten, Möglichkeiten, die ihr ganzes Leben lang immer mit einem geliebten Namen verbunden waren.

»C'est Roland Arcieri!... J'espère que je ne vous dérange pas. Ich hoffe, ich störe Sie nicht.«

Sie bemerkte, dass er sie auf Französisch und mit dem formellen »vous«, dem »Sie«, angesprochen hatte, und suchte nach Worten, um das sofort zu ändern. Sie ertrug es nicht, nicht einmal am Telefon, dass sie, nachdem sie fast ein halbes Jahrhundert gewartet hatte, für ihn eine steife, förmliche »Sie« geworden war.

»Roland! Ich bin so froh, nach so langer Zeit von dir zu hören. Das ist eine wunderbare Überraschung! Aber lass uns doch ›du‹

zueinander sagen? Für mich würde das zumindest viel natürlicher klingen: ›du‹ und nicht ›Sie‹.«

Als sie sich diese Worte auf Französisch sagen hörte, die tänzelnde Melodie ihrer Stimme, war sie selbst überrascht, dass in ihr ein Anflug von Koketterie lag, von der sie geglaubt hatte, er passe nicht mehr zu ihr.

»Wir können auch englisch reden«, antwortete er. Sie war enttäuscht, weil er ihr Angebot überging und zum neutralen »you« der englischen Sprache gewechselt war, das keinen Unterschied machte, ob man miteinander vertraut war oder nicht.

»Ich lebe seit 1949 in Kanada, und ich rede mir immer ein, dass ich diese schreckliche Sprache einigermaßen vernünftig sprechen kann.«

Janines glucksendes, mädchenhaftes Lachen hatte erstaunte Blicke aus dem Esszimmer zur Folge, wo Gary und der Finanzberater ungeduldig warteten.

»Gut, also, wenn du ein paar Sekunden warten kannst, würde ich lieber oben weiter mit dir reden«, antwortete sie. Weil sie ins Englische gewechselt hatten, wollte sie sich lieber zurückziehen und gab ihrem Sohn ein Zeichen, dass er den Hörer in der Küche auflegen sollte, sobald sie das Telefon in ihrem Schlafzimmer abgehoben hatte.

»Was zum…?«, wollte Gary sie fragen, aber sie wischte mit dem Arm durch die Luft, um ihm das Wort abzuschneiden, eilte grinsend an ihm vorbei die Treppe hinauf und schloss die Schlafzimmertür.

In den folgenden zwanzig Minuten ihrer Unterhaltung erzählte Janine Roland, dass sie am 28. Juli 1947 geheiratet hatte, dass ihre Ehe nicht ohne Schwierigkeiten gewesen sei und dass sie ihren Mann im November verloren hatte. Sie redete über ihre Kinder, über Trudi, über ihre Eltern, die beide gestorben waren, und über den vorzeitigen Tod ihres Bruders im Jahre 1976, der ein Opfer seines Lebenswandels geworden war.

»Es tut mir sehr leid um deinen Mann und um Norbert. Ich hatte gehofft, dass ich Norbert irgendwann einmal wiedersehen würde«, sagte Roland. Es waren Worte, die der in ihr aufkeimenden Hoffnung Nahrung gaben, er wolle auch sie wiedersehen. »Weißt du, ich habe den Kerl immer gemocht. Aber wenn es um schlechte Angewohnheiten geht, bin ich auch kein Kandidat für eine Heiligsprechung. Ich bin meinem Scotch und den Zigaretten immer noch treu ergeben.«

Er sagte ihr, dass er genau einen Monat nach ihrer Hochzeit mit Len zum ersten Mal geheiratet hatte, wenn auch nicht freiwillig. Er hatte nach der Befreiung Frankreichs einige Monate, in denen nicht viel geschah, bei der 1940 von General de Gaulle gegründeten »Freien Französischen Armee« zugebracht, war nach seiner Entlassung 1945 nach Mulhouse zurückgekehrt und dort zufällig Lisette begegnet.

»Sie hat mir gesagt, dass du in Amerika ein neues Leben begonnen hättest und dass ich mich von dir fernhalten sollte, weil ich sonst nur Unglück über dich bringen würde«, sagte er.

»Um Himmels willen!«, warf Janine ein. »Sie wusste, wie verzweifelt ich darauf gehofft habe, von dir zu hören. Hat sie das wirklich gesagt? Weißt du, ich glaube, sie hat mir nie vergeben, dass ich sie in diesem Dreckloch von Hotelzimmer in Marseille zurückgelassen habe, um mich in jener Nacht, bevor wir nach Casablanca abgefahren sind, mit dir zu treffen. Sogar noch zwanzig Jahre später, als sie uns besucht hat, hat sie mir das übelgenommen.«

»Wie schade, vor allem, weil du so uncharmant warst, in unserem idyllischen Hotelzimmer einzuschlafen. Im Nachhinein hättest du sie ruhig mitbringen können«, witzelte er.

»Nach allem, was wir hinter uns hatten, war es doch kein Wunder, dass ich todmüde war«, sagte Janine.

Die in einem Traum geborene Erinnerung daran, wie sie durch das Fenster vor den Nazis auf das Hoteldach geflohen waren, war ihr noch immer vor Augen. »Aber du hättest mich wecken sollen! Ich habe immer bedauert, dass ich in dieser Nacht eingeschlafen bin!«

»Ah!«, entgegnete er, und seine Stimme konnte nicht verbergen, wie schwer es ihm gefallen war, sich zurückzuhalten. »Das war nur einer der nicht wiedergutzumachenden Fehler, die wir damals begangen haben.«

Erst im Oktober hatte er von seiner Schwester erfahren, warum Janine seine vielen Briefe nie beantwortet hatte. Dass dahinter keine Absicht lag, sondern dass ihr Vater eingegriffen hatte. All die Jahre seit ihrer Trennung hatte er geglaubt, ihr Schweigen bedeute, dass sie beschlossen hatte, mit ihrem Leben voranzugehen und ihn zu vergessen. Offensichtlich waren in Amerika andere an seine Stelle getreten, so wie es Lisette hatte durchblicken lassen. Dennoch war er furchtbar verletzt gewesen, dass sie niemals auch nur den Versuch unternommen hatte, ihm das mitzuteilen, und ihn stattdessen mit gebrochenem Herzen im Ungewissen gelassen hatte.

»Du musst zugeben, dass es deine Schuld ist, wenn ich beim Thema Liebe generell zum Zyniker geworden bin«, sagte er, in seiner Stimme ein leiser Vorwurf. Er machte eine Pause, und sie hörte, wie er eine Zigarette anzündete, einen Zug nahm, und das weckte in ihr den gleichen Wunsch. Sie kramte in ihrer Nachttischschublade nach der Packung, die sie dort für Notfälle aufbewahrte, obwohl sie zahllose Male versprochen und auch den Entschluss gefasst hatte, aufzuhören.

»Stell dir vor, wie erstaunt ich war«, fuhr er fort und sprach auf einmal korrekt und ein wenig gespreizt, »als meine Schwester mir geschrieben hat, dass du deine Tochter geschickt hast, um mich in Mulhouse ausfindig zu machen. Das war natürlich ziemlich schmeichelhaft, aber nach so langer Zeit auch überraschend. Ich kann dir versichern, dass ich zuerst nicht wusste, wie ich das zu verstehen hatte.«

»Aber ich habe sie nicht geschickt«, unterbrach ihn Janine verärgert. »Ich wusste nicht einmal, dass sie nach Mulhouse fahren würde. Ich dachte, sie wäre bei einem Treffen in Freiburg. Ich hätte mir das vielleicht gewünscht, aber ich wäre nie so vorgeprescht. Sie hat sich ganz allein dazu entschlossen! Ich habe erst hinterher davon erfahren.«

»Na ja, das habe ich anders verstanden«, sagte Roland, nur halb im Scherz, »und meine arme Schwester, la pauvre, nimmt es immer sehr genau, wenn sie einem etwas erklärt. Ich lese dir ihren Brief vor. Er ist, das möchte ich hinzufügen, auf den 22. Oktober datiert. Ich bin froh, dass sie mir weitaus schneller geschrieben hat, als du es damals für nötig gehalten hast. Also, ich fange an:

Lieber Roland,
ich möchte dir gleich mitteilen, dass mich gestern eine Madame Leslie Maitland besucht hat, die Tochter von Janine Günzburger, die du früher gekannt hast. Sie war gerade in Europa und ihre Mutter hat sie damit beauftragt, etwas über dich in Erfahrung zu bringen, im Glauben, dass du noch in Mulhouse lebst. Leslie ist eine sympathische Person und spricht ein wunderbares Französisch. Sie wohnt in Washington und ihre Mutter in der Nähe von New York. Ihre Mutter hat oft mit ihr über dich gesprochen. Sie hat mich gebeten dir mitzuteilen, dass Janine nie auf deine Briefe geantwortet hat, weil ihr Vater sie abgefangen hat. Sie hat die Briefe erst später gefunden und war dann untröstlich, weil sie dir nicht geantwortet hat. Wir haben lange über dich geredet...

Meine Schwester verhält sich generell untadelig und hat sich insgeheim entschlossen, keinerlei Informationen weiterzugeben, ob oder wie ich versuchen würde, Kontakt zu dir aufzunehmen.«

Roland hatte aufgehört, vorzulesen, fuhr aber, bevor Janine nachfragen konnte, in seinen Erklärungen fort, wie Emilienne zu ihrer Einschätzung meines Besuches bei ihr gekommen war.

»Ihr Brief – weißt du was? Ich schicke ihn dir! – hat mir keinerlei Hinweise gegeben. Als ob ich nicht merken würde, dass sie da etwas verheimlicht! Ich musste sie anrufen und ausquetschen: ›Komm schon, meine Liebe, ganz bestimmt hat Janines Tochter ihre Adresse und Telefonnummer hinterlassen, wenn sie es schon auf sich genommen hat, dich ausfindig zu machen und aufzusuchen.‹ Aber als ich ihr diese Informationen aus der Nase gezogen hatte, bekam ich irgendwie Angst, dich anzurufen. Ich dachte, dein Mann würde es nicht gut finden, wenn dein früherer Verehrer plötzlich aus heiterem Himmel auftaucht, und deshalb hat es drei Monate gedauert, bis ich mir ein Herz gefasst habe.«

»Zu diesem Zeitpunkt«, sagte Janine mit einem Seufzer, »war Len schon viel zu krank, als dass er Einwände gegen irgendetwas gehabt hätte. Aber ich hoffe, deine Schwester war über den Besuch meiner Tochter nicht allzu schockiert. Ich hatte wirklich keine Ahnung, dass sie versuchen würde, Kontakt zu dir aufzunehmen. Jetzt bin ich nicht unglücklich, dass sie es getan hat – es ist wunderbar, von dir zu hören ... Aber sag, wieso bist du nach Kanada gegangen? Sie hat mir erzählt, dass du in Montreal lebst?«

Bevor Roland antworten konnte, hörten sie, wie Gary in der Küche den Hörer aufnahm.

»Mom, was zum Teufel ist los?«, schimpfte er. »Wie lange willst du uns noch auf dich warten lassen? Wir sind dabei, die ganze Sache abzublasen!« Und damit rammte er den Hörer auf die Gabel.

»Oh entschuldige«, sagte Roland, »ich sehe schon, ich habe dich bei etwas Wichtigem unterbrochen. Ich hätte dich von Anfang an fragen sollen, ob es dir passt. Entschuldige, aber ich habe mich so gefreut, dich doch noch zu erreichen, dass ich nur am mich gedacht habe. Geh jetzt, bevor du Schwierigkeiten bekommst. Ich rufe ein anderes Mal wieder an.«

»Warte! Wann?«, rief Janine voller Angst, die Verbindung würde unterbrochen.

»Ich versuche es morgen«, sagte er, und wieder fiel ihr das französische doppelte »r« auf, das seinen Gaumen entlangrollte und ihm im Englischen einen Akzent verlieh, der viel stärker war als ihr eigener. »Morgen Nachmittag. Bis dann. Küsschen.«

Am folgenden Tag kam Trudi zu einem ihrer seltenen Besuche nach New Jersey, und als, wie versprochen, Roland wieder anrief, wollte Trudi ihm auch »Hallo« sagen.

»Ooh, das ist so wunderbar!«, sprudelte Trudi ins Telefon. »Ich kann gar nicht glauben, dass du das bist, nach so vielen Jahren.« Als sie ihr den Hörer zurückgab, war es an Roland zu sagen, dass er gehen musste. Er würde sein Bestes tun, sagte er zu Janine, am nächsten Tag wieder anzurufen.

Als sie mir an diesem Abend erzählte, was geschehen war, klang sie in ihrer Sorge, ob Roland ein drittes Mal anrufen würde, genauso wie das Schulmädchen, das sie gewesen war.

Ich wiederum hatte, wenn es um Roland ging, seit meiner Rückkehr aus Mulhouse vorsichtig geschwiegen und bildete mir jetzt ein, dass ich, vielleicht, ihr Schicksal beeinflusst hätte, damit sie wieder zueinander fänden. Und jetzt schreckte meine Mutter davor zurück, darüber auch nur nachzudenken.

»Er ruft bestimmt nicht noch mal an«, stöhnte sie, »ich habe nun mal kein Glück.«

Sie zählte zum hundertsten Mal all die vielen Dinge und Personen auf, die dafür gesorgt hatten, dass sie nicht zusammengekommen waren. Natürlich zuerst der Krieg. Dann der, der die meiste Schuld trug, ihr Vater, der Rolands Briefe versteckt und seine Versuche, sie in New York ausfindig zu machen, hintertrieben hatte. Dann war da ihr Cousin Herbert, der ihr jede Woche mit seinen mittäglichen Predigten die Gefahren aufgezeigt hatte, die damit verbunden wären, ihr Zuhause zu verlassen und auf eigene Faust nach Europa zurückzukehren. Sie hatte es zwar vorher nicht gewusst, aber, das jedenfalls hatte Roland gesagt, sogar ihre Freundin Lisette hatte sich eingemischt und ihn nachdrücklich davor gewarnt, ihr hinterherzureisen! Verdrängt und bis dahin nicht wiederentdeckt, erwähnte sie nicht den verleumderischen Brief, den Norbert 1945 aus Lyon geschrieben hatte. Auch Edy hatte vor Jahren seinen Teil dazu beigetragen, bemerkte sie, mit seinen dunklen Andeutungen darüber, dass Roland ein unsolider Mensch wäre. Sogar Emilienne passte in das Raster, weil sie nicht weitergegeben hatte, wo Roland sie jetzt erreichen konnte.

»Und dazu kommt noch«, fügte sie hinzu, »dass Gary, als er den Hörer aufnahm, so wütend war, dass ich gar nicht zugeben wollte, dass er mein Sohn ist. Und als Roland das nächste Mal anrief, hat sich Trudi das Telefon gegriffen und meine Zeit mit ihm für sich in Anspruch genommen. Habe ich je eine Chance gehabt mit dem Mann, den ich mir mein Leben lang gewünscht habe? ... Ich glaube, ich sollte dir dankbar sein – wenn du nicht gewesen wärst, wüsste ich nicht einmal, dass er noch lebt ... Aber, jetzt mal ehrlich: Glaubst du, er ruft mich zurück? Glaubst du wirklich, er ruft wieder an?«

Am folgenden Abend sagte sie einer Freundin ab, mit der sie eigentlich essen gehen wollte, damit sie auf jeden Fall zu Hause war, nur für den Fall – und wurde mit einem Anruf belohnt. Dieses Mal wurden die beiden nicht unterbrochen und redeten stundenlang miteinander. Sie erfuhr alles über sein Leben, angefangen mit jenem Augenblick in Marseille, als sie ihn zuletzt gesehen hatte, in seinem Ruderboot, das in den Wellen inmitten der falsche Fröhlichkeit vortäuschenden Mimosen auf- und abtanzte, bis er nur noch ein Punkt am Horizont war.

Er schilderte ihr, wie er es erlebt hatte: An jenem kühlen Tag im März vor fast fünfzig Jahren war er zurück an den Kai gerudert und den Hügel zu Notre Dame de la Garde hinaufgerannt. Von seinem Gipfel über dem Mittelmeer hatte er ihrem Schiff auf seinem Weg nach Nordafrika nachgeblickt, solange er es am Horizont ausmachen konnte. Dort oben hatte er sich mit Roger verabredet, und als die Dämmerung kam und die »Lipari« im Dunst verschwand, fuhren sie nach Lyon zurück. Da war Roland fast durchweg geblieben und hatte so unauffällig wie möglich gelebt, bis der Krieg vorüber war.

Rogers Schicksal, aber auch das von Janines Verwandten in Lyon sprachen beide nicht an, aber der Schatten der Toten war in seinen Worten spürbar, als Roland versuchte, die Freude zu schildern, die das ganze Land bei der Befreiung ergriff. Nach fünf harten Leidensjahren feierten viele aus ihrer Generation, die sich vom Krieg um ihre Jugend betrogen fühlten, ausgelassen ihr Überleben. Durch den Frieden war die ganze Nation von einem Hochgefühl ergriffen, erzählte Roland, und er war nicht der Einzige, der nichts als Feiern im Sinn hatte.

Nach seiner Rückkehr nach Mulhouse hatte er begonnen, mit dem Verkauf von Stoffen, die er von der Firma seines Vaters bezog, Geld zu verdienen. Dann, nach dessen frühem Tod im Jahr 1947, verlegte er sich mit Begeisterung darauf, jeden Franc auszugeben. Er verdiente mehr und spielte immer riskanter. Einige Zeit zuvor hatte Norbert ihn besucht, der in Deutschland stationiert war. Er trug eine Uniform der amerikanischen Armee, fuhr einen beeindruckenden, großen Wagen – einen Packard mit einem Knopf am Lenkrad –, und neben ihm auf dem Beifahrersitz saß ein Deutscher Schäferhund. Sie gingen zusammen etwas trinken.

»Ich habe ihn angebettelt, dir zu sagen, dass ich auf dich warte – ich brauchte dich und ich liebte dich. Und ich konnte mir nicht erklären, warum ich nichts von dir hörte«, erinnerte sich Roland. »Norbert hat mir versprochen, er wolle dir das sagen, und danach war ich sicher, dass du schreiben würdest, aber ich hörte kein Wort von dir, trotz all der schönen Versprechen, die wir einander gegeben hatten. Ich glaube, irgendwann wurde ich dann wütend. Tant pis. C'est ça. Jetzt ist es genug, das war's. Ich fing an, mich mit jedem Mädchen zu amüsieren, das mich wollte. Ich schwor, ich würde mich nie wieder verlieben. Deinetwegen wurde ich, comme on dit, l'homme le moins romantique du monde – wie sagt man, der unromantischste Mann auf der Welt –, und daran, ma chère, hat sich nie etwas geändert.«

Janine wusste nicht, wie sie ihm antworten sollte. Norberts absichtliches Schweigen, dass er sein Versprechen gebrochen und Rolands Botschaft nicht weitergeleitet hatte, machte sie sprachlos. Einmal mehr war sie von den Menschen betrogen worden, die vorgaben, sie am meisten zu lieben, weil sie ihr die Freiheit genommen hatten, ihr Leben selbst zu gestalten.

»Du hättest mich nicht leiden können, weil ich der Typ Mann wurde, der an nichts glaubt. Ich bin fast froh, dass du mich damals nicht erlebt hast«, fuhr Roland fort. Nach einem flüchtigen sexuellen Abenteuer musste er auf einmal feststellen, dass er für eine unfreiwillige Schwangerschaft verantwortlich war. Colette, das Mädchen, um das es ging, war gerade 21 Jahre alt und hatte sich genau wie er in die Freuden der Nachkriegszeit gestürzt. Als ihre Eltern, wohlhabende Blumenhändler, von ihrem Zustand erfuhren, übernahmen sie das Kommando.

»Was folgte, war ein einziges Tohuwabohu«, sagte Roland und gebrauchte einen Ausdruck, der Janine überraschte, weil er von ihrem Franzosen kam.

Sie sah Colette vor sich, eine zierliche, vollbusige Blondine mit lockigem Haar, eine frühere Schulkameradin, die in jenem glücklichen Jahr in Mulhouse mit ihr auf das gleiche Mädchengymnasium gegangen war.

»Colette behauptete, aus besseren Verhältnissen zu kommen als ich«, sagte Roland. Ihre Mutter, eine Calvinistin aus der Schweiz, war die Tante der beiden Woll- und Textilindustriellen Hans und Fritz Schlumpf, die später, obwohl schon damals absehbar war, dass das im Ruin enden würde, in einer früheren Mühle die Sammlung Schlumpf, das Nationale Französische Automuseum von Mulhouse, gründeten.

Ihre Eltern waren deshalb nicht begeistert von einem Schwiegersohn, der auch im Alter von 27 noch nicht sicher war, wie seine finanzielle Zukunft aussehen würde. Aber Colettes Schwangerschaft ließ ihnen keine Wahl. Sie organisierten schnell die Hochzeit, die im Rathaus von Mulhouse stattfand. Er liebte sie nicht, aber das schien ihm nichts auszumachen, und es war einfacher, zuzustimmen, als sich zur Wehr zu setzen. Sie heirateten am 28. August 1947 – genau einen Monat nach Janines Hochzeit –, und ihre Tochter wurde sieben Monate später geboren. Aber die Ehe war schon vor der Heirat zum Scheitern verurteilt.

»Wie konnte dir das passieren?«, platzte es aus Janine heraus. »Hast du keine Vorsichtsmaßnahmen getroffen?«

»Was soll ich sagen? Ich war jung und leichtsinnig? Und am Ende bin ich dafür bestraft worden.«

Er zog ins Haus seiner Schwiegereltern, während diese sich darum kümmerten, eine schöne Wohnung umzubauen, die sie ihnen zur Hochzeit geschenkt hatten. Dann, sagte er, wurde er zunehmend unwilliger und rebellischer, und die Umstände führten unweigerlich in die Katastrophe, weil er unter die Aufsicht von

Fifine, der langjährigen Haushälterin seiner Schwiegereltern, gestellt war.

»Colettes Mutter war dauernd in der Firma, und Fifine hatte sich um Colette gekümmert, seit sie ein Baby war, und wachte noch immer über sie wie über ein kostbares Juwel. Als Fifine auffiel, dass ich vor dem Abendessen oft fort war, ließ sie mich von einem Detektiv beschatten, der sein Geschäft verstand und mich mit bewundernswerter Tüchtigkeit bis zu einem beliebten ›maison de passe‹ verfolgte.«

»Was ist das?«, wollte Janine wissen.

»Ein Haus am Stadtrand, eine Art anspruchslose Bar mit einigen Séparées, wo Frauen, die sich etwas Geld verdienen wollten, hingingen und ihre Reize anboten«, antwortete Roland. »Aber glücklicherweise – oder unglücklicherweise – gehörte auch Colettes Vater zu den Kunden dieses Etablissement. Und deshalb traf ich eines Abends dort den alten Knaben. Gerade als ich gehen wollte, kam er.«

Als Roland, nachdem er sich noch unterwegs mit ein paar Freunden getroffen hatte, nach Hause kam, hatten sich Colettes Eltern und Fifine im Wohnzimmer versammelt und stellten ihn zur Rede.

»Wenn du nur so vernünftig gewesen wärst, mit mir zusammen nach dem Abendessen dahin zu gehen, wenn ich meine kleinen Besuche dort mache, statt für Verwunderung zu sorgen, weil du zu spät zum Essen nach Hause kommst, hättest du uns allen eine Menge Ärger erspart«, tadelte ihn sein früherer Schwiegervater heimlich, nachdem er bereits seinen Anwalt, den bekannten Maître Edmond Cahen, beauftragt hatte, für die Scheidung seiner Tochter zu sorgen.

»Es ist der Beweis«, sagte Roland mit schelmischem Unterton, »für die außerordentlichen anwaltlichen Fähigkeiten deines berühmten Cousins, aber auch für die gesellschaftliche Stellung meiner Schwiegereltern und die unbestreitbare Schuld des Ehemannes auf Abwegen, dass die Scheidungsformalitäten, die normalerweise mindestens ein Jahr brauchen, in nur zwei Monaten abgewickelt worden sind. Wegen meiner Tochter hätte ich die Familie zusammengehalten, aber Colettes Eltern bestanden auf der Scheidung, und im Großen und Ganzen lief die Sache freundschaftlich ab. Nach dem Scheidungstermin bin ich sogar mit Colette und Edy zum Mittagessen gegangen. Das war, glaube ich, das letzte Mal, dass ich deinen Cousin gesehen habe.«

»Mach dir nichts draus«, sagte Janine, »du hast bei ihm einen bleibenden Eindruck hinterlassen. Als ich in den Sechzigerjahren in Mulhouse war und Edy gefragt habe, was aus dir geworden ist, hat er mir geraten, mich von dir fernzuhalten. ›Vergiss ihn!‹, hat er mir gesagt. ›Er ist am Ende. Die Frauen haben Roland Arcieri ruiniert‹.«

»So war's auch«, bestätigte Roland.

In die ungute Stille hinein, die diesem Eingeständnis folgte, hörte sie das metallische Klicken seines Feuerzeuges, als er sich eine neue Zigarette anzündete.

»Nach meiner Scheidung wurde ich zum Gespött von ganz Mulhouse«, fuhr er fort. »Du weißt ja, wie die Gerüchteküche dort funktioniert. Alle gehässigen Leute zogen über mich her. Aber es wird dich nicht wundern, dass nicht eines von den Klatschmäulern mit dem Klapperstein um seinen Hals durch die Stadt gezerrt worden ist. So viel zu Sitten und Gebräuchen in meiner Heimatstadt. Auch alle meine Freunde haben mich ausgelacht. Zuerst bin ich in eine Ehe hineingezwungen worden, die ich nicht wollte. Dann bin ich wegen einer jugendlichen Unvorsichtigkeit – nichts, was die anderen Jungs nicht auch getan hätten, weil wir nachholen wollten, was uns der Krieg genommen hatte – wieder zurückgeworfen worden auf die Straße und hatte meine Schuldigkeit getan!«

»Wie schlimm für dich!«, bemühte sich Janine, Verständnis auszudrücken, obwohl sie nicht erfreut war über das, was er ihr erzählte. Sie musste sich einfach die Frage stellen, wie ihre Ehe verlaufen wäre. Es wäre für sie unerträglich gewesen, wenn Roland sie betrogen hätte. Mit Len war es schlimm genug gewesen. »Ich glaube, Lisette hatte recht«, antwortete sie. »Als sie mich hier besucht hat, sagte sie, es wäre richtig gewesen, dass ich dich nie geheiratet habe, weil ich dich viel zu sehr geliebt hatte, als es gut für mich war.«

»Im Rückblick mag das schon stimmen«, entgegnete er. Es war eine offene Antwort, aber es war nicht die, die sie gerne gehört hätte. »Was hatte ich dir schon zu bieten?«

»Aber du weißt doch, dass mich das nie interessiert hat!«, warf sie heftig ein. »Ich habe immer geschworen, ich wäre glücklich gewesen, mein Leben mit dir in einer Mansardenwohnung zu verbringen und Fußböden zu schrubben, wenn wir nur zusammen gewesen wären.«

»Also gut, ich bin ja wirklich gekommen und habe nach dir gesucht«, antwortete er. »Du erinnerst dich doch noch daran, dass ich einen Freund, den ich auf dem Schiff nach Kanada kennengelernt hatte, dazu gebracht habe, deinem Arbeitgeber zu schreiben, weil ich in Montreal angekommen war und vorhatte, zu dir zu kommen. Aber du hast dir nicht einmal die Mühe gemacht, mir irgendeine Antwort zu geben.«

»Aber ich war schwanger! Wie hätte ich weglaufen können mit dem ungeborenen Kind meines Mannes in meinem Bauch! Was wäre geschehen, wenn wir uns getroffen hätten? Ich habe mich nicht getraut, dich wiederzusehen... ich hatte Angst vor dem, was ich dann vielleicht getan hätte...«

»Bien sûr, natürlich hattest du keine Wahl«, sagte er. »Es war eben schon zu spät. Ich glaube, ich habe das damals nicht verstanden. Wie auch immer, jedenfalls hatte ich danach keine Erwartungen mehr an meine Beziehungen zu Frauen.«

Beide schwiegen.

»Erzähl mir, warum du ausgerechnet nach Kanada gegangen bist«, fragte sie nach einer kleinen Pause.

»Nach meiner Scheidung wollte ich so weit weg gehen wie möglich«, antwortete Roland.

Ein Bekannter aus dem Textilgeschäft hatte ihn mit einem Kollegen aus Kanada zusammengebracht, der ihm einen Job anbot. Er sollte in der Umgebung von Montreal Stoffe verkaufen, und er ergriff die Gelegenheit, einen neuen Anfang in einem anderen Land zu machen, wo es von Vorteil war, Franzose zu sein. Dass es näher an New York lag und ihn auch die Möglichkeit angetrieben hatte, sie ausfindig zu machen, hatte bei seiner Entscheidung ebenfalls eine Rolle gespielt, aber das sagte er ihr erst in einem späteren Gespräch. Jetzt erzählte er ihr nur, dass die ersten Jahre einsam und schwierig waren, nicht zuletzt auch, weil er, als er ankam, kein Wort Englisch sprach, was ein größeres Problem war, als er es sich vorgestellt hatte. Hinzu kam, dass er seine Arbeit nicht mochte, sie aufgab und sich dann nachts als Taxifahrer durchschlug, während er weiterhin nach einer zukunftsträchtigen Tätigkeit suchte.

Zufällig traf er einen Mann, der ihm eine Stelle in einer Firma vermittelte, die Kupferminen betrieb. Dort hatte er Erfolg und stieg rasch auf, bis er zum Schluss Präsident wurde. Vor einigen Jahren war er in den Ruhestand gegangen und hatte nun ein wunderbares Haus in Westmount, dem beliebten, oberhalb der City gelegenen englischsprachigen Teil Montreals. Seine zweite Ehe mit einer acht Jahre jüngeren Frau beschrieb er als abgeklärte freundschaftliche Beziehung. Es sei nie die große Liebe gewesen, er habe sich einmal mehr den Wünschen anderer unterworfen und habe geheiratet.

»Ich habe nicht erwartet, dass ich mich in meinem Leben noch einmal verlieben würde«, sagte er. »Das Mädchen, das ich geheiratet habe, war eine nette und liebevolle Person, und wir waren schon seit sechs Jahren zusammen. Die Heirat hat mir nicht viel bedeutet – es war nicht mehr als ein Stück Papier, ein Vertrag. Aber für sie und ihre Mutter war es wichtig, deshalb habe ich mitgemacht.«

Seine Frau sprach kein Wort Französisch, bemerkte er, deshalb verbesserte er sein Englisch. Obwohl er jedes zweite Jahr nach Frankreich zurückkehrte, um seine Familie zu besuchen, konnte er zu seiner Tochter keine Beziehung aufbauen, wie er es sich gewünscht hätte. Er schickte ihr jedes Jahr zu Weihnachten und zu ihrem Geburtstag Geschenke, bekam aber so gut wie nie eine Antwort. Außerdem, sagte er, wollte seine Frau nicht, dass seine Tochter ihn in Kanada besuchte. Ein eigenes Kind hatten sie nicht. Er lebte ruhig und verbrachte seine Zeit meist mit Lesen – Geschichte und Politik interessierten ihn nach wie vor am meisten, aber der Zustand der Welt stimmte ihn pessimistisch.

»Im Krieg habe ich gelernt, dass man immer das Schlimmste erwarten sollte, und ich hatte recht«, spottete er.

Stunden waren vergangen, in denen sie sich erzählten, was sich in all den Jahren ereignet hatte, und als Roland feststellte, wie spät es war, fragte er Janine, ob er sie am kommenden Dienstagabend wieder anrufen dürfe. Niemand könne etwas dagegenhaben, wenn zwei alte Freunde miteinander telefonierten, aber er könne ihre Unterhaltung am Dienstagabend mehr genießen, weil seine Frau dann mit ihren Freundinnen Bridge spielte. Man müsse sie ja nicht besorgt oder argwöhnisch machen. Dass es auch die Dienstage waren, die Len für seine Besuche bei Carole Gordon reserviert hatte, war Janines Aufmerksamkeit nicht entgangen.

Mit der Zeit wurden ihre regelmäßigen wöchentlichen Gespräche zur Gewohnheit, und Janine bekam wieder Lust am Leben. Jede Woche, wenn Roland anrief, wurde sie in einen Lebensabschnitt zurückversetzt, von dem sie wusste, dass er trotz des Krieges ihr glücklichster gewesen war – die Zeit, die sie mit ihm in Lyon verbracht hatte.

Sie lachten, sie flirteten, sie erinnerten sich an die Leute, die sie gekannt hatten, die Orte, an denen sie gewesen waren, und die Schwierigkeiten, die sie gemeinsam gemeistert hatten – und allmählich verziehen sie sich und vergaben sich die bittere Enttäuschung, die es für sie beide gewesen war, sich nicht rechtzeitig wiedergefunden zu haben, um eine gemeinsame Zukunft aufzubauen. Sie erlebten es wie einen Heilungsprozess, ihre schlafenden Gefühle wiederzuentdecken, wenn auch nur über die Telefonleitung, die sie einmal pro Woche verband. Sehnsüchtig wartete Janine auf die Dienstagabende und wünschte sich die Tage fort, die dazwischenlagen.

Sie sahen sich nicht, wussten aber beide, dass sie in der Erinnerung des anderen noch immer die unschuldigen und errötenden Liebenden waren, ein Zeitsprung, der sie wieder jung sein ließ. Sie waren 70 und 67 und gingen in ihrer Erinnerung Hand in Hand die Rue de la République in Lyon hinunter und küssten sich verstohlen in dunklen Hauseingängen, während draußen der Weltkrieg tobte.

Nur sie beide konnten miteinander die Wucht ihrer Erinnerungen teilen. Erinnerungen an Jahre, in denen sie jung und schön waren, stark und voller Hoffnung, und unerschütterlich daran glaubten, dass nichts sie trennen konnte. Es lag ein verführerischer Zauber in ihren Gesprächen, die sie Jahrzehnte zurückversetzten, in die Zeit, bevor sie die Fehler gemacht hatten, die sie nun bedauerten, und die ihnen zugleich erlaubten, von etwas zu träumen, das vor ihnen liegen mochte. Aber seine Ehe und ihr Trauerjahr beschränkten sie auf das Telefon, und so vergingen Monate, bevor sie auch nur davon sprachen, sich zu treffen.

Bei Mom hatte sich, obwohl sie einsam war und darunter litt, dass Dad sich so gequält hatte und so früh gestorben war, das Gefühl verstärkt, ihren Ehemann in Wahrheit schon viele Jahre vorher verloren zu haben – durch seine wiederholte Untreue, seine Besessenheit von Ayn Rand und durch seine Erkrankungen, die dazu geführt hatten, dass er sich in sich selbst zurückzog. In milder, selektiver Wahrnehmung blendete sie dennoch alles Negative aus, hob seine guten Eigenschaften hervor und behauptete, dass es fair wäre, ihr die Schuld an den Defiziten ihrer Ehe zu geben. Sie habe zu viel von ihrer Zeit ihren Eltern und ihren Kindern gewidmet, sagte sie mir und warnte mich reumütig davor, es zu machen wie sie.

Ihr Mann hätte ihr wichtiger sein sollen als alles andere, sagte Mom. Sie hätte Len mit derselben Bewunderung und Liebe behandeln sollen, mit der sie Roland überhäuft hatte. Das sei ihr jetzt klargeworden.

»Wenn ich Dad genauso behandelte hätte wie Roland, hätte er nicht die Notwendigkeit verspürt, aus unserer Ehe auszubrechen«, redete sie sich ein. »Warum auch immer, aber Len war in Wahrheit ein unsicherer Mensch. Er brauchte eine Frau, die zu ihm aufschaute. Aber nach Betsy Chase konnte ich ihm einfach nicht mehr den vollen Respekt entgegenbringen, den er von mir verlangte. Und nach Carole Gordon war es mit meiner Liebe zu ihm vorbei.«

Anfang Oktober, fast ein Jahr nach dem Tod meines Vaters, überraschte sie mich mit der Ankündigung, sie habe beschlossen, nach Montreal zu fliegen. Sie würde nur eine Nacht dortbleiben und hätte schon einen Rückflug gebucht. Vielleicht hatte sie befürchtet, ich würde versuchen, es ihr auszureden. In Wahrheit war ich sowohl begeistert als auch erschrocken und fürchtete, dass sie enttäuscht zurückkäme, entweder, weil der Mann, den sie treffen würde, nicht ihren Erwartungen entsprach, oder aber, weil die Gefühle, die Roland in ihr geweckt hatte, nicht erwidert würden. Außerdem durfte man nicht außer Acht lassen, dass er verheiratet war. Was sie vorhatte, war nicht ungefährlich. Sie war so verletzlich, und es war die entschlossenste, selbstbewussteste und wagemutigste Entscheidung, die ich je bei ihr erlebt hatte. Ich ermutigte sie, sich etwas Tolles zum Anziehen zu kaufen.

»Nein«, sagte sie mit Nachdruck in der Stimme. »Er soll mich so sehen, wie ich bin.«

Dann war es aber sie, die ihn zuerst sah. Er stand auf dem Flughafen außerhalb des Gates, wo er sie abholen wollte. Er war groß, gut in Form und perfekt gekleidet mit einem dunkelblauen Anzug, weißem Hemd mit rot gestreifter Krawatte, eleganten Halbschuhen und einer Pilotenbrille mit dünnem Metallrahmen. Er wartete auf sie in der Haltung von General de Gaulle, mit dichtem, schneeweißem Haar, das von einer geraden Linie an der Stirn glatt nach hinten gekämmt war.

Sie war völlig entgeistert und wäre am liebsten weggelaufen. Er sah viel zu gut und zu beeindruckend aus – sein Anblick raubte ihr den Mut. Sie wollte sich in der Menge verstecken, bevor er sie entdeckte, und sofort zurückfliegen in ihren Alltag, mit dem sie sich abgefunden hatte. Sie konnte nicht zulassen, dass er sie sah. Wenigstens hätte sie ihn dann am Telefon. Aber es war nicht mehr möglich, umzukehren.

»Midi moins dix! Janine! Hier drüben«, winkte er und rannte auf sie zu. Sie streckte ihm die Hand entgegen, aber bevor sie sich bewegen konnte, hatte er sie schon an den Armen gefasst.

»Du kannst mir wenigstens einen Kuss geben«, sagte er, beugte sich zu ihr herunter und küsste sie auf beide Wangen. Dann musterte er sie blinzelnd von oben bis unten. »Was ist mit den blonden Haaren«, fragte er mit finsterem Blick, »ich habe eine Brünette erwartet.«

»Gut, warum bist du dann weiß?«, gab sie unwillkürlich zurück. »Ich könnte dasselbe von dir sagen.«

»Meine Haarfarbe ist echt«, entgegnete er, »aber ich habe mir nicht vorgestellt, dass du eine so moderne, typische Amerikanerin geworden bist.«

Er brachte sie zu seinem Auto, und sie fuhren zu ihrem Hotel und unternahmen dann eine verkürzte Tour durch die Stadt, in der sie erst einmal gewesen war: mit Len auf ihrer Hochzeitsreise. Sie stellten das Auto ab und gingen zu Fuß, und er überraschte sie, weil er sie, für jedermann sichtbar, auf der Straße unterhakte. Als ein kalter Regenschauer einsetzte, ging er mit ihr in ein Restaurant zum Mittagessen, aber wie ein verunsicherter Teenager beim ersten Rendezvous hatte sie keinen Appetit und bestellte nur Kaffee.

Trotz der Monate, die sie am Telefon miteinander geredet hatten, war sie nicht darauf vorbereitet, wie ergriffen sie jetzt war, ihn vor sich zu haben. Ihr Traum vieler Jahrzehnte saß ihr gegenüber am Tisch, und wieder sah sie ihn als Verkörperung all dessen, was sie sich immer von einem Mann gewünscht hatte. Die gemeinsamen Erfahrungen, die sie gemacht hatten, die Erinnerungen, die kein anderer mit ihnen teilen konnte, brachten eine einzigartige

Spannung mit sich. Beide hatten sie als Einwanderer ihr Leben gestaltet, in Ländern, in denen ihre Familien keine Wurzeln und keine Vergangenheit hatten. Er sei, sagte Roland, ein Mann ohne Nationalität.

Sie redeten miteinander, und er folgte ihren Ansichten und Gefühlen mit einem Interesse, das Len, der so von sich überzeugt war, ihr seit ewigen Zeiten nicht mehr gezeigt hatte – und das machte sie sprachlos.

Hinzu kam, dass Rolands sich höflich verhielt wie ein Kavalier der alten Schule, was dazu führte, dass sie sich fühlte wie eine Königin. Er zündete ihr die Zigarette an, er öffnete die Autotür, er half ihr in den Mantel und nannte sie mit einem augenzwinkernden Grinsen »la Baronne«, die Baronin. Nach dem Mittagessen schlenderten sie durch die unterirdischen Einkaufszentren von Montreal, die sich über 15 Kilometer unter der Stadtmitte entlangzogen. Janines vom Regen durchnässte Wildlederstiefel, die sie zu Hause kaum getragen hatte, zwickten und rieben an ihren Füßen, sodass ihr jeder Schritt wehtat und sie Blutblasen bekam. Aber sie sagte nichts, aus Angst, er würde sie für weinerlich oder wehleidig halten. Unsicher und immer im Bestreben, ihm zu gefallen, war sie hart sich selbst gegenüber.

»Es tut mir leid, aber ich muss dir sagen, dass ich meine Frau nicht verlassen kann«, erklärte Roland plötzlich aus heiterem Himmel.

»Hat dich jemand darum gebeten?«, sagte sie, empört darüber, dass er zu denken schien, sie wäre so leicht bereit, die Ehe einer anderen Frau zu zerstören. Aber was wollte sie eigentlich?

Dennoch fühlte sie sich herausgefordert, ihn zurückzugewinnen – in ihrem Inneren gab es etwas, das ihr trotzig sagte, sie habe ein Anrecht auf ihn. Er hatte ihr gehört, und wie sehr sie auch über die verlorenen Jahre klagen mochte, die sie zusammen hätten verbringen können, diesmal war sie fest entschlossen, ihn nicht wieder herzugeben.

»Es ist nur«, beharrte er, »dass ich, obwohl ich nicht behaupte, ein Heiliger zu sein, doch ein Mann bin, der sein Wort hält. Als ich zugestimmt habe, ein zweites Mal zu heiraten, habe ich meiner Frau gesagt, dass ich einen Punkt in meinem Leben erreicht hätte, wo ich nicht mehr bereit wäre, zu streiten. Im Gegenzug habe ich ihr versprochen, dass ich sie nie verlassen würde. Das war meine Abmachung mit ihr.«

Als der Abend kam, fuhr er kurz nach Hause, führte den Hund aus und kam dann zum Hotel zurück, um mit Janine essen zu gehen. Sie redeten bis zum frühen Morgen, tranken noch ein paar Whiskys in einer Bar, und nachdem sie vereinbart hatten, dass sie sich am nächsten Morgen wiedersehen würden, umarmte er sie unverbindlich vor ihrem Hotelzimmer.

»Wenn man etwas von Wert baut«, stellte er fest, »wie zum Beispiel eine alte Kathedrale, muss man Stein um Stein mauern und zuerst ein starkes Fundament schaffen.«

Am folgenden Abend holte Gary sie am Gepäckband des Flughafens La Guardia ab, und als er sie nach Hause brachte, saß Janine neben ihm und weinte. Sie drehte sich auf ihrem Sitz von ihm fort, damit er ihr Gesicht nicht sah, und sagte ihm, sie schäme sich. Sie beschuldigte sich selbst, sich Roland gegenüber verhalten zu haben wie ein verliebtes kleines Mädchen, dem das Vertrauen gefehlt habe, offen zu reden. Sie hätte ihm Gelegenheit geben sollen, sie als die Frau kennenzulernen, die sie geworden war. Sie hatte ihn zuvor schon zweimal verloren, in Mulhouse und in Lyon, ohne dass sie daran schuld gewesen wäre. Aber dieses Mal war es anders und vielleicht sogar schlimmer, weil sie nur sich selbst dafür verantwortlich machen könnte.

»Oh Gott, ich wollte, es gäbe eine Mittel gegen das, was ich für ihn empfinde«, sagte sie hoffnungslos. »Ich habe mein ganzes Leben lang diese Krankheit gehabt. Und jetzt habe ich die einzige Chance, die ich mit ihm hatte, vermasselt.«

»Mom, bitte! Ich bin sicher, du hörst wieder von ihm«, Gary strich ihr über die zitternden Schultern, während sie neben ihm zusammengesackt war und sich ihren Tränen und ihrem angestauten Zorn hingab. Sie war böse auf Roland, weil er vermutete, dass sie ihn wollte, und wütend auf sich selbst, weil sie diesen Wunsch so offensichtlich gezeigt hatte. Also hatte er sich gezwungen gesehen, sie zu entmutigen, damit sie wusste, dass sie nicht mehr erwarten durfte, als er zu geben bereit war.

Gary versuchte es auf andere Weise. »Ich bin sicher, er hat dich als die Frau gesehen, die er schon immer geliebt hat.« Aber sie ließ sich nicht trösten: Sie meinte zu spüren, dass dieses entscheidende Wiedersehen, das Treffen, das sie sich in ihren Träumen ausgemalt hatte, nicht gut verlaufen war. Sie war sich hundertprozentig sicher, dass sie es nie wieder wagen würde, ihn zu besuchen. Es war ein sie beherrschendes Gefühl, obwohl Roland sie am Tag nach ihrer Rückkehr anrief.

»Du bist noch immer mein Hannele aus Mulhouse«, sagte Roland mit warmer, gefühlvoller Stimme und dankte ihr für ihren Besuch. »Zugegeben, am Anfang war es schwierig, dich als Blondine zu sehen – für mich warst du immer ›châtaigne‹, wie die Kastanien im Park hinter eurer alten Wohnung in der Avenue Salengro. Aber sonst hast du dich überhaupt nicht verändert.«

~

Ein paar Monate später musste Janine wegen einer undichten Rohrleitung einen Klempner rufen. Es war ein Schaden, den Len in seiner besten Zeit mit bewundernswerter Präzision behoben hätte. Der Klempner, der sich nur nach praktischen Gesichtspunkten richtete und dem sonst alles gleichgültig war, schlug dilettantisch ein Loch in die mit gelben Blumen bemalte Wand ihres Schlafzimmers, während Mutter mit finsterem Gesichtsausdruck zuschaute.

Aber sie waren erstaunt, als hinter der Wand zwischen zwei Balken die Porzellanfigur eines kleinen deutschen Mädchens zum Vorschein kam, die auf einem Zementbrocken befestigt war. Es hatte goldbraunes Haar, seine Augen waren blau und seine Wangen rosa, es trug ein Dirndl und hielt eine Puppe in ihren Armen. Die Figur war all die Jahrzehnte im Dunkel des Fachwerks unseres Hauses verborgen gewesen – vor uns hatte niemand dort gewohnt. Es war ein Geheimnis und völlig unerklärlich, wie sie dorthin gekommen war! Ich konnte nichts anderes darin sehen als einen Beweis für das kleine Mädchen, das in meiner Mutter steckte, das immer da war und darauf wartete, entdeckt zu werden.

Die Porzellan-Figur auf einem Zementbrocken, die mehr als drei Jahrzehnte hinter der Wand von Janines Schlafzimmer verborgen war

In der folgenden Zeit setzten Mom und Roland ihre Beziehung fort, wenn auch nur über das Telefon. Aber es war wunderbar, zu beobachten, wie etwas von diesem jugendlichen Geist wieder Teil ihrer Persönlichkeit wurde. Es war, als ob Roland ebenfalls eine Wand aufgebrochen hätte, hinter der so lange das Hannele verborgen war, an das er sich erinnerte – das Mädchen, das all die Geschichten von Liebe und Krieg mit Leben erfüllt und mich dazu gebracht hatte, nach ihm zu suchen.

SIEBENUNDZWANZIG

A la Fin

Braves Mädchen, ich kann nur sagen, Sie haben Ihren Brokkoli gegessen«, sagte Dr. Zuckerman halb im Scherz, als er im November 1994 vor ihrer turnusmäßigen Mammografie Janines Brust abtastete. »Ich kann nichts Ungewöhnliches fühlen.« Aber eine halbe Stunde später, nachdem die Röntgenaufnahmen vorlagen, sagte er kurz angebunden und fast vorwurfsvoll: »Sie haben Krebs!«

Ein Tumor in ihrer linken Brust musste operiert werden, und je nachdem, ob die Lymphknoten befallen waren oder nicht, würde sie sich anschließend einer Chemotherapie oder einer Strahlenbehandlung unterziehen müssen. Am Tag darauf bestätigte ein zweiter Spezialist die Diagnose, und Janine suchte einen Chirurgen auf. So plötzlich mit dem Gedanken konfrontiert zu sein, vielleicht sterben zu müssen, und die unmittelbar bevorstehende Aussicht auf eine möglicherweise entstellende Operation ließ sie an Roland denken.

Drei volle Jahre waren seit ihrem Rendezvous in Montreal vergangen. Seit diesem ersten und einzigen Treffen waren seine Anrufe häufiger und im Ton zärtlicher geworden. Zunächst mehrmals in der Woche und dann täglich widerstand Roland dem frostigen kanadischen Winter oder kämpfte gegen die träge und feuchte Sommerhitze an, verließ sein Haus in Westmount gegen sechs Uhr abends und fuhr in die Stadt zu einer Telefonzelle.

Er stahl sich von Haus und Frau davon und erklärte, er brauche Zigaretten, ein frisches Baguette oder Wein zum Essen. Manchmal nahm er auch den Hund mit und behauptete, er brauche Bewegung. Janine hatte es sich zur Regel gemacht, jeden Abend um halb sechs zu Hause zu sein und am Telefon zu warten. Das Ritual einer festen Verabredung zu einer bestimmten Zeit wollte keiner von ihnen zugunsten eines Mobiltelefons aufgeben, mit dem dauernde Erreichbarkeit verbunden gewesen wäre, auch wenn deren Gebrauch ständig zunahm.

Weil Janine ihn nicht zurückrufen konnte, wenn sie einen Anruf verpassen würde, ließ sie nicht zu, dass ihr bei ihrem täglichen Telefongespräch irgendetwas dazwischenkam. Wenn ich sie besuchte und wir ausgingen, schaute sie den ganzen Nachmittag lang immer wieder mit militärischer Präzision auf ihre Armbanduhr, um sicher zu sein, dass wir rechtzeitig zu Hause wären.

Und wenn Roland, was sehr selten vorkam, einmal zu früh anrief und sie das Gespräch nicht entgegennehmen konnte, hörte sie sich seine Botschaft mehrere Male an, als ob sie die tägliche Dosis Roland aufnehmen wollte, die sie brauchte. Bis zum nächsten Tag, wenn er, wie sie wusste, wieder anrufen würde, verübelte sie sich, dass sie nicht da gewesen war. Der Dienstagabend, wenn sie stundenlang reden konnten, war unantastbar. Jedes Mal, wenn ich eines ihrer Telefongespräche miterlebte, ein kurzes oder langes, sah ich, wie ihr Gesicht vor Freude rot wurde, und ein melodisches Lachen ersetzte den normalerweise ernsten Klang ihrer Stimme.

Aus Achtung vor Rolands Ehe wich Janine allen seinen Einladungen aus, wieder nach Montreal zu kommen. Dennoch blieb es ihr sehnlichster Wunsch, sich irgendwann wieder mit ihm zu treffen. Jetzt, angesichts dieser erschreckenden Diagnose, empfand sie es als geradezu unerträglich, dass sie sterben könnte, ohne jemals die Liebe ihres Lebens vollendet zu haben.

Sie sah ihr Lebensende vor sich oder, bestenfalls, das Ende der Zeit, in der sie sich sicher fühlen konnte, ausreichend verführerisch zu sein, um ihm ihre Nacktheit anzubieten – die zu erwartenden Verunstaltungen durch die Operation und die Chemotherapie kämen noch zu den Demütigungen hinzu, die das Alter ihrem Körper in so vielen vergeudeten Jahrzehnten ohnehin zugefügt hatte.

Also entschloss sie sich – ganz gegen ihre Gewohnheit –, einmal selbstsüchtig zu sein. Wütend stemmte sie sich gegen ihr Schicksal und weigerte sich, mit 71 Jahren zu sterben, ohne sich ihren Traum erfüllt zu haben. Und obwohl sie wusste, dass sie schwer an ihrer Schuld tragen und vielleicht auch für ihr Verhalten Rolands Frau gegenüber bestraft werden würde, hatte sie das Gefühl, diese einmalige Liebeserfahrung verdient zu haben. Nach ihrer Operation, die in zwei Wochen vorgesehen war, würde sich das romantische Erlebnis, das sie zustande bringen wollte, vielleicht nie wiederholen.

Janine dachte darüber nach, wie sie es anstellen sollte, und erinnerte sich an die List, die sie 1947 angewandt hatte, um Len dazu zu bringen, ihr einen Heiratsantrag zu machen. Damals hatte sie vorgegeben, Tante Maries Schiffsticket nach Frankreich sei ihres. Diesmal ging es um Roland, und sie musste einen Weg finden, wie sie ihn dazu bringen konnte, sie zu besuchen. Sie wollte ihn ganz für sich, nicht nur ein paar gestohlene Stunden in einem unpersönlichen Hotelzimmer, um anschließend zurückgelassen zu werden und die Nacht alleine zu verbringen.

Sie beschloss, ihre Diagnose und die bevorstehende Operation für sich zu behalten, weil sie weder Mitleid wollte noch zulassen konnte, dass ein Schatten auf eine einmalige, zauberhafte Gelegenheit fallen könnte, im Bewusstsein, dass die Erinnerung daran vielleicht alles wäre, was ihr bliebe.

Deshalb suchte sie nach einer plausiblen Erklärung, warum sie ein so plötzliches Treffen vorschlug, und kam auf die Idee, ihm zu sagen, dass sie ihr Vielflieger-Konto ausnutzen musste, weil sonst ihre Meilen verfallen würden. Und sie würde ihm sagen, dass fairerweise diesmal er an der Reihe wäre, sie zu besuchen. Sie würde vorschlagen, dass er am Mittwoch vor ihrer für den folgenden Montag vorgesehenen Operation ankommen und am Freitag wieder abfliegen solle. Dann hätten sie zwei Tage und zwei Nächte zusammen. So wäre er auch rechtzeitig wieder zurück, um das Wochenende mit seiner Frau zu verbringen. Janine fühlte sich schuldig genug und wollte nicht versuchen, ihn länger bei sich zu behalten.

Bei seiner Ankunft sah Roland so gut aus und war mit Anzug und Krawatte ebenso tadellos gekleidet wie seinerzeit in Montreal. Sie holte ihn in La Guardia ab, und sie fuhren zu ihr nach Hause, und obwohl sie sich vorgestellt hatte, mit ihm im sanften Licht der Lampe nahe beieinander im Wohnzimmer zu sitzen, saßen sie dann etwas verlegen am Küchentisch. Ihr war bewusst, dass es ganz anders war als in Kanada. Damals hatte sie ihn außerhalb seines persönlichen Umfeldes angetroffen, aber hier lag ihre Welt in all ihrer Privatheit offen vor ihm.

In alter Verbundenheit zu ihrem Mann hatte sie nur einen Gegenstand versteckt – ein gerahmtes Bild, das ein Fotograf der »New York Times« in Freiburg aufgenommen hatte. Es zeigte Len im Rollstuhl, wie er von Gary durch die Poststraße geschoben wurde, und sie an der Seite neben ihnen. Len hätte nicht gewollt, dass sein lebenslanger Rivale ihn in diesem hinfälligen Zustand sah. Deshalb hatte sie das Bild mit der Ansichtsseite nach unten in eine Schublade gelegt.

Um Rolands Besuch zu dokumentieren, hatte Janine zum ersten Mal in ihrem Leben eigene fotografische Ambitionen entwickelt und sich eine Wegwerfkamera gekauft. Sie ging nicht davon aus, dass es eine weitere Gelegenheit geben würde, und so hätte sie wenigstens Bilder seines Besuches, die sie später immer aufmuntern würden.

Sie bereitete einen Snack vor und sie redeten den ganzen Nachmittag über die Vergangenheit und gemeinsame Bekannte. Aber Roland sagte ihr auch, dass er sie schrecklich vermisst hätte und dass er überrascht und außer sich vor Freude gewesen sei, als sie ihn endlich eingeladen hätte. Er verstünde völlig, dass sie nicht bereit gewesen sei, für einige heimliche Stunden miteinander wieder nach Montreal zu fliegen, aber er als verheirateter Mann hätte es als dreist empfunden, von ihr zu erwarten, dass sie ihn in ihr Haus einlud. Deshalb hatte er nie gewagt, ihr das vorzuschlagen.

Rolands erster Besuch bei Janine und ihr erster Versuch als Fotografin

Am Abend gingen sie zum Essen aus, und hinterher setzten sie sich wieder auf ihre beiden Drehstühle am hellerleuchteten Küchentisch, wo sie einen letzten Scotch für beide eingoss. Einen unpersönlicheren, weniger romantischen Platz hätte sie ihm im ganzen Haus nicht anbieten können. Stundenlang saßen sie dort. Durch die Glastür zur Terrasse sahen sie, wie in der Nachbarschaft langsam die Lichter ausgingen, und blickten auf das hinter den Bäumen jenseits des Hudson rosig leuchtende New York. Aber Janine scheute sich, den Abend zu beenden, vor allem, weil sie nicht wusste, wie sie ihm ein Schlafzimmer anbieten sollte. Es war schon nach halb drei Uhr in der Nacht, als sie unter dem Einfluss ihrer Gefühle, der Müdigkeit und der Drinks ihre Einwände aufgab und ihm drei verschiedene Vorschläge machte.

»Du kannst im Gästezimmer im Erdgeschoss schlafen«, sagte sie und zeigte auf den Raum neben der Garage, wo Dad früher sein Hanteltraining absolviert hatte. Sie hatte ihn mit zwei Betten und Schränken ausstatten lassen, für den Fall, dass Zach oder Ariel sie besuchten. »Aber es gibt auch noch«, ergänzte sie scheu hinzu, »im Obergeschoss mein Zimmer und gegenüber, auf der anderen Flurseite, ein weiteres Gästezimmer.«

Er schwieg einen kurzen Moment und wählte dann das Gästezimmer im Obergeschoss, nah an ihrem und doch so weit entfernt. Fast nebenbei bemerkte er, dass er die Angewohnheit habe, vor dem Einschlafen noch zu lesen, aber vergessen habe, ein Buch mitzunehmen, also nahm sie wahllos ein Buch aus dem Regal in der Ecke, es war eine Geschichte der Jesuiten. Den Autor, einen deutsch-jüdischen Flüchtling, kannte sie aus ihrer Zeit auf Kuba während des Krieges. Er hatte, nachdem mein Bericht über unsere Europa-Reise in der »Times« erschienen war, Kontakt zu mir aufgenommen, um seine Freundschaft zu meiner Mutter wiederzubeleben. Janine erinnerte sich, dass Roland in seiner Jugend auf einer Jesuitenschule gewesen war; deshalb überreichte sie ihm den schwierig zu lesenden und anspruchsvollen Band, gab ihm einen sittsamen Gute-Nacht-Kuss und verschwand in ihrem Schlafzimmer.

Aber kaum lag sie unter ihrer Decke, ebenfalls mit einem Buch in der Hand, als ihr aufging, dass sie im Begriff war, eine wertvolle Gelegenheit zu verpassen. Sie hatten nur zwei Nächte, um alles nachzuholen, was sie versäumt hatten, oder das zu erleben, was sie in der Zukunft vermissen würden, und sie ertrug es nicht mehr, auch nur eine Minute von dem Mann getrennt zu sein, den sie liebte. Sie stand auf und durchwühlte ihren Schrank, bis sie ein glänzendes schwarzes Nachthemd fand – Trudi hatte es ihr vor Jahren geschenkt, aber sie hatte es nie getragen – und es schnell überstreifte. Dann, ermutigt durch den

Alkohol und ihr Wissen um die am Montag bevorstehende Operation, ging sie über den Flur mit der antiken französischen Uhr, die in der Stille deutlich hörbar tickte, und klopfte leise an seine Tür. Er lag im Pyjama auf der Seite und beschäftigte sich mit den Jesuiten. An der gegenüberliegenden Wand hingen die gerahmten Bilder ihrer Urgroßeltern, ihrer Großeltern und ihrer Eltern sowie die von Norbert, Trudi, Len, Gary und mir und zahlreicher anderer Familienmitglieder. Janines bezeichnete diese Wand mit dem deutschen Wort »Ahnengalerie«. Roland lag am rechten Rand des Doppelbettes, wo der Nachttisch stand.

»Wenn an der Wand noch etwas Platz ist, kann ich auch hier schlafen«, sagte Janine, als ginge es um einen freien Platz in der U-Bahn. »Aber mach dir keine Sorgen, ich erwarte nichts anderes als deine Gesellschaft.«

Roland ließ das Buch sinken. Ungläubig schaute er auf ihre jugendlichen Brüste, ihre schmale Taille und auf das Versprechen, das ihm ihre Hüften und Oberschenkel gaben, die sich unter dem bis zu den Knöcheln reichenden, durchsichtigen Schleier abzeichneten. Ihre Füße waren nackt und ihre Zehennägel knallrot lackiert.

»Los Kumpel, beweg dich, ich krabbele jetzt hier rein«, sagte sie leichthin und klang viel selbstsicherer, als sie sich fühlte. Sie zog die Decke zurück und legte sich neben ihn. »Okay, jetzt kannst du weiterlesen«, sagte sie noch. »Ich werde hier an der Wand ganz ruhig sein.« Das war sie auch.

Roland versuchte tatsächlich zu lesen, gab aber bald auf, weil er sich nicht auf das Buch konzentrieren konnte.

»Wenn du mir anstelle der Jesuiten den Playboy gegeben hättest, hätte ich vielleicht erwartet, dass du zu mir kommst«, lachte er.

»Schon in Ordnung«, antwortete sie. »Es ist schon so spät – warum legst du nicht einfach dein Buch zur Seite, schaltest das Licht aus und wir können schlafen. Weißt du, ich habe nicht so viele Jahre gewartet, um jetzt auf den Genuss zu verzichten, meinen Kopf zum Einschlafen auf deine Brust zu legen.«

Später behaupteten beide, der andere habe angefangen. Aber ich möchte natürlich meiner Mutter glauben. Sie erzählte, dass er einen Arm um ihre Taille gelegt und den anderen unter ihren Hals geschoben und langsam begonnen habe, sie zu küssen. Bald war nichts mehr zwischen ihnen – weder die Zeit, noch die Entfernung, noch eine sich einmischende Familie, noch politische Unruhen, noch Pflichten, nicht einmal der Stoff ihrer Nachtkleidung.

Mit Worten und Wohllauten bestaunte er die duftende und weiche Schönheit ihres Körpers. Er war großherzig und voller Bewunderung, und sie fühlte sich so zärtlich geliebt wie nie zuvor in ihrem Leben.

Wie leicht war es, sich zurückzuversetzen: Es war nach Mitternacht am 13. März 1942, und sie hörten die Taue gegen die Schiffsmasten schlagen, das Ächzen der Nebelhörner, die Klagen der hungrigen Katzen und den Gesang der betrunkenen Matrosen und ihrer Mädchen in den engen, gewundenen Gassen unter den Fenstern ihres Hotelzimmers in Marseille. Sie sahen sich noch immer, wie sie damals waren – jung und perfekt und sich vertrauend, aber noch nicht auf die Probe gestellt –, im Mondlicht, das unbeeindruckt vom Krieg über das Mittelmeer flutete, durch die Jalousien kroch und ihre Körper in silbernes Licht tauchte.

Jetzt würden sie auch bald wieder getrennt sein, aber sie hatten diesen einzigartigen Augenblick, und weil sie beide aus eigener Erfahrung wussten, wie wechselvoll das Leben sein konnte, ließen sie dieses Mal die Gelegenheit nicht ungenutzt. Sie genossen einander in vollen Zügen und küssten sich gegenseitig die Tränen fort. Dann sprang Janine plötzlich aus dem Bett, nahm seine Hand und zog ihn hinter sich her, und sie liefen in völliger Freiheit lachend an der französischen Uhr mit dem schwingenden Pendel im Flur vorbei in ihr Schlafzimmer. Diesmal entkamen sie Hand in Hand ihrer Familie und überquerten die Grenze. Dort, in ihrem Ehebett mit dem antiken Gott Amor, dem treffsicheren Schützen, der über dem Kopfteil saß, drückte Janine Roland endlich gegen ihr pochendes Herz, und mit einem ungeheuren und abgrundtiefen Seufzer der Heimkehr wurden sie eins.

»Was jetzt auch geschehen mag, ich werde immer daran denken, dass ich die beiden glücklichsten Tage meines Lebens erlebt habe«, vertraute sie mir am Telefon an, nachdem Roland nach Montreal zurückgekehrt war. »Und das habe ich dir zu verdanken.«

Am folgenden Montagmorgen flog ich nach New York, saß im Wartezimmer des Krankenhauses und richtete meine Augen voller Sorge auf die Tür, durch die Moms Chirurg eintreten würde.

»Ich habe ihre Brust retten können«, sagte Dr. Peter Pressman. »Der Tumor war sehr klein, und ich habe ihn brusterhaltend entfernt.« Eine Untersuchung der Lymphknoten nach einer zweiten Operation in der folgenden Woche zeigte, dass der Tumor nicht gestreut hatte. Es folgten einige Wochen mit täglichen Bestrahlungen, aber der einzige Nebeneffekt war Müdigkeit, schlimmere Folgen blieben meiner Mutter erspart. Das Einzige, was von der Operation zurückblieb, war eine feine Linie mit Stichen auf ihrer linken Brust. Es sah aus, als ob sie den Punkt markierten, wo ein gebrochenes Herz geheilt worden war.

Im Frühjahr trafen Gary, Dan und ich Roland und Janine zum Mittagessen in einem Café in der Nähe der Carnegie Hall. Roland war wieder zu Besuch in New York, und wenn wir gesagt hätten, wir brannten darauf, ihn kennenzulernen, wäre das eine gewaltige Untertreibung gewesen. Als ich das Lokal betrat, bemerkten sie mich zunächst nicht. Sie hatten ihre Köpfe, blond und silbern, zusammengesteckt, und Roland küsste Janine auf die Innenfläche ihrer Hand. Sie sah aus wie ein kleines Mädchen, und ihre blauen Augen liefen über vor Freude, wie ich es noch nie an ihr gesehen hatte.

Ich stand da, unentdeckt, und mir war so, als würde ich heimlich meine Tochter bei ihrem ersten Date mit einem Jungen beobachten. Roland warf den Kopf zurück, lachte herzhaft als Reaktion auf etwas, was sie gesagt hatte, und er sah genauso aus, wie ich ihn mir vorgestellt hatte: elegant, attraktiv und ganz offensichtlich verliebt in Mom. Ich fühlte tiefe Dankbarkeit dafür, dass ich erleben durfte, wie dieses Märchen Wahrheit geworden war.

Als Gary eintraf, überraschte er Roland – der sich besonders würdevoll und formell verhielt –, weil er ihn ganz einfach freundschaftlich umarmte.

»Sie sind also der Mann, der beinahe mein Vater geworden wäre!«, rief er zum Unbehagen meiner Mutter. »Ich habe mein Leben lang von Ihnen gehört. Es ist wunderbar, Sie endlich kennenzulernen!«

Mein Mann Dan hatte mehr Schwierigkeiten, Moms Beziehung zu einem verheirateten Mann positiv zu sehen, obwohl er Roland charmant und intelligent fand.

»Abgesehen davon, dass er verheiratet ist«, war seine nicht völlig unbegründete Meinung, »wird es sie davon abhalten, andere Männer kennenzulernen, die zur Verfügung stehen. Ich hatte gehofft, sie würde eines Tages wieder heiraten.«

»Es könnte für sie nie einen anderen Mann geben«, hielt ich dagegen, und Gary pflichtete mir bei.

»Genau genommen gab es nie einen anderen«, fügte mein Bruder hinzu. »Er ist der Einzige, den sie je wirklich geliebt hat. Kein anderer würde sie je interessieren. Wie viel auch immer sie von ihm haben kann, er ist der Einzige, den sie je gewollt hat.«

Nach dem Mittagessen begleitete ich Mom und Roland. Sie gingen Arm in Arm über die Fifth Avenue, sehr langsam, ein königliches Paar bei einer Prozession. Sie bewegten sich auf dem Bürgersteig kaum vorwärts, und weil ich viel schneller war, drehte ich mich um, und während ich wartete, erfüllte mich so etwas wie Zufriedenheit mit der Welt. Es hätte mich nicht überrascht, wenn auch die New Yorker, denen nichts heilig war, an der Straße gestanden hätten, um in Würde die Auferstehung einer Liebe zu bejubeln, die jetzt endlich alle Hindernisse überwunden hatte.

Bei Rolands nächstem Besuch in New Jersey sechs Wochen später lud mich das glückliche Paar ein, ein paar Tage mit ihnen zu verbringen. Dan war in Maryland mit den Kindern, und ich schlief im Gästezimmer meiner Mutter im Obergeschoss.

Während des Abendessens in einem Restaurant in der Nähe – in dem ich schon manchen denkwürdigen Abend mit meinen Eltern verbracht hatte – erfüllte mir Roland meinen Wunsch und erzählte mir die Geschichte seines Lebens und seiner Herkunft. Er begann mit seinem Großvater, dem Schuhmacher aus Genua. Es war faszinierend, auf diese Weise den Mann kennenzulernen, der für mich immer ein Geheimnis gewesen war, ein Foto in der Brieftasche meiner Mutter.

»Ich fühle mich, als ob man mir etwas gestohlen hat«, sagte Mom, als wir wieder zu Hause waren. »Manchmal ist es schwierig, mir klarzumachen, welches Glück ich gehabt habe, ihn wiederzufinden, weil ich auch daran denke, wie viel Zeit ich verloren habe.«

Bevor wir an diesem Abend zu Bett gingen, gab mir Mom, mit der Bemerkung, mich würde unsere Vergangenheit doch so interessieren, ihre »Altjungfernschachtel« als Bettlektüre. Sie hatte sie kürzlich gefunden, als sie einen Schrank ausgeräumt hatte, und war noch nicht dazu gekommen, sie durchzusehen. Tatsächlich schien es ihr vollauf zu genügen, in der Gegenwart zu leben.

Ich setzte mich mit der Schachtel auf das Bett gegenüber von Moms »Ahnengalerie«, in der auch viele Bilder meines Vaters hingen. In Moms Schachtel fand ich einen Artikel aus der »New York Daily News« von 1955 über Dads Klage gegen die Nutzung von Radarfallen bei Geschwindigkeitsübertretungen. Mein Vater hatte den Artikel stolz auf eine Aluminiumplatte gedruckt und auf einer hölzernen Tafel befestigt. Ein weiterer Schnappschuss zeigte ihn, eine Hand in die Hüfte gestemmt, mit einer kleinen weißen Katze, die ich angeschleppt hatte.

Es gab ein gestelltes Porträt von uns vieren bei Garys Bar Mitzwa und sogar eine große, verschwommene Hell-Dunkel-Fotografie von Dad als Kind mit Grübchen in den Wangen in

Samtshorts und Kniestrümpfen. Er sah aus wie der kleine Lord mit Pony über der Stirn.

Moms Erinnerungsschachtel war voller kitschiger Postkarten aus den Fünfziger- und Sechzigerjahren und enthielt so manchen vergilbten Brief meines Vaters – voller jungenhafter Angebereien, Ehrgeiz und frischer Verliebtheit, geschrieben in der Zeit, als er um sie warb, und in den ersten Jahren ihrer Ehe.

In diesem Augenblick fiel es mir schwer, mir vorzustellen, dass Roland im Bett meines Vaters lag und dass ich, zumindest in Teilen, dafür verantwortlich war, ohne meinem Vater gegenüber Reue zu empfinden. Dad hätte bestimmt nicht erwartet, dass seine Witwe keine Beziehung mehr einginge, aber dass nun Roland an seine Stelle getreten war, so wie er immer in ihrem Herzen gewesen war, sorgte dafür, dass ich darüber nachdachte, ob ich ihn betrogen hatte – nicht nur, weil ich ihr Roland zurückgebracht hatte, sondern schon immer, weil ich von der Geschichte der ersten großen Liebe meiner Mutter so fasziniert war.

Es war genau in diesem Moment, als ich tiefer in der Schachtel wühlte und zum ersten Mal den Brief auf dünnem Luftpostpapier sah, den Norbert 1945, nach einem feuchtfröhlichen Abend mit Roland in Lyon, an Janine geschrieben hatte. Ich war entsetzt über die Drohungen die er enthielt, und über die in eisigem Ton vorgebrachten Warnungen.

»Wenn du nach Europa zurückkehrst und Roland heiratest«, hatte ihr Bruder geschrieben, »wirst du für immer aus meinem Leben treten.«

Wie sonderbar, dass Mom diesen Brief nie erwähnt hatte. Er hätte erklären können, welchem Druck sie ausgesetzt war, nicht zu dem Mann zurückzukehren, den sie so sehr liebte! Hatte sie es wirklich geschafft, diesen Brief aus ihrem Gedächtnis zu tilgen? Oder hatte sie ihn nur vor mir versteckt, damit ich meine Gefühle meinem Onkel gegenüber bewahrte?

Norberts Brief brannte wie Feuer in meiner Hand, und ich hätte Mom am liebsten sofort aufgeweckt. Norberts Kritik an

Roland verwirrte mich, zumal ich nicht überprüfen konnte, ob sie gerechtfertigt war. Aber dennoch fragte ich mich, ob ich ihnen am nächsten Morgen von dem hässlichen Brief erzählen sollte oder ob ich ihn lieber für mich behalten sollte. Was würde es heute, fast fünfzig Jahre nachdem er geschrieben worden und wo Norbert schon längst gestorben war, für sie bedeuten, mit diesem vergrabenen Beweisstück konfrontiert zu werden, das so viel hätte erklären können? Ich fühlte mich verwirrt und erhitzt, müde und umgeben von mehr Vergangenheit, als ich bewältigen konnte. Und so öffnete ich das Fenster, um etwas frische Luft hereinzulassen. Die Last, zu viel zu wissen, erstickte mich.

»SIE SIND IN EINEN BEWACHTEN BEREICH EINGEDRUNGEN! DIE POLIZEI IST ALARMIERT! VERLASSEN SIE SOFORT DAS HAUS!« Eine Männerstimme dröhnte durch das Haus, schrecklich laut und bedrohlich. Ich sprang entsetzt auf, und die tiefe Stimme bellte wieder: »SIE SIND IN EINEN BEWACHTEN BEREICH EINGEDRUNGEN! DIE POLIZEI IST ALARMIERT! VERLASSEN SIE SOFORT DAS HAUS!«

Trotz meines nächtlichen Eindringens in die Vergangenheit meiner Mutter hatte ich nicht das Gefühl, dass die Stimme mich meinte. Eher war mir, als ob ich durch mein Graben in der Schachtel den Geist meines Vaters heraufbeschworen hatte – wie den Geist Agamemnons – und den Geist Norberts, der neben ihm stand, um zu helfen, den Eindringling, der unrechtmäßig Besitz von meiner Mutter ergriffen hatte und nun neben ihr im Bett lag, zu verdammen und zu vertreiben.

Moms Zimmertür flog auf, und sie rannte verschreckt in ihrem Nachthemd heraus, während die tiefe Stimme wiederholte: »VERLASSEN SIE SOFORT DAS HAUS!«

»Bist du in Ordnung?«, keuchte sie und blinzelte ins Licht.

»Ja«, stammelte ich erschrocken, in Gedanken war ich immer noch Elektra. »Wer ist das? Was zum Teufel ist hier los?«

Aber meine Mutter antwortete mir nicht. Sie rannte die Treppe hinunter und brachte ihre neue Alarmanlage zum Schweigen, die sich als unwirksam gegen die Geister der Vergangenheit erwiesen hatte, die ungebeten in das Haus eingedrungen waren.

∼

Im Mai 1999 – zehn Jahre nachdem ich mit meinen Eltern und Gary nach Deutschland und Frankreich gefahren war – kehrte ich wieder zurück, dieses Mal mit Mutter und Roland. Inzwischen liebte ich solche Pilgerreisen. Ich war eine Reporterin, deren liebste Beschäftigung darin bestand, Schritt für Schritt auf wiederentdeckten Pfaden das Gestern sichtbar zu machen. Ich musste sehen, wie die Geschichten, die die Orte zu erzählen hatten, wieder vor mir erstanden: dieses Haus, dieser Fluss, der Bahnhof, das Theater, der Tisch im Café, diese Mole. Ich wollte selbst in die Vergangenheit eintauchen, wollte die Luft schmecken und den Boden unter den Füßen fühlen, die Treppen vor jeder Tür zählen und das Lächeln der Nachbarn einschätzen.

Roland hatte seiner Frau schon vor längerer Zeit erzählt, dass er eine Beratertätigkeit bei einer Firma in den Vereinigten Staaten angenommen habe, weshalb er ungehindert reisen und unauffällig ausgedehnte Besuche in New Jersey machen konnte. Natürlich waren weder Roland noch Mom emotional oder moralisch mit den Kompromissen, zu denen sie gezwungen waren, einverstanden. Aber sie wussten beide, dass ihnen nichts anderes übrigblieb, um endlich zusammen zu sein.

Roland hasste den Gedanken, dafür verantwortlich zu sein, dass Janine alleine lebte. Aber ihr war es wichtiger, mit ihm die wenige Zeit zu verbringen, die sie hatten, als mit irgendjemand anderem zusammen zu sein. Nachdem sie ihm das versichert hatte, wollte er nicht mehr darüber nachdenken, dass er sie wieder verlieren könnte. Es sei nicht ihre Schuld, dass das Schicksal sie auseinandergebracht habe, sagte er, und sie seien es sich schuldig, dieses unerwartete Glück auszuleben. Dennoch waren beide einer Meinung, dass es nicht fair wäre, wenn Roland seine

Frau nach mehr als dreißig Jahren Ehe verlassen würde. Auch Janine wollte ihr Gewissen nicht damit belasten.

Deshalb verbrachte Roland seit 1994 alle sechs Wochen vierzehn Tage bei Janine, und von Zeit zu Zeit unternahmen sie eine Reise innerhalb der USA oder fuhren nach Frankreich.

»Seit meiner Rückkehr sind erst zwei Tage vergangen, und es fühlt sich schon wieder an, als ob es Monate wären«, schrieb er nach einem solchen Besuch. »Du fehlst mir ganz schrecklich. Du sprichst dauernd davon, dass wir von unserer Liebe geheilt werden müssten, und ich habe mein Bestes getan, dir dabei zu helfen! Aber jetzt hast du mich absolut und hoffnungslos ›angesteckt‹, bis zu dem Punkt, dass mir das Herz wehtut. Aber seltsamerweise will ich gar nicht geheilt werden! Ich liebe dich über alles.«

Mir sagte Roland: »Egal wie lange ich bleibe, wenn ich gehen muss, tut es uns beiden ganz furchtbar weh. Gleichwohl müssen wir für das, was wir haben, dankbar sein.«

Wenn er nicht da war, telefonierten sie jeden Tag zweimal miteinander – am frühen Abend und dann wieder nach ein Uhr in der Nacht, wenn sie sich einen Gute-Nacht-Kuss zuflüsterten. Und langsam wurde Roland, der Mann, dessen Name allen vertraut war, die Janine kannten, zum Bestandteil ihres Lebens, und alle in der Familie und im Freundeskreis mochten ihn.

Im Jahr vor unserer gemeinsamen Reise nach Europa war Roland zu Zachs Bar Mitzwa nach Washington gekommen. Ich hatte ihn und Mom eingeladen, vorher ein paar Tage bei uns zu verbringen. Ich wich den Fragen meiner Kinder nach der Art der Beziehung ihrer Großmutter zu Roland aus, so gut es ging. Aber irgendwann in diesen Tagen – Zach war alleine zu Hause – klingelte das Telefon. Es war eine Frau, die sich als Mrs. Arcieri ausgab und Zach damit in eine unangenehme Lage versetzte.

Wir erfuhren nie, wie sie sich die häufige Abwesenheit ihres Mannes erklärte – was sie ahnte oder tolerierte. Jedenfalls bat sie Zach, Roland eine Nachricht auszurichten. Mein gefühlvoller Sohn, der kurz davorstand, das religiöse Mannesalter zu erreichen, erzählte es mir gleich, nachdem ich nach Hause gekommen war. Er zog mich in sein Zimmer, schaute sich im Flur um, ob jemand kam, und schloss leise die Tür.

»Das nimmst du mir nicht ab«, flüsterte er. »Ich glaube, Roland ist verheiratet!«

Er erzählte von seinem Erlebnis mit der Ernsthaftigkeit eines Spions, der das andere Lager ausgekundschaftet hatte. »Eine Frau, die gesagt hat, sie wäre seine Frau, hat hier angerufen, als du fort warst. Oh Mann, ich wusste nicht, was ich sagen sollte! Meinst du, wir sollten das Nana erzählen?«

Wir setzten uns auf sein Bett, und ich versuchte, ihm das schreckliche Dilemma verständlich zu machen, in dem sich seine Großmutter befand.

Sie könnte Roland ganz aufgeben oder sich jetzt, wo sie in ihren Siebzigern war, damit begnügen, die Liebe, die ihr in ihrer Jugend gestohlen worden war, wenigstens mit Unterbrechungen für sich zu haben. Natürlich war es verwerflich gegenüber Rolands Frau. Aber vielleicht wäre eine Scheidung zum jetzigen Zeitpunkt für sie noch schlimmer, und ich erklärte Zach, dass Roland, aus Rücksicht auf die Gefühle seiner Frau versuchte, die Beziehung zu Nana geheim zu halten.

Es war schwierig, einem 13-jährigen Jungen dieses komplizierte ethische Problem zu erläutern, und das blieb es auch weiterhin für uns alle. Vor allem für Janine, die ihre eigenen Erfahrungen mit ehelicher Untreue gemacht hatte.

An diesem Samstag stand ich während Zachs Bar Mitzwa auf der Bima, und als das Kaddisch gesprochen wurde, weinte ich still im Gedenken an Dad, weil er, obwohl er kein religiöser Mensch war, immer gehofft hatte, er könnte bei diesem Meilenstein im Leben seines Enkels dabei sein. Aber ich musste nur auf die Gemeinde herunterschauen und Mom und Roland dort sehen, die ihre Hände ineinandergelegt hatten, um überzeugt zu sein, dass ich, obwohl ich Dad schrecklich vermisste, dankbar sein musste. Und so hoffte ich, dass es einen

Gott gab, der verstehen und tolerieren würde, dass das Leben in einer gnadenlosen Welt uns manchmal zu sündhaften Abmachungen verführt.

Unsere Reise nach Europa im Jahr 1999 begann für Mom, Roland und mich in Freiburg, wie schon unser Familienabenteuer zehn Jahre zuvor. Aber während die Reise damals für Mom eine Pilgerfahrt und eine Gelegenheit gewesen war, unsere Wurzeln zu finden, konnte sie nun ihre deutsche Vergangenheit mit Roland teilen, der noch nie in Freiburg gewesen war. Aus nostalgischen Gründen hatte ich dafür gesorgt, dass wir im Hotel Minerva in der Poststraße wohnten, neben dem Haus, in dem meine Mutter ihre Kindheit verbracht hatte. Das Hotel Minerva war lange verschlossen gewesen und hatte leer gestanden, war aber kürzlich renoviert und wiedereröffnet worden.

Michael Stock hatte sogar vorgeschlagen, dass wir unseren Leihwagen in der Zufahrt zur Poststraße 6 parken sollten, und aus ihrem Eckzimmerfenster konnte Mom das Gebäude in der Rosastraße sehen, in dem Sigmar sein Geschäft gehabt hatte. Es war noch immer ein Ausstellungsraum der Firma Eisen Glatt.

Wieder einmal gingen wir am Freitagabend zum Gottesdienst in die moderne Freiburger Synagoge. Diesmal saß Roland bei den anderen Männern jenseits des Mittelganges. Offenbar fühlte er sich wohl unter den jüdischen Gottesdienstbesuchern, von denen viele erst kürzlich aus Russland eingewandert waren. Auf seinem dicken weißen Haar schwebte eine Jarmulke. Mein 16. Hochzeitstag fiel in diese Woche. Dan ließ mir einen wunderschönen Blumenstrauß auf mein Zimmer schicken, den ich Rosemarie Stock schenkte, als wir uns verabschiedeten.

Beim Abschied standen meine Mutter und sie zusammen, Seite an Seite nebeneinander in dem Raum, in dem Mom geboren worden war, und posierten für ein Foto.

Michael Stock hatte unsere Hotelrechnung beglichen. Er ignorierte unsere Einwände, weil seiner Meinung nach keiner aus unserer Familie je etwas bezahlen sollte, um in der Poststraße zu übernachten. Für ihn war es eine respektvolle Verbeugung vor unserer gemeinsamen, uns verbindenden Herkunft.

Vorderansicht der 1987 erbauten Freiburger Synagoge; rechts unten die dunkle Linie ist eines der Freiburger »Bächle«, das über den Gehweg zu einem in Beton eingefassten Davidsstern aus rostfreiem Stahl fließt

In Ihringen standen die Kastanienbäume auf dem jüdischen Friedhof, der 1990 geschändet worden war, in voller, weißer und rosa Blüte, und in den Weinbergen der Umgebung leuchtete roter Mohn. Die Friedhofsmauern waren wieder sauber, die Zeichen der Schande übermalt und die scharfkantigen Risse an den zerbrochenen Grabsteinen mit Zement gefüllt und geglättet. Sie standen leicht hervor wie wulstige Narben. Obwohl es eine hohe Belohnung für Hinweise auf die Täter gegeben hatte, so sagte uns Walter Preker, der Pressesprecher der Stadt Freiburg, konnte niemand für die Tat verantwortlich gemacht werden, und 2007 wurde der kleine Friedhof wieder Ziel eines Anschlages.

Das Wiedersehen mit Mulhouse war viel schmerzlicher. Mein Cousin Michel Cahen, Lisettes und Edys ältester Sohn, war erst kurz zuvor mit sechzig Jahren an einem Gehirntumor gestorben. Auch Rolands Schwester Emilienne war tot. Sie war 1993 ganz in der Nähe ihrer Wohnung bei einem Raubüberfall auf einen Geldautomaten in eine Schießerei geraten und umgekommen.

Wir waren bei Michels Familie zum Abendessen eingeladen, und seine Witwe Huguette präsentierte zwei Überraschungsgäste: Martine, die Tochter von Rolands Cousin André, und ihr kleiner Sohn, der sich hinter seiner Mutter versteckte, als er zum ersten Mal seinen Großonkel aus Kanada sah.

»Eigentlich ist es komisch«, sagte Mom zu Roland, als sie die neuen Mitglieder der erweiterten Arcieri-Familie kennenlernte. »Wir kommen hierher, um uns mit meinen Verwandten zu treffen, und wir treffen deine! Wer hätte sich vorstellen könne, dass unsere Familien jemals gemeinsam in Mulhouse an einem Tisch beim Abendessen sitzen würden?«

Rolands Nichte war mit einem Juden verheiratet und von Edy früher beruflich gefördert worden. Tatsächlich, so erzählte Huguette, hatte Michel damals, als ich an jenem Abend im Jahr 1990 das Mulhouser Telefonbuch auf der Suche nach Roland durchging und durch Zufall Emilienne erreichte, vorgeschlagen, Martine anzurufen.

»Ich kenne dich von den alten Fotografien – un trés beau, brun ténébreux – ein sehr gut aussehender, dunkler, rätselhafter Typ«, sagte Martine zu ihrem neuentdeckten Onkel. »Mein Vater hat dich stets bewundert. Er sagte, du seiest immer die Ausnahme von jeder Regel gewesen. Das gilt noch immer: Du bist für die Familie immer nur l'aventurier, der Abenteurer gewesen.«

Am nächsten Tag spazierte ich mit Mom und Roland über die Rue du Sauvage, wo sie sich als schüchterne Teenager so oft gesucht hatten. Wir gingen vorbei am Geburtshaus von Capitaine Alfred Dreyfus, hielten am nach Tannenholz duftenden Ratssaal an, wo Roland seine erste Frau geheiratet hatte, und blieben lachend unter dem »Klapperstein« mit seinen hervortretenden Augen und der ausgestreckten Zunge stehen. In ehrfürchtigem Schweigen standen wir auf dem katholischen Friedhof vor dem

Grabmal eines Freundes von Roland, der 1944 als Märtyrer bei seinem ersten Auftrag für die Résistance gestorben war – »mort pour la France«, mit nur 22 Jahren.

Und schließlich fuhren wir aus der Stadt hinaus, um einen nostalgischen Blick auf den grünen und jetzt im Frühjahr angeschwollenen Fluss zu werfen, wo Janine und Roland sich erstmals im Schilf unter den Weiden ihre Liebe gestanden hatten.

Roland saß am Steuer, als wir in Richtung Südwesten fuhren, nach Gray. Der Himmel öffnete seine Schleusen zu einem heftigen Regenschauer, und Mom erklärte, Mulhouse sei früher, im Jahr, als sie ihn dort zum ersten Mal gesehen hatte, viel gemütlicher gewesen.

Roland: »Jetzt liebe ich dich doppelt so sehr.«

»Ach, Baby«, säuselte Roland. »Meinst du nicht, dass vor dem Krieg in Europa alles gemütlicher war?«

Er griff nach ihrer Hand und küsste sie. Ein neuer Ring zierte ihre Hand, silbern, mit einem blauen Stein, der doppelt so groß war wie der, den er ihr vor ihrer Trennung 1942 geschenkt hatte.

»Doppelt so groß«, sagte er, als er ihr vor unserer Abreise den Ring über den Finger streifte, »weil ich dich jetzt doppelt so sehr liebe.«

Wir fuhren weiter durch die hügelige Landschaft, auf Straßen, die umsäumt waren von Senfblüten und wilden Blumen, durch vergessene Dörfer und vorbei an Weizenfeldern, auf die der Wind Wellen zauberte wie Wogen auf einen goldenen Ozean.
Ich saß auf dem Rücksitz und lauschte ihren Erinnerungen. Ein weiteres Mal hörte ich zu, wie sie sich in Lyon gefunden hatten, nachdem Frankreich besetzt worden war. Sie sprachen über den unendlich traurigen Tag, als sie in Marseille auseinandergerissen wurden. Sieben Jahre später, daran erinnerte mich Roland, hatte er versucht, sie in New York zu treffen, aber da war sie nicht mehr frei.
Er drehte sich zu mir um und sagte in einem Tonfall, von dem er glaubte, er könne seine tiefsitzende Verbitterung verbergen: »Genau genommen, meine Liebe, warst du schuld. Die Frau, die ich über alles geliebt habe, die wunderbarste Frau, die mir je begegnet ist, war für mich nicht zu erreichen, weil es dich gab. Es ist eine traurige Erkenntnis – im Leben kommt man entweder zu früh oder zu spät. Alles, was im Leben, in der Liebe oder im Krieg passiert, ist eine Frage des Timings.«
Wie wahr, dachte ich. Warum hatte ich mich ausgerechnet auf meiner zweiten Reise nach Freiburg, als mein Vater todkrank war, auf die Suche nach Roland Arcieri gemacht? Das hätte ich auch schon viele Jahre früher tun können.
Und jetzt war ich, statt mit meinen Eltern zu reisen, mit meiner Mutter und ihrer lange verlorenen Liebe hier. Und wenn ich darüber nachdachte, dass ein zufälliger Beobachter annehmen könnte, ich sei die Tochter der beiden, fühlte ich mich wie ein Eindringling in ihre Liebe. Manchmal wiederum empfand ich mich als externen Beobachter, als Chronist, als »Schreiberling«, wie mein Vater mich scherzhaft genannt hatte. Wo wir auch hingingen, ich schrieb alle Geschichten auf, die sie gemeinsam erleb-

ten, weil sie in jeder Stadt, durch die wir fuhren, Orte fanden, die für einen von ihnen Bedeutung hatten.

Sie zeigte ihm Gray, und er nahm uns mit nach Villefranche. Sie klagten beide über den Krieg, der dazu geführt hatte, dass ihre Familien aus Mulhouse fliehen und an unterschiedlichen Orten Zuflucht suchen mussten. Jetzt waren sie froh, einfach nur zusammen zu sein, am selben Ort und zur selben Zeit. Bei jedem Halt musste ich sie auffordern, bestimmte Orte anzusehen und frühere Freunde aufzusuchen.

In Lyon trafen wir Lisettes jüngste Tochter Isabelle, die aus Paris kam, weil sie unbedingt Roland kennlernen wollte. Sie war nach Bella benannt worden – Maries von allen geliebter Haushälterin Isabelle Picard. Schweigend standen wir in stummem Gebet vor dem Gebäude in Lyon, in dem Janines Cousine Mimi, deren drei Kinder und die Haushälterin Bella verhaftet worden waren. Traurige Erinnerungen kamen in uns hoch, als wir am Nachmittag über die Gare de Perrache und zum Hôtel Terminus gingen, wo Roland als Übersetzer gearbeitet hatte, den heißen Atem der Gestapo immer im Nacken.

Genau an der Stelle, wo Roland Zeuge von Rogers Verhaftung geworden war – es war das letzte Mal, dass er seinen Freund sah, bevor dieser nach Drancy und dann nach Auschwitz in den Tod geschickt wurde –, stolperte Roland, und wir mussten ihn festhalten, damit er nicht stürzte.

»Heute hätte ich ihn warnen können, aber damals war es nicht möglich, Nachrichten zu übermitteln«, sagte Roland verzweifelt. Noch ein halbes Jahrhundert später quälte ihn die Erinnerung daran, dass er seinen Freund nicht hatte retten können.

Hinter Lyon wichen die Platanen und Kastanien am Straßenrand den schlanken Säulen der dunkelgrünen Zypressen.

Dann fuhren wir hinunter nach Marseille mit seinen Kalksteinfelsen, den orangefarbenen Dächern und dem stahlblauen Mittelmeer vor uns. Janine war zum ersten Mal seit ihrer Flucht wieder hier, und ihr Gesichtsausdruck wurde plötzlich bitter und sie verfiel in Schweigen.

Mit aufgesetzter Fröhlichkeit versuchte Roland, ihre Stimmung aufzuhellen.

»Ja, ja, mein Liebling«, lachte er und versuchte, sie ins Knie zu kneifen, »was du auch in Marseille machst, lass mich einfach nicht wieder allein.«

Wir fuhren zum Quai de la Joliette, von wo Janines Schiff nach Algier und von da weiter nach Casablanca abgefahren war. Als wir auf den Pier hinausgingen, flogen kreischende Möwen über unsere Köpfe. Für Janine schloss sich der Kreis, und in ihren Augen standen Tränen, als sie sich an das Mädchen zurückerinnerte, das aus Rolands Armen gerissen und über die Gangway in eine ferne Welt mit fremden Menschen geführt worden war. Auch ihre Eltern waren noch nicht alt gewesen, als sie alles verloren hatten und in einem fremden Land auf ihre Kinder angewiesen waren.

Sie stand da und blickte über das Wasser auf unbekannte Ufer. Europa lag hinter ihr, und ihr geliebter Roland war an ihrer Seite. Und wenn die Gezeiten der Geschichte einen anderen Verlauf genommen hätten, stünde jetzt vielleicht auch eine andere Tochter mit ihnen dort. Aber durch welche Hand Gottes, oder das Schicksal, oder auch einfach nur durch welche Umstände wir drei gerade in diesem Moment dort standen: Ich war überglücklich, dass ich für das Ende der Geschichte eine entscheidende Rolle gespielt hatte. Irgendwie schien es mir sogar, als ob ich meinen Vater verteidigte, der mich gelehrt hatte, ich solle immer daran glauben, dass alles möglich ist.

Als der Tag sich neigte, saßen wir im Park hinter dem Palais du Pharo auf einem hohen Felsvorsprung über dem Meer. Die große, dunkelrote Sonne senkte sich über das Wasser und tauchte die blassen Mauern des alten Forts, das die Hafeneinfahrt bewachte, in ein fahles Rosa. Hunde tollten herum – ein deutscher Schäferhund und ein Dalmatiner spielten im Gras, während ihre Herrchen von einer Bank aus zusahen –, und weit draußen tanzten ein paar unerschrockene Segel auf den Wellen.

Wir saßen eine Weile gemeinsam, bevor Mom und Roland – müde, wie sie waren – zum Hotel zurückwollten, um sich auszuruhen. Ich sah ihnen hinterher, wie sie Hand in Hand davongingen, die Trauer über die nächste bevorstehende Trennung war ihnen schon anzusehen. Unsere Reise war fast zu Ende, und in zwei Tagen musste Roland Janine wieder verlassen und nach Montreal zurückkehren.

Beide waren großgewachsen, aber sie machten kleine Schritte, als ob sie durch ihren langsamen Gang die ihnen noch verbleibende Zeit anhalten könnten.

Auf einer Bank ganz in der Nähe saß ein junges Pärchen und küsste sich. Beide trugen Jeans und Sandalen, und der Junge wiegte das Mädchen, das sich auf seinem Schoß zusammengerollt hatte, in seinen Armen hin und her. Er schaute ihr in die Augen und strich ihr über das Haar, blond mit dunkelbraunen Wurzeln. Es war kühler geworden, und sie standen auf und gingen. Der Junge legte seinen schlanken Arm um ihre Schultern und sie ihren um seine Taille und steckte einen Finger in seine Gürtelschlaufe.

Beide Paare entfernten sich in Richtung des Forts und der dahinterliegenden Straße – das ältere Paar voraus, das jüngere dahinter –, und mir war, als ob es ein einziges Paar wäre, auf demselben Weg, aber zu unterschiedlichen Zeiten.

Würden, so fragte ich mich, der Junge und das Mädchen auch in fünfzig Jahren noch eng umschlungen gehen? Oder brauchte es eine Welt in Aufruhr, eine Welt des Verlierens und des Wiederfindens, um den Wert der Menschen, die einem am meisten bedeuteten, wirklich ermessen zu können?

Am Himmel leuchteten die ersten Sterne, und über der Stadt schlugen die Glocken von Notre-Dame de la Garde die siebte Stunde. So hörten die Seeleute auf dem Meer und wir alle an Land, dass der Tag zu Ende ging. Die Glocken läuteten entlang der Küste Frankreichs, die dunklen Wasser flossen in Richtung Afrika, und weit draußen lag Amerika und wartete.

Nachwort der Autorin für die deutschsprachige Ausgabe

Schon lange bevor ich mir hätte vorstellen können, Roland Arcieri ausfindig zu machen, war ich von der Lebensgeschichte meiner Mutter fasziniert. Jahrzehntelang hatte in mir der Wunsch geschlummert, die dramatischen Erlebnisse ihrer Jugend von Liebe, Krieg und Flucht mit ihr zu teilen. Aber als Journalistin brauchte ich viele weitere Informationen, um das, was sie mir erzählte, mit historischen Fakten untermauern zu können. Sie war meine Quelle, und ich vertraute ihr. Aber was sie beschrieb, ist vor langer Zeit geschehen. Deshalb konnte ihre Erinnerung an die politischen Umbrüche in Europa und die Verfolgung durch die Nazis für mich nur der Ausgangspunkt sein, von dem aus ich die Geschichte erzählen wollte. Um alles, was sie mir mitgeteilt hatte, in einen Zusammenhang zu bringen, musste ich viele Berichte schreiben und umfangreiche Recherchen unternehmen, dazu gehörten auch fünf Reisen nach Deutschland und Frankreich, eine nach Kanada und eine weitere nach Kuba. Auch was ihre persönlichen Erinnerungen betraf, musste ich in der Lage sein, mir selbst und meinen Lesern versichern zu können: Diese Geschichte ist wahr, so hat sie sich zugetragen.

Außer Janine und Roland, die mir unzählige Stunden lang für Fragen zur Verfügung standen, bin ich all jenen in den USA und in Europa dankbar, die ihre eigenen Erfahrungen mit mir geteilt oder die historischen Ereignisse erforscht haben. In all den Jahren, die ich damit verbracht habe, in eine Zeit einzutauchen, die nicht in Vergessenheit geraten darf, hat sich mein eigener Blick geweitet, sodass ich auch jene mit einbeziehen konnte, die für das Leben meiner Mutter Bedeutung hatten – zu viele von ihnen, wie Mimi und ihre Kinder, unsere Verwandten in Lyon, haben nicht überlebt und konnten ihre eigene Geschichte nicht an die nächste Generation weitergeben.

Verglichen mit dem unendlichen Leid, das Millionen unter den Nazis erfahren mussten, wollte ich auch, dass die unglückliche Liebe zweier junger Menschen den Stellenwert erhält, der ihr zukommt. Oder wie es Rick in der unvergesslichen Abschiedsszene aus dem Film »Casablanca« aus dem Jahr 1942 zu Ilsa sagt: »Es gehört nicht viel dazu, zu erkennen, dass die Probleme dreier kleiner Leute in dieser verrückten Welt nicht mehr sind als ein Häufchen Bohnen.«

Roland zu verlieren war für Janine wie zu sterben. Aber weil sie im letzten Moment an Bord eines Schiffs gehen konnte, das Frankreich verließ, war sie an diesem Ort und zu dieser Zeit eine der wenigen, die Glück hatten. Die Tatsache, dass unserer Familie überlebt hat, bestätigt diese Aussage.

Als Journalistin musste ich mich mit zwei Problemen befassen, die unser Beruf mit sich bringt. Zunächst entschied ich mich nach einigen Diskussionen, die Namen einiger Personen zu ändern – darunter auch den des Mannes, den ich Roland Arcieri genannt habe –, um ihre Privatsphäre und die ihrer Angehörigen zu schützen. Dann habe ich mich entschlossen, zwei Personen Pseudonyme zu geben – Max und Erich Wolf –, weil deren »richtige« Namen – Norbert und Walter Burger – denen anderer Personen im Buch zum Verwechseln ähnlich sind. Einige derer, die erwähnt werden, haben mich um Anonymität gebeten und waren enttäuscht, als sie erfuhren, dass ich dem nicht folgen konnte, weil ihre Namen ohnehin schon öffentlich bekannt waren.

Meine zweite Sorge als Journalistin betraf die Wiedergabe von Gesprächen, die vor langer Zeit stattgefunden haben. In solchen Fällen habe ich versucht, die Dialoge mit Hilfe derer, die dabei gewesen waren und sich an das, was sie gehört oder selbst gesprochen hatten, erinnern konnten, so genau wie möglich wiederzugeben.

Natürlich war meine Mutter meine wichtigste Quelle, und auch nach meinen gründlichen Recherchen kann ich nur sagen, ihr Erinnerungsvermögen war beeindruckend. Ihre Bereitschaft, etwas zu geben, hat sie zu einer außergewöhnlichen Mutter gemacht, für mich war ihre lebenslange Freundschaft ein Segen. Ihr Mut und ihre Großzügigkeit, mir zu erlauben, ihre persönlichen Beziehungen offen und ehrlich, mit all ihren vielfältigen menschlichen Aspekten zu erforschen, sind mir sehr wohl bewusst. Und obwohl ich vieles aus dem komplizierten Bereich der Ehe meiner Eltern weggelassen habe, hoffe ich, dass das Ergebnis meine unverbrüchliche Liebe zu beiden, zu meiner Mutter und zu meinem Vater widerspiegelt.

Ich bin ebenfalls tief in der Schuld des »richtigen« Roland für seine Hilfe bei diesem Projekt. Auch für ihn war dies keine leichte Entscheidung. Er hat außerdem Bilder und viele Einzelheiten über sein Leben und seine Gefühle beigesteuert, und obwohl er kein Mann war, der gerne im Rampenlicht steht, antwortete er auf alle meine Fragen, so zudringlich sie auch waren, mit Offenheit und Humor.

Seit das Buch im April 2012 in den USA auf den Markt gekommen ist, haben mich immer wieder Anfragen von Lesern erreicht, die wissen wollten, wie es mit Janine und Roland nach dem Ende der Geschichte, die ich aufgeschrieben habe, weiterging. Auf den letzten Seiten des Buches befindet sich das reife Paar in Marseille, in der Nähe des Piers, wo sie sich 1942 unter Schmerzen trennen mussten und sich in ihrer jugendlichen Unschuld versprachen, nach dem Krieg zu heiraten – ganz bestimmt, vielleicht sogar innerhalb eines Jahres.

Aber es dauerte dann fast fünf Jahrzehnte, bis sie sich wiederfanden, und mit Blick auf Rolands Frau war es zu spät für eine Hochzeit. Dennoch liebten sie sich mit großer Hingabe bis zum

Ende ihrer Tage und verbrachten so viel Zeit miteinander, wie ihnen möglich war. Roland kam zu regelmäßigen, ausgedehnten Besuchen aus Montreal, um bei Janine sein zu können. Sie unternahmen viele gemeinsame Reisen, und im Jahr 2000 begleitete Roland uns zur Feier der Bat Mitzwa unserer Tochter nach Israel. Ohne Ausnahme redeten sie mindestens einmal am Tag miteinander über das Telefon – Liebesschwüre über große Entfernung.

Viele Leser haben versucht, mehr zu erfahren. »Und dann?«, fragten sie. »Was passierte dann?«

Man sagt: »Ob eine Geschichte glücklich endet, hängt davon ab, wann der Vorhang fällt.« Wenn man dem bis zum Schluss folgt, endet jede Lebensgeschichte ausnahmslos auf die gleiche, traurige Weise: mit dem letzten Atemzug. Ich, die ich »Happyends« liebe, habe es nicht als nötig angesehen, Janine und Roland bis zu diesem unausweichlichen, schmerzlichen Augenblick zu folgen. Aber weil mich so viele gefragt haben, werde ich jetzt eine Schlussbemerkung anfügen.

An einem Freitagnachmittag im November 2005 blieb der tägliche Anruf Rolands bei Janine aus. Am Samstag war sie verzweifelt, und am Sonntag wurde es noch schlimmer, weil sie seit drei Tagen nichts von ihm gehört hatte. An diesem Abend entschied ich mich, in der Annahme, dass nur eine Krankheit der Grund dafür sein konnte, nach dem Zufallsprinzip die Krankenhäuser in Montreal anzurufen.

Schon beim ersten Versuch erfuhr ich zu meinem großen Schrecken, dass Roland einen schweren Schlaganfall erlitten hatte und dass sein Zustand lebensbedrohlich war. Am kommenden Tag informierte mich die teilnahmslose Stimme einer Krankenhausangestellten, dass er gestorben sei. Für mich war es die grausamste Pflicht meines Lebens, meiner Mutter diese Nachricht zu überbringen.

15 Jahre davor hatte ich ihr Roland zurückgebracht – es war ein Geschenk, das einem Wunder gleichkam. Jetzt war es meine Aufgabe, ihr die Liebe ihres Lebens wieder wegzunehmen. Es

gab keine Möglichkeit, ihn noch einmal zu sehen. Sie hatte keine Gelegenheit, ihn zurück ins Leben zu holen, wie sie es während des Krieges in Lyon getan hatte. Sie konnte ihm nicht über die Stirn streichen oder ihn auf die Wagen küssen, und sie konnte sich nicht einmal von ihm verabschieden.

Meine geliebte Mutter und beste Freundin erlebte noch ihren neunzigsten Geburtstag, obwohl sie darauf bestanden hatte, ihn nicht feiern zu wollen, dann aber doch große Freude daran fand. Sie starb am 25. März 2014 an Herzversagen. Ich empfinde es jeden Tag als schmerzlich, dass sie nicht mehr da ist.

Es hätte ihr sehr gefallen und sie wäre auf ihre bescheidene Weise sehr überrascht gewesen, zu erfahren, dass jetzt die Leser im Land ihrer Geburt ihre Geschichte kennenlernen. Es sagt viel über Deutschland aus, dass dort persönliche Erfahrungen aus der Nazi-Zeit begrüßt werden, und darüber hinaus, dass die Schlussfolgerungen aus dem Holocaust, die Erinnerungen daran und das daraus gewonnene Verantwortungsbewusstsein die Politik gegenüber Flüchtlingen und Unterdrückten beeinflussen.

Deshalb verdient auch das hartnäckige Bemühen idealistischer Führungspersönlichkeiten wie des früheren Freiburger Oberbürgermeisters Dr. Rolf Böhme höchste Anerkennung. Es war seine Initiative in den Achtzigerjahren, frühere jüdische Mitbürger zu einem Versöhnungstreffen einzuladen, die in mir das Interesse geweckt hat, dieses Buch zu schreiben.

Seit meinem ersten Besuch in Freiburg im Jahre 1989 hat mich Oberbürgermeister Böhmes damaliger Pressesprecher Walter Preker unermüdlich bei meinen Recherchen unterstützt und mir mit bis heute andauernder Freundschaft zur Seite gestanden. Ich betrachte es als Beweis seiner Klugheit und seiner Fähigkeiten, dass er seine Tätigkeit im Büro des Oberbürgermeisters auch unter einer anderen Verwaltung jahrzehntelang fortgesetzt hat.

Man kann die Beiträge, die er für den von Deutschland handelnden Teil dieses Buches geleistet hat, gar nicht hoch genug bewerten. Er ermöglichte es mir, zu berichten, stellte mir Dokumente und Bilder zur Verfügung und korrigierte sogar mein Deutsch. Dank Walters Hilfe konnte ich den bekannten Heidegger-Forscher Professor Hugo Ott befragen, der seine Rechercheergebnisse über die Deportation der Freiburger Juden im Jahre 1940 mit mir teilte.

Walter machte mich auch mit Dr. Hans Schadek, dem früheren Archivdirektor der Stadt Freiburg, bekannt, einer Kapazität im Bereich der jüdischen Geschichte der Stadt, und mit seinem Nachfolger Dr. Ulrich Ecker. Ich schulde ihnen Dank für alles, was sie mir über die leidvolle Geschichte der badischen Juden unter den Nazis und seit dem Mittelalter berichtet haben. Beide und Dr. Hans-Peter Widmann haben aus den Archiven wichtige Dokumente und Fotos beigesteuert.

Erst kürzlich, 2013, hat Walter dafür gesorgt, dass mich seine Freunde Adalbert und Petra Häge besuchten, die mit ihrem wunderbaren, mit Motiven aus Freiburg und dem Schwarzwald verzierten Wohnmobil hier in Maryland ankamen. Bald darauf machte mich Adalbert mit dem deutschen Radiojournalisten Claus Schneggenburger bekannt, der in verschiedenen Positionen beim Südwestrundfunk (SWR) und seiner Vorgängeranstalt Süddeutscher Rundfunk (SDR) gearbeitet hat, darunter als Korrespondent in der damaligen Bundeshauptstadt Bonn, später als Auslandskorrespondent in London und dann als Leiter des Freiburger SWR-Studios.

Uneigennützig nutzte Claus seine profunden Kenntnisse der englischen Sprache und widmete sich mit ungewöhnlichem Engagement der Aufgabe, mein Buch, das im Original den Titel »Crossing the Borders of Time« trägt, ins Deutsche zu übersetzen. Das war eine Aufgabe, die gar nicht hoch genug bewertet werden kann und für die ich ihm außerordentlich dankbar bin. Ohne Claus gäbe es »Liebe ist stärker als die Zeit« jetzt nicht. Sein gefühlvoller und nachdenklicher Ansatz, mit dem er die Übersetzung gestaltet hat, hat ihm nicht nur meine Anerkennung, sondern auch meine Hochachtung eingebracht. Es ist nur ein Beispiel für seine journalistische Vorgehensweise, dass er Kontakt zu

Joel Berger, dem früheren Landesrabbiner von Württemberg, aufgenommen und ihn gebeten hat, bei der Arbeit an einem Glossar jüdischer und jiddischer Begriffe zu helfen, das diesem Buch beigefügt ist.

Ich danke Rabbi Berger dafür, dass er so kenntnisreich einen Beitrag zu diesem Buch geleistet hat. Ebenfalls schulde ich Claus besondere Anerkennung dafür, dass er die Aufmerksamkeit des angesehenen Verlegers Manuel Herder vom renommierten Freiburger Verlag Herder auf dieses Buch gelenkt hat. Mein Dank geht an Manuel Herder und all die anderen, die bei der Vorbereitung von »Liebe ist stärker als die Zeit« geholfen haben, vor allem an die Lektorinnen Katrin Pommer und Ariane Hug vom Verlag Herder.

Sie alle sollen wissen, was es für mich als Nachkömmling stolzer deutscher Großeltern, die den Verlust ihrer Heimat und ihrer Identität immer beklagt haben, bedeutet, dass die Geschichte ihrer Flucht und ihres Leidens jetzt in ihrer Sprache vorliegt.

Genauso hätte es mich gefreut, wenn Sigmar und Alice an jenem Frühlingsabend im Jahre 2012 hätten dabei sein können, als Deutschlands damaliger Botschafter bei den Vereinten Nationen, Peter Wittig, und seine Frau, die Journalistin Huberta von Voss-Wittig, dieses Buch in ihrer Residenz in New York vorgestellt haben. Als derzeitiger Botschafter Deutschlands in Washington leistet Peter Wittig mit seiner Frau einen herausragenden Beitrag zum intellektuellen und kulturellen Leben in unserer Hauptstadt. Hinzuweisen ist darauf, dass Botschafter Wittig, bevor er in den diplomatischen Dienst eintrat, an der Universität Freiburg studiert und später auch gelehrt hat.

Unter vielen anderen, die in Freiburg meine Arbeit an diesem Buch unterstützt haben, möchte ich besonders die mittlerweile verstorbenen Sissi Walther und Rosemarie Stock erwähnen und ebenfalls Rosemaries Sohn Michael. Zusätzlich zu allem, was er für mich getan hat, erlaubte Michael dem Künstler Günther Demnig im Jahr 2005, vor dem Haus Poststraße 6 zwei sogenannte »Stolpersteine« in den Bürgersteig zu legen, Pflastersteine aus Messing mit den eingravierten Namen meiner Großeltern, als Teil des Projektes, das in ganz Europa an das Schicksal von 53 000 Opfern des Nazismus erinnert.

Die Stolpersteine in der Poststraße bereiteten im Sinne des Wortes den Weg für ein ungewöhnliches Familientreffen, weil ein uns bis dahin unbekannter französischer Verwandter, François Blum, sie bei einer Reise nach Freiburg zufällig entdeckte und Nachforschungen nach Sigmars Nachkommen anstellte. In den Jahren der Naziherrschaft hatten viele Familienmitglieder den Kontakt zueinander verloren, aber François hatte vermutet, dass unsere Urgroßväter Brüder waren, und ich war glücklich, dass er mich ausfindig machte.

Ich möchte meine deutschen Leser nicht mit einer Aufzählung all der Menschen belasten, die mir in Frankreich, Kuba und den Vereinigten Staaten dabei geholfen haben, Ereignisse aus der Vergangenheit zu rekonstruieren und so Geschichte aus persönlicher Sicht zu erzählen. Aber wenn ich an Frankreich denke, muss ich den verstorbenen André Fick erwähnen, dessen Augenzeugenbericht »Gray à l'heure Allemande 1940-44« mir wichtige historische Einzelheiten für die Kapitel des Buches vermittelte, in denen die Ängste jener Zeit und die Notwendigkeit zur Zusammenarbeit mit der Besatzungsmacht beschrieben werden, aber auch die Augenblicke stillen Heldentums.

Ebenso war das Archiv des »American Jewish Joint Distribution Committee« in New York von unschätzbarem Wert bei der Recherche über die Flucht meiner Mutter aus Frankreich. Man braucht nur die Dokumente aus der Kriegszeit zu lesen, die in den Akten dieser Hilfsorganisation aufbewahrt werden, um wahrzunehmen, unter welch verzweifeltem Zeitdruck sie gehandelt hat, um Leben zu retten. Dadurch habe ich viele Anregungen gewonnen.

Dass wir sozusagen Augenzeugen der Flucht meiner Großeltern mit ihren Kindern aus Hitlers Europa über das Mittelmeer im Jahr 1942 sein können, verdanke ich dem großartigen Geschenk eines spanischen Lesers. José Luis Seoane Moro forschte nach seinem Großonkel, Dionisio Otero Gomez – einem antifaschistischen Leutnant in der Armee der spanischen Republikaner, der auf demselben Schiff aus Europa geflohen war wie die Familie meiner Mutter – und entdeckte dabei einen für mich sehr wertvollen Schatz in einem Regierungsarchiv.

Er hatte die englischsprachige Ausgabe meines Buches gelesen, mich im Internet ausfindig gemacht und mir das auf Seite 327 abgedruckte Foto geschickt. Ich war beglückt (und überrascht), meinen Großvater Sigmar auf dem Deck der »Lipari« zu sehen, unter schwierigen äußeren Bedingungen, inmitten anderer Flüchtlinge und afrikanischer Soldaten, formell gekleidet, als sei er auf dem Weg ins Geschäft. In diesem anschaulichen Bild wird Geschichte lebendig!

Der Fotograf, Emilio Rosenstein, ein polnischer Jude, der das Pseudonym Emil Vedin benutzte, um seine Familie zu beschützen, war Arzt und ging 1936 nach Spanien, um gegen die Falangisten zu kämpfen. Er war ein Mitglied der Internationalen Brigaden und diente im Sanitätskorps als Übersetzer und Fotograf an vorderster Front in den brutalen Schlachten des spanischen Bürgerkrieges.

1942 lebte er unter großer Gefahr für Leib und Leben in Frankreich, nahm das mexikanische Angebot an, die republikanischen Kämpfer aufzunehmen, und entkam auf denselben Schiffen, der »Lipari« und der »San Thomé«, die auch die Günzburgers in Sicherheit brachten. Ich danke seiner Tochter, Professor Yvonne Rosenstein von der Universidad Nacional Autónoma de Mexico, und ebenfalls dem Centro Documental de la Memoria Histórica im spanischen Salamanca für die Erlaubnis, die Fotografie, die er von den Flüchtlingen, darunter auch Sigmar und Alice, an Bord der »Lipari« im März 1942 gemacht hat, veröffentlichen zu dürfen.

Meinen geliebten Großeltern bin ich unendlich dankbar. Der kleine, abgewetzte braune Lederkoffer, das »Köfferle«, in dem sie einen wahren Schatz an offiziellen Dokumenten, Pässen, Visa,

Briefen, Telegrammen und Fotografien aufbewahrt haben, erlaubte es mir, ihr Leben unter Hitlers Regime nachzuzeichnen und die Wurzeln unserer Familie durch die Jahrhunderte zurückzuverfolgen. Da sie schon verstorben waren, war es nicht einfach, die aus diesen Dokumenten erkennbaren Zeugnisse einer vergangenen Zeit auszuwerten, durch die es mir möglich wurde, eine Vielzahl neuer Erkenntnisse zu gewinnen.

Dass so viele dieser Bilder und Dokumente im amerikanischen Original dieses Buches und später auch in der französischen und der deutschen Ausgabe abgedruckt wurden, ist die Entscheidung von Judith Gurewich gewesen, der außergewöhnlichen Verlegerin von Other Press. Judiths klarer Blick, ihr Schwung und ihre Hinwendung haben dazu geführt, dass dieses Werk fertiggestellt worden ist.

Als Verlegerin hat sie mich in meinem Ziel bestärkt, die Geschichte der großen Liebe zwischen meiner Mutter und Roland mit dem Hintergrund der turbulenten Zeiten zu verweben, in denen sie sich zugetragen hat. Das hat Other Press für mich zur idealen Heimat gemacht. Ich danke Judith für die Fürsorge, mit der sie und andere bei Other Press großzügig jedes Detail betreut haben.

Besonders bedanke ich mich bei der früheren Leiterin des Redaktionsteams, Corinna Barsan, und bei Yvonne Cárdenas, die als Lektorin dieses Buch betreut hat, für ihre kreative Hilfe, ebenso bei Lauren Shekari, der Leiterin der Rechteabteilung von Other Press, die die deutsche Ausgabe ermöglicht hat.

In all den Jahren hatte ich das Glück, gute Freunde und vor allem auch eine Familie zu haben, die mich unterstützt und mich abgesichert und die die ganze Zeit über ihr Vertrauen in mich nicht verloren haben.

Unsere Tochter Ariel hat mit hellwachem Verstand das ganze Buch laut vorgelesen und mir wichtige Rückmeldungen gegeben. Ich bin dankbar, dass sie mich, wenn mein Eifer nachließ, begeistert gedrängt hat, weiterzumachen. Sie und ihr Bruder Zachary sind mit diesem Buch aufgewachsen. Für sie war es so etwas wie ein selbstsüchtiger kleiner Bruder, und ich glaube, sie sind froh, dass er nun aus dem Nest geworfen worden ist.

Ein besonderes Maß an Dank schulde ich meinem Sohn, weil bei Zach dieses Buch immer auf dem Schreibtisch gelegen hat. Außer mir hat es keinen so sehr beschäftigt wie ihn. Ich bin tief in seiner Schuld, weil er unzählige Stunden damit zugebracht hat, es zu lesen und zu redigieren. Er hat, teilweise bis tief in die Nacht hinein, immer wieder die Last auf sich genommen, meine Art der Darstellung zu überprüfen, auch wenn er ganz andere Dinge vorhatte. Wie Ariel hat er das Manuskript durch sein scharfes Auge, sein aufmerksames Ohr und seine emotionale Sicht der Dinge bereichert.

Zum Schluss: Das Buch hätte nicht geschrieben werden können ohne die unendliche und geduldige Unterstützung meines Mannes Dan Werner. Es hat – oft unvorhersehbar – meine Zeit und meine Aufmerksamkeit in Anspruch genommen und mich zu Reisen gezwungen – und er hat all das geduldig ertragen. Ein einziges Mal hat er sich beschwert: Wir waren in Gray, und er grummelte, dass, wenn seine Schwiegermutter sich noch einmal veranlasst sähe, zu fliehen, er hoffe, dass sie sich einen lebendigeren Ort aussuchen werde.

Er war mir ein journalistischer Ratgeber, ein Retter in der Not in Fragen der Technik, er gab mir moralische Orientierung und war immer ein mir ergebener Partner. Seine Hilfe war immer hilfreich und rücksichtsvoll, auf eine Art und Weise, die zu beschreiben es ein weiteres Buch brauchen würde.

STAMMBAUM

GÜNZBURGER

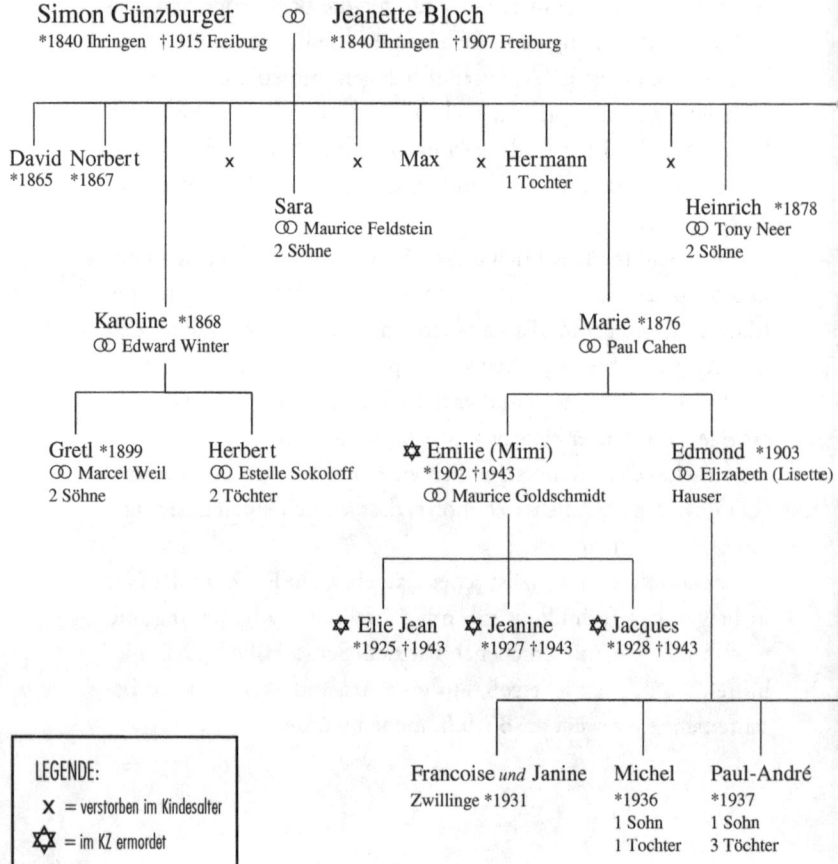

LEGENDE:
X = verstorben im Kindesalter
✡ = im KZ ermordet

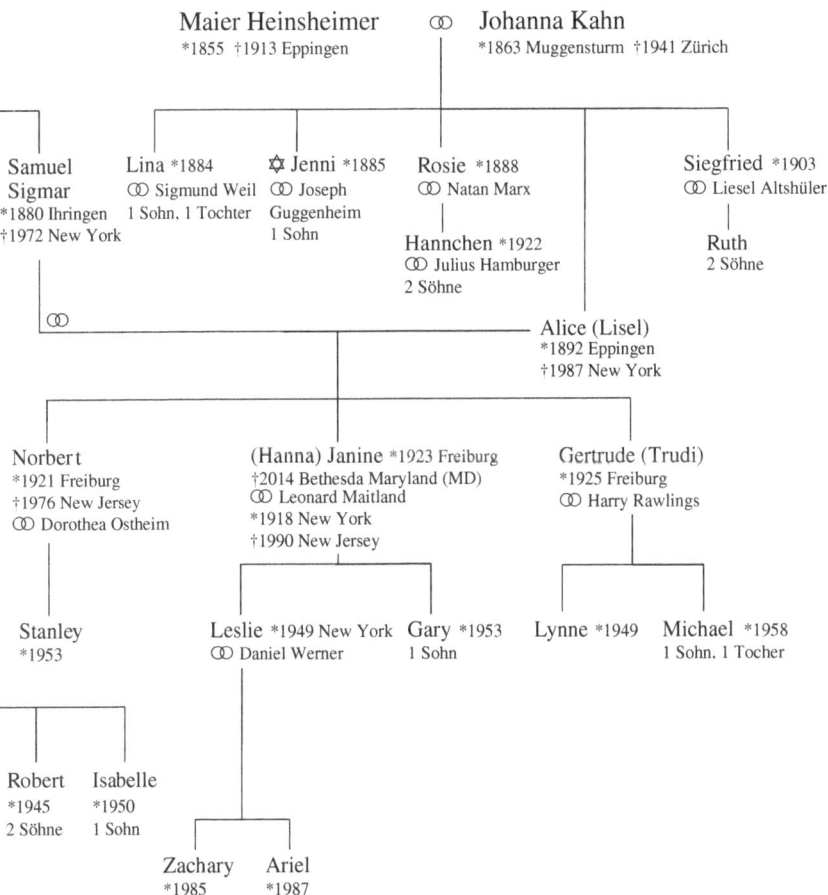

Glossar jüdischer (jiddischer) Begriffe

Bar Mitzwa (m.)

Religionsmündigkeit für Männer. Mit dem Erreichen des 13. Lebensjahres wird der Junge Bar Mitzwa, das heißt, er erreicht die religiöse Mündigkeit. Der Bar Mitzwa darf von da an zur Schriftlesung in der Synagoge aufgerufen werden.

Bat Mitzwa (w.)

Religionsmündigkeit für Frauen. Mädchen werden eine Bat Mitzwa meist im Alter von zwölf. Die Bat Mitzwa wird nicht in allen Gemeinden mit einem Fest gefeiert.

Bima

Toravorlesepult in der Synagoge, von wo aus während des Gottesdienstes die Tora verlesen wird. Normalerweise ist die Bima ein erhöhtes Stehpult oder Podium zum Ablegen der Tora mit zwei Treppen zum Auf- und Abgang.

B'nai B'rith

Hebräisch für »Söhne des Bundes«. Bis zur Nazi-Zeit auch »Unabhängiger Orden Bne Briss« (U.O.B.B.). Jüdische Organisation, gegr. 1843 in New York von zwölf jüdischen Einwanderern aus Deutschland. Ähnlich wie die Freimaurer in Logen organisiert. Zweck der Vereinigung: Förderung von

Toleranz, Humanität und Wohlfahrt sowie Aufklärung über das Judentum und Erziehung innerhalb des Judentums. Von Nichtjuden früher oft als »Geheimbund« bezeichnet.

Chuppa

Traubaldachin bei jüdischen Hochzeitsfeiern (manchmal wird auch die Hochzeit selbst Chuppa genannt). Symbolisiert das Haus, das das neue Paar bauen wird. Besteht aus vier verzierten Stäben und einer meist weißen Abdeckung und ist nach allen vier Seiten offen, um Gastfreundschaft anzudeuten.

Chuzpe (auch Chutzpe)

Jiddischer Ausdruck für »Dreistigkeit« oder »Unverfrorenheit«, manchmal auch halb anerkennend gebraucht.

Haggada

Buch (oft bebildert) mit Handlungsanweisung und Texten für Seder. Die Texte beschreiben den Auszug des Volkes Israel aus Ägypten in die Freiheit. Teils in hebräischer und aramäischer Sprache (mit Übersetzungen) geschrieben. Die Texte werden an Seder gemeinsam gelesen und gesungen.

Hakafot (Singular: Hakafa)

An Simchat Tora, dem »Fest der Gesetzesfreude« (in der Diaspora am neunten Tag des Sukkotfestes begangen), werden bereits am Vorabend, wie auch am Tag selbst, fröhliche Umzüge mit den Torarollen in den Synagogen durchgeführt. Dem Zug schließen sich die Kinder mit bunten Fähnchen an. Dabei wird gesungen und getanzt anlässlich der Vollendung und zum Neubeginn der Schriftlesung aus der Tora im Jahreszyklus.

Hawdala

Zeremonie zum Schabbat- oder Feiertagsausgang.

Jarmulke
siehe Kippa

Jom Kippur
Jüdisches Versöhnungsfest, der höchste jüdische Feiertag. Wird begangen zehn Tage nach Rosch ha-Schana. Er verlangt ein 25-stündiges Fasten und Gebet.

Kaddisch
Eines der wichtigsten Gebete im Judentum. Die grundlegenden Gedanken des Kaddisch-Gebetes finden sich auch im Vaterunser. Das Kaddisch hat große Bedeutung im Gottesdienst, wird aber auch zum Totengedenken und am Grab eines Verstorbenen gesprochen.

Kippa (auch Jarmulke, Jarmulka)
Die traditionelle, meist kreisrunde Kopfbedeckung der gesetzestreuen jüdischen Männer (»Käppchen«). Früher aus schwarzem Samt, heute auch aus Leder oder gehäkelt und vielfarbig, bestickt oder beschriftet. Wird während des Gottesdienstes getragen, bei gesetzestreuen Männern auch permanent.

Matze (Plural: Matzen, Matzot)
»Ungesäuertes Brot«, dünner Brotfladen, hergestellt aus Wasser und Getreide ohne Triebmittel. Wird von traditionellen Juden zum Pessachfest gegessen.

Meschugge
Jiddischer, nicht immer ganz ernst gemeinter oder einen vorübergehenden Zustand bezeichnender Ausdruck für »verrückt« oder »nicht ganz bei Trost«.

Mesusa

Die von der Tora vorgeschriebene Schriftkapsel aus Metall, Holz, Keramik u. Ä. am Türpfosten jüdischer Haushalte, deren Text auf folgenden Abschnitt der Schrift zurückgeht: Du sollst die Worte, die ich dir heute sage, schreiben an die Pfosten deines Hauses und an deine Türe (5. Buch Moses 6,9 und 11,20). Die Mesusa wird immer nach innen geneigt angebracht.

Nebbich

Einer der meistgebrauchten jiddischen Begriffe. Eigentliche Bedeutung: (Es möge) »nie bei euch« (vorkommen). »Armes Ding«, »unbedeutende Person«.

Pessach

Eines der drei jüdischen biblischen Wallfahrtsfeste, gefeiert meist im April. Erinnert an den Auszug der Israeliten aus Ägypten. Das Pessachfest dauert sieben Tage (außerhalb Israels acht Tage), in denen nichts Gesäuertes gegessen werden darf. Deshalb wird Pessach auch »das Fest der ungesäuerten Brote« genannt.

Purim

Jüdisches Freudenfest, meist im März. Erinnert an die Errettung des Volkes Israel in der Zeit der persischen Diaspora. Fröhliches Fest, wird meist mit Kostümierung, Festmahlzeiten und dem Überreichen von Geschenken gefeiert.

Rosch ha-Schana

Jüdisches Neujahrsfest, gefeiert im September oder Oktober, Beginn der »zehn ehrfurchtsvollen Tage« (Jamim Noraim), die mit dem »Versöhnungsfest« Jom Kippur enden.

Schabbat (auch Sabbat)

Der siebte Wochentag, an dem keine Arbeit verrichtet werden darf. Beginnt mit dem Sonnenuntergang am Freitag und endet mit dem Sonnenuntergang am Samstag.

Schickse

Bezeichnet im Jiddischen ein nichtjüdisches Mädchen oder eine nichtjüdische Frau. Wird im nichtjüdischen deutschen Sprachgebrauch auch allgemein pejorativ für »zickiges Mädchen« verwendet.

Schtetl

Jiddisch für »Städtchen«. Bezeichnung für Siedlungen mit hohem jüdischen Bevölkerungsanteil, vor allem in Osteuropa vor dem Zweiten Weltkrieg.

Seder/Sederabend

Vorabend und Auftakt des Pessachfestes.

Simchat Tora

Letzter Tag des Laubhüttenfestes, das Fest der Torafreude. Das Fest gilt dem Ende der jährlichen Toralesung in der Synagoge und ist gleichzeitig der Beginn des neuen Lesezyklus. Während der Umzüge mit den Torarollen bekommen die Kinder Süßigkeiten geschenkt.

Sukkot

Laubhüttenfest. Eines der drei jüdischen Wallfahrtsfeste. Siebentägiges Fest im Herbst, zum Dank für die Ernte und zur Erinnerung an den Auszug aus Ägypten, als die Israeliten vierzig Jahre lang in der Wüste wanderten und im Zelt (Sukka) lebten. In diesen sieben Tagen (außerhalb Israels acht Tage) weilen und speisen traditionell denkende Juden in einer Sukka, einer mit Laub oder Weinranken gedeckten provisorischen Behausung unter freiem Himmel.

Tora (auch Thora)

Erster Teil des Tanach, der hebräischen Bibel, bestehend aus den fünf Büchern Mose (griechisch: Pentateuch). In den Synagogen wird die Tora als handgeschriebene Pergamentrolle im Toraschrein aufbewahrt. Die Lesung der Schrift im Gottesdienst erfolgt aus dieser Rolle.

Toraschild

Eines der fünf Schmuckstücke der Tora. Kultobjekt in der Synagoge. Etwa 15 mal 20 Zentimeter große verzierte Platte aus Silber oder versilbertem Kupferblech, meist mit Symbolen wie den zwei Säulen (Sinnbild des salomonischen Tempels) oder den Gesetzestafeln versehen. Erinnert an den Brustschild des Hohepriesters Aaron.

Bibliografie

American Jewish Joint Distribution Committee Archives: Files 366, 388, 594, 596, 616. 711 Third Avenue, New York, NY 10017.

Amoretti, Henri. Lyon Capitale, 1940–1944. Paris: Editions France-Empire, 1964.

Anderson, Mark M., ed. Hitler's Exiles: Personal Stories of the Flight from Nazi Germany to America. New York: New Press, 1998.

Arad, Yitzhak, Israel Gutman, and Abraham Margaliot, eds. Documents of the Holocaust. Trans. Lea Ben Dor. Lincoln: University of Nebraska Press, 1999.

Arendt, Hannah, and Karl Jaspers. Correspondence 1926–1969. Ed. Lotte Kohlerand Hans Saner; trans. Robert and Rita Kimber. New York: Harcourt, 1992. (dt.: Briefwechsel 1926–1969. Hrsg. Lotte Köhler und Hans Saner. München: Piper, 1991.)

Asheri, Michael. Living Jewish: The Lore and Law of the Practicing Jew. New York: Dodd, Mead, 1983.

Bauer, Yehuda. American Jewry and the Holocaust: The American Jewish Joint Distribution Committee, 1939–1945. Detroit: Wayne State University Press, 1982.

Bejarano, Margalit. Interviews with Lotte Burg and Emma Kahn, passengers aboard the San Thomé. Archives of the Avraham Harman Institute of Contemporary Jewry, Hebrew University of Jerusalem, 1987.

———. »The Jewish Community of Cuba Between Continuity and Extinction.« Jewish Political Studies Review 3, no. 1–2 (Spring 1991).

———. La Comunidad Hebrea de Cuba: la memoria y la historia. Jerusalem: The Harman Institute of Contemporary Jewry, 1996.

Berenbaum, Michael. The World Must Know: The History of the Holocaust as Told in the United States Holocaust Memorial Museum. Boston: Little, Brown, 1993.

Bobenrieth, Charles. 39/45 A Lyon. Lyon: Centre d'Histoire de la Résistance et de la Déportation, 2001.

Branden, Nathaniel. My Years with Ayn Rand. San Francisco: Jossey-Bass, 1999.

Brissinger, André. Joseph Fimbel, Marianiste 1897–1978. Bar-le-Duc: l'Imprimerie Saint-Paul, 1980.

Burns, Michael. Dreyfus: A Family Affair, 1789–1945. New York: Harper, 1991.

Burrin, Philippe. France Under the Germans: Collaboration and Compromise. Trans. Janet Lloyd. New York: New Press, 1996.

Carroll, James. Constantine's Sword: The Church and the Jews. Boston: Houghton Mifflin, 2001.

Chauvy, Gérard. Lyon 40–44. Paris: Plon, 1985.

Claerr-Roussel, Christiane. Gray, Haute-Saône. Paris: Editions Erti, 1998.

Davidson, Edward, and Dale Manning. Chronology of World War Two. London: Cassell, 1999.

Dawidowicz, Lucy S. The War Against the Jews, 1933–1945. New York: Holt, Rinehart, 1975. (dt.: Der Krieg gegen die Juden. 1933-1945. München: Kindler, 1979.)

Elon, Amos. The Pity of It All: A History of Jews in Germany, 1743–1933. New York: Henry Holt, 2002. (dt.: Zu einer anderen Zeit. Porträt der jüdisch-deutschen Epoche 1743–1933. München: dtv, 2005.)

Epstein, Helen. Children of the Holocaust: Conversations with Sons and Daughters of Survivors. New York: Penguin Books, 1988. (dt.: Die Kinder des Holocaust. Gespräche mit Söhnen und Töchtern von Überlebenden. München: C.H. Beck, 1991.)

Fick, André. Gray à l'Heure Allemande 1940–1944. Langres: Editions Dominique

Guéniot, 1998.

Gaster, Theodor H. Festivals of the Jewish Year: A Modern Interpretation and

Guide. 4th ed. New York: Sloane, 1968.

Gatin, Jean Henri, and Louis François Nicolas Besson. Histoire de la Ville de
Gray et de ses Monuments. Paris: Imprimerie Firmin-Didot, 1892.

Gay, Ruth. The Jews of Germany: A Historical Portrait. New Haven: Yale University Press, 1992. (dt. Geschichte der Juden in Deutschland: Von der Römerzeit bis zum Zweiten Weltkrieg. C.H. Beck Verlag, 1993.)

Gilbert, Martin. The Holocaust: A History of the Jews of Europe During the Second World War. New York: Henry Holt, 1985.

Gildea, Robert. Marianne in Chains: Daily Life in the Heart of France During the German Occupation. New York: Picador, 2004.

Goldhagen, Daniel Jonah. Hitler's Willing Executioners. New York: Knopf, 1996. (dt.: Hitlers willige Vollstrecker. Ganz gewöhnliche Deutsche und der Holocaust. München: Siedler, 1996.)

Grass, Günter. The Tin Drum. Trans. Ralph Mannheim. New York: Pantheon, 1961. (dt.: Die Blechtrommel. München: Deutscher Taschenbuch Verlag, 1993. (15. Auflage))

Hertz, Joseph H. Authorized Daily Prayer Book with Commentary, Introductions and Notes. New York: Bloch Publishing Company, 1961.

Hertzberg, Arthur. The French Enlightenment and the Jews: The Origins of Modern Anti-Semitism. New York: Columbia University Press, 1968.

Hijuelos, Oscar. A Simple Habana Melody. New York: Harper, 2002.

Hilberg, Raul. The Destruction of the European Jews. New York: Harper, 1961. (dt.: Die Vernichtung der europäischen Juden. Frankfurt am Main: Fischer, 1990.)

International Herald Tribune, 1939–1941. Library of Congress.

Jackson, Julian. France: The Dark Years 1940–1944. New York: Oxford University Press, 2001.

Jarman, T. L. The Rise and Fall of Nazi Germany. New York: New York University Press, 1956.

Kalchthaler, Peter et al. Freiburger Biographien. Freiburg: Die Stadt, 2002.

Kaspi, André. Les Juifs pendant l'Occupation. Paris: Editions du Seuil, 1991.

Klarsfeld, Serge, ed. French Children of the Holocaust: A Memorial. Trans. Glorianne Depondt and Howard M. Epstein. New York: New York University Press, 1996.

Klemperer, Victor. I Will Bear Witness: A Diary of the Nazi Years 1933–1941. New York: Random House, 1998. (dt.: Ich will Zeugnis ablegen bis zum letzten. Tagebücher 1933-1945 von Victor Klemperer. Berlin: Aufbau Verlag, 1995.)

Laqueur, Walter. Generation Exodus: The Fate of Young Jewish Refugees from Nazi Germany. Hanover, NH: Brandeis University Press, 2001. (dt.: Geboren in Deutschland. Der Exodus der jüdischen Jugend nach 1933. Berlin: Propyläen, 2000.)

Levine, Robert M. Tropical Diaspora. Gainesville: University Press of Florida, 1993.

Lipstadt, Deborah E. Beyond Belief: The American Press and the Coming of the Holocaust. New York: Free Press, 1986.

Marrus, Michael R., and Robert O. Paxton. Vichy France and the Jews. New York: Basic Books, 1981.

May, Ernest R. Strange Victory: Hitler's Conquest of France. New York: Hill and Wang, 2000.

Mayer, Arno J. Why Did the Heavens Not Darken? The »Final Solution« in History. New York: Pantheon, 1988. (dt.: Der Krieg als Kreuzzug. Das Deutsche Reich, Hitlers Wehrmacht und die „Endlösung». Reinbek: Rowohlt, 1989.)

Mendes-Flohr, Paul. German Jews: A Dual Identity. New Haven: Yale University Press, 1999.

Miller, Arthur. Death of a Salesman. Ed. Gerald Weales. New York: Penguin Books, 1996. (dt.: Der Tod des Handlungsreisenden: Zwei Akte und ein Requiem. Übersetzt von Katrin Janecke. Frankfurt am Main: S. Fischer, 1950.)

Moore, Robin. Nationalizing Blackness: Afrocubanismo and Artistic Revolution in Havana, 1920–1940. Pittsburgh: University of Pittsburgh Press, 1998.

Orlow, Dietrich. The History of Modern Germany: 1871 to Present. Englewood Cliffs, NJ: Prentice Hall, 1995.

Ott, Hugo. Laubhüttenfest 1940: Warum Therese Loewy einsam sterben mußte. Freiburg: Herder, 1994.

Ousby, Ian. Occupation: The Ordeal of France, 1940–1944. New York: St. Martin's Press, 1998.

Paris Soir, 1939–1941. Library of Congress.

Rand, Ayn. Atlas Shrugged. New York: Random House, 1957. (dt.: Der Streik. Verlag Kai M. John, München, 2012.)

———. For the New Intellectual: The Philosophy of Ayn Rand. New York: Random House, 1961.

———. The Fountainhead. New York: Bobbs-Merrill, 1943. (dt.: Der ewige Quell. München: Goldmann, 1993.)

Rayski, Adam. The Choice of the Jews Under Vichy: Between Submission and Resistance. Notre Dame: University of Notre Dame Press, 2005.

Rockmore, Tom. On Heidegger's Nazism and Philosophy. Berkeley: University of California Press, 1992.

Röhl, John C. G. The Kaiser and His Court: Wilhelm II and the Government of Germany. Trans. Terence F. Cole. New York: Cambridge University Press, 1994. (dt.: Kaiser, Hof und Staat: Wilhelm II. und die deutsche Politik. München: Beck, 1987.)

Rosshandler, Felicia. Passing Through Havana: A Novel of a Wartime Girlhood in the Caribbean. New York: St. Martin's/Marek, 1984.

Ryan, Donna F. The Holocaust and the Jews of Marseille: The Enforcement of Anti-

Semitic Policies in Vichy France. Urbana: University of Illinois Press, 1996.

Safranski, Rüdiger. Martin Heidegger: Between Good and Evil. Trans. Ewald Osers. Cambridge, MA: Harvard University Press, 1998. (dt.: Ein Meister aus Deutschland. Heidegger und seine Zeit. München u. a.: Hanser, 1994.)

Schadek, Hans. Freiburg. Stuttgart: J. F. Steinkopf Verlag, 1997.

Schlant, Ernestine. The Language of Silence: West German Literature and the Holocaust. New York: Routledge, 1999. (dt.: Die Sprache des Schweigens. Die deutsche Literatur und der Holocaust. München: C.H.Beck, 2001.)

Schwineköper, Berent, and Franz Laubenberger. »Geschichte und Schicksal der Freiburger Juden.« Freiburger Stadthefte 6 (1963): 1–15.

Shirer, William L. The Rise and Fall of the Third Reich: A History of Nazi Germany. New York: Simon & Schuster, 1960. (dt.: Aufstieg und Fall des Dritten Reiches. (Aus dem Amerikanischen von Wilhelm und Modeste Pferdekamp). Köln: Kiepenheuer & Witsch, 1961.)

Silvain, Gérard. La Question Juive en Europe, 1933–1945. Paris: Editions Jean-Claude Lattès, 1985.

Staatsarchiv, Freiburg im Breisgau.

Thalmann, Rita, and Emmanuel Feinermann. Crystal Night, 9–10 November 1938. Trans. Gilles Cremonesi. New York: Coward, McCann, 1974. (dt.: Die Kristallnacht. Frankfurt am Main: Jüdischer Verlag bei Athenäum, 1987.)

Thrush, Elizabeth. »Alsace by the Yard« France Magazine, Fall 1999.

Van der Kiste, John. Kaiser Wilhelm II: Germany's Last Emperor. Stroud, UK: Sutton Publishing, 1999.

Weiss, Aharon, ed. Yad Vashem Studies 22. Jerusalem: Yad Vashem, 1992.

Wyman, David S. The Abandonment of the Jews: America and the Holocaust 1941–1945. New York: Pantheon, 1984.

Zeitoun, Sabine, and Dominique Foucher. Lyon 1940–1944: La Guerre, L'Occupation, La Libération. Rennes: Editions Ouest-France, 1994.

———. Résistance & Déportation: Catalogue générale de l'exposition permanente. Lyon: Editions Ville de Lyon/CHRD, 1997.

Zola, Emile. The Dreyfus Affair. Ed. Alain Pagès; trans. Eleanor Levieux. New Haven: Yale University Press, 1996.

Zweig, Stefan. The Burning Secret and Other Stories. Trans. Jill Sutcliffe. New York: Dutton, 1989.

Bildnachweis

Seiten 27, 56, 61 und 67: Stadtarchiv Freiburg i.Br.

Seite 32: Carl Fleischmann, königlicher Hofphotograph, Heilbronn

Seite 36: Tsohira

Seite 44: Max Kögel, Heidelberg

Seite 49: Atelier Lichtkunst

Seite 52: Hugo Browarski, Freiburg i.Br., 1930

Seite 57: Schmelzer-Nicolai-Verlag K.G., Freiburg, Nr. 12

Seite 77: Photo & Verlag R. Benker, Papeterie Arosa, Schweiz, ca. 1936

Seite 83: Postkarte, Schmelzer-Nicolai-Verlag K.G., Freiburg i. Br., Nr. 2461

Seiten 98, 141, 182, 268, 361, 565, 570, 587, 591 und 664: Leslie Maitland

Seite 100: A. Bernheim, Mulhouse, Frankreich, 1920

Seite 114: Carrière, Mulhouse, Frankreich, ca. 1945

Seite 128: Rosengart-Werbeanzeige aus »The Beaulieu Encyclopedia of the Automobile«, Band 2, hrsg. v. G.N. Georgano, 2000; zur Verfügung gestellt vom Musée National de l'Automobile, Mulhouse, Frankreich

Seite 152: Chrétien-Vittenet, Gray, Frankreich, 1940

Seite 165: Foto-Postkarte der Place Carnot, Arnay-le-Duc, 1971 von Lisette an Janine geschickt. Auf die Rückseite schrieb sie: »Te rappelles-tu?« – Erinnerst Du Dich?

Seiten 175, 183, 196, 242 und 243: Aus »Gray à l'Heure Allemande: 1940 – 1944« von André Fick, © Editions Dominique Guéniot, Langres, Frankreich, 1998

Seiten 195 und 206: aus »La Question juive en Europe, 1933–1945«, Editions Jean-Claude Lattès, 1985

Seite 251: Ministère des Anciens Combattants et Victimes de Guerre, aus: »Lyon 1940 – 1944: La Guerre, l'Occupation, la Liberation«, Editions Ouest-France, Mémorial de Caen, Ville de Lyon, © 1944, Edilarge S.A., Editions Ouest-France, Rennes, und © 1994, Mémorial de Caen

Seite 270: Gebrüder Strauß, Mannheim, ca. 1920

Seite 317: aus »Le Sémaphore«, Marseille, März 1942

Seite 318: Cliché Labbé, Frankreich

Seite 325: Postkarte von Mireille, Marseille, ca. 1942

Seite 327: ESPAÑA. MINISTERIO DE EDUCACIÓN, CULTURA Y DEPORTE, Centro Documental da la Memoria Historica, Archivo Fotográfico Emil Vedin (Emilio Rosenstein) EV 26

Seite 369: Museo Nacional de la Musica, Havanna

Seite 414: Centre de documentation juive contemporaine, Mémorial de la Shoa, Paris

Seite 456: John U. Vogel

Seite 482: Hannah Weil Schreiber, New York

Seite 536: Aus »The Record«, Bergen County, New Jersey, 28. Juni 1965

Seite 662: Walter Preker, Freiburg

Der Verlag war bemüht, alle Rechteinhaber ausfindig zu machen. In Fällen, in denen das nicht gelungen ist, bitten wir um Mitteilung.

Damals in Pommern

Jens Orback
Schatten auf meiner Seele
Ein Kriegsenkel entdeckt die Geschichte seiner Familie
272 Seiten
ISBN 978-3-451 31267-0

Die Geschichte, auch wenn sie zunächst verdrängt und verschwiegen wird, lebt in den Nachkommen weiter. Diese Erfahrung musste auch Jens Orback machen: Vage wusste er, dass seine Ängste etwas mit seiner Mutter zu tun hatten. Doch es dauerte lange, bis er herausfand, dass es die langen Schatten des Zweiten Weltkriegs, der Vertreibung aus Pommern waren, die dunkel über seiner Familie lagen.

In jeder Buchhandlung

HERDER
Lesen ist Leben

www.herder.de

Sieben Kriegskinder brechen ihr Schweigen

Freya Klier
Wir letzten Kinder Ostpreußens
Zeugen einer vergessenen Generation
448 Seiten
ISBN 978-3-451-30704-1

In ihrem bewegenden und aufwühlenden Buch zeichnet Freya Klier Flucht und Vertreibung von sieben Kindern aus Ostpreußen nach. Nach Jahrzehnten des Schweigens haben sie endlich die Gelegenheit, ihre Kindheitsgeschichte zu erzählen, beginnend mit dem Sommer 1944 bis hinein in unsere Gegenwart. Ein ergreifendes Zeugnis und Buch für eine ganze Generation – und deren Nachkommen!

In jeder Buchhandlung

HERDER
Lesen ist Leben

www.herder.de

Die ungewöhnliche Geschichte einer unwahrscheinlichen Begegnung

Angela Krumpen
Spiel mir das Lied vom Leben
Judith und der Junge von Schindlers Liste
184 Seiten
ISBN 978-3-451-06687-0

Als Michael Emge ins KZ kam, war er noch ein Kind. Ein Kind ist auch die Ausnahmegeigerin Judith, als sie mit elf Jahren auf YouTube die Titelmelodie zu Steven Spielbergs Film »Schindlers Liste« findet. Sie beginnt, sich für die Geschichte des Holocaust und seiner Überlebenden zu interessieren. Eines Tages treffen sich Judith und Herr Emge, der als einziges Kind auf der Liste Oskar Schindlers stand und einst selbst Violine spielte. Diese Begegnung wird beide verändern.

In jeder Buchhandlung

HERDER

Lesen ist Leben

www.herder.de

Das Standardwerk zum Lebensgefühl einer Generation

Anne-Ev Ustorf
Wir Kinder der Kriegskinder
Die Generation im Schatten des Zweiten Weltkriegs
198 Seiten
ISBN 978-3-451-06879-9

Ihre Eltern waren Kinder im Zweiten Weltkrieg. Bombenhagel, Zerstörung und Flucht haben viele erlebt. Das wirkt nach – auch auf die eigenen Kinder, die heute zwischen 30- und 50-Jährigen. Und es prägt das Lebensgefühl einer ganzen Generation, die im langen Schatten des Krieges aufwuchs. »Dieses Buch hat das Potenzial, Familienbeziehungen zum Positiven zu verändern. Denn Verständnis ist die Voraussetzung für Versöhnung.« (Ursula Nuber, Psychologie Heute)

In jeder Buchhandlung

HERDER
Lesen ist Leben

www.herder.de